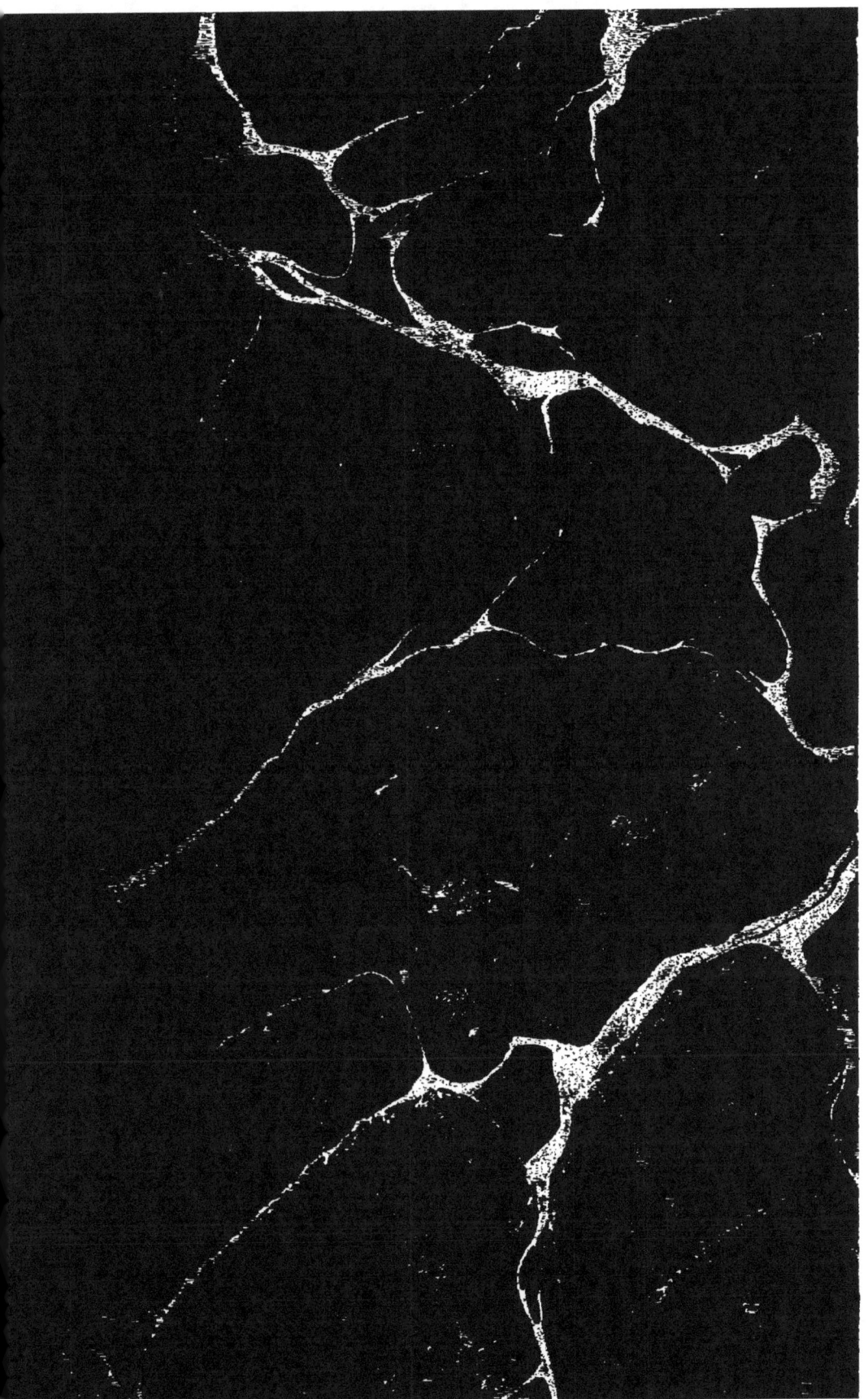

TRAITÉ PRATIQUE

DE

DROIT INDUSTRIEL.

Tout exemplaire non revêtu de la signature de M. Rendu et de celle de M. Cosse sera réputé contrefait.

Paris. — Imprimerie de Cosse et J. Dumaine, rue Christine, 2.

TRAITÉ PRATIQUE
DE
DROIT INDUSTRIEL

ou Exposé de la Législation et de la Jurisprudence

SUR

LES ÉTABLISSEMENTS INDUSTRIELS,
LES BREVETS D'INVENTION,
LA PROPRIÉTÉ INDUSTRIELLE, ARTISTIQUE ET LITTÉRAIRE,
LES OBLIGATIONS PARTICULIÈRES A L'INDUSTRIE,

AVEC UN

RÉPERTOIRE ALPHABÉTIQUE
ET LES FORMULES DES PRINCIPAUX ACTES INDUSTRIELS;

PAR M. AMBROISE **RENDU**,

Docteur en droit, Avocat à la Cour de Cassation et au Conseil d'État,

AVEC LA COLLABORATION DE M. **CHARLES DELORME,**
Avocat à la Cour impériale de Paris.

PARIS,
IMPRIMERIE ET LIBRAIRIE GÉNÉRALE DE JURISPRUDENCE.
COSSE, IMPRIMEUR-ÉDITEUR,
LIBRAIRE DE LA COUR DE CASSATION
Place Dauphine, 27.

1855

INTRODUCTION.

Nul en France n'est censé ignorer la loi : fiction nécessaire sans doute, mais fiction, s'il en fût, en ce qui concerne l'industrie. De toutes les parties du droit, aucune peut-être ne présente un plus grand nombre de dispositions législatives et réglementaires se modifiant, se complétant, se remplaçant les unes les autres, offrant au jurisconsulte des problèmes ardus à résoudre, au fabricant, au manufacturier des difficultés d'application continuelles. Il n'est pas non plus de prescriptions dont l'observation soit plus strictement exigée, dont la transgression, même par ignorance, entraîne de répressions plus rigoureuses. Tantôt c'est le droit administratif, sanctionné par l'exercice de ce pouvoir discrétionnaire qui, pour de simples contraventions, peut supprimer une industrie en pleine activité ; tantôt c'est la loi pénale repoussant en pareille matière les excuses tirées de la bonne foi du prévenu ; le plus souvent ce sont des lois spéciales dont il faut concilier les règles exceptionnelles avec les principes du droit commun.

Prenons pour exemple une usine sur un cours d'eau, destinée à l'exploitation d'une industrie insalubre, et envisageons-la depuis son origine jusqu'à son complet développement. Sa création exige une double autorisation : l'une obtenue conformément à la législation relative aux ateliers dangereux, insalubres et incommodes ;

l'autre, d'après les règles sur les cours d'eau. Si la vapeur est employée dans l'établissement, une nouvelle autorisation est nécessaire. La mise en activité de l'usine est subordonnée à l'accomplissement exact de nombreuses conditions prescrites par les règlements sur ces diverses matières. Dès que l'établissement fonctionne, commencent les relations entre patrons, ouvriers et apprentis; les rapports avec les concurrents, avec le public, régis par des dispositions de droit général et de droit spécial : lois sur le contrat d'apprentissage, le contrat de louage d'industrie, les livrets, la compétence des prud'hommes, la fabrication sincère et loyale des produits. Des différends peuvent s'élever sur l'adoption de la marque, des dessins de fabrique, de l'enseigne. Un brevet d'invention est-il exploité dans la manufacture? aussitôt surgissent les nombreuses questions de propriété industrielle, de déchéance, de contrefaçon, que font naître presque tous les brevets de quelque importance.

Telles sont les situations diverses qui s'offrent aux fabricants, et qui, à chaque pas, présentent la perspective d'une formalité à remplir, d'une obligation à exécuter, d'une responsabilité à encourir, d'une contravention et d'une peine à éviter.

Ne suffit-il pas de rappeler ces faits pour démontrer l'utilité pratique d'un livre qui, réunissant dans un espace restreint l'ensemble des lois et règlements relatifs à l'industrie, mettant en lumière les principes et leurs applications usuelles, exposant les conséquences déduites par la jurisprudence, servirait tout à la fois et de guide au manufacturier, et de mémento ou de répertoire au jurisconsulte.

Tel est le double objet que nous nous sommes proposé,

et que nous avons cherché à réaliser en parcourant rapidement les diverses parties de ce vaste ensemble, qu'on peut appeler le droit industriel. Sans doute, et nous ne nous le sommes pas dissimulé, le cadre que nous avons dû adopter laisse à désirer des discussions plus complètes sur certaines matières. L'avenir nous apprendra quels sujets pourraient réclamer de plus larges développements.

Nous exposons dans une première partie tout ce qui concerne la création et la mise en activité des ateliers soumis à l'autorisation et à la surveillance administratives (établissements insalubres, usines sur les cours d'eau, industries relatives à la presse, aux subsistances, etc.....)

Dans une seconde partie, nous parcourons la série des droits qui constituent, à divers titres, le principe et la garantie de la propriété industrielle (brevets d'invention, dessins, marques de fabrique, noms et autres désignations des produits, enseigne, achalandage). Nous avons dû faire ici une large part à la propriété littéraire, objet elle-même de l'exploitation la plus active, et à la propriété artistique, dont l'alliance chaque jour plus féconde avec l'industrie proprement dite, la relève et l'ennoblit en faisant éclater aux yeux des nations l'exquise délicatesse du goût français.

La troisième partie de l'ouvrage, dont la pensée, nous l'espérons, sera comprise et appréciée, a pour but de présenter dans leur ensemble les obligations personnelles nées de l'exercice même des diverses professions industrielles, et dont l'accomplissement probe et loyal fait la moralité de l'industrie. Il nous a paru utile de réunir et d'expliquer les nombreux règlements inspirés souvent par les considérations les plus hautes d'humanité aussi bien que d'économie sociale, qui trop souvent restent à l'état de lettre morte sur les affiches apposées d'après la loi aux murailles de l'atelier. Montrer au fabricant les conséquences de toute fraude, de toute négligence, de tout oubli, lui offrir la solution des difficultés que font naître les relations diverses de la vie industrielle, lui signaler les devoirs à remplir, les droits à exercer au sein de cette grande et intéressante famille dont il doit être le protecteur et le guide comme il en est le chef ; c'est, il nous semble, rappeler l'industrie à la mission civilisatrice qui lui appartient de nos jours ; c'est préserver l'honneur national des cruelles atteintes que lui a fait plus d'une fois subir la déloyauté de nos produits.

La première condition à remplir était de donner à notre travail une clarté et une simplicité qui permissent d'en embrasser d'un coup d'œil l'ensemble et les détails, et de se diriger sans embarras au milieu des nombreux sujets que nous avions à traiter. Pour offrir toutes facilités aux recherches, nous avons eu recours à une méthode familière à nos anciens jurisconsultes, éprouvée par une pratique constante dans l'enseignement élémentaire : nous avons divisé notre livre en courts paragraphes précédés d'un *intitulé* qui met en relief l'objet dont il est question. Le lecteur peut ainsi, en un instant, s'assurer si le point qui l'intéresse est ou non examiné dans la page qu'il a sous les yeux. Nous avons ajouté à notre livre un *répertoire* alphabétique présentant dans l'ordre le plus favorable aux investigations toutes les questions de droit posées et résolues dans le cours du traité. Enfin, les *formules* des actes les plus usuels nous ont paru un moyen efficace de conduire sans effort le lecteur de la théorie à l'application.

Mais si la disposition matérielle du livre avait une grande importance dans un ouvrage essentiellement pratique, ce qui a dû nous préoccuper surtout, c'est l'esprit dans lequel serait conçue notre œuvre. Cet esprit, nous l'espérons, ne paraîtra ni équivoque ni timide. Placés ici entre l'idée conservatrice de la propriété et les idées subversives qui ébranlent la notion du droit jusque dans ses bases, nous nous sommes gardés de ces théories douteuses, de ces doctrines complaisantes, qui énervent tout sous prétexte de tout concilier. Nous avons hautement arboré le drapeau de la propriété, repoussant avec énergie les transactions dangereuses qui, en affaiblissant le sentiment du juste et du vrai, en rendant toutes les solutions incertaines, n'expliquent que trop les hésitations, les variations de la jurisprudence.

Reconnaître aux productions de l'esprit humain, non moins qu'à celles du travail matériel, le caractère de propriété, défendre cette propriété, la plus respectable de toutes, contre l'usurpation ouverte ou déguisée, tel est le principe, telle est la règle que nous empruntons aux arrêts de la Cour suprême. Telle sera, nous l'espérons, la garantie de l'unité et de l'harmonie de nos appréciations particulières.

L'opportunité de notre publication nous a paru manifeste en présence des nombreuses contestations auxquelles la propriété industrielle donne lieu chaque jour devant les tribunaux. Il semble qu'à mesure que la propriété foncière, de plus en plus exploitée, présente à nos efforts moins de terrains neufs à mettre en valeur, l'activité humaine s'en aille cherchant partout des domaines à défricher dans le monde toujours nouveau de l'industrie. Pareils aux biens vacants de l'ancienne France, des droits longtemps négligés sortent de l'inertie pour mettre au jour des richesses nouvelles. Aussi la jurisprudence, entraînée par la pratique vers des aperçus ignorés, suit-elle dans son essor rapide le progrès industriel. Au moment où l'univers contemple et couronne les merveilles de l'industrie, où les nations, réunies sous ses auspices, se donnent la main, n'est-ce pas lui rendre un hommage digne d'elle que de l'éclairer sur les droits et les devoirs qui font sa noblesse et sa grandeur ?

Août 1855.

RÉPERTOIRE ALPHABÉTIQUE

DES

QUESTIONS DE DROIT INDUSTRIEL

EXAMINÉES DANS CE VOLUME.

Nota. Les chiffres indiquent les numéros et non les pages du livre.

A

ABATTOIRS. — L'autorisation peut-elle être accordée par le préfet ? n° 448.
Le décret d'autorisation peut-il être attaqué par la voie contentieuse ? 448.

ACHALANDAGE (*Voir* CESSION). — *Propriété Usurpation*. 694-696.
L'usurpation verbale du nom est-elle passible d'une peine ? 695.
Quand l'atteinte à l'achalandage peut-elle être réprimée ? 696.

APPRENTISSAGE. — *Caractères. Forme du contrat.* 934-938.
Le contrat d'apprentissage admet il la stipulation d'un salaire ? 934.
Quelles sont les conditions de capacité requises pour former le contrat ? 936, 937.
Devoirs des maîtres. 939-949.
Devoirs des apprentis. 943.
A quelles conditions peut-être prise publiquement la qualité d'élève ou d'apprenti ? 947.
Résolution du contrat. Temps d'essai. 950-953.
En cas de résolution par la mort du maître ou de l'apprenti, y a-t-il lieu à indemnité ou restitution de part ou d'autre ? 951.
Quid en cas d'engagement volontaire au service militaire ? 952.
La cession de l'établissement peut-elle donner lieu à la résolution du contrat ? 953.
Compétence spéciale (voir **Prud'hommes** et *Juges de paix*). 954-958.
La contrainte par corps doit elle être prononcée, soit contre le maître, soit contre l'apprenti ? 957.
Juridiction disciplinaire. 959.

ARCHITECTURE. — *Propriété des œuvres d'architecture.* 928, 929.
Les œuvres d'architecture peuvent-elles être un objet de propriété artistique ? 928.

L'architecte a-t-il un droit exclusif à la reproduction de son œuvre par les arts du dessin ? 929.
Cession. 930, 931.
La cession faite par l'architecte de son œuvre emporte-t-elle celle du droit de la reproduire ? 930.
Quid de la cession faite à l'État ? 931.

ARRHES (*Voir* LOUAGE D'OUVRAGE).

ARTISTE (*Voir* ARTS) (1).

ARTS DU DESSIN. — *Définition. Propriété.* 890-893.
Les épreuves photographiques sont-elles un objet de propriété artistique ? 891.
Quid de la combinaison nouvelle de dessins connus ? 892.
Quid du titre des gravures et dessins ? 893.
Dépôt. 894.
Quels sont les produits des arts du dessin dispensés du dépôt ? 894.
Durée de la propriété. 896.
Cession. 898-898.
La cession du droit de reproduction résulte-t-elle de la cession de l'original ? 898.
La cession emporte-t-elle interdiction de refaire un nouvel original ? 899.
Laisse-t-elle à l'auteur la faculté de conserver l'esquisse ? 899.

ATELIERS INSALUBRES (*Voir* ÉTABLISSEMENTS.)

AUTEURS OU PERSONNES AUXQUELLES APPARTIENT LA PROPRIÉTÉ LITTÉRAIRE. —*Étrangers*. 715-718.
Les droits d'auteur appartiennent-ils aux étrangers ? 715.

---

(1) C. de Paris, 5 mai 1855 (*Gazette des Tribunaux* du 19 juillet) Un artiste peintre, bien que se livrant habituellement à la peinture des décors de théâtre, ne doit pas être considéré comme commerçant.

Quid lorsque leurs œuvres ont été publiées originairement en France ? 716.
Quid lorsqu'il existe des traités spéciaux à la nation à laquelle appartient l'auteur étranger ? 717.
Quid lorsqu'il s'agit d'un ouvrage publié à l'étranger par un Français ? 718.
Personnes incapables. 719.
Etat, corps savants. 720-721.
L'Etat et les administrations publiques ont-ils les droits d'auteur ? 720.
Coauteurs, collaborateurs. 722-727.
Qui doit être réputé l'auteur d'une œuvre conçue et exécutée en commun ? 723.
Quid lorsqu'il y a emprunt des idées d'autrui par l'auteur nominal ? 724.
Quid quand il y a seulement révision par un tiers ? 725.
Quid à l'égard d'une œuvre collective organisée par un seul ? 726, 727.
Comment doit-il être disposé de la propriété littéraire en cas de désaccord entre coauteurs ? 725.

AUTORISATION D'ATELIERS INSALUBRES (*Voir* ETABLISSEMENTS).
Ses effets. 56.
Autorisation implicite ou explicite. 56.
L'autorisation résulte-t-elle implicitement pour un établissement principal de l'autorisation d'y annexer un nouvel atelier ? 56
Absence ou refus d'autorisation. Conséquences. 76-77.
L'autorité municipale peut-elle ordonner la suppression d'un atelier insalubre non autorisé ? 76.
L'exploitation pendant l'instance en autorisation est-elle légale ? 82.
Les établissements autorisés sont-ils soumis aux mesures de police prescrites par l'autorité municipale ? 81.
L'autorité municipale peut-elle déterminer le lieu et le temps où certaines industries seraient permises ou interdites ? 81.

AVANCES DES MAITRES AUX OUVRIERS (*Voir* LIVRETS, LOUAGE D'OUVRAGE). — *Garanties pour le recouvrement des avances.* 1045-1047.
Compétence spéciale. 1048.
Chefs d'atelier. 1053.

B

BALS PUBLICS. — *Autorisation.* 292.

BOBINAGE (*Voir* TISSAGE).

BOUCHERIE. — *Conditions de l'exploitation.* 280-285.
Les bouchers peuvent-ils être soumis à la déclaration préalable ? 281.
Quid de l'autorisation préalable ? 281.
La cessation de l'exploitation est-elle facultative ? 282.

A quelles prescriptions peut être légalement soumise l'exploitation ? 283.
Quid de la taxe de la viande ? 283.
Quid du cumul avec d'autres professions ? 284.

BOULANGERIE. — *Autorisation. Ses conditions. Ses effets.* 263-265.
Les règlements qui exigent l'autorisation sont-ils légaux ? 263.
Quid des simples arrêtés municipaux ? 263.
Quels recours peuvent être formés contre les refus d'autorisation ? 263.
Quelles conditions peuvent être valablement prescrites par l'arrêté d'autorisation ? 264.
L'autorisation pour un établissement principal couvre-t-elle une succursale ? 265.
L'autorisation peut-elle être cédée ? 265.
Le cumul de la profession de boulanger avec d'autres professions peut-il être interdit ? 266.
La cessation de l'exploitation d'une boulangerie autorisée est-elle facultative ? 267.
A quelles prescriptions spéciales peut être légalement soumise l'exploitation d'une boulangerie ? 268.
Quid à l'égard de l'approvisionnement ? 268.
Poids et forme des pains. 269-273.
L'administration peut-elle rendre le pesage de chaque pain obligatoire ? 269.
Quid à l'égard des pains de fantaisie ? 272.
Dans le cas où la forme est indicative du poids, le seul déficit constitue-t-il une contravention ? 270.
Les excuses sont-elles admises quand il existe un déficit ? 274.
La marque du pain peut-elle être rendue obligatoire ? 273.
Taxe du pain. 274-275.
Une surtaxe peut-elle être ajoutée à la taxe par l'autorité municipale ? 274.
La taxe est-elle obligatoire à l'égard des pains de fantaisie ? 274.
Le prix fixé par la taxe peut-il être élevé de gré à gré ? 275.
Peut-il être abaissé ? 275.
Revente. 276.
La revente et le regrattage peuvent-ils être prohibés ? 276.
Contraventions. 278-279.
La fermeture d'une boulangerie non autorisée peut-elle être ordonnée par l'autorité municipale ? 278.
Quid en cas de contravention aux conditions prescrites ? 278.
La saisie de l'approvisionnement peut-elle être ordonnée ? 278.

BOYAUDERIES (*Voir* ORDONNANCES DU PRÉFET DE POLICE). 449.

BREVETS D'INVENTION (Principes généraux sur les). (Voir EXPOSITION UNIVERSELLE PERFECTIONNEMENT, CERTIFICATS D'ADDITION, CESSION DE BREVETS, NULLITÉS ET DÉCHÉANCES, CONTREFAÇON).

Définition. Caractère des inventions brevetables. 314-316, 332, 333.
Un procédé d'embaumement du corps humain est-il brevetable ? 315.
La connaissance scientifique d'un objet en exclut-elle la nouveauté au point de vue industriel ? 327.
Le peu d'importance d'une invention en exclut-elle la brevetabilité ? 332.

Produits. 317, 323.
L'agent matériel d'un traitement médical peut-il être breveté ? 317.
Un instrument de musique donnant de nouveaux sons est-il brevetable comme produit nouveau ? 317.

Moyens brevetables. Définition. Principes. 318-322.
Des moyens isolément connus peuvent-ils devenir nouveaux par leur combinaison ? 319.
Quand une méthode ou un système sont-ils brevetables ? 320.
Une combinaison chimique produisant un résultat industriel est-elle brevetable, même quand elle ne se manifeste par aucun organe extérieur ? 321.
Une méthode mathématique pour la coupe économique des vêtements est-elle brevetable ? 321.
Toute combinaison de formes ou figures produisant des résultats industriels est-elle brevetable ? 321.
Quand les formes des objets peuvent-elles être brevetées ? 322.
L'inventeur d'un organe affecté à un appareil peut-il en interdire l'emploi dans un autre appareil ? 326.

Résultats. 323-325.
Les résultats industriels sont-ils brevetables en eux-mêmes ? 323.
Quand les résultats deviennent-ils des moyens brevetables ? 324.
Un phénomène naturel est-il brevetable ? 325.

Applications nouvelles. Définition. Principes. 328-331.
Le transport pur et simple des organes, d'un objet à un autre constitue-t-il une application nouvelle ? 329.
Quid lorsque le transport pur et simple conduit à un résultat nouveau ? 329.
L'application nouvelle est-elle brevetable même quand le résultat obtenu n'est pas nouveau ? 330.
L'usage plus intelligent et plus utile d'un procédé connu est-il brevetable ? 331.

Diverses espèces de brevets d'invention. 334.
Perfectionnements. 334-336.
(Voir *Certificats d'addition.*)
Importations 337, 338.
Exposition universelle (voir ce mot). 339.
Taxe. Durée (1). *Effets de l'expiration des brevets.* 340, 343.
La désignation d'un objet breveté tombe-t-elle avec l'objet même dans le domaine public ? 340.
Quid lorsqu'elle consiste dans le nom même de l'inventeur ? 340.
La durée d'un brevet peut-elle être réduite ? 342.

Capacité relative aux brevets (2). 343-344.
La licitation d'un brevet peut-elle être toujours requise ? 344.

Effets du brevet. 345-350.
Les termes des brevets peuvent-ils être modifiés par appréciation des intentions du breveté ? 348.
Le droit exclusif du breveté s'étend-il aux moyens indépendants de l'invention principale décrits non dans le brevet, mais dans la spécification ? 350.
Quid si les moyens se rattachent essentiellement à l'invention principale ? 350, 358.
Le brevet protège-t-il les effets non indiqués par l'inventeur ? 358.

Saisie des brevets. 354.

Vente volontaire (voir Cession de brevets).

BREVETS D'INVENTION (DEMANDE ET DÉLIVRANCE DE). — *Formalités de la demande.* 354-372.
Que faut-il entendre par objets principaux non susceptibles d'être réunis dans une même demande ? 357.
L'administration a-t-elle un droit d'examen sur les titres des brevets demandés ? 360.
A quelles conditions la description est-elle réputée suffisante ? 361.

Délivrance. 373-385.
Peut-il être fait opposition à la délivrance d'un brevet ? 376.

---

(1) C. cass., 15 juillet 1855 (*Gazette des Tribunaux* du 14 juillet). Le décret du 13 août 1810 qui a prolongé la durée des brevets d'importation, n'est pas obligatoire à défaut de promulgation régulière (aff. Christofle).

(2) C. de Paris, 12 juillet 1855 (*Gazette des Tribunaux* du 15 juillet). Un fonctionnaire public ne peut prendre un brevet d'invention pour la découverte qu'il n'a réalisée que dans l'exercice de sa fonction et dans l'accomplissement de la mission qui lui était confiée (*Carabines Minié*).

En quel cas l'absence de dessins peut-elle autoriser le rejet de la demande ? 379.
Le rejet de la demande entraîne-t-il la perte de la priorité résultant de la date de cette demande ? 383.
Quid lorsque la demande est reproduite dans les trois mois ? 384.
Le rejet de la demande peut-il être l'objet d'un recours ? 385.

C

CABARETS. — *Autorisation.* 291.

CACHETS (*Voir* DÉSIGNATIONS). 673, 692.

CAFÉS. — *Autorisation,* 291.

CERTIFICATS D'ADDITION. — *Formalités et effets.* 386-394.
Les perfectionnements apportés aux inventions brevetées peuvent-ils être librement reproduits ? 387.
La déchéance du brevet principal met-elle fin au certificat d'addition ? 389.
Le même certificat peut-il renfermer plusieurs additions différentes ? 389.
L'inventeur qui a cédé son brevet peut-il prendre après la cession un certificat d'addition ? 390.
Quand un certificat d'addition est-il réputé se rattacher au brevet principal ? 394.

CESSION DES BREVETS D'INVENTION. - *Formes et effets.* 404-412.
En quoi se distingue la cession de la simple autorisation d'exploiter ? 402.
Jusqu'où s'étend le pouvoir d'appréciation des juges à l'égard des actes de cession ? 402.
Quelle est la juridiction compétente pour connaître des contestations entre cédants et cessionnaires ? 406.
Quand le brevet est annulé la cession est-elle nulle ? 407.
Quid lorsque le cessionnaire a déjà recueilli les avantages de la cession ? 407.
Quid si l'invention brevetée ne donnait pas les avantages promis par le cédant ? 407.
Quid quand la cession a eu lieu avec stipulation de non-garantie ? 407.
Le cédant est-il tenu en tous cas de faciliter la mise à exécution de l'invention ? 407.
Les brevets principaux pour perfectionnements pris après la cession profitent-ils au cessionnaire ? 410.
Enregistrement. Formalités. Effets. 413-424.
L'enregistrement s'applique-t-il aux mutations autres que les cessions ? 414.
La cession opérée à l'étranger doit-elle être enregistrée en France ? 415.
La cession non enregistrée a-t-elle effets entre les parties et leurs héritiers ? 417.

Que faut-il entendre par les *tiers* auxquels la cession non enregistrée n'est pas opposable ? 418.
Quid à l'égard des contrefacteurs ? 418.
Le cessionnaire peut-il valablement opérer une saisie avant l'enregistrement ? 418.
Quid lorsque l'enregistrement a été demandé régulièrement, mais non encore effectué ? 418.
Quid lorsque l'enregistrement intervient pendant l'instance en contrefaçon ? 418.
Les mutations n'ayant pas le caractère de cession sont-elles nulles à défaut d'enregistrement ? 419.
Quid en cas d'apport du brevet dans une société ? 420.
Quid en cas d'attribution du brevet à un coassocié lors du partage de la société ? 420.
Quid en cas de résiliation volontaire d'une cession ? 421.
Quid en cas d'annulation par justice ? 421.
Le cessionnaire est-il tenu de respecter les simples autorisations d'exploiter non enregistrées antérieurement à la cession ? 421.
L'effet de l'enregistrement est-il subordonné à l'accomplissement des formalités administratives ultérieures ? 422.
L'enregistrement peut-il être l'objet d'une opposition ? 423.

CESSION DES OBJETS DE LA PROPRIÉTÉ INDUSTRIELLE. — *Modes et effets.* 697-705.
Quels sont les droits dont la cession résulte de celle de l'établissement lui-même ? 698.
La cession d'un établissement implique-t-elle renonciation du cédant à former un établissement en concurrence ? 700.
Cette renonciation résulte-t-elle de la seule cession du droit au bail ? 700.
Quand y a-t-il exception à la présomption de renonciation ? 701.
La cession des divers objets de la propriété industrielle peut-elle se faire isolément. 703.
La cession isolée du nom patronymique est-elle licite ? 704.
La cession du nom comme accessoire de celle de l'établissement a-t-elle des effets perpétuels ? 705.

CESSION DE LA PROPRIÉTÉ LITTÉRAIRE. *Caractères. Formes. Effets.* 780-792.
Comment s'opère la cession quand il y a plusieurs coauteurs ? 781.
Quel est le vendeur de la cession pure et simple ? 782.
Quid quand il s'agit d'articles de journaux ? 782.
La cession ne peut-elle avoir lieu que par écrit ? 783.

Quels faits emportent présomption de cession ? 784.
Quel est l'effet vis-à-vis du cessionnaire de l'extension donnée, soit à la durée, soit à la garantie de la propriété littéraire ? 786-787.
Quel est l'effet de l'autorisation d'imprimer les manuscrits des bibliothèques publiques ? 788.

CHARCUTERIE (Voir BOUCHERIE).

CHAUDIÈRES A VAPEUR (Voir MACHINES A VAPEUR).

CHEF D'ATELIER. — *Règlements de compte.* 1050.
Double livre d'acquit. 1051-1052.
Garanties pour le recouvrement des avances. 1053-1055.

CHOMAGE (Voir ÉTABLISSEMENTS INSALUBRES AUTORISÉS, USINES).

COALITIONS. — *Coalitions des ouvriers.* 988-990.
Les dispositions sur les coalitions s'appliquent-elles aux ouvriers de l'agriculture ? 989.
Coalitions des maîtres. 988-990, 1142-1145.
Les dispositions sur les coalitions sont-elles applicables aux propriétaires et aux fermiers ? 989.
Quid à l'égard des fabricants ? 1143.
Quid à l'égard de divers copropriétaires ou coassociés ? 1143.
Quid si les manœuvres sont dirigées contre un seul établissement ? 1143.
Que faut-il entendre par *marchandises* dans le sens de l'art. 419 du Code pénal ? 1144.
La convention de ne pas fabriquer telle ou telle espèce de produits peut-elle constituer une coalition ? 1144.
Quand le délit de coalition est-il consommé ? 1145.
La coalition n'est-elle punissable que quand elle est déclarée frauduleuse ? 1145.
Quid à l'égard des manœuvres autres que la coalition qui lui sont assimilées ? 1145.

CONCURRENCE INDUSTRIELLE.
—*Liberté de la concurrence.* 266, 696.
Concurrence déloyale (1). 695-1139.
(Voir DÉSIGNATIONS, NOMS, ÉTIQUETTES, CACHETS).

CONGÉ D'ACQUIT.—*Apprentis.*948.
Ouvriers. 979.

---

(1) C. de Nancy, 13 juillet 1855 (*Gazette des Tribunaux* du 16 juillet). Il y a concurrence déloyale dans l'emploi de marques, cachets, enveloppes, dont la ressemblance avec ceux d'un inventeur peut tromper les acheteurs sur la provenance des objets.

CONTRAINTE PAR CORPS. —
L'appel est-il recevable contre toute décision prononçant la contrainte par corps quel que soit le taux de la demande ? 1097.

CONTREFAÇON EN MATIÈRE DE BREVETS D'INVENTION. — *Délit de contrefaçon. Définition. Caractères.* 489-502.
L'inventeur qui a cédé son brevet peut-il devenir contrefacteur ? 490.
La prise d'un brevet pour un objet déjà breveté est-elle une contrefaçon, 490-502.
Quid de l'imitation, dans un simple but d'essai, d'un objet breveté ? 490.
Quid de la reproduction des moyens employés par l'inventeur, mais non décrits au brevet ? 494.
Quid de l'exploitation, de la part du cessionnaire, en dehors et au delà des termes de la cession ? 492.
L'intention de nuire est-elle nécessaire pour constituer le délit de contrefaçon ? 493.
Qui doit être réputé auteur de la contrefaçon ? 494.
La fabrication pour l'usage personnel du fabricant est-elle une contrefaçon ? 496.
Quid de toute fabrication non suivie de vente ? 496.
Quid si la vente n'a lieu qu'après l'expiration du brevet ? 496.
Quid de la fabrication seulement commencée ? 497.
Quid de l'application à des usages autres que ceux décrits au brevet ? 500.
Quid de l'obtention de résultats identiques, mais par des moyens autres que ceux décrits au brevet ? 500.
Quand la simple imitation est-elle contrefaçon ? 498.
Quand y a-t-il contrefaçon partielle ? 499.
L'imitation du tout peut-elle être illicite quand l'imitation de chacune des parties est permise ? 501.
Complicité en matière de contrefaçon.
Introduction, recel, vente, exposition en vente. 503-512.
Les règles générales sur la complicité sont-applicables en matière de contrefaçon ? 506.
Celui qui fait cacher par autrui est-il punissable comme receleur ? 504.
Un seul fait de vente donne-t-il lieu à l'application de la loi ? 504.
Quid de la circulation d'objets contrefaits sous le régime du transit ? 505.
Quid de l'introduction pour l'usage personnel du prévenu ? 505.
Quid de la détention par le prévenu pour son usage personnel ? 507.

Quid de la mise en vente d'objets brevetés par l'ouvrier non payé ? 508.
Quid de l'exploitation de l'objet breveté remis en gage ? 509.
L'intention de nuire est-elle un élément constitutif du délit de complicité de contrefaçon ? 510.
Dans quels cas y a-t-il présomption de mauvaise foi ? 511, 512.
Action en contrefaçon. Principes généraux Compétence. 513-549.
Quel est le tribunal compétent pour connaître de l'action en contrefaçon ? 514, 515.
Le désistement de la partie privée paralyse-t-il l'action publique ? 516.
Quid lorsque le désistement a eu lieu avant la mise en prévention ? 516.
Le tribunal dans le ressort duquel a été effectuée la saisie est-il compétent ? 517.
En quel cas l'inventeur peut-il agir en vertu d'un brevet expiré ? 518.
En quels cas et à quelles conditions le cessionnaire d'un brevet peut-il agir en contrefaçon ? 519.
Quid de celui qui n'a qu'une simple autorisation d'exploiter. 519.
Exceptions en matière de contrefaçon. 520-529.
Quand l'exception de bonne foi est-elle admissible ? 522.
Quid de l'exception tirée de la reconnaissance des droits du prévenu ? 523.
La preuve testimoniale est-elle admise à l'appui de l'exception ? 525
L'exception d'antériorité résulte-t-elle de la seule production d'un brevet antérieur pris par un tiers ? 527.
Par qui peut être invoquée l'exception tirée de la mise en pratique non publique ? 527.
A qui incombe la preuve en cas d'exception tirée de la non-exploitation ? 528.
Sursis au correctionnel en présence d'une instance civile. Chose jugée. 530-535.
Quand le sursis est-il facultatif ou obligatoire pour le tribunal correctionnel ? 530-532.
Dans quels cas la demande au civil est-elle réputée antérieure à l'instance correctionnelle ? 533.
Quid lorsque l'instance civile est postérieure à la saisie ? 533.
Peut-il y avoir renvoi du tribunal civil au tribunal correctionnel ? 534.
La chose jugée au civil sur la déchéance ou la nullité d'un brevet, met-elle obstacle à ce que les exceptions de nullité ou de déchéance soient ultérieurement reproduites au correctionnel ? 535.
Quid à l'inverse de la chose jugée au correctionnel ? 535.

Garantie.—Cumul d'actions. 536-537.
Le prévenu de débit d'objets contrefaits peut-il appeler en garantie son vendeur ? 536
Peut-il y avoir cumul d'une action en nullité et d'une action en contrefaçon ? 537.
Saisie et description en matière de contrefaçon. 538-550.
L'autorisation de saisir peut-elle être accordée sur la production d'un brevet expiré ? 539.
L'ordonnance du président peut-elle restreindre le droit de saisie à certains objets ? 541.
L'ordonnance du président est-elle susceptible de recours ? 543.
En quels lieux peut être opérée la saisie ? 544.
Les objets obtenus par la contrefaçon peuvent-ils être saisis même quand ils ont été dénaturés par une fabrication ultérieure ? 544.
Quid des objets à l'usage personnel de leur possesseur ? 544.
Quid des instruments de la contrefaçon ? 544.
L'autorisation de saisir est-elle indéfiniment applicable ? 549.
Quel est le tribunal compétent pour prononcer la nullité et la mainlevée de la saisie ? 547.
La saisie peut-elle être prévenue par celui qui en est menacé ? 548.
L'absence ou la nullité de la saisie mettent-elles obstacle aux poursuites ultérieures ? 550.
Ordonnance de référé. (1) *Expertise.* Faculté d'appréciation des tribunaux. 551.
Le rejet non motivé d'une demande d'expertise donne-t-il ouverture à cassation ? 551.
Peines. Prescription. Amende, emprisonnement, confiscation. 553-572.
Les tribunaux peuvent-ils se dispenser de prononcer la confiscation ? 558.
Quid à l'égard des objets à l'usage personnel du prévenu. 559
La confiscation comprend-elle indistinctement tout ce qui est inséparable des objets contrefaits ? 560.
Les objets fabriqués à l'aide d'un procédé contrefaisant doivent-ils être confisqués ? 561.

---

(1) C. de Paris, 9 juillet 1855 (*Gazette des Tribunaux* du 10 juillet). La faculté d'appel est autorisée contre l'ordonnance de référé qui prescrit les mesures de saisie et de scellé.

A quelles conditions l'objet auquel a été appliqué l'instrument de la contrefaçon peut-il être confisqué? 562.
Les instruments dont l'emploi pour la contrefaçon n'est que possible doivent-ils être confisqués ? 563.
Des dommages-intérêts peuvent-ils être prononcés contre le prévenu qui n'a tiré aucun profit de la contrefaçon ? 564.
La solidarité peut-elle être prononcée par suite de la seule analogie des faits compris dans une même poursuite ? 565.
Que peuvent comprendre l'impression et l'affiche des jugements? 566.
Les affiches peuvent-elles être maintenues indéfiniment. 566.
La confiscation peut-elle être prononcée par la juridiction civile ? 568.
Quel est le point de départ de la prescription en matière de contrefaçon ? 574.

CONTREFAÇON EN MATIÈRE DE DESSINS DE FABRIQUE. — *Définition. Caractères.* 596-601.

La contrefaçon résulte-t-elle de l'imitation d'un *genre* et non d'une *espèce* particulière de dessin ? 597.
La bonne foi exclut-elle le délit ? 598.
Quand la bonne foi peut-elle être supposée ? 598, 599.
L'application d'un dessin à une industrie différente est-elle une contrefaçon ? 600, 601.

Action en contrefaçon. Compétence. Pénalités. 602.

Quel est le tribunal compétent pour connaître de l'action civile ? 602.
L'action correctionnelle est-elle subordonnée au dépôt préalable ? 603.
L'appréciation des dommages-intérêts est-elle facultative pour les tribunaux ? 605.
La confiscation peut-elle être prononcée par les tribunaux civils ? 606.
Les tribunaux peuvent-ils prononcer l'interdiction de fabriquer à l'avenir ? 606.

CONTREFAÇON DES MARQUES DE FABRIQUE. — *Caractères. Pénalités.* 628-633.

L'excuse tirée de la bonne foi est-elle admissible de la part du fabricant ? 629.
Quid de la part du débitant ? 630
Quand peut avoir lieu la saisie des objets contrefaits ? 632.
L'apposition frauduleuse d'une marque étrangère peut-elle être poursuivie correctionnellement ? 633.
L'action en contrefaçon de marque peut-elle être exercée par un étranger ? 666.

CONTREFAÇON DES OEUVRES LITTÉRAIRES. — *Délit de contrefaçon proprement dite. Définition. Caractères.* 803-821.

L'intention de nuire est-elle un élément constitutif du délit ? 803, 806.
Le délit existe-t-il quel que soit le mode de reproduction ? 804.
Quid quand l'impression n'est que commencée ? 804.
Peut-il y avoir contrefaçon de la part de l'auteur ? 803.
Le préjudice moral suffit-il pour constituer le délit ? 805.
L'insertion d'un écrit peu étendu dans un recueil plus considérable est-elle une contrefaçon ? 808.
Comment le plagiat se distingue-t-il de la contrefaçon partielle ? 809.
Les citations plus ou moins étendues constituent-elles une contrefaçon partielle ? 811.
Quid des parodies ? 811.
Quid des comptes rendus ? 811.
Quid des emprunts faits par les journaux ? 811.
Quid des extraits distribués à des élèves ? 812.
La contrefaçon partielle résulte-t-elle de l'imitation servile ? 813.
Quid de l'abrégé ? 814.
Quid de la traduction ? 814.
Quid de l'emprunt du sujet ? 815.
A quelles conditions le titre peut-il être réputé contrefait? 817-819.
Le délit résulte-t-il de la circulation en transit d'ouvrages contrefaits ? 820.

Délit de débit d'ouvrages contrefaits. 822-823.

Le délit résulte-t-il de la présence du livre dans un cabinet de lecture ? 822.
Quid de l'annonce pure et simple d'un ouvrage contrefait ? 823.
Quid de la transmission, soit officieuse, soit dans un but de spéculation ? 823.
Quand y a-t-il présomption de mauvaise foi de la part du débitant ? 825.

Action en contrefaçon. Saisie. 826-832.

L'action en contrefaçon peut-elle être intentée d'office ? 826.
A qui appartient l'action en cas de cession ? 827.
Quid en cas d'autorisation d'exploiter? 827.
La saisie est-elle obligatoire quand elle est requise par la partie lésée ? 828.
Est-elle nécessaire pour la poursuite en contrefaçon ? 828.
Sur quels objets peut porter la saisie? 829.
Quel est le tribunal compétent pour connaître de l'action civile ? 830.
Quid à l'égard de l'action correctionnelle? 831.
Le juge correctionnel est-il tenu de surseoir en présence d'une exception préjudicielle de propriété ? 832.

Peines. Prescription. 833-843.

En cas de contrefaçon partielle, la con-

fiscation doit-elle porter sur l'ouvrage entier ? 836.
La confiscation peut-elle être remplacée par la condamnation à une certaine somme ? 836.
Par quelle voie doivent être poursuivis les tiers détenteurs d'ouvrages reconnus contrefaits ? 837.
Le tribunal civil peut-il prononcer la confiscation ? 835, 838.
En quels cas la solidarité peut-elle être prononcée ? 839.
Quel est le point de départ de la prescription en matière de contrefaçon ? 842.
Quid en cas de débit de contrefaçon ? 842.
L'expiration du délai de trois ans donne-t-elle le droit de débiter l'édition contrefaite ? 843.

CONTREFAÇON DES OEUVRES D'ART.—*Dessins, gravures, etc.* 900-908.
Quand les portraits sont-ils réputés contrefaits ? 902.
L'imperfection de la reproduction exclut-elle la contrefaçon ? 904.
La reproduction dans un autre but que celui que s'est proposé l'auteur est-elle contrefaçon ? 905.
Quid de la reproduction par un art différent ? 906.
Quid de l'usurpation du titre ? 907.
La contrefaçon existe-t-elle sans qu'il y ait mise en vente ? 908.
Sculpture et arts plastiques. 920-927.
Le contremoulage constitue-t-il nécessairement une contrefaçon ? 921.
Peut-il y avoir contrefaçon d'une copie ? 922.
La reproduction dans des proportions différentes est-elle contrefaçon ? 923.
Quid de la reproduction par un art autre que la sculpture ? 925.
Quid de la reproduction dans un but non commercial ? 926.
Quid de la reproduction contrairement aux termes d'une convention ? 927.
Action en contrefaçon. Prescription. 909.

CONTREFAÇON DES NOMS (*Voir* Noms, Usurpation).

COURS D'EAU (*Voir* Usines sur les cours d'eau).

D

DÉCHÉANCE (action en). — *Voir* Nullité et déchéance de brevets).

DÉCHÉANCE DES BREVETS D'INVENTION. — *Défaut de paiement de la taxe.* 466-469.
Le paiement qui a lieu le premier jour de l'année qui suit le paiement précédent est-il tardif ? 467.
Quel est le point de départ du délai quand il a été pris un certificat d'addition ? 467.
Le paiement reçu sans contestation après l'expiration du délai couvre-t-il la déchéance ? 468.
L'administration peut-elle appliquer la déchéance ou en relever ? 468.
Les droits acquis avant le moment où la déchéance a été encourue subsistent-ils ? 468.
L'excuse tirée de la force majeure peut-elle être admise pour écarter la déchéance ? 469.
Retard ou interruption d'exploitation. 470-472.
La période de deux ans court-elle à partir du dépôt de la demande ou du jour de la signature du brevet ? 470.
De simples essais suffisent-ils pour écarter la déchéance ? 471.
Quid d'une mise en vente unique, d'une simple exhibition des produits ? 471.
Quid de l'exploitation par un tiers ? 471.
Quid de l'exploitation d'un seul des divers procédés décrits au brevet ? 471.
Importation d'objets brevetés. 472.
L'importation fait-elle encourir la déchéance quand elle ne porte que sur des échantillons ? 472.
Quid à l'égard des organes séparés d'un mécanisme destinés à être réunis en France ? 472.
Quid pour les objets destinés à être employés comme modèles ? 472.

DÉDIT (*Voir* Apprentissage, Louage d'industrie.

DEPOT (*Voir* Dessins de fabrique, Marques, OEuvres littéraires, Sculpture.

DÉSIGNATIONS DIVERSES DES PRODUITS (*Voir* Noms, Etiquettes, Cachets).—*Caractères, effets.* 668-674.
Le dépôt est-il requis relativement à ces désignations ? 668.
Quand l'usurpation doit-elle être réprimée ? 669.
Peut-elle donner lieu à une action pénale ? 668.
La combinaison nouvelle de plusieurs modes de désignation connus peut-elle devenir un objet de propriété ? 674.

DESSINS (*Voir* Arts du Dessin).

DESSINS DE FABRIQUE (*Voir* Contrefaçon, Exposition universelle).— *Définition et caractères légaux.* 574-583.
Les dessins de fabrique se distinguent-ils des dessins artistiques ? 574.
La loi de 1806 est-elle applicable à tous les dessins sans distinction ? 575.

Quid à l'égard des modèles en relief ? 576-577.

Le chinage et les combinaisons sans configuration distincte sont-ils dessins de fabrique ? 579.

Quid des assemblages de couleurs ayant un aspect caractérisé ? 579

Quid des figures obtenues par le seul fonctionnement d'un métier connu ? 580.

La nouveauté d'un dessin peut-elle résulter de l'application nouvelle d'un dessin connu ? 583.

Quid de l'obtention du dessin par des procédés nouveaux ? 584.

L'application faite à l'étranger exclut-elle la nouveauté du dessin ? 585.

Dépôt. Formalités. Effets. 586-595

En quoi consiste le dépôt ? 586

Où doit avoir lieu le dépôt hors du ressort des conseils de prud'hommes? 587.

Un seul dépôt est-il suffisant? 588.

Le dépôt irrégulier est-il dépourvu de tout effet ? 588.

La propriété du dessin résulte-t-elle du dépôt ? 589.

L'inventeur peut-il incriminer des faits antérieurs au dépôt ? 589.

Le dépôt doit-il précéder la mise en vente ou l'exhibition publique ? 590.

La communication confidentielle d'un dessin avant le dépôt en fait-elle perdre la propriété ? 591.

A qui appartient la présomption de propriété en cas de dépôt d'un même dessin par plusieurs ? 595.

E

ÉDITEUR (DROITS ET OBBLIGATIONS DE L').—*Droits.* 793-794.

Quelles sont les obligations de l'auteur envers l'éditeur ? 793.

L'auteur qui publie nonobstant une cession est-il contrefacteur vis-à-vis de l'éditeur ? 793.

Les engagements de l'auteur envers l'éditeur sont-ils attachés à la personne de ce dernier ? 794.

Obligations. 795-802.

L'éditeur peut-il modifier l'ouvrage cédé ? 796.

Quid lorsqu'il s'agit de publications collectives ? 797.

Quia en ce qui concerne le titre, le nom, le format, le mode de publication ? 798.

L'éditeur est-il tenu de poursuivre la publication sans interruption ? 799.

L'éditeur qui dépasse le nombre des exemplaires cédés est-il contrefacteur ? 800.

Y a-t-il obligation réciproque de l'auteur et de l'éditeur de ne pas publier d'ouvrages en concurrence ? 801.

Quels sont les engagements respectifs des éditeurs et des souscripteurs ? 802.

EMBAUCHAGE D'OUVRIERS. 992-1140.

ENFANTS (TRAVAIL DES).—*Conditions de l'admission des enfants dans les manufactures.* 960-967.

Livret des enfants. 961.

Contraventions. Responsabilité du chef de l'établissement. 968-971.

Les poursuites peuvent-elles être dirigées contre les parents comme complices ? 970.

ENGRAIS (Dépôt d') (*Voir* ORDONNANCES DU PRÉFET DE POLICE). 150.

ENSEIGNE (*Voir* CESSION). — *Caractère. Propriété.* 675-679.

La désignation naturelle et nécessaire d'un établissement peut-elle constituer une enseigne proprement dite ? 675.

La propriété de l'enseigne est-elle inhérente à celle du tableau ou objet matériel qui porte l'enseigne ? 677.

La durée de l'enseigne emblématique est-elle la même que celle de l'enseigne nominale ? 678.

Usurpation d'enseigne. 680-693.

L'usurpation d'enseigne résulte-t-elle de l'indication des relations de parenté, d'apprentissage, etc. ? 682.

Quid du titre de successeur ? 684.

Quid du nom patronymique déjà employé par un homonyme ? (1)

Quid de la simple analogie des désignations ? 686.

Quid de l'analogie par la seule consonnance ? 687.

Quid de l'imitation des dispositions extérieures de l'établissement ? 688.

Quid de l'analogie d'enseigne entre industries différentes ? 689.

Quid si les industries sont analogues, mais éloignées ? 690.

Quid du transport d'un industriel possesseur d'une enseigne dans le voisinage du possesseur de la même enseigne ? 690.

La tolérance prolongée met-elle obstacle à l'action pour usurpation ? 691.

L'action en dommages-intérêts appartient-elle aux étrangers ? 693.

---

(1) Voir trib. de comm. de la Seine, 29 juin 1855 (*Gazette des Tribunaux* du 8 juillet). Jugé que le fils d'un fabricant qui a un successeur peut placer son nom propre sur son enseigne avec le titre de *fils*, mais en supprimant les qualifications additionnelles qui pourraient amener une confusion (affaire *Moreaux, fils de la mère Moreaux*).

ENVELOPPES (*Voir* Désignation). 673, 692.

La couleur, la configuration des enveloppes peuvent elles être un objet de propriété ? 673.

ÉQUARRISSAGE (ateliers d'). — (*Voir* Ordonnance du préfet de police). 149.

ÉTABLISSEMENTS INDUSTRIELS NON CLASSÉS. — *Droits de l'autorité municipale.* 102-105.

L'autorité municipale peut-elle ordonner le déplacement des établissements non classés ? 103.

L'exercice régulier d'une industrie non soumise à autorisation peut-il donner lieu à dommages-intérêts ? 104.

Quid à l'égard du bruit causé par l'exploitation ? 104.

ÉTABLISSEMENTS INSALUBRES DE PREMIÈRE CLASSE. — *Autorisation. Formalités.* 9-11.

Celui qui construit dans le voisinage d'un atelier après l'autorisation peut-il en réclamer l'éloignement ? 8.

La législation ancienne est-elle demeurée applicable au département de la Seine ? 9.

Quelles sont les formalités dont l'omission donne lieu à annulation de l'autorisation ? 10.

Le préfet est-il tenu de consulter le conseil de préfecture sur la demande d'autorisation ? 11.

Oppositions. Principes. 12, 13.

Les oppositions sont-elles recevables après la clôture du procès-verbal d'enquête ? 12.

Les oppositions fondées, soit sur les inconvénients de la concurrence, soit sur le voisinage des bois, soit sur la proximité d'un chemin, sont-elles admissibles ? 12.

Les motifs d'opposition ne peuvent-ils être pris que des raisons pour lesquelles l'établissement a été classé ? 12.

Quid de l'inconvénient du bruit ? 13.

Recours et intervention. Procédure et Compétence. 14, 16.

A partir de quel moment courent les délais du recours ? 14.

Quid de la simple connaissance acquise ? 14, note.

Est-ce devant le conseil d'État ou devant le ministre que le recours doit être porté ? 15.

A qui doit être adressé le recours des tiers contre l'autorisation accordée ? 16, 24.

Quid en cas d'incompétence ou d'excès de pouvoirs ? 16.

En quel cas les tiers ont-ils droit d'intervenir devant le conseil d'État ? 16, 25.

ÉTABLISSEMENTS DE SECONDE CLASSE. — *Autorisation. Formalités.* 18-21.

A quelles conditions est subordonnée l'autorisation ? 18.

A qui doit être adressée la demande d'autorisation ? 19.

L'apposition d'affiches est-elle nécessaire ? 12, 20.

Quelle est la durée de l'enquête ? 20.

Le préfet est-il tenu de consulter le conseil de préfecture, soit qu'il y ait, soit qu'il n'y ait pas d'opposition ? 21.

Recours et intervention. Procédure et Compétence. 22-27.

A qui doit être adressé le recours du postulant en cas de refus d'autorisation ? 22, 23.

A qui doit être adressé le recours des tiers quand l'autorisation a été accordée ? 22, 24.

Quid en cas d'incompétence ou d'excès de pouvoir ? 24, 26.

Le recours des tiers est-il assujetti à un délai ? 24.

Est-il recevable quoiqu'il n'y ait pas eu d'opposition durant l'instruction ? 24.

En quels cas les tiers peuvent-ils agir par voie d'intervention, de tierce opposition ? 25.

Quand le conseil d'État révoque-t-il ou accorde-t-il *de plano* l'autorisation, ou renvoie-t-il à une nouvelle instruction ? 27.

Quid en cas de recours pour incompétence ou excès de pouvoir ? 26.

Oppositions. Principes. 28-32.

Le danger, l'insalubrité, l'incommodité sont-ils les seuls motifs d'opposition admissibles ? 29, 30.

Quid des raisons tirées des inconvénients de la concurrence ? 30.

Quid des considérations d'intérêt général ? 30.

Quid de la proximité des habitations ? 31.

La destination des habitations ou établissements voisins influe-t-elle sur l'appréciation des oppositions ? 31.

L'autorisation accordée à un établissement implique-t-elle la nécessité de l'autorisation d'un établissement semblable au même lieu ? 31.

Les inconvénients indiqués dans l'ordonnance de classement sont-ils les seuls qui puissent-être invoqués ? 32.

ÉTABLISSEMENTS DE TROISIÈME CLASSE. — *Autorisation. Formalités.* 34-36.

La demande d'autorisation donne-t-elle lieu à enquête de *commodo et incommodo* ? 35.

La demande doit-elle être accompagnée d'un plan ? 40.

Recours. Procédure. 37, 38, 41.
Est-ce au préfet ou au Conseil de préfecture que doit être déféré l'arrêté du sous-préfet ? 37.
Y a-t-il lieu de distinguer entre le recours du postulant et celui des tiers ? 37.
Le recours est-il assujetti à un délai ? 37.
Quels sont les pouvoirs du Conseil de préfecture ? 37.
Quel recours peut être dirigé contre l'arrêté du Conseil de préfecture ? 38.
Quels sont les droits des tiers, et dans quels cas leur intervention est-elle recevable ? 38.
Oppositions. Principes. 39.
Les motifs d'opposition et de recours peuvent-ils être tirés d'autres considérations que de celle de l'incommodité ? 39.

ÉTABLISSEMENTS MIXTES. —
Autorisation. Formalités. 42-44.
A qui doit être adressée la demande d'autorisation ? 42.
Une autorisation spéciale est-elle requise pour chacune des industries comprises dans un même établissement ? 43.

ÉTABLISSEMENTS ANTÉRIEURS A 1810. *Principes.* 45-48.
L'art. 11 du décret de 1810 est-il applicable aux établissements dont l'existence avait donné lieu à contestation antérieurement à 1810 ? 45.
Par qui doit être faite la preuve de l'existence de l'établissement avant 1810 ? 46.
Quelle est l'autorité compétente pour déterminer l'époque de la fondation de l'établissement ? 47.
Les décisions relatives à l'époque de la fondation de l'établissement peuvent-elles être attaquées par la voie contentieuse ? 47.
Les modifications apportées à un établissement lui font-elles perdre le bénéfice de l'art. 11 ? 48.
Quid de la translation, de l'interruption des travaux ? 48.
Un établissement antérieur à 1810 est-il néanmoins soumis aux mesures réclamées par la sûreté publique ? 48.

ÉTABLISSEMENTS DE NATURE A ÊTRE CLASSÉS. — *Principes.*
Régime administratif. 49-55.
Les classements nouveaux ont-ils effet à l'égard des établissements antérieurs ? 49.
Qu'entend-on par industries nouvelles soumises aux nouveaux classements ? 51.
Le préfet peut-il suspendre la formation et l'exercice d'un atelier de création nouvelle, mais appartenant à une industrie anciennement connue ? 51.

L'arrêté qui prononce la suspension peut-il être attaqué par la voie contentieuse ? 52.
La suspension peut-elle être prononcée par le maire ? 52.
Le refus d'autorisation pour un établissement classé provisoirement peut-il être attaqué par la voie contentieuse ? 53.
Le classement provisoire est-il obligatoire ? 54.
Le décret portant classement définitif peut-il être attaqué par la voie contentieuse ? 54.
Les préfets peuvent-ils classer provisoirement les établissements de nature à être rangés dans la première classe ? 55.

ÉTABLISSEMENTS INSALUBRES AUTORISÉS. — 1° RÉGIME ADMINISTRATIF. — *Surveillance. Règles administratives.* 58.
Inexécution des conditions. Principes, applications. 59-68.
L'inexécution des conditions prescrites à un établissement autorisé lui fait-elle perdre le bénéfice de l'autorisation ? 59.
Quid du rapprochement des habitations ? 59.
Quid de l'inexécution de conditions impossibles à remplir ? 59.
Quid des modifications apportées à l'établissement ? 60.
Quid de la substitution d'appareils analogues ? 60.
Quid du développement naturel ou de la restriction de l'industrie autorisée ? 60.
La révocation d'autorisation par suite de déplacement est-elle applicable aux établissements postérieurs à 1810, et à ceux de seconde et de troisième classe ? 61.
Quid en cas de déplacement non d'un atelier, mais d'un appareil à vapeur ? 61.
Interruption de travaux. 62-66.
L'interruption de travaux motivée par une instance judiciaire ou un recours administratif entraîne-t-elle déchéance ? 62.
La déchéance s'applique-t-elle aux industries intermittentes ? 63.
Quid en cas de destruction et de reconstruction de l'établissement ? 63.
La déchéance peut-elle être encourue avant l'expiration des six mois ? 64.
La déchéance encourue par l'établissement principal est-elle couverte par l'autorisation accordée à une annexe ? 65.
Suppression. Autorité compétente. 67-68.
La suppression d'un établissement de première classe peut-elle être prononcée par le préfet ? 67.
Quelle est l'autorité compétente pour connaître du recours contre l'arrêté de suppression des ateliers de deuxième classe ? 67.

Quid à l'égard des établissements de troisième classe ? 67.

Droits de police de l'autorité municipale.

La suppression peut-elle être prononcée par l'autorité municipale (1) 68.

Dangers imprévus. Principes. Formalités. Compétence. 69-75.

La suppression pour dangers imprévus peut-elle être appliquée aux établissements postérieurs à 1810 ? 69.

Le préfet peut-il prononcer en ce cas la suppression définitive ? 70.

Peut-il prononcer la suspension et toutes mesures provisoires ? 73.

Cette suppression peut-elle être demandée par la voie contentieuse ? 70.

Le décret de suppression peut-il être l'objet d'un recours au contentieux ? 72.

Quid en cas d'omission des formalités prescrites ? 72.

L'intervention des tiers est-elle recevable ? 72.

Cette suppression est-elle applicable aux établissements de deuxième classe ? 74.

Quelles mesures peuvent-être prises en cas de dangers imprévus à l'égard des établissements de deuxième classe ? 75.

L'industriel a-t-il droit à indemnité en cas de suppression par mesure de sûreté générale ? 75.

ÉTABLISSEMENTS INSALUBRES AUTORISÉS. — 2° Régime judiciaire —*Compétence judiciaire à l'égard des contraventions.* 82-88.

La contravention résulte-t-elle de la seule inexécution des conditions ? 82.

Le prévenu peut-il être excusé sur l'intention ? 84.

Le maître est-il responsable du fait de ses préposés ? 84.

La demande d'autorisation suspend-elle l'action pénale ? 82.

Par qui peut être requise l'interdiction d'exploiter ? 85.

La démolition de l'établissement peut-elle être ordonnée par le tribunal ? 86.

Quel est le point de départ de la prescription ? 87.

L'acquittement pour un fait d'exploitation emporte-t-il chose jugée relativement à l'exploitation ultérieure ? 88.

---

(1) C. cass., 1ᵉʳ juin 1855 (*Gazette des Tribunaux* du 10 juin 1855. L'autorité municipale ne peut, sans excès de pouvoir, prendre des arrêtés relativement à la police des établissements classés, défendre, par exemple, le versement dans un cours d'eau de liquides impurs provenant d'une usine autorisée.

Exceptions préjudicielles. Sursis 89-93.

Le juge correctionnel peut-il apprécier la légalité des règlements administratifs ? 89.

Le juge civil peut-il prononcer sur l'interprétation des règlements administratifs ? 91.

Quid en cas de contestation sur l'existence de l'établissement antérieurement à 1810 ou sur l'interruption des travaux ? 92.

Dommages-intérêts. 95-100.

L'exploitation régulière d'un établissement autorisé peut-elle donner lieu à dommages-intérêts ? 95.

Quid à l'égard de l'auteur d'une opposition écartée administrativement ? 95.

Y a-t-il lieu de distinguer pour l'allocation des dommages-intérêts entre les diverses espèces de préjudices ? 99.

Quelle est en cette matière l'influence des obligations respectives du voisinage ? 100.

Les tribunaux civils sont-ils compétents pour connaître d'une telle demande ? 96.

La suppression d'un établissement dommageable, mais autorisé, peut-elle être prononcée par la justice ? 97.

ÉTIQUETTES.—(*Voir* Désignations). 673, 692.

ÉTRANGERS (*Voir* Marques de fabrique, Noms, Propriété littéraire, dramatique, musicale, artistique.)

EXPOSITION UNIVERSELLE (certificats relatifs aux inventions admises a l').—*Formes et effets des certificats.* 444-446.

Les inventions protégées par les certificats le sont-elles contre les faits qui seraient accomplis entre la communication faite au comité et l'admission prononcée ? 445.

Les inventions présentées, mais non admises à l'exposition, sont-elles acquises au domaine public ? 446.

L'effet des certificats est-il subordonné à la prise ultérieure d'un brevet ordinaire ? 444.

EXPOSITION UNIVERSELLE (dessins de fabrique admis a l'). 591.

(*Voir Médailles honorifiques*.)

F

FACTURES. 692.

FALSIFICATIONS des substances alimentaires ou médicamenteuses et des boissons.—*Délit consommé. Tentative.* 1154-1462.

Le lait doit-il être considéré comme substance alimentaire ? 1157.

Le peu d'importance du mélange et du préjudice exclut-il le délit ? 1157.
Les mélanges avoués et déclarés sont-ils punissables ? 1158.
Le débit de substances corrompues à la connaissance des acheteurs est-il un délit ? 1159.
La falsification est-elle punie indépendamment de l'usage de la substance falsifiée ? 1160.
La simple détention de substances falsifiées ou corrompues est-elle punissable ? 1162.
Peut-elle être justifiée ? 1162.
Pénalités. 1172, 1177.
Produits destinés à l'exportation. 1178.

FÊTES ET DIMANCHES. 940.

FONDERIE DE CARACTÈRES. 261.

FORÊTS (Etablissements situés dans le voisinage des). — 141, 142.

G

GRAVURE (*Voir* ARTS DU DESSIN).

GRÈVES (*Voir* COALITIONS).

H

HAUTS FOURNEAUX. — *Autorisation. Formalités. Conditions. Effets.* 136, 140.
A qui doivent être notifiées les oppositions et demandes en préférence ? 137.
En quel cas le décret d'autorisation peut-il être attaqué par la voie contentieuse ? 138.
Une autorisation nouvelle est-elle nécessaire en cas de modification apportée à l'usine ? 140.
(Voir *Etablissements insalubres*.)

I

IMPRIMERIE. — *Conditions de l'exercice de la profession. Brevet.* 210-216.
Les imprimeurs peuvent-ils faire travailler ailleurs que dans les maisons où ils demeurent ? 211.
Le brevet obtenu pour un lieu couvre-t-il une succursale établie ailleurs ? 211.
Le brevet peut-il être donné en gage ? 212.
Se transmet-il par succession ? 212.
La veuve du titulaire a-t-elle besoin d'un nouveau brevet ? 212.
Le cessionnaire non breveté peut-il exploiter avec le concours du cédant ? 213.
Quid si ce concours n'est que nominal ? 213.

Quid au cas où des tiers non autorisés exploitent leurs propres presses dans l'atelier du titulaire ? 213.
La possession d'une presse, non suivie d'usage, est-elle interdite ? 214.
Le brevet peut-il être retiré pour toute contravention aux lois de presse en général ? 215
La décision ministérielle élevant le nombre des imprimeurs peut-elle être attaquée par la voie contentieuse ? 216.
L'imprimeur a-t-il le droit de refuser ses presses ? 217.
Déclaration préalable. 219.
Par qui doit être faite la déclaration préalable ? 219.
Quid en cas d'impression par plusieurs ? 219.
A quel moment doit-elle être faite ? 219.
Quelle mention doit-elle contenir ? 219.
Dépôt. 220-223.
Où le dépôt doit-il être effectué ? 220.
Que le est la conséquence de la non-présentation du récépissé ? 221.
Quid en cas de perte du récépissé ? 221.
Le dépôt est-il exigé pour tous les ouvrages ? 222, 223.
Quid à l'égard des bilboquets ? 222.
Quid des mémoires sur procès ? 222.
Quid des réimpressions ? 223.
Indication de l'imprimeur. 224-227.
Que doit contenir cette indication ? 224.
Quels écrits en sont affranchis ? 225.
Quid à l'égard des ouvrages publiés par livraisons ? 226
Quid des imprimés annexés à un journal ? 226.
Quid de l'indication sur la couverture ? 226.
A quel moment la contravention existe-t-elle ? 227.
Quel est le tribunal compétent pour en connaître ? 229.
Le contrevenant peut-il être excusé sur l'intention ? 230.
Les peines encourues pour diverses contraventions peuvent-elles être cumulées ? 231.
Le bénéfice des circonstances atténuantes est-il applicable ? 232.
Journaux, etc. (Voir ce mot).
Imprimés soumis au timbre (Voir *Timbre*).

J

JOURNAUX ET PETITS ÉCRITS POLITIQUES. — *Formalités relatives à leur publication. Déclaration. Dépôt.* 234-237.

L'autorisation accordée aux journaux, etc , laisse-t-elle subsister l'obligation de la déclaration et du dépôt ? 235.
Les imprimés annexés à un journal pour en être détachés rentrent-ils dans le droit commun ? 236.
Quelle est la forme de la déclaration et du dépôt pour les journaux non politiques? (1).
Contraventions. — Responsabilité de l'imprimeur. 238-240.
L'insertion d'un petit écrit politique dans un journal dont il doit être détaché donne-t-elle lieu, en cas de contravention, à une peine spéciale ? 240.

JUGES DE PAIX (Juridiction industrielle des). — *Objet de la juridiction. Procédure.* 1131-1137.
En quels cas la juridiction des juges de paix est-elle exclue par celle des prud'hommes ? 1131.
Les juges de paix statuent-ils même en matière commerciale entre ouvriers et patrons ? 1132.
Les juges de paix sont-ils compétents à l'égard de tous les ouvriers à temps ? 1133.
Quid à l'égard des ouvriers à façon? 1133.
Quid lorsqu'il s'agit d'engagements pris en une autre qualité que celles de patron et d'ouvrier ? 1134.
Quid à l'égard du maître qui a profité des travaux de l'ouvrier sans les avoir commandés ? 1134.
Quid à l'égard du tiers intervenant au contrat d'apprentissage ? 1135.
La compétence est-elle déterminée par le domicile du défendeur ou par la situation de l'atelier ? 1136.

L

LIBRAIRIE. — Quelles personnes doivent être réputées libraires ? 257.
Les libraires sont-ils responsables de l'omission du nom de l'imprimeur ? 259.
(Voir *Imprimerie*).

LITHOGRAPHIE. — (*Voir* ARTS DU DESSIN, IMPRIMERIE.)

LIVRETS (*Voir* AVANCES, CONGÉ D'ACQUIT, TISSAGE ET BOBINAGE). — *Apprentis.* 944.
Enfants employés dans les manufactures. 965.
Ouvriers en général. 973-980.

Le livret est-il obligatoire pour les ouvriers de l'agriculture ? 974.
Contraventions et délits relatifs aux livrets. 981.
Tissage et bobinage. (Voir ce mot.) 1014, 1015.
Chefs d'ateliers. (Voir ce mot.) 101-1033.

LOUAGE D'OUVRAGE ET D'INDUSTRIE. — *Définition. Caractères.* 994-999.
Règles de capacité. 1000.
Forme du contrat. (*Voir* Tissage et bobinage) 1001.
Stipulations principales. Ouvrage. Salaire. 1002-1005.
L'ouvrier peut-il faire faire par un tiers l'ouvrage qu'il a entrepris ? 1002.
Le prix stipulé peut-il être élevé ou abaissé par le juge ? 1003.
Le prix peut-il être payé en nature? 1004.
Quand le prix est-il payable ? 1005.
Durée de l'engagement. Tacite réconduction. 1006-1009.
Par qui peut être demandée la résolution du contrat pour durée excessive ? 1006.
Quand a lieu la tacite réconduction dans le louage à temps ? 1008.
Quid dans le louage à façon ? 1008.
Les dispositions spéciales aux ouvriers des hauts fourneaux et des papeteries sont-elles demeurées en vigueur ? 1009.
Dédit. Arrhes. 1010.
Force obligatoire des règlements intérieurs des ateliers. 1011.
Preuves du contrat. 1012-1021.
La preuve testimoniale est-elle toujours admissible ? 1012.
L'affirmation du maître quant au prix stipulé est-elle admissible en cas de louage à façon ? 1012.
Effets du contrat. Obligations de l'ouvrier. 1022-1034.
Le maître peut-il exiger de l'ouvrier des services personnels? 1023.
Le salaire peut-il être payé valablement au mineur ? 1023.
Quand l'ouvrier est-il ou non responsable des malfaçons ? 1026, 1030, 1032.
Quid en ce qui concerne le retard dans la livraison ? 1029.
Quid lorsque l'ouvrage est confectionné par plusieurs ? 1031.
Quid à l'égard de la matière employée ? 1033.
Quid en cas de perte de la matière ? 1034.

Responsabilité du maître. 1026-1027.
Le maître est-il responsable de tous les accidents éprouvés par les ouvriers dans l'exécution de l'ouvrage ? 1026.
Quid s'il y a cas fortuit ou force majeure? 1027.

---

(1) Paris, 20 juillet 1855 (*Gazette des Tribunaux* du 22 juillet). La loi du 18 juillet 1828, qui exige le dépôt au parquet des journaux, ne s'applique qu'aux journaux politiques et non soumis au cautionnement.

Quid en ce qui concerne les premiers secours donnés à l'ouvrier ? 1027.

Vérification et réception de l'ouvrage Mise en demeure. 1035-1038.

Quels sont les délais de la vérification ? 1038.

Quels sont les modes et les présomptions de vérification et de réception ? 1036.

Quels sont la forme et l'effet de la mise en demeure ? 1035.

Marchandeur. Sous-entrepreneur. 1039-1043.

Les ouvriers du marchandeur ou sous-entrepreneur ont-ils une action directe contre le maître de l'ouvrage ? 1039-1041.

Cette action peut-elle s'exercer pour le montant intégral des salaires dus par le marchandeur ? 1040.

Est-elle paralysée par la cession qu'a faite le marchandeur ou entrepreneur intermédiaire ? 1043.

Droit de rétention des ouvriers. Privilège. 1043 1044.

Quel est l'effet du droit de rétention des ouvriers non payés ? 1043.

En quel cas ont-ils un privilège proprement dit ? 1044.

Fin du contrat. Résolution de plein droit. 1056.

En cas de résolution par la mort de l'ouvrier y a-t-il lieu à indemnité ? 1056.

La mort du maître résout-elle le contrat ? 1056.

Quid de la faillite de l'ouvrier ou de l'entrepreneur ? 1056.

Causes diverses de résiliation. 1057-1061.

Quelle est l'indemnité due en cas de résiliation par la seule volonté du maître ? 1057.

Cette résiliation peut-elle avoir lieu quel que soit l'état d'avancement de l'œuvre ? 1057.

Quand l'inexécution des engagements est-elle suffisante pour entraîner la résiliation ? 1059.

Prescription des droits et actions des ouvriers. 1063-1066.

A quelle action s'applique la prescription soit de six mois, soit d'un an ? 1064.

Comment s'interrompt la prescription ? 1065.

La prescription peut-elle être combattue par des preuves contraires ? 1066.

M

MACHINES A VAPEUR NON SITUÉES A BORD DES BATEAUX. — *Fabrication. Épreuves. Autorisation. Recours. Exploitation.* 109-124.

Les décisions du préfet prescrivant des conditions étrangères à la sûreté, sont-elles susceptibles de recours par la voie contentieuse ? 110.

La construction de murs de défense peut-elle être imposée alors même que la machine serait déjà établie en vertu d'autorisation ? 116.

En quels cas cette construction peut-elle être ordonnée d'office ? 116.

L'autorisation accordée met-elle obstacle à ce que des conditions nouvelles soient prescrites dans l'intérêt de la sûreté publique ? 121.

(Voir *Établissements insalubres*.)

MACHINES A VAPEUR SITUÉES A BORD DES BATEAUX. — *Fabrication, Épreuves* etc. 125-131.

(Voir *Établissements insalubres*.)

MAITRES (DROITS ET DEVOIRS DES). — (Voir APPRENTISSAGE. LOUAGE D'OUVRAGE ET D'INDUSTRIE.)

MALFAÇONS. (Voir LOUAGE D'OUVRAGE.)

MANUFACTURES. (Voir ÉTABLISSEMENTS INDUSTRIELS. ENFANTS.)

MARCHANDAGE. (Voir LOUAGE D'OUVRAGES). 1039.

MARQUES DE FABRIQUE OBLIGATOIRES. 609-614.

MARQUES DE FABRIQUE FACULTATIVES (Voir PRUD'HOMMES, CONTREFAÇON). *Définition. Caractères.* 615-621.

Y a-t-il marque de fabrique quand le nom figure dans la désignation ? 615.

Tout signe symbolique peut-il constituer une marque de fabrique ? 616.

La marque doit être adhérente aux produits ? 616.

Doit-elle être placée ostensiblement ? 616.

A quelles conditions la marque de fabrique doit-elle être réputée suffisante ? 617, 648.

Les marques étrangères peuvent-elles être librement empruntées par les fabricants français ? 619.

Quid lorsque la maison étrangère propriétaire de la marque a un représentant en France ? 619.

L'étranger a-t-il action en France contre le français qui a usurpé la marque de fabrique ? 620.

La marque s'applique-t-elle aux produits agricoles ? 621.

Dépôt. Formes. Effets. 622-627.

La propriété des marques est-elle perpétuelle ? 625.

Le dépôt des marques a-t-il effet relativement aux faits antérieurs ? 626.

Le dépôt est-il nécessaire pour la recevabilité de l'action en dommages-intérêts? 627.

MARQUES DE QUINCAILLERIE ET DE COUTELLERIE. 634-637.
Les prud'hommes sont-ils compétents pour appliquer les peines prononcées par la loi? 636.

MARQUES SPÉCIALES A CERTAINES VILLES. 638-642.
La pénalité spéciale relative aux draps de Louviers est-elle abrogée? 639.
Les fabricants de la banlieue doivent-ils être assimilés aux fabricants de la ville même? 642.

MÉDAILLES HONORIFIQUES. —
La médaille conférée à un exposant par le jury lui donne-t-elle le droit de poursuivre un exposant rival qui se serait mensongèrement attribué cette distinction? (1).
Les médailles et mentions honorables décernées par le jury de l'exposition universelle donnent-elles le droit de former une action en dommages-intérêts contre les fabricants qui, en pays étranger, ont usurpé ces distinctions? (2).

MÉDICAMENTS (FABRICATION ET DÉBIT DE). — *Conditions prescrites. Monopole.* 286-290.
En quel cas et à quelles conditions le monopole des pharmaciens reçoit-il exception? 287.
Les pharmaciens sont-ils recevables à poursuivre les contrevenants? 288.
Les contrevenants peuvent-ils être excusés sur l'intention? 288.
Y a-t-il lieu de distinguer, en cas d'immixtion dans la fabrication des remèdes, entre ceux magistraux et ceux officinaux? 289.
Le commerce des médicaments est-il interdit aux hôpitaux? 290.

MOULINS (*Voir* USINES SUR LES COURS D'EAU).

N

NOMS D'AUTEURS (*Voir* PROPRIÉTÉ LITTÉRAIRE).

NOMS DES FABRICANTS APPOSÉS AUX ÉTABLISSEMENTS. — (*Voir* ENSEIGNES).

NOMS DES FABRICANTS APPOSÉS AUX PRODUITS. — (*Voir* CESSION).
Propriété des noms. 643-649.
La loi de 1824 s'applique-t-elle aux noms apposés, non sur les produits, mais sur des factures, etc. 644.
Les initiales doivent-elles être considérées comme des noms ou comme des marques de fabrique? 645.
Quid à l'égard des noms incorporés à une marque proprement dite? 664.
Le fabricant peut-il apposer à ses produits son propre nom déjà employé par un homonyme? 646, 653.
L'expiration du brevet relatif à un objet connu sous le nom de son inventeur fait-elle tomber cette désignation dans le domaine public? (1) 647-648.
Quid lorsque le titulaire du nom a cessé depuis longtemps tout commerce analogue? 649.

Usurpation des noms. 652-662.
Celui qui emploie ses propres nom et prénoms peut-il être néanmoins usurpateur du nom d'autrui? (2) 654.
Un nom peut-il être apporté ou cédé à une entreprise commerciale dans un but de concurrence? 655.
Quand l'analogie des noms constitue-t-elle une usurpation? 656.
L'apposition du nom destiné à désigner un liquide, faite sur le vase ne renfermant pas encore le liquide, constitue-t-elle l'usurpation consommée? 657.
Les fabricants d'une localité ont-ils droit d'agir contre l'usurpateur du nom de cette localité? 658.
L'usage d'un tel nom peut-il être interdit par un fabricant de la localité aux autres fabricants de cette même localité? 658.
Quid en ce qui concerne la dénomination des eaux minérales artificielles? 659.
Quid à l'égard des fabricants de la banlieue des villes? 660.

---

(1) Jugé par la Cour de Bordeaux (20 décembre 1853) qu'en cas d'usurpation d'une médaille accordée à un industriel, des dommages-intérêts devaient être alloués au fabricant lésé et la destruction des emblèmes usurpés devait être ordonnée.
(2) Cette question doit être résolue affirmativement. Elle a été résolue à tort dans le sens contraire par un arrêt de la Cour de Cologne du 9 novembre 1854.

(1) C. de Nancy, 13 juillet 1855 (*Gazette des Tribunaux* du 16 juillet). La dénomination d'une invention brevetée qui n'est pas prise du nom de l'inventeur, mais de la nature du produit, tombe dans le domaine public à l'expiration du brevet (*corsets sans couture*).
(2) Trib. de comm. de la Seine, 22 juin 1855 (*Gazette des Tribunaux* du 5 juillet). Jugé que tout fabricant a droit d'apposer son nom à ses produits, même quand ce nom a déjà été employé comme désignation de ce même produit par un autre fabricant (*Punch-Daroles*).

L'apposition mensongère du nom d'une ville étrangère est-elle un délit ? 661.

Le débit en France d'objets marqués de faux noms est-il puni quand les objets ont été fabriqués à l'étranger ? 662.

Quid à l'égard des objets circulant en transit ? 662.

Action en contrefaçon. Pénalités. 650-652, 663, 666.

Un dépôt est-il nécessaire pour l'exercice de l'action en contrefaçon ? 660.

Sur quels objets porte la confiscation ? 663.

Quelle est la peine à appliquer quand à l'usurpation du nom se joint la contrefaçon de l'objet ? 664.

L'action pour usurpation de noms appartient-elle aux étrangers ? 665.

NOMS DES PRODUITS. — *Caractères légaux.* 670-672.

Comment les noms des produits se distinguent-ils des noms des fabricants ? 669.

La dénomination naturelle et nécessaire d'un produit peut-elle être l'objet d'un droit privatif ? 670.

La propriété de la désignation d'un objet breveté survit-elle à celle du brevet ? 648.

Quand sont-ils réputés usurpés ? 670-671.

Quid des noms de fabricants désignant les produits sans y être apposés ? 672.

NULLITÉS DES BREVETS D'INVENTIONS (*Voir* ACTIONS EN NULLITÉ ET DÉCHÉANCE). — *Principes généraux.* 430-433.

Défaut de nouveauté. Caractères de la divulgation. 434-455.

Un brevet peut-il être annulé pour partie ? 434.

En quoi doit consister, au point de vue de la nullité, l'identité du procédé breveté avec celui antérieurement connu ? 435.

La mention antérieure d'un procédé industriel suffit-elle pour l'empêcher d'être breveté valablement ? 437.

A quelles conditions l'exécution antérieure exclut-elle la brevetabilité du procédé ? 438.

La connaissance acquise à un individu isolé constitue-t-elle la divulgation de l'invention ? 439.

Le brevet ultérieur peut-il être opposé à l'individu non breveté qui avait acquis la connaissance antérieure de l'invention ? 439.

La connaissance acquise par plusieurs doit-elle nécessairement être réputée divulgation ? 439.

La déclaration relative à la divulgation d'un procédé peut-elle être critiquée en cassation ? 440.

L'existence d'un brevet antérieur est-elle par elle-même au profit des tiers une cause de nullité du brevet postérieur ? 441.

Quid d'une simple demande de brevet. 441.

Quid de la communication officielle d'une invention. 442

Quid de l'annonce d'un brevet faite officiellement à l'étranger ? 442.

Y a-t-il lieu de distinguer si la divulgation émane d'un tiers ou de l'auteur lui-même ? 447.

La publicité de l'invention peut-elle résulter d'un ouvrage imprimé mais qui n'a pas encore paru ? 448.

Quid à l'égard des ouvrages publiés à l'étranger ? 448.

La mise en pratique non publique par un tiers exclut-elle la nouveauté d'une invention ? 449.

Quid de la communication faite confidentiellement par l'inventeur ? 450.

Quid dans le cas où cette communication a été faite à plusieurs et à prix d'argent ? 450.

Quid de la communication faite à une société d'encouragement ?

Quid de la cession antérieure au brevet ? 454.

La divulgation résultant d'une fraude commise au préjudice de l'inventeur fait-elle tomber l'invention dans le domaine public ? 452.

Quid de la mise en pratique par l'auteur lui-même ? 453.

Quid si cette mise en pratique est demeurée secrète ? 454.

Quid des simples essais ? 453.

Quid du débit des produits de l'invention antérieurement au brevet. 455.

Brevets relatifs aux remèdes. 456.

La nullité atteint-elle les brevets relatifs aux objets qui servent d'instruments à un traitement médical ? 456.

Quid à l'égard des médicaments destinés aux animaux ? 456.

Quid à l'égard des substances alimentaires, des cosmétiques ? 456.

Principes théoriques, méthodes. 458

Une simple méthode est-elle brevetable quand elle a une application à l'industrie ? 458.

La simple indication d'une combinaison chimique ou d'une opération mécanique est-elle brevetable ? 458.

Le brevet pris pour une méthode ou système relatif à l'instruction, à l'hygiène, etc... est-il valable ? 458.

Quid à l'égard des instruments matériels de ces méthodes ? 458.

Objets contraires aux lois. 459.

Une découverte relative à un objet dont l'exploitation appartient exclusivement à l'État peut-elle être brevetée ? 459.

Fausseté du titre. 460.
La seule inexactitude du titre est-elle une cause de nullité ? 460.
Insuffisance de description. 461.
L'intention déloyale de l'inventeur est-elle nécessaire pour qu'il y ait nullité ? 462.
La nullité est-elle encourue par cela seul que l'emploi des moyens décrits ne donne pas les résultats indiqués ? 462.
Quand la description doit-elle être réputée suffisante ? 462.
Les tribunaux peuvent-ils compléter ou rectifier d'après l'intention de l'inventeur une description insuffisante en elle-même ? 462.
Perfectionnements brevetés dans l'année. 463.
Certificats d'addition ne se rattachant pas au brevet principal. 464.
La nullité du certificat d'addition atteint-elle le brevet lui-même ? 464.
Complexité des brevets. 465.
Le brevet qui comprend plusieurs objets principaux est-il nul ? 466.

NULLITÉ ET DÉCHÉANCE DE BREVETS (ACTIONS EN). — *Définition. Qualité pour agir.* 474-477.
Quelles sont les personnes *ayant intérêt* à intenter l'action ? 475.
L'individu condamné pour contrefaçon est-il recevable à agir en nullité ou déchéance du brevet ? 477.
L'administration a-t-elle qualité pour demander la déchéance à défaut de paiement de la taxe ? 486.
Chaque cause de nullité ou de déchéance donne-t-elle lieu à une action séparée ? 476.
Tribunal compétent. 478-480.
Le tribunal civil est-il compétent à l'égard de commerçants ou d'associés ? 478.
Nullité ou déchéance absolue. 481-484.
Le tribunal peut-il la prononcer d'office ? 481.
Le rejet des conclusions tendant à la nullité ou déchéance absolue empêche-t-il qu'elle ne soit ultérieurement demandée ? 482.
Le tribunal correctionnel peut-il prononcer la nullité ou déchéance d'une manière générale (1) ? 483.
Le ministère public peut-il interjeter appel sans que la partie appelle elle-même ? 484.

---

(1) C. de Paris, 4 juillet 1855 (*Droit du 12 juillet 1855*). Quand un prévenu de contrefaçon se défend en opposant la déchéance du brevet, le juge correctionnel saisi de la prévention peut bien puiser une fin de non-recevoir contre la plainte dans le fait allégué comme cause de déchéance, mais il ne lui appartient pas de prononcer d'une manière générale la déchéance du brevet (aff. Rouget de Lisle).

Peut-il intervenir pour la première fois en appel ? 484.
Par qui sont supportés les frais faits par le ministère public ? 484.

O

OR ET ARGENT (FABRICATION DES OBJETS D'). — *Garantie.* 295-298.
Quels objets sont dispensés de l'apposition de la marque ? 297.
A quel moment les objets doivent-ils être essayés et titrés ? 298.
L'ouvrier qui fabrique chez lui pour autrui est-il assujetti aux prescriptions relatives à l'orfévrerie ? 298.
Délits et contraventions. 299-304.
Le délit de fourré peut-il résulter de l'emploi d'une trop grande quantité de soudure ? 300.

ORDONNANCES DU PRÉFET DE POLICE. — En quels cas et dans quelles limites sont-elles obligatoires en ce qui concerne les ateliers insalubres ? 149.

OEUVRES DRAMATIQUES (Voir OEUVRES LITTÉRAIRES et REPRÉSENTATIONS). — La traduction d'une pièce de théâtre en constitue-t-elle la contrefaçon ? 869.
Quid de la transformation d'une pièce en un autre genre ? 870.
Quid de l'usurpation du titre ? 871.

OEUVRES LITTÉRAIRES OU OBJETS AUXQUELS S'APPLIQUE LA PROPRIÉTÉ LITTÉRAIRE. 728-733.
Principes. Lois, arrêts, écrits officiels. 729-732.
La publication des lois par les particuliers en est-elle interdite avant l'insertion au *Bulletin des lois* ? 729.
Que doit-on réputer écrits officiels non susceptibles de propriété littéraire ? 729.
Quid des discours prononcés lors de la discussion des lois ? 730.
Quid des plaidoyers et réquisitoires ? 732.
Manuscrits, lettres missives. 734-735.
Les manuscrits peuvent-ils être l'objet d'une saisie ? 734.
A qui appartient le droit de publier des lettres missives ? 735.
Ouvrages anonymes. 736.
Traductions (Voir *Contrefaçon*). 737.
Additions, commentaires. 738.
L'étendue des additions influe-t-elle sur la propriété ? 738.
Compilations, abrégés, tableaux. 739-741.
Journaux. 742-743.
A qui appartient la propriété des articles de journaux ? 742.

Les auteurs des articles perdent-ils tout droit de les reproduire? 742.
Les journaux peuvent-ils se faire des emprunts réciproques? 743.
Livres d'église. 744-746.
Les livres d'église composés par les évêques sont-ils leur propriété? 744.
Quel est leur droit à l'égard des livres dont ils ne sont pas auteurs? 745.
Le produit de la confiscation des livres d'église contrefaits appartient-il aux évêques? 746.
Œuvres orales, discours, leçons. 747-750.
La propriété littéraire s'étend-elle aux œuvres orales? 747.
Quid à l'égard des discours prononcés dans l'exercice d'une fonction? 748.
Quid à l'égard des sermons, des discours académiques, des leçons des professeurs? 749.
Œuvres posthumes. 751-753.
Les œuvres qui n'ont reçu du vivant de l'auteur qu'une publicité orale sont-elles œuvres posthumes? 751.
L'obligation d'une publication distincte s'applique-t-elle à toute réimpression de l'œuvre posthume? 752.
Quid lorsque les ouvrages déjà publiés du vivant de l'auteur sont encore propriété privée? 753.
Plan, sujet, titre de l'ouvrage. 754.
Le sujet ou le plan d'un ouvrage peut-il en lui-même constituer une propriété? 754-758.
A quelles conditions le titre peut-il être un objet de propriété? 755.
Le titre d'un journal tombe-t-il dans le domaine public quand le journal cesse de paraître? 758.
Noms d'auteurs. 759.
Dépôt des œuvres littéraires. 760-765.
La propriété littéraire résulte-t-elle du dépôt? 760.
Le dépôt a-t-il effet à l'égard des faits antérieurs? 761.
Le dépôt effectué par l'imprimeur est-il suffisant? 762.
A quel dépôt sont soumis les articles de journaux? 763.
La propriété des manuscrits et des discours est-elle subordonnée au dépôt? 764.
Les auteurs étrangers sont-ils soumis au dépôt? 765.

ŒUVRES MUSICALES (*Voir* REPRÉSENTATION). — *Propriété. Contrefaçon.* 845-851.
Les œuvres musicales, même de l'étendue la plus minime, sont-elles propres à leurs auteurs? 846.
Quels sont les droits respectifs des auteurs de la musique et des paroles? 847.
La musique peut-elle être exécutée isolément, sans le consentement de l'auteur des paroles? 847.
A qui profite la prolongation de la durée de la propriété musicale quand il y a eu cession? 849.
Les copies à la main constituent-elles des contrefaçons d'œuvres musicales? 854, 866.
Y a-t-il contrefaçon par suite de l'emprunt de motifs et de fragments? 854.
La publication de la musique hors de France entraîne-t-elle déchéance du droit de propriété? 851.
(Voir *Œuvres littéraires*).

ŒUVRES POSTHUMES (*Voir* ŒUVRES LITTÉRAIRES).

OUVRIERS (*Voir* LOUAGE D'INDUSTRIE).
Définition. 993-995.
Ouvriers à temps. 996.
Ouvriers à façon. 997.
L'artiste qui travaille pour un industriel doit-il être réputé ouvrier? 997.
Quid du commis? 998.
Quid de celui qui fournit à la fois l'industrie et la matière? 999.

P

PANONCEAUX (*Voir* DÉSIGNATIONS). 674.

PEINTURE (*Voir* ARTS DU DESSIN).

PERFECTIONNEMENTS (BREVETS POUR).— *Formes et effets.* 392-397.
Le brevet pour perfectionnement pris par un seul des ayants droit profite-t-il aux autres? 392.
L'année où l'inventeur est privilégié pour les perfectionnements court-elle de la date du dépôt ou de la délivrance du brevet? 394.
Le privilège accordé au breveté pendant un an s'applique-t-il aux perfectionnements ajoutés à de premiers perfectionnements? 395.

PHARMACIE (*Voir* MÉDICAMENTS).

PHOTOGRAPHIE (*Voir* ARTS DU DESSIN).

PLAGIAT (*Voir* CONTREFAÇON DES ŒUVRES LITTÉRAIRES).

PLAQUES DE VOITURES (*Voir* DÉSIGNATIONS). 674, 692.

POIDS ET MESURES FAUX ET ILLÉGAUX.—*Détention.* 1148-1151.
La détention d'anciens poids et mesures est-elle toujours une contravention? 1149.

L'excuse tirée de la bonne foi peut-elle être admise? 1149.
La détention de faux poids et mesures est-elle un délit, quelle que soit l'intention du prévenu? 1150.
Usage. 1151-1152.
L'usage de poids et mesures illégaux est-il punissable, même en cas d'accord des parties? 1151.
(Voir *Tromperie sur la quantité des marchandises*).

POUDRE A TIRER (FABRIQUES DE). 145.
L'établissement d'une fabrique de poudre à tirer peut-il donner lieu à un recours par la voie contentieuse? 144.
Les particuliers lésés par le voisinage d'une telle fabrique ont-ils droit à indemnité? 144.

POUDRE DÉTONANTE ET FULMINANTE (FABRIQUES DE). 145.
La poudre-coton est-elle soumise aux ordonnances sur les poudres détonantes antérieures à cette invention? 145.

PRESSE (*Voir* IMPRIMERIE, LIBRAIRIE, JOURNAUX).

PRESSES (FABRIQUES DE). 264.

PROPRIÉTÉ (droit de) appliqué aux productions de l'esprit humain.
Principes. Applications. 706-709.

PROPRIÉTÉ ARTISTIQUE. —
Voir ARTS DU DESSIN, SCULPTURE, ARCHITECTURE CONTREFAÇON). *Principes généraux.* 882-889.
La propriété artistique s'applique-t-elle aux productions purement industrielles? 887.

PROPRIÉTÉ INDUSTRIELLE. 708.

PROPRIÉTÉ LITTÉRAIRE. 710-712, 713.
(*Voir* AUTEURS, ŒUVRES LITTÉRAIRES, CESSION, CONTREFAÇON) *Définition.* 743.
La propriété littéraire tombe-t-elle dans la communauté légale? 724.
Durée de la propriété 766-779.
Quelle est la durée de la propriété de l'Etat et des sociétés savantes? 768.
Quelle est la durée de la propriété des œuvres collectives? 769, 770.
Le mari survivant d'une femme auteur a-t-il les mêmes droits que la veuve d'un écrivain? 771.
Quels sont les enfants et descendants auxquels appartient la propriété trentenaire? 772, 773.
La survie d'un seul ayant droit maintient-elle la propriété dans son entier? 775.

Quelle est la durée du droit des légataires? 776.
A qui profite l'extension donnée à la durée de la propriété littéraire quand cette propriété a été cédée? 778.
Quelle est la durée de la propriété des œuvres posthumes? 779.

PROPRIÉTÉ MUSICALE ET DRAMATIQUE. — (*Voir* ŒUVRES DRAMATIQUES ET MUSICALES, CONTREFAÇON, REPRÉSENTATION).

PROSPECTUS. 692.

PRUD'HOMMES (ATTRIBUTIONS ADMINISTRATIVES ET DE POLICE DES). — *Constatation des contraventions et délits* 1122-1125.
Les prud'hommes peuvent-ils d'office constater les contraventions et délits? 1125.
Fonctions administratives. 1126-1130.
Marques de fabrique. 618, 622, 632.
Marques de coutellerie 623, 634.
Marques des savons. 640.
Dessins de fabrique. 587.
Comptes des chefs d'ateliers. 1054.
Draps pour le Levant, etc. 1129.

PRUD'HOMMES (JURIDICTION DES CONSEILS DE). — *Attributions générales.* 1068-1069.
Composition des Conseils. Nominations. Elections. 1070-1076.
Durée des fonctions gratuites. 1077-1078.
Les prud'hommes ouvriers peuvent-ils recevoir une indemnité? 1078.
Divisions des conseils en bureaux. 1079.
Bureau particulier.—Attributions. Procédure. 1080-1088.
Bureau général. — Compétence. 1089-1093.
Les prud'hommes peuvent-ils statuer sur les contestations des fabricants entre eux? 1091.
Quid à l'égard des personnes qui fournissent à la fois l'industrie et la matière? 1091.
Quid à l'égard d'ouvriers proprement dits pour contestations provenant d'autre cause que de l'emploi de l'ouvrier dans la fabrique du maître? 1091.
La compétence des prud'hommes est-elle restreinte aux personnes attachées aux branches d'industrie pour lesquelles ils sont organisés par le décret d'institution? 1091.
Forme et exécution des jugements. Appel. 1094-1098.
L'appel est-il recevable à l'égard de tout jugement encourant la contrainte par corps? 1097.
Jugements par défaut. 1099-1103.
Jugements non définitifs 1104.

Enquêtes. 1105-1108.
Récusation Prise à partie. 1109-1112.
Recours en cassation.
Les jugements des prud'hommes sont-ils susceptibles de recours en cassation pour simple violation de la loi ? 1114.

PRUD'HOMMES (JURIDICTION DISCIPLINAIRE DES). — *Objet de la juridiction.— Procédure.* 987. 1115-1124.
La juridiction disciplinaire est-elle applicable aux maîtres comme aux ouvriers ? 1116.
Quid à l'égard des ouvriers étrangers à l'atelier ? 1116.
La poursuite disciplinaire exclut-elle les poursuites de droit commun ? 1117.
Les prud'hommes saisis disciplinairement peuvent-ils allouer des dommages-intérêts sans prononcer aucune peine ? 1118.
Les jugements disciplinaires des prud'-hommes sont-ils susceptibles d'appel ? 1120.
Juridiction à l'égard des apprentis. 959.

R

RAYON FRONTIÈRE (ÉTABLISSEMENTS SITUÉS DANS LE). 146.
Quelle est l'autorité compétente pour statuer en cas de désaccord entre le préfet et le directeur des douanes ? 146.

RELATIONS DE PARENTÉ, D'APPRENTISSAGE (INDICATION DES).—
L'indication de ces diverses relations est-elle licite ? 681-683.
Le titre d'élève peut-il être pris par le simple ouvrier ? 683.

REPRÉSENTATION (DROIT DE). —
Nature et exercice du droit. 852-856.
La représentation à l'étranger d'une œuvre dramatique ou musicale avant toute représentation en France la fait-elle tomber dans le domaine public ? 855.
Comment s'exerce le droit de représentation en cas de désaccord entre les coauteurs d'une même œuvre ? 856.
Durée. 857-858.
Œuvres posthumes. 859-860.
La perte du droit exclusif de publication entraîne-t-elle celle du droit exclusif de représentation ? 860.
Cession 862, 863.
Quelles sont l'étendue et la portée de la cession d'une œuvre dramatique ou musicale ? 863.
Quelles sont les obligations respectives des auteurs et directeurs ? 864, 865.
Représentation illicite. 867-877.
(Voir *Œuvres dramatiques*).

Que doit-on réputer reproduction partielle d'une pièce de théâtre ? 869-874.
Quand y a-t-il représentation publique ? 872.
Quid de l'exécution gratuite ? 872-873.
Quid de l'exécution par des personnes réunies accidentellement ? 874.
Le consentement de l'auteur doit-il être donné nécessairement par écrit ? 875.
L'intention coupable est-elle un élément essentiel du délit ? 876.
Action publique et privée. 877.
Prescription. 878-880.
La prescription relative au délit de contrefaçon se distingue-t-elle de celle relative à la représentation illicite ? 878.
L'auteur d'un libretto non poursuivi peut-il céder le droit de représenter le sujet de ce libretto bien qu'il appartienne à autrui ? 878.
Quel est le point de départ de la prescription en cas de représentation illicite ? 880.
Pénalités. 881.

RESPONSABILITÉ. (*Voir* LOUAGE D'OUVRAGE.)
Responsabilité de l'ouvrier envers le maître. 1025-1034.
Responsabilité du maître envers l'ouvrier. 1026, 1027.
Responsabilité du maître par suite du fait de ceux qu'il emploie. 1169, 1179, 1184.
Le maître est-il responsable des faits de l'apprenti en dehors de son séjour à l'atelier ? 1180.
Quand le maître est-il responsable du fait de l'ouvrier à temps ? 1182.
Quand est-il responsable du fait de l'ouvrier à façon ? 1183.
A quelles conditions le maître peut-il être déchargé de la responsabilité ? 1184.
Le maître est-il responsable des contraventions commises par les personnes qui sont placées sous ses ordres ? 84.

S

SALAIRES (*Voir* LOUAGE D'OUVRAGE). 1024.
Les salaires des ouvriers peuvent-ils être saisis intégralement ? 1049.

SCULPTURE ET ARTS PLASTIQUES.— *Propriété.* 910-914
La propriété artistique protège-t-elle tout modèle en relief destiné à l'industrie ? 910 (1).

---

(1) C. cass., 2i juillet 1855 (*Gazette des Tribunaux* du 22 juillet). La propriété des

Les produits du moulage sur nature sont-ils objets de propriété? 913.
Quid des objets obtenus par les procédés de réduction? 913.
Les copies peuvent-elles être un objet de propriété artistique? 914.
Dépôt. 915. 916.
Le dépôt est-il applicable aux œuvres en relief? 916 (1).
Durée. 917.
Cession. 918. 919.
La cession du droit de reproduction résulte-t-elle de celle d'un ouvrage original de sculpture? 919.

SECOURS MUTUELS (SOCIÉTÉS DE). 982, 1147.

SECRETS DE FABRICATION (RÉVÉLATION DES). — 991, 1141.

SOIES (CONDITION PUBLIQUE DES). 1037.

SOUDE (FABRIQUES DE). 147.

SPECTACLES. — *Autorisation.* 293 (*Voir* PROPRIÉTÉ DRAMATIQUE.)

SUBSTANCES ALIMENTAIRES ET MÉDICAMENTEUSES (2).— (*Voir* FALSIFICATIONS).

SYNDICATS. — 1146.

T

TEINTURE. — 1020.

THÉATRE. — (*Voir* REPRÉSENTATION.)
Que faut-il entendre par théâtre? 853.
Les bals publics et les cabarets doivent-ils être assimilés aux théâtres? 853 (3).

TIMBRE (IMPRIMÉS SOUMIS AU). — 241-255.
Journaux, écrits périodiques. 242-245.
L'imprimeur est-il responsable par suite de l'apparition d'un écrit en contravention aux lois sur le timbre, même quand il n'a pas concouru à l'usage qui en a été fait? 244, 259.

Une œuvre périodique burlesque est-elle un *écrit relatif aux lettres* dispensé du timbre? 244.
En cas de contravention, chaque tirage donne-t-il lieu à une amende? 245.
Y a-t-il cumul de peines quand l'imprimeur est en même temps l'éditeur? 249.

Affiches, annonces, effets de commerce, etc. 246-255.
Les affiches à la brosse sont-elles soumises au timbre? 247.
Plusieurs annonces peuvent-elles être imprimées sur une seule feuille timbrée? 247.
Les annonces comprises dans un ouvrage sont-elles soumises au timbre? 248.
Quid de celles apposées sur la couverture d'un livre? 248.
Quid des brochures annexées à une annonce? 248.
Quels sont les avis de changement de domicile dispensés du timbre? 250.
Les prospectus de journaux sont-ils dispensés du timbre? 251.
Quels sont les objets relatifs aux arts et aux sciences dispensés du timbre? 252.
L'annonce d'une profession libérale est-elle soumise au timbre? 253.
Quid des annonces faites dans un but mercantile? 254.

TISSAGE ET BOBINAGE (RÈGLES SPÉCIALES EN MATIÈRE DE). 1043-1049.
Livret spécial et registre d'ordre. 1044, 1045, 1047.
Règlement de compte. 1046.
Contraventions. Peines. 1049.

TRADUCTION (*Voir* CONTREFAÇON, ŒUVRES DRAMATIQUES). La traduction d'une œuvre littéraire ou dramatique en constitue-t-elle la contrefaçon? 737, 869.

TRAVAIL (LIMITATION DE LA DURÉE DU). — 940, 962.
(*Voir* APPRENTIS. ENFANTS.)
Ouvriers en général. 984-986.

TROMPERIES SUR LES MARCHANDISES. — (*Voir* FALSIFICATIONS. POIDS ET MESURES.)
Tromperie sur la nature des marchandises en général. 1134-1156.
La tromperie sur la qualité est-elle punie comme la tromperie sur la quantité? 1154.
Que doit-on entendre par la nature de la marchandise au point de vue de l'art. 423 du code pénal? 1155.
La simple tentative du délit est-elle punie? 1156.
Tromperie et tentative de tromperie sur la quantité des marchandises. 1163-1171.

---

ouvrages de sculpture appliqués à l'industrie existe en vertu de la loi du 19 juillet 1793.

(1) Même arrêt. Le dépôt des modèles en relief n'est pas nécessaire pour la conservation de la propriété et l'exercice de l'action en contrefaçon.

(2) C. de Rouen, 9 juin 1855 (*Gazette des Tribunaux* du 11 juin). L'avoine doit être considérée comme une substance alimentaire dans le sens de la loi du 27 mars 1855.

(3) La Cour de Paris, par arrêt du 12 juillet 1855 (*Gazette des Tribunaux* du 16 juillet), a réformé le jugement cité au n° 853, qui avait refusé d'assimiler les bals publics aux théâtres.

Quelles sont les diverses manœuvres soumises à l'application de la loi pénale ? 1165, 1166 (1).
L'addition d'une substance étrangère constitue-t-elle la tromperie sur la quantité de la marchandise ? 1167.
La loi pénale est-elle applicable en cas d'emploi de mesures conventionnelles comme de mesures légales ? 1168.
Le maître est-il responsable des tromperies commises par ses agents ? 1169.
La seule exposition en vente constitue-t-elle la tentative de tromperie ? 1170.
Quand y a-t-il présomption de fraude ? 1171.
Pénalités. Emprisonnement, amende, confiscation. 1172-1176.
Les peines sont-elles applicables au fabricant comme au débitant ? (2). 1172.
Exportation. (3).

TUERIES. (*Voir* ABATTOIRS.)

U

USAGES (*Voir* JURIDICTION DES PRUD'HOMMES).

USINES A FEU. *Double autorisation.* 141-143.
L'avis des agents forestiers est-il requis à peine de nullité de l'autorisation ? 142.
L'intérêt de la conservation des bois peut-il être pris en considération à l'égard d'autres établissements que les usines à feu ? 142.
Ce même intérêt peut-il être invoqué par les particuliers ? 142.
La nécessité d'une double autorisation oblige-t-elle à former une double demande ? 143.

USINES A GAZ (*Voir* ETABLISSEMENTS INSALUBRES). *Autorisation. Mesures de sûreté.* 132-135.

---

(1) Trib. supérieur de Troyes, 26 mars 1855 (*Gazette des Tribunaux* du 13 avril). La tromperie résultant d'un déficit sur le poids indiqué par la forme de la marchandise ne peut être excusée en vertu d'un prétendu usage local et d'une tolérance habituelle. Voir cass., 14 avril 1855.
(2) C. cass., 14 avril 1855 (*Gazette des Tribunaux* du 16 avril). Le fabricant peut, aussi bien que le débitant, être poursuivi pour tromperie sur la marchandise.
(3) Même arrêt. Le délit de tromperie pour indication d'un poids mensonger n'existe pas à l'égard des produits réellement destinés à l'exportation.

USINES SUR LES COURS D'EAU NAVIGABLES.—*Autorisation. Formalités.* 153.
Dans quelle commune doit avoir lieu l'enquête quand les travaux relatifs à l'usine s'étendent sur plusieurs ? 153.
L'arrêté préparatoire du préfet a-t-il un effet vis-à-vis des intéressés ? 158.
Oppositions et demandes en concurrence. Sursis. 155-157.
L'opposition est-elle assujettie à des formes particulières ? 155.
L'opposition est-elle recevable de la part du propriétaire d'une usine non autorisée ? 173.
Le préfet doit-il surseoir en présence d'une opposition fondée sur les droits de propriété ? 155.
Quid s'il passe outre ? 155.
L'opposition fondée sur un titre administratif peut-elle donner lieu à sursis ? 156.
Comment sont tranchées les questions contentieuses soulevées dans l'instruction administrative ? 156.
Recours et action civile. 160-161.
Le décret portant refus d'autorisation peut-il être attaqué par la voie contentieuse ? 160.
Quid en cas d'omission des formalités prescrites ? 160.
Le décret d'autorisation peut-il être déféré au Conseil d'Etat par les tiers ? 161.
L'autorisation met-elle obstacle à l'action civile des tiers ? 162.
L'origine immémoriale de l'usine peut-elle suppléer au défaut d'autorisation ? 163.
Est-ce à l'autorité judiciaire ou à l'autorité administrative qu'il appartient de décider si l'usine est antérieure à 1566 ? (1) 163.
Suspension ou suppression par suite des besoins de la navigation. Indemnité. 165-169.
L'arrêté de suspension ou de suppression peut-il être attaqué par la voie contentieuse ? 165.
La suppression donne-t-elle lieu à indemnité ? 166.

---

(1) C. cass., 21 mai 1855 (*Droit* du 22 mai 1855). En cas de suppression de la force motrice d'une usine établie avant 1566 sur une rivière navigable, l'usinier peut actionner le préfet *devant les tribunaux civils* en reconnaissance du droit de propriété qu'il prétend lui appartenir en vertu de l'ancienne législation féodale. Cette décision, rendue contrairement aux conclusions de M. l'avocat général Vaïsse, paraît difficile à concilier avec la jurisprudence du conseil d'Etat.

Quid si l'origine de l'usine est antérieure à 1566 ? 467.
Quid en cas de vente nationale ? 467.
Quid en cas de concession à titre onéreux ? 467.
Quid si l'usine n'est pas régulièrement autorisée ? 473.
L'indemnité doit-elle être calculée d'après la valeur actuelle de l'usine ? 468.
Quelle est la juridiction compétente pour statuer sur l'indemnité ? 469
(Voir *Usines sur les cours d'eau non navigables.*)
Inexécution des conditions. Innovations. 470.
Le préfet peut-il autoriser tous les travaux ayant le caractère de réparations ? 471.
L'abandon d'une usine pendant dix ans entraîne-t-il déchéance de l'autorisation ? 472.
Quelle est l'autorité compétente pour ordonner la suppression en cas d'inexécution des conditions ? 474.
Contraventions. Peines. 475-478.
Le conseil de préfecture peut-il modérer les amendes encourues ? 476.
Quid du conseil d'Etat ? 477.
Le maître est-il responsable de l'amende encourue par le fait de son préposé ? 478.
La prescription d'un an est-elle applicable aux contraventions de grande voirie, même au point de vue des réparations civiles ? 478.

USINES SUR LES COURS D'EAU NON NAVIGABLES. — *Autorisation.*—Le droit des riverains de mettre à profit les pentes des eaux non navigables est-il subordonné à l'autorisation administrative ? 479.
Les actes de vente nationale équivalent-ils à une autorisation ? 485.
Quid des autorisations des anciens seigneurs ? 485.
Quid de l'existence de l'usine antérieurement à 1790 ? 485.
Quid à l'égard des changements anciens apportés à l'état des usines ? 485.
Quelle est l'autorité compétente pour statuer sur la légalité de l'existence d'une usine ? (1) 486.
L'usine non autorisée peut-elle être supprimée sans indemnité ? 486.
Oppositions. Recours. 481-484.
L'arrêté préfectoral qui statue sur l'autorisation est-il susceptible d'un recours par la voie contentieuse ? 481.
Quid en cas d'omission des formalités prescrites ? 481.
Quid lorsque, après l'instruction close, de nouvelles conditions sont ajoutées? 481.

Quid lorsque l'arrêté a pour objet de faire cesser des contestations privées ? 481.
L'arrêté préfectoral peut-il être déféré au ministre ? 482.
La décision du ministre peut-elle être déférée au conseil d'Etat ? 482.
Les inconvénients de la concurrence peuvent-ils servir de motifs à une opposition ou à un recours ? 484.
Mesures administratives pour la police des eaux. Question d'indemnité. 487-492.
L'autorisation confère-t-elle un titre incommutable ? 487.
Les mesures prises dans l'intérêt de la police des eaux donnent-elles droit à indemnité ? 487.
Quid des travaux exécutés par l'Etat dans un autre intérêt que celui de la police des eaux ? 488.
La clause de non-indemnité introduite dans les actes d'autorisation est-elle légale ? 489.
Quid lorsque cette clause est postérieure à l'autorisation originaire ? 489.
La clause de non-indemnité met-elle obstacle à l'exercice des droits antérieurement acquis ? (1) 490.
Quels éléments doit comprendre le calcul de l'indemnité ? 491.
L'augmentation de force motrice résultant, non d'une modification apportée au régime des eaux, mais d'une meilleure disposition du mécanisme, doit-elle être prise en considération dans le calcul de l'indemnité ? (2). 491.
Quelle est la juridiction compétente pour statuer sur l'indemnité en cas de suppression de l'usine ? 492.
Quid en cas de simple préjudice ? 492.
Comment le mode d'évaluation de l'indemnité est-il réglé ? 492.
Inexécution des conditions. Innovations, 494-499.
Tout changement apporté à l'usine entraîne-t-il déchéance de l'autorisation ? 494.
Quid des innovations importantes ? 494.
L'administration a-t-elle le droit de les interdire préventivement ? 495.
Quid des réparations. 495, 497.
Quid du changement de destination de l'usine ? 496.

---

(1) C. d'Etat, 5 juillet 1855 (*Droit du* 12 juillet 1855). La clause de non-indemnité ne met pas obstacle à ce qu'une indemnité soit allouée en raison de l'augmentation de force motrice résultant d'une meilleure disposition des roues et coursiers obtenue au moyen de travaux autorisés.

(2) Même arrêt du conseil d'Etat. La jurisprudence est fixée sur ce point.

---

(1) Voir la note précédente.

Quid de la reconstruction d'une usine détruite ? 198.
Quid de l'interruption ou du retard de l'exploitation? 199.
L'abstention d'un concessionnaire peut-elle être assimilée à une renonciation ? 199.
Droits des tiers. Compétence civile. 200-204.
L'autorisation peut-elle préjudicier aux droits de propriété des tiers ? 200.
Quid à l'égard des servitudes fondées sur des conventions particulières ? 200.
Les tribunaux civils peuvent-ils ordonner la suppression des travaux autorisés, portant atteinte aux droits reconnus ? 201.
Quid lorsqu'il y a opposition formelle de l'administration? 201.
Les tribunaux civils sont-ils compétents pour statuer, contrairement à des règlements administratifs, sur les droits généraux à l'usage des eaux courantes? 202.
Quid en cas d'atteinte portée par l'établissement d'une usine autorisée, aux effets naturels de la pente des eaux, à la faculté d'irrigation, etc...? 202.
Le préjudice causé aux riverains par l'exploitation régulière d'une usine autorisée peut-il donner lieu à dommages-intérêts ? 203.
Quid lorsque le préjudice est causé à une usine précédemment autorisée ? 204.
Abus dans l'exploitation. Contraventions. 205-207.
La marche par éclusées est-elle licite en l'absence d'une autorisation spéciale ? 206.
En quel cas peut-elle être autorisée ? 206.
Le jugement qui ordonne la destruction d'une vanne non autorisée met-il obstacle à ce que l'administration en autorise le rétablissement ? 207.

USURPATION (*Voir* NOMS, ÉTIQUETTES, CACHETS, ENSEIGNES).

V

VELOURS (Coupe des). 1020.

FIN DU RÉPERTOIRE ALPHABÉTIQUE.

TRAITÉ PRATIQUE
DE
DROIT INDUSTRIEL.

CHAPITRE PRÉLIMINAIRE.
Du Droit industriel en général. — Plan et Divisions.

Législation. Loi du 2 mars 1791 (*Liberté de l'industrie*).

SOMMAIRE.

1. Définition de l'industrie. — 2. De la liberté de l'industrie et de ses limites. — 3. Du droit industriel et de ses divers objets. — 4. Division de l'ouvrage.

1. Définition de l'industrie. — On entend par industrie l'action humaine appliquée à la production des objets que le commerce vend et achète. Dans ces termes généraux l'industrie se divise en deux grandes branches : l'industrie manufacturière qui crée ou fabrique des produits artificiels ; l'industrie agricole qui tire du sol, développe et multiplie les produits naturels. Nous traitons de l'industrie manufacturière ou industrie à proprement parler, dans ses rapports avec la législation.

Tout fabricant fait acte de commerce en cédant ses produits, soit aux marchands ou négociants, soit directement aux consommateurs. Sous ce rapport il est commerçant et soumis comme tel aux règles du Code de commerce, dont nous n'avons pas à nous occuper : nous envisageons ici le fabricant dans son atelier de fabrication, dans l'exercice même de l'industrie proprement dite.

2. De la liberté de l'industrie et de ses limites. — La liberté de l'industrie a été proclamée par la loi du 2 mars 1791 (1), qui a aboli les maîtrises, les jurandes et toute l'organisation industrielle établie au moyen âge. Cette liberté, non plus qu'au-

---

(1) Voir l'art. 2 de cette loi, confirmé par le préambule de la Constitution du 13 septembre 1791.

c'une autre dans notre état social, n'est absolue et sans limites. Le principe a du être soumis à de nombreuses restrictions dans l'intérêt de la sécurité même ou du bien-être de la société, menacés par l'exercice de certaines industries. Le droit commun n'a pas paru d'ailleurs suffire pour protéger efficacement les résultats de l'activité humaine appliquée à l'industrie, ni pour régler convenablement les rapports particuliers auxquels donnent lieu les professions industrielles. Delà des règles exceptionnelles à l'égard des personnes et des choses. Mais ces mesures d'exception ne peuvent résulter que de la volonté formelle du législateur. En l'absence de toute législation spéciale, le droit commun reprend son empire, et toute entrave que n'autoriserait pas un texte formel serait entachée d'illégalité. Nous verrons de nombreuses applications de cette règle fondamentale, maintefois proclamée par les tribunaux répressifs et par la Cour suprême, qui ont toujours refusé de donner effet aux actes de l'autorité administrative portant arbitrairement atteinte à la liberté industrielle.

3. Du droit industriel et de ses divers objets. — Les dispositions législatives et réglementaires auxquelles l'industrie est soumise, et qui ne s'appliquent pas au commerce en général, constituent dans leur ensemble le *Droit industriel;* elles sont relatives à trois objets principaux :

Le régime des établissements industriels, ou établissements consacrés à la fabrication, sous quelque dénomination qu'on les désigne, manufactures, ateliers, usines, fabriques ;

La propriété industrielle ou les droits spéciaux que la loi reconnaît ou accorde sur les créations industrielles;

Les relations industrielles ou l'ensemble des obligations personnelles qui sont particulières à l'exercice des professions et des arts de l'industrie.

4. Division de l'ouvrage. — Cette division naturelle sera celle de ce livre qui comprendra en conséquence trois parties :

1º Régime des établissements industriels ;

2º Propriété industrielle ;

3º Obligations industrielles.

Ces trois parties, distinctes par leur objet, se tiennent par de nombreux rapports ; elles se complètent et s'éclairent l'une par l'autre, au point de vue de la législation ; elles se mêlent et se combinent sans cesse dans la pratique. Il a paru nécessaire de les réunir dans un même travail pour faciliter tout à la fois et l'intelligence des principes et l'application usuelle du droit industriel.

PREMIÈRE PARTIE.

RÉGIME DES ÉTABLISSEMENTS INDUSTRIELS.

SOMMAIRE.

5. Division : deux catégories de règlements sur les établissements industriels. — 6. Divisions de la première section.

5. Division. — Deux catégories de règlements sur les établissements industriels. — Les établissements industriels ont été, pendant longtemps, soumis à la surveillance des magistrats chargés de la police, qui, en vertu des pouvoirs généraux dont ils sont investis pour sauvegarder la sûreté des citoyens, prenaient sans règle fixe, à l'égard des ateliers de tout genre, les mesures qu'ils jugeaient les plus opportunes. De là une incertitude complète dans la situation des diverses industries, et un arbitraire intolérable, dont les inconvénients vivement signalés, ont fait sentir la nécessité d'une législation spéciale. La première et la plus importante partie de cette législation est celle qui a classé en trois catégories un grand nombre d'établissements industriels reconnus *dangereux*, *insalubres* ou *incommodes*, à l'effet de soumettre leur création et leur exploitation à des règles particulières. Les principes de cette classification sont posés ou appliqués par le décret du 15 octobre 1810, et l'ordonnance du 14 janvier 1815, combinés avec certaines dispositions du décret du 25 mars 1852 sur la décentralisation administrative, qui excluent, sauf de très-rares exceptions, l'intervention des pouvoirs municipaux en matière de police.

Indépendamment des règles générales applicables à tous les établissements classés, il existe à l'égard de beaucoup d'établissements industriels, classés ou non classés, des règles spéciales en rapport avec la nature de ces établissements, et motivées par diverses raisons d'intérêt public. Nous examinerons dans une première section les règlements relatifs aux établissements classés en général, et dans une seconde les règlements spéciaux qui concernent certains établissements classés ou non classés

Iʳᵉ SECTION.

DES ÉTABLISSEMENTS DANGEREUX, INSALUBRES OU INCOMMODES EN GÉNÉRAL.

6. Division de la première section. — Dans cette première section nous exposerons :

1° Les règles à suivre pour obtenir l'autorisation exigée à l'égard des établissements de première, de deuxième et de troisième classe ;

2° Le régime de ces établissements, après l'autorisation accordée, dans leurs rapports avec l'autorité administrative ;

3° Le régime de ces mêmes établissements autorisés, dans leurs rapports avec l'autorité judiciaire.

CHAPITRE PREMIER.

Des règles à suivre et des formalités à remplir pour obtenir l'autorisation.

LÉGISLATION. Décret du 15 octobre 1810 et ordonnance du 14 janvier 1815 (*Classement des établissements dangereux, insalubres et incommodes*). — Décret du 25 mars 1852 (*Décentralisation administrative.*)

7. Classification des établissements dangereux, insalubres ou incommodes. — Sous l'empire de la législation actuelle les établissements industriels qui ont été reconnus et déclarés par les règlements *dangereux, insalubres* ou *incommodes*, sont assujettis par cela même et d'une manière générale, à l'autorisation et à la surveillance de l'administration. Mais leur régime est différent, et les formalités à remplir varient suivant le degré d'inconvénient qu'ils présentent pour le voisinage, et, à ce point de vue, ils ont été divisés en trois classes par le décret du 15 octobre 1810, art. 1ᵉʳ : « Les manufactures
« et ateliers qui répandent une odeur insalubre ou incommode,
« ne pourront être formés sans une permission de l'autorité administrative. La première classe comprend ceux qui doivent
« être éloignés des habitations particulières ; la deuxième, les
« manufactures et ateliers dont l'éloignement des habitations
« n'est pas rigoureusement nécessaire, mais dont il importe
« néanmoins de ne permettre la formation, qu'après avoir acquis

« la certitude que les opérations qu'on y pratique sont exécutées
« de manière à ne pas incommoder les propriétaires du voisi-
« nage, ni à leur causer des dommages ; la troisième, les éta-
« blissements qui peuvent rester, sans inconvénients, auprès des
« habitations, mais doivent rester soumis à la surveillance de la
« police. »

§ I.
De l'autorisation des Établissements de première classe.

SOMMAIRE.

8. Caractère des établissements de première classe. — 9. Par qui est accordée l'autorisation. — 10. Formalités jusqu'à la décision du préfet. — 11. Arrêté du préfet statuant sur la demande. — 12. Oppositions ; conditions générales de leur recevabilité. — 13. Motifs d'opposition spécialement admissibles. — 14. Recours contre l'arrêté qui refuse l'autorisation. — 15. Le recours ne doit pas être adressé au ministre. — 16. Recours des tiers contre l'arrêté d'autorisation. — 17. Formule de demande.

8. Caractère des établissements de première classe. — La première règle relative aux établissements de cette classe, c'est qu'ils doivent être éloignés des habitations, et placés à la distance déterminée par l'administration. Mais c'est au moment de la création de l'établissement que l'observation de cette règle est prescrite. Une fois l'établissement régulièrement fondé, s'il convient à un particulier d'élever des constructions dans son voisinage, il n'est plus admis à en réclamer l'éloignement (Art. 9 du décret du 15 octobre 1810).

9. Par qui est accordée l'autorisation. — L'autorisation qui, sous l'empire de la législation antérieure, ne pouvait être obtenue qu'en vertu d'un décret rendu en conseil d'État, est actuellement accordée par les préfets des départements, et par le préfet de police tant dans le département de la Seine, que dans les communes voisines, Saint-Cloud, Meudon, Sèvres, qui sont comprises dans le ressort de la préfecture de police (1).

---

(1) M. Dalloz, *Nouv. Rép.*, v° *Manufactures*, n. 37, et M. Avisse, *Établissements industriels*, *Suppl.*, p. 10, sont d'avis que la législation ancienne est demeurée applicable au département de la Seine d'après les termes de l'art. 7 du décret du 25 mars 1852, qui déclare les art. 1, 2, 3, 4, 5, inapplicables au département de la Seine. Mais, comme le fait observer avec raison M. Dufour, *Traité général de droit administratif*, 2ᵉ édit., t. 2, n. 479, note 1, il résulte d'une insertion au *Bulletin des Lois* (1852), 4017, que la restriction portée en l'art. 7 à l'égard du département de la Seine, ne

D'après le décret du 25 mars 1852, qui a modifié celui du 15 octobre 1810, le préfet statue définitivement sur la demande qui lui est soumise, au lieu de se borner à émettre un avis, suivi d'une instruction ultérieure devant le conseil d'État et le ministre du commerce, instruction qui est désormais supprimée purement et simplement. Mais les formalités qui, selon le décret de 1810, précédaient l'avis préfectoral, doivent encore être observées aux termes du décret du 25 mars 1852 (tableau B, 9) qui attribue aux préfets « l'autorisation des établissements insalu-
« bres de première classe dans les formes déterminées pour cette
« nature d'établissements. »

10. Formalités jusqu'à la décision du Préfet. — Ces formalités sont les suivantes :

1° *Demande au préfet du département*, contenant l'indication précise du siège de l'établissement, de la distance qui le sépare des habitations particulières, de la nature des mesures destinées à en atténuer, autant que possible, les inconvénients, et des circonstances physiques qui peuvent les modifier ; demande accompagnée d'un plan en double expédition faisant connaître l'emplacement des appareils, les dispositions intérieures et extérieures des bâtiments, et la situation relative des constructions les plus rapprochées (Décret de 1810, art. 3);

2° *Apposition, durant un mois, d'affiches* reproduisant les termes de la demande, placardées à la diligence du préfet et par les soins du maire dans chacune des communes situées dans un rayon de 5 kilomètres du siège de l'établissement (1);

3° *Enquête de commodo et incommodo* ouverte à la mairie dans chaque commune où doit être situé l'établissement, et confiée aux soins du maire de la commune et des commissaires de police à Paris. L'enquête a lieu pendant le mois qui suit l'apposition des affiches, à moins que l'autorité locale ne juge à propos d'en prolonger la durée. Sur le procès-verbal d'enquête, tout particulier dans son intérêt propre, aussi bien que chaque maire des communes voisines dans l'intérêt de ses administrés, est ad-

---

concerné que « l'administration départementale proprement dite et celle de la ville et des établissements de bienfaisance de Paris. » L'exception ne s'étend donc pas à ce qui est relatif aux établissements industriels, et c'est pourquoi le décret du 30 mars 1852 ne comprend pas, parmi les attributions du conseil d'État qu'il énumère avec soin, l'autorisation des établissements de première classe.

(1) Art. 3 du décret de 1810; décision du ministre de l'intérieur du 4 mars 1815.

mis à faire consigner ses moyens d'opposition (voir n° 12), réclamations ou observations. Après l'expiration du mois, le procès-verbal est clos et renvoyé au préfet par l'intermédiaire du sous-préfet, avec mention des formalités susdites dont l'accomplissement est de rigueur, et dont l'omission donnerait aux intéressés le droit de faire annuler pour excès de pouvoir l'autorisation qui aurait été ultérieurement accordée (1).

11. Arrêté du Préfet statuant sur la demande. — A la suite de ces formalités intervient un *arrêté du préfet* qui accorde ou refuse l'autorisation, après s'être éclairé de l'avis des ingénieurs des mines, du conseil de salubrité, quand il en existe dans le ressort, et même du comité consultatif des arts et manufactures, auquel les pièces peuvent être communiquées dans les cas les plus graves (2).

Quand il y a des oppositions, le préfet est tenu, en outre, avant de statuer, de consulter le conseil de préfecture qui donne un simple avis ne faisant pas obstacle à ce qu'il rende plus tard, s'il y a lieu (voir n° 16), un jugement sur la même affaire. Ce renvoi au conseil de préfecture, ordonné par l'art. 4 du décret de 1810, est demeuré obligatoire en présence du décret du 25 mars 1852 (art. 2, tabl. B), qui tout en appliquant aux établissements de première classe les recours existants pour ceux de seconde, maintient à l'égard des premiers les formes déterminées pour obtenir l'autorisation ; or ici, c'est bien de l'une de ces formalités et nullement d'un recours qu'il est question (3).

Ce texte formel nous paraît réfuter péremptoirement l'opinion contraire soutenue par M. Dalloz (v° *Manufactures*, n° 34).

12. Oppositions. — Conditions générales de leur recevabilité. — On a vu que tout intéressé pouvait faire consigner son opposition sur le procès-verbal d'enquête ; il peut également, même après la clôture du procès-verbal, l'adresser directement au préfet ; mais tous les motifs quelconques tirés de l'intérêt du réclamant ne peuvent pas être utilement invoqués par lui.

Les oppositions ne sont recevables que quand elles se fondent sur les inconvénients mêmes en vue desquels l'établissement a été soumis à la nécessité de l'autorisation, et non pas sur ceux,

---

(1) Voir ci-après, n. 16, et décrets du 6 mai 1853 (aff. Perrache), et 22 août 1855 (aff. Danglade).—Voir art. 5 du décret de 1810 ; ord. du 14 janv. 1815, art. 2.
(2) Circulaire du ministre de l'intérieur du 15 décembre 1852.
(3) Voir en ce sens M. Avisse, *Suppl.*, p. 7 ; M. Dufour, 2ᵉ édit., t. 2, n. 491.

quelque réels qu'ils soient, qui n'ont pas été pris en considération par le législateur ou qui donnent lieu à l'application de lois autres que celles de la matière dont il s'agit ici. Ce principe d'une haute importance, est consacré par les décisions du conseil d'État qui ont déclaré inadmissibles par leur nature même les oppositions fondées soit sur la concurrence préjudiciable que le nouvel établissement pourrait faire à un établissement préexistant (1), soit sur le voisinage des bois et forêts à une distance prohibée par le Code forestier (2), soit sur la proximité d'un chemin dont la viabilité pourrait être compromise (3). Ces questions, étrangères à la matière qui nous occupe (4), ne peuvent influer sur le sort de la demande en autorisation qui laisse l'établissement soumis aux dispositions du droit commun ou des règlements de police ; elles doivent être réservées aux tribunaux et autorités compétentes pour produire telles conséquences que de droit.

13. Motifs d'opposition spécialement admissibles. — En ce qui concerne particulièrement les établissements de première classe, les motifs pour lesquels ils ont été rangés dans cette catégorie, et, par suite, les moyens sur lesquels peuvent se fonder efficacement les oppositions, sont indiqués dans le rapport de la section de chimie de l'Institut qui a servi de base à la loi de 1810 : « les établissements compris dans la première
« classe ne doivent pas rester auprès des habitations, parce que
« les matières que l'on y travaille et les produits qu'on en re-
« tire, ou répandent une odeur désagréable qu'il est difficile de
« supporter et qui nuit à la salubrité, ou sont susceptibles de
« compromettre la sûreté publique par des accidents auxquels
« ils pourraient donner lieu. »

Les oppositions ne pourront donc s'appuyer que sur ce que la distance signalée ou les précautions proposées ne seraient pas de nature à mettre les propriétés des réclamants à l'abri soit des émanations insalubres, soit des explosions et de l'incendie.

14. Recours contre l'arrêté qui refuse l'autorisation. — 1° *Si l'autorisation est refusée* par le préfet, la partie intéressée qui, sous l'empire du décret de 1810, n'avait aucun

---

(1) Ordonnance du 22 juillet 1818 (Giraucourt).
(2) C. d'État, 6 janvier 1830 (Champigny).
(3) C. d'État, 13 février 1830 (Barthélemy).
(4) Le seul inconvénient du *bruit* ne suffirait pas pour fonder une opposition sérieuse à un établissement de première classe. (Voir ordonnance du 8 novembre 1829. —Sellique.)

recours contre le refus résultant d'un décret rendu en forme de règlement d'administration publique, peut se pourvoir directement devant le conseil d'État contre l'arrêté préfectoral, dans les trois mois à partir de la notification (1), comme s'il s'agissait d'un établissement de deuxième classe. Les personnes intéressées à ce que le refus soit maintenu ont d'ailleurs le droit de se présenter à titre d'intervenants devant le conseil (2). Ces principes seront développés ci-après (n° 23).

15. Le recours ne doit pas être adressé au Ministre. — L'art. 6 du décret de 1852 qui dispose que les actes des Préfets qui seraient contraires aux lois et règlements, ou qui donneraient lieu aux réclamations des parties intéressées, pourront être annulés ou réformés par les ministres compétents, ne saurait avoir pour effet de substituer le recours devant le ministre du commerce au recours direct devant le conseil d'État. L'art. 8, tabl. B, du décret, en renvoyant, sans distinction, aux dispositions de l'art. 7 du décret de 1810, relatives aux établissements de deuxième classe, déroge en ce point à l'art. 6 précité. Cette dérogation est d'autant plus certaine que le système contraire donnerait lieu à des difficultés de procédure inextricables (3).

16. Recours des tiers contre l'arrêté d'autorisation. — 2° *Si l'autorisation est accordée*, les tiers intéressés à ce qu'elle soit révoquée, qu'ils aient ou qu'ils n'aient pas adressé des oppositions au préfet, peuvent se pourvoir, non pas directement devant le conseil d'État, comme le postulant, mais devant le conseil de préfecture en premier ressort, sauf recours contre la décision du conseil de préfecture (4) devant le conseil d'État, où toutes les parties intéressées ont la faculté d'intervenir. Toute-

---

(1) En matière administrative, la notification fait courir les délais du recours, en quelque forme qu'elle ait lieu, pourvu que la date en soit établie, et sans qu'il soit nécessaire que la teneur de l'acte administratif y ait été insérée. Ainsi, une simple lettre mentionnant le rejet d'une demande et dont la remise à la partie intéressée est constatée par un récépissé, suffit pour faire courir le délai. Il y a plus ; le même effet est attribué par la jurisprudence désormais constante du conseil d'État, en l'absence de toute notification, au fait constaté de la *connaissance acquise* par la partie de la décision administrative qui la concerne ; par suite, la mention non contestée au dossier de la préfecture, que la partie a retiré, à telle date, copie d'un arrêté, équivaut à notification. Cette jurisprudence administrative, si opposée aux exigences exactes de la jurisprudence civile en pareille matière, et tant de fois, mais vainement critiquée, donne lieu dans l'application aux plus fâcheuses incertitudes.

(2) Art. 8, tableau B du décret de 1852, et art. 7 du déc. de 1810. (Voir n. 23 à 26.)

(3) Voir Avisse, *Supplément*, p. 9, et Dalloz, v° *Manufactures*, n. 36.

(4) Art. 7 du décret de 1810 (Voir ci-après n° 25. pour les développements.)

fois, quand c'est pour excès de pouvoir ou pour incompétence que l'arrêté d'autorisation est attaqué, le recours doit être porté directement devant le conseil d'État suivant le principe admis en toute matière; et il y a excès de pouvoir donnant lieu à ce recours direct lorsque le Préfet a accordé sans enquête préalable l'autorisation d'établir ou de déplacer l'atelier (1).

17. Formule de demande.

A M. le préfet du département de...... ou de police.

DEMANDE D'AUTORISATION POUR UN ATELIER DE PREMIÈRE CLASSE.

Le soussigné (*nom et prénoms*), fabricant de...., demeurant à........; à l'honneur de demander à M. le Préfet l'autorisation d'établir un atelier de...... (première classe) dans la commune de..... où il se propose de fixer le siége de son exploitation.

Les procédés ou appareils employés par la fabrication seront (*faire la description détaillée*).

Les époques, les heures de travail seront......

Les bâtiments qui doivent servir à l'exploitation sont situés sur un terrain isolé de toutes habitations appartenant à des tiers, dont les plus rapprochés sont à une distance de.... mètres.

Les circonstances topographiques que présente la localité (*voisinage d'un grand cours d'eau, d'une forêt, élévation du sol, direction des vents, etc.....*) sont de nature à mettre les tiers à l'abri des dangers ou des inconvénients qui pourraient résulter de la fabrication.

En outre, et pour achever de faire disparaître autant qu'il est possible tous inconvénients extérieurs, le postulant offre de prendre les précautions suivantes (*clôture exacte des ateliers, établissements de puisards, élévation des tuyaux de cheminée, appareils fumivores, etc., etc....*), déclarant, en outre, se soumettre aux conditions qui lui seront imposées par l'arrêté d'autorisation.

Le soussigné produit, à l'appui de sa demande, un plan en double expédition faisant connaître :

1° La disposition extérieure des bâtiments et la situation relative des habitations les plus rapprochées ;

2° La disposition intérieure des bâtiments ou ateliers, avec indication de l'emplacement des machines, appareils, fours, fourneaux, foyers, réservoirs, puisards, etc....

(*Date et signature.*)

NOTA. En cas de rejet de la demande, le recours doit être formé par le ministère d'un avocat au conseil d'État.

§ II.

De l'autorisation des Établissements de deuxième classe.

SOMMAIRE.

18. Caractère des établissements de deuxième classe. — 19. Forme de la demande d'autorisation. — 20. Suite des formalités. — 21. Arrêté

---

(1) Conseil d'État, 6 mai 1853 (Perrache).—17 août 1825 ; 4 juillet 1829.

du préfet statuant sur la demande. — 22. Deux sortes de recours contre l'arrêté du préfet. — 23. Recours du postulant au conseil d'État. —24. Recours des tiers au conseil de préfecture, puis au conseil d'État. —25. Intervention, recours incident et tierce-opposition des tiers devant le conseil d'État. — 26. Recours exceptionnel des tiers devant le conseil d'État. —27. Droit du conseil d'État saisi par l'un de ces recours.—28. Principes sur les motifs de refus d'autorisation et d'opposition.—29. Le danger, l'insalubrité ou l'incommodité, seuls motifs admissibles. — 30. Applications faites par la jurisprudence.—31. Influence de la proximité des habitations.—32. Des inconvénients spécialement indiqués dans le classement. — 33. Formule de demande.

18. Caractère des établissements de seconde classe.
— « Les ateliers, établissements et fabriques compris dans la deuxième classe du tableau (1) n'ont pas été jugés par la commission être dans le cas qu'on exigeât qu'ils fussent aussi éloignés des lieux habités que ceux compris dans la première classe; mais cependant elle a pensé qu'il était indispensable de les surveiller.... La plupart des opérations qui se pratiquent dans ces établissements ne peuvent produire de vapeurs nuisibles qu'autant qu'on ne prend pas tous les soins qui conviennent pour opérer leur condensation; or, comme les procédés et les appareils au moyen desquels on parvient aisément à s'en rendre maître sont aujourd'hui parfaitement connus, et presque généralement adoptés, on n'a besoin que de recommander qu'ils soient employés. »

L'établissement des ateliers de deuxième classe est, en conséquence, soumis à la nécessité d'une autorisation, qui est accordée à la condition de prendre les mesures de nature à garantir le voisinage des inconvénients qui en résultent, sans que l'éloignement des habitations soit absolument nécessaire; s'il peut être pourvu autrement aux besoins de la salubrité. Ces précautions consistent en général dans la construction de murs d'enceinte, de longs tuyaux de cheminée pour dissiper la fumée dans les airs, dans l'emploi d'appareils fumivores, de puisards profonds pour absorber les résidus susceptibles de fermentation.

19. Formes de la demande d'autorisation. — L'autorisation est accordée par les préfets, après l'accomplissement des formalités et sauf les recours établis par le décret du 15 octobre 1810, art. 7. Ces formalités sont les suivantes :

---

(1) Voir leur définition ci-dessus, n° 7.

1° *Demande adressée* par l'industriel *au sous-préfet* de son arrondissement, c'est-à-dire de l'arrondissement dans lequel la manufacture sera établie, puisque c'est dans cet arrondissement que, par les soins de ce même sous-préfet, les informations ultérieures auront lieu (1).

La demande doit contenir les mêmes indications que pour les établissements de première classe, avec le plan descriptif (voir ci-dessus n° 10).

Dans le ressort du chef-lieu du département, c'est au préfet directement que la demande doit être adressée ; dans le département de la Seine et les communes annexées, c'est au préfet de police (2).

20. Suite des formalités. — 2° *Renvoi de la demande au maire* de la commune dans laquelle on projette de former l'établissement, et *enquête de commodo et incommodo* par les soins de ce dernier. Le décret n'exige pas et le préfet ne peut prescrire l'apposition d'affiches comme pour les établissements de première classe ou les machines à vapeur (voir n° 110). C'est à l'autorité locale à prendre les mesures nécessaires pour assurer efficacement la publicité de l'ouverture de l'enquête (3). La durée de l'enquête, sauf celle relative aux machines à vapeur qui doit se prolonger pendant dix jours (4), n'est pas fixée par le décret et doit être déterminée d'après les circonstances par l'autorité locale ;

3° *Renvoi du procès-verbal d'enquête au sous-préfet* avec l'avis du maire ;

4° *Arrêté du sous-préfet* en forme d'avis après communication au conseil d'hygiène et de salubrité, et transmission au Préfet.

21. Arrêté du Préfet statuant sur la demande. — Le préfet consulte, s'il le juge à propos, le conseil de préfecture, et, soit qu'il y ait, soit qu'il n'y ait pas d'opposition, rend un arrêté, pour accorder ou refuser l'autorisation. Après quelques hésitations (5), une jurisprudence, désormais constante, décide qu'il n'appartient pas au conseil de préfecture de prononcer sur les oppositions, tant que l'autorisation n'a pas été accordée (6).

---

(1) Avisse, p. 22 et 23.
(2) Ordonn. du 14 janvier 1815, art. 4.—C. d'État, 17 août 1825 et 15 mars 1825.
(3) Voir Clérault, *Traité des Établissements dangereux*, n. 40.
(4) Règlement du 22 mai 1843.
(5) C. d'État, 19 mars 1817.
(6) C. d'État, 24 octobre 1823 (Palangier).—13 juillet 1825 (Poncet). — 1ᵉʳ mars 1826 (Fortier), etc.

S'il statuait avant la décision du préfet, cette délibération prématurée ne serait considérée que comme un simple avis sans force obligatoire, non susceptible de recours au conseil d'État (1), et ne faisant pas d'ailleurs obstacle à ce que le conseil statue ultérieurement sur les oppositions à l'autorisation accordée (Voir n° 24) (2).

22. Deux sortes de recours contre l'arrêté du préfet. — L'arrêté du préfet qui statue sur la demande d'autorisation, est soumis à deux sortes de recours, ainsi qu'on l'a dit plus haut (n°s 14 et 16) d'après l'art. 7 du décret de 1810 ainsi conçu :

« Le préfet statuera, sauf le recours au conseil d'État, par tou-
« tes les parties intéressées ; s'il y a opposition, il y sera statué
« par le conseil de préfecture, sauf le recours au conseil d'État. »

Cette disposition fort obscure a été interprétée par une jurisprudence désormais bien constante, de la manière suivante : en cas de refus, le postulant doit se pourvoir directement devant le conseil d'État ; en cas d'autorisation, les tiers intéressés doivent porter leur opposition contre la décision du préfet en premier ressort devant le conseil de préfecture, et en appel devant le conseil d'État. C'est là une dérogation formelle et extraordinaire à ce principe fondamental de la compétence administrative que les actes de pure administration ne peuvent être attaqués devant ls tribunaux administratifs, et faire l'objet d'un recours par la voie contentieuse.

23. Recours du postulant au conseil d'État. — Le recours direct au conseil d'État, dans les trois mois à partir de la notification de l'arrêté préfectoral, est ouvert au postulant et au postulant seul, en cas de refus absolu d'autorisation, ou lorsque l'autorisation a été subordonnée à des conditions qu'il prétend faire modifier (3).

Le postulant peut encore se pourvoir en conseil d'État contre l'arrêté du conseil de préfecture qui, sur la demande des tiers, aurait refusé l'autorisation qu'avait accordée le préfet (voir ci-après n° 24). C'est ce qui résulte des termes généraux de l'art. 7 qui admet, sans restriction à l'égard du postulant, le recours au conseil d'État contre l'arrêté du conseil de préfecture qui a statué sur les oppositions (4).

---

(1) C. d'État, 2 août 1826 (de Roussy).—26 décembre 1830 (Brunet).—22 juin 1825 (Barlatier).—15 mars 1826 (commune des Prés-Saint-Gervais).
(2) Voir Clérault, n. 43.—C. d'État, 26 oct. 1825 ; 15 mars 1826 ; 20 juin 1827.
(3) C. d'État, 15 novembre 1826 (Reynard). — 20 avril 1839 (Collier).
(4) C. de cass., 2 fév. 1838 (Agombart).—Dalloz, v° *Manufactures*, n. 105.

24. Recours des tiers au conseil de préfecture en premier ressort, puis au conseil d'État. — Si le préfet accorde l'autorisation, les tiers qui ont eu la faculté de lui adresser leurs observations et réclamations pendant l'instruction administrative, peuvent, comme on l'a dit ci-dessus, former opposition à l'arrêté du préfet devant le conseil de préfecture (1). Ce recours s'exerce du reste, alors même qu'aucune opposition n'a été formulée avant l'autorisation accordée. Il n'existe aucune disposition de loi qui l'assujettisse à un délai quelconque, et il peut, par conséquent, être formé par les tiers intéressés à quelque moment que ce soit, sans que le fabricant puisse les mettre en demeure ni faire courir de délai par une notification (2). Mais ceux-ci ne peuvent (sauf au cas ci-après n° 26) déférer directement au conseil d'État l'arrêté du préfet qui a accordé l'autorisation. C'est seulement après avoir porté leur opposition en premier ressort devant le conseil de préfecture, qu'ils peuvent se pourvoir devant le conseil d'État dans le délai de trois mois, contre la décision de ce conseil qui aurait maintenu l'autorisation accordée par le Préfet (2).

Le recours direct au conseil d'État ne peut être formé par les tiers que pour cause d'incompétence ou d'excès de pouvoir (n° 26).

25. Intervention, recours incident, et tierce opposition des tiers devant le conseil d'État. — Outre la voie de l'appel devant le conseil d'État, ouverte aux tiers dans le cas précédent, la faculté d'intervention et de tierce opposition, et même de recours incident devant ce même conseil, existe pour eux, qu'il y ait eu, ou qu'il n'y ait pas eu autorisation, dans les circonstances suivantes.

Lorsque c'est le postulant qui après refus d'autorisation, s'est pourvu directement devant le conseil d'État contre l'arrêté du préfet, les tiers intéressés au maintien du refus peuvent se présenter au conseil d'État à titre d'intervenants pour faire rejeter le recours (4). Si le postulant attaque un arrêté portant autorisation au point de vue des conditions auxquelles l'autorisa-

---

(1) C. d'État, 1ᵉʳ mai 1822 (Pain).—22 nov. 1836 (Vienchel).
(2) Voir Dufour, t. 2, n. 518.
(3) C. d'État, 30 juin 1835 (Blanc). — 11 août 1841 (Caron).
(4) C. d'État, 6 mars 1835 (Leziars).—7 avril 1855 (Vayson).— 20 avril 1849 (John Collier).—14 décembre 1844 (Béthune et Plon).—13 janv. 1853 (Nicolle).— 10 mars 1834 (Haueis).

tion est subordonnée, les tiers peuvent, non seulement intervenir pour faire maintenir les conditions imposées, mais former un recours incident pour demander la réformation de l'arrêté et le refus pur et simple d'autorisation (1). Ils peuvent également, la décision une fois rendue, sans qu'ils soient intervenus, l'attaquer par voie de tierce opposition (2).

Lorsque, en cas d'autorisation, un ou plusieurs intéressés ont fait opposition, sans succès, à l'arrêté du préfet devant le conseil de préfecture, les tiers qui n'ont pas pris part au débat engagé près de ce conseil peuvent encore faire valoir leurs griefs de la manière suivante :

S'il n'y a pas eu appel de l'arrêté du conseil de préfecture par les parties qui y ont figuré, ces tiers ont la voie de la tierce opposition devant ce même conseil contre l'arrêt rendu (3) ; s'il y a eu recours au conseil d'État, ces tiers peuvent se présenter, non plus devant le conseil de préfecture, mais devant le conseil d'État à titre d'intervenants pendant l'instance d'appel, ou même frapper de tierce opposition la décision rendue par le chef de l'État, à la condition de n'avoir pas figuré au débat (4).

26. Recours exceptionnel des tiers devant le conseil d'État. — Les règles particulières aux recours organisés par le décret de 1810, ne dérogent pas au principe général et absolu posé par la loi des 7-14 octobre 1790, qui permet de déférer directement au conseil d'État tous les arrêtés des préfets, pour *incompétence ou excès de pouvoir.*

Les tiers ont donc la faculté d'attaquer devant le conseil d'État, l'arrêté préfectoral portant autorisation dans le cas seul où ils invoquent l'incompétence ou l'excès de pouvoir, comme par exemple, lorsqu'ils se fondent sur ce que le préfet a accordé l'autorisation, sans procéder à l'enquête prescrite par la loi. C'est ce que le conseil d'État a formellement décidé par arrêt du 6 mai 1853, en déclarant qu'aucune disposition du décret du 15 octobre 1810 n'a interdit aux intéressés le recours ouvert par la loi de 1790 (5). Seulement, en ce cas le conseil n'apprécie que le vice extrinsèque dont l'arrêté est entaché, et ne peut, comme dans les circonstances ordinaires, statuer au fond sur

---

(1) C. d'État, 23 déc. 1845 (Deseille).
(2) C. d'État, 5 sept. 1836 (Grandin).
(3) Rolland de Villargues, *Rép.*, v° *Atelier*.
(4) C. d'État, 5 septembre 1836 (Auquetil ; id. (Grandin).
(5) C. d'État, 6 mai 1853 (Delacour).

la question d'autorisation, ainsi qu'on le verra au numéro suivant.

27. Droit du conseil d'État saisi par l'un de ces recours. — Le conseil d'Etat, quand le débat est porté devant lui par l'une des voies qui ont été indiquées, sauf la dernière, est investi du droit, non seulement de maintenir ou d'annuler la décision attaquée, mais encore de la modifier, en prescrivant des conditions nouvelles, et de faire ainsi l'office d'administrateur aussi bien que de juge. Aussi en annulant, sur le recours du postulant, l'arrêté du préfet qui a refusé l'autorisation, il peut, au lieu de renvoyer devant le préfet pour être procédé à une nouvelle instruction, comme il le fait quand la question ne lui paraît pas suffisamment éclairée (1), accorder immédiatement l'autorisation, en prescrivant lui-même des conditions de nature à faire disparaître les inconvénients que l'on redoute (2); de même, sur le recours des tiers tendant à faire révoquer l'autorisation accordée, il peut, tout en la maintenant, ajouter aux prescriptions regardées comme insuffisantes par le préfet et le conseil de préfecture. Il importe donc essentiellement aux fabricants, lorsqu'ils plaident devant le conseil d'Etat, d'indiquer eux-mêmes, s'il y a lieu, les modifications de nature à remédier aux inconvénients qui ont été signalés.

Du reste, il arrive fréquemment, et pour éviter toute difficulté dans l'avenir, que le conseil d'Etat impose au fabricant l'obligation générale de se conformer à toutes les conditions qui seraient ultérieurement jugées indispensables par l'autorité administrative, pour pourvoir aux nécessités de la salubrité publique (3).

28. Principes sur les motifs de refus d'autorisation et d'opposition. — Un des points les plus importants en cette matière, c'est d'être fixé sur les motifs qui peuvent faire refuser l'autorisation et servir de base, soit aux oppositions, soit aux autres recours. Le préfet, et après lui le conseil de préfecture, puis le conseil d'Etat, appelés comme on l'a vu, à divers titres, à statuer sur les demandes d'autorisation, ont sans doute une très-large faculté d'appréciation; mais ils n'ont pas un pouvoir, à pro-

---

(1) C. d'État, 20 avril 1839 (John Collier).—11 mai 1850 (Paufichet).
(2) C. d'État, 8 avril et 11 nov. 1831 (Crouillebois; Pauwels).— 30 nov. 1832 (Valancourt).—5 sept. 1838 (Lithoreau).— 16 juin 1841 (Mathieu).— 30 août 1843 (Garnot). — 2 déc. 1853 (Debolo). — 26 avril 1855 (Jacob). — Voir néanmoins Dufour, nouv. édit., t. 2, n. 517.
(3) C. d'État, 2 déc. 1853 (Debolo). — 26 avril 1855 (Jacob).

prement parler, discrétionnaire, pour accorder ou rejeter l'autorisation, accueillir ou repousser les oppositions. La jurisprudence a posé à cet égard les principes qui doivent régler toutes les décisions des autorités administratives.

29. Le danger, l'insalubrité, l'incommodité, seuls motifs admissibles. — 1° Les motifs qui peuvent faire refuser l'autorisation doivent être pris uniquement du danger, de l'insalubrité ou de l'incommodité que présente l'établissement, seules raisons pour lesquelles il a été classé et soumis à la nécessité de l'autorisation. Ils ne sauraient être tirés, ni des dommages que sa création peut apporter à des établissements voisins par la concurrence ou même à des intérêts généraux ou communaux, autres que ceux de police, ni, comme l'a prétendu le préfet du Rhône dans l'affaire Débolo précitée, du tort qu'elle causerait à la beauté d'un site et à l'agrément d'un lieu occupé par un grand nombre de maisons de plaisance, ni même enfin de l'atteinte qui en résulterait à des lois et règlements d'une autre nature et dont la sanction est ailleurs. (Voir ci-dessus n° 12).

A tous ces points de vue, étrangers aux considérations qui ont déterminé le classement, les établissements en question sont dans le droit commun, et ne peuvent être plus que tous autres frappés arbitrairement d'interdiction.

30. Applications faites par la jurisprudence. — En vertu de ces principes, il a été jugé que le refus fondé sur l'intérêt du commerce et les inconvénients de la concurrence, en ce que, par exemple, le nouvel établissement pourrait ruiner des établissements antérieurement autorisés, est entaché d'excès de pouvoir (1); mais il en serait autrement si le dommage causé à un atelier voisin, bien que ne portant que sur cet atelier seul, était cependant direct et matériel, comme, par exemple, l'écoulement des eaux d'une tannerie dans une blanchisserie (2).

Ainsi encore, le conseil d'État a annulé un arrêté du conseil de préfecture des Hautes-Pyrénées (3), par la raison « que le « conseil de préfecture ne s'est fondé pour faire droit à l'oppo- « sition du sieur Tarissais sur aucun motif tiré de l'insalubrité « ou de l'incommodité de l'établissement, mais seulement sur « l'intérêt de la reproduction des bois dans le canton, et les be-

---

(1) C. d'État, 5 janv. 1813 (Seuly).—3 mai 1839 (Ridoux, Annebique). — 31 mai 1855.
(2) C. d'État, 8 juill. 1818 (Combe).—7 mai 1828 (Lesegretain).
(3) C. d'État, 23 fév. 1838 (Tarissais, Demont).

« soins des communes voisines; que les considérations d'un in-
« térêt général ne pouvaient servir de base aux oppositions por-
« tées devant ledit conseil de préfecture. »

31. Influence de la proximité des habitations. —
2° Les établissements de la deuxième classe se distinguant de ceux de la première précisément en ce que l'éloignement des habitations n'est pas nécessairement exigé à leur égard, il en faut conclure que la proximité de maisons habitées ne constituerait pas à elle seule un motif suffisant d'opposition. Du moment où il serait établi que des mesures efficaces sont prises pour mettre le voisinage à l'abri des inconvénients provenant de l'exploitation, un tel motif ne saurait être accueilli contre la demande d'autorisation (1). C'est ce qui résulte du principe constamment invoqué par le conseil d'État, qu'en ce qui concerne les établissements de deuxième classe, leur éloignement des habitations n'est pas rigoureusement nécessaire, mais qu'ils ne doivent être autorisés qu'avec les précautions propres à empêcher leurs opérations de devenir nuisibles aux propriétés du voisinage (2).

Le motif tiré de la trop grande proximité des habitations reprend toute sa force quand les inconvénients résultant de l'exploitation ne sauraient être évités aux voisins dans un certain rayon. C'est pourquoi l'autorisation a été fréquemment refusée, et le transfert en d'autres lieux a été ordonné à l'égard de certains ateliers, tels que les tanneries, dont l'établissement, au centre d'une population agglomérée, serait nécessairement dommageable (3). Il en a été décidé de même quand le caractère spécial des habitations voisines, affectées à des services publics, (hôtels et bureaux de préfecture, écoles primaires, salles d'asile) rendait intolérable la proximité d'une industrie qui n'aurait pas eu le même inconvénient à l'égard d'habitations ordinaires (4). Il en devrait être ainsi, alors qu'il ne s'agirait que d'établissements privés (pensionnats, maisons de santé), si par suite de leur nature même, l'insalubrité ou l'incommodité d'un atelier leur était particulièrement préjudiciable.

---

(1) C. d'État, 16 janv. 1828 (Gide).

(2) C. d'État, 15 juill. 1829 (Hattier).—22 mars 1833 (Bayvet).—4 fév. 1838 (Colomby).—Voir, sur les conditions auxquelles les autorisations sont fréquemment soumises, C. d'État, 8 mars 1844 (Fragot).—9 déc. 1845 (commune de Creyssels).—8 déc. 1853 (Demorels).—26 avril 1855 (Jacob), etc.

(3) C. d'État, 15 nov. 1826.—3 fév. 1830 (Thinaud).— Voir 17 déc. 1841 (Sehet). —25 avril 1842 (Selligue).

(4) C. d'État, 21 déc. 1837 (Traxler et Bourgeois).

32. Des inconvénients spécialement indiqués dans le classement. — 3° Les motifs d'opposition ne doivent pas être tirés seulement et d'une manière générale, du danger, de l'insalubrité ou de l'incommodité des établissements, mais surtout du genre spécial d'inconvénient qui a déterminé le classement de l'établissement dont il s'agit, et qui est indiqué dans le tableau annexé aux décrets et ordonnances. Ainsi le conseil d'État, annulant un arrêté du conseil de préfecture de la Seine, a décidé que les machines à feu, à haute pression, n'ayant été classées au nombre des établissements dangereux, insalubres et incommodes que sous le rapport de la fumée et des dangers d'explosion et d'incendie, l'incommodité résultant du bruit produit par la machine n'était pas au nombre des motifs d'opposition susceptibles d'être accueillis par le conseil de préfecture (1).

Il faut remarquer toutefois que, dans cette espèce, le bruit était un résultat de l'emploi des presses mues par la vapeur qui se produisait également lorsque les presses étaient mues à force de bras, cas auquel cependant elles n'étaient point classées; d'où l'on concluait que les tribunaux seuls, et non l'administration, pouvaient avoir à statuer sur les inconvénients provenant de ce bruit. Aussi, quand cette circonstance particulière ne se présente pas, le principe posé par l'arrêt du conseil du 8 novembre 1829 n'est-il point appliqué d'une manière absolue. Le conseil d'État considère les motifs indiqués dans la nomenclature des établissements classés, plutôt comme des renseignements purement énonciatifs que comme des règles limitatives. C'est ce qui résulte spécialement de diverses décisions où le conseil d'État a déclaré que toutes les causes, écrites ou non, qui *ont pu* motiver le classement, doivent être prises en considération pour déterminer l'autorisation à accorder à ces fabriques et les conditions auxquelles cette autorisation peut être donnée (2).

33. Formule de demande.

A M. le préfet (3) *du département de. . . . ou de police.*

DEMANDE D'AUTORISATION POUR UN ATELIER DE DEUXIÈME CLASSE.

Le soussigné (*nom et prénoms*), fabricant de. . . ., demeurant à. . . . . ., a l'honneur de demander à M. le Préfet l'autorisation d'établir un atelier de. . . . . .

---

(1) C. d'État, 8 nov. 1829 (Selligue).
(2) C. d'État, 6 avril 1836 (Nougaillou). — 14 déc. 1844 (Béthune). — Voir Dufour, t. 2, n. 549-551.
(3) Partout ailleurs que dans le chef-lieu du département, c'est au sous-préfet que la demande doit être adressée, pour être par lui transmise au préfet.

(deuxième classe), dans la commune de. . . . . ., où il se propose de fixer le siége de son exploitation.

Les procédés, appareils et époques de fabrication seront (*en donner le détail*).

Les bâtiments qui doivent servir à l'exploitation ne sont pas entièrement isolés d'autres habitations ; mais ces dernières sont elles-mêmes affectées à divers genres d'industrie (*donner la désignation*).

Les circonstances topographiques sont de nature à prévenir les craintes d'insalubrité (*les énumérer*).

L'exposant offre, d'ailleurs, de prendre toutes les mesures et précautions nécessaires pour mettre le voisinage à l'abri des inconvénients qui pourraient résulter de sa fabrication (*énumérer les mesures, telles que l'établissement d'appareils fumivores, de puisards, la clôture exacte des ateliers, etc.*).

Il s'engage, en outre, à se conformer aux conditions qui seraient jugées nécessaires par l'administration.

L'exposant produit à l'appui de sa demande un plan (*voir le détail à la formule ci-dessus n° 10*). (*Date et signature.*)

Nota. En cas de rejet de la demande, le recours doit être formé devant le conseil d'État par le ministère d'un avocat au conseil.

§ III.
De l'autorisation des Établissements de troisième classe.

SOMMAIRE.

34. Caractère des établissements de troisième classe.—35. Formalités de la demande et de l'instruction.— 36. Arrêté du sous-préfet.—37. Recours contre la décision du sous-préfet.— 38. Recours contre la décision du conseil de préfecture.—39. Motifs d'opposition et de recours. — 40. Formule de demande.— 41. Formule de recours.

34. Caractère des établissements de troisième classe. — Les établissements de la troisième classe se distinguent des établissements de la première et de la seconde, en ce qu'ils peuvent sans inconvénient être placés près des habitations, tout en restant soumis à la nécessité de l'autorisation et à la surveillance de la police. Ce sont les établissements qui n'étant ni dangereux, ni insalubres, sont seulement incommodes, et c'est en vue d'atténuer cette incommodité que sont prescrites les précautions auxquelles ils sont assujettis.

Conformément à l'ordonnance du 14 janvier 1815 (art. 3), qui a concilié les dispositions contradictoires des art. 2 et 8 du décret de 1810, l'autorisation est accordée, dans les départements, par le sous-préfet ou par le préfet dans les chefs-lieux où il n'y a pas de sous-préfet (1), après avis préalable du maire, et, dans le département de la Seine, par le préfet de police.

---

(1) C. d'État, 22 déc. 1824. — 10 juill. 1833 (Merry). — 22 août 1838 (Gianelli).

35. Formalités de la demande et de l'instruction.
— Ces formalités simples et peu nombreuses sont les suivantes :
1° *Demande* adressée par l'industriel *au sous-préfet* ou au préfet, suivant les cas indiqués ci-dessus (n° 34);

2° *Renvoi au maire*, pour avoir son avis, ainsi que celui de la police locale.

Aucun règlement ne prescrit l'affiche de la demande, non plus que l'enquête *de commodo et incommodo*. — Le préfet de police à Paris est néanmoins dans l'usage d'y faire procéder, et cet exemple peut être utilement suivi partout (1).

Quand le préfet se trouve saisi de l'affaire, il peut, à son gré, demander l'avis purement consultatif du conseil de préfecture (2).

36. Arrêté du sous-préfet. — Ces formalités sont suivies de la décision du sous-préfet ou du préfet en exerçant les fonctions.

Il est à remarquer que l'autorisation, accordée dans ces termes à un atelier de troisième classe, ne dispense en aucune façon l'industriel de se pourvoir à un autre point de vue devant les autorités compétentes, si l'établissement comprend en même temps un atelier de première ou de deuxième classe (voir n° 42), ou s'il est placé sur un cours d'eau, et soumis comme tel soit à l'autorisation spéciale du préfet (décret du 25 mars 1852), soit même à celle du Gouvernement (voir ci-après n° 151). Il suit de là que l'établissement qui se trouve dans cette situation mixte ne peut être mis en activité, en vertu de la simple autorisation du sous-préfet, et tant que les autres autorisations n'ont pas été obtenues (3).

37. Recours contre la décision du sous-préfet. — Aux termes des art. 8 du décret de 1810 et 3 de l'ordonnance de 1814, « s'il s'élève des réclamations contre la décision prise par les sous-préfets sur une demande en formation d'ateliers compris dans la troisième classe, elles seront jugées par le conseil de préfecture. » D'après la jurisprudence constante du conseil d'État, cette disposition absolue déroge, dans l'intérêt de l'industrie, au principe que tout recours contre les actes du sous-préfet doit être adressé au préfet, son supérieur immédiat suivant l'ordre hiérarchique (4). A la différence de ce qui a lieu

---

(1) Voir Macarel, t. 4, p. 147 ; Dufour, t. 2, n. 383.—Voir notamment C. d'État, 29 août 1821 (Nausé).
(2) C. d'État, 19 mars 1823 (Holland).
(3) C. d'État, 12 juill. 1837 (Roubaud-Luce).
(4) Voir Clérault, n. 69 et 70 ; Dufour, t. 2, n. 384.—*Contrà*, Macarel, t. 4, p. 157.

pour les établissements de deuxième classe, elle s'applique, sans distinction, et aux réclamations du postulant auquel l'autorisation a été refusée (1), et à celles des tiers qui auraient à se plaindre de l'autorisation accordée (2).

Le recours au conseil de préfecture, soit de la part du postulant, soit de la part de tiers opposants, n'est assujetti à aucun délai et est toujours recevable en la forme, quel que soit le laps de temps écoulé depuis la décision du sous-préfet (3).

Le conseil de préfecture est investi du droit, soit de révoquer, soit de maintenir l'autorisation accordée, comme aussi d'accorder l'autorisation refusée (4); mais il ne peut statuer qu'après décision du sous-préfet et sur l'appel de cette décision : il n'est pas compétent pour apprécier les oppositions antérieures (5).

38. Recours contre la décision du conseil de préfecture. — Le recours au conseil d'État contre toute décision du conseil de préfecture est la règle générale, applicable par cela seul qu'il n'y est point apporté d'exception formelle. Dans le silence de la loi sur ce point, en ce qui concerne les établissements de troisième classe, la jurisprudence a donc dû admettre le recours du droit commun, dans le délai de trois mois, contre les décisions du conseil de préfecture, soit qu'elles maintiennent ou confèrent, soit qu'elles révoquent l'autorisation. Ce recours peut, suivant les cas, être formé par le postulant ou par les tiers opposants (6). (Voir ci-dessus n°s 23, 24).

Lorsque le recours est formé par le postulant contre un arrêté qui a refusé l'autorisation, les tiers peuvent intervenir devant le conseil d'État, à la condition qu'ils aient dans la contestation un intérêt né et actuel; c'est-à-dire qu'ils soient voisins et se fondent sur l'incommodité que leur ferait éprouver l'établissement. Il ne suffirait pas qu'ils vinssent alléguer l'influence que la décision du conseil de préfecture pourrait exercer sur des demandes ultérieures de même nature (C. d'État, 10 janv. 1834).

Le conseil d'État comme, au reste, le conseil de préfecture, peut, en accordant ou confirmant l'autorisation, imposer des conditions nouvelles ou modifier celles exigées par les décisions qui

---

(1) C. d'État, 14 janv. 1824 (Harmand).—10 juill. 1833 (Merry). — 3 sept. 1836 (Rey Anquetil).
(2) C. d'État, 17 août 1825 (Potrais). — 14 juin 1837 (Couturier).—22 août 1838.
(3) Voir Dufour, t. 2, n. 518 et 535.
(4) C. d'État, 30 mai 1821 (Lebel).
(5) C. d'État, 4 juill. 1827 (Legré).
(6) C. d'État, 18 avril 1821 (Plaisançon).—10 janvier 1834 (Noël).

lui sont déférées; il peut également ordonner un supplément d'instruction (1).

39. Motifs d'opposition et de recours. — Quant à la nature des conditions qui peuvent être imposées, et aux motifs qui peuvent servir de base aux oppositions et aux recours, ils doivent se tirer uniquement de la cause pour laquelle l'atelier est classé, c'est-à-dire de son incommodité, et nullement, comme on l'a expliqué à l'égard des autres ateliers (n° 29), de raisons d'une nature différente, empruntées soit à l'intérêt particulier, soit même à l'intérêt général. Ainsi l'autorisation ne saurait être refusée, parce qu'un nouvel établissement ferait à un établissement antérieur une concurrence dommageable (2), ou parce que le fabricant, en choisissant l'emplacement de son atelier, n'aurait eu pour but que de se soustraire aux droits d'entrée.

Mais l'autorisation devrait être refusée, si la mise en activité d'un établissement nouveau à côté d'établissements anciens devait, par l'accumulation d'une trop grande quantité d'émanations, augmenter l'incommodité jusque-là tolérable; d'où il suit que la permission de créer un établissement dans une localité n'implique pas de soi celle d'en introduire un autre de même nature (3).

40. Formule de demande.

A M. le sous-préfet de l'arrondissement de. . . . . . .

DEMANDE D'AUTORISATION POUR UN ÉTABLISSEMENT DE TROISIÈME CLASSE.

Le soussigné (*nom et prénoms*), fabricant de. . . ., demeurant et domicilié à. . ., a l'honneur de demander à M. le Sous-Préfet l'autorisation d'établir un atelier de. . . . (troisième classe), dans la commune de. . . . ., où il se propose de fixer le siége de son exploitation.

Les procédés ou appareils employés à sa fabrication consistent en (*donner le détail*).

Les bâtiments d'exploitation consistent en. . . . . ., les ateliers sont disposés à l'intérieur de la manière suivante (*décrire les dispositions intérieures et extérieures du local avec d'autant plus de soin que la production d'un plan n'est pas exigée*).

Bien que placé dans un quartier habité, l'atelier ne pourra causer aucun inconvénient sérieux aux habitations circonvoisines par suite des mesures de précautions ci-après énumérées (*indiquer les mesures, telles que fermeture exacte des ateliers pour amortir le bruit, appareils fumivores, égouts, etc.*).

PRODUCTION FACULTATIVE.

Plan de l'établissement. (*Date et signature.*)

---

(1) C. d'État, 29 août 1821 (Nausé).
(2) Dalloz, *Nouv. Rép.*, v° *Manufactures*, 136.—*Contrà*, Clérault, n° 74.
(3) C. d'État, 22 décembre 1824 (Bazire).

41. Formule de recours. — Le recours est porté devant le conseil de préfecture par une requête signée du postulant, ou d'un avocat au conseil d'État, d'un avoué, ou enfin d'un fondé de pouvoir en vertu d'une procuration annexée à la requête.

A MM. les membres du conseil de préfecture du département de. . . . .

Le soussigné (*nom, prénoms, profession, domicile*) a l'honneur de vous déférer un arrêté de M. le Sous-Préfet de. . . . . portant rejet d'une demande tendant à ce qu'il soit autorisé à établir un atelier de deuxième classe dans la commune de. . . . . ; — Les motifs sur lesquels s'appuie ce refus ne sont pas fondés en fait. En effet, les inconvénients allégués n'existent pas ou seront évités au moyen des mesures proposées par le requérant (*réfuter les objections présentées par les opposants et admises par le sous-préfet*). — En conséquence, le soussigné conclut à ce qu'il vous plaise lui accorder l'autorisation demandée.

PIÈCES PRODUITES.

1° L'arrêté attaqué ;
2° Les documents que le requérant jugera de nature à justifier du peu d'inconvénients de sa fabrication.

(*Date et signature.*)

§ IV.

De l'autorisation des Établissements mixtes.

SOMMAIRE.

42. Règles à suivre pour les établissements mixtes. — Des industries simplement juxtaposées. — 44. Formule de demande.

42. Règles à suivre pour les établissements mixtes. — Bien que la loi ait nettement distingué les ateliers industriels en catégories différentes, assujetties à des conditions spéciales, il arrive fréquemment dans la pratique que par la réunion de plusieurs sortes d'opérations ou même d'industries, un seul établissement se rattache à plusieurs classes.

Pour connaître en de telles circonstances quelles sont les règles à suivre afin d'obtenir l'autorisation, il faut considérer si l'établissement, bien que réunissant des ateliers distincts, affectés à des opérations diverses, ne constitue dans son ensemble que l'exploitation d'une seule et même industrie ; ou bien s'il comprend en réalité plusieurs industries spéciales, simplement juxtaposées dans une enceinte commune.

Dans le premier cas, une seule autorisation est nécessaire, et elle est requise et conférée dans la forme applicable à la classe la plus élevée. Ainsi, pour prendre un des exemples les plus usuels, il arrive souvent qu'un établissement de troisième classe est pourvu de machines et chaudières à vapeur rangées dans la deuxième classe; c'est dès lors, non plus au sous-préfet, mais au préfet, et suivant le mode requis pour la deuxième classe (1), qu'il faut adresser une seule et même demande pour faire autoriser l'établissement dans son ensemble.

43. Des industries simplement juxtaposées. — Dans le second cas, c'est-à-dire lorsque plusieurs industries réellement distinctes par leur nature ou leur objet sont exploitées dans divers ateliers compris dans la circonscription d'un même établissement, chaque atelier doit être pourvu d'une autorisation obtenue suivant les formes requises pour la classe à laquelle il appartient. C'est ce que le conseil d'État a décidé notamment à l'égard d'un établissement comprenant à la fois une fonderie de suif en branches (première classe) et une fabrique de chandelles (deuxième classe) (2); et relativement à une usine où étaient exploitées à la fois une distillerie de mélasse (deuxième classe) et une fabrique de potasse (troisième classe), sur lesquelles le préfet avait cru pouvoir statuer par un même arrêté (3).

44. Formule de demande. — La formule à suivre est celle indiquée ci-dessus pour la classe la plus élevée à laquelle appartienne sous un rapport quelconque l'établissement en question (voir n°s 17 et 30).

§ V.
Des Établissements antérieurs au décret du 15 octobre 1810.

SOMMAIRE.

45. Situation exceptionnelle des établissements antérieurs à 1810. — 46. La preuve de cette antériorité incombe à l'industriel. — 47. L'administration est juge de la question. — 48. Conditions de l'application de l'art. 11.

45. Situation exceptionnelle des établissements antérieurs à 1810. — Les règles que l'on vient d'exposer, quant à la nécessité de l'autorisation, s'appliquent généralement

---

(1) Voir dans ce sens, C. d'État, 19 juillet 1826 (Pugh c. Martin, fonderie de fers doux (deuxième classe), avec four pour l'épuration de la houille (première classe).
(2) C. d'État, 23 juillet 1823 (Motel).
(3) C. d'État, 21 mai 1847 (Henry et Millot).

à tous les ateliers compris dans la nomenclature des établissements classés ; cependant, il y est apporté une dérogation importante par l'art. 11 du décret de 1810, ainsi conçu :

« Les dispositions du présent décret n'auront point d'effet ré-
« troactif. En conséquence, tous les établissements qui sont
« aujourd'hui en activité continueront à être exploités librement,
« sauf les dommages dont pourront être passibles les entrepre-
« neurs de ceux qui préjudicient aux propriétés voisines. »

Cette disposition, applicable à tous les établissements dont l'existence, antérieurement au décret de 1810, n'avait donné lieu ni à contestation, ni à opposition (1), interdit à l'administration, non-seulement d'imposer à l'industriel la nécessité d'une autorisation spéciale, mais encore d'exiger de lui l'accomplissement de conditions nouvelles (2), à moins qu'il n'y ait péril grave pour la sûreté publique (art. 12 du décret de 1810 ; voir n° 69 ci-après).

46. La preuve de cette antériorité incombe à l'industriel. — C'est au reste au fabricant qui excipe, soit devant les tribunaux, soit devant l'administration, de l'existence de son établissement antérieurement à 1810, à faire la preuve de cette allégation, d'après la maxime : *Reus in excipiendo fit actor* (3). Ce moyen de défense, étant de nature à faire disparaître toute contravention par suite d'exploitation non autorisée, constitue une exception préjudicielle, en présence de laquelle il doit être sursis à statuer contre l'industriel, jusqu'à ce que l'époque de la fondation de l'établissement ait été déterminée par l'autorité compétente (4).

47. L'administration est juge de la question. — La solution de cette question doit être demandée à l'administration en vertu du principe proclamé par la Cour de cassation, dans l'arrêt du 30 avril 1841, « que d'après les dispositions du décret du
« 15 octobre 1810, tout ce qui concerne l'établissement, la con-
« servation ou la suppression des manufactures et ateliers qui
« répandent une odeur insalubre ou incommode, appartient à
« l'autorité administrative. »

D'après la jurisprudence du conseil d'État, le préfet est seul

---

(1) C. d'État, 2 juillet 1812 (Grosjean).—C. de cassation, 4 nov. 1848 (Dalloz, 184, 8, 5, 259).—Voir Clérault, n. 102.
(2) C. d'État, 18 oct. 1833 (Laflèche).
(3) Clérault, n. 103.
(4) C. de cassation, ch. crim., 14 fév. 1833 (Jau).—30 avril 1841 (Grimes).

compétent pour rechercher et déclarer si l'établissement existait antérieurement au décret de 1810 (1). « Les décisions qu'il peut être appelé à rendre à cet effet participent d'ailleurs, dit M. Dufour, des caractères du contentieux, et sont par conséquent susceptibles de recours devant le ministre, et en second lieu devant le conseil d'État. » (T. 2, n° 586.) Nous admettons pleinement cette doctrine, puisqu'il s'agit ici du maintien d'un droit acquis et fondé sur la loi, bien que le contraire semble résulter d'un arrêt du conseil d'État du 22 février 1838 (2).

48. Conditions de l'application de l'art. 11. — On conçoit que le bénéfice de l'art. 11 du décret de 1810 ne peut être invoqué par un industriel, que tout autant qu'il maintient son établissement dans les conditions existantes lors de la promulgation du décret, c'est-à-dire qu'il ne substitue pas aux procédés alors employés un mode d'exploitation plus nuisible au voisinage, soit par la nouveauté des moyens ou de l'objet de l'exploitation (3), soit par l'extension donnée à la fabrication. Ainsi il a été jugé que la substitution d'un haut fourneau et de trois chaufferies à la houille à un simple fourneau et à une seule chaufferie existants en 1810, entraînait la nécessité d'une autorisation ultérieure (4).

C'est en vertu du même principe que, d'après l'art. 13 du décret du 15 octobre 1810, « les établissements maintenus par l'art. 11 cesseront de jouir de cet avantage, dès qu'ils seront transférés dans un autre emplacement. »

Il en est de même, suivant le même article, quand une interruption de six mois dans les travaux a donné lieu de considérer l'établissement comme abandonné (voir sur les effets généraux de ces deux circonstances, les n°s 61 et 62 ci-après).

Enfin l'origine antérieure à 1810 et l'autorisation tacite qui en résulte ne peuvent, non plus qu'une autorisation expresse, soustraire l'établissement aux mesures que l'administration a le droit de prendre, soit dans les cas prévus par l'art 12 du décret du 15 octobre (n° 69 ci-après), soit dans l'intérêt général de la sûreté publique.

---

(1) C. d'État, 29 janv. 1814 (Pinel).
(2) C. d'État, 22 fév. 1838 (Demont d'Aurenson).
(3) C. de cassation, ch. crim., 26 déc. 1839 (Debbare).
(4) C. d'État, 2 fév. 1846 (Danelle).

§ VI.
Établissements non classés, mais de nature à l'être.

SOMMAIRE.

49. Situation des industries existantes au regard d'un classement nouveau. — 50. Établissements affectés à des industries nouvelles. Suspension par le préfet. — 51. Ce qu'il faut entendre par industries nouvelles. — 52. Recours contre l'arrêté de suspension. —53. Classement et autorisation provisoires. — 54. Le classement provisoire dans la première classe n'appartient pas au préfet. — 55. Le classement définitif est réservé au Gouvernement.

49. Situation des industries existantes au regard d'un classement nouveau. — Le classement établi en principe par le décret de 1810, et appliqué notamment par l'ordonnance du 14 janvier 1815, n'est pas définitif et immuable, en ce qui concerne chaque espèce d'établissement. Des décrets ou ordonnances, rendus dans la forme de règlements d'administration publique, peuvent transporter et transportent en effet des ateliers d'une classe dans une autre, ou même soumettent au classement des ateliers qui n'y avaient pas été compris jusque-là. Ces établissements se trouvent, au regard des règlements postérieurs à leur formation, dans une situation identique à celle faite à tous les établissements en général qui existaient lors de la promulgation du décret de 1810. — Si ce décret, en instituant la nécessité de l'autorisation, en a néanmoins dispensé les ateliers antérieurs par respect pour le principe de la non-rétroactivité des lois, proclamé par l'art. 2 du Cod. Nap., il faut admettre, en vertu du même principe, que l'effet des nouveaux classements ne saurait réagir sur les ateliers antérieurement établis (1).

Telle est la règle qui doit être suivie à l'égard des établissements appartenant à des industries déjà connues et pratiquées à l'époque des classifications existantes, et laissées à dessein en dehors de ces classifications.

50. Établissements affectés à des industries nouvelles. — Suspension par le préfet. — La même règle n'est pas applicable aux industries nouvelles qui, n'existant pas encore lors des classifications, n'ont pu y être comprises, dont

---

(1) Voir Foucart, t. 1, n. 362.

les inconvénients pour la sûreté ou la salubrité publiques n'ont pu être appréciés, et à l'égard desquelles l'administration, chargée de pourvoir à ces grands intérêts dès qu'ils se révèlent, doit conserver son action pleine et entière.

Non-seulement l'administration peut ranger dans une des trois classes cette sorte d'établissements, mais elle peut soumettre à l'effet de ce classement les ateliers déjà formés ou en voie de formation. Ces droits sont réglés par l'ordonnance de 1815 qui a suppléé sur ce point au silence complet du décret de 1810.

« Les préfets, dit l'art. 5 de l'ordonnance, sont autorisés à
« faire suspendre la formation ou l'exercice des établissements
« nouveaux qui, n'ayant pu être compris dans la nomenclature
« précitée, seraient cependant de nature à y être placés. »

51. Ce qu'il faut entendre par industries nouvelles. — La jurisprudence appliquant aux termes de cet article la distinction ci-dessus indiquée, a nettement déclaré qu'il s'agit dans l'art. 5, non pas des établissements de formation nouvelle en général, mais de ceux d'une nature nouvelle, appartenant à des industries non encore existantes lors des classements antérieurs, ou dont les conditions d'existence auraient été tout à fait changées par les progrès de l'industrie. Ainsi, tout en reconnaissant au préfet le droit de suspendre l'exercice d'une industrie nouvelle, comme la fabrication de chaudières pour machines à vapeur (1), elle lui a refusé le même droit à l'égard d'établissements de formation nouvelle, mais appartenant à des industries antérieurement pratiquées, tels qu'une forge destinée à confectionner des enclumes et des essieux (2).

52. Recours contre l'arrêté de suspension. — L'arrêté du préfet qui suspend la formation ou l'exercice de l'établissement qu'il juge susceptible d'entrer en classement, peut être déféré au ministre d'abord, puis au conseil d'État, par la voie contentieuse, si le réclamant prétend que c'est à tort que son industrie a été considérée comme nouvelle (3).

Ce droit de suspension, qui ne saurait, en aucun cas, appartenir au maire (4), est exercé par le préfet, quelle que soit la classe à laquelle l'établissement doive appartenir.

---

(1) C. d'État, 4 sept. 1841 (Gravier).
(2) C. d'État, 2 août 1826 (Delvaux-Gouillard) ; cette industrie est aujourd'hui classée.
(3) C. d'État, 4 sept. 1841 (Gravier). — 2 janv. 1838 (Derosne). — Dufour, t. 2, n. 589.
(4) C. de cassation, ch. crim., 3 mars 1842 (Leclair).

53. Classement et autorisation provisoires. — Les préfets investis du droit de suspendre l'exploitation de l'établissement *nouveau* susceptible d'être classé, ont aussi celui de l'autoriser à des conditions et dans des limites qu'il importe de déterminer. L'art. 5 ajoute à cet égard : « Ils pourront accorder « l'autorisation pour tous ceux qu'ils jugeront devoir apparte- « nir aux deux dernières classes de la nomenclature, en rem- « plissant les formalités prescrites par le décret du 15 octobre « 1810, sauf, dans les deux cas, à en rendre compte à notre direc- « teur général des manufactures et du commerce. »

La décision par laquelle le préfet statue sur la question d'autorisation est d'ailleurs soumise, par l'art. 5 de l'ordonnance de 1815, aux formalités et aux recours établis par le décret de 1810 ; le refus d'autorisation peut être déféré au conseil d'État par la voie contentieuse (1).

54. Le classement définitif réservé au gouvernement. — La décision préfectorale emporte avec elle un classement qui n'est que provisoire, puisque le préfet est tenu d'en référer au ministre dans tous les cas ; aussi aucun recours devant le conseil d'État ne serait-il admissible contre un tel arrêté de classement qui n'a rien de définitif. Le classement final, d'après lequel sera fixé le régime de l'établissement, ne peut lui-même résulter que d'un décret rendu en conseil d'État, sur le rapport du ministre de l'agriculture et du commerce ; ce décret, quelle que soit son influence sur l'établissement en question, est un acte de pure administration qui ne peut être l'objet d'un recours au contentieux.

Du reste et avant que le classement définitif ne soit intervenu, le classement provisoire émané du préfet est obligatoire pour le fabricant, tant qu'il n'est pas réformé par l'autorité supérieure, et toute contravention à ses dispositions entraînerait l'application de l'art. 471, n° 15 du C. pén. (2).

55. Le classement provisoire dans la première classe n'appartient pas au préfet. — Le décret du 25 mars 1852 ayant assimilé, au point de vue de l'autorisation, les établissements de la première classe à ceux de la seconde, il semblerait en résulter que la distinction faite par l'art. 5 de l'ordonnance de 1815 est par là même supprimée, et que le pouvoir

---

(1) Dufour, t. 2, n. 591.— C. d'État, 26 avril 1855.— *Contrà*, Avisse, t. 1, p. 57.
(2) C. de cassation, 14 mai 1830 (Carré).

des préfets s'exerce sans restriction à l'égard de tous les ateliers. C'est ce qu'enseignent M. Dalloz (v° *Manufactures*, n° 197), et M. Dufour (t. II, n° 587). Toutefois, la circulaire ministérielle du 15 décembre 1852 maintient l'application exacte de l'ordonnance de 1815 : « Pour ce qui concerne les établissements nouveaux
« qui, n'ayant pas été compris dans la nomenclature des ate-
« liers classés, vous sembleraient de nature à être rangés dans
« la première classe, *vous n'aurez pas à en déterminer le*
« *classement, même provisoire*, mais vous en réfèrerez à mon
« ministère, afin que la mesure puisse être l'objet d'un dé-
« cret. »

Cette prescription peut se fonder sur l'art. 6 du décret du 25 mars 1852, qui réserve au ministre le droit d'astreindre les préfets à lui soumettre les objets même de leur compétence exclusive qu'il lui plaira de déterminer ; elle s'explique au point de vue industriel par la nécessité, que signale la circulaire précitée, de soumettre à un régime uniforme dans toute la France les établissements du même genre. Le maintien de la disposition spéciale de l'art. 5 de l'ordonnance de 1815 peut donc être justifié nonobstant la disposition générale du décret de 1852, et en fait, les préfets se croiront sans doute tenus d'agir d'après les instructions ministérielles.

CHAPITRE II.

Régime des Établissements autorisés dans leurs rapports avec l'administration.

LÉGISLATION. — Décret du 15 octobre 1810, ordonnance du 14 janvier 1815, et décret du 25 mars 1852 (voir chapitre Ier).

SOMMAIRE.

56. Autorisation expresse, implicite, tacite. -- 57. Les établissements autorisés restent soumis à l'action de l'administration.

56. Autorisation expresse, implicite, tacite.—D'après les explications données ci-dessus il faut considérer comme autorisés, soit tacitement les établissements antérieures à 1810, soit expressément ceux qui sont l'objet d'un arrêté spécial d'autorisation ; ajoutons qu'une autorisation implicite et suffisante résulte pour un établissement existant de l'arrêté qui, sous certaines conditions, permet d'y ajouter un nouvel atelier. Le principal et l'accessoire reçoivent ainsi l'un et l'autre une existence légale (1).

57. Les établissements autorisés restent soumis à l'action de l'administration. — Tout établissement industriel, nonobstant l'autorisation accordée ou la justification de son existence antérieurement à 1810, n'en reste pas moins soumis à l'action administrative qui, d'une part, demeure chargée de veiller efficacement à l'accomplissement des conditions auxquelles l'autorisation a été subordonnée, et qui, d'autre part, conserve la faculté générale de pourvoir aux intérêts de police et de sûreté qui lui sont confiés. Nous examinerons successivement les obligations de l'industriel et les droits de l'administration, à l'un et à l'autre point de vue.

§ Ier.
De la surveillance administrative.

58. Comment s'exerce la surveillance des établissements autorisés. — Tout établissement autorisé est soumis de plein droit à la surveillance de l'administration, afin qu'elle ait la faculté, soit de s'assurer que les conditions prescrites sont remplies, soit d'observer s'il ne se produit pas d'inconvénients, imprévus lors de l'instruction, d'où naîtraient quelques dangers pour la salubrité publique. Cette surveillance, qui est une mesure de police proprement dite, est exercée par tous les officiers de police judiciaire et leurs auxiliaires qui, en cas de contravention, dressent procès-verbal.

Sur les plaintes des parties intéressées, l'administration peut faire procéder à une vérification par les ingénieurs des mines, ou, à leur défaut, par ceux des ponts et chaussées ; mais elle ne saurait, à moins de circonstances tout à fait exceptionnelles, placer dans l'établissement, d'une manière permanente, des commissaires spéciaux, ainsi qu'il lui appartient de le faire à l'égard des chemins de fer, en vertu des clauses du cahier de charges joint aux concessions. Dans le silence de toute loi ou règlement, l'administration ne peut imposer aux établissements insalubres la charge d'un traitement à payer.

---

(1) C. d'État, 18 mai 1854 (Jalabert).

§ II.

Conséquences de l'inexécution des conditions imposées à l'industriel.

SOMMAIRE.

59. Manquement aux conditions entraînant révocation. — 60. De la substitution de conditions nouvelles à celles prescrites. — 61. De la translation ou déplacement d'un atelier. — 62. De l'interruption de l'exploitation pendant six mois.—63. Causes qui justifient le chômage. — 64. La déchéance ne peut être encourue avant six mois.— 65. Cas où la déchéance peut être couverte.— 66. Le retard dans l'exploitation assimilé à l'interruption. — 67. Autorité compétente pour prononcer la révocation de l'autorisation et la déchéance.— 68. Droit de l'administration d'ordonner la translation et la suspension.

59. Manquement aux conditions entraînant révocation. — La première obligation de l'industriel qui a obtenu l'autorisation administrative est de se conformer exactement aux conditions qui lui ont été prescrites. Une sanction rigoureuse garantit l'accomplissement de cette obligation fondamentale. L'administration, investie de la surveillance des ateliers à l'effet de constater les dangers qui viendraient à se manifester ou les infractions aux règles tracées, a le droit de prendre, en vertu des attributions générales de police, toutes les mesures efficaces pour réprimer les manquements de l'industriel. La plus radicale de ces mesures, et celle qui comprend toutes les autres, est la *révocation* de l'autorisation accordée, c'est-à-dire la suppression même de l'établissement dont l'exploitation ne peut plus être continuée.

Cette révocation peut être prononcée par cela seul que le fabricant manque d'une manière notable aux conditions qui lui ont été imposées, par exemple, quand il rapproche par des constructions nouvelles son exploitation des habitations voisines (1), ou quand il ne prend pas les précautions exigées pour éviter les inconvénients de la fabrication. Peu importe d'ailleurs que la condition non accomplie se trouve, par le fait, impossible à réaliser. Il peut arriver que le fabricant lui-même ait offert de prendre des précautions inexécutables, ou que l'administration, par erreur, en ait prescrit de telles; mais il n'en résulte pas moins que les dangers auxquels ces mesures avaient pour but de parer, peuvent se produire désormais sans obstacle, et cette

---

(1) C. d'État, 19 mai 1839 (commune de Garges c. Caseneuve).

seule considération d'intérêt public suffit pour l'emporter sur les raisons d'équité que pourrait, en pareil cas, invoquer la partie intéressée (1). Le fabricant, au lieu d'engager une lutte inutile, n'a autre chose à faire qu'à proposer des mesures équivalentes que l'administration s'empressera sans doute d'admettre.

60. De la substitution de conditions nouvelles à celles prescrites. — La substitution de conditions nouvelles aux conditions prescrites, et en général toute transformation de l'établissement, ne peuvent être faites qu'avec autorisation spéciale. Ainsi la faculté de former un établissement de première classe n'implique pas celle de le remplacer par un établissement de deuxième ou de troisième. Il faut réclamer une autorisation nouvelle à peine d'encourir la révocation.

« La nécessité est la même, dit M. Dufour, pour les modifica-
« tions dont le résultat, sans aller jusqu'à un déclassement, doit
« être d'aggraver les dangers ou les inconvénients de l'exploita-
« tion. » (T. 2, n° 564).

Du reste, ce droit rigoureux de l'administration de prononcer contre un établissement en pleine activité une suppression qui peut être la ruine complète du fabricant, ne s'exerce que lorsque les changements apportés à l'exploitation sont assez importants pour constituer une véritable inobservation des conditions imposées, et non quand ils tendent à l'amélioration des procédés autorisés, sans danger nouveau pour la sûreté publique.

C'est ainsi qu'il a été reconnu que la substitution à l'appareil autorisé d'un appareil reposant sur les mêmes principes et offrant les mêmes garanties n'était pas de nature à faire prononcer la révocation (2). A plus forte raison le développement naturel ou la restriction de l'industrie autorisée ne peuvent-ils être considérés comme des infractions aux conditions prescrites.

Toutefois, les fabricants ne doivent se permettre qu'avec la plus grande réserve, les substitutions qui éveillent presque toujours la sollicitude de l'administration et les plaintes des tiers.

61. Effets de la translation ou déplacement d'un atelier. — Comme on l'a vu d'après les formalités à remplir, l'autorisation est accordée bien moins à la personne de l'industriel qu'à l'établissement même, en considération des convenances locales que présente sa situation. Il suit de là que le fa-

---

(1) Ordonnance précitée du 19 mai 1859 (commune de Garges c. Cazeneuve).
(2) C. d'État, 11 nov. 1831 (Guyot c. Pauwels).—Voir Avisse, n. 176.—Cormenin, *Questions de droit*, t. 1, p. 250.

bricant doit continuer son exploitation au lieu même où elle a été autorisée, à peine de perdre le bénéfice de l'autorisation ; car un établissement transféré n'est évidemment autre chose qu'un établissement nouveau relativement aux lieux où il est transporté, aux voisins qu'il rencontre, et la nécessité d'une nouvelle autorisation dérive naturellement de la nouveauté de la position. — C'est ce qui résulte de l'art. 13 du décret de 1810 reconnu, par identité de motifs, applicable aux établissements tant postérieurs qu'antérieurs à ce décret (1), et à ceux de la seconde et de la troisième classe, aussi bien qu'à ceux de la première (2).

Aux termes de cet article, « les établissements maintenus par l'art. 11 cesseront de jouir de cet avantage dès qu'ils seront transférés dans un autre emplacement ou qu'il y aura interruption de six mois dans leurs travaux. Dans l'un et l'autre cas, ils rentreront dans la catégorie des établissements à former, et ils ne pourront être remis en activité qu'après avoir obtenu, s'il y a lieu, une nouvelle permission. »

Le conseil d'État considère comme translation, non-seulement tout déplacement de l'établissement lui-même, mais même le changement de l'emplacement d'une chaudière à vapeur dans l'atelier auquel elle est annexée, si cet emplacement a pu être pris en considération dans l'arrêté d'autorisation (3).

62. Interruption de l'exploitation pendant six mois. — L'art. 13 ajoute à la cause de déchéance fondée sur la translation de l'établissement une seconde cause tirée de l'interruption dans l'exploitation, ou du chômage pendant le délai de six mois. Cette déchéance est fondée sur une présomption légale que l'établissement est abandonné, alors du moins que l'interruption a été *volontaire*. En ce cas, la révocation de l'autorisation est prononcée sans difficulté, tandis qu'elle ne devrait pas l'être si l'interruption avait été motivée soit par un ordre de l'autorité administrative, soit par l'effet d'une instance judiciaire (4) ou d'un recours formé par des tiers contre l'ordonnance d'autorisation (5).

63. Causes qui justifient le chômage. — La déchéance

---

(1) C. d'État, 3 mars 1825 (Garet).
(2) Voir Macarel, t. 4, p. 160. — Clérault, n. 111. — *Encycl. du droit*, v° *Ateliers*, n. 42.
(3) C. d'État, 6 mai 1853 (Perrache). — 17 nov. 1819.
(4) C. d'État, 15 mai 1818 (Samson).
(5) C. d'État, 3 mars 1825 (Garet).

dont il s'agit est d'ailleurs, par la force des choses, inapplicable aux industries qui ne peuvent s'exercer qu'à intervalles plus ou moins éloignés, à cause de la nature même de l'exploitation. C'est ce que la Cour de cassation a décidé relativement à un atelier affecté au rouissage du chanvre, qui n'a lieu que trois ou quatre mois chaque année, à l'époque de la récolte (1).

En général, s'il était justifié que le chômage provînt de causes quelconques, naturelles ou accidentelles, absolument indépendantes de la volonté du fabricant, il nous paraît qu'il n'y aurait pas lieu à révocation, puisqu'en pareil cas, rien n'impliquerait l'idée d'un abandon de la fabrication. Nous pensons même que la destruction de l'établissement par un sinistre n'entraînerait pas nécessairement l'anéantissement de l'autorisation accordée; seulement, pour que celle-ci s'appliquât à l'établissement nouveau construit en remplacement de l'ancien, il serait essentiel qu'il fût placé identiquement dans les mêmes conditions.

64. La déchéance ne peut être encourue avant six mois. — L'expiration du délai de six mois, fixé d'une manière absolue par le décret, est nécessaire pour que la déchéance soit encourue, alors même que l'enlèvement des machines et ustensiles semblerait annoncer auparavant une intention définitive d'abandonner la fabrication. On ne saurait arbitrairement priver l'industriel du temps qui lui est accordé par la loi pour revenir, s'il le juge à propos, sur une résolution première (2).

65. Cas où la déchéance peut être couverte. — La déchéance encourue par suite d'une interruption de plus de six mois est couverte par tout acte de l'administration qui, postérieurement à la cessation du chômage, implique reconnaissance ou confirmation de l'existence légale de l'établissement. Il a été récemment jugé en ce sens que l'autorisation d'annexer un atelier supplémentaire à un atelier principal, postérieurement au chômage de ce dernier, emporte interdiction d'opposer désormais à l'industriel l'interruption d'exploitation antérieure à cet acte administratif (3).

66. Le retard dans l'exploitation assimilé à l'interruption. — Le fait d'avoir laissé passer six mois sans user

---

(1) C. cass., 4 nov. 1848 (Magrey).
(2) Dalloz, n. 156. — Clérault, n. 114. — *Contrà*, Trébuchet, *Code des ateliers*, p. 69.
(3) C. d'État, 18 mai 1854 (Jalabert).

de l'autorisation obtenue faisant présumer que le fabricant renonce à s'en prévaloir, a été assimilé à l'interruption d'une exploitation commencée. L'administration est même dans l'usage, pour éviter toute difficulté à cet égard, de mentionner expressément cette cause de déchéance dans les arrêtés portant autorisation (1).

67. Autorité compétente pour prononcer la révocation de l'autorisation et la déchéance. — L'autorité compétente pour prononcer la suppression de l'établissement en raison de l'inexécution des conditions, du déplacement de l'atelier ou de l'interruption d'exploitation, varie suivant la classe à laquelle appartient l'industrie en question. — A l'égard des établissements de première classe, le droit de suppression est resté dans les attributions du chef de l'État, conformément au décret de 1810, art. 12, que le décret du 25 mars 1852 n'a pas modifié sur ce point. Ce droit ne saurait, en conséquence, être exercé par le préfet sans excès de pouvoir (2).

S'il s'agit d'un atelier de deuxième classe, c'est au préfet qu'il appartient de statuer en premier ressort, avec recours au ministre contre l'arrêté du préfet; et il est non-seulement dans les attributions, mais dans les obligations du ministre, de statuer sur un tel recours (3), sauf pourvoi au conseil d'État contre la décision du ministre. Ce point, déjà admis par la jurisprudence (4), n'est plus même susceptible de doute en présence du décret de mars 1852, art. 2, tabl. B, n° 8 (5).

Enfin, c'est au sous-préfet qu'il appartient de prononcer la suppression des établissements de troisième classe (6), sauf les recours admis en cas d'autorisation (Voir n°s 37 et 38).

68. Droit de l'administration d'ordonner la translation et la suspension. — La faculté de prendre la mesure définitive et absolue de la révocation implique celle de prendre, dans les mêmes cas et pour les mêmes motifs, des mesures moins absolues et moins radicales qui, sans détruire l'autorisation, la

---

(1) M. Dufour, t. 2, n. 562.
(2) C. d'État, 5 janv. 1854 (Joye). — *Contrà*, Avisse, *Supplément*, p. 32 ; Dalloz, v° *Manufactures*, n. 50.
(3) C. d'État, 5 janv. 1854 (Marronier).
(4) C. d'État, 2 juill. 1836 (Gazzino) ; 27 août 1840 (Castilhon) ; 19 janv. 1844 (Capdeville) ; 18 juin 1846 (Saget) ; 21 avril 1848 (Pluquin). — Voir Clérault, n. 91, 92.—Avisse, n. 177.—Dufour, t. 2, n. 561.
(5) Avisse, *Supplément*, n. 32-36.
(6) Avisse, n. 178.

modifient cependant, comme la *translation* d'un établissement autorisé d'un lieu dans un autre, ou la *suspension* de l'exploitation jusqu'à ce que le fabricant ait employé les moyens nécessaires pour en faire cesser les irrégularités. De telles mesures, du reste, ne peuvent émaner que de l'autorité départementale, et non de l'autorité municipale; nous ne pouvons que nous référer sur ce point à ce qui a été dit ci-dessus (n° 67).

§ III.
Manifestation de dangers imprévus.

SOMMAIRE.

69. Droit exceptionnel de suppression pour dangers imprévus. — 70. Ce droit de suppression réservé au gouvernement. — 71. Cette suppression est un acte de pure administration. — 72. Conséquences des principes ci-dessus quant à la compétence et aux recours. — 73. Mesures provisoires dans les pouvoirs des préfets. — 74. L'art. 12 inapplicable aux ateliers de deuxième et troisième classe. — 75. Droits de l'administration et des industriels.

69. Droit exceptionnel de suppression pour dangers imprévus. — Nous avons vu les diverses conditions auxquelles s'exerce régulièrement une industrie autorisée, et que doit observer exactement le fabricant pour être assuré de conserver le bénéfice de l'autorisation obtenue; mais il est un cas exceptionnel où, nonobstant l'accomplissement le plus exact des règles prescrites, certains établissements peuvent être frappés de suppression. C'est, en effet, le droit et le devoir absolus du Gouvernement de prendre toutes les mesures indispensables pour la sûreté et la salubrité publiques, sans être lié jamais, à ce point de vue, par aucun acte antérieur; d'où il résulte que, même en l'absence de toute irrégularité dans l'exploitation, l'autorisation peut être retirée si la mise en activité de l'établissement révèle des dangers imprévus. — Ce principe est toutefois limité dans ses effets, à cause de leur gravité même, aux établissements de première classe, par l'art. 12 du décret du 15 octobre 1810, reconnu d'ailleurs applicable non-seulement, d'après ses termes, aux établissements antérieurs au décret, mais même, d'après ses motifs, aux établissements postérieurs (1).

Suivant cet article, « en cas de graves inconvénients pour la

---

(1) Voir Dufour, t. 2, n. 577. — Foucart, t. 1, n. 358. — C. d'État, 21 déc. 1837; 26 mai 1842 (Gérot); 10 janv. 1845 (Castilhon); 5 janv. 1850 (veuve Duquesne).

« salubrité publique, la culture et l'intérêt général, les fabriques
« et ateliers de première classe qui les causeront pourront être
« supprimés en vertu d'un décret rendu en conseil d'État, après
« avoir entendu la police locale, pris l'avis des préfets et reçu la
« défense des manufacturiers. »

Il ressort de ce texte même que la mesure extrême qu'il autorise ne doit être prise que lorsque le danger présente une véritable gravité, et la jurisprudence a admis qu'on ne devait point y recourir, s'il y avait quelque autre moyen de faire cesser les inconvénients signalés (1).

70. Ce droit de suppression est réservé au Gouvernement. — L'art. 12, qui attribue au Gouvernement et au conseil d'État la suppression dans le cas dont il s'agit, n'a point été modifié par le décret du 25 mars 1852. Ce droit rigoureux reste donc en dehors des attributions du préfet. « Les affaires de ce genre, dit la circulaire ministérielle du 15 décembre 1852, doivent être instruites comme elles l'étaient avant le décret du 25 mars, et soumises ensuite à l'administration supérieure, qui ne statuera qu'après avoir pris l'avis du conseil d'État. » Les tiers intéressés peuvent provoquer cette mesure, mais par la voie purement administrative (2), en adressant leurs plaintes au préfet, ou même en présentant une requête au conseil d'État, qui renvoie au ministre pour être procédé à l'instruction de l'affaire (3).

71. Cette suppression est un acte de pure administration. — La suppression pour inconvénient grave manifesté après l'autorisation, est un acte de pure administration, qui ne subit l'influence d'aucun droit préexistant, mais seulement des considérations tirées de l'intérêt général. D'après l'art. 12 du décret de 1810, confirmé d'ailleurs par le décret du 30 mars 1852, le conseil d'État agit en pareil cas par voie de mesure exclusivement administrative; seulement, l'industriel dont l'intérêt se trouve directement atteint est admis à se faire entendre dans l'instruction, qui, suivant le même art. 12, doit précéder la décision du conseil. Le conseil d'État ne statue, dit cet article,
« qu'après avoir entendu la police locale, pris l'avis des préfets
« et reçu la défense des manufacturiers. »

---

(1) C. d'État, 15 mai 1815 (Samson).
(2) C. d'État, 10 janv. 1845 (Castilhon).
(3) Voir Dufour, t. 2, n. 582.

72. Conséquences des principes ci-dessus quant à la compétence et aux recours. — Il faut conclure de la disposition de l'art. 12 précité :

1° Qu'à l'égard des établissements dont il s'agit, les préfets commettraient un excès de pouvoir pouvant être déféré directement au conseil d'État, s'ils prononçaient la suppression définitive, et qu'ils ne peuvent prendre, dans l'intérêt de la sûreté ou de la salubrité publique, que des mesures provisoires (1);

2° Qu'aucun recours par la voie contentieuse n'est admissible contre le décret de suppression, si les défenses de la partie intéressée ont été reçues et visées dans le décret, et si les formalités prescrites par l'article précité ont été remplies (2);

3° Mais qu'un tel recours serait recevable si quelqu'une des formalités avait été omise, et spécialement si l'instruction n'avait pas été contradictoire (3). En pareil cas, les tiers intéressés à la suppression seraient recevables à intervenir devant le conseil d'État (4).

73. Mesures provisoires dans les pouvoirs du préfet. — Si la mesure absolue de la suppression, quelle que soit la gravité des inconvénients, excède les pouvoirs des préfets, les mesures provisoires, au contraire, telles que la suspension, de nature à pourvoir immédiatement et sauf décision ultérieure et définitive aux nécessités de la salubrité publique, sont dans le droit de l'autorité départementale chargée de la police. C'est ce que décide très-formellement, à l'égard du préfet de police, mais par des motifs applicables à tous les préfets, l'ordonnance rendue en conseil d'État le 21 décembre 1837 (aff. Masteaux), ainsi conçue : « Vu les lois des 16-24 août 1790, le « décret du 12 messidor an 8, celui du 15 octobre 1810, et « l'ordonnance royale du 14 janvier 1815 ; — Considérant qu'aux « termes des lois et règlements de la matière, le préfet de « police est chargé de pourvoir, sous sa responsabilité, au « soin de la sûreté publique ; qu'il peut et doit dès lors pren- « dre, à l'égard des établissements incommodes, insalubres ou

---

(1) C. d'État, 30 avril 1828 (Magneau); 25 août 1841 (Capdeville); 26 mai 1842 (Gérot); 13 juin 1845 (Capdeville).
(2) C. d'État, 29 janv. 1814 (Pinell); 10 déc. 1840 (Cazeneuve); 10 janv. 1840 (Castilhon).
(3) C. d'État, 3 janv. 1850 (Duquesne).
(4) C. d'État, 10 déc. (Cazeneuve).

« dangereux, toutes les mesures provisoires qui lui paraissent
« nécessaires pour la conservation des intérêts qui lui sont
« confiés, et que, après l'événement arrivé dans l'atelier du
« sieur Masteaux, le 3 février 1836, et au vu des rapports des
« gens de l'art, qui attestaient que la réouverture de cet atelier
« offrirait toujours des dangers, quelque précaution que l'on
« prît, ledit préfet a pu et dû provisoirement s'opposer à cette
« réouverture, jusqu'à ce qu'il ait été statué par nous, en notre
« conseil, sur le rapport de notre ministre du commerce et des
« travaux publics, sur le maintien ou la suppression définitive
« dudit atelier.... »

74. L'art. 12 inapplicable aux ateliers de deuxième et de troisième classe. — La disposition de l'art. 12, comme on l'a dit plus haut (n° 69), est spéciale aux établissements de première classe et ne saurait être étendue aux établissements de deuxième et de troisième classe. Un avis du comité des arts et manufactures auquel s'est rangé le ministre lui-même, est conforme à cette doctrine admise d'ailleurs par le conseil d'État qui a décidé, en ce qui concerne les établissements de deuxième classe, que *comme tels*, ils ne tombent point sous l'application de l'art. 12 du décret (1).

75. Droits de l'administration et de l'industriel. — Si des inconvénients graves se manifestaient dans l'exploitation d'établissements de la deuxième ou de la troisième classe, ce serait uniquement par mesure de police et en vertu des pouvoirs généraux qui appartiennent à l'administration pour pourvoir à la sûreté publique, que la fermeture ou au moins la suspension d'un établissement évidemment dangereux pourrait être ordonnée (2). C'est ainsi qu'il a été procédé tout récemment à l'égard d'une usine à gaz établie dans Paris. Mais en pareil cas, l'industriel, privé d'un droit acquis et exercé conformément aux lois et règlements, devrait recevoir une indemnité conformément au principe posé par la loi du 1er mai 1822 et l'ord. royale du 11 de ce mois lors de la suppression des distilleries établies dans l'intérieur de Paris. C'est en ce sens que la question a été résolue par le ministre de l'intérieur, conformément à un avis du comité consultatif des arts et manufactures (3).

---

(1) Voir Clérault, n. 108.—C. d'État, 13 fév. 1846 (Doublet et Piquenot).
(2) Dufour, 1re édit., t. 1, n. 391.
(3) Voir Clérault, p. 305.

§ IV.

Conséquences administratives de l'absence ou du refus d'autorisation.

SOMMAIRE.

76. Droits de l'autorité municipale à l'égard des ateliers non autorisés. — 77. Force obligatoire des arrêtés municipaux.

76. Droits de l'autorité municipale à l'égard des ateliers non autorisés. — Les droits que nous avons reconnus à l'administration, à l'égard des établissements autorisés, lui appartiennent aussi à plus forte raison à l'égard des ateliers classés qui ne justifient d'aucune autorisation, soit expresse, soit tacite. Tout propriétaire d'établissement classé, soit avant la demande, soit même avant l'obtention de l'autorisation, soit, à plus forte raison, après le refus qui serait intervenu, doit s'abstenir absolument de tout fait d'exploitation. S'il exploite dans l'une ou l'autre de ces circonstances, l'autorité municipale chargée de la police locale peut ordonner la fermeture de l'atelier, en vertu du droit qui lui appartient de prendre des arrêtés dans l'intérêt de la salubrité publique (art. 3, n° 5, t. 11. L. du 24 août 1790), et pour assurer, en général, l'exécution des lois et règlements. « Attendu, dit un arrêt de la Cour de cassation du
« 14 février 1833, que le décret du 15 octobre 1810, en réglant
« les conditions sous lesquelles l'établissement des manufactures
« et ateliers qui répandent une odeur insalubre ou incommode,
« serait à l'avenir autorisé, n'a point dépouillé l'autorité mu-
« nicipale, tant que cette autorisation n'a pas été obtenue, du
« droit qu'elle tient de l'art. 3, n° 5, t. 11 de la loi des 16-24
« août 1790, de prendre les mesures que l'intérêt de la salubrité
« publique lui paraît exiger..... (1). »

En vertu du même principe, le maire, qui peut enjoindre au fabricant de cesser l'exploitation non autorisée, peut lui ordonner de la transporter hors de l'enceinte de la ville.

77. Force obligatoire des arrêtés municipaux. — La force obligatoire de semblables arrêtés est d'ailleurs sanctionnée par l'art. 471, n° 15 du Cod. pénal dont l'application est confiée aux tribunaux de police, comme on le verra ci-après (n° 79).

---

(1) Min. publ. c. Jau (Dalloz, *Répert.*, v° *Commune*, n. 961). — Cass., 13 nov. 1835 (Pouly) (Dalloz, v° *Boucher*, n. 48).

CHAPITRE III.

Régime des Établissements autorisés dans leurs rapports avec l'autorité judiciaire.

LÉGISLATION. Décret du 15 octobre 1810.—Code pénal (art. 471, n. 15).—Loi des 16-24 août 1790, t. xi, art. 3 et 4; 19-22 juill. 1791, t. i, art. 46 (*Attributions de la police municipale*).—Code Nap., art. 1382 et s.

78. Double attribution de l'autorité judiciaire à l'égard des ateliers. — Les établissements industriels, après l'autorisation obtenue, ne sont pas seulement soumis à l'action de l'autorité administrative spécialement chargée, comme on l'a vu, des mesures à prendre pour assurer l'exécution des lois et règlements relatifs aux établissements dangereux, insalubres ou incommodes ; ils sont encore sous la juridiction de l'autorité judiciaire. Celle-ci, en effet, au point de vue de l'intérêt public et dans un but de répression, partage jusqu'à un certain point avec l'administration le soin de faire exécuter les lois et règlements sur la matière dont il s'agit, et, d'autre part, au point de vue de l'intérêt privé, elle est exclusivement compétente pour donner satisfaction aux droits des tiers expressément réservés par l'art. 11 du décret de 1810. Cette action de l'autorité judiciaire, sous l'un et l'autre rapport, s'exerce, à l'égard des établissements autorisés, dans une mesure et à des conditions qu'il importe de déterminer nettement.

§ Ier.

Action de la justice répressive sur les établissements autorisés au point de vue de l'intérêt public.

SOMMAIRE.

79. Les infractions aux règlements sur les ateliers constituent des contraventions. — 80. Conditions générales de la légalité des règlements. — 81. Mesures spéciales de police attribuées à l'autorité municipale. — 82. Contravention pour exploitation non autorisée ou inobservation des conditions. — 83. Pénalité. — 84. La contravention résulte du fait matériel. Responsabilité du maître. — 85. Dommages-intérêts. Interdiction d'exploiter. — 86. Du droit d'ordonner la démolition. — 87. Prescription annale. Point de départ.—88. Quand a lieu la chose jugée. — 89. Le juge de police apprécie la légalité des règlements. — 90. Sursis obligatoire en cas de questions administratives préjudicielles. — 91. Question d'interprétation d'actes administratifs. — 92.

Question d'antériorité à 1810 ou d'interruption d'exploitation. — 93. Résumé sur les questions administratives préjudicielles.

79. Les infractions aux règlements sur les ateliers constituent des contraventions. — La juridiction des tribunaux de répression, à l'égard des établissements classés, est fondée sur la disposition générale de l'art. 471 du Code pénal ainsi conçue :

« Seront punis d'amende depuis 1 fr. jusqu'à 5 fr. inclusive-
« ment........
« 15° Ceux qui auront contrevenu aux règlements légalement
« faits par l'autorité administrative, et ceux qui ne se seront
« pas conformés aux règlements ou arrêtés publiés par l'autorité
« municipale, en vertu des art. 3 et 4, t. XI de la loi du 16-24
« août 1790, et de l'art. 46, t. I de la loi du 19-22 juillet 1791. »

Or, les décret et ordonnance du 15 octobre 1810 et du 14 janvier 1815, et toutes les ordonnances générales de classement, ainsi que les arrêtés spéciaux relatifs à chaque établissement en particulier, ayant incontestablement le caractère de règlements de l'autorité administrative, il en résulte que les tribunaux de police sont investis du droit de réprimer toute infraction aux dispositions de ces règlements et arrêtés.

80. Conditions générales de la légalité des règlements. — Parmi ces arrêtés et règlements administratifs que le pouvoir judiciaire est tenu de faire respecter, il faut comprendre, mais dans une limite très-restreinte, certains arrêtés de police municipale qui peuvent exceptionnellement être obligatoires pour les ateliers même autorisés.

En principe, il est certain que ces établissements sont placés *exclusivement* sous l'empire des règlements qui leur sont particuliers, et que, aux termes d'un arrêt de la Cour de cassation du 25 novembre 1853, « les pouvoirs généraux de police et de
« sûreté que l'autorité municipale tient des lois du 24 août 1790
« et 19 juillet 1791 ne sauraient s'étendre aux matières qui
« feraient l'objet de lois spéciales ou de règlements généraux.
« En conséquence, il appartient seulement au préfet ou à l'au-
« torité administrative de statuer par des règlements pris selon
« les distinctions indiquées dans les lois et ordonnances (l. du
« 15 octobre 1810, ord. du 14 janvier 1815 et 9 février 1825),
« sur le lieu où peuvent être formés les établissements qui en
« font l'objet, et sur les restrictions dont l'industrie qu'ils com-
« portent est susceptible, dans l'intérêt de la sûreté, de la sa-
« lubrité ou de la commodité publiques. »

81. Mesures spéciales de police attribuées à l'autorité municipale. — Cependant la jurisprudence admet que des mesures spéciales de police peuvent être prises par l'autorité municipale à l'égard des établissements dont il s'agit, « pourvu « qu'elles n'empiètent pas sur le pouvoir confié à l'autorité su- « périeure par les décrets et ordonnances précités, et qu'elles « n'aient pas conséquemment pour objet de régler le lieu « où peuvent être formés les établissements, de modifier ou « d'altérer les conditions d'existence de l'industrie des proprié- « taires (1). »

Parmi ces mesures, elle comprend les précautions accessoires dans le détail desquelles l'administration supérieure n'a pu entrer, et qui sont nécessaires à la salubrité des communes, pourvu qu'elles ne soient pas en opposition avec les conditions fixées par l'arrêté d'autorisation.—Ainsi elle reconnaît au maire le droit d'enjoindre à un fabricant de transporter à une certaine distance des habitations les résidus d'une féculerie autorisée (2) ; ou d'enfouir à une certaine profondeur les chrysalides provenant d'une filature de soie (3).

Ainsi encore la Cour de cassation a déclaré légal l'arrêté par lequel un maire, en vertu de l'art. 3, n° 2, t. 11, de la loi des 16-24 août 1790, a fixé le temps pendant lequel tous ceux qui exercent des professions à marteau dans la ville seront tenus d'interrompre leurs travaux, afin de ne pas troubler la tranquillité des habitants (4). Mais elle a refusé à l'autorité municipale le droit de déterminer, d'une manière générale, les heures de travail des moulins à vent et les lieux où telle et telle industrie devrait seulement être autorisée.

Il résulte de cette jurisprudence et des distinctions assez délicates qu'elle consacre, que la police municipale ne pourra s'exercer, à l'égard des établissements classés, qu'à la condition de ne porter aucune atteinte aux conditions de leur existence.

82. Contravention pour exploitation non autorisée ou inobservation des conditions. — En application des principes exposés ci-dessus, peuvent être poursuivis devant les tribunaux de police les industriels qui exploitent un établissement classé, soit avant la demande ou l'obtention de l'autorisa-

---

(1) C. cass., 25 novembre 1853.
(2) C. cass., 1ᵉʳ déc. 1842 (Min. publ. c. Morlière).
(3) C. cass., 12 juin 1828 (Cotin).—Voir Dalloz, vᵒ *Commune*, n. 960.
(4) C. cass., 1ᵉʳ mars 1842.

tion, soit après le refus ou le retrait de l'autorisation (1), soit enfin malgré un arrêté de suspension (2).

La formation d'une demande d'autorisation, ou d'un recours contre l'arrêté qui la refuse, ne suspend pas l'action pénale, et ne peut autoriser le tribunal à surseoir (3). La condamnation est encourue de quelque manière que la partie soit en instance auprès de l'administration, par cela seul qu'il a exploité sans autorisation accordée et subsistante.

Sont également justiciables des tribunaux de police les industriels qui, dans le cours de leur exploitation, méconnaissent les conditions qui leur sont prescrites par l'arrêté d'autorisation (4).

Les mêmes poursuites peuvent être dirigées contre le fabricant autorisé qui a contrevenu à l'arrêté municipal interdisant pendant un certain temps de la nuit, dans l'intérêt du repos des habitants, le jeu des manufactures à marteau (5).

83. Pénalités. — Les peines à appliquer sont l'amende de 1 à 5 fr., d'après l'art. 471, n° 15, C. pén., et l'emprisonnement pendant trois jours au plus, en cas de récidive (art. 474).

84. La contravention résulte du fait matériel. — Responsabilité du maître. — En vertu d'un principe généralement applicable en matière de contraventions, le fait matériel suffit pour entraîner la condamnation, et le prévenu ne peut être excusé d'après son intention. Il est également de principe que l'amende est considérée comme ayant le caractère d'une réparation civile, et qu'en conséquence, elle peut être prononcée et recouvrée non-seulement contre l'auteur même du fait, mais contre celui qui en est civilement responsable, comme le maître à l'égard de son domestique.

85. Dommages-intérêts. — Interdiction d'exploiter. — Le tribunal de police, en même temps qu'il prononce la peine, doit, d'après l'art. 161, C. d'inst. cr., statuer sur les demandes en dommages-intérêts qui seraient formées par une partie civile intervenante, c'est-à-dire accorder les réparations civiles. On parlera ci-après des dommages-intérêts auxquels peuvent avoir droit les tiers intéressés, et qui sont ordinairement de-

---

(1) C. cass., 20 fév. 1830. — 19 déc. 1835. — 28 janv. 1832. — 17 janv. 1829 (Crombet).
(2) C. cass., 14 mai 1830.
(3) C. cass., 19 août 1836 (René) ; 19 déc. 1835 (Guillié). — V. Dalloz, v° *Manufactures*, n. 191.
(4) C. cass., 2 janv. 1829 (Chéron).
(5) C. cass., 21 fév. 1845.

mandés par la voie de l'action civile devant les tribunaux ordinaires (n° 94). Il est une sorte de réparation civile qui, bien qu'ainsi qualifiée par la jurisprudence, vient en réalité compléter la peine et assurer de la manière la plus efficace l'exécution des règlements, c'est l'*interdiction de continuer l'exploitation* qui doit être prononcée sur la réquisition du ministère public, aussi bien que sur les conclusions des parties intéressées (1).

86. Du droit d'ordonner la démolition. — Le tribunal, qui peut prononcer la défense d'exploiter, ne pourrait, sans excès de pouvoir, ordonner la démolition de l'établissement, excepté dans certains cas spéciaux (C. pén., art. 151, etc.) comme le font observer avec raison MM. Avisse (2) et Dufour (3). C'est qu'en effet, d'une part, la contravention résulte moins, comme on l'a dit, de l'existence de l'établissement que de son exploitation; et que d'autre part, s'il ordonnait la démolition, le tribunal entraverait le libre exercice de l'autorité administrative, en mettant obstacle à ce qu'une autorisation régulière pût intervenir utilement en faveur de l'établissement en question. Le juge ne pourrait pas davantage, d'après le même principe, déterminer les conditions auxquelles l'exploitation condamnée pourrait être reprise, conditions qu'il appartient exclusivement à l'administration de régler.

87. Prescription annale; point de départ. — Aux termes de l'art. 640 du C. d'inst. cr., la prescription en matière de contraventions est accomplie, au point de vue de la pénalité et au point de vue des dommages-intérêts, après une année révolue. Cette année court à compter du jour où l'infraction a été commise, même lorsqu'il y aurait eu procès-verbal, saisie, instruction ou poursuite, si dans l'intervalle, il n'est point intervenu de condamnation. Il faut faire observer toutefois que la contravention résultant ici moins de la formation non autorisée de l'établissement que de son *exploitation* illégale, celle-ci constitue, *chaque fois qu'elle se renouvelle* au mépris des règlements, un fait nouveau qui doit être l'objet d'une répression. Il suit de là, que le fabricant qui exploite illégalement ne peut se prévaloir du long temps pendant lequel cette exploitation aurait eu lieu antérieurement à la poursuite, et qu'il suffit, pour qu'il puisse

---

(1) C. cass., 10 avril 1830.
(2) *Établ. industriels*, t. 1, p. 289.
(3) *Traité général*, t. 2, n. 608.

être condamné, que le dernier fait d'exploitation n'ait pas plus d'un an de date (1).

88. Quand a lieu la chose jugée. — Il résulte du même principe, au point de vue de la chose jugée, qu'un premier jugement qui aurait renvoyé le prévenu des fins d'une première poursuite, ne mettrait pas obstacle à ce qu'une condamnation intervînt pour la même exploitation ultérieurement continuée (2).

89. Le juge de police apprécie la légalité des règlements. — Une remarque essentielle est que l'art. 471, n° 15, n'est applicable qu'en cas de *règlements légalement faits.* De ces termes la jurisprudence a déduit le droit, désormais incontesté, pour le tribunal de police chargé de juger le fabricant prévenu d'avoir violé un règlement sur la matière, de rechercher, non-seulement si l'infraction existe, mais encore si le règlement est légal. « L'autorité judiciaire, dit la Cour de cassation, a toujours le droit d'examiner si les dispositions réglementaires qu'elle est appelée à sanctionner par l'application d'une peine, ont été prises par l'autorité de laquelle elles émanent, dans les limites légales de sa compétence (3). »

Il suit de là que le fabricant poursuivi devant le tribunal de police peut toujours exciper de l'illégalité de l'arrêté sur l'inobservation duquel serait fondée la condamnation. Il peut soutenir, par exemple, s'il est poursuivi pour avoir exploité en contravention avec un arrêté qui révoque son autorisation, que cette révocation a été prononcée par une autorité dont les attributions ne comprenaient pas un tel droit. De même un fabricant accusé d'avoir contrevenu aux conditions prescrites pourrait, à notre sens, soutenir que son établissement ne rentre dans aucune des trois classes établies par le décret de 1810, que toute autorisation était dès lors superflue, et que c'est à tort que l'autorité administrative a soumis son établissement à des conditions applicables seulement aux établissements classés. — En présence de semblables exceptions, le tribunal de police est tenu de résoudre préjudiciellement la question de légalité qui lui est soumise, et la décision qui prononcerait une condamnation sans solution préalable de cette question encourrait inévitablement la censure de la Cour de cassation (4).

---

(1) C. cass., 28 janv. 1832 (Piédel).
(2) C. cass., 19 août 1836 (René).
(3) Cass., 18 mars 1836 ; 20 janv. 1837. — Hélie et Chauveau, *Théorie du C. pén.*, t. 6, p. 404. — Dufour, *Traité général*, t. 1, n. 69 ; t. 2, n° 59.
(4) *Jurisprudence constante.*

90. Sursis obligatoire en cas de questions administratives préjudicielles. — Si le juge de police a le droit d'apprécier lui-même la question préjudicielle de légalité des règlements, ainsi que, en général, toute autre exception proposée par le prévenu, il n'en est pas de même des moyens de défense qui soulèveraient un débat de la compétence spéciale et exclusive de l'administration. Le juge devrait alors surseoir jusqu'à ce qu'il eût été statué par l'autorité administrative.

91. Question d'interprétation d'actes administratifs. — Il en est ainsi, par exemple, quand, dans une poursuite pour contravention aux conditions imposées, il y a doute sur le sens et la portée de ces conditions. En vertu d'une règle générale sans cesse proclamée par la Cour de cassation comme par le conseil d'État, les autorités judiciaires, compétentes pour *appliquer* les actes de l'administration dans leurs dispositions claires et précises, ne le sont pas pour *interpréter* celles de ces dispositions qui sont obscures ou incertaines. Cette règle a été appliquée dans l'espèce suivante. Le tribunal de police avait condamné un industriel pour emploi dans sa fabrication de matières autres que celles qui étaient désignées dans l'arrêté d'autorisation, nonobstant la prétention émise par le fabricant que l'autorisation sainement entendue s'appliquait à ces matières ; le conflit a été élevé sur l'appel de ce jugement, par le motif que le tribunal ne devait statuer qu'après que la portée et l'étendue de l'acte d'autorisation auraient été expliquées par l'autorité administrative, et ce conflit a été confirmé en conseil d'État (1).

92. Question d'antériorité à 1810 ou d'interruption d'exploitation. — Il en est de même lorsque le fabricant oppose à l'accusation fondée sur l'absence d'autorisation que son établissement en était dispensé comme antérieur à 1810 (art. 11), ou quand il conteste qu'une interruption de travaux de plus de six mois lui ait fait perdre le bénéfice de l'autorisation (art. 13). Les tribunaux doivent surseoir jusqu'à ce que l'autorité administrative ait prononcé sur l'exception : « Attendu que, d'après les dispositions du décret du 15 octobre « 1810, tout ce qui concerne l'établissement, la conservation « ou la suppression des manufactures et ateliers qui répandent « une odeur insalubre ou incommode, appartient à l'autorité ad-« ministrative ; que, par suite de ce principe, lorsque le pré-« venu poursuivi pour avoir exploité un établissement de cette

---

(1) C. d'État, 12 avril 1844 (Sabde).

« espèce, sans y être autorisé, soutient, pour sa défense, qu'il
« a une autorisation, soit expresse, en exécution de l'art. 1er de
« ce décret, soit tacite, en vertu de la disposition de son art. 11,
« les tribunaux ne peuvent décider cette question préjudicielle ;
« qu'il en est de même lorsque le point controversé entre les
« parties est de savoir si l'établissement, originairement auto-
« risé, a perdu son privilége par une interruption de plus de
« six mois dans ses travaux. » (Cass., 30 avril 1841 ; 3 octobre
1845.)

93. Résumé sur les questions administratives préjudicielles. — En un mot, « dès qu'il est constaté et déclaré par le juge qu'un établissement rentre dans la nomenclature des ateliers classés, ou qu'il a été régulièrement assimilé à ces ateliers, le débat, dans tout ce qui a trait à la question de savoir s'il y a eu autorisation, ou si le fabricant n'était pas dans les conditions voulues pour être dispensé de la demander ou de la faire renouveler (ajoutons, ou s'il en a observé les termes), est de la compétence exclusive de l'autorité appelée à statuer sur les demandes d'autorisation. » (M. Dufour, t. 2, n° 602.)

§ II.

Réparations civiles qui peuvent être obtenues des tribunaux par les particuliers lésés.

SOMMAIRE.

94. Dommages-intérêts en cas d'exploitation illégale. — 95. L'autorisation ne rend pas l'action en dommages-intérêts irrecevable. — 96. Compétence des tribunaux civils. — 97. La suppression ne peut être ordonnée par le juge. — 98. Conciliation nécessaire des intérêts de l'industrie et de ceux de la propriété. Principes. — 99. Distinction proposée entre les dommages matériels et moraux. — 100. Tempérament tiré des obligations ordinaires du voisinage. — 101. Influence nécessaire du principe de la liberté industrielle.

94. Dommages-intérêts en cas d'exploitation illégale. — Les précautions prises par l'autorité administrative, dans l'intérêt de la salubrité et de la sûreté publiques, ne font pas obstacle à ce que les particuliers lésés par l'exercice de l'industrie qui s'exploite dans leur voisinage obtiennent les réparations dues, aux termes d'un droit commun, à toute personne qui subit un dommage par le fait d'autrui (art. 1382, Cod. Nap.).

Ainsi, et tout d'abord, il n'est pas douteux qu'en cas d'exploitation *illégale* de la part du fabricant, les tiers lésés ne puissent réclamer des dommages-intérêts pour un fait qui présente nécessairement alors le caractère d'une faute, soit en se portant parties civiles devant le tribunal de police (art. 161, Cod. d'instr. crim.), soit en formant une demande principale devant les tribunaux civils.

95. L'autorisation ne rend pas l'action en dommages-intérêts irrecevable. — Mais des difficultés s'élèvent alors que le préjudice allégué provient d'une exploitation régulièrement exercée dans les termes mêmes de l'acte d'autorisation, et où par conséquent le fabricant n'est pas en faute. Or, en ce cas même, le principe du droit des parties lésées à la réparation civile est maintenu par la disposition finale de l'art. 11 du décret du 15 octobre 1810, ainsi conçu : « Sauf les « dommages dont pourront être passibles les entrepreneurs des « établissements qui préjudicient aux propriétés de leurs voi- « sins. » Ce principe est applicable à tous les établissements autorisés ou non, soit postérieurs, soit antérieurs au décret de 1810 (1).

La jurisprudence du conseil d'État et celle de la Cour de cassation sont d'accord sur ce point. Il est constant que l'autorisation accordée à un établissement et le rejet même des oppositions dirigées contre la demande d'autorisation n'élèvent aucune fin de non-recevoir contre l'action en dommages-intérêts intentée par l'auteur même des oppositions écartées administrativement (2).

96. Compétence des tribunaux civils. — Les mêmes monuments de jurisprudence établissent que cette action en dommages-intérêts est de la compétence exclusive des tribunaux civils, à laquelle le décret du 15 octobre 1810 n'a pas dérogé sous ce rapport. « Il appartient, dit l'arrêt du 28 février 1848, « aux tribunaux, seuls compétents pour statuer sur de purs in- « térêts privés, de constater si un dommage susceptible d'in- « demnité ou de réparation a été causé aux propriétés voisines, « et de prononcer, s'il y a lieu, des réparations et indemni- « tés. »

---

(1) Voir Macarel, t. 4, p. 161-163. — Merlin, *Rép.*, v° *Manufactures.*— Serrigny, t. 2, n. 867.—Sourdat, *Traité de la Responsabilité*, t. 2, n. 1186.

(2) Voir spécialement deux arrêts de la Cour de cassation du 19 juillet 1826 (Porry, Lebel).— 15 déc. 1824 (Lez).— 27 déc. 1826 (Paris).— 23 mars 1831 (Villemain). — 27 nov. 1844 (Derosne).— 28 fév. 1848, etc..., et arrêts du C. d'État, 2 juillet 1825 (Regny).— 12 avril 1829 (Riols).— 17 juill. 1845 (Laurent).

97. La suppression ne peut être ordonnée par le juge.—Toutefois le respect dû par la justice civile aux actes de l'autorité administrative interdit aux tribunaux, tout en prononçant la réparation pécuniaire du préjudice, d'ordonner la suppression d'un établissement légalement autorisé. Autrement l'autorisation administrative deviendrait absolument illusoire, puisque tous les effets pourraient en être anéantis par un acte de l'autorité judiciaire. Cette restriction aux pouvoirs des tribunaux civils est exigée par les intérêts généraux de l'industrie qui sont ici en lutte avec les droits de la propriété territoriale.

98. Conciliation nécessaire des intérêts de l'industrie et des droits de la propriété.— Principes (1). — Ce n'est pas la seule atteinte que ces droits aient à subir, et dans l'allocation même des réparations pécuniaires, les tribunaux, sans sacrifier la propriété, doivent tenir compte des nécessités de l'industrie. Il est certain, d'un côté, que la plupart des ateliers classés causent un préjudice plus ou moins direct aux habitations voisines, par les émanations, le bruit, l'agitation, l'aspect même des établissements. Il en résulte parfois une dépréciation notable des immeubles situés à proximité. D'un autre côté, si tous ces divers dommages devaient être indistinctement et intégralement réparés, tous les ateliers industriels succomberaient sous des charges exorbitantes. L'exercice de l'industrie deviendrait véritablement impossible, et le propriétaire d'une usine serait privé du bénéfice de l'art. 544, Cod. Nap., qui permet à chacun de jouir et de disposer de sa chose comme il l'entend, pourvu qu'il n'en fasse pas un usage prohibé par les lois ou par les règlements. Il est juste, en outre, de compenser le préjudice spécial que peuvent éprouver tels ou tels propriétaires par les avantages généraux que ces mêmes propriétaires recueillent, avec la société tout entière, des développements des arts industriels. Enfin, il ne faut pas oublier que les dispositions du Code Napoléon, qui posent le principe de l'indemnité pour préjudice résultant des faits d'autrui (art. 1382, 1383), exigent qu'il y ait *faute* imputable à l'auteur du dommage, pour qu'il soit tenu à le réparer : or, on aurait peine à admettre qu'il y ait faute de la part de l'industriel qui soumet sa fabrication à toutes les conditions protectrices exigées par la sollicitude de l'administration (2).

---

(1) Voir sur ce sujet, Sourdat, *Traité de la Responsabilité*, t. 2, nº* 1186 et s.
(2) Arrêt de Bruxelles du 15 avril 1843, cité par Dalloz, v° *Manufactures*, n. 174.

Sous l'influence de ces considérations diverses, entre lesquelles il est difficile de faire pencher la balance, la doctrine et la jurisprudence ont fait des tentatives plus ou moins heureuses pour concilier les droits et les intérêts opposés.

99. Distinction proposée entre les dommages matériels et moraux. — Nous ne nous arrêterons pas à l'opinion isolée d'un jurisconsulte renommé (M. Duvergier, *Revue étrangère et française de législation*, t. 10, p. 425 et 601), qui croit pouvoir induire de l'art. 544, Cod. Nap., la négation de toute action en dommages-intérêts pour le préjudice causé par l'exploitation régulière d'une industrie autorisée, opinion que repousse, d'après le texte formel de l'art. 11 du décret de 1810, l'unanimité des auteurs et des arrêts. Parmi ceux qui admettent en principe l'action en dommages-intérêts, une grande divergence s'est manifestée quant à l'étendue et à la portée de cette action. Les uns ont distingué entre les dommages *matériels*, c'est-à-dire occasionnant un retranchement, une détérioration physique à la propriété, comme l'ébranlement des édifices, l'altération de la végétation par des gaz délétères, pour lesquels on a admis l'action, et les dommages *moraux*, c'est-à-dire la dépréciation, la diminution d'utilité, d'agrément, de valeur, que le bruit, la fumée, etc., peuvent faire éprouver à la propriété, pour lesquels l'action a été déniée (1).

D'autres ont soutenu, au contraire, qu'aucune distinction n'étant faite par l'art. 11 du décret de 1810, la réparation était due, dès qu'il y avait dommage, soit matériel, soit même moral ou d'opinion (2).

100. Tempérament tiré des obligations ordinaires du voisinage. — Enfin la Cour de cassation, mitigeant cette dernière doctrine si rigoureuse pour l'industrie, a posé en principe dans ses plus récents arrêts que, si une réparation civile peut être due pour tout dommage réel, quelle qu'en soit la nature, celui, par exemple, provenant d'un bruit considérable, elle ne l'est cependant que lorsque le préjudice excède les obligations ordinaires du voisinage et dépasse les bornes de la tolérance ré-

---

(1) C. d'État, 15 déc. 1824 (Lez). — 27 déc. 1826 (Graindorge). — Voir sur ce point, Trébuchet, *Code des Établissements*, p. 99 et suiv.; Taillandier, *Traité des Établissements*, p. 153, et Duvergier, *ubi suprà*. — Spécialement Dufour, t. 2, n. 624.

(2) Clérault, n. 129 ; Serrigny, t. 2, n. 870; Sourdat, n. 1190. — Voir arrêt de Paris, 16 mars 1841 (Puzin); Rouen, 18 nov. 1842 (Gaudin) ; 6 déc. 1842 (Chalmé) ; Douai, 10 janv. 1843 (Duburcq), et C. cass., 5 mai 1827 (Rigaud, Armand).

ciproque que se doivent les propriétés contiguës (1). C'est ainsi qu'elle a cassé un arrêt de Paris pour avoir condamné un fabricant à payer des dommages-intérêts, tant qu'il y aurait un préjudice quelconque, sans borner l'obligation de la réparation à la limite où devrait commencer la tolérance mutuelle.

101. Influence nécessaire du principe de la liberté industrielle. — Cette jurisprudence a peut-être le tort de ne pas donner une importance suffisante au rôle d'arbitre entre l'industrie et la propriété que l'administration exerce en autorisant les établissements classés ; toutefois elle laisse une grande latitude à l'appréciation des tribunaux. Le devoir de ceux-ci sera donc, en tenant compte de tout le respect dû à la propriété privée, de se pénétrer de l'esprit des décret et ordonnance de 1810 et 1815, qui ont eu pour objet de protéger, à tous les points de vue, le libre exercice de l'industrie contre une application abusive des règles du droit commun.

APPENDICE.

POUVOIRS DE L'AUTORITÉ ADMINISTRATIVE ET JUDICIAIRE À L'ÉGARD DES ÉTABLISSEMENTS NON CLASSÉS EN GÉNÉRAL.

SOMMAIRE.

102. Les ateliers non classés sont soumis aux mesures de police et de sûreté. — 103. Jurisprudence. — 104. Action en dommages-intérêts devant les tribunaux civils. — 105. Droit du juge d'ordonner toute mesure pour faire cesser le préjudice.

102. Les ateliers non classés sont soumis aux mesures de police et de sûreté. — En dehors des établissements classés ou susceptibles de l'être, il existe un grand nombre d'établissements étrangers à toute classification, et qui pourtant ne sauraient être entièrement soustraits à l'action de l'autorité chargée de la police et de la salubrité publique. Si les règlements de 1810, 1815 et 1852, ont eu pour but et pour effet de placer exclusivement les ateliers classés sous l'empire des autorités qu'ils spécifient, et de les soustraire à l'exercice du pouvoir municipal, celui-ci n'a été dessaisi par aucune disposition quelconque de ses attributions de police, en ce qui concerne les établissements non classés : il reste donc investi du droit de prendre les mesures nécessaires pour obvier aux inconvénients que peut présenter une exploitation industrielle non classée, sans pou-

---

(1) C. cass., 27 nov. 1844 (Derosne) ; 28 fév. 1848 ; 20 fév. 1849.

voit d'ailleurs en interdire l'existence. Les arrêtés pris en ce sens par l'autorité municipale sont légaux et obligatoires, en vertu des art. 50, L. du 14 déc. 1789; 3, n° 5, T. XI; L. des 16-24 août 1790; 46; T. I, L. des 19-22 juillet 1791, aux termes desquels les maires sont chargés de faire jouir les habitants d'une bonne police, et spécialement d'assurer la salubrité publique, de prévenir les épidémies, etc..., de prendre des arrêtés prescrivant des précautions locales sur ces objets. L'inobservation de ces arrêtés soumet le contrevenant à l'application de l'art. 471, n° 15, du C. pén.

103. Jurisprudence. — La Cour de cassation a formellement établi ce principe par un arrêt du 21 décembre 1848, qui a déclaré légal un arrêté du maire de Lons-le-Saulnier, ordonnant qu'un dépôt d'os (non classé), répandant une odeur putride et dangereuse pour la salubrité publique, serait transporté hors de la ville (1). Il résulte d'ailleurs de cet arrêt sainement entendu, ainsi que de plusieurs autres arrêts (2), que le pouvoir municipal, restreint aux établissements non classés, et presque sans action à l'égard des établissements classés (voir n° 81 ci-dessus), continue à s'exercer à l'égard des premiers dans sa plénitude.

104. Action en dommages-intérêts devant les tribunaux civils. — Quant au droit des tiers d'obtenir la réparation du préjudice causé par l'exploitation d'une industrie non classée, il rentre sous l'application du droit commun, et n'est plus soumis à l'influence que peut exercer jusqu'à un certain point l'autorisation administrative, tant sur l'appréciation des dommages que sur les mesures à prendre pour les faire cesser, comme on l'a dit ci-dessus (n° 98).

Seulement les tribunaux auront à concilier les droits et les intérêts respectifs de la propriété industrielle et de la propriété territoriale, et à tenir compte de la tolérance réciproque qu'entraîne le voisinage. Tel est l'esprit de l'arrêt de la Cour de cassation du 27 nov. 1844, qui, tout en admettant en principe l'indemnité pour le bruit causé par une industrie non classée, entend qu'elle ne soit allouée que si le bruit présente un caractère suffisant d'intensité.

105. Droit du juge d'ordonner toute mesure pour faire cesser le préjudice. — Le juge saisi de la demande en dommages-intérêts contre celui qui exploite une industrie non

---

(1) Voir en ce sens Dufour, t. 2, n. 600.—*Contrà*, Avisse, t. 1, p. 223.
(2) C. cass., 1er mars 1842 ; 25 nov. 1843 (Mourret).

classée pourra non-seulement allouer une indemnité pécuniaire, mais prescrire les travaux et mesures de toute nature, nécessaires pour prévenir le préjudice dans l'avenir, et au besoin même interdire l'exploitation, tandis qu'à l'égard des établissements classés, il ne peut, sans empiéter sur les droits de l'administration, aller au delà d'une condamnation à des dommages-intérêts purement pécuniaires (voir n° 97).

CHAPITRE IV.
État général des Ateliers et Établissements classés.

106. Abattoirs publics et communs à ériger dans toute commune, quelle que soit sa population. — Les animaux peuvent s'échapper. Mauvaise odeur. — 1re classe. — 15 octobre 1810 ; 14 janvier 1815 ; 15 avril 1838.

Absinthe (distillerie d'extrait ou esprit d'). — Danger d'incendie. — 2e cl. — 9 février 1825.

Acétate de plomb, *Sel de Saturne* (fabricat. de l'). — Quelques inconvénients, mais seulement pour la santé des ouvriers. — 3e cl. — 14 janv. 1815.

Acide acétique (fabricat. d'). — Peu d'inconvénients. — 3e cl. — 5 novembre 1826.

Acide muriatique (fabricat. de l') à vases clos. — Odeur désagréable et incommode quand les appareils perdent, ce qui a lieu de temps à autre. — 2e cl. — 14 janv. 1815.

Acide muriatique oxygéné (fabricat. de l'). Voir *Chlore*.

Acide nitrique, *Eau forte* (fabricat. de l'). — Ne se fabrique plus d'après l'ancien procédé (Voir l'art. ci-après). — 1re cl. — 15 octobre 1810.

Acide nitrique, *Eau forte* (fabricat. de l') par la décomposition du salpêtre au moyen de l'acide sulfurique dans l'appareil de *Wolf*. — Odeur désagréable et incommode quand les appareils perdent, ce qui a lieu de temps à autre. — 2e cl. — 9 février 1825.

Acide pyroligneux (fabrique d'), lorsque les gaz se répandent dans l'air sans être brûlés. — Beaucoup de fumée et odeur empyreumatique très-désagréable. — 1er cl. — 14 janv. 1815.

Acide pyroligneux (fabriques d'), lorsque les gaz sont brûlés. — Un peu de fumée et d'odeur empyreumatique. — 2e cl. — 14 janv. 1815.

Acide pyroligneux (toutes les combinaisons de l') avec le fer, le plomb ou la soude. — Émanations désagréables qui ont constamment lieu pendant la concentration de ces produits. — 2e cl. — 31 mai 1833.

Acide sulfurique (fabricat. de l'). — Odeur désagréable, insalubre et nuisible à la végétation. — 1re cl. — 15 octobre 1810.

Acide tartareux (fabricat. de l'). — Un peu de mauvaise odeur. — 3e cl. — 5 nov. 1826.

Acier (fabriques d'). — Fumée et danger du feu. — 2e cl. — 14 janv. 1815.

Affinage de l'or ou de l'argent par l'acide sulfurique, quand les gaz dégagés pendant cette opération sont versés dans l'atmosphère. — Dégagement de gaz nuisibles. — 1re cl. — 9 fév. 1825.

Affinage de l'or ou de l'argent par l'acide sulfurique, quand les gaz dégagés pendant cette opération sont condensés. — Très-peu d'inconvénients quand les appareils sont bien montés et fonctionnent bien. — 2e cl. — 9 fév. 1825.

AFFINAGE DE L'OR ou de l'argent au moyen du départ et du fourneau à vent. Voir *Or*. — Cet art n'existe plus. — 2ᵉ cl.—14 janv. 1815.

AFFINAGE DE MÉTAUX au fourneau à coupelle ou au fourneau à réverbère. — Fumée et vapeurs insalubres et nuisibles à la végétation. — 1ʳᵉ cl. — 15 oct. 1810; 14 janv. 1815.

ALCALI CAUSTIQUE EN DISSOLUTION (fabricat. de l'). Voir *Eau seconde*. — Très-peu d'inconvénients. — 3ᵉ cl. — 15 oct. 1810 ; 14 janv. 1815.

ALCALI VOLATIL. Voir *Ammoniaque*.

ALLUMETTES (fabricat. d'), préparées avec des poudres ou matières détonnantes ou fulminantes. Voir *Poudres fulminantes*. — Tous les dangers de la fabrication des poudres fulminantes. — 1ʳᵉ cl. — 25 juin 1823.

ALUMINE, ALUN. Voir *Sulfates de fer et d'alumine*.

AMIDON avec séparation du gluten (les fabr. d') où ce travail s'opère, sans emploi de fermentation, par les lavages successifs de la pâte et avec écoulement des eaux. — 2ᵉ cl. — 6 mai 1849.

AMIDONNIERS.— Odeur fort désagréable.—1ʳᵉ cl.—15 octobre 1810.

AMMONIAQUE, *Alcali volatil* (fabricat. en grand avec les sels ammoniacaux de l'). — Odeur désagréable. — 3ᵉ cl. — 31 mai 1833.

AMORCES FULMINANTES. Voir *Fulminate de mercure*.

ARCANSONS ou résines de pin (travail en grand des), soit pour la fonte et l'épuration de ces matières, soit pour en extraire la térébenthine.—Danger du feu et odeur très-désagréable.—1ʳᵉ cl.—9 fév. 1825.

ARDOISES ARTIFICIELLES et mastics de différents genres (fabriques d').—Odeur désagréable, danger du feu. — 3ᵉ cl. — 20 sept. 1828.

ARTIFICIERS. — Danger d'incendie et d'explosion.— 1ʳᵉ cl.—15 octobre 1810.

BALEINE (travail de fanons de la). Voir *Fanons de baleine*.

BATTAGE en grand et journalier de la laine et de la bourre. — Bruit et poussière fétide, insalubre et incommode.—3ᵉ cl.—31 mai 1833.

BATTEURS D'OR et d'argent.— Bruit.— 3ᵉ cl. — 14 janv. 1815.

BATTOIRS A ÉCORCES (dans les villes).—Bruit, poussière et quelque danger du feu.— 2ᵉ cl.—20 sept. 1828.

BITUME EN PLANCHES (fabriques de).—Danger d'incendie.—2ᵉ cl.—9 fév. 1825.

BITUMES PISASPHALTES (ateliers pour la fonte et la préparation des). — Danger d'incendie.— 2ᵉ cl. — 31 mai 1833.

BLANC DE BALEINE (raffineries de).—Peu d'inconvénients.—2ᵉ cl.— 5 nov. 1826.

BLANC D'ESPAGNE (fabriques de). — Très-peu d'inconvénients. — 3ᵉ cl. — 14 janv. 1815.

BLANC DE PLOMB ou de céruse (fabriques de).—Quelques inconvénients seulement pour la santé des ouvriers. —2ᵉ cl.—15 octobre 1810.

BLANCHIMENT DES TOILES par l'acide muriatique oxygéné. Voir *Toiles*.

BLANCHIMENT DES TISSUS et des fils de laine ou de soie, par le gaz ou l'acide sulfureux.—Émanations insalubres.—2ᵉ cl.—5 nov. 1826.

BLANCHIMENT DES TOILES ET FILS DE CHANVRE, de lin et de coton, par le chlore.— Émanations désagréables.— 2ᵉ cl.— 5 nov. 1826.

BLANCHIMENT DES TOILES ET FILS DE CHANVRE, par les chlorures alcalins.—Peu d'inconvénients.—3ᵉ cl.—5 nov. 1826.

BLANCHISSERIES ORDINAIRES. Voir *Buanderies*.

BLEU DE PRUSSE (fabriques de), lorsqu'on n'y brûle pas la fumée et le gaz hydrogène sulfuré.—Odeur désagréable, insalubre.—1ʳᵉ cl.—15 oct.1810 ; 14janv.1815.

BLEU DE PRUSSE (fabriques de), lorsqu'elles brûlent leur fumée et le gaz hydrogène sulfuré.—Très-peu d'inconvénients, si les appareils sont parfaits, ce qui n'a pas lieu constamment.—2ᵉ cl.—15 oct. 1810 ; 14 janv. 1815.

BLEU DE PRUSSE (dépôts de sang des animaux destiné à la fabrication du). Voir *Sang des animaux.*

BOIS DORÉS (brûleries des). — Très-peu d'inconvénients, l'opération se faisant très-en petit.—3ᵉ cl.— 14 janv. 1815.

BORAX ARTIFICIEL (fabriques de).—Très-peu d'inconvénients.— 3ᵉ cl. — 9 fév. 1825.

BORAX (raffinage du).—Très-peu d'inconvénients.—3ᵉ cl.— 14 janv. 1815.

BOUES ET IMMONDICES (dépôts de). Voir *Voiries.*

BOUGIES DE BLANC DE BALEINE (fabriques de).—Quelque danger d'incendie. — 3ᵉ cl.— 9 fév. 1825.

BOURRE. Voir *Battage.*

BOUTONS MÉTALLIQUES (fabrication des). — Bruit. — 3ᵉ cl. — 15 oct. 1810 ; 14 janv. 1815.

BOYAUDIERS.—Odeur très-désagréable et insalubre.—1ʳᵉ cl.—15 oct. 1810.

BRASSERIES.—Fumée épaisse quand les fourneaux sont mal construits, et un peu d'odeur.—3ᵉ cl.—15 oct. 1810.

BRIQUETERIES. Voir *Tuileries.* — Fumée abondante au commencement de la fournée. —2ᵉ cl.—14 janv. 1815.

BRIQUETERIES ne faisant qu'une seule fournée en plein air, comme on le fait en Flandre.—Fumée abondante au commencement de la fournée.—3ᵉ cl. — 14 janv. 1815.

BRIQUETS PHOSPHORIQUES et briquets oxygénés (fabriques de).—Danger d'incendie.— 3ᵉ cl.—5 nov. 1826.

BUANDERIES des blanchisseurs de profession, et les *lavoirs* qui en dépendent ; quand ils n'ont pas un écoulement constant de leurs eaux.— Inconvénients graves par la décomposition des eaux de savon.—2ᵉ cl.—14 janv. 1815 ; 5 nov. 1826.

BUANDERIES des blanchisseurs de profession, et les *lavoirs* qui en dépendent, quand ils ont un écoulement constant de leurs eaux.—Peu d'inconvénients. — 3ᵉ cl.— 14 janv. 1815 ; 5 nov. 1826.

CALCINATION D'OS D'ANIMAUX, lorsqu'on n'y brûle pas la fumée. — Odeur très-désagréable de matières animales brûlées, portée à une grande distance. — 1ʳᵉ cl. — 9 fév. 1825.

CALCINATION D'OS D'ANIMAUX, lorsque la fumée est brûlée.— Odeur toujours sensible, même avec des appareils bien construits.—2ᵉ cl.—9 février 1825 ; 20 sept. 1828.

CAMPHRE (préparation et raffinage du).—Odeur forte et quelque danger d'incendie.— 3ᵉ cl.—14 janv. 1815.

CARACTÈRES D'IMPRIMERIE (fonderies de).—Très-peu d'inconvénients.—3ᵉ cl.— 15 octobre 1810.

CARAMEL en grand (fabriques de).—Danger du feu, odeur désagréable. — 3ᵉ cl. — 5 nov. 1826.

CARBONISATION du bois à air libre, lorsqu'elle se pratique dans des établissements permanents et ailleurs que dans les bois et forêts, ou en rase campagne.—Odeur et fumée très-désagréables, s'étendant au loin.—2ᵉ cl.—20 sept. 1828.

CARTONNIERS.—Un peu d'odeur désagréable.—2ᵉ cl.—14 janv. 1815.

CENDRES (laveurs de).—Très-peu d'inconvénients.— 3ᵉ cl.—14 janv. 1815.

CENDRES BLEUES et autres précipités du cuivre (fabricat. des). — Aucun inconvénient, si ce n'est celui de l'écoulement au dehors des eaux de lavage.—3ᵉ cl.—14 janv. 1815.

CENDRES D'ORFÈVRE (traitement des) par le plomb.— Fumée et vapeurs insalubres.— 1ʳᵉ cl.—14 janv. 1815.

CENDRES D'ORFÈVRE (traitement des) par le mercure et la distillation des amalgames. —Danger à cause du mercure à vapeur dans l'atelier.—2ᵉ cl.—14 janv. 1815.

CENDRES GRAVELÉES (fabricat. des), lorsqu'on laisse répandre la fumée au dehors.— Fumée très-épaisse et très-désagréable par sa puanteur.—1ʳᵉ cl.— 14 janv. 1815.

CENDRES GRAVELÉES (fabricat. des), lorsqu'on brûle la fumée. — Un peu d'odeur.— 2ᵉ cl.—14 janv. 1815.

CÉRUSE (fabriques de). Voir *Blanc de plomb*.

CHAIRS ou débris d'animaux (les dépôts, les ateliers ou les fabriques où ces matières sont préparées par la macération, ou desséchées pour être employées à quelque autre fabrication. —Odeur très-désagréable.—1ʳᵉ cl.—9 fév. 1825.

CHAMOISEURS.—Un peu d'odeur.—2ᵉ cl.—14 janv. 1815.

CHANDELIERS.—Quelque danger du feu et un peu d'odeur.—2ᵉ cl.—15 oct. 1810.

CHANTIERS DE BOIS à brûler dans les villes.— Danger du feu exigeant la surveillance de la police.—3ᵉ cl.—9 fév. 1825.

CHANVRE (rouissage du) en grand par son séjour dans l'eau. Voir *Routoirs*. — Émanations insalubres, infection des eaux (fièvres).—1ʳᵉ cl.—15 oct. 1810; 5 nov. 1826.

CHANVRES. Voir *Peignage*.

CHAPEAUX (fabriques de).— Buée et odeur assez désagréables, poussière noire occasionnée par le battage après la teinture, et portée au loin.—2ᵉ cl.—14 janv. 1815.

CHAPEAUX DE SOIE ET AUTRES préparés au moyen d'un vernis (fabricat. des).—Danger du feu.—2ᵉ cl.—27 janv. 1857.

CHARBON ANIMAL (la fabrication ou la révivification du) lorsqu'on n'y brûle pas la fumée.—Odeur très-désagréable de matières animales brûlées, portée à une grande distance.—1ʳᵉ cl.—9 fév. 1825.

CHARBON ANIMAL (la fabrication ou la révivification du) lorsque la fumée est brûlée.— Odeur toujours sensible, même avec des appareils bien construits.—2ᵉ cl. — 9 fév. 1825; 20 sept. 1828.

CHARBON DE BOIS (les dépôts de) dans les villes.—Danger d'incendie, surtout quand les charbons ont été préparés à vases clos, attendu qu'ils peuvent prendre feu spontanément.—3ᵉ cl.—9 fév. 1825.

CHARBON DE BOIS (magasins de) dans les villes.—Danger d'incendie, surtout quand les charbons ont été préparés à vases clos, attendu qu'ils peuvent prendre feu spontanément.—2ᵉ cl.—5 juill. 1834.

CHARBON DE BOIS fait à vases clos.—Fumée et danger du feu.—2ᵉ cl.— 15 oct. 1810; 14 janv. 1815.

CHARBON DE TERRE (épurage du) à vases ouverts.—Fumée et odeur très-désagréables. —1ʳᵉ cl.—15 oct. 1810; 14 janv. 1815.

CHARBON DE TERRE épuré, lorsqu'on travaille à vases clos. — Un peu d'odeur et de fumée.—2ᵉ cl.—15 oct. 1810; 14 janv. 1815.

CHATAIGNES (dessiccation et conservation des).—Très-peu d'inconvénients, attendu que c'est une opération de ménage.—2ᵉ cl.—14 janv. 1815.

CHAUDIÈRES. Voir *Machines et chaudières à vapeur*.

CHAUX (fours à) permanents.—Grande fumée. — 2ᵉ cl.—15 oct. 1810; 29 juill. 1818.

CHAUX (fours à) ne travaillant pas plus d'un mois par année. — Grande fumée. — 3ᵉ cl.—14 janv. 1815.

CHICORÉE-CAFÉ (fabriques de).—Très-peu d'inconvénients.—3ᵉ cl.—9 fév. 1825.

CHIFFONNIERS.—Odeur très-désagréable et insalubre.—2ᵉ cl.—15 oct. 1810; 14 janv. 1815.

CHLORE, *Acide muriatique oxygéné* (fabricat. du) quand ce produit est employé dans les établissements mêmes où on le prépare. — Odeur désagréable et incommode quand les appareils perdent, ce qui a lieu de temps à autre.—2ᵉ cl.—14 janv. 1815; 9 fév. 1825.

CHLORURES ALCALINS, *Eau de javelle* (fabricat. en grand des), destinés au commerce, aux fabriques.—Odeur désagréable et incommode quand les appareils perdent, ce qui a lieu de temps à autre.—1ʳᵉ cl.—9 fév. 1825.

CHLORURES ALCALINS, *Eau de javelle* (fabricat. des), quand on en fabrique en petite quantité, c'est-à-dire dans une proportion de 300 kilog. au plus par jour. — Inconvénients moindres que ci-dessus, les produits étant moins abondants.—2ᵉ cl.—9 fév. 1825 ; 31 mai 1833.

CHLORURE DE CHAUX (fabricat. en grand du).—Odeur désagréable et incommode quand les appareils perdent, ce qui arrive de temps à autre.—1ʳᵉ cl.— 31 mai 1833.

CHLORURE DE CHAUX (ateliers où l'on fabrique en petite quantité, c'est-à-dire dans une proportion de 300 kilog. au plus par jour, du).— Odeur désagréable et incommode quand les appareils perdent, ce qui a lieu de temps à autre. — 2ᵉ cl. — 31 mai 1833.

CHROMATE DE PLOMB (fabriques de).—Très-peu d'inconvénients.—3ᵉ cl.— 9 fév. 1825.

CHROMATE DE POTASSE (fabriques de).—Dégagement de gaz nitreux.—2ᵉ cl.—31 mai 1833.

CHRYSALIDES (dépôts de).—Odeur très-désagréable.—2ᵉ cl.—20 sept. 1828.

CIRE A CACHETER (fabr. de).—Quelque danger du feu.—2ᵉ cl.— 14 janv. 1815.

CIRIERS.—Danger du feu.—3ᵉ cl.—15 oct. 1810.

COCONS. Voir *Filature*.

COLLE FORTE (fabriques de).—Mauvaise odeur.—1ʳᵉ cl.—15 oct. 1810.

COLLES DE PARCHEMIN ET D'AMIDON (fabriques de).—Très-peu d'inconvénients. —3ᵉ cl. — 15 oct. 1810.

COLLE DE PEAU DE LAPIN (fabriques de). — Un peu de mauvaise odeur.—2ᵉ cl.— 9 fév. 1825.

COMBUSTION DES PLANTES MARINES, lorsqu'elle se pratique dans des établissements permanents. — Exhalaisons désagréables, nuisibles à la végétation et portées à de grandes distances.—1ʳᵉ cl.—27 mai 1838.

CORDES A INSTRUMENTS (fabricat. de).—Sans odeur, si les eaux du lavage ont un écoulement convenable, ce qui n'a pas lieu ordinairement.—1ʳᵉ cl.—15 oct. 1810.

CONSERVES DE SARDINES (fabriques de) situées dans les villes.—2ᵉ cl.— 19 fév. 1833.

CORNE (travail de la) pour la réduire en feuilles.—Un peu de mauvaise odeur.—3ᵉ cl. —15 oct. 1810 ; 14 janv. 1815.

CORROYEURS.—Mauvaise odeur.—2ᵉ cl.—15 oct. 1810.

COUVERTURIERS.—Danger causé par le duvet de laine en suspension dans l'air ; odeur d'huile rance et de vapeurs sulfureuses, quand les soufroirs sont mal construits. — 2ᵉ cl.—15 oct. 1810.

CRETONNIERS.—Mauvaise odeur et danger du feu.—1ʳᵉ cl.—15 oct. 1810.

CRISTAUX (fabriques de). Voir *Verre*.

CRISTAUX DE SOUDE, *Sous-carbonate de soude cristallisé* (fabricat. de). — Très-peu d'inconvénients.—3ᵉ cl.—14 janv. 1815.

CUIRS VERNIS (fabr. de).—Mauvaise odeur et danger du feu. — 1ʳᵉ cl.—15 oct. 1810.

CUIRS VERTS ET PEAUX FRAICHES (dépôts de). — Odeur désagréable et insalubre.— 2ᵉ cl.—15 oct. 1810 ; 27 janv. 1837.

CUISSON DES TÊTES D'ANIMAUX dans des chaudières établies sur un fourneau de construction quand elle n'est pas accompagnée de fonderie de suif. — Fumée et légère odeur.—3ᵉ cl.—31 mai 1833.

CUIVRE (fonte et laminage du).—Fumée, exhalaisons insalubres et danger du feu. — 2ᵉ cl.—14 janv. 1815.

CUIVRE (dérochage du) par l'acide nitrique.— Odeur nuisible et désagréable. — 2ᵉ cl. — 20 sept. 1828.

CUIVRE. Voir *Désargentage*.

DÉBRIS D'ANIMAUX (dépôts, etc. de). Voir *Chairs*.

DÉGRAISSEURS. Voir *Teinturiers-dégraisseurs*.

DÉGRAS ou huile épaisse à l'usage des tanneurs (fabriques de).—Odeur très désagréable et danger d'incendie.—1ʳᵉ cl.— 9 fév. 1825.

DÉROCHAGE DU CUIVRE. Voir *Cuivre* (dérochage du).

DÉSARGENTAGE DU CUIVRE par le mélange de l'acide sulfurique et de l'acide nitrique (les ateliers de).—Dégagement de gaz nuisible.—1re cl.—27 mai 1838.

DOREURS SUR MÉTAUX.—On a à craindre les maladies des doreurs, le tremblement, etc., mais ce n'est que pour les ouvriers.—3e cl.—15 oct. 1810.

EAU DE JAVELLE. Voir *Chlorures alcalins*.

EAU-DE-VIE (distillerie d').—Danger du feu.—2e cl.—15 oct. 1810.

EAU FORTE (fabrication de l'). Voir *Acide nitrique*.

EAU SECONDE (fabricat. de l') des peintres en bâtiments. Voir *Alcali caustique en dissolution*.—Très-peu d'inconvénients.—3e cl.—14 janv. 1815.

EAUX SAVONNEUSES DES FABRIQUES. Voir *Huile* (extraction de l') et des autres corps gras contenus dans les eaux savonneuses des fabriques.

ÉCARRISSAGE.—Odeur très-désagréable.—1re cl.—15 oct. 1810.

ÉCHAUDOIRS dans lesquels on prépare et l'on cuit les intestins et autres débris des animaux. — Très-mauvaise odeur. — 1re cl. — 15 oct. 1810 ; 14 janv. 1815 ; 31 mai 1833.

ÉCHAUDOIRS dans lesquels on traite les têtes et les pieds d'animaux, afin d'en séparer le poil. Voir aussi *Cuisson des têtes d'animaux*. — Fumée et légère odeur. — 3e cl.—31 mai 1833.

ÉMAUX (fabriques d'). Voir *Verre*.

ENCRE A ÉCRIRE (fabriques d').—Très-peu d'inconvénients.— 3e cl.—14 janv. 1815.

ENCRE D'IMPRIMERIE (fabriques de). — Odeur très-désagréable et danger du feu. — 1re cl.—14 janv. 1815.

ENGRAIS (les dépôts de matières provenant de la vidange des latrines ou des animaux, destinés à servir d'). Voir *Poudrette*, *Urate*.

ENGRAISSAGE DES OIES (établissements en grand pour l').—Mauvaise odeur et incommodité.—3e cl.—31 mai 1833.

ÉPONGES. Voir *Lavage*.

ESSAYEURS.—Très-peu d'inconvénients.—3e cl.—14 janv. 1815.

ÉTAIN (fabricat. des feuilles d').—Peu d'inconvénients, l'opération se faisant au laminoir.—3e cl.—14 janv. 1815.

ÉTHER (fabriques d') et les dépôts d'éther, lorsque ces dépôts en contiennent plus de 40 litres à la fois.—Explosion et danger d'incendie.—1re cl.—27 fév. 1837.

ÉTOUPILLES (fabriques d') préparées avec des poudres ou matières détonantes et fulminantes. Voir *Poudres fulminantes*.—Tous les dangers de la fabrication des poudres fulminantes.—1re cl.—25 juin 1823.

FAÏENCE (fabr de).—Fumée au commencement des fournées. — 2e cl.—14 janv. 1815.

FANONS DE BALEINE (ateliers pour le travail des). — Abondantes vapeurs d'une odeur fade et tenace, putréfaction des eaux, quand on n'a pas soin de les jeter immédiatement.—3e cl. — 27 mai 1838.

FÉCULE DE POMMES DE TERRE (fabriques de).—Mauvaise odeur provenant des eaux de lavages quand elles sont gardées.—3e cl.—9 fév. 1825.

FER-BLANC (fabriques de).—Très-peu d'inconvénients.—3e cl.—14 janv. 1815.

FEUTRES ET VISIÈRES VERNIS (fabriques de). Voir *Visières*. — Odeur désagréable et crainte d'incendie.—1re cl.—5 nov. 1826.

FEUTRE GOUDRONNÉ propre au doublage des navires (fabricat. de). — Mauvaise odeur et danger d'incendie.—2e cl.—31 mai 1833.

FILATURE (les ateliers dans lesquels la) des cocons s'opère en grand, c'est-à-dire les filatures contenant au moins six tours. — Odeur fétide produite par la décomposition des matières animales.—2e cl—27 mai 1838.

FONDERIES au fourneau à la *Wilkinson*.—Fumée et vapeur nuisibles. — 2e cl. — 15 oct. 1810 ; 9 fév. 1825.

Fondeurs en grand au fourneau à réverbère. — Fumée dangereuse, surtout dans les fourneaux où l'on traite le plomb, le zinc, le cuivre, etc. — 2e cl.— 15 oct. 1810 ; 14 janv. 1815.

Fondeurs au creuset.—Un peu de fumée.—3e cl.—15 oct. 1810 ; 14 janv. 1815.

Forges de grosses œuvres, c'est-à-dire celles où l'on fait usage de moyens mécaniques pour mouvoir, soit les marteaux, soit les masses soumises au travail.— Beaucoup de fumée et crainte d'incendie. — 2e cl.—5 nov. 1826.

Fourneaux (hauts). Voir pour ces établissements la loi du 21 avril 1810.—Fumée épaisse et danger du feu.—1re cl.—14 janvier 1815.

Fours à cuire les *cailloux* destinés à la fabrication des émaux.—Beaucoup de fumée. — 2e cl. — 5 nov. 1826.

Fromages (dépôts de). — Odeur très-désagréable. — 3e cl. — 14 janv. 1815.

Fulminate de mercure, amorces fulminantes et autres matières dans la préparation desquelles entre le fulminate de mercure (fabriques de).—Explosion et danger d'incendie — 1re cl.— 25 juin 1825 ; 27 janvier 1837.

Galipots ou résine du pin (travail en grand des), soit pour la fonte et l'épuration de ces matières, soit pour en extraire la térébenthine. — Danger du feu et odeur très-désagréable. — 1re cl. — 9 fév. 1825.

Galons et tissus d'or et d'argent (brûleries en grand des). — Mauvaise odeur. — 2e cl. —14 janv. 1815.

Gaz hydrogène (tous les établissements d'éclairage par le). — Odeur désagréable et fumée pour les seuls ateliers, mais qui s'étendent aux environs de temps à autre. — 2e cl. — 20 août 1824 ; 27 janv. 1846.

Gaz hydrogène. Voir *Sel ammoniac extrait des eaux de condensation du gaz hydrogène.*

Gaz (ateliers pour le grillage des tissus de coton par le). — Peu d'inconvénients, l'opération se faisant en petit — 3e cl. — 9 fév. 1825.

Gaz (ateliers où l'on prépare les matières grasses propres à la production du). — Danger du feu. — 2e cl. — 31 mai 1833.

Gaz hydrogène (les petits appareils domestiques pour fabriquer le) pouvant fournir au plus dix mètres cubes en 12 heures, et tous gazomètres qui en dépendent. — 3e cl. — 25 mars 1838 ; 27 janv. 1846.

Gazomètres (tous les) non attenant à des appareils producteurs et dont la capacité excède dix mètres cubes. — 3e cl. — 20 août 1824 ; 27 janv. 1846.

Gélatine extraite des os (fabr. de la) par le moyen des acides et de l'ébullition. — Odeur assez désagréable quand les matières ne sont pas fraîches.—3e cl. — 9 fév. 1825.

Genièvre (distilleries de). — Danger du feu. — 2e cl. — 14 janv. 1815.

Glaces (étamage des). — Inconvénient pour les ouvriers seulement, qui sont sujets au tremblement des doreurs. — 3e cl. — 14 janv. 1815.

Goudron (fabricat. du). — Très-mauvaise odeur et danger du feu. — 1re cl.— 14 janv. 1815.

Goudron (fabriques de goudron à vases clos). — Danger du feu, fumée et un peu d'odeur. — 1re cl. — 9 fév. 1825.

Goudrons (travail en grand des), soit pour la fonte et l'épuration de ces matières, soit pour en extraire la térébenthine.— Odeur insalubre et danger du feu.—1re cl. — 9 fév. 1825.

Graisses a feu nu (fonte des). — Très-mauvaise odeur et danger du feu. — 1re cl.— 31 mai 1833.

Grillage des tissus de coton par le gaz (ateliers de). Voir *Gaz.*

Hareng (saurage du). — Mauvaise odeur. — 2e cl. — 14 janv. 1815.

Hongroyeurs. — Mauvaise odeur. — 2e cl. — 15 oct. 1810.

Huiles de lin (cuisson des). — Odeur très-désagréable et danger du feu. — 1re cl.— 31 mai 1833.

Huile de pied de bœuf (fabriques d'). — Mauvaise odeur causée par les résidus.— 1re cl. — 15 oct. 1810 ; 14 janv. 1815.

Huile de poisson (fabriques d'). — Odeur désagréable et danger du feu. — 1re cl.— 14 janv. 1815.

Huile de térébenthine et huile d'aspic (distillation en grand de l'). — Odeur désagréable et danger du feu. — 1re cl. — 14 janv. 1815.

Huile de térébenthine et autres *huiles essentielles* (dépôts d'). Doivent être isolés de toute habitation. — Danger du feu d'autant plus grand, que l'huile peut se volatiliser dans les magasins, et que l'approche d'une lumière détermine l'inflammation. —2e cl. — 9 fév. 1825.

Huile (extraction de l') et des autres corps gras contenus dans les eaux savonneuses des fabriques.—Mauvaise odeur et quelque danger du feu.—2e cl.—20 sept. 1828.

Huile épaisse à l'usage des tanneurs (fabrique d'). Voir *Dégras*.

Huile rousse (fabriques d') extraite des crétons et débris de graisse à une haute température. — Odeur très-désagréable et danger d'incendie. — 1re cl.—14 janv. 1815.

Huiles (épuration des) au moyen de l'acide sulfurique. — Danger du feu et mauvaise odeur produite par les eaux d'épuration. — 2e cl. — 14 janv. 1815.

Indigoteries. — Cet art, qu'on avait essayé en France, n'y existe plus. — 2e cl.—14 janv. 1815.

Laine. Voir *Battage*.

Laques (fabricat. des).—Très-peu d'inconvénients.—3e cl.—14 janv. 1815.

Lard (ateliers à enfumer le).—Odeur et fumée.—2e cl.—14 janv. 1815.

Lavage et séchage d'éponges (établissements de).—Mauvaise odeur produite par les eaux qui s'en écoulent.—2e cl.—27 janv. 1837.

Lavoirs a laine (établissements de).—Doivent être placés sur les rivières et ruisseaux au-dessous des villes et villages.—3e cl.—9 fév. 1825.

Lavoir des blanchisseurs de profession. Voir *Buanderies*.

Lin (rouissage du). Voir *Routoirs*.

Lins. Voir *Peignage*.

Liqueurs (fabrication des).— Danger du feu.—2e cl.—14 janv. 1815.

Litharge (fabricat. de la).—Exhalaisons dangereuses.—1re cl.—14 janv 1815.

Lustrage des peaux. — Très-peu d'inconvénients.—3e cl.—5 nov. 1826.

Machines et chaudières a vapeur à haute et basse pression.—Fumée et danger d'explosion.—2e cl.—15 oct. 1810 ; 14 janv. 1815 ; 29 oct. 1823 ; 25 mars 1830 ; 22 mai 1843.

Maroquiniers.—Mauvaise odeur.—2e cl.—14 janv 1815.

Massicot (fabricat. du), première préparation du plomb pour le convertir en minium. —Exhalaisons dangereuses.—1re cl.—14 janv. 1815.

Mastics. Voir *Ardoises artificielles et mastics de différents genres*.

Mégissiers.—Mauvaise odeur.—2e cl.—15 oct. 1810.

Ménageries.—Danger de voir les animaux s'échapper des cages. — 1re cl.—15 oct. 1810.

Métaux (fonderies de). Voir *Fonderies, Fondeurs*.

Minium (fabricat. du), préparation du plomb pour les potiers, faïenciers, fabricants de cristaux, etc. — Exhalaisons moins dangereuses que pour le Massicot. — 1re cl. — 15 oct. 1810.

Moulins a broyer le plâtre la chaux et les cailloux. — Bruit. Ce travail étant fait par la voie sèche, a des inconvénients graves pour la santé des ouvriers, et même un peu pour le voisinage.—2e cl.— 9 fév. 1825.

Moulins a farine dans les villes.—Bruit et poussière.—2ᵉ cl.—9 fév. 1825.

Moulins a huile. — Un peu d'odeur et quelque danger du feu.—3ᵉ cl. — 14 janv. 1815.

Noir animalisé (fabriques et dépôts de).—Odeur très-désagréable et insalubre. — 1ʳᵉ cl.—31 mai 1833.

Noir de fumée (fabricat. du).—Danger du feu.—2ᵉ cl.—15 oct. 1810.

Noir d'ivoire et noir d'os (fabricat. du), lorsqu'on n'y brûle pas la fumée. — Odeur très-désagréable de matières animales brûlées, portée à une grande distance.—1ʳᵉ cl.—15 oct. 1810 ; 14 janv. 1815.

Noir minéral (carbonisation et préparation des schistes bitumineux pour fabriquer le). —Mauvaise odeur.—1ʳᵉ cl.—31 mai 1833.

Ocre jaune (calcination de l'), pour le convertir en ocre rouge.— 3ᵉ cl. — 14 janv. 1815.

Or et argent (affinage de l'), au moyen du départ et du fourneau à vent. — Cet art n'existe plus. — 2ᵉ cl. — 14 janv. 1815.

Orseille (fabricat. de l'). — Odeur désagréable. — 1ʳᵉ cl. — 14 janv. 1815.

Orseille (les fabriques d') à vases clos et n'employant que de l'ammoniaque ou des sels alcalins, à l'exclusion formelle de l'urine.— 2ᵉ cl. — 6 mai 1849.

Os (blanchiment des) pour les éventaillistes et les boutonniers. — Très-peu d'inconvénients, le blanchîment se faisant par la vapeur et par la rosée. — 2ᵉ cl. — 14 janv. 1815.

Os d'animaux (calcination d'). Voir *Calcination d'os*.

Papiers (fabriques de). — Danger du feu. — 2ᵉ cl. — 14 janv. 1815.

Papiers peints et papiers marbrés (fabriques de). — Danger du feu. — 3ᵉ cl. — 15 oct. 1810 ; 14 janv. 1815.

Parcheminiers. — Un peu d'odeur désagréable. — 2ᵉ cl. — 14 janv. 1815.

Peaux fraîches. Voir *Cuirs verts*.

Peaux de lièvres et de lapins. Voir *Secretage*.

Peignage en grand des chanvres et lins dans les villes (ateliers pour le). — Incommodité produite par la poussière et danger du feu. — 2ᵉ cl. — 27 janv. 1837.

Phosphore (fabriques de). — Crainte d'incendie. — 2ᵉ cl. — 1ᵉʳ nov. 1826.

Pipes a fumer (fabriques de). — Fumée, comme dans les petites fabriques de faïence. — 2ᵉ cl. — 14 janv. 1815.

Plantes marines. Voir *Combustion des plantes marines*.

Platre (fours à) permanents. — Fumée considérable, bruit et poussière. — 2ᵉ cl.— 15 oct. 1810 ; 29 janv. 1818.

Platre (fours à) ne travaillant pas plus d'un mois par année. — Fumée dans la proportion du travail. — 3ᵉ cl. — 14 janv. 1815.

Plomb (fonte du) et laminage de ce métal. — Très-peu d'inconvénients. — 2ᵉ cl. — 14 janv. 1815.

Plomb de chasse (fabricat. du). — Très-peu d'inconvénients. — 3ᵉ cl. — 15 oct. 1810 ; 14 janv. 1815.

Plombiers et fontainiers. — Très-peu d'inconvénients.— 3ᵉ cl. — 15 oct. 1810 ; 14 janv. 1815.

Poeliers-Fournalistes. Poêles et fourneaux en faïence et terre cuite (fabricat. des). — Fumée dans le commencement de la fournée. — 2ᵉ cl. — 14 janv. 1815.

Poils de lièvres et de lapins. Voir *Secretage*.

Pompes a feu. Voir *Machines et chaudières à vapeur*.

Porcelaine (fabricat. de la). — Fumée dans le commencement du *petit feu* et danger d'incendie. — 2ᵉ cl. — 14 janv. 1815.

Porcheries. — Très-mauvaise odeur et cris désagréables. — 1ʳᵉ cl. — 15 octobre 1810.

POTASSE (fabriques de). — Très-peu d'inconvénients.— 3ᵉ cl. — 14 janv. 1815.
POTASSE (fabriques de) par la calcination des résidus provenant de la distillation de la mélasse. — 1ʳᵉ cl. — 19 fév. 1835.
POTASSE. Voir *Chromate de potasse*.
POTIERS D'ÉTAIN. — Très-peu d'inconvénients. — 3ᵉ cl. — 14 janv. 1815.
POTIERS DE TERRE. — Fumée au *petit feu*. — 2ᵉ cl. — 14 janv. 1815.
POUDRES OU MATIÈRES FULMINANTES. Voir *Fulminate de mercure*.
POUDRETTE. — Très-mauvaise odeur. — 1ʳᵉ cl. — 15 oct. 1810.
PRÉCIPITÉ DU CUIVRE (fabricat. de). Voir *Cendres bleues*. — Très-peu d'inconvénients.— 3ᵉ cl. — 14 janv. 1815.
RÉSINES (le travail en grand des), soit pour la fonte et l'épuration de ces matières, soit pour en extraire la térébenthine. — Mauvaise odeur et danger du feu. — 1ʳᵉ cl. — 9 fév. 1825.
RÉSINEUSES (le travail en grand de toutes les matières), soit pour la fonte et l'épuration de ces matières, soit pour en extraire la térébenthine. — Mauvaise odeur et danger du feu. — 1ʳᵉ cl. — 9 fév. 1825.
ROGUES (dépôts de salaisons liquides, connues sous le nom de). — Odeur désagréable. — 2ᵉ cl. — 5 nov. 1826.
ROUGE DE PRUSSE (fabriques de) à vases ouverts. — Exhalaisons désagréables et nuisibles à la végétation, quand il est fabriqué avec le sulfate de fer (*couperose verte*).— 1ʳᵉ cl. — 14 janv. 1815.
ROUGE DE PRUSSE (fabriques de) à vases clos. — Un peu d'odeur nuisible et un peu de fumée. — 2ᵉ cl. — 14 janv. 1815.
ROUTOIRS, servant au rouissage en grand du CHANVRE et du LIN par leur séjour dans l'eau. Voir *Chanvre et Lin*. — Émanations insalubres, infection des eaux. — 1ʳᵉ cl. — 15 oct. 1810 ; 5 nov. 1826.
SABOTS (ateliers à enfumer les) dans lesquels il est brûlé de la corne ou d'autres matières animales, dans les villes.— Mauvaise odeur et fumée.—1ʳᵉ cl.— 9 fév. 1825.
SABOTS (ateliers à enfumer les). — Fumée. — 3ᵉ cl. — 14 janv. 1815.
SALAISON (ateliers pour la) et le saurage des poissons. — Odeur très-désagréable. — 2ᵉ cl. — 9 fév. 1825.
SALAISONS (dépôts de). — Odeur désagréable. — 2ᵉ cl. — 14 janv. 1815.
SALAISONS LIQUIDES. Voir *Rogues*.
SALPÊTRE (fabricat. et raffinage du). — Fumée et danger du feu. — 3ᵉ cl. — 14 janv. 1815.
SANG DES ANIMAUX destiné à la fabrication du bleu de Prusse (dépôts et ateliers pour la cuisson ou la dessiccation du).— Odeur très-désagréable, surtout si le sang conservé n'est pas à l'état sec. — 1ʳᵉ cl. — 9 fév. 1825.
SARDINES. Voir *Conserves*.
SAVONNERIES. — Buée, fumée et odeur désagréable. — 3ᵉ cl. — 15 oct. 1810.
SCHISTES BITUMINEUX. Voir *Noir minéral*.
SÉCHAGE D'ÉPONGES. Voir *Lavage*.
SÉCHERIES DE MORUES. — Odeur très-désagréable. — 2ᵉ cl. — 31 mai 1833.
SECRÉTAGE des peaux ou poils de lièvres ou de lapins.—Émanations fort désagréables. — 2ᵉ cl.—20 sept. 1828.
SEL (raffineries de).—Très-peu d'inconvénients. — 3ᵉ cl.—14 janv. 1815.
SEL AMMONIAC extrait des eaux de condensation du gaz hydrogène (fabriques de). — Odeur extrêmement désagréable et nuisible, quand les appareils ne sont pas parfaits. — 1ʳᵉ cl.—20 sept. 1828.
SEL AMMONIAC ou *Muriate d'ammoniaque* (fabricat. du) par le moyen de la distillation des matières animales.—Odeur très-désagréable et portée au loin.—1ʳᵉ cl.—15 oct. 1810 ; 14 janv. 1815.

Sel de saturne. (fabrication du). Voir *Acétate de plomb*.

Sel de soude sec (fabrication du).—Un peu de fumée.—3ᵉ cl.—14 janv. 1815.

Sel ou muriate d'étain (fabrication du). — Odeur très-désagréable. — 2ᵉ cl. — 14 janv. 1815.

Sirop de fécules de pommes de terre (extraction du). — Nécessité d'écouler les eaux.—3ᵉ cl.—9 fév. 1825.

Soie. Voir *Chapeaux*.

Soie. Voir *Filature*.

Soies de cochon (ateliers pour la préparation des), par tout procédé de fermentation.—Odeur infecte et insalubre.—1ʳᵉ cl.—27 mai 1838.

Soude (fabricat. de la) ou décomposition du sulfate de soude.—Fumée.— 3ᵉ cl. — 15 oct. 1810 ; 14 janv. 1815.

Soudes de varech (fabrication en grand des), lorsqu'elle s'opère dans des établissements permanents.—Exhalaisons désagréables, nuisibles à la végétation, et portées à de grandes distances.—1ʳᵉ cl.—27 mai 1838.

Soufre (fabricat. de fleur de).— Grand danger du feu et odeur désagréable.—1ʳᵉ cl. —9 fév. 1825.

Soufre (fusion du), pour le couler en canons et épuration de cette même matière par fusion ou décantation.—Grand danger du feu et odeur désagréable.—2ᵉ cl.— 9 fév. 1825.

Soufre (distillation du).—Grand danger du feu et odeur désagréable.—1ʳᵉ cl.—14 janv. 1815.

Sous-carbonate de soude cristallisé. Voir *Cristaux de soude*.

Sucre (raffineurs de).—Fumée, buée et mauvaise odeur.—2ᵉ cl.—14 janv. 1815.

Sucre (fabriques de).—Mêmes inconvénients que ci-dessus.—2ᵉ cl.—27 janv. 1837.

Suif brun (fabricat. du).—Odeur très-désagréable et danger du feu. — 1ʳᵉ cl.— 15 oct. 1810.

Suif en branche (fonderies de) à feu nu. — Odeur désagréable et danger du feu.— 1ʳᵉ cl.—15 oct. 1810 ; 14 janv. 1815.

Suif (fonderies de) au bain-marie ou à la vapeur.— Quelque danger du feu. — 2ᵉ cl. — 14 janv. 1815.

Suif d'os (fabricat. de).—Mauvaise odeur ; nécessité d'écouler les eaux. — 1ʳᵉ cl.— 14 janv. 1815.

Sulfate d'ammoniaque (fabricat. du) par le moyen de la distillation des matières animales.—Odeur très-désagréable et portée au loin.—1ʳᵉ cl.—14 janv. 1815.

Sulfate de cuivre (fabricat. du), au moyen du soufre et du grillage. — Exhalaisons désagréables et nuisibles à la végétation.—1ʳᵉ cl.—14 janv. 1815.

Sulfate de cuivre (fabricat. du), au moyen de l'acide sulfurique et de l'oxyde de cuivre ou du carbonate de cuivre.—Très-peu d'inconvénients.—3ᵉ cl.—14 janv. 1815.

Sulfate de potasse (raffinage du).—Très-peu d'inconvénients.—3ᵉ cl.—14 janv. 1815.

Sulfate de soude (fabricat. du) à vases ouverts. — Exhalaisons désagréables, nuisibles à la végétation, et portées à de grandes distances.—1ʳᵉ cl.—14 janv. 1815.

Sulfate de soude (fabricat. du), à vases clos. — Un peu d'odeur et de fumée. — 2ᵉ cl.—14 janv. 1815.

Sulfates de fer et d'alumine, extraction de ces sels des matériaux qui les contiennent tout formés, et transformation du sulfate d'alumine en alun.—Fumée et buée. —3ᵉ cl.—15 oct. 1810 ; 14 janv. 1815.

Sulfates de fer et de zinc (fabricat. des), lorsqu'on forme ces sels de toutes pièces avec l'acide sulfurique et les substances métalliques.—Un peu d'odeur désagréable. —2ᵉ cl.—14 janv. 1815.

Sulfures métalliques (grillages des), en plein air.—Exhalaisons désagréables et nuisibles à la végétation.—1ʳᵉ cl.—14 janv. 1815.

SULFURES MÉTALLIQUES (grillage des), dans les appareils propres à tirer le soufre et à utiliser l'acide sulfureux qui se dégage.—Un peu d'odeur désagréable. — 2º cl. — 14 janv. 1815.

TABAC (fabriques de).—Odeur très-désagréable.—2º cl.—15 oct. 1810.

TABAC (combustion des côtes du) en plein air.— Odeur très-désagréable.—1re cl.—14 janv. 1815.

TABATIÈRES EN CARTON (fabricat. des).—Un peu d'odeur désagréable et danger du feu. —2º cl.—14 janvier 1815.

TAFFETAS CIRÉS (fabriques de).—Danger du feu et mauvaise odeur.— 1re cl. — 15 oct. 1810 ; 14 janv. 1815.

TAFFETAS ET TOILES VERNIES (fabriques de). — Danger du feu et mauvaise odeur.— 1re cl.—14 janv. 1815.

TANNERIES.—Mauvaise odeur.—2º cl.—14 janv. 1815.

TARTRE (raffinage du).—Très-peu d'inconvénients.—3º cl.—14 janv. 1815.

TEINTURIERS.—Buée et odeur désagréable quand les soufroirs sont mal construits.— 3º cl.—15 oct. 1810 ; 14 janv. 1815.

TEINTURIERS-DÉGRAISSEURS. —Très-peu d'inconvénients.—3º cl.— 14 janv. 1815.

TÉRÉBENTHINE (travail en grand pour l'extraction de la). Voir *Goudrons*.— Odeur insalubre et danger du feu.—1re cl.—9 fév. 1825.

TISSUS D'OR ET D'ARGENT (brûleries en grand des). Voir *Galons*.

TOILE CIRÉE (fabriques de).—Danger du feu et mauvaise odeur.—1re cl.—9 fév. 1825.

TOILES (blanchiment des) par l'acide muriatique oxygéné.— Odeur désagréable. — 2º cl.—15 oct. 1810.

TOILES PEINTES (ateliers de).—Mauvaise odeur et danger du feu.—3º cl.—9 fév. 1825.

TOILES VERNIES (fabricat. des). Voir *Taffetas vernis*.

TÔLE VERNIE.—Mauvaise odeur et danger du feu.—2º cl.— 9 fév. 1825.

TOURBE (carbonisation de la) à vases ouverts.—Très-mauvaise odeur et fumée.—1re cl. —15 oct. 1810 ; 14 janv. 1815.

TOURBE (carbonisation de la) à vases clos.—Odeur désagréable. — 2º cl. — 15 oct. 1810 ; 14 janv. 1815.

TRÉFILERIES.—Bruit, danger du feu.—3º cl.—20 sept. 1828.

TRIPIERS.—Mauvaise odeur et nécessité d'écoulement des eaux.—1re cl.—15 oct. 1810.

TUERIES, dans les villes dont la population excède 10,000 âmes.—Danger de voir les animaux s'échapper.—1re cl.—15 oct. 1810 ; 14 janv. 1815.

TUERIES, dans les communes dont la population est au-dessous de 10 000 habitants. —Même inconvénient que ci-dessus.—3º cl.—15 oct. 1810 ; 14 janv. 1815.

TUILERIES ET BRIQUETERIES.—Fumée épaisse pendant le *petit feu*.—2º cl.—14 janv. 1815.

URATE (fabricat. d'), mélange de l'urine avec la chaux, le plâtre et les terres.—Odeur désagréable.—1re cl.—9 fév. 1825.

VACHERIES, dans les villes dont la population excède 5,000 habitants. — Mauvaise odeur.—3º cl.—15 oct. 1810 ; 14 janv. 1815.

VERDET (fabrication du). Voir *Vert-de-gris*.

VERNIS (fabriques de).—Très-grand danger du feu et odeur désagréable. — 1re cl.— 15 oct. 1810.

VERNIS. Voir *Chapeaux*.

VERNIS A L'ESPRIT-DE-VIN (fabriques de).—Danger d'incendie.—2º cl.—31 mai 1833.

VERRES, CRISTAUX ET ÉMAUX (fabriques de).—Grande fumée et danger du feu. — 1re cl.—14 janv. 1815 ; 20 sept. 1828.

VERT-DE-GRIS ET VERDET (fabricat. du).— Très-peu d'inconvénients. — 3º cl. — 14 janv. 1815.

VIANDES (salaison et préparation des).—Légère odeur.—3º cl.—14 janv. 1815.

Vinaigre (fabrication du).—Très-peu d'inconvénients.—3ᵉ cl.—14 janv. 1815.
Visières et feutres vernis. Voir *Feutres*.
Voiries et dépôts de boues ou de toute autre sorte d'immondices.— Odeur très-désagréable et insalubre.—1ʳᵉ cl.—9 fév. 1825.
Varechs. Voir *Soude de varech*.
Zinc (usines à laminer le).—Danger du feu et vapeurs nuisibles. — 2ᵉ cl. —20 sept. 1828.

IIᵉ SECTION.

ÉTABLISSEMENTS INDUSTRIELS, CLASSÉS OU NON CLASSÉS, SOUMIS A DES RÈGLEMENTS SPÉCIAUX.

107. Division de la section. — Cette seconde section comprend l'exposé des règlements spéciaux auxquels sont soumises, à des points de vue très-divers et en dehors de tout classement, un certain nombre d'industries ; on y traitera successivement :

Des établissements classés qui sont l'objet de règlements spéciaux ;

Des usines sur les cours d'eau ;

Des industries non classées, réglementées sous divers rapports de police.

CHAPITRE PREMIER.

Des Établissements classés soumis à des règlements spéciaux.

Législation. Ordonnance royale du 22 mai 1843 (*Machines à vapeur non établies sur des bateaux*). — Ordonnances royales du 23 mai 1843 et du 17 janvier 1846 (*Machines employées sur les bateaux à vapeur*).

§ I.
Machines à vapeur.

108. De la législation spéciale des machines à vapeur. — Division. — Les machines à vapeur, rangées désormais sans distinction dans la deuxième classe, sont, en raison de leur emploi de plus en plus fréquent dans l'industrie, l'objet de règlements tout spéciaux, dont l'ensemble forme le code complet de la matière.

Ces règlements ne contiennent pas seulement des mesures de police et de sûreté pour la fabrication et l'emploi des machines à vapeur, mais prescrivent, pour la demande d'autorisation, des formalités particulières.

La législation actuellement en vigueur à l'égard des machines à vapeur résulte de l'ordonnance royale du 22 mai 1843, qui a abrogé les règlements antérieurs et des ordonnances des 23 mai 1843 et 17 janvier 1846.

La première est relative aux machines et chaudières à vapeur autres que celles qui sont placées sur des bateaux.

Les deux dernières, qui règlent en général la navigation à vapeur, et dont nous n'avons pas à nous occuper sous ce rapport, contiennent en outre les règles particulières à la fabrication et à l'épreuve des machines destinées à être employées sur les bateaux à vapeur.

Nous reproduisons ci-après le texte même de l'ordonnance du 22 mai 1843, dont l'article premier établit cette distinction.

1. Seront soumises aux formalités et aux mesures de sûreté prescrites par la présente ordonnance les machines à vapeur et les chaudières fermées dans lesquelles on doit produire de la vapeur.

Les machines et chaudières établies à bord des bateaux seront régies par une ordonnance spéciale.

Art. 1er. — Des machines à vapeur autres que celles établies à bord des bateaux.

SOMMAIRE.

109. Dispositions relatives à la fabrication et au commerce des machines à vapeur. — 110. Formalités relatives à l'autorisation des machines et chaudières à vapeur. — 111. Épreuves des chaudières et des autres pièces contenant la vapeur. — 112. Des appareils de sûreté dont les chaudières à vapeur doivent être munies. Des soupapes de sûreté. — 113. Des manomètres. — 114. De l'alimentation et des indicateurs du niveau de l'eau dans les chaudières. — 115. Des chaudières multiples. — 116. De l'emplacement des chaudières à vapeur. — 117. Dispositions relatives à l'établissement des machines à vapeur employées dans l'intérieur des mines. — 118. Dispositions relatives à l'emploi des machines à vapeur locomobiles et locomotives. Des machines locomobiles. — 119. Des machines locomotives. — 120. De la surveillance administrative des machines et chaudières à vapeur. — 121. Dispositions générales. — 122. Instruction ministérielle sur les demandes d'autorisation. — 123. Règlements divers sur les machines à vapeur non employées à bord des bateaux. — 124. Formule de demande d'autorisation.

109. Dispositions relatives à la fabrication et au commerce des machines ou chaudières à vapeur. —

2. Aucune machine ou chaudière à vapeur ne pourra être livrée par un fabricant, si elle n'a subi les épreuves prescrites ci-après. Lesdites épreuves seront faites à la fabrique, sur la déclaration des fabricants, et d'après les ordres des préfets, par les ingénieurs des mines, ou, à leur défaut, par les ingénieurs des ponts et chaussées.

3. Les chaudières ou machines à vapeur venant de l'étranger devront être pourvues des mêmes appareils de sûreté que les machines et chaudières d'origine française, et subir les mêmes épreuves. Ces épreuves seront faites au lieu désigné par le destinataire dans la déclaration qu'il devra faire à l'importation.

110. Formalités relatives à l'autorisation des machines et chaudières à vapeur.—4. Les machines à vapeur et les chaudières à vapeur, tant à haute pression qu'à basse pression, qui sont employées à demeure partout ailleurs que dans l'intérieur des mines, ne pourront être établies qu'en vertu d'une autorisation délivrée par le préfet du département, conformément à ce qui est prescrit par le décret du 15 octobre 1810 pour les établissements insalubres et incommodes de deuxième classe (1).

5. La demande en autorisation sera adressée au préfet. Elle fera connaître :

1° La pression maximum de la vapeur, exprimée en atmosphères et en fractions décimales d'atmosphère, sous laquelle les machines à vapeur ou les chaudières à vapeur devront fonctionner ;

2° La force de ces machines exprimée en chevaux (le cheval-vapeur étant la force capable d'élever un poids de 75 kilogrammes à 1 mètre de hauteur, dans une seconde de temps) ;

3° La forme des chaudières, leur capacité, et celle de leurs tubes bouilleurs, exprimées en mètres cubes ;

4° Le lieu de l'emplacement où elles devront être établies, et la distance où elles se trouveront des bâtiments appartenant à des tiers et de la voie publique ;

5° La nature du combustible que l'on emploiera ;

6° Enfin le genre d'industrie auquel les machines ou les chaudières devront servir.

Un plan des localités et le dessin géométrique de la chaudière seront joints à la demande (2).

---

(1) Voir art. 79 et formule ci-après (n° 124).

(2) L'ordonnance de police du 6 nov. 1843 fixe l'échelle des plans et dessins, ainsi qu'on le verra à la formule ci-après (n° 124).

6. Le préfet renverra immédiatement la demande en autorisation, avec les plans, au sous-préfet de l'arrondissement, pour être transmise au maire de la commune.

7. Le maire procédera immédiatement à des informations *de commodo et incommodo*. La durée de cette enquête sera de dix jours.

8. Cinq jours après qu'elle sera terminée, le maire adressera le procès-verbal de l'enquête, avec son avis, au sous-préfet, lequel, dans un semblable délai, transmettra le tout au préfet, en y joignant également son avis.

9. Dans le délai de quinze jours, le préfet, après avoir pris l'avis de l'ingénieur des mines, ou, à son défaut, de l'ingénieur des ponts et chaussées, statuera sur la demande en autorisation.

L'ingénieur signalera, s'il y a lieu, dans son avis, les vices de construction qui pourraient devenir des causes de danger, et qui proviendraient, soit de la mauvaise qualité des matériaux, soit de la forme de la chaudière, ou du mode de jonction de ses diverses parties. Il indiquera les moyens d'y remédier, si cela est possible.

10. L'arrêté par lequel le préfet autorisera l'établissement d'une machine ou d'une chaudière à vapeur indiquera :

1° Le nom du propriétaire ;

2° La pression maximum de la vapeur, exprimée en nombre d'atmosphères, sous laquelle la machine ou la chaudière devra fonctionner, et les numéros des timbres dont la machine et la chaudière auront été frappées, ainsi qu'il est prescrit ci-après, art. 19 ;

3° La force de la machine, exprimée en chevaux ;

4° La force et la capacité de la chaudière ;

5° Le diamètre des soupapes de sûreté, la charge de ces soupapes ;

6° La nature du combustible dont il sera fait usage ;

7° Le genre d'industrie auquel servira la machine ou la chaudière à vapeur.

11. Le recours au conseil d'État est ouvert au demandeur contre la décision du préfet qui aurait refusé d'autoriser l'établissement d'une machine ou chaudière à vapeur.

S'il a été formé des oppositions à l'autorisation, les opposants pourront se pourvoir devant le conseil de préfecture contre la décision du préfet qui aurait accordé l'autorisation, sauf recours au conseil d'État.

Les décisions du préfet, relatives aux conditions de sûreté que les machines ou chaudières à vapeur doivent présenter, ne seront susceptibles de recours que devant notre ministre des travaux publics (1).

12. Les machines et les chaudières à vapeur ne pourront être employées qu'après qu'on aura satisfait aux conditions imposées dans l'arrêté d'autorisation.

13. L'arrêté du préfet sera affiché (2) pendant un mois à la mairie de la commune où se trouve l'établissement autorisé. Il en sera, de plus, déposé une copie aux archives de la commune; il devra, d'ailleurs, être donné communication dudit arrêté à toute partie intéressée qui en fera la demande.

III. Epreuves des chaudières et des autres pièces contenant la vapeur. — 14. Les chaudières à vapeur, leurs tubes bouilleurs et les réservoirs à vapeur, les cylindres en fonte des machines à vapeur et les enveloppes en fonte de ces cylindres, ne pourront être employés dans un établissement quelconque, sans avoir été soumis préalablement, et ainsi qu'il est prescrit au titre premier (art. 2) de la présente ordonnance, à une épreuve opérée à l'aide d'une pompe de pression.

15. La pression d'épreuve sera un multiple de la pression effective ou autrement de la plus grande tension que la vapeur pourra avoir dans les chaudières et autres pièces contenant la vapeur, diminuée de la pression extérieure de l'atmosphère.

On procédera aux épreuves en chargeant les soupapes des chaudières de poids proportionnels à la pression effective, et déterminés suivant la règle indiquée en l'art. 24.

A l'égard des autres pièces, la charge d'épreuve sera appliquée sur la soupape de la pompe de pression.

---

(1) Si cependant, dit M. Avisse, t. 2, p. 144, sous prétexte de sûreté, le préfet imposait des conditions réellement étrangères à la sûreté, par exemple, s'il ordonnait que la machine sera construite et réparée par un constructeur de machines dont il donnerait la désignation, l'arrêté pourrait être, comme entaché d'excès de pouvoirs, directement déféré au conseil d'État par la voie contentieuse.

Le même auteur enseigne, à tort, selon nous, que cette disposition de l'art. 11 ne s'applique pas aux conditions qui sont insérées dans l'arrêté d'autorisation, mais seulement aux décisions prises ultérieurement, par exemple, en exécution de l'art. 76, 2ᵉ paragraphe, de la présente ordonnance. La circulaire ministérielle du 24 juillet 1843 ne fait pas cette distinction, que repousse le texte de l'ordonnance.

(2) Cette affiche n'est point prescrite par le décret du 15 octobre 1810, ni par l'ordonnance du 14 janvier 1815, pour l'instruction des demandes d'autorisation en général, et ne figure pas parmi les formalités indiquées dans la section première.

16. Pour les chaudières, tubes bouilleurs et réservoirs en tôle ou en cuivre laminé, la pression d'épreuve sera triple de la pression effective.

Cette pression d'épreuve sera quintuple pour les chaudières et tubes bouilleurs en fonte.

17. Les cylindres en fonte des machines à vapeur, et les enveloppes en fonte de ces cylindres, seront éprouvés sous une pression triple de la pression effective.

18. L'épaisseur des parois des chaudières cylindriques en tôle ou en cuivre laminé sera réglée conformément à la table n° 1 annexée à la présente ordonnance.

L'épaisseur de celles de ces chaudières qui, par leurs dimensions et par la pression de la vapeur, ne se trouveraient pas comprises dans la table, sera déterminée d'après la règle énoncée à la suite de ladite table; toutefois cette épaisseur ne pourra dépasser 15 millimètres.

Les épaisseurs de la tôle devront être augmentées, s'il s'agit de chaudières formées, en partie ou en totalité, de faces planes, ou bien de conduits intérieurs, cylindriques ou autres, traversant l'eau ou la vapeur, et servant, soit de foyers, soit à la circulation de la flamme. Ces chaudières et conduits devront, de plus, être, suivant les cas, renforcés par des armatures suffisantes.

19. Après qu'il aura été constaté que les parois des chaudières en tôle ou en cuivre laminé ont les épaisseurs voulues, et après que les chaudières, les tubes bouilleurs, les réservoirs de vapeur, les cylindres en fonte et les enveloppes en fonte de ces cylindres auront été éprouvés, il y sera appliqué des timbres indiquant, en nombre d'atmosphères, le degré de tension intérieure que la vapeur ne devra pas dépasser. Ces timbres seront placés de manière à être toujours apparents, après la mise en place des chaudières et cylindres.

20. Les chaudières qui auront des faces planes seront dispensées de l'épreuve, mais sous la condition que la force élastique ou la tension de la vapeur ne devra pas s'élever, dans l'intérieur de ces chaudières, à plus d'une atmosphère et demie.

21. L'épreuve sera recommencée sur l'établissement dans lequel les machines ou chaudières doivent être employées : 1° si le propriétaire de l'établissement la réclame; 2° s'il y a eu, pendant le transport ou lors de la mise en place, des avaries notables; 3° si des modifications ou des réparations quelconques ont été faites depuis l'épreuve opérée à la fabrique.

112. Des appareils de sûreté dont les chaudières

à vapeur doivent être munies. — **Des soupapes de sûreté.** — 22. Il sera adapté à la partie supérieure de chaque chaudière deux soupapes de sûreté, une vers chaque extrémité de la chaudière.

Le diamètre des orifices de ces soupapes sera réglé d'après la surface de chauffe de la chaudière et la tension de la vapeur dans son intérieur, conformément à la table n° 2 annexée à la présente ordonnance.

23. Chaque soupape sera chargée d'un poids unique, agissant, soit directement, soit par l'intermédiaire d'un levier.

Chaque poids recevra l'empreinte d'un poinçon. Dans le cas où il serait fait usage de leviers, ils devront être également poinçonnés. La quotité des poids et la longueur des leviers seront fixées par l'arrêté d'autorisation mentionné à l'art. 10.

24. La charge maximum de chaque soupape de sûreté sera déterminée en multipliant 1 kilogramme 33 grammes par le nombre d'atmosphères mesurant la pression effective, et par le nombre de centimètres carrés mesurant l'orifice de la soupape.

La largeur de la surface annulaire de recouvrement ne devra pas dépasser la trentième partie *du diamètre de la surface* (Ord. du 15 juin 1844) exposée directement à la pression de la vapeur, et cette largeur, dans aucun cas, ne devra excéder 2 millimètres.

113. Des manomètres. — 25. Toute chaudière à vapeur sera munie d'un manomètre à mercure, gradué en atmosphères et en fractions décimales d'atmosphère, de manière à faire connaître immédiatement la tension de la vapeur dans la chaudière.

Le tuyau qui amènera la vapeur au manomètre sera adapté directement sur la chaudière et non sur le tuyau de prise de vapeur ou sur tout autre tuyau dans lequel la vapeur serait en mouvement.

Le manomètre sera placé en vue du chauffeur.

26. On fera usage du manomètre à air libre, c'est-à-dire ouvert à sa partie supérieure, toutes les fois que la pression effective de la vapeur ne dépassera pas quatre atmosphères.

On emploiera toujours le manomètre à air libre, quelle que soit la pression effective de la vapeur, pour les chaudières mentionnées à l'article 43.

27. On tracera sur l'échelle de chaque manomètre, d'une manière apparente, une ligne qui répondra au numéro de cette échelle que le mercure ne devra pas dépasser.

114. De l'alimentation et des indicateurs du niveau de l'eau dans les chaudières. — 28. Toute chaudière sera munie d'une pompe d'alimentation, bien construite et en bon état d'entretien, ou de tout autre appareil alimentaire d'un effet certain.

29. Le niveau que l'eau doit avoir habituellement dans chaque chaudière sera indiqué, à l'extérieur, par une ligne tracée d'une manière très-apparente sur le corps de la chaudière ou sur le parement du fourneau.

Cette ligne sera d'un décimètre au moins au-dessus de la partie la plus élevée des carneaux, tubes ou conduits de la flamme et de la fumée dans le fourneau.

30. Chaque chaudière sera pourvue d'un flotteur d'alarme, c'est-à-dire qui détermine l'ouverture d'une issue par laquelle la vapeur s'échappe de la chaudière, avec un bruit suffisant pour avertir, toutes les fois que le niveau de l'eau dans la chaudière vient à s'abaisser de 5 centimètres au-dessous de la ligne d'eau dont il est fait mention à l'article 29.

31. La chaudière sera en outre munie de l'un des trois appareils suivants : 1° un flotteur ordinaire d'une mobilité suffisante ; 2° un tube indicateur en verre ; 3° des robinets indicateurs convenablement placés à des niveaux différents. Ces appareils indicateurs seront, dans tous les cas, disposés de manière à être en vue du chauffeur.

115. Des chaudières multiples. — 32. Si plusieurs chaudières sont destinées à fonctionner ensemble, elles devront être disposées de manière à pouvoir, au besoin, être rendues indépendantes les unes des autres.

En conséquence, chaque chaudière sera alimentée séparément, et devra être munie de tous les appareils de sûreté prescrits par la présente ordonnance.

116. De l'emplacement des chaudières à vapeur. — 33. Les conditions à remplir pour l'emplacement des chaudières à vapeur dépendent de la capacité de ces chaudières, y compris les tubes bouilleurs, et de la tension de la vapeur.

A cet effet, les chaudières sont réparties en quatre catégories.

On exprimera en mètres cubes la capacité de la chaudière avec ses tubes bouilleurs, et en atmosphères la tension de la vapeur, et on multipliera les deux nombres l'un par l'autre.

Les chaudières seront dans la première catégorie quand ce produit sera plus grand que quinze ;

Dans la deuxième, si ce même produit surpasse sept et n'excède pas quinze ;

Dans la troisième, s'il est supérieur à trois et s'il n'excède pas sept;

Dans la quatrième catégorie, s'il n'excède pas trois.

Si plusieurs chaudières doivent fonctionner ensemble dans un même emplacement, et s'il existe entre elles une communication quelconque, directe ou indirecte, on prendra, pour former le produit, comme il vient d'être dit, la somme des capacités de ces chaudières, y compris celles de leurs tubes bouilleurs.

34. Les chaudières à vapeur comprises dans la première catégorie devront être établies en dehors de toute maison d'habitation et de tout atelier.

35. Néanmoins, pour laisser la faculté d'employer au chauffage des chaudières une chaleur qui autrement serait perdue, le préfet pourra autoriser l'établissement des chaudières de la première catégorie dans l'intérieur d'un atelier qui ne fera pas partie d'une maison d'habitation. L'autorisation sera portée à la connaissance de notre ministre des travaux publics.

36. Toutes les fois qu'il y aura moins de 10 mètres de distance entre une chaudière de la première catégorie et les maisons d'habitation ou la voie publique, il sera construit, en bonne et solide maçonnerie, un mur de défense de 1 mètre d'épaisseur. Les autres dimensions seront déterminées comme il est dit à l'article 41.

Ce mur de défense sera, dans tous les cas, distinct du massif de maçonnerie des fourneaux, et en sera séparé par un espace libre de 50 centimètres de largeur au moins. Il devra également être séparé des murs mitoyens avec les maisons voisines.

Si la chaudière est enfoncée dans le sol, et établie de manière que sa partie supérieure soit à 1 mètre au moins en contre-bas du sol, le mur de défense ne sera exigible que lorsqu'elle se trouvera à moins de 5 mètres des maisons habitées ou de la voie publique.

37. Lorsqu'une chaudière de la première catégorie sera établie dans un local fermé, ce local ne sera point voûté, mais il devra être couvert d'une toiture légère, qui n'aura aucune liaison avec les toits des ateliers ou autres bâtiments contigus, et reposera sur une charpente particulière.

38. Les chaudières à vapeur comprises dans la deuxième catégorie pourront être placées dans l'intérieur d'un atelier, si

toutefois cet atelier ne fait pas partie d'une maison d'habitation ou d'une fabrique à plusieurs étages.

39. Si les chaudières de cette catégorie sont à moins de 5 mètres de distance, soit des maisons d'habitation, soit de la voie publique, il sera construit de ce côté un mur de défense tel qu'il est prescrit à l'art. 36.

40. A l'égard des terrains contigus non bâtis appartenant à des tiers, si, après l'autorisation donnée par le préfet, pour l'établissement de chaudières de première ou de deuxième catégorie, les propriétaires de ces terrains font bâtir dans les distances énoncées aux art. 36 et 39, ou si ces terrains viennent à être consacrés à la voie publique, la construction de murs de défense, tels qu'ils sont prescrits ci-dessus, pourra, sur la demande des propriétaires desdits terrains, être imposée au propriétaire de la chaudière, par arrêté du préfet (1), sauf recours devant notre ministre des travaux publics.

41. L'autorisation donnée par le préfet, pour les chaudières de la première et de la deuxième catégorie, indiquera l'emplacement de la chaudière et la distance à laquelle cette chaudière devra être placée par rapport aux habitations appartenant à des tiers et à la voie publique, et fixera, s'il y a lieu, la direction de l'axe de la chaudière.

Cette autorisation déterminera la situation et les dimensions, en longueur et en hauteur, du mur de défense de 1 mètre, lorsqu'il sera nécessaire d'établir ce mur, en exécution des articles ci-dessus.

Dans la fixation de ces dimensions, on aura égard à la capacité de la chaudière, au degré de tension de la vapeur, et à toutes les autres circonstances qui pourront rendre l'établissement de la chaudière plus ou moins dangereux ou incommode.

42. Les chaudières de la troisième catégorie pourront aussi être placées dans l'intérieur d'un atelier qui ne fera pas partie d'une maison d'habitation, mais sans qu'il y ait lieu d'exiger le mur de défense.

43. Les chaudières de la quatrième catégorie pourront être

---

(1) Il en est ainsi alors même que la machine aurait déjà été établie en vertu de cette autorisation.

M. Avisse fait remarquer avec raison que cette prescription pourrait être appliquée d'office dans le cas où les terrains viendraient *à être consacrés à la voie publique* (t. 2, p. 155).

placées dans l'intérieur d'un atelier quelconque, lors même que cet atelier fera partie d'une maison d'habitation.

Dans ce cas, les chaudières seront munies d'un manomètre à air libre, ainsi qu'il est dit à l'art. 26.

44. Les fourneaux des chaudières à vapeur comprises dans la troisième et dans la quatrième catégorie seront entièrement séparés par un espace vide de 50 centimètres au moins des maisons d'habitation appartenant à des tiers (1).

45. Lorsque les chaudières établies dans l'intérieur d'un atelier ou d'une maison d'habitation seront couvertes, sur le dôme et sur les flancs, d'une enveloppe destinée à prévenir les déperditions de chaleur, cette enveloppe sera construite en matériaux légers; si elle est en briques, son épaisseur ne dépassera pas un décimètre.

117. Dispositions relatives à l'établissement des machines à vapeur employées dans l'intérieur des mines. — 46. Les machines à vapeur placées à demeure dans l'intérieur des mines seront pourvues des appareils de sûreté prescrits par la présente ordonnance pour les machines fixes, et devront avoir subi les mêmes épreuves. Elles ne pourront être établies qu'en vertu d'autorisations du préfet, délivrées sur le rapport des ingénieurs des mines.

Ces autorisations détermineront les conditions relatives à l'emplacement, à la disposition et au service habituel des machines.

118. Dispositions relatives à l'emploi des machines à vapeur locomobiles et locomotives. — Des machines locomobiles. — 47. Sont considérées comme locomobiles les machines à vapeur qui, pouvant être transportées facilement d'un lieu dans un autre, n'exigent aucune construction pour fonctionner à chaque station.

48. Les chaudières et autres pièces de ces machines seront soumises aux épreuves et aux conditions de sûreté prescrites aux sections 2 et 3 du titre 2 de la présente ordonnance (voir n°s 111 à 115), sauf les exceptions suivantes pour celles de ces chaudières qui sont construites suivant un système tubulaire.

Lesdites chaudières pourront être éprouvées sous une pression double seulement de la pression effective.

---

(1) Si la propriété voisine, quoique bâtie, n'était point une maison d'habitation, la distance du fourneau de la machine à vapeur devrait être déterminée par les usages ou règlements locaux, conformément à l'art. 674 du Code Nap. (Avisse, t. 2, p. 156.)

On pourra, quelle que soit la tension de la vapeur dans ces chaudières, remplacer le manomètre à air libre par un manomètre à air comprimé, ou même par un thermomanomètre, c'est-à-dire par un thermomètre gradué en atmosphères et parties décimales d'atmosphère : les indications de ces instruments devront être facilement lisibles et placées en vue du chauffeur.

On pourra se dispenser d'adapter auxdites chaudières un flotteur d'alarme, et il suffira qu'elles soient munies d'un tube indicateur en verre convenablement placé.

49. Indépendamment des timbres relatifs aux conditions de sûreté, toute locomobile recevra une plaque portant le nom du propriétaire.

50. Aucune locomobile ne pourra fonctionner à moins de 100 mètres de distance de tout bâtiment, sans une autorisation spéciale donnée par le maire de la commune. En cas de refus, la partie intéressée pourra se pourvoir devant le préfet (1).

51. Si l'emploi d'une machine locomobile présente des dangers, soit parce qu'il n'aurait point été satisfait aux conditions de sûreté ci-dessus prescrites, soit parce que la machine n'aurait pas été entretenue en bon état de service, le préfet, sur le rapport de l'ingénieur des mines, ou, à son défaut, de l'ingénieur des ponts et chaussées, pourra suspendre ou même interdire l'usage de cette machine.

119. Des machines locomotives. — 52. Les machines à vapeur locomotives sont celles qui, en se déplaçant par leur propre force, servent au transport des voyageurs, des marchandises ou des matériaux.

53. Les dispositions de l'art. 48 sont applicables aux chaudières et autres pièces de ces machines, sauf l'exception énoncée en l'article ci-après.

54. Les soupapes de sûreté des machines locomotives pourront être chargées au moyen de ressorts disposés de manière à faire connaître, en kilogrammes et en fractions décimales de kilogramme, la pression qu'ils exerceront sur les soupapes.

55. Aucune machine locomotive ne pourra être mise en service sans un permis de circulation, délivré par le préfet du

---

(1) Et par voie d'appel de la décision du préfet devant le ministre, comme dans le cas de l'art. 11.—Les formalités de l'instruction ordinaire sont inapplicables aux machines *sans emplacement fixe* en vertu de leur nature même.

département où se trouvera le point de départ de la locomotive (1).

56. La demande du permis contiendra les indications comprises sous les n°ˢ 1 et 3 de l'art. 5 de la présente ordonnance, et fera connaître, de plus, le nom donné à la machine locomotive et le service auquel elle sera destinée.

Le nom de la locomotive sera gravé sur une plaque fixée à la chaudière.

57. Le préfet, après avoir pris l'avis de l'ingénieur des mines ou, à son défaut, de l'ingénieur des ponts et chaussées, délivrera, s'il y a lieu, le permis de circulation.

58. Dans ce permis seront énoncés :

1° Le nom de la locomotive et le service auquel elle sera destinée ;

2° La pression maximum (en nombre d'atmosphères) de la vapeur dans la chaudière, et les numéros des timbres dont la chaudière et les cylindres auront été frappés ;

3° Le diamètre des soupapes de sûreté ;

4° La capacité de la chaudière ;

5° Le diamètre des cylindres et la course des pistons ;

6° Enfin le nom du fabricant et l'année de la construction.

59. Si une machine locomotive ne satisfait pas aux conditions de sûreté ci-dessus prescrites, ou si elle n'est pas entretenue en bon état de service, le préfet, sur le rapport de l'ingénieur des mines, ou, à son défaut, de l'ingénieur des ponts et chaussées, pourra en suspendre ou même en interdire l'usage.

60. Les conditions auxquelles sera assujettie la circulation des locomotives et des convois (2), en tout ce qui peut concerner la sûreté publique, seront déterminées par arrêtés du préfet du département où sera situé le lieu du départ, après avoir entendu les entrepreneurs et en ayant égard tant aux cahiers des charges des entreprises qu'aux dispositions des règlements d'administration publique concernant les chemins de fer.

120. De la surveillance administrative des machines et chaudières à vapeur. — 61. Les ingénieurs des mines et, à leur défaut, les ingénieurs des ponts et chaussées, sont chargés, sous l'autorité des préfets, de la surveillance des machines et chaudières à vapeur.

---

(1) C'est-à-dire le point de départ *de sa circulation habituelle et régulière.* (Avisse, t. 2, p. 160.)

(2) Ordonnance du 15 nov. 1846.

62. Ces ingénieurs donnent leur avis sur les demandes en autorisation d'établir des machines ou des chaudières à vapeur, et sur les demandes de permis de circulation concernant les machines locomotives; ils dirigent les épreuves des chaudières et des autres pièces contenant la vapeur; ils font appliquer les timbres constatant les résultats de ces épreuves, et poinçonner les poids et les leviers des soupapes de sûreté.

63. Les mêmes ingénieurs s'assurent, au moins une fois par an, et plus souvent, lorsqu'ils en reçoivent l'ordre du préfet, que toutes les conditions de sûreté prescrites sont exactement observées.

Ils visitent les machines et les chaudières à vapeur; ils en constatent l'état, et ils provoquent la réparation et même la réforme des chaudières et des autres pièces que le long usage ou une détérioration accidentelle leur ferait regarder comme dangereuses.

Ils proposent également de nouvelles épreuves, lorsqu'ils les jugent indispensables, pour s'assurer que les chaudières et les autres pièces conservent une force de résistance suffisante, soit après un long usage, soit lorsqu'il y aura été fait des changements ou réparations notables.

64. Les mesures indiquées en l'article précédent sont ordonnées, s'il y a lieu, par le préfet, après avoir entendu les propriétaires, lesquels pourront, d'ailleurs, réclamer de nouvelles épreuves lorsqu'ils les jugeront nécessaires.

65. Lorsque, par suite de demandes en autorisation d'établir des machines ou des appareils à vapeur, les ingénieurs des mines ou les ingénieurs des ponts et chaussées auront fait, par ordre du préfet, des actes de leur ministère de la nature de ceux qui donnent droit aux allocations établies par l'art. 89 du décret du 18 novembre 1810, et par l'art. 75 du décret du 7 fructidor an 12, ces allocations seront fixées et recouvrées dans les formes déterminées par lesdits décrets (1).

---

(1) D'après l'art. 89 du décret du 18 nov. 1810, les ingénieurs des mines seront remboursés de leurs frais de voyages et autres dépenses, d'après la fixation qui en sera faite par les Cours, les tribunaux ou le préfet, selon les cas, et d'après un mandat du préfet, rendu exécutoire, ou en vertu d'une ordonnance de justice.

Suivant l'art. 75 du décret du 7 fructidor an XII, les ingénieurs des ponts et chaussées recevront, en outre, des honoraires proportionnés à leur travail. Ces honoraires seront déterminés par le temps qu'ils auront employé, soit à faire des plans et projets, soit à en suivre l'exécution, sans que la base puisse être établie sur l'étendue des dépenses.

66. Les autorités chargées de la police locale exerceront une surveillance habituelle sur les établissements pourvus de machines ou de chaudières à vapeur.

121. Dispositions générales. — 67. Si, à raison du mode particulier de construction de certaines machines ou chaudières à vapeur, l'application, à ces machines ou chaudières, d'une partie des mesures de sûreté prescrites par la présente ordonnance, se trouvait inutile, le préfet, sur le rapport des ingénieurs, pourra autoriser l'établissement de ces machines et chaudières, en les assujettissant à des conditions spéciales.

Si, au contraire, une chaudière ou machine paraît présenter des dangers d'une nature particulière, et s'il est possible de les prévenir par des mesures que la présente ordonnance ne rend point obligatoires, le préfet, sur le rapport des ingénieurs, pourra accorder l'autorisation demandée, sous les conditions qui seront reconnues nécessaires.

Dans l'un et l'autre cas, les autorisations données par le préfet seront soumises à l'approbation de notre ministre des travaux publics.

68. Lorsqu'une chaudière à vapeur sera alimentée par des eaux qui auraient la propriété d'attaquer d'une manière notable le métal de cette chaudière, la tension intérieure de la vapeur ne devra pas dépasser une atmosphère et demie, et la charge des soupapes sera réglée en conséquence. Néanmoins l'usage des chaudières contenant la vapeur sous une tension plus élevée sera autorisé, lorsque la propriété corrosive des eaux d'alimentation sera détruite, soit par une distillation préalable, soit par l'addition de substances neutralisantes, ou par tout autre moyen reconnu efficace.

Il est accordé un délai d'un an, à dater de la présente ordonnance, aux propriétaires des machines à vapeur alimentées par des eaux corrosives, pour se conformer aux prescriptions du présent article. Si, dans ce délai, ils ne s'y sont point conformés, l'usage de leurs appareils sera interdit par le préfet.

69. Les propriétaires et chefs d'établissements veilleront :

1° A ce que les machines et chaudières à vapeur, et tout ce qui en dépend, soient entretenus constamment en bon état de service ;

2° A ce qu'il y ait toujours, près des machines et chaudières, des manomètres de rechange, ainsi que des tubes indicateurs de rechange, lorsque ces tubes seront au nombre des appareils employés pour indiquer le niveau de l'eau dans les chaudières ;

3° A ce que lesdites machines et chaudières soient chauffées, manœuvrées et surveillées suivant les règles de l'art.

Conformément aux dispositions de l'art. 1384 du Code civil, ils seront responsables des accidents et dommages résultant de la négligence ou de l'incapacité de leurs agents.

70. Il est défendu de faire fonctionner les machines et les chaudières à vapeur à une pression supérieure au degré déterminé dans les actes d'autorisation, et auquel correspondront les timbres dont ces machines et chaudières seront frappées.

71. En cas de changements ou de réparations notables qui seraient faits aux autres pièces passibles des épreuves, le propriétaire devra en donner avis au préfet, qui ordonnera, s'il y a lieu, de nouvelles épreuves, ainsi qu'il est dit aux art. 63 et 64.

72. Dans tous les cas d'épreuves, les appareils et la main-d'œuvre seront fournis par les propriétaires des machines et chaudières.

73. Les propriétaires de machines ou de chaudières à vapeur autorisées seront tenus d'adapter auxdites machines et chaudières les appareils de sûreté qui pourraient être découverts par la suite, et qui seraient prescrits par des règlements d'administration publique.

74. En cas de contravention aux dispositions de la présente ordonnance, les permissionnaires pourront encourir l'interdiction de leurs machines ou chaudières, sans préjudice des peines, dommages et intérêts qui seraient prononcés par les tribunaux. Cette interdiction sera prononcée par arrêtés des préfets, sauf recours devant notre ministre des travaux publics. Ce recours ne sera pas suspensif.

75. En cas d'accident, l'autorité chargée de la police locale se transportera, sans délai, sur les lieux, et le procès-verbal de sa visite sera transmis au préfet, et, s'il y a lieu, au procureur du roi.

L'ingénieur des mines ou, à son défaut, l'ingénieur des ponts et chaussées, se rendra aussi sur les lieux immédiatement, pour visiter les appareils à vapeur, en constater l'état et rechercher la cause de l'accident. Il adressera sur le tout un rapport au préfet.

En cas d'explosion, les propriétaires d'appareils à vapeur ou leurs représentants ne devront ni réparer les constructions, ni déplacer ou dénaturer les fragments de la chaudière ou machine rompue, avant la visite et la clôture du procès-verbal de l'ingénieur.

76. Les propriétaires d'établissements aujourd'hui autorisés

se conformeront, dans le délai d'un an, à dater de la publication de la présente ordonnance, aux prescriptions de la section III du titre II, art. 22 à 32 inclusivement (1).

Quant aux dispositions relatives à l'emplacement des chaudières énoncées dans la section IV du même titre, art. 33 à 45 inclusivement, les propriétaires des établissements existants, qui auront accompli toutes les obligations prescrites par les ordonnances des 29 octobre 1823, 7 mai 1828, 23 septembre 1829 et 25 mars 1830, sont provisoirement dispensés de s'y conformer; néanmoins, quand ces établissements seront une cause de danger, le préfet, sur le rapport de l'ingénieur des mines, ou, à son défaut, de l'ingénieur des ponts et chaussées, et après avoir entendu le propriétaire de l'établissement, pourra prescrire la mise à exécution de tout ou partie des mesures portées en la présente ordonnance, dans un délai dont le terme sera fixé suivant l'exigence des cas.

77. Il sera publié, par notre ministre secrétaire d'Etat au département des travaux publics, une nouvelle instruction sur les mesures de précaution habituelles à observer dans l'emploi des machines et des chaudières à vapeur (2).

Cette instruction sera affichée à demeure dans l'enceinte des ateliers.

78. L'établissement et la surveillance des machines et appareils à vapeur qui dépendent des services spéciaux de l'Etat sont régis par des dispositions particulières, sauf les conditions qui peuvent intéresser les tiers, relativement à la sûreté et à l'incommodité, et en se conformant aux prescriptions du décret du 15 octobre 1810.

79. Les attributions données aux préfets des départements, par la présente ordonnance, seront exercées par le préfet de police dans toute l'étendue du département de la Seine, et dans les communes de Saint-Cloud, Meudon et Sèvres, du département de Seine-et-Oise.

80. Les ordonnances royales des 29 octobre 1823, 7 mai 1828, 23 septembre 1829, 25 mars 1830 et 22 juillet 1839, concernant les machines et chaudières à vapeur, sont rapportées.

---

(1) C'est l'application d'une instruction ministérielle du 5 juin 1830, d'après laquelle les autorisations n'ont été délivrées qu'à la condition de se soumettre aux modifications jugées ultérieurement nécessaires pour la sécurité publique. (Voir Trébuchet, *Code des Établissements dangereux*, p. 135.)

(2) Instruction pratique du 22 juillet 1843.

81. Notre ministre secrétaire d'État au département des travaux publics est chargé de l'exécution de la présente ordonnance, qui sera insérée au *Bulletin des Lois*.

122. Instruction ministérielle du 23 juillet 1843 sur les demandes d'autorisation. — Celui qui sera dans l'intention d'employer une chaudière fermée ou tout autre appareil à vapeur, pour un usage quelconque, adressera au préfet du département une demande en autorisation, qui devra contenir toutes les indications mentionnées dans l'art. 5 de l'ordonnance : un plan des localités et un dessin géométrique de la chaudière, avec échelle, devront y être annexés.

En cas d'omission de quelques-unes des indications nécessaires ou d'insuffisance des plans, le préfet en préviendra immédiatement le demandeur, et l'invitera à compléter sa pétition conformément à l'art. 5 de l'ordonnance.

Dès que la demande régulière lui sera parvenue, le préfet la transmettra au sous-préfet de l'arrondissement; il l'invitera à faire procéder immédiatement par le maire de la commune aux informations *de commodo et incommodo*, et à lui renvoyer, avec ladite demande, le procès-verbal d'enquête, l'avis du maire et le sien, dans les délais prescrits par les art. 7 et 8.

Aussitôt après les avoir reçues, le préfet renverra toutes les pièces de l'affaire à l'ingénieur des mines ou, à son défaut, à l'ingénieur des ponts et chaussées; il y joindra la copie certifiée des procès-verbaux des épreuves, si elles ont été faites dans un autre département. Il invitera l'ingénieur à se transporter sur les lieux où l'appareil doit être établi, et à lui adresser son avis sur la demande, dans le plus court délai possible.

L'ingénieur vérifiera si les pièces de l'appareil ont été soumises aux épreuves prescrites par l'ordonnance, et sont revêtues des timbres constatant que ces épreuves ont été faites; il devra renouveler l'épreuve de la chaudière et des autres pièces, dans les cas prévus par l'art. 21. Il sera très-rarement utile d'éprouver de nouveau les cylindres, enveloppes de cylindres, et autres pièces en fonte ou en tôle qui doivent recevoir la vapeur formée dans les chaudières; mais on devra souvent renouveler l'épreuve des chaudières, notamment lorsqu'elles auront été éprouvées à la fabrique par parties séparées, ou que les parties, assemblées pour subir l'épreuve à la fabrique, auront été de nouveau disjointes pour faciliter le transport à l'établissement; le démontage et le remontage de la chaudière comportent, en effet, des modifications du genre de celles qui sont mentionnées à l'art. 21.

Si les pièces de la chaudière n'ont pas été séparées, mais si les joints mastiqués des tubulures ont souffert pendant le transport et ont besoin d'être réparés ou refaits, l'épreuve devra également être répétée.

Pour les chaudières qui auront déjà servi dans un autre établissement, l'épreuve sera renouvelée : 1° quand la date de la première épreuve constatée par les timbres sera incertaine, ou qu'elle remontera à plus de trois ans ; 2° quand les chaudières auront été démontées, réparées ou modifiées d'une manière quelconque depuis la première épreuve. L'ingénieur, dans ce cas, vérifiera préalablement, avec beaucoup de soin, l'épaisseur du métal, surtout vers les points des parois qui ont été le plus exposés à l'action du feu ou à d'autres causes de détérioration ; il fera détacher les écailles d'oxyde, et ne procédera à l'épreuve qu'après s'être assuré, autant qu'il est possible de le faire par une visite minutieuse, que la chaudière est susceptible d'un bon service.

Quant aux chaudières neuves qui auront déjà été essayées et timbrées, l'ingénieur examinera si elles n'ont pas de formes vicieuses qui rendraient difficile l'enlèvement des dépôts de leur intérieur, ou qui ne permettraient pas à la vapeur produite dans les parties exposées à l'action du feu de se dégager facilement, pour arriver dans la partie supérieure formant réservoir de vapeur. Dans son rapport, il rendra compte au préfet des opérations auxquelles il s'est livré ; il signalera les vices de construction qu'il aura constatés, et indiquera les moyens de les corriger ; il fera connaître à laquelle des catégories établies par l'art. 33 appartient la chaudière du demandeur, et quelle est l'étendue de la surface de chauffe en mètres carrés ; il discutera les oppositions consignées dans le procès-verbal d'enquête, tant sous le rapport de la sûreté du voisinage que sous celui de l'incommodité que pourrait causer la fumée. Enfin, il terminera son travail par un projet d'arrêté, tendant à accorder ou à refuser l'autorisation demandée.

Le rejet de la demande peut être motivé sur l'impossibilité de satisfaire aux conditions de l'ordonnance, ou sur les dommages que l'établissement de l'appareil à vapeur causerait au voisinage, malgré les obligations particulières qui pourraient être imposées au demandeur.

Si l'ingénieur conclut à ce que l'autorisation soit accordée, il sera utile que le projet d'arrêté contienne, outre les indications dont il est fait mention à l'art. 10, les principales dispositions de l'ordonnance rendues applicables au cas particulier dont il s'agit, afin que le demandeur soit parfaitement éclairé par la teneur seule de l'arrêté sur les conditions auxquelles il devra satisfaire.

123. Règlements divers sur les machines à vapeur non employées à bord des bateaux. — Les règlements principaux qui ont trait aux machines à vapeur sont, outre l'instruction pratique du 22 juillet 1843 (voir art. 77 ci-dessus) :

Les tables annexées à l'ordonnance du 22 mai 1843, et relatives : 1° aux épaisseurs à donner aux chaudières à vapeur cylindriques en tôle ou en cuivre laminé ; 2° aux diamètres à donner aux orifices des soupapes de sûreté ;

L'instruction du ministre des travaux publics du 23 juillet 1843 pour l'exécution de l'ordonnance du 22 mai 1843 ;

La circulaire du ministre des travaux publics aux préfets, en date du 24 juillet 1843 ;

L'ordonnance de police du 6 novembre 1843 ;

Les circulaires du sous-secrétaire d'État des travaux publics du 28 janvier, du 30 janvier, du 11 février 1845, relatives aux soupapes de sûreté, aux cylindres sécheurs, aux calorifères à eau ;

L'ordonnance de police du 15 juillet 1845, relative aux divers vases clos contenant de la vapeur (1).

124. Formule de demande d'autorisation.

A M. le préfet du département de. . . . . . ou de police.

DEMANDE D'AUTORISATION POUR UNE MACHINE A VAPEUR.

Le soussigné (*nom et prénoms*), fabricant de. . . . . ., demeurant et domicilié à. . . . . ., siége de son exploitation, a l'honneur de demander à M. le Préfet l'autorisation d'établir dans son atelier une machine à vapeur dans les conditions ci-après déterminées.

La machine fonctionnera sous une pression maximum de. . . . . atmosphères et. . . . centièmes.

La force de la machine est de. . . . chevaux.

La chaudière est de forme. . . . . ; sa capacité est de. . . . mètres cubes ; celle des tubes bouilleurs est de. . . . mètres cubes.

Elle sera établie dans un bâtiment construit en. . . . . . , faisant partie des bâtiments de mon usine (voir n° 116). Elle se trouvera à. . . . mètres de la plus voisine habitation, appartenant à. . . . ; à. . . mètres environ des autres habitations circonvoisines, et à. . . mètres de la voie publique la plus rapprochée.

Le combustible employé sera (*houille, coke, bois. . . . .*).

La machine servira à la fabrication de. . . . .

---

(1) Voir ces documents reproduits et annotés par M. Avisse, t. 2, p. 171 à 280.

PIÈCES JOINTES A LA PRÉSENTE DEMANDE.

1° Plan des localités (*indiquant, sur une échelle de 5 millimètres par mètre, d'une part, la situation de l'établissement avec tenants et aboutissants aux ateliers dans lesquels doit fonctionner l'appareil à vapeur ; d'autre part, les détails de l'exploitation, savoir : les fourneaux, machines, foyers de toute espèce, réservoirs, ateliers, bâtiments, cours, puisards.... servant ou devant servir à l'exploitation*) ;

2° Dessin géométrique de la chaudière. (*Date et signature.*)

Art. 2.—Des machines à vapeur servant de moteurs aux bateaux (1).

SOMMAIRE.

125. Dispositions relatives à la fabrication et au commerce des machines employées sur les bateaux.— 126. Épreuves des chaudières et des autres pièces contenant la vapeur. — 127. Des appareils de sûreté dont les chaudières doivent être munies. Des soupapes de sûreté.—128. Des manomètres. — 129. De l'alimentation et des indicateurs du niveau de l'eau dans les chaudières. — 130. Des chaudières multiples.— 131. Divers règlements sur les machines établies à bord des bateaux.

125. Dispositions relatives à la fabrication et au commerce des machines employées sur les bateaux. — Ordonnance du 17 janvier 1846, art. 14. Aucune machine à vapeur destinée à un service de navigation ne pourra être livrée par un fabricant, si elle n'a subi les épreuves prescrites ci-après.

15. Les épreuves seront faites à la fabrique, par ordre du préfet, sur la déclaration du fabricant.

16. Les machines venant de l'étranger devront être pourvues des mêmes appareils de sûreté que les machines d'origine française, et subir les mêmes épreuves. Ces épreuves seront faites au lieu désigné par le destinataire dans la déclaration qu'il devra faire à l'importation.

126. Épreuves des chaudières et des autres pièces contenant la vapeur. — 17. Les chaudières à vapeur, leurs tubes bouilleurs et les réservoirs à vapeur, les cylindres en fonte des machines à vapeur et les enveloppes en fonte de ces cylindres, ne pourront, sauf l'exception portée à l'art. 25, être établis à bord des bateaux sans avoir été préalablement soumis, par les ingénieurs des mines ou, à leur défaut, par les ingénieurs des ponts et chaussées, à une épreuve opérée à l'aide d'une pompe de pression.

---

(1) Les dispositions de l'ordonnance du 17 janvier 1846 relatives aux machines des bateaux à vapeur naviguant *sur mer* sont identiques à celles de l'ordonnance du 25 mai 1843 (spéciale aux bateaux naviguant sur les rivières) qui concernent les machines placées sur ces derniers, et qu'il est dès lors inutile de reproduire.

L'usage des chaudières et des tubes bouilleurs en fonte est prohibé dans les bateaux à vapeur.

18. La pression d'épreuve prescrite par l'article précédent sera triple de la pression effective, ou, autrement, de la plus grande tension que la vapeur pourra avoir dans les chaudières, leurs tubes bouilleurs et autres pièces contenant la vapeur, diminuée de la pression extérieure de l'atmosphère.

19. On procédera aux épreuves en chargeant les soupapes de sûreté des chaudières de poids proportionnels à la pression effective, et déterminés suivant la règle indiquée à l'art. 28.

A l'égard des autres pièces, la charge d'épreuve sera appliquée sur la soupape de la pompe de pression.

20. L'épaisseur des parois des chaudières cylindriques, en tôle ou en cuivre laminé, sera réglée conformément à la table n° 1, annexée à la présente ordonnance.

L'épaisseur de celles de ces chaudières, qui, par leurs dimensions et par la pression de la vapeur, ne se trouveraient pas comprises dans la table, sera déterminée d'après la règle énoncée à la suite de ladite table; toutefois cette épaisseur ne pourra dépasser quinze millimètres.

Les épaisseurs de la tôle devront être augmentées, s'il s'agit de chaudières formées, en partie ou en totalité, de faces planes ou bien de conduits intérieurs, cylindriques ou autres, traversant l'eau ou la vapeur, et servant soit de foyers, soit à la circulation de la flamme. Ces chaudières et conduits devront, de plus, être, suivant les cas, renforcés par des armatures suffisantes.

21. Après qu'il aura été constaté que les parois des chaudières ont les épaisseurs voulues, et après l'épreuve, on appliquera aux chaudières, à leurs tubes bouilleurs et aux réservoirs de vapeur, aux cylindres en fonte des machines à vapeur et aux enveloppes en fonte de ces cylindres, des timbres indiquant, en nombre d'atmosphères, le degré de tension intérieure que la vapeur ne devra pas dépasser. Ces timbres seront placés de manière qu'ils soient toujours apparents.

22. L'épreuve sera renouvelée après l'installation de la machine dans le bateau : 1° si le propriétaire la réclame; 2° s'il y a eu, pendant le transport ou lors de la mise en place, quelques avaries; 3° s'il a été fait à la chaudière des modifications ou réparations quelconques depuis la première épreuve; 4° si la commission de surveillance le juge utile.

23. Les chaudières à vapeur, leurs tubes bouilleurs et autres

pièces contenant la vapeur, devront être éprouvés de nouveau toutes les fois qu'il sera jugé nécessaire par les commissions de surveillance.

Quand il aura été fait aux chaudières et autres pièces des changements ou réparations notables, les propriétaires des bateaux à vapeur seront tenus d'en donner connaissance au préfet. Il sera nécessairement procédé, dans ce cas, à de nouvelles épreuves.

24. L'appareil et la main-d'œuvre nécessaires pour les épreuves seront fournis par les propriétaires des machines et des chaudières à vapeur.

25. Les chaudières qui auront des faces planes seront dispensées de l'épreuve, mais sous la condition que la force élastique ou la tension de la vapeur ne devra pas s'élever, dans l'intérieur des chaudières, à plus d'une atmosphère et demie.

127. Des appareils de sûreté dont les chaudières à vapeur doivent être munies. — Des soupapes de sûreté.— 26. Il sera adapté à la partie supérieure de chaque chaudière deux soupapes de sûreté. Ces soupapes seront placées vers chaque extrémité de la chaudière, et à la plus grande distance possible l'une de l'autre.

Le diamètre des orifices de ces soupapes sera réglé d'après la surface de chauffe de la chaudière et la tension de la vapeur dans son intérieur, conformément à la table n° 2 annexée à la présente ordonnance.

27. Chaque soupape sera chargée d'un poids unique, agissant soit directement, soit par l'intermédiaire d'un levier.

Chaque poids recevra l'empreinte d'un poinçon apposé par la commission de surveillance. Les leviers seront également poinçonnés, s'il en est fait usage. La quotité du poids et la longueur du levier seront énoncées dans le permis de navigation.

28. La charge maximum de chaque soupape de sûreté sera déterminée en multipliant 1 kilogramme 33 milligrammes par le nombre d'atmosphères mesurant la pression effective, et par le nombre de centimètres carrés mesurant l'orifice de la soupape.

La largeur de la surface annulaire de recouvrement ne devra pas dépasser la trentième partie du diamètre de la surface circulaire exposée directement à la pression de la vapeur, et cette largeur, dans aucun cas, ne devra excéder 2 millimètres.

29. Il sera, de plus, adapté à la partie supérieure des chau-

dières à faces planes, dont il est fait mention à l'art. 25, une soupape atmosphérique, c'est-à-dire ouvrant du dehors au dedans.

128. Des manomètres. — 30. Chaque chaudière sera munie d'un manomètre à mercure, gradué en atmosphères et en fractions décimales d'atmosphère, de manière à faire connaître immédiatement la tension de la vapeur dans la chaudière.

Le tuyau qui amènera la vapeur au manomètre sera adapté directement sur la chaudière, et non sur le tuyau de prise de vapeur ou sur tout autre tuyau dans lequel la vapeur serait en mouvement.

Le manomètre sera placé en vue du chauffeur.

31. On fera usage du manomètre à air libre, c'est-à-dire ouvert à sa partie supérieure, toutes les fois que la pression effective de la vapeur ne dépassera pas deux atmosphères.

32. On tracera sur l'échelle de chaque manomètre, d'une manière très-apparente, une ligne qui répondra au numéro de cette échelle que le mercure ne devra pas habituellement dépasser.

129. De l'alimentation et des indicateurs du niveau de l'eau dans les chaudières. — 33. Chaque chaudière sera munie d'une pompe alimentaire, bien construite et en bon état d'entretien.

Indépendamment de cette pompe, mise en mouvement par la machine motrice du bateau, chaque chaudière sera pourvue d'une autre pompe pouvant fonctionner, soit à l'aide d'une machine particulière, soit à bras d'homme, et destinée à alimenter la chaudière, s'il en est besoin, lorsque la machine motrice du bateau ne fonctionnera pas.

34. Le niveau que l'eau doit avoir habituellement dans la chaudière sera indiqué, à l'extérieur, par une ligne tracée d'une manière très-apparente sur le corps de la chaudière ou sur le parement du fourneau.

Cette ligne sera d'un décimètre au moins au-dessus de la partie la plus élevée des carneaux, tubes ou conduits de la flamme et de la fumée dans le fourneau.

35. Il sera adapté à chaque chaudière : 1° deux tubes indicateurs en verre qui seront placés un à chaque côté de la face antérieure de la chaudière; 2° l'un des deux appareils suivants, savoir : un flotteur d'une mobilité suffisante; des robinets indicateurs convenablement placés à des niveaux différents. Les appareils indicateurs seront, dans tous les cas, disposés de manière à être en vue du chauffeur.

130. Des chaudières multiples. — 36. Si plusieurs chaudières sont établies dans un bateau, elles ne pourront être mises en communication que par les parties toujours occupées par la vapeur, et cette communication sera disposée de manière que les chaudières puissent, au besoin, être rendues indépendantes les unes des autres.

Dans tous les cas, chaque chaudière sera alimentée séparément, et devra être munie de tous les appareils de sûreté prescrits par la présente ordonnance.

131. Règlements divers sur les machines établies à bord des bateaux. — Les principaux règlements et documents relatifs aux machines employées à la navigation sont :

Les tables annexées aux ordonnances de 1843 et 1846;

L'instruction pratique du ministre des travaux publics du 25 juillet 1843;

La circulaire du même ministre, du 26 juillet 1843, pour l'exécution de l'ordonnance du 23 mai 1843;

L'instruction pratique du même ministre du 6 juin 1846, et la circulaire de même date pour l'exécution de l'ordonnance du 17 janvier 1846 (1).

§ II.
Usines à gaz.

LÉGISLATION. Ordonnance du 27 janvier 1846.

SOMMAIRE.

132. Règlements sur les usines à gaz. Dispositions principales.—133. Classification des usines à gaz. Trois catégories. — 134. Mesures de police et de sûreté relatives aux usines à gaz.—135. Règlements relatifs à la ville de Paris.

132. Règlements sur les usines à gaz. — Dispositions principales. — Les usines à gaz, qui n'existaient pas lors de la promulgation du décret de 1810 et qui ont acquis de nos jours une si grande importance industrielle, ont dû, comme les machines à vapeur, faire l'objet de règlements particuliers. Tel a été le but des ordonnances des 20 août 1824, 25 mars 1838 et 27 janvier 1846. Cette dernière ordonnance, qui régit aujourd'hui ces établissements, les divise en trois catégories. Elle range dans la seconde classe des établissements insalubres les grandes usines à gaz et les gazomètres qui en dépendent (art. 1er); dans la troisième, les petits appareils pouvant fournir au plus

---

(1) Voir M. Avisse, t. 2, p. 354-564.

10 mètres cubes en douze heures, et les grands gazomètres d'une capacité de plus de 10 mètres cubes, isolés des lieux de fabrication (art. 2 et 3); enfin elle n'assujettit qu'à la nécessité d'une simple déclaration à l'autorité municipale les gazomètres d'une moindre capacité (art. 3).

Les précautions nombreuses prescrites par les six articles suivants de l'ordonnance consistent dans des mesures relatives à la construction des ateliers, la ventilation des lieux où est conservé l'hydrogène, l'épuration de ce gaz, l'enlèvement des résidus liquides ou solides, la sortie par des tuyaux convenablement disposés des vapeurs produites, l'extinction du combustible employé, le mode d'éclairage des usines. Elles ont pour complément une prescription générale qui soumet ces établissements à toutes les mesures qui seront reconnues utiles dans l'intérêt de la sûreté ou de la salubrité publique.

133. Classification des usines à gaz.—Trois catégories.— Cette classification et ces mesures de sûreté sont l'objet des dispositions suivantes de l'ordonnance du 27 janvier 1846 :

1. Les usines et ateliers où le gaz hydrogène est fabriqué, et les gazomètres qui en dépendent, demeurent rangés dans la deuxième classe des établissements dangereux, insalubres ou incommodes, sauf dans les cas réglés par les deux articles suivants.

2. Sont rangés dans la troisième classe les petits appareils pour fabriquer le gaz, pouvant fournir au plus, en douze heures, dix mètres cubes, et les gazomètres qui en dépendent.

3. Sont également rangés dans la troisième classe les gazomètres non attenant à des appareils producteurs et dont la capacité excède dix mètres cubes.

Ceux d'une capacité moindre pourront être établis, après déclaration à l'autorité municipale.

134. Mesures de police et de sûreté relatives aux usines à gaz. — 4. Les ateliers de distillation, tous les bâtiments y attenant et les magasins de charbon dépendant des ateliers de distillation, même quand ils ne seraient pas attenant à ces ateliers, seront construits et couverts en matériaux incombustibles.

5. Il sera établi à la partie supérieure du toit des ateliers, pour la sortie des vapeurs, une ou plusieurs ouvertures surmontées de tuyaux ou cheminées dont la hauteur et la section seront déterminées par l'acte d'autorisation.

6. Aucune matière animale ne pourra être employée pour la fabrication du gaz.

7. Le coke sera éteint à la sortie des cornues.

8. Les appareils de condensation devront être établis en plein air où dans les bâtiments ventilés à la partie supérieure, à moins que la condensation ne s'opère dans des tuyaux enfouis sous le sol.

9. Les appareils d'épuration devront être placés dans des bâtiments ventilés au moyen d'une cheminée spéciale établie sur la partie supérieure du comble, et dont la hauteur et la section seront déterminées par l'acte d'autorisation. Le gaz ne sera jamais conduit des cornues dans le gazomètre sans passer par les épurateurs.

10. Tout mode d'éclairage autre que celui des lampes de sûreté est formellement interdit dans le service des appareils de condensation et d'épuration, ainsi que dans l'intérieur et aux environs des bâtiments renfermant des gazomètres.

11. Les eaux ammoniacales et les goudrons produits par la distillation, qu'on n'enlèverait pas immédiatement, seront déposés dans des citernes exactement closes et étanches, et dont la capacité ne devra pas excéder quatre mètres cubes.

Ces citernes seront construites en pierres ou briques, à bain de mortier hydraulique et enduites d'un ciment pareillement hydraulique ; elles devront être placées sous des bâtiments couverts.

12. Les goudrons, les eaux ammoniacales et les laits de chaux, ainsi que la chaux solide sortant des ateliers d'épuration, seront enlevés immédiatement dans des vases ou dans des tombereaux hermétiquement fermés.

13. Les résidus aqueux ne pourront être évaporés et les goudrons brûlés dans les cendriers et dans les fourneaux, qu'autant qu'il n'en résultera à l'extérieur ni fumée ni odeur.

14. Le nombre et la capacité des gazomètres de chaque usine seront tels, que, dans le cas de chômage de l'un d'eux, les autres puissent suffire aux besoins du service.

Chaque usine aura au moins deux gazomètres.

15. Les bassins dans lesquels plongent les gazomètres seront complétement étanches : ils seront construits en pierres ou briques, à bain de mortier hydraulique, ou en bois ; si les bassins sont en bois, ils devront être placés dans une fosse en maçonnerie.

Si les murs s'élèvent au-dessus du sol, ils auront une épaisseur égale à la moitié de leur hauteur.

Les cuves ou bassins au niveau du sol seront entourés d'une balustrade.

16. La cloche de chaque gazomètre sera maintenue par des guides fixes, de manière à ne pouvoir jamais, dans son mouvement, s'écarter de la verticale.

Elle sera, en outre, disposée de manière que la force élastique du gaz dans l'intérieur du gazomètre soit supérieure à la pression atmosphérique. La pression intérieure du gaz sera indiquée par un manomètre.

17. Les gazomètres d'une capacité de plus de dix mètres cubes seront entièrement isolés, tant des bâtiments de l'usine que des habitations voisines, et protégés par des paratonnerres dont la tige aura une hauteur au moins égale à la moitié du diamètre du gazomètre.

18. Tout bâtiment contenant un gazomètre d'une capacité quelconque sera ventilé au moyen d'ouvertures pratiquées dans la partie supérieure, de manière à éviter l'accumulation du gaz en cas de fuite. Il sera, en outre, pratiqué dans son pourtour plusieurs ouvertures qui devront être revêtues de persiennes.

19. Un tube de trop-plein, destiné à porter le gaz au-dessus du toit, sera adapté à chaque gazomètre établi dans un bâtiment.

Si le gazomètre est en plein air, le tube pourra être remplacé par quatre ouvertures de un ou de deux centimètres de diamètre, placées à huit ou dix centimètres de son bord inférieur et à égale distance les unes des autres.

20. Ne pourront être placés dans les caves que les gazomètres de 10 mètres cubes au plus, non attenant à des appareils producteurs; ces caves devront être exclusivement affectées aux gazomètres. Elles seront convenablement ventilées, au moyen de deux ouvertures placées, l'une près du sol de la cave, l'autre dans la partie la plus élevée de la voûte. Cette dernière ouverture sera surmontée d'un tuyau d'évaporation dépassant le faîte de la maison.

21. Le premier remplissage d'un gazomètre ne pourra avoir lieu qu'après vérification faite de sa construction et en présence d'un agent délégué par l'autorité municipale.

22. Les récipients portatifs pour le gaz comprimé devront être en cuivre ou en tôle de fer; ils seront essayés à une pression double de celle qu'ils doivent supporter dans l'usage journalier, et qui sera déterminée par l'acte d'autorisation.

23. Le gaz fourni aux consommateurs sera complétement épuré. Sa pureté sera constatée par les moyens qui seront prescrits par l'administration.

24. Les usines et appareils mentionnés ci-dessus pourront,

en outre, être assujettis aux mesures de précaution et dispositions qui seraient reconnues utiles dans l'intérêt de la sûreté ou de la salubrité publique.

25. L'ordonnance royale du 20 août 1824 et notre ordonnance du 25 mars 1838, concernant les établissements d'éclairage par le gaz hydrogène, sont rapportées.

26. Notre ministre secrétaire d'Etat au département de l'agriculture et du commerce est chargé de l'exécution de la présente ordonnance, qui sera insérée au *Bulletin des lois*.

135. Règlements relatifs à la ville de Paris.—Pour l'application de ces dispositions à la ville de Paris, a été rendue l'ordonnance de police du 26 décembre 1846, portant règlement sur la vente du gaz dans Paris, et relative à la nature et fourniture du gaz et aux tuyaux de conduite (t. I), aux abonnements (t. II), aux compteurs (t. III), aux tarifs (t. IV).

Il faut également consulter, pour ce qui se rapporte à l'éclairage de la ville de Paris, l'ordonnance de police du 31 mai 1842, qui n'a pas été abrogée par l'ordonnance du 27 janvier 1846, et qui concerne les conduites et appareils d'éclairage par le gaz dans l'intérieur des habitations (1).

§ III.

Hauts-fourneaux et Établissements analogues.

LÉGISLATION. Loi du 21 avril 1810 (*sur les mines*), art. 73 et suivants.

SOMMAIRE.

136. Règlements particuliers sur les hauts-fourneaux.— 137. Formalités relatives à la demande d'autorisation. —138. Du décret portant autorisation. — 139. Droits résultant de l'autorisation. — 140. Conditions auxquelles est subordonnée l'autorisation.

136. Règlements particuliers sur les hauts-fourneaux. — D'après une annotation insérée dans la nomenclature annexée à l'ordonnance du 14 janvier 1815, « les établissements de ce genre ne seront autorisés qu'autant que les entrepreneurs auront rempli les formalités prescrites par la loi du 21 avril 1810, et par les instructions du ministre de l'intérieur. »

L'art. 73 de la loi du 21 avril 1810 soumet spécialement et limitativement à ces formalités, qui seront énumérées ci-après (n° 137) : 1° les fourneaux à fondre les minerais de fer et

---

(1) Voir le texte de ces ordonnances rapporté par M. Avisse (*Établissements industriels*, t. 2, p. 122 et suiv.).

autres substances métalliques; 2° les forges et martinets pour ouvrer le fer et le cuivre; 3° les usines servant de patouillets et bocards (1); 4° celles pour le traitement des substances salines et pyriteuses, dans lesquelles on consomme des combustibles.

137. Formalités relatives à la demande d'autorisation. — L'autorisation est accordée par un règlement d'administration publique, c'est-à-dire par un décret impérial rendu en conseil d'Etat, après l'accomplissement des formalités suivantes :

1° *Demande* en permission *adressée au préfet*, et enregistrée, le jour de la remise, sur un registre spécial (art. 74) : « elle énonce la nature de la substance qu'on se propose de traiter, l'espèce et la quantité de combustible qu'on consommera, les lieux qui le fourniront, le cours d'eau dont on se servira (lorsqu'on veut en employer), la durée désirée de la permission; un plan de l'usine et du cours d'eau y est joint. » (Instruct. minist. du 3 août 1810.) — « Les plans d'usine seront dressés sur une échelle de 2 millimètres par mètre; ceux de détail, sur une échelle de 10 millimètres par mètre. » (Arrêté du ministre de l'intérieur du 4 février 1811.)

2° *Affiche de la demande* pendant un mois dans le chef-lieu du département, dans celui de l'arrondissement, dans la commune où sera l'établissement projeté, et dans le lieu du domicile du demandeur (art. 74). Les oppositions ou les demandes en préférence formées par les intéressés seront notifiées par actes extrajudiciaires, tant au préfet pendant la durée des affiches, qu'au demandeur originaire. (Argument de la loi du 21 avril, relatif aux concessions des mines.) (2)

3° *Avis du préfet* tant sur la demande originaire que sur les oppositions et demandes en préférence qui seraient survenues; la préférence doit, en général, être accordée à celui qui a à sa disposition le minerai et le combustible. (Inst. minist. du 3 août 1810.) — Quant aux oppositions, elles doivent être fondées sur l'intérêt particulier de l'opposant à ce que l'autorisation ne soit pas accordée, et non sur les considérations d'intérêt général, qu'il n'appartient qu'à l'administration de faire valoir (3).

---

(1) Ceux de ces établissements situés sur des cours d'eau, non navigables, ni flottables, ainsi que les lavoirs de mines, sont actuellement, en vertu du tableau D, 3°, du décret de décentralisation, soumis à la simple autorisation des préfets (Voir n° 152).

(2) Voir Dufour, *Traité général*, 1re édit., t. 3, n° 2215.

(3) Ordonnance du 10 juillet 1822.

4° *Avis de l'administration des mines* sur la quotité du minerai à traiter ; *de l'administration des forêts* sur l'établissement des bouches à feu, en ce qui concerne le bois ; enfin, *de l'administration des ponts et chaussées*, si l'usine doit être établie sur un cours d'eau. Ces divers avis doivent être transmis par le préfet dans le mois qui suit l'expiration du délai pour la publication.

138. Du décret portant autorisation. — Le décret impérial qui intervient à la suite de ces formalités est inattaquable, si ce n'est par la voie de la tierce opposition, et seulement de la part des tiers qui n'ont point été entendus dans l'instruction, quand les formalités prescrites en leur faveur n'ont pas été remplies (1).

Les impétrants des permissions pour les usines supportent une taxe, une fois payée, qui varie de 50 à 300 francs (art. 75).

139. Droits résultant de l'autorisation. — La permission emporte, par elle-même, pour le maître de forges qui l'a obtenue :

1° Le droit d'exiger des propriétaires des terrains où il y a du minerai de fer d'alluvion la fourniture des quantités nécessaires à ses besoins, évaluée à dire d'experts (art. 59) ;

2° A défaut par les propriétaires d'exploiter eux-mêmes, un mois après les avoir mis en demeure, le droit de se faire délivrer par le préfet la permission d'opérer des fouilles à leur place, et d'exploiter le minerai ainsi découvert, ou même les minerais antérieurement connus (art. 79, 60, 61) ;

3° La faculté d'établir des patouillets, lavoirs et chemins de charroi, sur les terrains d'autrui, sauf ceux entourés de clôtures, ou situés à moins de 100 mètres des habitations et clôtures (art. 80).

Ces chemins et établissements ne peuvent, d'ailleurs, avoir lieu qu'à charge d'indemnité envers les propriétaires, réglée d'après le droit commun (art. 682, C. Nap.).

En cas de refus des propriétaires, le maître de forges peut s'adresser au préfet pour faire fixer par lui l'assiette et la direction des chemins, le placement des patouillets et lavoirs.

140. Conditions auxquelles est subordonnée l'autorisation. — Les permissions, dont la durée est d'ailleurs illimitée, sont données à la charge d'en faire usage dans un délai déterminé (art. 76). Ce délai est fixé à un an au plus par le

---

(1) Voir Delebecque, *Législation des mines*, t. 2, n°⁸ 1116 et suiv.

§ 11 de l'inst. minist. du 3 août 1810, qui impose également aux concessionnaires l'obligation d'exploiter leurs usines constamment et sans interruption.

« La suppression d'une usine, sa transformation en usine
« d'un autre genre, les changements dans l'espèce et le nombre
« des feux, les changements à l'état du cours d'eau, le transport
« d'une fabrique d'une localité dans une autre...., ne doivent
« avoir lieu qu'avec l'autorisation préalable du Gouvernement,
« donnée dans la même forme que la permission. (Inst. minist.
« du 3 août 1810) (1).

§ IV.

Usines à feu et Établissements situés dans le voisinage des forêts.

LÉGISLATION. Art. 151-153 Cod. forestier.— Ordonnance du 14 janvier 1815.— Décret du 25 mars 1852, art. 3.

SOMMAIRE.

141. Règlements dans l'intérêt de la conservation des bois. — 142. Influence de l'intérêt forestier sur l'autorisation. — 143. Le préfet statue au double point de vue de l'intérêt forestier et de celui de la salubrité.

141. Règlements dans l'intérêt de la conservation des bois. — Les art. 151-153 du C. forestier interdisent la construction, *sans l'autorisation du Gouvernement*, de tous fours à chaux et à plâtre, briqueteries et tuileries, dans l'intérieur ou à moins d'un kilomètre des forêts, et de toutes maisons en général à la distance de moins de 500 mètres. D'un autre côté, l'ordonnance du 14 janvier 1815, dans la nomenclature qui y est annexée, dispose à l'égard des usines à feu (fours à chaux et à plâtre permanents, fabriques de glaces, de verres, cristaux, émaux), qu'indépendamment des formalités prescrites par le décret de 1810, la formation des établissements de ce genre ne pourra avoir lieu qu'après que les agents forestiers auront donné leur avis sur la question de savoir si la reproduction des bois dans le canton et les besoins des communes environnantes permettent d'accorder la permission.

142. Influence de l'intérêt forestier sur l'autorisation. — Il résulte de ces dispositions :

1° Que pour tous les établissements industriels en général, situés dans le voisinage des forêts, aux distances ci-dessus déterminées, l'avis des agents forestiers est une condition préalable

---

(1) Arguments des ordonnances des 4 mars 1809 (David) ; 13 mai 1818 (Léotard).

de l'autorisation, sans que, d'ailleurs, l'omission de cet avis (avis qu'il appartient à l'administration seule de requérir) puisse être invoquée pour faire annuler l'autorisation accordée (1);

2° Que pour les usines à feu ce même avis est nécessaire, à quelque distance des forêts que se trouve l'établissement;

3° Que c'est seulement à l'égard des usines à feu que l'intérêt de la reproduction des bois et celui de la consommation des communes environnantes peuvent être pris en considération, de telle sorte qu'il y aurait excès de pouvoir dans un refus d'autorisation qui, vis-à-vis de tout autre établissement, serait fondé sur ce genre d'intérêt, au lieu de se renfermer dans la question de sûreté ou de salubrité (2);

4° Que l'intérêt de la conservation des bois et celui de la consommation locale (en ce qui concerne les usines à feu) ne sauraient être invoqués que par l'administration forestière ou les communes, sans que les particuliers puissent en faire la base de leurs oppositions en invoquant les art. 151 et suivants du Code forestier (3).

143. Le préfet statue au double point de vue de l'intérêt forestier et de l'intérêt de la salubrité. — Ces dernières dispositions entraînaient, au cas qui nous occupe, l'obligation de réclamer une autorisation spéciale de l'administration forestière, en outre de l'autorisation requise pour tous les établissements classés. Cette double formalité a été ramenée à une seule par l'art. 3 du décret du 25 mars 1852, en vertu duquel « *les préfets statueront* en conseil de préfecture, sans l'autorisation du ministre des finances, mais sur l'avis et la proposition du chef de service *en matières* domaniales et *forestières*, sur les objets déterminés par le tableau C ci-annexé, » savoir (tableau C, n° 8) : « .... Demandes en autorisation concernant les établissements et constructions mentionnés dans les art. 151, 152, 153, 154 et 155, C. forest. » Il n'y a donc plus qu'une seule demande à adresser au préfet, qui accorde une autorisation unique après les préliminaires qu'on vient d'énumérer.

---

(1) Voir Clérault, n. 31.
(2) C. d'État, 23 juin 1819 (Blaise et consorts) ; 6 janv. 1830 (de Champigny).
(3) Voir ordonnance précitée du 6 janvier 1830.

§ V.

Fabriques de poudres à tirer et autres poudres détonantes.

LÉGISLATION. Ord. royale du 25 juin 1823; du 30 oct. 1836 (*Poudres détonantes*).

SOMMAIRE.

144. Fabriques de poudres à tirer. Non-recevabilité des oppositions. — 145. Fabriques de poudre détonante et fulminante.

144. Fabriques de poudre. — Non-recevabilité des oppositions. — Les fabriques de poudre à tirer, quoique rangées parmi les établissements de 1re classe, ne sont pas abandonnées à l'industrie privée, et par suite ne sont pas soumises aux règles ordinaires. L'État ayant seul le droit de se livrer à cette fabrication, il n'y a évidemment pas lieu à autorisation. De là résulte, pour les particuliers établis dans le voisinage, cette conséquence importante qu'ils ne sont pas recevables à former opposition à la création d'une fabrique de poudre. Quand le Gouvernement, par des considérations d'ordre public et dans l'intérêt de la défense du pays, a jugé utile de faire fabriquer de la poudre dans telle ou telle localité, l'exécution d'une pareille mesure ne saurait être contrariée par les conseils de préfecture, chargés, en droit commun, de prononcer sur les oppositions. Quelque dangereux et incommode que soit le voisinage d'une poudrerie, les particuliers ne peuvent en faire l'objet d'un recours au contentieux. C'est ce qu'a jugé expressément le conseil d'État en déclarant, par ordonnance du 17 septembre 1844 (ville de Metz), « que le décret du 15 oct. 1810 et les ordonnances des 14 janv. 1815, 25 juin 1823 et 30 oct. 1836, ne sont pas applicables aux poudreries appartenant à l'État dont l'existence intéresse la sûreté et la défense du territoire, et que les dispositions prises par le Gouvernement, relativement à ces établissements, ne peuvent devenir l'objet d'un recours par la voie contentieuse (1). »

Le seul droit des particuliers est d'obtenir une indemnité pour le préjudice qu'un pareil voisinage causerait à leur propriété, ainsi qu'il résulte de l'ordonnance du 20 novembre 1822.

(Voir, relativement aux salpêtriers, la loi du 10 mars 1819.)

145. Fabriques de poudre détonante et fulminante. — Ces fabriques, rangées dans la première classe par

---

(1) Voir dans le même sens, C. d'État, 20 nov. 1822 (Delaitre).—Favard de Langlade, *Rép.*, v° *Manufactures et Ateliers*.—Clérault, n° 222.

l'ordonnance royale du 25 juin 1823, expliquée par l'ordonnance de police du 21 juillet suivant, sont placées sous un régime spécial par l'ordonnance du 30 octobre 1836. Aux termes de ce règlement, les fabriques dont il s'agit doivent être éloignées, non-seulement des habitations, mais des routes et chemins publics (art. 1er); le plan annexé à la demande d'autorisation doit indiquer, outre la situation respective des bâtiments et ateliers qui devront être isolés les uns des autres, la position de la construction par rapport aux habitations, routes et chemins les plus voisins, et le détail de la distribution intérieure de chaque local (art. 2 et 3).

Tout changement aux dispositions du plan nécessitera une autorisation particulière, et la mise en activité de la fabrique ne pourra avoir lieu qu'après que l'autorité locale aura vérifié et constaté par un procès-verbal que le plan a été fidèlement exécuté (art. 2). (Voir, pour le détail des précautions prescrites pour l'exploitation, les art. 3-13 de l'ordonnance du 30 octobre 1836.) En cas de contravention, l'autorité locale est investie par exception du droit de prononcer la suspension provisoire de l'établissement, sauf à en référer à l'administration supérieure (art. 14).

La poudre-coton, comme toute autre préparation fulminante, rentre sous l'application des règlements relatifs aux poudres dont il vient d'être question.

§ VI.

Établissements situés dans le rayon des douanes. Fabriques de soude.

LÉGISLATION. Décrets du 15 octobre 1810, art. 6; du 25 mars 1852, art. 2.
— Ordonnance du 8 juin 1822.

SOMMAIRE.

146. Manufactures situées dans le rayon frontière. — 147. Fabriques de soude.

146. Manufactures situées dans le rayon frontière. — D'après l'art. 6 du décret du 15 octobre 1810, modifié par l'art. 2 et le § 9 du tableau B du décret du 25 mars 1852, et dans le but de pourvoir à la répression de la contrebande, le préfet statue relativement à l'autorisation des fabriques et ateliers en général dans le rayon des douanes, sur l'avis *conforme* du directeur des douanes. S'il y a désaccord entre les deux fonctionnaires, la décision ne peut être prise par le préfet; il doit la renvoyer au Gouvernement, représenté par le ministre des finances, qui est, en cette matière, le supérieur hiérarchique commun. C'est ce qui nous paraît résulter de la disposition générale de l'art. 6 du décret du 25 mars 1852, qui soumet les préfets à rendre compte de leurs actes aux ministres compétents pour les objets déterminés ; et autorise les ministres à réformer ou annuler ceux de ces actes qui seraient contraires aux lois et règlements et donneraient lieu aux réclamations des parties intéressées (1).

147. Fabriques de soude. — Les fabriques de soude, réglementées spécialement en vue du décret du 13 octobre 1809, qui les a affranchies de l'impôt sur le sel employé à la fabrication, rentrent sous l'application de la disposition précitée, si elles se trouvent dans le rayon des douanes. Celles qui sont situées ailleurs sont soumises pour l'autorisation aux règles du droit commun suivant la classe à laquelle elles appartiennent, sauf la nécessité, quelle que soit cette classe, de *l'avis* préalable du directeur général des douanes. En tous cas, aucune permission ne pourra être accordée, si la fabrique n'est fermée par un mur d'enceinte à hauteur suffisante, dans lequel il ne pourra être pratiqué d'autre communication avec l'extérieur que celle de la porte d'entrée (Ordonnance du 8 juin 1822).

§ VII.

Abattoirs, ateliers d'équarrissage, dépôts d'engrais et autres établissements de ce genre.

SOMMAIRE.

148. Abattoirs. Exception au décret du 22 mars 1852. — 149. Ateliers d'équarrissage, boyauderies et autres établissements soumis à des ordonnances du préfet de police. — 150. Dépôts d'engrais.

148. Abattoirs. — Exception au décret du 22 mars 1852. — Toute création d'un abattoir public emporte virtuellement la suppression des tueries particulières, et apporte ainsi une restriction notable au principe de la liberté de l'industrie. Par cette grave considération, le ministre de l'intérieur a décidé que les abattoirs étaient en dehors des dispositions du décret du 25 mars 1852, qui confèrent aux préfets l'autorisation des établissements de première classe, et que cette autorisation ne pouvait être accordée que par un décret rendu en conseil d'État (2).

---

(1) Voir Dufour, 2ᵉ édit., t. 2, nᵒ 500.
(2) Instruction ministérielle du 22 juin 1853.

En vertu de cette décision le préfet se borne à procéder à l'instruction de la demande et à transmettre toutes les pièces avec son rapport au ministre de l'intérieur, qui soumet l'affaire au conseil d'État. Le décret qui intervient n'a aucun caractère contentieux et ne peut être attaqué que par les tiers *qui n'ont pas comparu dans l'instruction*. Ces derniers peuvent, par la voie de l'opposition, obtenir au contentieux le rapport du décret, si les formalités, tendant à rendre l'instruction contradictoire, n'ont pas été remplies (1). Ils peuvent, en tous cas, par voie de tierce opposition, faire valoir les moyens tirés des inconvénients que présente pour eux l'établissement autorisé (2).

149. Ateliers d'équarrissage, boyauderies et autres établissements soumis à des ordonnances du préfet de police de Paris. — Un certain nombre d'établissements de première classe d'un genre particulièrement insalubre, tels que les ateliers d'équarrissage, les boyauderies, les dépôts d'engrais, ont été l'objet de diverses ordonnances émanées du préfet de police de Paris, qui indiquent, d'une manière générale, les conditions auxquelles les établissements de cette espèce peuvent être autorisés et exploités. La valeur légale de ces règlements doit être appréciée d'après le principe du décret du 25 mars 1852, qui, tout en conférant au préfet de police à Paris (voir ci-dessus, n° 9) le pouvoir d'accorder ou de refuser l'autorisation pour les établissements de première classe, soumet cependant ses décisions à la juridiction supérieure du conseil d'État. Le conseil d'État saisi par le recours du réclamant contre un refus d'autorisation du préfet de police, ou contre une autorisation assujettie à des conditions trop rigoureuses, ne saurait être lié par les règlements de ce dernier sans perdre son droit supérieur d'appréciation des conditions auxquelles il convient d'autoriser les établissements de première classe; il en est de même du conseil de préfecture auquel l'arrêté du préfet qui a concédé l'autorisation est déféré par les tiers conformément au décret du 25 mars 1852.

C'est ce qui résulte très-formellement d'un arrêt du conseil d'État, en date du 31 août 1845, rendu à l'égard d'un établissement d'une autre catégorie, mais par ce motif parfaitement applicable au cas actuel, « que les arrêtés par lesquels le préfet de « police a indiqué la ligne limitative, etc...., ne constituent que

---

(1) C. d'État, 13 fév. 1840 (Grangé).
(2) Dufour, 2ᵉ édit., t. 2, n. 505.

« des mesures provisoires d'administration, et ne font pas ob-
« stacle à ce que, lors du recours formé contre le refus d'auto-
« risation, il soit examiné par le conseil de préfecture, et par
« nous en notre conseil d'État, si l'emplacement désigné pré-
« sente des inconvénients qui soient de nature à ne pas permettre
« l'établissement (1). »

Du reste, les règlements dont il s'agit demeurent entièrement obligatoires à l'égard du fabricant qui a purement et simplement accepté la décision du préfet de police, ou dont le recours a été rejeté par le conseil d'État.

150. Dépôts d'engrais. — Aux termes de l'ordonnance de police du 31 mai 1821, les dépôts d'engrais *provenant de débris d'animaux* ne peuvent être établis, dans toutes les communes du ressort de la préfecture de police de Paris, qu'à une distance d'au moins deux cents mètres des habitations, et cent mètres des grandes routes. La distance des habitations doit être de deux cent cinquante mètres, si les dépôts se composent de boues et immondices.

Les fumiers ordinaires de cheval, de vache et de mouton, ne sont pas soumis aux dispositions de cette ordonnance.

CHAPITRE II.
Usines sur les cours d'eau.

LÉGISLATION. Pour les rivières navigables, l'arrêté du 19 ventôse an VI (*Mesures pour assurer le libre cours des eaux*), visant les art. 42, 43, 44, de l'ordonnance des eaux et forêts du mois d'août 1669 ; l'art. 2 de la loi des 29 novembre, 1er décembre 1790 ; le chap. VI de la loi des 12-20 août 1790 ; l'art. 4, 1re section, t. 2, de la loi des 28 septembre 6 octobre 1791 ; arrêté du 19 thermidor an VI (*sur les moulins et usines*) ; loi du 29 floréal an X (*Contraventions, compétence*) ; décret du 25 mars 1852, art. 4.— Pour les rivières non navigables, l'art. 2, section 2 de la loi du 8 janv. 1790 ; le chap. 6 de la loi du 20 août 1790 ; l'art. 16 de la loi du 6 octobre 1791 ; loi du 25 mai 1838, art. 6 (*Entreprises sur les cours d'eau*).

SOMMAIRE.

151. Nécessité d'une autorisation pour tous les établissements situés sur les cours d'eau. — 152. Autorité compétente pour statuer sur l'autorisation.

151. Nécessité d'une autorisation pour tous les établissements situés sur les cours d'eau. — De nom-

---
(1) C. d'État, 31 août 1845 (Ouvré). —2 avril 1852 (Nizerolles).

breuses raisons d'intérêt public (navigation, irrigation, assainissement, etc...) exigent le libre écoulement des cours d'eau, navigables ou non, l'un des objets les plus importants qui soient confiés à la vigilance de l'administration. En conséquence, aucun établissement de nature à influer sur le cours d'eau, et spécialement aucune usine quelconque, employant l'eau comme force motrice, ne peut être formé sans autorisation préalable et spéciale, qu'il soit d'ailleurs compris ou non dans la nomenclature des ateliers classés. En l'absence d'une autorisation, la démolition de l'établissement situé sur un cours d'eau peut être exigée, à moins qu'il ne réunisse certaines conditions d'origine qui varient, suivant que le cours d'eau est navigable ou non. Nous nous occuperons successivement des formalités à remplir pour la formation d'une usine nouvelle; des conditions suivant lesquelles une usine ancienne peut être dispensée d'autorisation; enfin, du régime auquel sont soumises les usines dont l'existence est régulière.

152. Autorité compétente pour statuer sur l'autorisation. — Jusqu'en 1852, c'était, d'après les lois précitées, dans les mêmes formes et de la même autorité, le chef de l'État, que devait être obtenue toute autorisation de créer une usine sur un cours d'eau, qu'il fût navigable ou non. Le décret du 25 mars 1852 a établi quant à l'autorité qui statue, et par suite quant aux formes à suivre, une distinction radicale, soit d'après le caractère de l'établissement, soit d'après celui du cours d'eau. Le préfet, dans chaque département, est désormais investi du droit de statuer (art. 4) « sans l'autorisation du ministre des travaux publics, mais sur l'avis ou la proposition des ingénieurs en chef, et conformément aux règlements et instructions ministérielles, sur tous les objets mentionnés dans le tableau D ci-annexé, savoir :

1° Autorisation, sur les cours navigables ou flottables, de prises d'eau faites au moyen de machines, et qui, eu égard au volume du cours d'eau, n'auraient pas pour effet d'en altérer sensiblement le régime.

2° Autorisation des établissements temporaires sur lesdits cours d'eau (navigables ou flottables), alors même qu'ils auraient pour effet de modifier le régime ou le niveau des eaux; fixation de la durée de la permission.

3° Autorisation, sur les cours d'eau non navigables ou flottables, de tout établissement nouveau, tel que moulin, usine, barrage, prise d'eau d'irrigation, patouillet, bocard, lavoir à mines.

4° Régularisation de l'existence desdits établissements lorsqu'ils ne sont pas encore pourvus d'autorisation régulière, ou modification de règlements déjà existants. »

Il résulte de ces dispositions que les seules demandes qui doivent être adressées désormais au chef de l'État, conformément à l'arrêté du 19 ventôse an VI, sont celles relatives à la formation d'établissements permanents sur les cours d'eau navigables ou flottables, bras et canaux qui en dérivent ou y sont assimilés (1); et que le préfet est compétent pour statuer sur toutes les autres demandes.

§ I.

Usines sur les cours d'eau navigables.

Art. 1ᵉʳ. — De l'autorisation et des formalités qui y sont relatives.

SOMMAIRE.

153. Demande et première phase de l'instruction. — 154. Des demandes en concurrence. — 155. Des oppositions. Quand il y a lieu à sursis.— 156. Le renvoi au contentieux administratif n'est jamais ordonné.—157. Portée des divers moyens d'opposition. — 158. Arrêté préparatoire du préfet. — 159. Instruction devant l'administration supérieure. Décret impérial. — 160. Recours du postulant contre le décret impérial. — 161. Recours des tiers. Tierce opposition devant le conseil d'État.— 162. Action devant les tribunaux civils.— 163. Caractère de l'autorisation. Dispense d'autorisation pour les usines antérieures à 1566. — 164. Obligation d'effectuer les travaux dans le délai fixé. Procès-verbal de récolement.

153. Demande et première phase de l'instruction. — D'après l'instruction ministérielle du 19 thermidor an VI, et la circulaire du directeur général du 16 novembre 1834, les formalités à remplir sont les suivantes :

La demande est adressée au préfet, avec motifs à l'appui (2) et circonstances explicatives.

La demande est transmise par le préfet au maire de la commune où sera situé l'établissement, puis affichée pendant vingt jours, avec invitation aux intéressés de fournir toutes observations dans ce délai ou dans les trois jours qui suivront. Il suffit, pour la régularité de l'enquête, qu'elle ait lieu dans la commune

---

(1) C. d'État, 27 avril 1825 (Demolon) ; 25 mai 1832 (Apté) ; 4 avril 1837 (Dutilleul); 8 mars 1844 (Hirt).—Voir Dalloz, v° *Eaux*, n. 336.

(2) MM. Nadault de Buffon, *Traité des usines*, t. 2, p. 478, et Dufour, *Traité de droit administratif*, 1ʳᵉ édit., t. 2, conseillent de joindre un acte authentique constatant que le pétitionnaire est propriétaire des rives qui doivent supporter les constructions, ou qu'il a obtenu le consentement du propriétaire.

où se trouve le siége de l'établissement, alors même que les travaux s'étendraient sur le territoire d'une autre commune (1).

Après l'expiration des vingt-trois jours, le maire dresse un procès-verbal où il consigne les oppositions ou observations même verbales, avec son avis, et autant que possible celui du conseil municipal.

Ce procès-verbal d'enquête est envoyé au sous-préfet, qui le renvoie au préfet avec ses observations, puis communiqué à l'ingénieur en chef, qui fait procéder à la visite des lieux et à l'instruction administrative par l'ingénieur ordinaire de l'arrondissement.

L'ingénieur se transporte sur les lieux après avoir prévenu le maire de la commune, avec invitation d'avertir lui-même les intéressés; il fait les constatations nécessaires, lève les plans ou vérifie ceux produits, reçoit les observations et dresse un rapport contenant ses propositions, avec l'ensemble des conditions de l'autorisation à intervenir.

Toutes les pièces de l'affaire ainsi instruite sont de nouveau déposées, pendant quinze jours, à la mairie, pour provoquer en pleine connaissance de cause les observations des parties intéressées; et, après la clôture de cette seconde enquête, le dossier est renvoyé à l'ingénieur en chef, qui approuve ou modifie le projet de l'ingénieur ordinaire, et adresse le tout au préfet.

154. Des demandes en concurrence. — Dans le cours de l'instruction, il intervient fréquemment, soit des demandes en concurrence, soit des oppositions. Lorsque les demandes s'excluent l'une l'autre, parce que l'établissement simultané de plusieurs usines ne peut être convenablement autorisé, le préfet accorde la préférence à celle qui lui paraît offrir le plus de garanties, sans être lié par la priorité de telle ou telle pétition, et sans avoir à rendre compte des motifs de son choix.

155. Des oppositions. — Quand il y a lieu à sursis. — Les oppositions peuvent être formées, soit par acte d'huissier, soit par déclaration insérée au procès-verbal d'enquête, soit même par lettre adressée à l'un des fonctionnaires chargés de l'information (2). Il y est statué dans des formes et par des autorités diverses, suivant leur nature.

Si elles sont fondées sur des droits de propriété ou d'usage et autres titres purement civils, le préfet doit en renvoyer l'ap-

---

(1) C. d'État, 18 nov. 1852 (Magnier).
(2) Voir Garnier, *Régime des eaux*, t. 3, p. 235.

préciation aux tribunaux civils, et surseoir jusqu'à leur décision (1); s'il passe outre, l'autorisation à intervenir ne pouvant jamais préjudicier aux droits des tiers (voir ci-après n° 162), ceux-ci conservent la faculté de les faire valoir utilement devant la juridiction civile (2).

Si les oppositions ne sont fondées que sur les effets préjudiciables que peut produire le nouvel établissement, sans porter atteinte à des droits de propriété, tels que l'inondation des prairies voisines, ou l'élévation des eaux sous la roue d'une usine supérieure, ou la diminution de la force motrice d'un moulin préexistant, etc..., c'est à l'administration qu'il appartient d'apprécier ces questions aussi bien que la demande elle-même. Rien ne s'oppose donc à ce que le préfet donne suite à l'affaire, en prenant en juste considération les motifs allégués.

156. Le renvoi au contentieux administratif n'est jamais ordonné. — Il n'y a pas non plus lieu à sursis, comme le fait observer M. Dufour, quand le titre invoqué par un tiers à l'appui de son opposition est un acte administratif dont l'interprétation et l'appréciation appartiennent à l'autorité administrative contentieuse d'après le droit commun. Dans ce cas, le débat sera vidé sur cet incident comme sur le fond, sans renvoi préjudiciel au contentieux administratif, par la décision à intervenir sur la demande d'autorisation.

C'est l'application d'un principe constant en vertu duquel les questions contentieuses qui, en matière administrative, s'élèvent dans l'instruction d'une affaire qui doit être terminée par un décret du chef de l'État rendu dans la forme d'un règlement d'administration publique, sont considérées comme discutées contradictoirement par suite des formalités et lors des enquêtes qui accompagnent l'instruction, et sont tranchées par ce décret, aussi bien que les questions purement administratives (3).

157. Portée des divers moyens d'opposition. — La portée et la valeur des divers moyens d'opposition, qui ont beaucoup plus d'importance à l'égard des usines établies sur des cours d'eau non navigables ni flottables, seront examinées ci-après à l'occasion de ces dernières. (Voir n° 184.)

158. Arrêté préparatoire du préfet. — Le préfet, sauf

---

(1) Argument tiré de l'ordonnance du C. d'État, 14 déc. 1825 (Ricou).
(2) C. d'État, 2 mars 1832.
(3) C. d'État, 13 décembre 1833 (Vaillant); 29 août 1834 (Jobard); 11 janv. 1837 (Gayet).

l'application des règles ci-dessus exposées à l'égard des oppositions, termine la première phase de l'instruction par un *arrêté préparatoire* qui, en réalité, n'est qu'un simple avis sans aucun effet définitif jusqu'à la décision du chef même de l'État, mais qui, cependant, est notifié à toutes les parties intéressées, et autorise le pétitionnaire à exécuter immédiatement ses travaux, si cet arrêté est favorable.

Cet effet de l'arrêté préparatoire déjà admis sous l'empire des anciens principes n'est pas contestable en présence des dispositions précitées (n° 152) du décret de 1852, qui élargissent si notablement les pouvoirs des préfets.

Mais en présence de cette autorisation toute provisoire, l'exécution n'a lieu qu'aux risques et périls du postulant, et n'empêche pas l'instruction de suivre librement son cours devant l'administration supérieure.

159. Instruction devant l'administration supérieure. — Décret impérial. — L'arrêté préfectoral renvoyé au ministre des travaux publics est, ainsi que toutes les pièces de l'instruction, l'objet d'un examen approfondi. Le postulant, si cet arrêté lui est contraire, peut le combattre en produisant, soit directement, soit par le ministère d'un avocat aux conseils, tous les arguments à l'appui de sa demande. Les tiers, de leur côté et par les mêmes voies, peuvent renouveler leurs oppositions. Le ministre demande au besoin de nouveaux renseignements au préfet ou aux agents de l'administration des ponts et chaussées. Enfin l'instruction étant complète et close, l'affaire est envoyée au conseil d'État, et un décret est rendu en la forme des règlements d'administration publique.

160. Recours du postulant contre le décret impérial. — Le décret impérial qui accorde à certaines conditions, ou refuse l'autorisation, est définitif à l'égard du pétitionnaire, excepté dans le cas où les formalités prescrites n'auraient pas été remplies (1). Sauf cette circonstance qui rendrait recevable un recours au conseil d'État dans les formes ordinaires, il ne peut l'attaquer par la voie contentieuse. (2) S'il se croit lésé dans ses droits ou sa propriété, il peut seulement, usant du recours ouvert par l'art. 40 du règlement du 22 juillet 1806, en matière non contentieuse, solliciter la réformation du décret par une requête adressée au chef de l'État qui, sur le rapport du ministre com-

---

(1) C. d'État (de Capol c. Porion, 11 janv. 1851.
(2) C. d'État, 8 juin 1850 (Quénisset) (*Jurisprudence constante*).

pétent, renvoie l'affaire, s'il y a lieu, à un nouvel examen du conseil d'État.

161. Recours des tiers. — Tierce opposition devant le conseil d'État. — Il en est autrement à l'égard des tiers dont les droits seraient atteints par l'autorisation même, ou par quelqu'une des conditions prescrites par l'administration. Ils peuvent, suivant les cas, se pourvoir, soit devant le conseil d'État par la voie contentieuse, soit même devant les tribunaux ordinaires, ainsi qu'il va être expliqué :

1° Les tiers peuvent former tierce opposition devant la section du contentieux du conseil d'État, quand ils n'ont pas été appelés à présenter leurs observations dans l'instruction ; ils sont alors recevables à présenter devant le conseil d'État tous les moyens qui auraient pu être pris en considération dans l'instruction, s'ils y avaient figuré. Si, au contraire, ils ont été entendus dans l'enquête, les formes suivies sont considérées comme leur ayant présenté des garanties suffisantes (voir ci-dessus n° 156) ; ils n'ont plus de recours par la voie contentieuse, et il ne leur reste que le moyen peu efficace de la requête au chef de l'État, par la voie gracieuse dont il a été question ci-dessus (C. d'État, 13 février 1840 (Lissot).

162. Action devant les tribunaux civils. — 2° Les tiers qui invoquent la violation d'un titre de propriété, ou en général de tout titre du droit civil, ont toujours et en tous cas, qu'ils aient été entendus ou non dans l'instruction, une action devant les tribunaux civils dont on déterminera plus loin les conditions et les effets (voir n° 200).

163. Caractère de l'autorisation. — Dispense d'autorisation pour les usines antérieures à 1566. — Il n'y a d'autorisation ou concession régulière pour les usines situées sur des cours d'eau, navigables ou flottables, que celles qui émanent du chef de l'État, seul investi de la garde du domaine public dont les cours d'eau font partie. Ces autorisations ou concessions peuvent être valablement intervenues sous l'empire des lois anciennes comme sous l'influence de la législation actuelle. Toutefois, il y a lieu, quant à leur effet, d'établir une distinction importante, d'après l'époque à laquelle elles se rapportent.

Aux termes de l'édit de 1683, qui a prohibé d'une manière absolue l'aliénation du domaine de la couronne, les concessions *antérieures au* 1er *avril* 1566 sont de véritables titres de propriété, et comme tels incommutables (voir les conséquences de ce principe, n° 167); celles postérieures à cette date, qu'elles soient d'ailleurs intervenues avant ou après l'abolition du régime féodal, ne sont que des permissions susceptibles d'être retirées ou modifiées suivant les besoins de la navigation, comme on l'expliquera plus loin (voir n° 165).

A défaut d'autorisation, l'existence des usines sur un cours d'eau navigable ou flottable est irrégulière. Quelle que soit la tolérance dont l'administration ait usé jusqu'alors, elle peut toujours en ordonner la démolition. L'origine immémoriale de l'établissement ne saurait suppléer à l'autorisation, si ce n'est dans le cas unique où cette origine serait antérieure au 1er avril 1566. Cette exception au principe général résulte de l'ordonnance de 1668, confirmée par l'édit de 1683, et portant que ceux qui n'auraient pas d'acte de concession émané d'un des rois de France ne seraient maintenus dans leurs établissements que s'ils pouvaient justifier d'une possession remontant au moins à la date précitée.

Cette disposition est demeurée en pleine vigueur, bien que l'application en devienne de plus en plus difficile; c'est d'ailleurs à celui qui invoque cette ancienne possession à en administrer la preuve, qui peut résulter de tous actes quelconques établissant en fait l'existence de l'usine avant 1566 aux lieux mêmes où elle subsiste encore (1).

164. Obligation d'effectuer les travaux dans le délai fixé. — Procès-verbal de récolement. — Sauf le cas exceptionnel où l'ancienne possession dispense de l'autorisation expresse, le décret ou arrêté portant autorisation énumère en détail les conditions auxquelles cette autorisation est subordonnée, et dont l'ensemble constitue le règlement de l'usine. Il fixe en outre un délai dans lequel les travaux nécessaires doivent être effectués à peine de déchéance.

A l'expiration du délai, l'ingénieur ordinaire de l'arrondissement visite les lieux et constate dans un procès-verbal de récolement dressé aux frais du concessionnaire si les travaux sont opérés conformément aux règles prescrites. En cas d'affirmative, l'autorisation est définitivement acquise. Si, au contraire, il résulte du rapport de l'ingénieur que l'usinier ne s'est pas conformé aux prescriptions administratives dans le temps fixé, l'au-

---

(1) Un arrêt de cassation du 21 mai 1855 (meuniers de Vernon), vient de décider que c'est à l'autorité judiciaire et non à l'autorité administrative qu'il appartient de décider si l'établissement d'une usine est antérieur à 1566, et si, par suite, sa suppression donne lieu à indemnité (n° 167). (*Gazette des Tribunaux* du 22 mai 1855).

torisation est révoquée; l'administration supérieure ordonne que le régime des eaux sera rétabli tel qu'il était auparavant, aux frais du propriétaire négligent, et recouvre la faculté de faire droit à une autre demande.

Art. 2. — Régime des usines autorisées sur les cours d'eau navigables.

SOMMAIRE.

165. Effets de l'autorisation définitive subordonnés aux besoins de la navigation. — 166. Principe de non-indemnité. — 167. Exceptions au principe de non-indemnité. — 168. Base du calcul de l'indemnité. — 169. Juridiction compétente pour régler l'indemnité. — 170. De l'inexécution des conditions et des innovations importantes. — 171. Des réparations. Autorisation du préfet. — 172. De l'abandon d'une usine. — 173. Destruction sans indemnité des usines non autorisées. — 174. Suppression pour inexécution des conditions. Recours. — 175. Infractions constituant des contraventions de grande voirie. — 176. Pénalités. Modération des peines par le chef de l'État. — 177. Responsabilité civile à l'égard des amendes. — 178. Prescription.

165. Effets de l'autorisation définitive subordonnés aux besoins de la navigation. — L'autorisation sanctionnée par le procès-verbal de récolement constitue au profit de l'usinier un véritable titre, en ce sens que la concession ne peut plus être arbitrairement retirée, tant que le concessionnaire observe les conditions prescrites (voir pour le cas d'inexécution des conditions, n° 174). Toutefois cette concession n'a rien de commun avec une cession de propriété, et l'intérêt public qui, en matière de cours d'eau navigables, domine tous les autres intérêts et ne peut jamais être abandonné par le Gouvernement, autorise toutes les mesures que les besoins de la navigation réclament. Ainsi l'autorisation ne fait pas obstacle à ce que la modification des ouvrages, la suspension des travaux, même la suppression totale et définitive de l'usine, soient ordonnées pour le service de la navigation. Ces mesures sont prises par arrêtés préfectoraux, qui peuvent être l'objet d'un recours administratif devant le ministre, mais non d'un recours par la voie contentieuse devant le conseil d'État, excepté en cas d'excès de pouvoir (1).

166. Principe de non-indemnité en cas de suppression. — En application de ces principes, toutes les ordonnances qui autorisent des usines à eau portent cette réserve qu'il ne pourra jamais être réclamé d'indemnité à raison des disposi-

---

(1) C. d'État, 19 mars 1840; 27 nov. 1844; 18 avril 1845; 25 déc. 1845, etc.

tions que le Gouvernement jugerait à propos de faire pour l'avantage de la navigation, du commerce et de l'industrie, même dans le cas de démolition (1).

Du reste, que cette clause soit insérée ou non dans les ordonnances d'autorisation, la jurisprudence a décidé que l'administration conserve à l'égard des cours d'eau navigables ou flottables la faculté de pourvoir librement à l'intérêt public, et qu'en conséquence les mesures prises dans ce but ne sauraient donner lieu à aucune indemnité au profit des concessionnaires dépossédés (2).

167. Exceptions au principe de non-indemnité. — Cependant ce principe reçoit plusieurs exceptions, et une indemnité est due :

1° Au cas où il serait justifié, par le propriétaire d'une usine de l'existence régulière de l'établissement antérieurement à 1566 (n° 163 et la note 1). C'est la conséquence du droit définitif reconnu à ces usines anciennes par l'édit de 1683 (3) ;

2° Au cas où par un acte de vente nationale, il y a eu affectation spéciale d'une force motrice à une usine postérieure à 1566 ; une telle clause engage la garantie de l'État, et le rend responsable de la perte de la chose stipulée (4) ;

3° Au cas où la concession, même d'origine moderne, n'aurait été accordée qu'à titre onéreux et sous la condition de sommes versées à l'État (5).

168. Base du calcul de l'indemnité. — En cas d'existence ancienne de l'usine, l'indemnité à accorder au propriétaire doit être calculée d'après la force motrice de l'usine, telle qu'elle était en 1566 (6), sans avoir égard aux augmentations qu'elle pourrait avoir reçues depuis ; mais, la consistance originaire de la force motrice étant ainsi déterminée, c'est l'état et la valeur actuelle de l'usine fonctionnant au moyen de cette force

---

(1) C. d'État, 15 mars 1826 (Gautier).

(2) C. d'État, 19 mars 1840 (Conqueret (*Jurisprudence constante*). — Voir Nadault de Buffon, *Traité des usines*, t. 1, p. 348.

(3) C. d'État, 30 mars 1846 (de Boisset) ; 29 juillet 1846 (Monard) ; 5 sept. 1846 (Morlet) ; 15 déc. 1846 (Jouvin). — Voir Nadault de Buffon, t. 1, p. 348 ; Daviel, t. 1, n. 356.

(4) C. d'État, 22 mars 1841 ; 16 mars 1842 ; 3 déc. 1846 (Peyrousse).

(5) Avis du ministre des travaux publics du 14 janv. 1839 (Lebon, *Arrêts du conseil*, 1839, p. 50) ; Nadault de Buffon, t. 1, p. 348.

(6) Dans les cas prévus au n. 167, 2° et 3°, c'est au moment de la concession du droit par l'État qu'il faut s'attacher.

non augmentée en elle-même, bien que mieux utilisée, qui doit être la base de l'indemnité. Tel est le principe que le conseil d'État a très-nettement établi, contrairement à l'avis du ministre des travaux publics qui soutenait que c'était *l'état même de l'usine en* 1566 qu'il fallait seul prendre en considération, sans tenir compte des améliorations permises par lesquelles le propriétaire avait tiré un plus grand parti de la force motrice, sans la modifier elle-même (1).

Quand la suppression, altération ou chômage de l'usine, sont le résultat de travaux publics effectués dans un autre intérêt que celui de la police des cours d'eau et de la navigation, comme la construction d'un quai pour l'embellissement d'une ville, l'indemnité est due pour toute usine régulièrement existante (voir à ce sujet n° 188).

169. Juridiction compétente pour régler l'indemnité. — D'après la jurisprudence constante du conseil d'État, les demandes en indemnité doivent être portées devant le conseil de préfecture en première instance, et en appel devant le conseil d'État.

C'est la conséquence de ce principe proclamé par le conseil d'État (mais contesté par la Cour de cassation), que les actes de concession qui forment les titres des propriétaires d'usines sur les cours d'eau navigables doivent être considérés comme des actes administratifs, dont l'appréciation ne peut appartenir qu'à la juridiction administrative (2). Ajoutons même que, si le sens des actes émanés du pouvoir souverain et invoqués par les réclamants était contesté, le conseil de préfecture devrait surseoir à statuer jusqu'à ce que l'interprétation de ces actes eût été donnée par la section contentieuse du conseil d'État (voir cependant n° 163, note 1).

170. De l'inexécution des conditions et des innovations importantes. — Nous examinerons en détail, au sujet des usines sur les cours d'eau non navigables, les effets de l'autorisation accordée, en ce qui concerne les conditions que le concessionnaire doit remplir pour en conserver le bénéfice (voir n° 193), et en ce qui concerne les droits des tiers (n° 200). Les mêmes règles sont en général sur ces divers points applicables aux deux catégories d'usines.

On verra que l'autorisation peut être retirée, à défaut par

---

(1) C. d'État, 25 janvier 1851 (Boin).
(2) C. d'État, 17 mai et 5 sept. 1844.—*Contrà*, C. cass., 21 mai 1855.

l'usinier de se soumettre aux conditions prescrites (n° 193); qu'il ne peut, sans solliciter une autorisation nouvelle et dans les mêmes formes que la première, ni changer son établissement de place, ni même y faire quelque innovation importante (Inst. du 19 thermidor an VI (n° 194); que la reconstruction d'une usine détruite exige généralement une nouvelle autorisation, à la différence des simples réparations (n° 198).

171. Des réparations. — Autorisation du préfet. — Toutefois, la distinction entre les réparations proprement dites et les innovations importantes, étant souvent difficile à établir, et l'usinier, qui prend sur lui d'effectuer les premières, agissant toujours à ses risques et périls, la prudence conseille de ne se livrer à des réparations de quelque étendue qu'après s'être fait autoriser. Cette précaution, d'une grande difficulté pratique sous l'empire de la législation précédente, qui nécessitait, en pareil cas, l'obtention d'un décret en conseil d'État comme pour une concession, nous semble devenue fort simple en présence du décret du 25 mars 1852. A notre avis la faculté accordée aux préfets d'autoriser sur les rivières navigables les ouvrages qui n'altèrent pas sensiblement le régime des eaux entraîne incontestablement celle d'autoriser valablement tous les travaux ayant le caractère de réparations même considérables.

172. De l'abandon d'une usine. — Ajoutons, relativement aux conséquences de l'abandon d'une usine, qu'aucune disposition du droit actuel n'a reproduit la règle de l'ancien droit d'après laquelle l'abandon d'un moulin ou autre établissement sur un cours d'eau navigable, pendant dix ans, entraînait la nécessité d'une concession nouvelle (1), et qu'il en est par conséquent, à cet égard, comme pour les usines sur les cours d'eau non navigables (n° 199).

173. Destruction sans indemnité des usines non autorisées. — L'administration est armée des moyens les plus efficaces pour assurer l'exécution des règlements relatifs aux usines sur les cours d'eau navigables ou flottables :

1° Toute usine dont l'existence, postérieure à 1566, n'est point autorisée, peut être détruite par ordre du préfet du département (Ordonnance de 1669, art. 43 ; Arrêté du 19 ventôse an VI, art. 4 et 5). Cette mesure peut être mise à exécution sans autre

---

(1) Voir Daviel, *Législation des cours d'eau*, t. 1, n. 192.

motif que l'irrégularité de l'existence de l'établissement, quelle que soit la longue tolérance dont il ait été l'objet jusqu'alors (1).

Il est d'ailleurs de principe qu'aucune indemnité ne peut être en aucun cas réclamée au profit d'une usine non régulièrement existante (2), et qu'aucune opposition à l'établissement d'un ouvrage quelconque de nature à nuire au propriétaire d'une telle usine n'est recevable de la part de ce propriétaire (3).

Tout propriétaire d'usine non autorisée a donc le plus grand intérêt à solliciter la régularisation de sa position au moyen d'une demande d'autorisation formée et suivie de la même manière que s'il s'agissait de la création d'un établissement nouveau (n° 153).

174. Suppression pour inexécution des conditions. —Recours. — 2° Les usines autorisées, à défaut d'exécution des conditions prescrites par l'ordonnance d'autorisation, peuvent être supprimées aussi bien que les usines sans existence légale. Si l'infraction au règlement de l'établissement consiste dans l'adjonction d'ouvrages non autorisés, la destruction de ces ouvrages peut être ordonnée. L'une et l'autre mesure peut être prise sur le rapport des agents de l'administration, soit par le ministre des travaux publics que l'ordonnance d'autorisation charge toujours, d'une manière expresse, de veiller à son exécution, soit par le préfet en vertu des pouvoirs de police qui lui appartiennent en matière de grande voirie. La partie a droit de recourir au ministre contre la décision du préfet, et au conseil d'État contre la décision du ministre.

175. Infractions constituant des contraventions de grande voirie. — 3° Indépendamment des mesures que peut prendre ou ne pas prendre à son gré l'administration active, toutes infractions aux lois et règlements concernant les cours d'eau navigables et flottables, et, par suite, les usines situées sur ces cours d'eau, sont punies comme contraventions de grande voirie. Ces contraventions sont constatées par les agents des ponts et chaussées et de la navigation, les maires, adjoints, gardes champêtres. Elles sont déférées au conseil de préfecture investi par la loi du 29 floréal an x, art. 1er, de la connaissance des contraventions en matière de grande voirie, et

---

(1) C. d'État, 25 avril 1836 (Vigule).
(2) C. d'État, 7 janv. 1842 (Piard).
(3) C. d'État, 7 mai 1823 (Pouguet).

spécialement des entreprises sur les fleuves et rivières navigables.

176. Pénalités.—Modération des peines par le chef de l'État seul. — Les peines à appliquer sont, d'après l'arrêt du conseil du 24 juin 1777 : 1° une amende de 1,000 livres ou de 500 livres, suivant qu'il s'agit d'ouvrages non autorisés, ou de simples obstacles au libre découlement des eaux ; amende qui, d'après la loi du 23 mars 1842, peut être réduite jusqu'au vingtième ; 2° la démolition immédiate des ouvrages d'où résulte la contravention.

Du moment où la contravention est constante, c'est-à-dire où il est prouvé que, soit l'usine elle-même, soit tel ou tel ouvrage particulier, existe sans autorisation, l'une et l'autre peine doit être intégralement prononcée, par le conseil de préfecture qui statue comme tribunal, et n'apprécie pas comme administrateur. Le conseil d'État réforme constamment les décisions des conseils de préfecture qui, en vue du peu de gravité de la contravention, abaissent le taux de l'amende au-dessous du minimum, ou ajournent la démolition des ouvrages (1). Mais hâtons-nous d'ajouter que le droit refusé au conseil de préfecture appartient à l'Empereur en son conseil, et que, en conséquence de ce principe, la partie peut obtenir la modération de la peine en formant un recours au conseil d'État par la voie contentieuse.

177. Responsabilité civile à l'égard des amendes. — Quoique les peines soient en principe personnelles, c'est-à-dire qu'elles ne doivent être supportées que par celui qui a commis l'infraction, cette règle reçoit exception à l'égard des amendes prononcées pour contraventions, parce que ces amendes sont considérées comme une réparation civile du dommage causé par la contravention. Il en résulte que l'amende encourue par suite du fait d'un serviteur à gages, d'un garde moulin, par exemple, peut être exigée du propriétaire ou meunier de l'usine, civilement responsable des faits de son subordonné (2).

178. Prescription. — La prescription d'un an établie par l'art. 640, Cod. inst. crim., est, d'après une jurisprudence désormais constante (3), applicable aux contraventions dont il

---

(1) C. d'État, 6 mai 1836 ; 21 mai 1852 (Didier) ; 13 avril 1855 (Benassit). (*Jurisprudence constante.*)
(2) C. d'État, 13 août 1852 (Messageries).
(3) C. d'État, 25 janv. 1858 (Compagnie des riverains de la Loire).

s'agit. Aucune peine, ni aucune reparation civile, ne peuvent être prononcées pour faits antérieurs de plus d'un an à la décision du conseil de préfecture; mais il ne faut pas perdre de vue que, tant que les ouvrages non autorisés subsistent, la contravention se perpétue, et la prescription ne peut courir.

§ II.
Usines sur les cours d'eau non navigables ni flottables.
Art. 1er. — De l'autorisation et des formalités qui y sont relatives.

SOMMAIRE.

179. Nécessité d'une autorisation qui est conférée par le préfet. — 180. Formalités de la demande et de l'instruction. — 181. Caractère purement administratif de l'arrêté préfectoral. Recours pour excès de pouvoir. — 182. Recours au ministre des travaux publics.—183. Tierce opposition. — 184. Moyens à l'appui des oppositions ou recours. — 185. Autorisation implicite résultant de l'existence antérieure à 1790 ou d'un acte de vente nationale. — 186. Conséquences de l'absence ou du refus d'autorisation.

179. Nécessité d'une autorisation qui est conférée par le préfet. — Sans qu'il soit nécessaire d'entrer dans aucune discussion théorique sur la propriété des rivières non navigables ni flottables (1), il faut reconnaître que la police de ces cours d'eau appartient incontestablement à l'administration. Il résulte de là, aux termes des lois du 20 août 1790, ch. VI, et 6 octobre 1791, art. 16, que même sur les petites rivières et ruisseaux le droit des propriétaires riverains de mettre à profit les pentes et chutes d'eau pour y établir des usines est subordonné à une autorisation administrative (2). Cette autorisation, d'après le décret précité du 25 mars 1852 (n° 152), est aujourd'hui accordée par le préfet, aussi bien pour les usines et autres établissements permanents situés sur les cours d'eau non navigables ni flottables, que pour les établissements temporaires sur les rivières même navigables.

180. Formalités de la demande et de l'instruction. — L'art. 4 du décret maintient expressément l'application des règles existantes pour l'instruction de la demande en autorisation. Elle devra donc être présentée et suivie dans les formes qui ont été tracées ci-dessus (n° 153); seulement, l'instruction sera

---

(1) On peut voir sur cette grave question le résumé des divers systèmes présenté par Dalloz, v° *Eaux*, n. 208-215.

(2) C. d'État, 23 août 1836 (Frévin); 21 déc. 1837; 14 fév. 1835.

close et l'affaire terminée par l'arrêté du préfet qui, au lieu d'être simplement préparatoire, a désormais le caractère de décision définitive.

181. Caractère purement administratif de l'arrêté préfectoral. — Recours pour excès de pouvoir. — L'arrêté préfectoral pour les cours d'eau non navigables, aussi bien que le décret impérial à l'égard des cours d'eau navigables, a le caractère d'une mesure purement administrative; il n'est pas, par conséquent, susceptible d'être attaqué par la voie contentieuse, pourvu que le préfet n'ait pas excédé ses pouvoirs, et ait observé les formes prescrites.

L'arrêté du préfet pourrait être directement déféré au conseil d'État par la voie contentieuse, suivant un principe appliqué en toute matière, s'il était entaché d'excès de pouvoir. Il en serait ainsi, par exemple, si le préfet avait opéré sans faire procéder aux enquêtes; mais il n'en serait pas de même si, après l'instruction régulièrement faite, l'administration modifiait les conditions de l'autorisation ou en ajoutait de nouvelles sans faire procéder à une nouvelle enquête (1).

Il y aurait empiétement sur les attributions de l'autorité judiciaire et excès de pouvoir, dans toute disposition d'un arrêté d'autorisation qui aurait pour objet unique de faire cesser une contestation particulière, attendu que les préfets n'ont le droit de régler le régime des moulins et usines établis sur les cours d'eau que dans un but de police et d'utilité générale (2).

182. Recours au ministre des travaux publics. — Quand l'arrêté du préfet est régulier, il peut néanmoins être déféré au ministre des travaux publics, conformément à cette règle générale en matière administrative, que le supérieur hiérarchique peut toujours, sauf exceptions formellement spécifiées, réformer les actes de son subordonné. Ce recours est d'ailleurs consacré expressément par l'art. 6 du décret de 1852, d'après lequel les actes des préfets qui seraient contraires aux lois et règlements, ou *qui donneraient lieu aux réclamations des parties intéressées,* pourront être annulés ou réformés par les ministres compétents; mais il résulte du caractère administratif et non contentieux de l'acte en question que la décision du ministre ne saurait être à son tour déférée au conseil d'État (3).

---

(1) C. d'État, 6 mai 1855 (Couleaux).
(2) C. d'État, 24 mai 1854 (Hallez).
(3) C. d'État, 4 mai 1854 (Appay et consorts); 14 juin 1852 (Duchesne).

Le ministre des travaux publics, saisi par le recours du pétitionnaire ou des tiers intéressés, examine à nouveau l'affaire, prend auprès du préfet tous les renseignements, fait procéder, s'il y a lieu, à une nouvelle information, et décide, après avis du conseil général des ponts et chaussées, soit en maintenant, soit en modifiant, soit en réformant l'arrêté du préfet.

Nous ne saurions trop recommander ce recours, nouveau dans la matière, à toute l'attention des parties intéressées. Il est d'autant plus utile et efficace, que le ministre des travaux publics, auquel aboutissaient antérieurement toutes les demandes d'autorisation d'usine, possède tous les éléments désirables pour remédier aux erreurs que pourraient commettre les préfets. Seul, d'ailleurs, il remplace les garanties désormais supprimées qui résultaient de l'intervention nécessaire du ministre et du conseil d'État.

183. Tierce opposition. — Le recours devant le ministre est ouvert, non-seulement au postulant, mais aux tiers intéressés dont les oppositions n'auraient pas été accueillies par le préfet, ou même qui n'auraient pas paru dans l'instruction. Ces derniers auraient en outre la faculté de former tierce opposition, soit à la décision du préfet, soit à celle du ministre, qui aurait accordé l'autorisation.

184. Moyens à l'appui des oppositions et recours. — Tous les motifs puisés, soit dans des droits préexistants, soit dans des intérêts privés menacés, peuvent être présentés comme moyens d'opposition, de recours au ministre ou de tierce opposition, sauf ceux tirés des inconvénients de la concurrence (1). On invoque habituellement le préjudice que la nouvelle usine peut causer ou à des propriétés voisines que la retenue d'eau exposerait à l'inondation, ou à des usines antérieurement établies dont la force motrice se trouverait diminuée.

185. Autorisation implicite résultant de l'existence antérieure à 1790 ou d'un acte de vente nationale. — Sont réputés titres légitimes à l'égard des usines sur les cours d'eau non navigables ni flottables les actes de vente nationale portant cession d'usines faite par l'État à des particuliers (2). Il en est de même de toutes les autorisations émanées des anciens seigneurs, considérés à la fois, et comme les représentants de la puissance publique, et généralement comme les

---

(1) C. d'État, 8 janv. 1815 (Seuly).
(2) C. d'État, 18 juin 1852 (Roussille).

propriétaires des cours d'eau non navigables ni flottables dans l'étendue de leurs fiefs (1). A défaut de titres formels obtenus, soit des seigneurs avant 1789, soit du chef de l'État jusqu'en 1852, soit du préfet du département depuis cette dernière époque, on considère comme équivalente à une autorisation tacite l'existence des usines dont il s'agit pendant le temps nécessaire pour prescrire (2) antérieurement à 1790. Ce principe, qui découle naturellement de la faculté qu'avait chaque particulier d'acquérir par prescription contre les anciens seigneurs les droits sur les petits cours d'eau, résulte d'ailleurs implicitement de la loi des 15-28 mars 1790, qui place les moulins sous la sauvegarde de la loi. Il est admis sans difficulté par la doctrine (3), la jurisprudence (4) et la pratique administrative la plus constante.

Il va de soi que les changements qui auraient été apportés à l'état des usines, et qui en auraient augmenté la force motrice avant l'abolition du régime féodal, sont protégés par les mêmes principes (5).

D'après la jurisprudence du conseil d'État, c'est à l'autorité administrative, à l'exclusion de l'autorité judiciaire, qu'il appartient de rechercher et de décider si l'existence des usines, en vertu d'une autorisation expresse, ou de l'autorisation tacite qui résulte d'une origine ancienne, est régulière et légale (6).

186. Conséquences de l'absence ou du refus d'autorisation.—1° Les usines qui ne sont ni autorisées ni antérieures à 1790, soit qu'il n'y ait pas eu demande, soit qu'il y ait eu refus d'autorisation, n'ont pas d'existence légale. Elles peuvent être supprimées par ordre du préfet, nonobstant leur ancienneté, sans aucune indemnité (7) (voir ci-dessus, n° 173). Les propriétaires d'usines dont la situation n'est pas régulière doivent donc, quelle que soit la tolérance dont ils aient profité jusqu'à pré-

---

(1) C. cass., 19 juillet 1830 (Buyer), et 22 ventôse an x. — Voir aussi Merlin, *Quest. de droit*, v° *Cours d'eau*, § 1.

(2) C. d'État, 18 juin 1852.

(3) Proudhon, *Domaine public*, t. 3, n. 1165 ; Garnier, *Régime des eaux*, n. 193 et suiv.; Daviel, n. 610.

(4) Arrêts de Caen, 19 août 1837 et 19 janv. 1838, cités par Dalloz, v° *Eaux*, n. 573, 7°, et par Nadault de Buffon, t. 2, p. 314. — C. d'État, 15 mars 1844 (Glais-Bizoin).

(5) C. d'État, 18 juin 1852.

(6) C. d'État, 21 juillet 1853 (Brest).—Mais voir arrêt de Cass. du 21 mai 1855.

(7) C. d'État, 23 déc. 1842 (Honnoret).—Voir la loi du 16 sept. 1807.

sent, se hâter de se mettre en règle en sollicitant une autorisation.

Art. 2. — Régime des usines autorisées dans leurs rapports avec l'administration.

SOMMAIRE.

187. L'autorisation ne met pas obstacle aux mesures pour la police des cours d'eau. Principe de non-indemnité. — 188. Ce principe inapplicable aux mesures étrangères à la police des cours d'eau.—189. De la clause de renonciation à l'indemnité. — 190. Clause de non-indemnité postérieure à l'autorisation originaire. Excès de pouvoir. —191. Éléments de l'indemnité. — 192. Juridiction compétente pour statuer sur l'indemnité. —193. Inexécution des conditions. Retrait d'autorisation. — 194. Interdiction des innovations importantes.— 195. Du droit d'interdiction préventive. — 196. Changement de destination de l'usine.— 197. Réparations non autorisées, aux risques et périls de l'usinier. — 198. De la reconstruction d'une usine détruite. — 199. De l'interruption du travail d'une usine.

187. L'autorisation ne met pas obstacle aux mesures pour la police des cours d'eau. — Principe de non-indemnité.— L'usine régulièrement existante en vertu, soit d'une autorisation, soit d'une possession ancienne, reste soumise, sous de nombreux rapports, à la surveillance et à l'action incessante de l'autorité administrative.

L'autorisation, pas plus à l'égard des petits cours d'eau qu'à l'égard des rivières navigables, ne confère un droit de propriété au concessionnaire. C'est, à proprement parler, et comme l'expriment un grand nombre d'arrêts du conseil d'État, *une permission accordée sous les rapports de police* (1), qui ne peut, sans doute, être retirée arbitrairement (n° 165), mais qui ne met pas obstacle à ce que l'administration prenne ultérieurement toutes les mesures qui peuvent devenir nécessaires *dans l'intérêt de la police des eaux*. A ce point de vue, l'administration n'est point enchaînée par ses propres actes ; elle peut, quand le besoin s'en fait sentir pour la bonne direction et la conservation des eaux, modifier ou remplacer les mesures précédemment prises dans ce but, sans que les usiniers soient en droit de s'en plaindre, quelque préjudice, d'ailleurs, qu'ils en éprouvent. Ni la longue possession, ni des titres antérieurs à 1790, ni les autorisations récentes les plus

---

(1) C. d'État, 24 oct. 1834 (Billion) ; 4 juillet 1835 (de Félix), etc...

régulières (1), ne sauraient être invoqués par les permissionnaires comme moyens d'opposition aux mesures prises pour la police des eaux. Aucune indemnité quelconque ne peut être réclamée en pareil cas.

188. Ce principe inapplicable aux mesures étrangères à la police des cours d'eau. — Mais ce principe rigoureux ne s'applique, et ceci est une remarque essentielle, que lorsque les modifications au régime de l'usine sont ordonnées, avons-nous dit, *dans l'intérêt de la police des eaux* (2), intérêt toujours réservé dans les concessions relatives à l'usage des eaux. Ce serait ôter toute sécurité à l'industrie, que d'appliquer la même règle, quand il s'agit de travaux entrepris dans un but autre que celui qui vient d'être spécifié.

Si, par exemple, l'État exécutait des travaux préjudiciables à une usine pour opérer un desséchement, pour canaliser un petit cours d'eau, ou le transformer en rivière navigable, une indemnité serait due aux termes mêmes de l'art. 48 de la loi du 16 septembre 1807 (3). Il en serait de même et à plus forte raison si l'État agissait, non dans un intérêt public, mais comme propriétaire; si, par exemple, il nuisait à une usine pour améliorer un établissement exploité par ses agents, tel qu'une poudrerie (4).

189. De la clause de renonciation à l'indemnité. — En pratique, le droit à indemnité peut se trouver paralysé par la clause de renonciation à toute indemnité pour dommages résultant de travaux publics, insérée dans presque tous les actes portant autorisation, aussi bien quand il s'agit de petits cours d'eau que relativement aux rivières navigables (Voir n° 166).

Les auteurs soutiennent à peu près unanimement qu'une telle clause est illégale à l'égard des rivières non navigables, attendu que l'État n'en est point propriétaire comme des grands cours d'eau, qu'il n'y a d'autre droit qu'un droit de police, qui l'autorise sans doute à les réglementer, mais non pas à exiger l'abandon gratuit du droit naturel et civil des riverains à l'usage des eaux (5).

---

(1) C. d'État, 9 juin 1842 (comte d'Andlau); 28 mars 1838 (Clavier); 20 fév. 1840 (Bourdil).
(2) C. d'État, 25 avril 1842 (Senoble).
(3) C. d'État, 17 août 1825 (Manisse).
(4) C. cass., 23 avril 1844 (préfet du Pas-de-Calais c. Colbert).
(5) Voir Daviel, t. 2, p. 72 et suiv.; Garnier, t. 2, p. 159 ; Cormenin, *Droit admi-*

En effet, de la faculté qui appartient à l'administration de refuser absolument, et sans donner de motifs, l'autorisation demandée, il ne faudrait pas conclure avec un savant et judicieux auteur (1) celle de subordonner cette même autorisation à des conditions quelconques. Le pouvoir *discrétionnaire* de l'administration n'est pas un pouvoir *arbitraire.* Quoique ses actes échappent en fait aux critiques des intéressés, son devoir est de ne refuser l'autorisation que quand le régime des eaux pourrait en souffrir. Dès qu'aucune raison de police n'est en jeu, le refus deviendrait vexatoire, et imposer en pareil cas la condition dont il s'agit, ce serait en réalité faire acheter ce qui doit être accordé à titre gratuit, s'il n'y a lieu à refus.

190. Clause de non-indemnité postérieure à l'autorisation originaire. — Excès de pouvoir. — Au surplus, la jurisprudence du conseil d'État favorable au maintien de la clause de non-indemnité ne devrait certainement recevoir son exécution qu'en cas d'insertion de cette clause dans l'autorisation originaire. Il n'en serait pas de même, si elle se trouvait dans le règlement nouveau d'une usine antérieure à 1790, ou précédemment autorisée sans cette condition. Une fois l'usine légalement établie, l'autorisation ne peut plus lui être retirée, si le propriétaire se soumet à toutes les mesures anciennes ou nouvelles que requiert la police des eaux, et dans cette hypothèse, il y aurait excès de pouvoir manifeste à subordonner à une condition étrangère aux intérêts de la police des eaux le maintien de l'autorisation préexistante. C'est ce qui paraît résulter de l'art. 48 de la loi du 16 septembre 1807, qui accorde l'indemnité quand, l'établissement de l'usine étant d'ailleurs légal, la clause de non-indemnité ne se trouve pas dans le *titre* même.

D'après la jurisprudence du conseil d'État, la clause de non-indemnité est réputée contenir la réserve implicite des droits antérieurement acquis et ne ferait en conséquence aucun obstacle à ce que l'usinier fît valoir les droits qui lui appartenaient avant l'introduction de cette clause (2).

191. Éléments de l'indemnité.—Les principaux éléments qui peuvent servir à fixer le montant de l'indemnité sont, en cas

---

nistratif, 5ᵉ édit., t. 1, p. 508 : Tarbé de Vauxclairs, *Dict. des trav. publ.*, v° *Moulins et usines*, p. 331.—Voir la discussion à la chambre des pairs du 9 juin 1842 (*Moniteur* du 10 juin) et Dalloz, 47.5.1.

(1) Dufour, 1ʳᵉ édit., t. 2, n. 1235.
(2) C. d'État, 6 mai 1855 (Couleaux).

de suppression totale ou de diminution définitive de la force motrice, le bail de l'usine, et, en cas de simple chômage, les frais d'exploitation de tous genres qui ne cessent point par l'interruption des travaux, l'intérêt du capital engagé, enfin la perte de l'achalandage (1).

192. Juridiction compétente pour statuer sur l'indemnité. — L'autorité chargée de statuer sur l'indemnité est différente, suivant qu'il s'agit, soit de suppression de l'usine, soit de préjudice temporaire ou même permanent, mais ne mettant pas fin à l'existence de l'usine. S'il y a suppression de l'usine entière, ou du moins de quelqu'un de ses éléments essentiels, c'est une véritable expropriation, et l'indemnité est réglée par le jury, conformément à la loi du 3 mai 1841, préalablement à toute dépossession.

S'il y a simple altération de la force motrice, ou autre préjudice, l'indemnité doit, suivant le principe général en matière de dommages causés par des travaux publics, être demandée au conseil de préfecture (2). L'évaluation est faite par experts de la manière réglée par l'art. 56 de la loi du 16 septembre 1807, reconnu par la jurisprudence applicable à la matière (3). Les experts sont nommés, l'un par le préfet, l'autre par le propriétaire; le tiers expert, s'il en est besoin, est de droit l'ingénieur en chef du département. Lorsqu'il y a des concessionnaires, un expert est nommé par le propriétaire, un par le concessionnaire, le tiers expert par le préfet.

« Le prix de l'estimation sera payé par l'État, lorsqu'il entreprend les travaux ; lorsqu'ils sont entrepris par des concessionnaires, le prix de l'estimation sera payé, avant qu'ils puissent faire cesser le travail des moulins ou usines. » (Art. 48 de la loi de 1807.)

193. Inexécution des conditions. — Retrait d'autorisation. — Le maintien de l'autorisation accordée à un usinier est subordonné à l'accomplissement exact des conditions qui lui ont été imposées.

Si l'usinier ne se soumet pas aux conditions prescrites, si, par exemple, il n'exécute pas les travaux dans le délai fixé, s'il élève le niveau des eaux en rehaussant l'arête de son déversoir, s'il augmente l'orifice de la prise d'eau qui lui est accordée, le

---

(1) C. d'État, 6 fév. 1831 (Brun); 11 nov. 1836 (Millet).
(2) C. d'État, 7 nov. 1834 (Cacheux).—C cass., 5 nov. 1836. [S. 36.1.890.]
(3) C. d'État, 5 mai 1850 (Moitet).

préfet a le droit de lui retirer l'autorisation accordée et de faire procéder à la suppression, soit de l'usine, soit des ouvrages non autorisés.

194. Interdiction des innovations importantes.—De l'obligation de se conformer à ces conditions résulte l'interdiction absolue, non-seulement de déplacer l'établissement lui-même qui n'est autorisé qu'en vue de la situation qui lui a été assignée (1), mais de faire des changements à l'état des lieux ou aux plans, et en général d'apporter à l'usine *quelque innovation importante* (2), sans nouvelle et préalable autorisation dans la forme ci-dessus indiquée.

Par innovation importante, il faut entendre tout changement qui serait de nature à altérer les rapports de l'usine avec le cours de l'eau en augmentant, par exemple, la dépense d'eau, ou en élevant le niveau, ou en détournant le cours. En pareil cas, une nouvelle autorisation est indispensable.

195. Du droit d'interdiction préventive. — D'après les termes généraux de l'instruction précitée du 19 thermidor an VI, il est difficile de contester à l'administration le droit d'interdire, même préventivement, toute substitution d'un état de choses à un autre, sans être obligée d'attendre l'effet des innovations pour aviser (3). Mais il n'en serait plus ainsi, quels que fussent les changements apportés à l'usine, s'ils étaient sans influence sur le régime des eaux.

Ainsi tout perfectionnement intérieur, ou même toute transformation, et à plus forte raison toute réparation du mécanisme qui n'en modifierait pas la partie hydraulique, ne saurait être soumis à autorisation.

196. Changement de destination de l'usine. — En vertu du même principe et aux mêmes conditions, rien n'empêcherait l'usinier de changer la destination de son établissement, de transformer, par exemple, un moulin à blé en un moulin à huile (4), sauf, bien entendu, la nécessité d'une autorisation au

---

(1) C. d'État, 9 nov. 1836 (Carle-Mancy).
(2) Termes de l'instruction ministérielle du 19 thermidor an VI. — Voir art. 45, t. 27, de l'ordonnance d'août 1669, et art. 9 de l'arrêté du 19 ventôse an VI. — C. d'État, 31 janv. 1838 (Min. des travaux publics c. Chauvet) ; 26 juillet 1844 (Dauvet).
(3) Voir Dalloz, v° *Eaux*, n. 592.—*Contrà*, Garnier, t. 1, p. 144 et s.
(4) Voir Garnier, t. 1, p. 144 ; Nadault de Buffon, t. 1, p. 380. — L'opinion contraire est soutenue par MM. Favard de Langlade, v° *Moulins* ; et Dalloz, v° *Eaux*, n. 594.

point de vue de la salubrité, si l'industrie nouvelle était du nombre des industries classées (voir n° 7). Il n'y aurait en pareil cas aucune raison d'entraver la liberté naturelle de l'industrie.

197. Réparations non autorisées, aux risques et périls de l'usinier. — Quant aux réparations qui portent sur le mécanisme hydraulique, et en général sur tous les ouvrages en rapport avec le cours d'eau, elles ne sont pas en principe soumises à la nécessité d'une autorisation spéciale ; mais c'est à la condition qu'il n'en résulte pas d'altération au régime des eaux. Il suit de là que le propriétaire n'est sans doute pas répréhensible par cela même qu'il effectue des réparations sans permission, mais qu'il ne peut agir ainsi qu'*à ses risques et périls*, dit le conseil d'État dans plusieurs de ses arrêts (1). Il s'expose à ce que la démolition des ouvrages nouveaux soit ordonnée, si l'administration vient à les considérer comme apportant quelque modification au régime des eaux.

198. De la reconstruction d'une usine détruite. — S'il s'agissait non pas de réparer, mais de reconstruire une usine détruite par la volonté de l'usinier ou même par accident, il y aurait lieu à autorisation d'après la jurisprudence la plus récente du conseil d'État, toutes les fois du moins que la destruction aurait atteint le mécanisme hydraulique qui est la partie importante au point de vue qui nous occupe (2).

Nous pensons, toutefois, avec M. Garnier, et d'après les motifs mêmes d'un des précédents du conseil d'État (3), que, si l'usine est reconstruite sur le même emplacement, conformément aux conditions et plans prescrits, *il n'y a pas innovation au système de l'usine*, et qu'aucune loi ni règlement n'autoriseraient à considérer un moulin ainsi rétabli comme déchu du bénéfice de l'autorisation antérieure.

199. De l'interruption du travail de l'usine. — D'après le principe admis en cas de destruction d'une usine, il est évident que le simple abandon par le propriétaire n'entraînerait pas de plein droit déchéance de l'autorisation, et qu'il n'y aurait aucun besoin d'en solliciter une nouvelle pour remettre l'établissement en activité. La règle posée à l'égard des établissements industriels en tant qu'ateliers classés, et qui exige impé-

---

(1) C. d'État, 31 janv. 1838 (Chauvet); 29 avril 1857 (Faugas); 16 juillet 1842 (de Virieu); 26 juillet 1844.
(2) C. d'État, 19 mai 1835 (Miramont); 9 août 1836.
(3) C. d'État, 30 mai 1821 (Lameth).

rativement la non-interruption de l'exploitation (n° 199), est sans application aux usines sur les cours d'eau, envisagées au seul point de vue du droit du propriétaire à l'emploi de la force motrice. Quoique le chômage prolongé préjudicie à l'intérêt public, en laissant inactif un moteur naturel, il ne paraît pas possible, en l'absence de toute disposition de loi, de déposséder le permissionnaire, à moins qu'il n'ait perdu ses droits par le non-usage pendant 30 ans, d'où résulte, aux termes du droit commun, l'extinction par prescription de toute servitude active (1).

Il faut généralement assimiler à l'interruption du travail le retard du permissionnaire à mettre en activité l'usine autorisée. Mais, bien que ce retard ne fasse pas tomber de plein droit l'autorisation, il a été décidé par le conseil d'État qu'il appartenait au ministre des travaux publics, à l'égard des usines sur les cours d'eau navigables, de déclarer un concessionnaire déchu, en vertu de circonstances qui donnaient à son abstention le caractère d'une renonciation implicite (2). Il en serait de même pour les préfets à l'égard des usines sur les cours d'eau non navigables.

Art. 2. — Juridiction des tribunaux civils à l'égard des usines autorisées.

SOMMAIRE.

200. Réserve absolue des droits des tiers. Compétence des tribunaux civils. — 201. Étendue des pouvoirs des tribunaux nonobstant l'autorisation. — 202. L'action doit se fonder sur des titres privés, non sur les droits généraux à l'usage des eaux. — 203. Action en dommages-intérêts pour préjudice aux propriétés riveraines. — 204. Du préjudice causé par l'effet de l'autorisation à une usine préexistante. — 205. Préjudice causé par abus dans la gestion d'une usine. — 206. De la marche par éclusées. — 207. Contraventions de la compétence du tribunal de simple police. Chose jugée.

200. Réserve absolue des droits des tiers. — Compétence des tribunaux civils. — Nous avons déjà fait connaître ce principe général et essentiel que l'acte administratif autorisant une usine n'est qu'une permission, accordée sous le rapport des intérêts de police confiés à l'administration, et sans préjudice des droits de propriété, d'usage sur les eaux ou autres

---

(1) Voir Garnier, t. 1, p. 144 et suiv.
(2) C. d'État, 18 nov. 1853 (Magnier). Le permissionnaire s'était abstenu pendant vingt-cinq ans et avait laissé sans opposition se suivre une demande d'autorisation incompatible avec la concession qu'il avait obtenue.

droits qui peuvent appartenir aux tiers, d'après la loi ou d'après les titres (1).

L'administration dit à l'usinier en l'autorisant : *Je n'empêche que vous exploitiez l'usine;* mais elle n'entend nullement le mettre à l'abri des réclamations puisées dans les droits antérieurement acquis aux tiers. Qu'il y ait ou non à cet égard une réserve expresse dans l'acte d'autorisation, il est constant que ces droits demeurent sous la sauvegarde des tribunaux civils, et que les tiers restent libres de les exercer, conformément au droit commun.

Par exemple, quand un usinier est autorisé par l'administration à établir ses vannes ou ses barrages sur un certain point, un tiers peut soutenir devant le tribunal civil que ces travaux s'appuient sur son terrain et portent atteinte à ses droits de propriété.

C'est de même au tribunal civil qu'il y aurait lieu de s'adresser, si la construction ou la mise en activité de l'usine entravait l'exercice d'une servitude existante au profit du voisin, ou élevait les eaux au-dessus d'un niveau fixé par des conventions particulières (2).

201. Étendue des pouvoirs des tribunaux nonobstant l'autorisation. — Dans ce cas et autres analogues, les tribunaux, sans avoir égard à l'acte d'autorisation qu'ils doivent laisser de côté, mais non pas annuler, accordent la réparation du préjudice causé, soit en allouant des dommages-intérêts qui peuvent être déclarés payables jusqu'au moment où le tort aura cessé (3), soit même en ordonnant la destruction des ouvrages qui portent atteinte aux droits reconnus (4). Il n'y a pas là d'empiétement sur les attributions de l'autorité administrative, puisque celle-ci a entendu réserver, au moins implicitement, les droits des tiers dans leur plénitude. Le pouvoir judiciaire ne devrait s'arrêter que s'il y avait opposition formelle de l'administration à la destruction de travaux par elle prescrits.

---

(1) *Jurisprudence constante.* C. d'État, 15 juillet 1855 (Martin); 5 déc. 1859 (de Sade); 27 juillet 1842, etc.

(2) C. d'État, 22 août 1859 (Blondel); 18 janv. 1826; 12 avril 1829 (canal du Midi), 31 juillet 1852, etc.

(3) Rouen, 20 mars 1855.—Dalloz, *Eaux,* n. 455.

(4) C. d'État, 22 juin 1825.—Cass., 7 janv. 1846 (Lasserre).—Voir Cotelle, *Droit administratif,* t. 2, p. 548, et un rapport de M. Mesnars, cité dans Dalloz, 45, 1, 215, et Macarel. — Voir en sens contraire, Rouen, 29 juin 1855 (Dalloz, *Eaux,* n. 574, et Garnier).

202. L'action doit se fonder sur des titres privés, non sur les droits généraux à l'usage des eaux. — Ces diverses contestations, il faut bien le remarquer, ne sont du ressort des tribunaux civils qu'autant qu'elles ont pour objet des réclamations fondées sur des intérêts et des droits purement privés et appuyés sur des titres.

Quand, au contraire, il s'agit des intérêts de police et des droits généraux à l'usage des eaux courantes qui résultent des art. 714 et 644 du Cod. Nap., comme ce sont précisément les choses dont le règlement et la police appartiennent à l'administration, et dont l'appréciation a été nécessairement faite lors de la concession de l'autorisation, les tribunaux civils cessent d'être compétents.

Ainsi, il est constant qu'on ne pourrait invoquer devant les tribunaux l'intérêt général de l'assainissement des terrains d'une vallée, ou celui du rapide écoulement des eaux.

Ainsi encore, quoique en principe (art. 644, Cod. Nap.) le droit de profiter de la pente des eaux coulant sur un fonds appartienne au riverain (1), il est certain que le règlement de ce droit et sa conciliation avec l'intérêt général sont du domaine de l'administration; d'où il suit qu'on ne saurait guère se fonder sur le principe de l'art. 644 pour contester devant les tribunaux les effets de l'autorisation accordée à une usine, parce qu'il en proviendrait une diminution plus ou moins grande des résultats naturels de la pente (2).

Il en serait de même, à plus forte raison, si, en l'absence de toute convention particulière, les propriétaires riverains d'un cours d'eau en amont d'une usine se trouvaient empêchés, par suite des travaux autorisés, d'exercer le droit naturel d'irrigation. Ils n'auraient, en pareil cas, aucune action judiciaire à intenter pour obtenir des dommages-intérêts, et leur seule ressource serait de s'adresser à l'administration supérieure, d'après le mode indiqué ci-dessus (n° 182).

203. Action en dommages-intérêts pour préjudice causé aux propriétés riveraines. — Il peut se faire que l'établissement de l'usine, dans les conditions les plus réguliè-

---

(1) C. d'État, 10 janv. 1852 (Adeline).—Voir Cormenin, *Questions de droit administratif*, t. 2, p. 26.

(2) Voir *Répert. Nouv. Législ.*, v° *Moulins*, par Tarbé de Vauxclairs, et Dalloz, *Eaux*, n. 419.—*Contrà*, MM. Daviel, t. 2, p. 136 et 146; Garnier, t. 3, p. 254.— Consulter C. cass., 14 fév. 1855 (Martin).

res, ne limite pas seulement à l'égard des tiers la faculté naturelle d'user des eaux, ce qui, comme on vient de le voir, ne saurait donner lieu à indemnité, mais cause aux propriétés voisines un dommage direct et appréciable. C'est ce qui a lieu notamment, quand la retenue autorisée, en élevant le niveau des eaux de la rivière, empêche l'écoulement de celles qui proviennent des terrains voisins, et les expose même à des inondations. Il faut alors s'en référer aux principes que nous avons établis et discutés à propos des établissements insalubres (n° 95), principes au reste appliqués à la matière actuelle par l'art. 16, t. 2, de la loi du 6 octobre 1791 (1). « Les propriétaires ou fermiers « des moulins et usines construits et à construire seront garants de tous dommages que les eaux pourraient causer « aux propriétés voisines par la trop grande élévation du dé- « versoir, ou autrement. »

Les tribunaux, sans pouvoir ordonner la destruction ou la modification des ouvrages, pourraient allouer des dommages-intérêts, en réparation du préjudice causé, mais avec les tempéraments que nous avons indiqués, et en tenant compte des nécessités de l'industrie, aussi bien que des prérogatives de la propriété (n° 98).

204. Du préjudice causé par l'effet de l'autorisation à une usine préexistante. — La même action en dommages-intérêts devant les tribunaux civils serait difficile à justifier, si le préjudice résultant de l'établissement d'une nouvelle usine était causé non pas aux propriétés riveraines, mais à une usine précédemment autorisée; dans le cas, par exemple, où la nouvelle retenue ralentirait l'écoulement des eaux de dessous une roue située en amont, ou bien dans le cas où une nouvelle prise d'eau viendrait à diminuer la force motrice de l'usine préexistante. Sans doute l'administration ne peut arbitrairement priver une usine des eaux qui l'alimentent au profit d'une autre usine; et le propriétaire de la première est parfaitement fondé à invoquer la situation qui lui a été faite à lui-même, soit comme moyen d'opposition à l'autorisation sollicitée à son détriment, soit comme base d'un recours contre l'arrêté d'autorisation (voir ci-dessus, n°s 155, 182). Mais, comme c'est à l'administration qu'il appartient en définitive d'opérer la répartition du volume des eaux entre les diverses usines, et

---

(1) C. d'État, 18 juillet 1838 (Millet).—C. cass., 13 fév. 1853 (Martin).

que le titre de chaque usine ne repose que sur son appréciation à cet égard, on comprend que les tribunaux ne sauraient, sans excès de pouvoir, prononcer des dommages-intérêts qui seraient la critique indirecte, mais réelle, de cette appréciation tout administrative.

Pour distinguer si le tiers lésé peut ou ne peut pas s'adresser aux tribunaux, il faudra donc rechercher si son titre repose sur le droit commun, ou s'il n'est autre chose qu'une concession de l'administration elle-même (1).

205. Préjudice causé par abus dans la gestion d'une usine. — Les tribunaux civils, qui peuvent, dans les limites qui viennent d'être indiquées, mettre obstacle aux effets naturels de l'autorisation, sont, à plus forte raison, compétents pour connaître entre usiniers et riverains des contestations relatives aux abus qui auraient lieu dans la gestion des usines. Toutes les fois que l'usinier cause à autrui un préjudice en n'observant pas les conditions prescrites, il peut être actionné en dommages-intérêts devant les tribunaux civils, d'après les principes exposés précédemment (n° 94) à l'égard des établissements autorisés en général.

Il en est ainsi quand les usiniers inondent les propriétés voisines, ou font refluer les eaux sous la roue motrice d'une usine supérieure, en ne levant pas leurs vannes, en rehaussant le déversoir, en tenant, d'une manière quelconque, les eaux au-dessus du niveau fixé par le repère, etc.....

206. De la marche par éclusées. — Sans même surélever le niveau des eaux, ce qui est l'abus le plus ordinaire de la part des usiniers, ceux-ci peuvent encourir des dommages-intérêts, quand, sans autorisation spéciale, et dans les eaux basses, ils retiennent les eaux jusqu'à ce qu'elles aient atteint l'arête du déversoir. Ce procédé, qu'on appelle *marche par éclusées*, ne nuit pas sans doute aux propriétés en amont, qui ne peuvent se plaindre tant que le niveau d'eau ne dépasse pas le point de repère, mais il cause aux usines et aux propriétés en aval un

---

(1) Voir sur la question M. Proudhon, *Domaine public*, n. 1095, et M. Garnier, t. 3, p. 230. Suivant ce dernier auteur, l'art. 640, Cod. Nap., en interdisant la formation de toute digue qui empêche l'écoulement des eaux, prohibe celle d'un moulin qui occasionnerait un remous sous la roue d'une usine supérieure, et en ralentirait ainsi la marche. D'où il suit que, dans le cas où la nouvelle usine fait refluer les eaux, l'usinier supérieur pouvant invoquer un principe du droit commun, aurait une action en dommages-intérêts devant les tribunaux civils.

double et notable préjudice. Il les prive d'eau totalement pendant tout le temps que s'opère la retenue complète; puis, au moment où les eaux longtemps captives reprennent leur cours, elles se précipitent avec une violence qui peut dégrader les berges et ébranler le mécanisme des usines inférieures.

Les tiers lésés sont alors recevables à faire ordonner par les tribunaux la cessation de l'abus de jouissance, et à réclamer des dommages-intérêts (1).

La marche par éclusées, contraire au droit commun, ne peut avoir lieu qu'avec autorisation particulière dans le cas où elle est nécessaire pour utiliser un cours d'eau ou trop faible, ou trop lent, s'il est laissé à lui-même.

207. Contraventions de la compétence du tribunal de simple police. — Chose jugée. — Les tribunaux ne sont pas seulement compétents pour prononcer des dommages-intérêts en réparation du préjudice causé aux particuliers. Ils connaissent, en outre, des contraventions résultant de toute infraction quelconque aux dispositions prescrites par l'administration pour la construction ou l'exploitation de l'usine.

Le tribunal de simple police fait, en pareil cas, l'application de l'art. 471 du Code pénal, qui punit les contraventions aux règlements administratifs (voir n° 79).

Les peines qui peuvent être prononcées en vertu de l'art. 471, n° 15, ont été énumérées au n° 83. Les principes que nous y avons exposés sont exactement applicables au cas actuel.

Le jugement qui ordonne la suppression des vannes d'un moulin à défaut d'autorisation, ne fait pas obstacle à ce que l'usinier s'adresse au préfet pour faire régulariser l'existence de l'usine et obtenir le rétablissement du barrage (2).

CHAPITRE III.

Industries non classées, réglementées sous divers rapports de police.

208. Division du chapitre. — Nous comprenons dans ce chapitre les industries qui, à raison de leur influence directe, soit sur l'ordre et la sécurité publique, soit sur la subsi-

---

(1) Voir M. Daviel, t. 2, p. 233, et arrêt de Caen du 30 nov. 1827 (Lemarrois).
(2) C. d'État, avril 1855 (Scharff c. Wendel).

stance et la santé des citoyens, soit sur la fortune des particuliers ou la fortune publique, ont été l'objet de règlements spéciaux ; nous les classons d'après ces trois points de vue en trois paragraphes distincts.

§ I.

Industries relatives à la presse.

IMPRIMEURS, LIBRAIRES-ÉDITEURS, FONDEURS EN CARACTÈRES, ETC.

LÉGISLATION. Loi du 6 prairial an VII (*Timbre*).—Décret du 5 février 1810 (*Police de la librairie et de l'imprimerie*).—Décrets du 2 février 1811, 11 juillet 1812 (*Brevets*).—Loi du 21 octobre 1814 (*Police de la presse*).—Lois du 28 avril 1816 ; 15 mai 1818 (*Timbre*).— Ordonnance du 8 octobre 1817 (*Imprimeurs lithographes*). —Lois du 17 mai 1819 ; 9 juin 1819 (*Presse, journaux*).—Lois des 17 et 25 mars 1822 ; 18 juillet 1828 (*Journaux*).—Loi du 9 septembre 1835 (*Presse, journaux*). —Loi du 27 juillet 1849, art. 7.—Décret du 17 février 1852 (*Police de la presse. —Timbre*).—Décret du 22 mars 1852 (*Imprimeurs en taille-douce. Petites presses*). —Décret du 28 mars 1852 (*Timbre*).

209. Les industries se rattachant à la presse sont réglementées. — Des raisons de haute politique et de sûreté générale ont fait soumettre à des conditions particulières et soustraire au principe de la liberté industrielle l'exercice des industries qui se rattachent à la presse, c'est-à-dire à la fabrication et à la publication des ouvrages imprimés. Ces industries sont celles des imprimeurs, des libraires, des fondeurs de caractères et fabricants de presses.

Art. Ier. — Conditions générales de l'exercice de la profession d'imprimeur.

SOMMAIRE.

210. Brevet et prestation de serment exigés pour l'imprimerie en tous genres. — 211. Le brevet est spécial à un seul établissement et à un seul lieu. — 212. De la personnalité du brevet. — 213. Prohibition d'exploiter sous le nom d'un breveté. — 214. De la clandestinité de l'imprimerie.— 215. Du retrait du brevet en cas de contravention.— 216. Limitation du nombre des imprimeurs. — 216. Droit de l'imprimeur de refuser ses presses.

210. Brevet et prestation de serment exigés pour l'imprimerie en tous genres. — Nul ne peut ouvrir une imprimerie, s'il n'obtient un brevet du ministère de l'intérieur en justifiant de sa capacité et de sa moralité (1), et s'il ne prête

---

(1) Loi du 21 oct. 1814, art. 11, et décret du 5 fév. 1810, art. 7, et ordonnance

en outre le serment de ne rien imprimer contrairement aux lois (1).

Le brevet doit être enregistré au greffe du tribunal civil de la résidence de l'impétrant, qui prête serment devant le même tribunal (2).

Ces obligations ont été étendues aux imprimeurs lithographes par l'ordonnance du 8 octobre 1817 (3), et aux imprimeurs en taille douce par le décret du 22 mars 1852.

211. Le brevet est spécial à un seul établissement et à un seul lieu. — Le brevet ne peut couvrir qu'un seul et unique établissement, et il est défendu aux imprimeurs de travailler ou faire travailler ailleurs que dans les maisons où ils demeurent (4). Délivré pour un lieu déterminé, il est sans effet partout ailleurs, et le titulaire est punissable, s'il transporte son établissement d'une ville dans une autre, ou s'il établit, sans nouveau brevet, une succursale hors du lieu de sa résidence (5).

212. De la personnalité du brevet. — Le brevet est personnel et ne peut être cédé, vendu, loué, en tout ou en partie, sans l'agrément du Gouvernement, ni donné en nantissement (6), ni être transmis de plein droit par succession (7), sauf au Gouvernement à avoir pour les familles des égards particuliers (art. 8 du décret de 1810). La décision ministérielle refusant à l'héritier du titulaire la continuation du brevet ne serait susceptible d'aucun recours par la voie contentieuse. Ce principe ne reçoit exception qu'à l'égard de la veuve non remariée, qui peut continuer, sans nouveau brevet, l'exploitation de l'industrie de son mari, en vertu de l'art. 55 du règlement du 23 février 1723 demeuré en vigueur sur ce point (8).

213. Prohibition d'exploiter sous le nom d'un im-

---

du 6 avril 1834. Le décret du 22 mars 1852, qui attribuait la délivrance des brevets au ministre de la police générale, est devenu sans objet à cet égard par la suppression de ce ministère.

(1) Art. 11 de la loi de 1814; art. 9 du décret du 5 fév. 1810.
(2) Art. 9 du décret de 1810.
(3) Arrêt de Montpellier du 1er février 1847.
(4) Bories et Bonnassies, *Diction. pratique de la presse*, v° Imprimeur, n. 59.— Voir déclaration du 10 mai 1728, art. 15.
(5) Voir Parant, *Lois de la presse*, p. 36 ; Chassan, *Traité des délits de la presse*, p. 429.—Arrêt de Nîmes, 31 janvier 1850 (Cheynet).
(6) Paris, 2 janvier 1843 (Dalloz, 43.2.77).
(7) C. d'État, 1er août 1857 (Barrière).—V. de Grattier, *Lois de la presse*, t. I, p. 32.
(8) C. cass., 2 juin 1827 (veuve Lebel).—V. Parant, p. 36.

primeur breveté. — Le principe de la personnalité du brevet a pour conséquence la prohibition d'exploiter des presses placées dans les ateliers d'un imprimeur breveté et sous sa responsabilité, mais employées en réalité par leurs propriétaires sans le concours effectif du titulaire. La difficulté consiste à distinguer en fait s'il y a association de plusieurs individus pour l'exploitation d'une même imprimerie brevetée au profit de l'un d'eux, association qui est parfaitement licite, ou s'il s'agit au contraire d'une combinaison frauduleuse par laquelle le titulaire, réduit au rôle de simple prête-nom, couvre de son brevet des opérations distinctes et séparées des siennes. Il a été jugé qu'il n'y avait aucune contravention de la part du cessionnaire non encore breveté exploitant avec le concours du cédant (1), mais que la contravention existerait au contraire, si le cessionnaire était seul en réalité à la tête de l'imprimerie, ou si les presses fonctionnaient au profit et sous la direction d'individus autres que le titulaire (2).

Il a été jugé également que le propriétaire non breveté d'une presse lithographique était punissable, bien qu'il eût, moyennant certaines conventions, chargé un imprimeur breveté de la direction et de l'exploitation de cette presse (3).

214. De la clandestinité de l'imprimerie. — Application aux petites presses. — A défaut de brevet il y a *clandestinité* de l'imprimerie, délit prévu et puni par l'art. 13 de la loi du 21 octobre 1814, ainsi conçu : « Les imprimeries clandestines seront détruites, et les possesseurs et dépositaires punis d'une amende de 10,000 francs et d'un emprisonnement de six mois. » Il résulte de cette disposition que la simple possession d'une imprimerie clandestine suffit pour entraîner contre le détenteur l'application des pénalités dont il s'agit, alors même qu'il n'en aurait été fait par lui aucun usage (4).

Le décret du 22 mars 1852 interdit, même pour les impressions privées, l'usage des presses de petite dimension, de quelque nature qu'elles soient, sans l'autorisation du ministre de la police (actuellement de l'intérieur) ou des préfets, sous les peines portées par l'art. 13 de la loi de 1814.

---

1) C. cass., 30 août 1838 ; 19 juillet 1844 ; 10 juillet et 29 décembre 1846.
2) Arrêt des chambres réunies du 29 avril 1842 ; 15 fév. 1845 ; 11 oct. 1845. — hes, 31 janv. 1850.
3) C. cass., 21 mai 1853 (Roche). — (Dalloz, 53, 5, 252).
) De Grattier, t. 1, p. 67, n. 2 ; Parant, n. 15 ; Chassan, t. 1, p. 430.

215. Du retrait du brevet en cas de contravention.
— Le brevet est donné *à vie;* mais il peut être retiré par le Gouvernement, d'après l'art. 12 de la loi du 21 octobre 1814, à tout imprimeur convaincu, par jugement, de contravention aux lois et règlements concernant spécialement l'imprimerie, et même de tout délit de presse en général (1). Néanmoins, d'après l'art. 8 de la loi du 18 juillet 1828, qui punit le défaut de signature des gérants de journaux, la contravention de l'imprimeur n'autorise pas en ce cas la révocation du brevet (2).

216. Limitation du nombre des imprimeurs. — Le nombre des imprimeurs est limité dans chaque département, et cette limitation donne à leur industrie le caractère d'un véritable privilége. Toutefois, comme elle a pour principe un motif d'ordre public, et non pas l'intérêt privé des titulaires, il n'en résulte pas pour les imprimeurs en exercice le droit d'attaquer par la voie contentieuse une décision ministérielle portant concession d'un brevet au delà du nombre primitivement fixé (3).

217. Droit de l'imprimeur de refuser ses presses. — De la limitation du nombre des imprimeurs, il ne résulte pas non plus que le ministère de l'imprimeur soit forcé, et que son droit privilégié ait pour conséquence l'obligation absolue d'imprimer tout ce qui lui est présenté. Une raison de haute moralité s'oppose à ce que l'imprimeur serve d'instrument passif et nécessaire à des publications qu'il aurait lieu de considérer comme funestes aux mœurs ou à l'ordre public. Cette liberté a toujours été proclamée par la jurisprudence (4). Cependant le refus de l'imprimeur ne doit pas être arbitraire, et les tribunaux peuvent apprécier la validité des raisons qu'il oppose, raisons qui ne seraient plus recevables, s'il prétendait revenir contre l'obligation par lui acceptée antérieurement de fournir ses presses (5).

---

(1) C. d'État, 6 janv. 1853 (Audiard); 22 mai 1851 (Boulé).
(2) Voir *Dict. pratique de la presse,* v° *Imprimeur,* n. 53.
(3) C. d'État, 14 mars 1854 (Saillot).
(4) Paris, 27 mars 1830 (Durand); Rouen, 1ᵉʳ avril 1830 (Mortureux); Dijon 16 janv. 1839 (Consol); Angers, 2 janv. 1851 (Tausch).—Voir sur la question Bos et Bonnassies, *Dict. pratique de la presse,* v° *Imprimeur,* n. 77, 78, 79.
(5) Voir Morin, *Répertoire du Droit criminel,* v° *Imprimerie,* p. 195.

Art. 2. — Obligations spéciales pour l'impression de chaque ouvrage.

SOMMAIRE.

218. Obligations relatives à chaque publication. Pénalités distinctes. — 219. De la déclaration préalable. — 220. Du dépôt. — 221. Nécessité d'un récépissé. Sanction pénale. — 222. Tolérance pour les bilboquets et mémoires sur procès. — 223. Déclaration et dépôt exigés pour tous les autres écrits, même les réimpressions. — 224. Indication du nom et de la demeure de l'imprimeur. Caractères de cette indication. — 225. Généralité de cette obligation. — 226. Indication exigée pour chaque partie distincte des journaux et chaque livraison. — 227. A quel moment le défaut d'indication est punissable. — 228. Constatation des contraventions. Saisie. — 229. Tribunal compétent. — 230. Les contraventions ne sont pas excusables. — 231. Cumul des peines. — 232. Interdiction de modérer les peines. — 233. Restitution des exemplaires saisis.

218. Obligations relatives à chaque publication. — Pénalités distinctes. — L'imprimeur régulièrement breveté et assermenté est en outre, relativement à l'impression de chaque ouvrage en particulier, soumis à de rigoureuses obligations. Elles consistent : 1° dans la déclaration préalable de l'intention d'imprimer tel ouvrage ; 2° dans le dépôt, avant la publication, des exemplaires prescrits ; 3° dans l'indication du nom et de la demeure de l'imprimeur sur chaque exemplaire (art. 14 et 15 de la loi du 21 octobre 1814).

Chacune de ces obligations est distincte et indépendante, et chaque infraction est punie d'une peine particulière (1).

219. De la déclaration préalable. — La déclaration doit être faite avant toute impression ou du moins avant la correction des épreuves. Elle est tardive et irrégulière quand elle a lieu après la correction des épreuves, bien qu'avant le tirage. Elle ne peut être faite que par l'imprimeur lui-même ou un fondé de pouvoir spécial (2), et dans le lieu même où l'ouvrage est imprimé, de telle sorte que le typographe qui aurait plusieurs imprimeries dans différents départements ne pourrait faire la déclaration dans l'un et l'impression dans l'autre. Elle doit être faite par chacun des imprimeurs qui prennent part à la confection d'un même ouvrage (3). La déclaration porte l'indica-

---

(1) C. cass., 21 février 1824 (Brunet) ; 8 août 1828 (Brunet); 14 août 1846. — Caen, 29 nov. 1849.

(2) C. cass., 29 janv. 1847 (Pinel. — Dalloz, 47.1.148). — Aix, 2 janv. 1853. — Voir de Grattier, t. 1, p. 72 et 80 ; Chassan, t. 1, p. 700

(3) C. cass., 16 juin 1826 (Veysset).

tion du nombre d'exemplaires que l'on se propose de tirer, et il y a contravention, si le tirage effectif dépasse le nombre déclaré. Comme moyen de vérifier l'exactitude des déclarations, l'ordonnance réglementaire du 24 octobre 1814 oblige chaque imprimeur à inscrire tous les ouvrages qui lui sont confiés, par ordre de dates, avec mention du format et du nombre de volumes, de feuilles et d'exemplaires, sur un registre coté et parafé par le maire (1).

220. Du dépôt. — Le dépôt qui doit précéder la mise en vente ou la publication, de quelque manière qu'elle ait lieu, consiste dans la remise de deux exemplaires, d'après l'ordonnance royale du 9 janvier 1828. Ce dépôt n'est régulier et valable que s'il est fait, à Paris, au ministère de l'intérieur, et dans les départements au secrétariat de la préfecture; il ne mettrait pas l'imprimeur à l'abri des peines prononcées par défaut de dépôt, s'il était effectué au secrétariat de la sous-préfecture (2).

221. Nécessité d'un récépissé. — Sanction pénale. —L'une et l'autre formalité doit être constatée par un *récépissé*. Il suffit de la non-représentation de ce récépissé pour qu'il y ait lieu à l'application des peines prononcées par la loi, qui sont la saisie et le séquestre de l'ouvrage et la condamnation de l'imprimeur à 1,000 francs d'amende pour une première contravention, et 2,000 francs pour une seconde (3). Toutefois le tribunal pourrait faire résulter la preuve de la déclaration, du registre même de l'imprimeur vérifié par le commissaire de police, au moins dans le cas de perte du récépissé (4).

222. Tolérance pour les bilboquets et mémoires sur procès.— Les deux formalités de la déclaration et du dépôt sont applicables à tous écrits quelconques, même à ceux publiés au moyen de l'imprimerie lithographique, quoique ce procédé ne fût pas connu lors de la promulgation de la loi de 1814 (5). La brièveté d'un ouvrage ne peut être, sous aucun rap-

---

(1) A cet égard l'ordonnance réglementaire du 24 octobre 1814 doit être considérée comme légale et obligatoire. — C. cass., 19 décembre 1822 ; Paris, 13 sept. 1838 ; Chassan, t. 1, p. 435 ; de Grattier, t. 1, p. 107.
(2) C. cass., 29 avril 1839 (Battini).
(3) Art. 15 et 16 de la loi du 21 octobre 1814.—C. cass., 2 avril 1830 (Hénault), 2 fév. 1844. — Voir de Grattier, t. 1, p. 86.
(4) C. cass., 10 fév. 1826.—Voir Chassan, t. 1, p. 435.
(5) Montpellier, 1ᵉʳ fév. 1847 (Serveille).

port, un motif pour s'en affranchir (1). Ce n'est que par tolérance que l'administration dispense de la double formalité de la déclaration et du dépôt les écrits dits *ouvrages de villes* et *bilboquets*, tels qu'annonces de mariage, de naissance, de décès, affiches de vente et location, impressions purement relatives à des convenances de famille, de société, ou à des intérêts privés, *et qui ne sont pas susceptibles d'être répandues dans le commerce*.

Cette dispense administrative, qui n'a pas trait d'ailleurs à la formalité de l'indication du nom de l'imprimeur (n° 225), a été accordée d'une manière générale par une circulaire du ministre de l'intérieur du 16 juin 1830. Elle est étendue aux *factures, mémoires* ou *requêtes sur procès*, lorsqu'ils sont *signés* par un avocat ou un officier ministériel (2), en considération de la garantie que présentent le nom et la signature dont ils sont revêtus, et de la célérité que de telles impressions requièrent.

223. Déclaration et dépôt exigés pour tous les autres écrits, même les réimpressions. — L'instruction ministérielle explique et la jurisprudence décide en conséquence que les formalités ci-dessus doivent être remplies, sans aucune distinction pour les pièces de circonstance, chansons, catalogues, extraits de journaux, actes administratifs et judiciaires imprimés pour compte particulier, musique avec paroles, planches gravées avec texte, tableaux de prix de marchandises, placards concernant les élections, etc., etc. (3).

La *réimpression* même d'un écrit est soumise à la déclaration et au dépôt; et il y a réimpression par cela seul que l'ouvrage, quoique au fond identiquement le même, reparaît sous un nouveau format ou avec une nouvelle justification (4).

224. Indication du nom et de la demeure de l'imprimeur. — Caractères de cette indication. — La troisième obligation imposée par la loi de 1814 est celle d'indiquer, sur chaque exemplaire, le *vrai nom et la vraie demeure de l'imprimeur*, à peine de saisie et séquestre de l'ouvrage, et, en outre, d'une amende de 3,000 francs en cas d'omission, et de 6,000 en cas de fausse indication, sans préjudice de l'emprison-

---

(1) C. cass., 3 juin 1826 (Leducq).
(2) Ces écrits ne peuvent être imprimés que sur papier timbré.—Loi du 13 brum. an VII, art. 12.—C. cass., 19 nov. 1839 (Dumay).
(3) C. cass., 1er juin 1836; 30 mars 1838; 4 oct. 1844 (Lepagnez). — Voir Parant, p. 47; de Grattier, t. 1, p. 73, n. 4; Chassan, t. 1, p. 48.
(4) C. cass., 6 juillet 1832 (Baume); 18 juillet 1833 (Vidal); Paris, 25 nov. 1837.

nement prononcé pour ce dernier cas par l'art. 283 du C. pén. (1). L'indication du nom de l'auteur, suffisante sous l'empire du décret du 5 février 1810, ne dispense plus de celle du nom de l'imprimeur, depuis la promulgation de la loi de 1814. La mention doit être complète et contenir le nom patronymique, la profession, la ville et la rue où est l'imprimerie : toute omission sur l'un ou l'autre point constitue une contravention (2).

225. Généralité de cette obligation. — Cette obligation est non moins générale et non moins absolue que les deux précédentes. Malgré le silence de l'ordonnance du 8 octobre 1817, relative aux impressions lithographiques, l'indication du nom de l'imprimeur est exigée, par la jurisprudence, pour cette sorte d'impression, ainsi que pour l'imprimerie en taille-douce (3). Le principe posé par l'art. 17 de la loi de 1814, et l'art. 283 du C. pén., a paru applicable à tous les procédés d'impression créés ou à créer. D'après les termes absolus de ces articles, l'obligation dont il s'agit s'applique *à tous les imprimés quelconques*, sans qu'il y ait lieu, sous ce rapport, à faire exception pour les ouvrages de ville ou bilboquets, dispensés, comme on l'a vu, de la déclaration et du dépôt (voir n° 222 ci-dessus). Cette rigueur paraît spécialement motivée par le danger de laisser des facilités à l'exploitation des imprimeries clandestines (4). La seule tolérance admise a pour objet les petits imprimés exclusivement relatifs à des usages privés, comme les cartes de visite, les adresses ou formules en blanc dont il est fait usage dans les bureaux. Mais la règle reprend son empire à l'égard des affiches (5), même destinées seulement à l'étalage des magasins de libraires, des annonces, de quelque nature qu'elles soient, des gravures ou des morceaux de musique accompagnés de texte, etc., etc. (6).

226. Indication exigée pour chaque partie distincte des journaux et chaque livraison. — L'indication du nom d'imprimeur, qui doit avoir lieu sur les journaux comme sur tous

---

(1) Art. 15 et 17 de la loi de 1814. — Voir Chauveau et Hélie, *Théorie du Code pénal*, t. 5, p. 91 ; Chassan, t. 1, p. 441 ; Parant, p. 55.

(2) C. cass., 8 août 1828 ; 14 juin 1833 ; 12 décembre 1844.

(3) C. cass., 9 nov. 1849 (Jeanne) ; 28 juin 1850 (Magnier, Jeannin). — Voir Parant, t. 1, p. 725 ; de Grattier, t. 1, p. 57, n. 11.

(4) C. cass., 3 juillet 1845 (Vial). — Voir Chassan, t. 1, p. 446-447 ; de Grattier, t. 1, p. 95 ; Morin, *Rép.*, v° *Imprimeur*, p. 199.

(5) Loi du 25 mars 1817, art. 77, n. 2.—Paris, 1er fév. 1845 (Worms).

(6) C. cass., 29 mai 1823 (Magny) ; 3 juin 1836 (Cordier) ; 1er juillet 1836 ; 16 août 1839 ; 4 octobre 1845 ; Paris, 28 juin 1850.

les autres écrits, doit être réitérée sur les imprimés inhérents à la feuille du journal, mais destinés à en être détachés (1). Du principe que tout imprimé distinct doit porter le nom de l'imprimeur, il résulte que, lorsqu'un ouvrage est publié par livraisons qui paraissent séparément, quoiqu'elles soient destinées à être réunies, l'indication dont il s'agit doit avoir lieu sur chacune d'elles (2). L'apposition du nom sur la couverture, non reproduite sur l'ouvrage même, réputée suffisante en pratique, ne le serait pas en droit rigoureux (3).

227. A quel moment le défaut d'indication est punissable. — Tant que les exemplaires sont tous renfermés dans l'imprimerie, l'omission du nom de l'imprimeur n'est pas punissable, parce qu'elle peut être réparée par une correction ou par le remplacement d'une feuille. Mais l'infraction est consommée et la contravention existe dès qu'un seul exemplaire défectueux est sorti des ateliers, alors même qu'il n'y aurait eu encore ni distribution ni mise en vente de l'ouvrage. Ces circonstances ne sont requises qu'à l'égard des personnes autres que l'imprimeur chargées de publier ou de distribuer (4).

228. Constatation des contraventions. — Saisies. — Les contraventions aux dispositions ci-dessus énumérées sont constatées par procès-verbaux du commissaire de police, qui opère la *saisie* des écrits imprimés ou distribués irrégulièrement ; et le procès-verbal de saisie doit être notifié à la partie dans les vingt-quatre heures, à peine de nullité de la saisie elle-même (5). Mais cette saisie n'est point nécessaire, et la preuve de la contravention peut résulter de tous documents autres que le procès-verbal du commissaire de police (6).

229. Tribunal compétent. — Le tribunal compétent pour statuer sur les contraventions dont il s'agit est, d'après toutes

---

(1) C. cass., 4 octobre 1845 ; 28 nov. 1850 (Quennec) ; C. cass., 28 fév. 1851. — Rennes, 28 août 1850. — Voir Morin, *Répertoire*, t. II, p. 200.

(2) C. cass., 9 janv. 1848 (Alzine) ; 15 sept. 1837.

(3) Voir Chassan, t. 1, p. 445, et jugement du tribunal de la Seine du 18 janv. 1851 (Chouvin), cité par Morin, v° *Imprimeur*, n. 26.

(4) Ces principes sont nettement établis par les arrêts de la Cour de cassation du 12 décembre 1844 (Lavergne) et 9 nov. 1849 (Jeanne).—Voir aussi C. cass., 25 juin et 11 nov. 1825, et 8 août 1828.

(5) Art. 20 de la loi du 21 oct. 1814, combiné avec l'ordonnance du 15 sept. 1829 ; loi du 28 fév. 1817.

(6) Loi du 21 oct. 1814, art. 15.—C. cass., 2 avril 1830; 2 fév. 1844 ; de Grattier, t. 1, p. 102, n. 4.

les lois relatives à la matière (1), le tribunal de police correctionnelle du lieu où se trouve l'imprimerie (2).

230. Ces contraventions ne sont pas excusables. — Nonobstant la compétence du tribunal correctionnel, l'infraction aux lois sur la police de l'imprimerie garde le caractère de *contravention,* et par suite, le seul fait matériel suffit pour que les tribunaux soient tenus de prononcer la peine encourue. Aucune excuse tirée de la bonne foi du prévenu ne peut être accueillie en cas de détention d'imprimerie clandestine ou d'omission, soit de la déclaration, soit du dépôt, soit de l'indication de l'imprimeur (3).

231. Cumul des peines. — Il doit être appliqué autant de pénalités distinctes qu'il y a de contraventions, d'après l'article 6 de la loi du 21 octobre 1814, qui déroge au principe du non-cumul des peines établi par l'art. 365 du C. d'inst. crim. (4).

232. Interdiction de modérer les peines. — En vertu du principe que les circonstances atténuantes ne sont pas admises pour les contraventions résultant du seul fait matériel, les tribunaux ne peuvent modérer les peines par application de l'art. 463 du C. pén. L'art. 8 du décret du 11 août 1848, qui étend le bénéfice des circonstances atténuantes aux délits de la presse proprement dits, n'est point applicable en ce qui concerne la police de l'imprimerie (5).

233. Restitution des exemplaires saisis. — Après le paiement de l'amende, en cas de condamnation pour simple contravention, la restitution des exemplaires saisis est de droit, et sans qu'il soit nécessaire qu'elle soit prononcée par le tribunal (art. 18 de la loi de 1814) (6). La confiscation prononcée par l'art. 286 du C. pén. est abrogée implicitement par le même article (7).

---

(1) Art. 283 et suiv., Cod. pénal; art. 179, Cod. inst. crim.; Loi du 21 oct. 1814; loi du 27 juillet 1849, art. 7.

(2) C. cass., 21 juin 1858; 18 janv. 1859.—Agen, 15 mars 1843 (Brunet)

(3) C. cass., 21 fév. 1844 (Brunet); 9 août 1821 (Javel); 25 juin 1825 (Pochard); 16 juin 1826 (Veysset); 4 mai et 6 juillet 1852 (Jaussion, Baume); 14 juin 1825 (Marius).

(4) C. cass., 14 août 1846 (Dieulafoy.—Dalloz, 46.1.336).— Paris, 24 juillet 1850. —Voir Morin, v° *Imprimeur,* n. 36.

(5) C. cass., 9 nov. 1849 (Jeanne).—Paris, 28 juin 1850 (Magnier, Jeannin.- Sirey, 50.2.409, 410).

(6) De Grattier, t. 1, p. 98, n. 4.

(7) Parant, p. 55.

Art. 3. — **Règles spéciales aux journaux, dessins, gravures et petits écrits politiques.**

SOMMAIRE.

234. Autorisation et cautionnement des journaux politiques. Responsabilité de l'imprimeur. — 235. Règles spéciales sur la déclaration et le dépôt des journaux. — 236. Les annexes indépendantes du journal rentrent dans le droit commun. — 237. Forme de la déclaration et du dépôt pour les journaux non politiques. — 238. Interdiction de concourir à la publication ou à la rédaction d'un journal. Responsabilité de l'imprimeur. — 239. Diverses publications soumises à l'autorisation préalable. Pénalités. — 240. Petits écrits politiques. Pénalités.

234. Autorisation et cautionnement des journaux politiques. — Responsabilité de l'imprimeur. — Les règles générales de la loi de 1814 sur la déclaration et le dépôt, applicables de plein droit aux journaux ou écrits périodiques en général, sont profondément modifiées à l'égard des journaux ou écrits périodiques, paraissant régulièrement ou irrégulièrement, qui traitent de matières politiques ou d'économie sociale. Ceux-ci ne peuvent être créés ou publiés sans une *autorisation préalable* du Gouvernement et un cautionnement en numéraire, aux termes des art. 1 et 3 du décret du 17 février 1852 (1), et l'imprimeur est solidairement responsable en cas d'infraction (art. 5). Aucun imprimeur ne doit donc prêter ses presses pour la publication d'un journal, sans s'assurer que les conditions prescrites par la loi ont été remplies.

235. Règles spéciales sur la déclaration et le dépôt des journaux politiques. — Les dispositions ci-dessus ne concernent que les rapports de l'imprimeur ou de l'éditeur avec le Gouvernement, mais elles ne mettent pas l'administration départementale en mesure d'exercer l'action qui lui appartient à l'égard de la presse périodique. Elles laissent donc subsister dans leur entier les prescriptions particulières de la loi du 18 juillet 1828 sur la déclaration et le dépôt des journaux (2).

Aux termes de cette loi, la déclaration doit contenir : 1° Le titre du journal et les époques auxquelles il doit paraître ; 2° la désignation complète des propriétaires autres que les commanditaires ; 3° celle des gérants responsables ; 4° l'affirmation que

---

(1) La peine est une amende de 100 à 2,000 fr. par chaque numéro ou livraison publié en contravention, et un emprisonnement d'un mois à deux ans (art. 5).

(2) Voir la circulaire du ministre de la justice du 27 mars 1852 et celle du ministre de la police du 30 mars 1852.

les propriétaires-gérants réunissent les conditions de capacité prescrites; 5° l'indication de l'imprimerie où le journal doit être imprimé (art. 6).

Le dépôt de chaque numéro est fait au parquet du procureur impérial, ou à la mairie, dans les villes où il n'y a pas de tribunal de première instance (art. 8).

Ces deux formalités spéciales remplacent, pour les journaux politiques, celles du droit commun.

236. Les annexes indépendantes du journal rentrent dans le droit commun. — Mais il n'en est ainsi que lorsque le journal forme un tout indivisible, et non quand il contient des parties accessoires destinées à en être détachées pour être séparément répandues dans le public, telles qu'une pétition ou un roman. En pareil cas la déclaration et le dépôt faits en vertu de la loi de 1828 ne dispensent pas l'imprimeur d'effectuer, soit le dépôt prescrit par la loi de 1814, soit la déclaration requise relativement aux petits écrits traitant de matières politiques et d'économie sociale dont il sera parlé ci-après (n° 240) (1).

237. Forme de la déclaration et du dépôt pour les journaux non politiques. — Quant aux journaux non soumis au cautionnement ou journaux non politiques, ils sont assujettis à la déclaration spéciale, mais comprenant seulement les indications mentionnées aux n°s 1, 2 et 5 ci-dessus. En ce qui concerne ce dépôt, ils restent soumis à la disposition générale de la loi du 21 octobre 1814, prescrivant la remise au secrétariat de la préfecture (2).

238. Interdiction de concourir à la publication ou à la rédaction d'un journal. — Responsabilité de l'imprimeur. — Il est interdit à tout imprimeur de concourir à la publication, même sous un titre déguisé, d'un journal frappé de suspension, à peine d'un emprisonnement d'un mois à deux ans, et d'une amende de 500 fr. à 3,000 fr. par chaque numéro ou feuille publiée en contravention (art. 20 du décret de 1852).

La publication d'un article politique, émanant d'un individu condamné à une peine infamante, est punie d'une amende de 1,000 à 5,000 fr., dont l'imprimeur du journal est tenu solidairement (art. 21).

---

(1) C. cass., 4 oct. 1845; 28 nov. 1850 (Quennec). — Rennes, 28 août 1850. — C. cass., 24 fév. 1851.—Voir arrêt du 24 oct. 1848 (Perrée).

(2) C. cass., 17 février 1844 (Castillon) ; 3 avril 1846 (Potier).

239. Diverses publications soumises à l'autorisation préalable. — Pénalités. — La publication de tout dessin, gravure, lithographie, médaille, estampe, de quelque espèce que ce soit, aussi bien que celle des journaux politiques, est, dans l'intérêt des mœurs publiques, soumise à la nécessité de l'autorisation préalable(1). Cette autorisation est conférée à Paris par le ministre de l'intérieur, dans les départements par le préfet. L'autorisation émanée du ministre a effet dans toute la France (2).

La pénalité en cas de contravention est pour l'imprimeur, le lithographe ou le graveur, aussi bien que pour l'éditeur, la confiscation des dessins, etc., un emprisonnement de un mois à un an, et une amende de 100 fr. à 1,000 fr. (art. 22, al. 2).

240. Petits écrits politiques. — Contraventions. — Pénalités.— A l'égard des *écrits traitant de matières politiques ou d'économie sociale et ayant moins d'un feuillet d'impression,* l'imprimeur est soumis, indépendamment du dépôt prescrit par la loi de 1814, à l'obligation de déposer l'ouvrage au parquet du procureur impérial du lieu vingt-quatre heures avant toute publication ou distribution, et de déclarer au moment du dépôt le nombre d'exemplaires qu'il aura tirés (3).

La contravention à cette disposition donne lieu à une peine spéciale (amende de 100 à 500 fr.), qui se cumule avec celles prononcées par la loi de 1814, quand il y a omission de déclaration ou de dépôt à l'égard d'un journal dans lequel se trouve inséré un écrit politique destiné à en être détaché (4).

Art. 4. — Des imprimés soumis au timbre.

SOMMAIRE.

241. Prescriptions relatives au timbre des imprimés. Responsabilité de l'imprimeur. — 242. Quels imprimés sont soumis au timbre. — 243. Journaux et écrits politiques soumis au timbre.—244. Exception pour les journaux et écrits littéraires, scientifiques, etc. — 245. Pénalités en cas de contravention. — 246. Affiches, annonces soumises au timbre. — 247. Des affiches et placards. — 248. Ce qu'il faut entendre par annonces. — 249. Pénalités contre l'imprimeur.—250. Annonces

---

(1) Art. 22 du décret de 1852, qui reproduit l'art. 20 de la loi du 9 sept. 1835.

(2) Arrêt de cassation du 10 mars 1857 sur l'application de l'art. 20 de la loi du 9 sept. 1835. — Voir la circulaire du ministre de l'intérieur du 25 sept. 1835, et celle du ministre de la police générale du 30 mars 1852.

(3) Art. 7 de la loi du 27 juillet 1849.—Caen, 29 novembre 1849.

(4) Rennes, 28 août 1850.—Voir Morin, *Rép.*, v° *Imprimerie*, n. 21.

dispensées du timbre.— 251. Des annonces et prospectus de librairie. Prospectus de journaux. — 252. Annonces d'objets relatifs aux arts et aux sciences. Définition. — 253. Annonces relatives à l'exercice d'une profession. — 254. Annonces dans un but mercantile.— 255. Effets de commerce soumis au timbre.

241. Prescriptions relatives au timbre. — Responsabilité de l'imprimeur. —Indépendamment des obligations générales concernant les imprimés de toute nature, l'imprimeur est encore responsable de l'inobservation des prescriptions relatives au timbre auquel sont assujettis un certain nombre d'écrits.

La jurisprudence a décidé qu'il suffisait qu'un écrit soumis au timbre eût paru sans en être revêtu, pour que l'imprimeur fût passible des condamnations prononcées par la loi, alors même qu'il n'aurait pas concouru à l'usage qui a été fait de l'écrit non timbré (1). Tout imprimeur doit donc veiller avec le plus grand soin à ce qu'aucune publication frappée d'un droit de timbre n'entre en circulation avant qu'il n'ait été satisfait à la loi.

242. Quels imprimés sont soumis au timbre. — Les imprimés soumis au timbre rentrent dans trois catégories bien distinctes :

1° Les journaux et les écrits qui leur sont assimilés ;

2° Les affiches et avis en général ;

3° Les effets de commerce et actes commerciaux de diverse nature.

243. Journaux et écrits politiques soumis au timbre. — Sont assujettis au droit de timbre en vertu du décret du 17 février 1852 :

« Les journaux et écrits périodiques et les recueils périodiques de gravures ou lithographies politiques de moins de dix feuilles de 25 à 32 décimètres carrés, ou de moins de cinq feuilles de 50 à 60 décimètres carrés (art. 6) ;

« Les écrits non périodiques traitant de matières politiques ou d'économie sociale, qui ne sont pas actuellement en cours de publication ou qui antérieurement à la présente loi ne sont pas tombés dans le domaine public, s'ils sont publiés en une ou plusieurs livraisons ayant moins de dix feuilles d'impression de 25 à 32 décimètres carrés » (art. 9).

244. Exception pour les journaux et écrits littéraires, scientifiques, etc. — Par dérogation au décret du

---

(1) C. cass., 22 janv. 1851 (Enreg. c. Dagaud). — 23 ventôse an x (Laurent). — Jugement de Paris du 7 juillet 1853 (Danel.—Dalloz, 1854.3.47.)

17 février 1852, le décret du 28 mars 1852 a déclaré « exempts du droit de timbre les journaux et écrits périodiques ou non périodiques, exclusivement relatifs aux lettres, aux sciences, aux arts et à l'agriculture » (art. 1er).

Mais il suffit que ces journaux et écrits s'occupent, *même accidentellement*, de matières politiques ou d'économie sociale, pour qu'ils rentrent sous l'application du décret du 17 février (art. 2).

Par l'expression *lettres*, il faut entendre non-seulement les belles-lettres proprement dites, mais toute œuvre d'esprit, soit d'imagination, soit d'érudition, soit d'observation morale, critique ou satirique, même sous une forme légère et burlesque, telle que la publication dite le *Journal pour rire* (1).

245. Pénalités en cas de contravention. — « Chaque contravention aux dispositions de la présente loi sera punie, indépendamment de la restitution des droits frustrés, d'une amende de 50 francs par feuille ou fraction de feuille non timbrée. Elle sera de 100 francs en cas de récidive. L'amende ne pourra au total dépasser le chiffre du cautionnement.

« Pour les autres écrits, chaque contravention sera punie, indépendamment de la restitution des droits frustrés, d'une amende égale au double des droits.

« Cette amende ne pourra, en aucun cas, être inférieure à 200 francs, ni dépasser un total de 50,000 francs » (art. 11).

Il y a autant de contraventions de la part de l'imprimeur qu'il y a de tirages distincts (2).

Lorsque l'imprimeur d'un écrit publié sans avoir été timbré en est en même temps l'éditeur, il est passible à la fois, suivant un jugement du tribunal de la Seine (3), et de l'amende prononcée contre l'imprimeur et de celle prononcée contre l'éditeur (4).

246. Affiches, annonces, etc..., soumises au timbre. — Les *affiches* ou *placards*, autres que ceux d'actes émanés de l'autorité publique, les *avis, annonces, prospectus* en général, sauf les exceptions ci-après énumérées (5), sont soumis au timbre.

---

(1) C. cass., 21 juin 1854 (Dalloz, 54.1.240).
(2) Jugement de Paris, 8 décembre 1852 (Dalloz, 54.5.752).
(3) Paris, 7 juillet 1853 (Dalloz, 54.3.47). — Voir en sens contraire, C. cass., 6 janv. 1854 (Dalloz, 1854.1.00).
(4) Loi du 28 avril 1816, art. 69; loi du 16 juin 1824, art. 10.
(5) Loi du 6 prairial an VII, art. 1er; loi du 28 avril 1816, art. 65 et 66.

247. Des affiches et placards. — Les affiches assujetties au timbre spécial doivent être sur papier de couleur, le papier blanc étant réservé aux actes publics (1).

Elles doivent être timbrées alors même qu'elles seraient faites *à la brosse*, c'est-à-dire imprimées au moyen de planches offrant des caractères à jour, sur lesquelles on passe un pinceau (2).

On peut, sans contravention, comprendre, dans une même affiche, plusieurs annonces, par exemple, imprimer les annonces de quatre théâtres différents sur une même feuille de papier timbré (3).

Mais si, une affiche est composée de plusieurs feuilles collées ensemble, il est dû un droit de timbre pour chacune d'elles (4).

Sont affranchies du timbre les affiches imprimées, apposées par les particuliers sur leur propre demeure pour annoncer la vente ou location de la maison, ou l'industrie qui s'y exerce (5).

248. Ce qu'il faut entendre par annonces. — On ne saurait considérer comme annonce dans le sens de la loi fiscale l'indication, relative au débit d'un objet, qui se trouverait accidentellement dans l'intérieur d'un ouvrage. Mais lorsqu'à un avis imprimé on joint une brochure contenant des documents qui ont pour objet direct de recommander l'objet annoncé, le droit de timbre est dû et pour l'avis et pour toutes les feuilles de la brochure qui lui est annexée (6). Il en est de même quand l'avis ou prospectus est imprimé sur la couverture d'une brochure ou livraison, bien que celle-ci ne soit pas assujettie au timbre (7).

249. Pénalités contre l'imprimeur. — L'art. 68 de la loi du 28 avril 1816 et l'art. 76 de la loi du 15 mai 1818 font défense aux imprimeurs d'employer pour affiches et annonces du papier non timbré, sous prétexte de faire ultérieurement frapper l'imprimé du timbre extraordinaire. L'art. 69 de la loi de 1816 punit la contravention de l'imprimeur à ces dispositions d'une amende de 500 frans, sans préjudice du droit de Sa

---

(1) Loi du 28 avril 1816, art. 36.
(2) Instruction ministérielle du 13 juillet 1831.—Bories et Bonnassies, *Dictionnaire pratique de la presse*, t. 1, p. 6.
(3) Jugement du 2 février 1842 (Sirey, 42.2.552).
(4) *Dictionnaire de la presse*, p. 5, v° *Affiches*.
(5) Décisions des 24 sept. 1819 et 24 juillet 1820.
(6) Jugement du 15 février 1854 (Dalloz, 54.3.40 et la note 5).
(7) Jugement du 23 juin 1853 (Dalloz, 54.3.40).

Majesté de lui retirer sa commission. Cette amende a été réduite à 50 francs par la loi du 16 juin 1824, art. 10.

L'apposition d'une affiche non timbrée rend l'imprimeur passible de l'amende, quoiqu'il n'ait pas participé à cette apposition (1). Mais il n'est dû par l'imprimeur qu'une seule amende, quel que soit le nombre d'exemplaires affichés, si les affiches proviennent d'un seul et même tirage (2).

250. Annonces dispensées du timbre. — Il y a exception à l'obligation du timbre : 1° pour les adresses contenant simple indication de domicile ou de changement de domicile ; 2° pour les annonces-prospectus et les catalogues de librairie ; 3° pour les annonces-prospectus et catalogues d'*objets* relatifs aux sciences et aux arts (3).

Les avis de changement de domicile, d'après un jugement du 2 mars 1854, ne sont dispensés du timbre que quand ils résultent d'imprimés distribués, mais non d'imprimés affichés (4).

251. Des annonces et catalogues de librairie. — Prospectus de journaux. — Les prospectus et catalogues de librairie ne sont dispensés du timbre qu'autant qu'ils se bornent à l'annonce des ouvrages, mais non quand ils y joignent l'offre de faire confectionner les reliures ou d'accomplir toute autre opération industrielle (5).

Nous pensons avec M. Dalloz que les prospectus des journaux, pourvu qu'ils ne consistent pas dans un numéro de journal, sont de véritables prospectus de librairie, admis comme tels à la dispense du timbre (6).

252. Annonces d'objets relatifs aux arts et aux sciences. — Définition. — Par objets relatifs aux arts et aux sciences, il faut entendre non pas ceux qui concernent l'industrie proprement dite, mais ceux qui ont un intérêt artistique et scientifique (7). La jurisprudence y a compris non-seulement

---

(1) C. cass., 23 ventôse an x (Laurent).
(2) Décision ministérielle du 17 juin 1842. — Voir *Dictionnaire de la presse*, v° *Affiches*, n. 30 et 31.
(3) Loi du 6 prairial an VII ; loi du 25 mars 1817, art. 76 ; loi du 15 mai 1818, art. 85 ; décret du 28 mars 1852, art. 1.—Voir jugement du tribunal de la Seine du 15 février 1854 (Dalloz, 54.3.40).
(4) Jugement d'Orléans (Dalloz, 54.3.56).—Le *Bulletin de l'enregistrement* (1854, art. 502) combat cette distinction.
(5) Bories et Bonnassies, *Dict. pratique de la presse*, v° *Avis*, n. 16 et 17.
(6) Dalloz, 54.5.755.—*Contrà*, jugement du 9 décembre 1852 (*ibid.*, p. 752).
(7) Voir sur ce point *Dict. de la presse*, v° *Avis*, n. 3 et suiv.

les créations des artistes et des savants telles que les œuvres d'un compositeur ou d'un chimiste, mais les objets matériels affectés à l'exercice des arts et des sciences, tels que des instruments de musique et des appareils scientifiques (1). Il a été jugé, dans le même ordre d'idées, que par cela seul que les plantes sont des objets d'histoire naturelle, elles peuvent être annoncées par ceux qui en font le commerce dans des catalogues non revêtus du timbre.

Mais un tel catalogue ne pourrait, sans contravention, contenir, même accessoirement, l'annonce de produits à l'égard desquels la dispense du timbre n'existe pas (2). Il y aurait lieu au paiement du timbre pour cette annonce spéciale, à moins qu'elle n'eût le caractère d'une simple recommandation désintéressée et sans caractère mercantile (voir ci-dessus n° 248).

253. Annonces relatives à l'exercice d'une profession. — Les exceptions ci-dessus énumérées ne comprennent pas les annonces imprimées relatives à l'exercice d'une profession même libérale, mais ayant d'ailleurs le caractère d'une spéculation. Par exemple, l'annonce d'un cours de langue professé par un particulier, le prospectus d'un établissement d'instruction privée (3), rentrent dans la classe des avis et prospectus assujettis au timbre. La loi n'excepte, dans l'intérêt des lettres, des sciences et des arts, que les annonces relatives aux *objets mobiliers* qui s'y rattachent, ainsi que celles concernant les livres et écrits (4).

254. Annonces faites dans un but mercantile. — Il faut au contraire appliquer le bénéfice de l'art. 83 de la loi du 15 mai 1818 à tous les avis et annonces relatifs aux arts et aux sciences, sans distinction pour le cas où ils seraient faits dans un but mercantile, pourvu qu'un intérêt scientifique ou artistique s'y rattache en même temps (5). L'obligation du timbre renaîtrait, si l'intérêt artistique ou scientifique disparaissait entièrement pour ne laisser place qu'à la pensée de spéculation pure et simple (6).

---

(1) Jugement du 26 juillet 1854 (Dalloz, 54.3.70). — V. *Journal de l'enregistrement*, art. 15897.

(2) Telle serait l'indication d'un fabricant de serres faite dans le catalogue d'un horticulteur.—Jugement du 16 fév. 1854 (Dalloz, 54.3.70).

(3) Décision ministérielle du 9 janv. 1846. — Voir *Dict. de la presse*, v° Avis, n. 10.

(4) Jugement du 23 juin 1853 (Dalloz, 54.3.40 et la note 2).

(5) Jugement du 26 juillet 1854 (Dalloz, 54.3.70) ; 16 février 1854 (*ibid.*)

(6) C. cass., 21 décembre 1853 (Dalloz, 54.5.754).

255. Effets de commerce, etc., soumis au timbre. — Les effets de commerce, les actions et obligations dans les sociétés, les polices d'assurance, les lettres de voitures et connaissements, sont assujettis au timbre, en vertu des lois du 9 vend. an 6, art. 54 et suiv., 6 prairial an 7, 11 juin 1842, art. 6 et 7, 5 juin 1850. En conséquence, les imprimeurs en caractères, en taille douce ou en lithographie, qui font sortir de leurs presses de semblables écrits non timbrés, se rendent coupables de contravention aux lois précitées.

Art. 5. — De la librairie.

SOMMAIRE.

256. Le brevet et le serment imposés aux libraires avec sanction pénale. — 257. Quelles personnes ont la qualité de libraire. — 258. Renvoi aux articles ci-dessus relatifs aux brevets. — 259. Responsabilité du libraire en cas d'omission du nom de l'imprimeur. — 260. Responsabilité du libraire-éditeur quant aux contraventions en matière de presse, de timbre.

256. Le brevet et le serment imposés aux libraires avec sanction pénale. — Les libraires (qui ne peuvent être rangés parmi les industriels proprement dits qu'autant qu'ils sont *éditeurs*) sont assujettis, comme les imprimeurs, au *brevet* et au *serment*, en vertu de la loi du 21 octobre 1814 (art. 11). Mais cette disposition formelle était dépourvue de toute sanction, d'après la jurisprudence la plus récente de la Cour de cassation qui avait décidé, par plusieurs arrêts rendus en audience solennelle, que l'infraction à la disposition de l'art. 11 de la loi de 1814, dans l'état actuel de la législation, ne pouvait entraîner contre les contrevenants l'application d'aucune peine (1). La sanction, qui avait manqué jusqu'alors, a été créée par l'art. 24 du décret du 17 février 1852, ainsi conçu :

« Tout individu qui exerce le commerce de la librairie, sans avoir obtenu le brevet exigé par l'art. 11 de la loi du 21 octobre 1814, sera puni d'une peine d'un mois à deux ans d'emprisonnement, et d'une amende de 100 fr. à 2,000 fr. L'établissement sera fermé (2). »

257. Quelles personnes ont la qualité de libraire. — On doit réputer libraires, conformément aux dispositions de la loi de 1814 et du décret de 1852, toutes personnes éditant,

---

(1) Voir arrêts du 13 fév. 1836 ; 7 nov. 1836 ; 6 juin et 7 nov. 1844 ; 28 mars 1851. — Voir sur ce point Morin, *Rép.*, v° *Libraire*, § 2.

(2) Voir la circulaire ministérielle du 30 mars 1852 (Dalloz, 52.5.44).

vendant et revendant des livres, même les bouquinistes, les colporteurs, les possesseurs de cabinets de lecture (1); mais non l'auteur éditant et vendant son propre ouvrage (2).

258. Renvoi aux articles ci-dessus relatifs au brevet.— Nous ne pouvons d'ailleurs que nous référer à ce qui a été dit à l'égard des imprimeurs, relativement à la personnalité et à la spécialité du brevet (voir n° 212), à son incessibilité (3), à sa révocabilité (n° 215).

259. Responsabilité du libraire en cas d'omission du nom de l'imprimeur. — Les libraires sont d'ailleurs responsables de l'omission du nom et de la demeure de l'imprimeur sur tout livre qu'ils mettent en vente (4). La peine est une amende de 2,000 fr. qui peut être réduite à 1,000 fr., quand le libraire fait exactement connaître l'imprimeur (5).

260. Responsabilité du libraire-éditeur, quant aux contraventions en matière de presse, de timbre. — La responsabilité de l'éditeur est engagée comme celle de l'imprimeur, par suite des contraventions aux dispositions relatives à la publication des journaux et écrits politiques, à l'obligation du timbre, etc.... Nous nous référons également sur ces divers points à nos précédentes explications (art. 3 et 4, n°s 234 et suiv.).

Art. 6. — Fabriques de presses, fonderies de caractères, etc.

261. Obligation de la tenue d'un registre. — Pénalité. — Le décret du 22 mars 1852, art. 4, soumet les fondeurs de caractères, les clicheurs ou stéréotypeurs, les fabricants de presses de tous genres, les marchands d'ustensiles d'imprimerie, à l'obligation d'avoir un livre coté et parafé par le maire, pour y inscrire, par ordre de date, les ventes par eux effectuées, avec les noms, qualités et domiciles des acquéreurs; ils sont, en outre, tenus de transmettre copie de ces inscriptions au ministre de la police ou aux préfets. Le tout à peine d'une amende de 50 fr. à 200 fr. par chaque contravention.

---

(1) C. cass., 8 déc. 1826 ; 3 mars 1827 ; 25 fév. et 7 nov. 1836.
(2) Parant, p. 56 ; Chassan, t. 1, p. 456.
(3) C. cass., 15 mai 1825 ; 28 avril, 18 et 28 juillet 1827.
(4) Paris, 28 juin 1850 (Magnier, Jannin) ; 31 août 1850 (Ballard) [S.51.1.381].
(5) Art. 19 de la loi du 21 oct. 1814.—C. cass., 1er août 1823.

§ II.

Industries relatives aux subsistances et aux médicaments.

262. Division du paragraphe. — Les professions industrielles qui intéressent essentiellement l'alimentation et la santé publique sont soumises à des règlements particuliers qui restreignent notablement à leur égard le principe de la liberté de l'industrie.

Nous traiterons successivement : 1° Des industries qui ont pour objet les subsistances ; 2° de celles qui fournissent les remèdes et médicaments ; 3° de celles qui concernent à la foi l'alimentation, la santé et l'ordre public.

Art. 1er. — N° 1. — Boulangerie.

LÉGISLATION. Loi des 16-24 août 1790, titre XI, art. 3 (*Mesures de police sur les subsistances*).—Loi des 19-22 juillet 1791, t. 1, art. 30 (*Taxe du pain*).— Arrêté du 19 vendémiaire an X. — Ordonnances du 4 février 1815 ; du 19 juillet 1834 ; du 27 décembre 1853 (*Règlements sur la boulangerie de Paris*).—Loi du 27 mars 1851 (*Fraudes sur les aliments*).—Code pénal, art. 471 et suivants.

SOMMAIRE.

263. L'industrie de la boulangerie peut être soumise à l'autorisation préalable.—264. Conditions auxquelles l'autorisation peut être légalement subordonnée.—265. L'autorisation est locale et personnelle. — 266. Interdiction du cumul avec certaines autres professions. Base légale de l'interdiction. — 267. De la cessation de l'exploitation d'une boulangerie.— 268. Prescriptions diverses auxquelles peut être soumis l'exercice de la boulangerie. Approvisionnement.—269. Mesures concernant le pesage.—270. Mesures relatives à la forme du pain. Tromperie sur la quantité.— 271. Des excuses en cas de déficit.—272. Des pains de fantaisie. — 273. De la marque des pains. — 274. De la taxe des pains.—275. Prohibition des dérogations volontaires à la taxe.— 276. Arrêtés relatifs au regrattage et à la revente.— 277. Législation spéciale à la ville de Paris. — 278. Droit de suspension en cas de contravention. — 279. Répression des contraventions et délits par l'autorité judiciaire.

263. L'industrie de la boulangerie peut être soumise à l'autorisation préalable. — Le droit de l'autorité administrative de réglementer la boulangerie a sa base dans les pouvoirs conférés à l'administration par la loi des 16-24 août 1790, t. XI, art. 3, de prendre les mesures nécessaires pour assurer la subsistance publique et veiller à la fidélité du débit des denrées de consommation.

L'importance capitale de cette industrie a fait induire de cette disposition le droit, non-seulement d'en régler l'exercice, mais de le subordonner à une *autorisation préalable.*

La Cour de cassation, dans le silence de toute loi spéciale, a proclamé la légalité des règlements qui exigent cette autorisation, non-seulement quand ils émanent sous forme d'ordonnances ou de décrets de l'administration supérieure, ce qui a lieu pour la plupart des villes de quelque importance (1), mais même quand ils résultent de simples arrêtés de l'autorité municipale (2).

Les arrêtés des maires peuvent d'ailleurs être attaqués devant le préfet, soit par le boulanger auquel la permission a été refusée, soit par les autres boulangers, quand l'autorisation a été accordée ; les arrêtés du préfet peuvent être à leur tour déférés au ministre de l'intérieur, mais sans que l'un ou l'autre recours soit suspensif et qu'il soit permis de s'en prévaloir pour ne point exécuter l'arrêté (3). Ces mesures constituant des actes de pure administration, ne sauraient être l'objet d'un pourvoi au conseil d'Etat par la voie contentieuse (4).

264. Conditions auxquelles l'autorisation peut être légalement subordonnée. — L'autorité municipale peut mettre à la permission toutes les conditions qu'elle juge nécessaires pour assurer le service régulier de la boulangerie ; déterminer, par exemple, le mode de construction des fours, interdire la vente ailleurs que dans un certain local, fixer l'approvisionnement que chaque boulanger devra constamment avoir dans son magasin, ainsi que le nombre des fournées qu'il sera tenu de faire. L'exercice de cette autorité n'est limitée que par la nécessité de ne point porter atteinte à la liberté de l'industrie par le rétablissement indirect des anciens règlements sur les corporations abolies. Ainsi, elle ne pourrait borner le nombre des boulangers et transformer ainsi leur profession en un monopole, ni exiger des épreuves préparatoires ou un apprentissage (5). En pareils cas, l'acte administratif, soit qu'il constituât un simple arrêté indivi-

---

(1) Voir l'ordonnance du 31 octobre 1827, relatif à la ville de Thionville, citée par Dalloz, *Répert.*, v° *Boulanger*, n. 10.

(2) C. cass., 13 mars 1834 (boulangers de Montauban) ; 30 mai 1834 (Félix) ; 9 nov. 1839 (Dumas); 16 juillet 1840 (Dumas); 19 août 1848 (Piéquet) ; 14 déc. 1850 (Rochais).

(3) Cass., 1ᵉʳ avril 1841 (Dru).

(4) C. cass., 17 mars 1835.

(5) Voir une lettre du ministre de l'intérieur du 11 octobre 1832, citée par Lebon (*Recueil des arrêts du conseil*), à la date du 17 mars 1832.

duel, soit qu'il eût la forme d'un règlement général, serait entaché d'excès de pouvoir, et par là même susceptible d'être déféré au conseil d'État par la voie contentieuse.

265. L'autorisation est locale et personnelle. — L'autorisation est limitative en ce sens qu'elle ne s'applique qu'à un établissement déterminé, et que le boulanger autorisé pour un quartier n'a pas la faculté d'établir ailleurs des succursales (1). Elle est d'ailleurs personnelle, et ne peut se transmettre comme l'achalandage. Le successeur doit être agréé par l'autorité municipale (2).

266. Interdiction du cumul avec certaines autres professions. — Base légale de l'interdiction. — Un arrêt de la Cour de cassation du 1er avril 1830 (aff. Cugis) décide que le maire peut légalement exiger l'exécution d'un arrêt du parlement d'Aix, de 1777, qui interdit le cumul de la profession de boulanger avec celle d'aubergiste et cabaretier (3). Il faut bien remarquer que cette jurisprudence a pour seul fondement légal le droit reconnu à l'autorité administrative de prendre toutes les mesures nécessaires pour faciliter la surveillance de la police et assurer la salubrité des denrées. Or le cumul dont il s'agit pourrait porter atteinte à ce double intérêt en facilitant le débit de pain et de farine de mauvaise qualité, et nuire à l'approvisionnement général au profit de consommateurs particuliers. Mais quand cette raison d'ordre public n'existe pas, et que le cumul n'aurait d'autre effet que de menacer des intérêts privés, le principe de la liberté industrielle et de la concurrence commerciale s'oppose à une semblable prohibition. C'est ce qui a été proclamé par l'autorité administrative comme par l'autorité judiciaire à propos d'une réclamation élevée par les pâtissiers de Paris contre les boulangers de cette ville, et tendant à ce qu'il fût interdit à ces derniers de faire de la pâtisserie, en considération du monopole qui leur est assuré dans la capitale. Le préfet de police rejeta cette demande, et le tribunal de police, saisi de la même question, statua dans le même sens par jugement du 25 août 1842, attendu que chacun peut, sans aucune permission de l'autorité administrative, se livrer à la profession de pâtissier (4).

267. De la cessation de l'exploitation d'une bou-

---

(1) C. cass., 16 avril 1841 (Jean).
(2) Voir arrêt de Caen du 6 fév. 1828 (Dalloz, v° *Boulanger*, n. 17).
(3) M. Dalloz combat la doctrine de cet arrêt (v° *Boulanger*, n. 20).
(4) Voir Dalloz, v° *Industrie*, n. 166.

Boulangerie. — La cessation de l'exploitation d'une boulangerie est, comme sa formation, soumise à l'autorité des règlements. La Cour de cassation, après une discussion approfondie (1), a maintenu l'ancienne jurisprudence, qui déclare obligatoire l'interdiction, pour tout boulanger, de quitter sa profession moins d'un an après la déclaration qu'il en aura faite, à peine de 500 livres d'amende (édit de fév. 1776, art. 6); d'où il résulte qu'il faut, à plus forte raison, considérer comme parfaitement légaux les règlements spéciaux, qui exigent un intervalle de six mois entre la déclaration et la cessation des fonctions. Cette jurisprudence, combattue par M. Dalloz (v° Boulanger, n° 26), est approuvée par M. Morin dans son *Répertoire de droit criminel* (t. I, p. 330).

268. Prescriptions diverses auxquelles peut être soumis l'exercice de la boulangerie. — Approvisionnement. — Pendant toute la durée de l'exercice de leur profession, les boulangers sont assujettis à des prescriptions nombreuses qui, en raison de l'importance même de leur industrie, réglementent tous les détails de l'exploitation.

L'autorité municipale peut fixer l'heure de l'ouverture et de la fermeture des boulangeries en vue des besoins des consommateurs. Elle peut exiger un approvisionnement constant et déterminé de certaines qualités de farine, et interdire l'emploi, soit de farine défectueuse (2), soit de substances nuisibles dans la confection du pain (3); elle peut assujettir les boulangers à ne vendre des pains que de certaines qualités déterminées, de telle sorte qu'il y aurait contravention, s'ils fabriquaient des pains de qualités différentes (4); elle peut leur prescrire de tenir leurs boutiques garnies et de débiter les pains par morceaux, quelque faible quantité qui leur en soit demandée. Les boulangers ne sauraient être excusés de l'inobservation de ces prescriptions, soit parce qu'il leur aurait été fait de nombreuses demandes, soit parce que l'heure serait avancée, soit parce que la prochaine cuisson serait sur le point d'être achevée (5).

---

(1) C. cass., 20 nov. 1812, et arrêt du 18 fév. 1848, rendu sur les conclusions de M. Nicias-Gaillard. — Paris, 9 juin 1848. — C. d'État, avis du 8 fév. 1812; ordonnance du 31 oct. 1827.

(2) C. cass., 16 juillet 1840.

(3) C. cass., 18 octobre 1839 : 18 fév. 1847.

(4) C. cass., 9 juin 1852 (Ménaud); 7 mars 1839 (Huas).

(5) C. cass., 21 janv. 1853 (Blaise); 20 juillet 1854 (Dubois); 27 juillet 1854 (Achard) (Dalloz, 54.1.376).

269. Mesures concernant le pesage. — Les plus importantes des mesures administratives à l'égard de la boulangerie sont celles qui concerne le pesage, la forme et la taxe du pain.

Les préfets et les maires peuvent, par des arrêtés obligatoires, contraindre les boulangers à ne point débiter de pain sans l'avoir effectivement pesé, quelle que soit à cet égard la tolérance ou l'exigence de l'acheteur (1).

270. Mesures relatives à la forme des pains. — Tromperie sur la quantité. — Dans les lieux où la vente *à la forme* est maintenue, les règlements déterminent le poids que chaque pain doit avoir suivant sa forme; ils peuvent prescrire une marque indicative de ce poids, et enjoindre aux boulangers d'enlever une portion de la croûte des pains n'ayant pas le poids légal, afin d'avertir l'acheteur du déficit. La seule mise en vente de pains non écroûtés et d'un poids inférieur à l'indication qui résulte, soit de la marque, soit de la forme même du pain, constitue une tromperie sur la quantité de la marchandise, délit punissable aux termes des art. 423, C. pén., et 1er, § 3, de la loi du 27 mars 1851 (2).

271. Des excuses en cas de déficit. — Il ne pourrait y avoir d'excuse, pour le déficit existant sur le poids, que dans le cas où l'autorité administrative aurait elle-même, dans un règlement spécial, décidé qu'il serait admis une certaine tolérance pour déchet de cuisson (3). Si cette tolérance ne résulte pas d'un règlement administratif, elle ne peut être admise par le tribunal, quelque minime qu'ait pu être le déficit, et quelle qu'ait été d'ailleurs l'intention du boulanger ou de l'acheteur (4).

272. Des pains de fantaisie. — Il a été jugé que quand le règlement détermine, sans distinction et sans exception, le poids et la forme du pain, le boulanger ne peut être excusé sous prétexte que le pain, fait par lui dans d'autres conditions, ne serait qu'un pain de fantaisie, ou qu'il lui aurait été commandé par l'acheteur (5).

---

(1) C. cass., 30 juin 1831; 26 janv. 1842 ; 7 mars 1845. — Voir cependant l'arrêt du 17 mars 1854 (Doire) (Dalloz, 54.1.299).

(2) C. cass., 4 fév. 1854 (arrêt après partage) (Dalloz, 54.1.135).

(3) C. cass., 1er juillet 1842 (Girard).

(4) C. cass., 1er avril 1826 (Bousquet); 30 juillet 1831 (Ducœur); 24 mai 1832 (Pezuc); 6 juin 1835 (Langevin); 7 mars 1835 (Gendre) ; 2 mai 1835 (Fillatreau) ; 9 août 1838 (Caumont); 7 sept. 1844 (Dufourcq); 15 juillet 1843 (Dubois).—*Jurisprudence constante.*

(5) C. cass., 30 mai 1844 (Rossignol) ; 7 nov. 1844 (Perrot).

273. De la marque du pain. — La jurisprudence a reconnu aux maires le droit d'obliger les boulangers à apposer à leurs pains une *marque* particulière, telle qu'un numéro, soit pour faciliter la surveillance à leur égard, soit pour distinguer les qualités diverses des pains (1).

274. De la taxe du pain. — L'administration peut non-seulement déterminer le mode de fabrication et de vente du pain, mais en fixer le prix par une taxe. Cette taxe, essentiellement variable comme le prix des grains et farines, rentre dans les attributions de l'autorité municipale, en vertu de l'art. 30, t. I, de la loi du 22 juillet 1791 et de la loi du 18 juillet 1837 (art. 11). Les arrêtés des maires à cet égard sont donc valables par eux-mêmes sans avoir besoin de l'approbation du préfet (2), si ce n'est lorsque dans l'intérêt de la commune, une *surtaxe* fixe est ajoutée à la taxe mobile. Il résulte d'un arrêt de la Cour de cassation du 30 janvier 1828 (ville de Marseille) qu'une telle mesure ne pourrait être prise qu'avec l'approbation du ministre de l'intérieur (3).

La taxe est absolument obligatoire pour toute espèce de pains, même ceux dits de fantaisie, à moins que l'arrêté municipal ne les en exempte au moins implicitement. Dans ce dernier cas le prix peut être fixé de gré à gré ; il en est de même quand le boulanger étant autorisé à exercer, en même temps, la profession d'aubergiste, fournit du pain à ce dernier titre aux individus qui mangent chez lui (4).

275. Prohibition des dérogations volontaires à la taxe. — A part ces exceptions, il ne saurait être dérogé à la taxe par aucune convention particulière entre les boulangers et les consommateurs, s'il en résulte élévation du prix. La contravention existe, par cela seul qu'un prix supérieur est imposé à l'acheteur, ou accepté par lui, mais non quand il y a abaissement du prix au-dessous de la taxe (5).

Il n'y aurait pas contravention, à notre avis, si le boulanger colportant au loin du pain réclamait un supplément comme salaire motivé par le déplacement et le transport.

---

(1) C. cass., 15 mars 1854 (boulangers de Montauban) ; 28 janv. 1857 (Rouillard).
(2) C. cass., 1ᵉʳ avril 1841 (Dru).
(3) Voir sur cette question Dalloz, v° *Boulanger*, n. 57.
(4) C. cass., 29 sept. 1847 (Brenot-Picardot).
(5) C. cass., 23 août 1839 (Bannier) ; 19 mars 1841 (Robin); 5 mars 1842 (Louchard). — Un boulanger a été tout récemment autorisé administrativement à vendre au-dessous de la taxe (avril 1855). — Voir la *Gazette des Tribunaux* du 27 mai 1855.

276. Arrêtés relatifs au regrattage et à la revente.
— Pour rendre plus efficace et plus facile la surveillance qu'elle doit exercer, l'autorité municipale peut obliger les boulangers à vendre exclusivement par eux-mêmes les pains qu'ils fabriquent et prohiber la revente en dehors des boulangeries, soit en pains entiers par des *revendeurs*, soit en morceaux par des *regrattiers*.

L'une et l'autre profession peut ainsi être interdite d'une manière absolue (1), comme favorisant la fabrication clandestine du pain.

277. Législation spéciale à la ville de Paris. — Nous n'avons dû nous occuper ici que des règles applicables à la boulangerie en général. Cette industrie est soumise, dans la ville de Paris, à une législation particulière qui a sa base principale dans l'arrêté du Gouvernement du 19 vendémiaire an 10, et qui a reçu un complément d'une haute importance par la création de la caisse de la boulangerie.

278. Droit de suppression ou de suspension en cas de contravention. — Ainsi que nous l'avons dit à l'égard des établissements soumis à autorisation, les infractions aux règlements sur la boulangerie peuvent donner lieu à l'action répressive, soit de l'administration, soit des tribunaux.

Comme conséquence du droit de conférer l'autorisation, la jurisprudence reconnaît au maire la faculté d'ordonner la fermeture temporaire ou définitive de toute boulangerie ouverte sans autorisation (2), ou même celle d'un établissement autorisé en cas de contravention aux conditions essentielles imposées au permissionnaire.

C'est ce que déclare expressément l'arrêt des chambres réunies de la Cour de cassation, du 16 juillet 1840, qui ne fait que confirmer le principe admis par un grand nombre de décisions antérieures (3). Toutefois M. Dalloz combat vivement cette doctrine en se fondant sur le principe de la liberté de l'industrie, sur l'absence de toute disposition législative relativement à une mesure aussi grave, enfin sur l'incapacité de l'autorité administrative pour créer ou appliquer des peines.

Il faut rappeler à cet égard qu'une décision du ministre de

---

(1) Voir l'ordonnance du 31 octobre 1827, art. 17, et C. cass., 4 août 1838 (Gautier) ; 22 nov. 1838 (Desnolly) ; 30 avril 1842 (Paquet) ; 20 avril 1844 (Fraisse).

(2) C. cass., 16 juillet 1840 (Dumas).

(3) C. cass., 12 sept. 1829 (Benoit) ; 9 nov. 1839. — C. d'État, 14 décembre 1857 (Senez-Ange). — Voir MM. Bost, *Traité de l'organisation municipale*, t. 1, p. 332, et Morin, *Répertoire*, t. 1, p. 330.

l'agriculture et du commerce, en date du 9 septembre 1833, tout en maintenant en principe le droit de l'administration, semble renoncer à en faire l'application.

Quant à la *saisie* de l'approvisionnement du boulanger qui aurait encouru l'interdiction, saisie prononcée par diverses ordonnances réglementaires (voir ordonnance du 31 oct. 1827, art. 13), il nous paraît certain qu'elle présente véritablement le caractère d'une confiscation, et que la légalité n'en saurait être justifiée.

279. Répression des contraventions et délits par l'autorité judiciaire. — La mesure administrative qui ordonnerait l'interdiction temporaire ou définitive de l'établissement ne saurait être qu'un mode de répression exceptionnel. Les infractions commises par les boulangers donnent lieu, d'après le droit commun et suivant les cas, à des poursuites devant le tribunal de simple police ou devant le tribunal de police correctionnelle, en application des art. 471, 474, 475, 477, 478, 479 du C. pén., et de la loi du 27 mars 1851.

Art. 1er. — N° 2. — Boucherie et charcuterie.

LÉGISLATION. Loi des 16-24 août 1790, t. xi, art. 3 et 4 (*Mesures de police sur les subsistances*). — Loi des 19-22 juillet 1791, t. 1, art. 30 (*Taxe de la viande*). — Arrêté du 8 vendémiaire an xi ; ordonnances du 12 janvier 1825, du 18 octobre 1829 (*Règlements sur la boucherie à Paris*). — Loi du 27 mars 1851 (*Fraudes sur les denrées alimentaires*).

SOMMAIRE.

280. Base légale des règlements municipaux sur la boucherie et la charcuterie. — 281. La déclaration préalable peut être imposée, mais non l'autorisation. — 282. Cessation de l'exploitation. — 283. Prescriptions auxquelles peut être soumise l'exploitation. Taxe. — 284. Cumul avec d'autres professions. — 285. Régime spécial à la ville de Paris.

280. Base légale des règlements municipaux sur la boucherie et la charcuterie. — La profession de boucher et de charcutier est soumise aux règlements que peut faire l'autorité municipale, en vertu des art. 3 et 4, t. XI, de la loi des 16-24 août 1790, qui confie à la vigilance et à l'autorité des corps municipaux l'inspection sur la salubrité des comestibles exposés en vente publique, le soin de prévenir les épidémies, celui d'obvier aux événements fâcheux qui pourraient être occasionnés par la divagation des animaux malfaisants, de l'art. 30, t. 1, de la loi du 19 juillet 1791, qui autorise la taxe de la viande, de l'art. 46 de cette loi qui permet à l'autorité municipale de rappeler les citoyens à l'exécution des anciens règlements de police.

De ces principes ressortent les conséquences suivantes :

281. La déclaration préalable peut être imposée, mais non l'autorisation. — Un arrêté municipal peut légalement astreindre les bouchers à faire au bureau de police, avant d'exercer leur industrie, une *déclaration préalable* indiquant le lieu où ils entendent fixer leur étal (1) ; mais ils ne sauraient être assujettis à une autorisation ou à toute autre mesure de nature à faire de la profession de boucher un monopole (2). (Voir toutefois la législation spéciale à la ville de Paris, n° 285).

282. Cessation de l'exploitation. — La Cour de cassation a décidé par plusieurs arrêts qu'aucune loi n'avait abrogé l'édit de février 1776, art. 6, défendant, à peine de 500 fr. d'amende, aux bouchers et boulangers de quitter leur profession moins d'un an après la déclaration qu'ils en auraient faite au bureau de police (3).

283. Prescriptions auxquelles peut être légalement soumise l'exploitation. — Taxe de la viande. — L'autorité municipale a le droit de prescrire les précautions qu'elle juge nécessaires pour l'abattage des bestiaux (4), et d'ordonner que cet abattage cesse d'avoir lieu dans des tueries particulières dès qu'il existe un abattoir public (5). Elle peut fixer les matériaux et les dimensions de l'étal (6) ; prendre toutes les mesures tendant à empêcher le débit de viandes insalubres ; prohiber, par exemple, la vente d'autres viandes que celles provenant des bestiaux tués à l'abattoir public (7), interdire la vente dans tout autre local que celui déclaré à l'avance (8).

Devrait, au contraire, être déclaré illégal l'arrêté qui défendrait aux bouchers de vendre, à leur étal particulier, pendant les jours de marché (9), ou celui qui prohiberait la vente ailleurs que dans une halle à la boucherie. Quoique la Cour de cassation

---

(1) C. cass., 26 mars 1831 (Tissot).
(2) C. d'État, 31 mai 1807 (Negro). — Voir arrêt de la Cour de cassation du 11 août 1842, qui déclare illégal l'arrêté interdisant aux habitants de s'approvisionner ailleurs que chez les bouchers de la commune, et l'arrêt du 14 août 1845.
(3) C. cass., 20 nov. 1812 ; 18 fév. 1848.— Voir aussi Paris, 9 juin 1848.—Morin, *Répert. de droit criminel,* v° *Bouchers,* p. 526. - *Contrà,* Dalloz, v° *Boulanger,* n. 26.
(4) C. cass., 5 juin 1825 (Carpentier) ; 13 nov. 1835.
(5) C. cass., 24 juin 1842 (Lavabre). — C. d'État, 2 janv. 1855.
(6) C. cass., 24 juin 1831 (Bosseron).
(7) C. cass., 22 février, 2 septembre 1836 (Limoges).
(8) C. cass., 19 avril 1834.
(9) C. cass., 12 juillet 1849.

ait décidé le contraire (1), nous pensons que de tels arrêtés, en opposition directe avec le principe de la liberté de l'industrie, ne se justifieraient par aucune des attributions conférées à l'autorité municipale.

Les bouchers, soumis d'ailleurs à la surveillance constante de l'autorité municipale, peuvent être assujettis par des règlements locaux, à tenir leurs étaux suffisamment approvisionnés des diverses espèces de viandes spécialement déterminées (2), et à ne point donner pour surpoids du foie, de la tête, des jambes et autres parties pesantes (3).

Enfin, le pouvoir municipal est autorisé, par les lois de 1790 et 1791 précitées, à taxer la viande, et les règlements faits pour cet objet sont légaux et obligatoires. Les prescriptions que renferment de semblables règlements sont d'ordre public, et il ne saurait y être dérogé par aucune convention particulière ayant pour effet de dépasser le maximum fixé administrativement (4).

284. Du cumul avec d'autres professions. — Conformément à l'instruction ministérielle du 22 décembre 1825, la prohibition générale faite aux bouchers par l'ordonnance de police du 24 septembre 1517, d'exercer en même temps la profession de rôtisseurs, aubergistes ou cabaretiers, doit être considérée comme abrogée (5). Mais il serait difficile de contester à l'autorité municipale le droit d'interdire, par un règlement spécial, un semblable cumul, s'il devenait un moyen d'écouler sans contrôle des viandes insalubres (6) (voir sur cette question ce qui est dit à l'égard des boulangers, n° 266).

285. Régime spécial à la ville de Paris. — Dans la ville de Paris l'organisation de la boucherie est soumise à des règles toutes spéciales. Le nombre des bouchers est limité, et l'exercice de leur profession constitue un véritable monopole. Mais en compensation ils sont soumis à un cautionnement pécuniaire (7). Ce cautionnement, conséquence du privilége, ne saurait être légalement exigé dans les villes où le nombre des bouchers est illimité.

---

(1) C. cass., 3 mai 1811 ; 7 décembre 1826.
(2) C. cass., 17 mars 1841 et 11 sept. 1840.
(3) C. cass., 10 juin 1836.
(4) C. cass., 18 mai 1855 (Masson). *Gazette des Tribunaux* du 27 mai 1855.
5) Voir Dalloz, v° *Boucher*, n. 76.
6) Voir M. Bost, *Organisation municipale*, t. 1, p. 282.
7) Arrêté du 8 vendémiaire an XI ; ordonnance du 18 octobre 1818, art. 5.

Art. 2. — Fabrication et débit des médicaments.

Législation. Loi du 21 germinal an xi ; loi du 29 pluviôse an xiii (*Police de la pharmacie ; monopole des pharmaciens*). Loi du 27 mars 1851 (*Fraudes sur le débit des médicaments*).

SOMMAIRE.

286. La fabrication et le débit des médicaments sont réservés aux pharmaciens dûment reçus.—287. Interdiction rigoureusement appliquée, même aux médecins. — 288. Action des pharmaciens contre les contrevenants.—289. Applications diverses aux sœurs hospitalières, aux herboristes, droguistes, etc. — 290. Le commerce des médicaments est-il interdit aux hôpitaux ?

286. La fabrication et le débit des médicaments sont réservés aux pharmaciens dûment reçus. — La fabrication et le débit des médicaments ne sont pas abandonnés à la libre exploitation de l'industrie privée. Dans l'intérêt de la santé publique, ces préparations sont réservées exclusivement aux pharmaciens, qui ne peuvent exercer leur profession qu'après l'accomplissement de diverses conditions scientifiques et spéciales, dont l'examen ne rentre pas dans le cadre de cet ouvrage.

287. Interdiction rigoureusement appliquée même aux médecins.— La jurisprudence maintient rigoureusement la règle posée par l'art. 25 de la loi du 21 germinal an xi, qui interdit la fabrication et la vente des médicaments à tous ceux qui n'ont pas obtenu régulièrement le titre de pharmacien, à peine contre les contrevenants d'une amende de 25 à 600 francs, et, en cas de récidive, d'une détention de trois à dix jours. Cette prohibition atteint même les officiers de santé et les médecins, à moins qu'il n'y ait pas de pharmaciens dans la commune où ils habitent eux-mêmes (1). En ce cas, l'art. 27 de la loi du 21 germinal an xi autorise les médecins à fournir des médicaments aux personnes près desquelles ils sont appelés, mais sans pouvoir tenir officine ouverte, ni débiter des médicaments, même gratuitement, à d'autres qu'aux malades qu'ils visitent (2).

288. Action des pharmaciens contre les contrevenants.—Inadmissibilité des excuses.— En vertu du droit exclusif que les dispositions précitées consacrent au profit des pharmaciens, ceux-ci ont une action directe et personnelle contre les personnes qui usurpent, d'une manière quelconque, leurs attributions ; et ils ont droit, soit de les poursuivre principalement en dommages-intérêts devant les tribunaux civils, soit

---

(1) Orléans, 27 février 1840.
(2) C. cass., 2 mars 1852.

d'intervenir comme parties civiles sur les poursuites intentées par le ministère public (1).

L'infraction existe, et la pénalité est encourue, quelles qu'aient pu être d'ailleurs les intentions du contrevenant, par cela seul qu'il y a fabrication ou débit de médicaments, c'est-à-dire de compositions ou préparations pharmaceutiques, ou même vente de drogues simples au poids médicinal (2); peu importe que le débitant ait pris une patente de pharmacien, qui n'équivaut nullement au diplôme (3).

289. Applications diverses aux sœurs hospitalières, aux herboristes, droguistes, etc. — La jurisprudence a appliqué ce principe : aux *herboristes*, fabricants ou débitants de médicaments, même quand ils ont été reçus dans les formes établies par la loi de germinal an XI (art. 37), qui les investit seulement du droit de débiter, concurremment avec les pharmaciens, des plantes médicinales indigènes (4);

Aux *religieuses hospitalières*, quand personnellement, et sans la participation d'un pharmacien, elles fabriquent et débitent des remèdes, soit magistraux (composés sur-le-champ), soit officinaux (qui se trouvent tout préparés dans les officines), « sauf tolérance accidentelle d'après l'instruction rédigée à la faculté de médecine du 9 pluviôse an X, et la circulaire du ministre de l'intérieur du 1er nov. 1806 (5). « Attendu, dit l'arrêt de Bordeaux du 28 janvier 1830, que la prohibition est générale et s'applique par conséquent aux sœurs de la congrégation de Saint-Vincent-de-Paul ; que, si l'ardente charité dont elles sont animées les place au premier rang parmi les bienfaiteurs de l'humanité, elles sont appelées, précisément à cause de leurs vertus, à donner l'exemple de la soumission aux lois. »

Aux *droguistes* et *épiciers*, qui sont punissables par le fait seul de l'exposition d'une préparation pharmaceutique dans leur boutique, alors même que la préparation aurait été faite chez un pharmacien, et qu'aucune vente n'en aurait eu lieu (6);

---

(1) C. cass., 1er sept. 1832 (Barget); 15 juin 1835 (Sirey, 35.1.438).
(2) C. cass., 26 juin 1833; 16 déc. 1836; 11 juillet 1839 (arrêt relatif à l'eau de mélisse).
(3) Douai, 19 août 1841.
(4) C. cass., 11 juillet 1839.
(5) Morin, *Répert.*, v° *Médicaments*, n. 5.—Voir Trébuchet, *Jurisp. de la médecine*, p. 555, et arrêt de Bordeaux du 28 janv. 1830 (Dupuy); Paris, 22 mars 1834.
(6) C. cass., 13 fév. 1824 (Delaherche); 11 août 1838 (Kob, Besson).

Aux *élèves en pharmacie* qui tiennent une officine en l'absence du titulaire (1).

290. Le commerce des médicaments est-il interdit aux hôpitaux ? — La loi du 2 mars 1791, en posant le principe de la liberté de l'industrie, et la loi organique du 21 germinal an XI par son silence, ont-elles abrogé la disposition de l'édit du 25 avril 1777 (art. 8) ainsi conçue : « Ne pourront, les communautés séculières et régulières, même les *hôpitaux* et religieux mendiants, avoir de pharmacie, si ce n'est pour leur usage particulier ou intérieur, leur défendant de vendre et débiter aucunes drogues, simples ou composées, à peine de 500 livres d'amende ? » La Cour de Lyon, par arrêt du 23 juin 1847 (2), a décidé cette question affirmativement par le motif principal que la profession de pharmacien avait cessé de constituer un monopole, et qu'il suffisait, pour qu'un hospice pût ouvrir son officine au public, qu'elle fût dirigée par un pharmacien en titre. La Cour de cassation a rejeté, malgré notre plaidoirie, le pourvoi dirigé contre cet arrêt, en s'attachant à la capacité reconnue du pharmacien préposé à l'officine de l'hospice, mais sans discuter directement la question au point de vue de la capacité de l'hospice lui-même pour faire exercer la pharmacie à son profit (3).

Nous pensons que la prohibition de l'édit de 1777 a eu d'autres motifs que l'intérêt particulier d'une profession privilégiée, que de hautes considérations s'opposent à ce qu'un établissement hospitalier se transforme de quelque manière en un établissement industriel ; il nous semble que ces motifs étrangers au principe de la liberté de l'industrie, créé pour les individus et non pour les êtres collectifs, subsistant dans toute leur force première, doivent faire maintenir la prohibition de l'édit. Telle paraît être également la pensée de l'administration ; car une instruction ministérielle du 31 janvier 1840 rappelle que les officines des hôpitaux et hospices ne doivent être affectées qu'au service intérieur, et une lettre du ministre de l'intérieur, en date du 29 janvier 1841, a prescrit au préfet de faire cesser immédiatement toute vente de médicaments par la pharmacie de l'Hôtel-Dieu de Lyon.

Art. 3. — Cabarets, cafés, divertissements publics, etc.

LÉGISLATION. Décret du 29 décembre 1851 (*Cabarets, débits de boissons*). — Loi du

---

(1) C. cass., 10 juillet 1855 ; Nîmes, 13 août 1829 (Salaville).
(2) Sirey, 1848.1.325.
(3) Arrêt du 17 avril 1848 (Sirey, 48.1.327).

9 septembre 1835 (*Spectacles*).—Loi des 16-24 août 1790, t. XI, art. 3 (*Industries sur la voie publique*).

SOMMAIRE.

291. Les cabarets, cafés, etc., soumis à l'autorisation préalable. — 292. Pouvoirs de l'autorité municipale à l'égard de ces établissements. — Bals publics. — 293. Les spectacles en tout genre soumis à l'autorisation. — 294. Le régime de l'autorisation imposé à toute industrie s'exerçant en lieux publics.

291. Les cabarets, cafés, etc., soumis à l'autorisation préalable. — Le décret du président de la République du 29 décembre 1851, par des motifs tirés de la nécessité de protéger les mœurs publiques et la sûreté générale, a soumis les cafés, cabarets et autres débits de boissons à consommer sur place, à l'autorisation préalable qui n'était exigée auparavant que dans la ville de Paris. Cette autorisation est conférée par le préfet du département (1), qui peut ordonner la fermeture des établissements déjà existants par mesure de sûreté publique, ou après une condamnation pour contravention aux lois et règlements concernant ces professions (art. 2). L'ouverture d'un de ces établissements sans autorisation préalable ou nonobstant un arrêté de fermeture est punie en police correctionnelle d'une amende de 25 à 500 fr., et d'un emprisonnement de 6 jours à 6 mois.

292. Pouvoir de l'autorité municipale à l'égard de ces établissements. — Des bals publics. — Le maire a, d'ailleurs, le droit de prendre toutes les mesures de police qui lui paraissent nécessaires pour maintenir l'ordre et la tranquillité dans les cabarets et cafés, et notamment de fixer les heures auxquelles la fermeture de semblables établissements doit avoir lieu. Il y a contravention punissable, sans qu'aucune excuse puisse être admise, quand des individus sont trouvés buvant et chantant après l'heure fixée (2).

Une circulaire du ministre de l'intérieur, en date du 15 déc. 1851, engage les maires à prohiber par leurs arrêtés, pendant le temps consacré au culte divin, les réunions de cabaret qui troubleraient les exercices sacrés.

Les cabaretiers, cafetiers et autres ne peuvent donner des bals publics sans permission de l'autorité municipale qui en a la surveillance, et fixe par des arrêtés obligatoires, soit les lieux, soit les heures où les danses devront avoir lieu (3).

---

(1) Art. 1er du décret et circulaire ministérielle du 3 janvier 1852.
(2) C. cass., 10 mars et 2 décembre 1848.
(3) C. cass., 30 avril 1846 ; 4 mars 1848 ; 13 août, 16 nov. 1846.

293. Les spectacles en tout genre soumis à l'autorisation. — Quant aux entreprises théâtrales et aux spectacles de toute nature, ils sont soumis, d'après la loi du 9 septembre 1835, à l'autorisation préalable du ministre de l'intérieur à Paris et des préfets dans les départements.

294. Le régime de l'autorisation imposé à toute industrie s'exerçant en lieux publics. — Sont soumises à l'autorisation préalable du maire de chaque commune toutes les industries qui s'exercent sur la voie publique et dans les lieux publics, en vertu de l'art. 3, t. XI, de la loi des 16-24 août 1790, qui confie à l'autorité des corps municipaux tout ce qui intéresse la sûreté et la commodité des rues, places et voies publiques.

§ III.

Industries relatives aux métaux précieux, et réglementées, soit au point de vue de la sincérité de la fabrication, soit au point de vue fiscal.

Art. 1er. — Fabrication et débit des objets d'or ou d'argent.

LÉGISLATION. Déclaration du 26 janvier 1749 (*Droit de marque et de contrôle*).— Loi du 19 brumaire an VI (*Système de garantie*).—Arrêté du 15 prairial an VI (*Bureaux de garantie*).—Arrêté du 1er messidor an VI (*Exceptions*).— 5 ventôse, art. 80 et suivants (*Attribution aux contributions indirectes*).—Ordonnance du 5 mai 1824 (*Fils d'or ou d'argent*).—Ordonnance du 7 avril 1838 (*Nouveaux poinçons*).

SOMMAIRE.

295. Principe de la garantie des objets d'or ou d'argent. — 296. Des titres, des bureaux de garantie, des poinçons, des obligations spéciales des orfèvres et bijoutiers.—297. Exception pour les menus objets. — 298. La marque doit précéder l'entier achèvement. — 299. Contraventions. Pénalités.— 300. Du délit de fourré.— 301. Des fabricants d'ouvrages en fil d'or et d'argent.— 302. Des fabricants de plaqué ou doublé d'or et d'argent. — 303. Des bijoutiers ambulants. —304. Du mélange de pierres fausses avec des pierres fines.

295. Principe de la garantie des objets d'or et d'argent. — Parmi les industries réglementées, il faut comprendre celles qui ont pour objet la fabrication et le débit des matières d'or et d'argent. Le haut prix de ces métaux sous un petit volume, la propriété qu'ils ont de se prêter à des alliages qui en diminuent la valeur sans en altérer sensiblement l'aspect, encourageaient et facilitaient des fraudes funestes au crédit public et au développement même d'une industrie importante, fraudes qu'il a paru nécessaire de prévenir par des mesures de garantie autant que de punir quand elles se seraient accomplies. C'est dans ce but que la loi du 19 brumaire an VI a organisé un système de garantie pour la fabrication et la vente des ouvrages d'or et d'argent.

296. Des titres, des bureaux de garantie, des poinçons. — Obligations spéciales des orfévres et bijoutiers. — Ce système consiste : 1° dans la fixation des *titres*, c'est-à-dire des proportions dans lesquelles l'alliage des métaux précieux avec d'autres métaux peut avoir lieu (art. 4 et 5); 2° dans l'obligation pour tous fabricants de faire constater l'observation du titre par les préposés spéciaux des *bureaux de garantie* ou *essayeurs* (art. 34 à 71); 3° dans l'apposition sur tous les ouvrages d'empreintes résultant de l'application de trois *poinçons* différents : le poinçon particulier du fabricant, celui du titre et celui du bureau de garantie (art. 8); 4° enfin dans la nécessité imposée à tous orfévres, joailliers et bijoutiers, de se faire connaître par une déclaration à l'administration départementale et communale, d'y *donner l'empreinte de leur poinçon particulier*, d'*afficher* dans leur boutique un tableau relatant les articles de la loi de l'an VI relatifs aux titres et à la vente des ouvrages d'or et d'argent, de remettre aux acheteurs des *bordereaux* énonciatifs de l'espèce, du titre et du poids des ouvrages (art. 72 et suiv.), enfin de tenir inscription sur un *registre* de tous objets d'or et d'argent par eux achetés ou vendus, avec indication du nom et de la demeure de ceux de qui ils auront acheté et qui devront être des personnes à eux connues (déclaration du roi du 26 janvier 1749) (1).

297. Exception pour les menus objets. — Il n'y a d'exception à l'obligation de présenter les ouvrages d'or et d'argent aux bureaux de garantie que pour ceux qui ne pourraient recevoir l'empreinte du poinçon sans être détériorés (2).

298. La marque doit précéder l'entier achèvement. — Tous les ouvrages doivent être essayés et titrés avant leur entier achèvement. Il suffit qu'un objet complétement achevé, mais non marqué, soit trouvé en la possession d'un fabricant ou débitant, pour qu'il soit en contravention, sans qu'aucune excuse quelconque puisse être admise par les tribunaux (3).

---

(1) La Cour de cassation a décidé que cette ancienne déclaration était toujours en vigueur.

(2) Art. 66 de la loi de l'an VI et arrêté du 1er messidor an VI.—Les tribunaux apprécient, d'après la nature des objets, si la dispense doit être appliquée. Voir C. cass., 7 mars 1845 (Gary); 10 nov. 1815 (Desange).

(3) C. cass., 18 mai 1815 (Baron) ; 2 août 1821 (Sarrazin) ; 9 mai 1832 (Vischer); 17 sept. 1841 (Palu) ; 28 février 1845 (Betouille).

L'ouvrier qui fabrique chez lui-même pour le compte d'autrui des ouvrages d'or et d'argent est assujetti aux obligations imposées par la loi du 19 brumaire (1).

299. Contraventions.— Pénalités. — Toute contravention à ces diverses dispositions est punie pour la première fois d'une amende de 200 fr.; pour la deuxième, d'une amende de 500 fr. avec affiche, aux frais du contrevenant, du jugement de condamnation dans toute l'étendue du département; pour la troisième fois d'une amende de 1,000 fr. avec interdiction pour le condamné de se livrer désormais au commerce de l'orfévrerie (art. 80, 88, 94).

300. Du délit de fourré. — La fraude consistant à introduire des matières étrangères, dans l'intérieur des ouvrages d'or et d'argent, constitue un délit spécial connu sous le nom de *fourré*, qui est puni par la confiscation de l'ouvrage et une amende de vingt fois la valeur (art. 65). Ce délit peut résulter de l'emploi d'une trop grande quantité de soudure, à moins qu'il ne soit reconnu qu'elle provient d'un vice de fabrication sans intention frauduleuse (2).

301. Des fabricants d'ouvrages en fils d'or et d'argent. — Les fabricants ou marchands de tous ouvrages en fils d'or ou d'argent qui vendraient pour fins des ouvrages en or ou argent faux encourront une amende de 200 fr. pour la première fois, de 400 fr. pour la seconde, avec affiche de la condamnation; de 1,000 fr. pour la troisième, avec interdiction du commerce des matières d'or et d'argent (art. 81).— Il faut rapprocher de cette disposition celles du décret du 20 floréal an XIII, qui astreint les guimpiers à ne monter sur soie que de la dorure et de l'argenterie fines (art. 1er), et exige des marques de fabrique pour les étoffes fabriquées avec des dorures fausses ou mi-fines, ou avec mélange de dorures fines et dorures fausses ou mi-fines (art. 3 et 4).

302. Des fabricants de plaqué ou doublé d'or et d'argent. — Les fabricants de plaqué ou doublé d'or et d'argent sont assujettis à la déclaration préalable, à l'obligation d'apposer sur leurs ouvrages un poinçon particulier, et de plus,

---

(1) C. cass., 24 sept. 1830: 27 août 1831 : Paris, 15 juillet 1841 (Bassel). — C. cass., 3 mai 1855 (Contributions indirectes). (*Gaz. des Trib.* du 4 mai 1855.)
(2) C. cass., 22 juillet 1808 (Moynier) ; 29 août 1845 (Varat). Le délit de fourré n'existe que de la part de celui qui tend un piège à la garantie en présentant à l'essayeur un ouvrage fourré, mais non de la part du simple détenteur d'un objet fourré. —Voir Morin, *Répert.*, v° *Contributions indirectes*, § 4. — C. cass., 13 août 1819 (Saulnier); 9 juin 1820.

des chiffres indicatifs de la quantité d'or et d'argent employée. Ils doivent en outre tenir registre des ventes et achats, et fournir des bordereaux comme les orfévres proprement dits. La peine consiste dans la confiscation de l'objet, avec une amende qui est pour la première fois, de deux fois la valeur de cet objet, pour la deuxième fois, du double de la première, avec affiche de la condamnation, pour la troisième fois, du quadruple de la première, avec interdiction de tout commerce d'or et d'argent (art. 95 à 100).

303. Des bijoutiers ambulants. — Les marchands ambulants qui font le commerce d'ouvrages d'or et d'argent sont soumis aux mêmes obligations que les orfévres (art. 92-94).

304. Du mélange de pierres fausses avec des pierres fines. — Mentionnons en terminant l'interdiction faite par l'article 89 aux joailliers de mêler dans les mêmes ouvrages des pierres fausses avec les fines sans le déclarer aux acheteurs, à peine de restituer la valeur qu'auraient les pierres, si elles eussent été fines, de payer une amende de 300 francs, triplée la seconde fois avec affiche de la condamnation; et, pour la troisième fois, d'être déclarés incapables d'exercer la joaillerie, avec confiscation des objets garnissant le magasin.

Art. 2. — Industries assujetties à la marque de fabrique.

305. Industries assujetties à la marque de fabrique. — Diverses industries autres que celles qui ont pour objet les métaux précieux sont assujetties à l'apposition d'une marque obligatoire sur chacun de leurs produits, dans le but de garantir aux acheteurs l'origine, la nature et la sincérité de la fabrication. La marque obligatoire réclamée par plusieurs économistes pour tous les produits de l'industrie en général est restreinte, dans l'état actuel de la législation, à un petit nombre d'objets manufacturés dont l'énumération sera donnée dans la seconde partie de cet ouvrage. (Voir le chapitre relatif aux marques de fabrique.)

306. Industries réglementées au point de vue fiscal. — Divers établissements industriels sont réglementés à un point de vue purement fiscal et pour la garantie du recouvrement des droits dont sont frappés leurs produits. Telles sont les fabriques de sucre indigène, les raffineries de sel, les salpêtreries, les fabriques de cartes à jouer, etc., etc... Les lois et règlements qui leur sont relatifs, à ce point de vue, appartiennent à notre système financier bien plutôt qu'à notre organisation industrielle, et leur examen ne rentre pas dans le cadre de cet ouvrage.

DEUXIÈME PARTIE.

PROPRIÉTÉ INDUSTRIELLE, LITTÉRAIRE ET ARTISTIQUE.

307. Définition et division.—La dénomination générale de propriété industrielle embrasse les droits divers que la loi assure aux auteurs de toute création susceptible d'exploitation. Nous devons donc y comprendre, non-seulement les brevets d'invention, les dessins, les marques de fabrique et autres objets analogues qui appartiennent exclusivement à l'industrie, mais encore les productions littéraires et artistiques, qui, malgré leur origine toute libérale, fournissent à l'industrie proprement dite des applications d'une grande importance.

Ire SECTION.
PROPRIÉTÉ INDUSTRIELLE PROPREMENT DITE.

308. Objets de cette section.—D'après ce qui vient d'être dit, cette section comprendra les brevets d'invention, les dessins de fabrique, les marques de fabrique, les noms apposés aux produits, les enseignes, étiquettes, cachets et autres désignations en usage dans l'industrie, l'achalandage.

CHAPITRE PREMIER.
Des brevets d'invention.

LÉGISLATION. Loi du 5 juillet 1844 (*sur les brevets d'invention*).—Loi du 2 mai 1855 (*sur les objets admis à l'exposition universelle*).

309. Ordre et division.—En traitant l'importante matière des brevets d'invention, nous ne pouvons mieux faire que de suivre l'ordre et la division naturels et logiques adoptés par la loi du 5 juillet 1844, dont notre travail ne doit être que le commentaire.

§ 1.

Dispositions générales. — Des brevets. — De leurs objets et de leurs effets.

310. Définition des brevets d'invention. — On appelle *brevet d'invention* un titre que toute personne, se prétendant inventeur, obtient du Gouvernement sur sa demande, à l'effet de s'assurer l'exploitation exclusive de son invention (art. 1 et 2).

Le brevet, délivré sans examen, sans garantie (art. 2), ne confère par lui-même aucun droit de propriété, aucune preuve de la qualité d'inventeur qu'il ne met pas à l'abri des contestations. Il constitue seulement une prise de possession de cette qualité, fait utile en ce qu'il assure au breveté le rôle de défendeur en cas de contestation du brevet, et qui, d'ailleurs, si le breveté a droit au titre qu'il s'attribue, produit au fond les conséquences les plus importantes, comme on le verra ci-après (n° 1).

Nous examinerons successivement quels sont les objets sur lesquels peuvent porter valablement les brevets, quelles sont les différentes espèces de brevets et leur durée, enfin quels sont les droits qui en résultent.

Art. 1er. — Objets susceptibles d'être brevetés et caractère des inventions brevetables.

SOMMAIRE.

311. Des objets susceptibles d'être brevetés. Principes généraux. — 312. Caractères essentiels des objets brevetables. — 313. Ce qu'on entend par invention et découverte. — 314. De la nouveauté.—315. De l'application à l'industrie et du caractère industriel. — 316. Objets auxquels s'applique spécialement et limitativement le brevet. — 317. Des *produits* industriels brevetables en eux-mêmes. — 318. Des *moyens* brevetables : agens, organes, procédés. — 319. D'où résulte la nouveauté des moyens. — 320. Dans quel cas un système ou une méthode est brevetable. — 321. Des combinaisons industrielles dépourvues de tout organe extérieur. — 322. A quelles conditions les formes peuvent être brevetées.—323. Les résultats, non brevetables en eux-mêmes. Distinction avec les produits.—324. Ce qui n'est que résultat à un point de vue peut devenir moyen à un autre.— 325. Un phénomène naturel n'est pas brevetable.—326. Étendue du droit privatif relativement aux moyens brevetés. — 327. La connaissance purement scientifique d'un procédé n'exclue pas la nouveauté. — 328. De *l'application nouvelle* de moyens connus.— 329. Du transport des moyens d'un objet à un autre analogue. — 330. L'application nouvelle est brevetable, même quand le résultat n'est pas nouveau. — 331. L'usage plus intelligent d'un procédé connu n'est pas brevета-

ble.—332. Le peu d'importance d'une invention n'en exclut pas la brevetabilité. — 333. Des objets non susceptibles en eux-mêmes d'être brevetés valablement.

311. Des objets susceptibles d'être brevetés. — Principes généraux. — La loi du 5 juillet 1844 définit, dans ses art. 1 et 2 qu'il faut rapprocher des art. 30 et 31, les objets qui peuvent être valablement brevetés. Elle énumère dans les art. 3 et 30 n° 4 ceux qui, bien que réunissant les conditions requises par les articles précédents, ne sont cependant pas, par des motifs particuliers, susceptibles d'être brevetés.

« Toute nouvelle découverte ou invention dans tous les genres d'industrie confère à son auteur, sous les conditions et pour le temps ci-après déterminés, le droit exclusif d'exploiter à son profit ladite découverte ou invention. Ce droit est constaté par des titres délivrés par le Gouvernement sous le nom de *brevets d'invention* » (art. 1er).

« Seront considérées comme inventions ou découvertes nouvelles : — l'invention de nouveaux produits industriels, — l'invention de nouveaux moyens ou l'application nouvelle de moyens connus pour l'obtention d'un résultat ou d'un produit industriel » (art. 2). « Ne sera pas réputée nouvelle toute découverte, invention ou application qui, en France ou à l'étranger, et antérieurement à la date du dépôt de la demande, aura reçu une publicité suffisante pour pouvoir être exécutée » (art. 31).

« Ne sont pas susceptibles d'être brevetés : 1° Les compositions pharmaceutiques ou remèdes de toute espèce, lesdits objets demeurant soumis aux lois et règlements spéciaux sur la matière et notamment au décret du 18 août 1810, relatif aux remèdes secrets ; 2° les plans et combinaisons de crédit ou de finances » (art. 3).

Les brevets ne peuvent porter valablement sur des « principes, méthodes, systèmes, découvertes et conceptions théoriques ou purement scientifiques, dont on n'a pas indiqué les applications industrielles » (art. 30, n° 4).

312. Caractères essentiels des objets brevetables. — Du rapprochement de ces textes ressortent nettement les caractères légaux auxquels on peut reconnaître si un objet est susceptible d'être breveté. Ces caractères essentiels, fondamentaux, sont : 1° la nouveauté de l'objet ; 2° son application à l'industrie.

313. Ce qu'on entend par invention et découverte. — L'idée de nouveauté se confond avec celle d'invention ou de découverte (1), mots que la loi emploie pour désigner deux choses qui diffèrent en théorie, mais dont les effets pratiques sont les mêmes.

Grammaticalement l'invention est la création d'une chose qui n'existait pas, la découverte est l'observation d'une chose qui n'avait pas été aperçue; mais dans l'application ces deux mots sont sans cesse pris l'un pour l'autre.

Qui dit invention ou découverte dit chose nouvelle ; car, si la chose est déjà connue d'ailleurs, celui qui, sans se servir du secours d'autrui, y arriverait de lui-même, pourrait bien avoir le mérite d'inventeur, mais il n'apporterait rien au public, et l'invention n'existerait pas pour la société déjà pourvue. Il n'est plus aujourd'hui possible de découvrir l'Amérique ou d'inventer la poudre. Aussi, tandis que la science décernait à M. de Ruolz ses palmes et ses récompenses pour les magnifiques travaux accomplis par ses seuls efforts, la justice lui refusait le brevet d'invention, parce que M. Elkington, travaillant de son côté, avait avant son émule fait connaître à la société les mêmes résultats.

314. De la nouveauté. — Toutefois, pour plus de clarté et pour bannir toute espèce d'équivoque, la loi a ajouté aux expressions : invention et découverte, la qualification de *nouvelle;* et l'on peut dire que la première condition, pour qu'un objet soit brevetable, est qu'il constitue au regard de la société une *nouvelle création*.

La nouveauté s'explique et se définit d'elle-même. C'est l'apparition première de l'objet d'une découverte encore inconnue, et présentée dans le brevet avant toute autre manifestation d'un objet semblable. Cette nouveauté, d'après la loi, doit être entendue dans son sens le plus absolu, sans égard aux temps ni aux pays (art. 2 et 31). Quant aux faits et aux circonstances qui peuvent y porter atteinte, ils seront examinés conformément à l'ordre suivi par la loi elle-même, au titre des nullités et des déchéances. Nous éviterons ainsi beaucoup de répétitions inutiles, et l'exposition des principes gagnera, ce nous semble, à être dégagée de toute discussion des particularités et exceptions que le législateur a pris soin de traiter séparément. Nous nous en tiendrons en conséquence à la méthode qu'il a lui-même tracée.

---

(1) Un brevet n'est légitime que s'il y a *invention*, c'est-à-dire *nouveauté* (Renouard, *Traité des brevets*, n. 35).

315. De l'application à l'industrie ou du caractère industriel. — Pour être brevetable, il ne suffit pas que l'objet soit de création nouvelle, il faut encore qu'il s'applique à l'industrie, c'est-à-dire qu'il se produise sous une forme telle qu'il puisse être la matière d'une exploitation industrielle. « Une invention, dit M. Renouard, a le caractère industriel, lorsqu'elle donne des produits que la main de l'homme ou les travaux qu'il dirige peuvent fabriquer, faire naître ou mettre en valeur, ou de nature à entrer dans le commerce pour être achetés ou vendus (1). » C'est ce que la loi indique par la qualification d'*industriel* qu'elle donne à tout objet de brevet. Tel est le motif pour lequel elle déclare non brevetables les conceptions scientifiques ou les découvertes théoriques, même susceptibles d'applications industrielles, si on n'a pas indiqué ces applications (art. 30, n° 3). Ainsi, le galvanisme, admirable découverte de la chimie, n'était pas brevetable tant qu'il est resté un fait scientifique; il l'est devenu quand MM. de Ruolz et Elkington ont réussi à se servir de la pile de Volta pour la dorure et l'argenture.

Il n'y a pas du reste à distinguer entre les diverses industries, la loi ayant assuré un droit à l'inventeur sur ses découvertes dans *tous les genres d'industrie*. Aussi pensons-nous avec MM. Blanc et Dalloz, contrairement à un arrêt de la Cour de Paris, qu'un procédé d'embaumement du corps humain a pu faire l'objet d'un brevet, bien que le corps humain ne soit pas dans le commerce, parce que le procédé en lui-même est un objet de spéculation industrielle (2).

316. Objets auxquels s'applique spécialement et limitativement le brevet d'invention. — Mais tout objet nouveau appliqué à l'industrie n'est pas susceptible d'être valablement breveté. La marque imaginée par le fabricant pour désigner ses produits, le dessin inventé pour une étoffe, la forme nouvelle trouvée pour un appareil connu, tout cela est création industrielle, objet de droit privatif (3), mais non susceptible d'être breveté. La loi a réservé le brevet pour les créations industrielles qui constituent, soit de nouveaux produits, soit de nouveaux procédés de fabrication. Ce sont là les créations auxquelles elle donne plus spécialement le nom d'invention, et qu'elle définit de la manière la plus précise en les classant en trois catégories :

---

(1) Renouard, *Traité des brevets*, n. 57.
(2) Paris, 14 mars 1844. — Voir Blanc, 446. — Dalloz, n. 83.
(3) Voir les chapitres ci-après sur les marques, les dessins de fabrique, la sculpture industrielle.

1° Invention de nouveaux produits industriels ;

2° Invention de nouveaux moyens pour l'obtention d'un résultat ou d'un produit industriel ;

3° Application nouvelle de moyens connus pour l'obtention d'un résultat ou d'un produit industriel.

Il n'y a d'invention brevetable, quelle qu'en soit la nouveauté, même dans le domaine de l'industrie, que celle qui rentre dans l'une ou l'autre de ces trois classes, *produits, moyens, applications*. Il importe donc de les définir avec le plus grand soin.

317. Des produits industriels, brevetables en eux-mêmes. — 1° On entend par *produit* industriel un objet matériel, un corps certain, soit fabriqué de toutes pièces, soit obtenu de la nature même par le travail de l'homme. Ainsi un appareil, une étoffe, un produit chimique, sont dans le sens de la loi des produits brevetables, s'ils sont nouveaux.

Les produits industriels, à la différence des moyens, sont brevetables *en eux-mêmes* et indépendamment de l'emploi qui peut en être fait. Ainsi, la Cour de cassation a jugé récemment que si un mode de traitement médical ne peut être breveté, parce qu'il n'est point objet d'industrie, l'agent matériel, l'appareil mécanique (tel qu'une ceinture orthopédique), au moyen duquel ce traitement a lieu, est un véritable produit industriel, et a pu devenir à ce titre la matière d'un brevet (1).

En conséquence des mêmes principes, ce serait surtout, selon nous, comme produit nouveau que devrait être breveté en lui-même un instrument de musique construit dans de nouvelles proportions, donnant une nouvelle qualité de sons, et méritant à ces divers titres la qualification de nouvel instrument (2).

318. Des moyens brevetables : agents, organes, procédés. — 2° Les *moyens* brevetables sont en général tout ce qui sert à obtenir un produit ou un résultat industriel. On peut distinguer trois espèces de moyens industriels, à savoir : les agents, les organes et les procédés. Les *agents* sont les forces empruntées à la nature, mais qui peuvent être l'objet de découvertes nouvelles, telles que l'électricité, le galvanisme, la force élastique de l'air, de la vapeur, la force centrifuge (3). Les *organes* sont les éléments mécaniques, les ressorts de toute nature à l'aide desquels s'effectue une opération ; et non pas seulement

---

(1) C. cass., 30 mars 1853 (Guérin.—Sirey, 53.1.264).
(2) C. cass., 9 février 1853, arrêt relatif aux instruments de Sax (Sirey, 53.1 193).
(3) Voir dans la discussion de l'art. 2, le discours de M. Delespaul.—Vergé et Loiseau, *Loi sur les brevets d'invention*, p. 46 et 47.

les combinaisons compliquées de la mécanique, mais les instruments les plus simples : ainsi la toile métallique qui empêche la combustion de se communiquer (lampe de Davy); ainsi la vis d'Archimède qui permet de faire descendre les gaz sous une couche d'eau, etc. En ce sens tous les appareils, tous les mécanismes employés par une fabrication sont des moyens, tout en étant en même temps des produits, et sont brevetables à un double point de vue.

Les *procédés* sont les indications, les méthodes, à l'aide desquelles un résultat industriel peut être réalisé; par exemple, la détermination des proportions dans lesquelles divers éléments doivent être combinés pour obtenir un produit marchand. La chimie industrielle présente une foule d'exemples de procédés de ce genre.

Il peut donc y avoir lieu à brevet, soit pour l'emploi d'un instrument matériel et mécanique dans une opération, soit pour l'invention d'un élément ou d'un système particulier, servant à l'effectuer sans aucun instrument nouveau : *procédé* en un cas, *organe* ou *agent* dans l'autre, et dans tous *moyens* brevetables.

319. D'où résulte la nouveauté des moyens. — La nouveauté d'un moyen peut résulter, soit de la création d'un procédé ou appareil absolument nouveau, soit et tout aussi bien d'une combinaison nouvelle de divers éléments isolément connus. Aussi la Cour de cassation a-t-elle dû censurer les arrêts qui, au lieu de considérer un procédé dans son ensemble, appréciaient séparément les différents organes dont la combinaison constituait le procédé breveté, et les scindaient pour en calculer l'importance et la nouveauté (1).

320. Dans quel cas un système ou une méthode est brevetable. — Signalons une conséquence importante des principes qui viennent d'être exposés.

Pour savoir si un *système* est ou non brevetable, ce qu'il importe de rechercher, ce n'est pas s'il s'applique à l'aide de tel ou tel instrument matériel nouveau, ou s'il ne consiste, au contraire, que dans l'indication d'une méthode à suivre; mais il faut vérifier uniquement s'il a reçu de son auteur une application à l'industrie.

Un système, en quoi qu'il consiste, est brevetable par cela seul qu'il a une application industrielle. En effet, le motif pour

---

(1) C. cass., 1ᵉʳ mai 1851 (Sirey, 52.1.65).— 5 février 1855 (Dalloz, 1855.5.54 et 55, aff. Briet).

lequel une pure méthode, un principe théorique, n'est point brevetable, ce n'est pas l'absence d'organes corporels, mais le défaut d'emploi dans l'industrie. Du moment où l'usage industriel apparaît, la méthode devient brevetable. Ainsi une méthode de lecture, comme on le verra ci-après (n° 458), n'est pas brevetable, parce que l'*enseignement* auquel elle est appliquée *n'est pas un objet d'industrie*. Au contraire une méthode nouvelle de cuisson du verre sera valablement brevetée, quelle que soit sa nature, parce qu'elle s'applique à un objet industriel. Une telle méthode, un tel système, est un moyen ou procédé industriel, dans le sens de la loi.

On ne saurait trop se pénétrer de ces principes qui n'ont pas toujours été observés par la jurisprudence, mais auxquels la Cour suprême tend de plus en plus à ramener les tribunaux.

321. Des combinaisons industrielles dépourvues de tout organe extérieur. — La portée extrême du mot moyen, entendu dans le sens de simple *méthode appliquée à l'industrie*, a été indiquée par un arrêt remarquable de la Cour de cassation, du 19 février 1853, qui décide qu'une combinaison purement chimique, *lors même qu'elle ne se manifeste par aucun organe extérieur*, est brevetable s'il est constaté qu'elle produit un résultat industriel. Spécialement dans l'industrie du sucre, la détermination d'un degré particulier de calorique qui, sans changement des appareils et des agents employés, modifie les réactions chimiques effectuées dans l'opération de la raffinerie, et permet d'obtenir, en moins de temps et à moins de frais, un sucre plus blanc, de meilleure saveur et dans des conditions préférables, constitue une invention susceptible d'être brevetée (1).

Nous croyons que, d'après cette jurisprudence, un procédé pour la coupe économique des vêtements, consistant dans un système calculé pour faire le meilleur emploi possible d'une pièce d'étoffe, présente, en vertu de son application à l'industrie, le caractère d'une invention brevetable, et que la Cour de cassation ne maintiendrait pas aujourd'hui la jurisprudence contraire qu'elle semble avoir admise par arrêt du 21 avril 1840 (2).

C'est ce qui résulte d'un arrêt fort récent (21 avril 1854), d'après lequel, « si l'*indication d'une proportion géométrique* ne peut être *en elle-même* l'objet d'un brevet, et s'il en est de même de l'emploi d'une planche présentant un triangle, un ovale, une

---

(1) C. cass., 19 février 1853, aff. Rousseau (Sirey.53.1.662).
(2) Aff. Heintz (Dalloz, v° *Brevets*, n° 82).—Voir Vergé et Loiseau, p. 57.

équerre, ou toute autre forme ou figure, leur combinaison, pour obtenir des produits industriels nouveaux, peut cependant être considérée comme constituant une invention susceptible d'être brevetée (1). »

322. A quelles conditions peuvent être brevetées les formes. — De l'arrêt du 21 avril 1854 ressort encore cette conséquence, que si les *formes* des objets ne sont pas brevetables en elles-mêmes, elles le deviennent cependant à titre de moyens, quand la conformation nouvelle d'un objet sert à obtenir un résultat nouveau. Il est ainsi spécialement d'une modification dans les formes et les proportions d'un instrument de musique, telle que la suppression des angles et l'agrandissement du rayon des courbes, alors que l'adoption de la nouvelle forme a pour effet d'amoindrir les obstacles à la progression de l'air dans l'instrument (2).

323. Les résultats non brevetables en eux-mêmes. — Distinction entre les résultats et les produits. — Le moyen n'est brevetable que dans ses applications à l'industrie; et c'est pourquoi la loi dit : « moyen pour l'obtention d'un produit ou d'un résultat industriel. » Or, produit et résultat sont deux choses essentiellement distinctes au point de vue de la brevetabilité, et dont la différence doit être expliquée avec soin.

Le *produit*, comme on vient de le dire, est brevetable en lui-même s'il est nouveau, quels que soient les moyens employés pour le créer; d'où il suit que s'ils sont nouveaux eux-mêmes, il peut y avoir matière à brevet tout à la fois pour les moyens et pour le but (voir n° 317). Au contraire, le *résultat* n'est pas brevetable en lui-même et indépendamment des moyens employés pour l'effectuer; de sorte qu'il n'y a que le moyen, et jamais le résultat, quelque nouveau qu'il soit, qui puisse être breveté. Ce principe fondamental dont les applications sont continuelles, et qui ressort évidemment du texte même de la loi comme d'une jurisprudence constante (3), était impérieusement réclamé par les exigences du progrès de l'industrie. Résultat industriel, en effet, signifie tout avantage, toute amélioration obtenue dans une opération industrielle, sans constituer un corps

---

(1) Aff. Revel c. Mathieu (Sirey, 54.1.490).
(2) C. cass., 9 fév. 1853 (Sax).
(3) C. cass., 18 mai 1848 (Dalloz, 48.5.35) ; 4 fév. 1848 (*id*), où on lit : « *L'obtention d'un résultat industriel ne peut être brevetée indépendamment des moyens employés pour l'obtenir.* » — 26 mars 1846 (Dalloz, 46.4.46) — Paris, 23 août 1845 (Duchesne. — Dalloz, v° *Brevet*, n. 196). — Vergé et Loiseau, p. 47.

certain, un objet matériel distinctement exploitable, par exemple, une production plus abondante, plus belle, plus prompte, plus économique. Ainsi, le rapide blanchiment de la laine, de la soie, du sucre, la désinfection des fosses d'aisance, l'épuration plus complète du gaz d'éclairage, la régénération d'agents chimiques altérés par l'usage, la préservation d'un appareil en fer des effets de l'oxydation, etc., sont autant de résultats industriels. Celui qui a obtenu le premier telle ou telle de ces améliorations, qui a fait faire ainsi un progrès à l'industrie, ne peut se réserver le monopole du progrès lui-même, prétendre seul au droit d'effectuer l'épuration du gaz, de désinfecter les fosses, de blanchir les sucres ou les laines en un temps très-court. Il ne peut revendiquer que les moyens par lesquels il a obtenu ces divers avantages, et chacun reste libre d'y tendre et d'y arriver par des moyens différents. L'industrie eût été absolument paralysée dans son essor, si l'obtention d'un résultat nouveau par un moyen, peut-être fort défectueux, eût empêché de le réaliser par d'autres moyens même infiniment supérieurs; si un industriel, pour être arrivé le premier au but par une seule route et par la moins bonne, eût fermé toutes les avenues qui y mènent. Il n'en pouvait être ainsi ; et c'est avec toute raison que la loi a déclaré l'inventeur suffisamment indemnisé par le droit exclusif sur son procédé, en réservant à la société la recherche du résultat par tous procédés différents.

Nous avons cru devoir insister sur ce point qui, faute d'être bien compris, donne lieu à des contestations sans cesse renaissantes.

324. Ce qui n'est que résultat à un point de vue peut devenir moyen à un autre. — Mais il est ici une remarque essentielle à faire. Ce qui ne serait qu'un *résultat*, à le considérer en soi et isolément, peut devenir un *moyen* par l'application qui en est faite à un but ultérieur, et être dès lors brevetable, non d'une manière absolue, mais au point de vue de son application spéciale. Ainsi, l'obtention de l'air chaud dans l'industrie est un résultat que chacun peut, en général, chercher et atteindre ; mais un industriel a eu l'idée d'employer l'air chaud à activer la combustion dans les forges et les hauts fourneaux : par suite de cette application, le résultat est devenu un moyen, et l'inventeur a acquis le droit de se servir seul de l'air chaud dans l'insufflation.

325. Un phénomène naturel n'est pas brevetable. — A ce principe de la non-brevetabilité des résultats *en eux-mêmes* s'en rattache un autre d'un grand intérêt pratique.

C'est qu'un phénomène naturel qui *se produit spontanément* n'est pas brevetable. D'une part, c'est un présent gratuit de la Providence offert directement par elle à l'humanité; et il ne serait pas juste que celui qui l'a aperçu le premier pût le confisquer à son profit pour vendre ce que Dieu a donné. D'autre part, et au point de vue de la loi spéciale, c'est un résultat pur et simple, indépendant de tous moyens particuliers, et qui ne deviendrait brevetable qu'en raison des procédés par lesquels un industriel trouverait moyen de l'accélérer ou de le développer. Ainsi, il a été jugé, sur notre plaidoirie, qu'il n'y a pas lieu à brevet lorsque le résultat industriel est atteint par l'action des seules forces de la nature, et que les prétendus inventeurs ne font que constater et décrire le phénomène qu'ils ont eu le mérite d'observer, sans spécifier aucun moyen qui leur soit propre pour l'effectuer (1). Ce principe a été nettement formulé par un arrêt tout récent de la Cour de Paris, saisie de la question de savoir si l'on peut obtenir légitimement un brevet pour la *révivification* des oxydes de fer qui ont servi à l'épuration du gaz, c'est-à-dire pour le phénomène en vertu duquel ces agents chimiques, transformés en sulfures par l'épuration, reprennent leurs qualités premières par l'absorption *spontanée* de l'oxygène de l'air. La Cour de Paris a déclaré « qu'on ne peut, en général, faire breveter un phénomène se produisant spontanément et nécessairement suivant les lois de la nature (2). » La Cour de cassation, en confirmant cet arrêt, a consacré le même principe (3).

326. Étendue du droit privatif relativement aux moyens brevetés. — Quand le moyen est nouveau et industriel, l'inventeur peut à son gré, soit s'en assurer l'exploitation exclusive, quels qu'en puissent être les produits et les résultats, soit se le réserver seulement en vue d'un but déterminé. L'étendue de son droit privatif dépendra à cet égard des termes de son brevet. S'il a inventé, par exemple, un organe mécanique, et l'a fait breveter en termes généraux, il pourra en interdire l'emploi même dans un appareil tout autre que celui auquel il a pu dans l'origine l'affecter lui-même (voir sur ce point ci-après, n° 346).

327. La connaissance purement scientifique d'un procédé n'en exclue pas la nouveauté. — On ne perdra

---

(1) C. cass., 20 décembre 1851 (Quesney c. Richer.—Sirey, 1852.1.595). Il s'agissait de la désinfection des fosses d'aisance.
(2) Paris, 20 janvier 1855 (Laming c. Cavaillon).
(3) C. cass., 4 mai 1855 (Cavaillon), *Gazette des Tribunaux* du 5 mai.

pas de vue que c'est dans ses rapports avec l'industrie que la nouveauté du moyen doit être appréciée. Ainsi la force centrifuge est un principe connu depuis longtemps dans la science ; elle est devenue cependant un moyen nouveau pour celui qui a eu le premier l'idée de l'exploiter industriellement (1). Le phénomène du dépôt de l'or sur les métaux plongés dans une dissolution de ce métal était un fait connu dans la chimie ; il est devenu un procédé nouveau pour l'industriel qui l'a appliqué à la dorure. De tels procédés et autres analogues sont aussi *nouveaux*, d'après la loi des brevets, que le serait un organe fabriqué de toutes pièces, suivant une combinaison absolument neuve.

Ainsi l'introduction dans le domaine industriel d'un agent ou procédé constitue la nouveauté, et équivaut, au point de vue de la brevetabilité, à la création même du procédé ou de l'agent.

328. Application nouvelle de moyens connus. — 3° La loi ne protège pas seulement les moyens nouveaux, mais *l'application nouvelle de moyens connus pour l'obtention d'un produit ou d'un résultat industriel*. Il faut entendre par là l'emploi de certains moyens, connus dans l'industrie, pour un usage autre que celui auquel ils servaient jusqu'alors. Ainsi l'application faite par Carcel d'un mouvement d'horlogerie aux lampes a été valablement brevetée, parce qu'avant lui les mouvements d'horlogerie ne servaient point à cet usage. Il en est de même de l'application du mécanisme des pompes à des encriers, à des appareils de toilette, etc.

329. Du transport des moyens d'un objet à un autre objet analogue. — Il faut toutefois, pour qu'il y ait application nouvelle, comme M. Blanc le fait remarquer avec justesse (p. 434), qu'elle soit faite sur un objet qui diffère essentiellement de ceux auxquels le procédé ou le système avait été antérieurement appliqué, qu'elle constitue en un mot une nouvelle combinaison. Le transport pur et simple d'un organe ou d'un agent, d'un objet à un autre objet du même genre vis-à-vis duquel il joue le même rôle, par exemple, l'emploi, pour le laminage du zinc, d'un appareil servant jusqu'alors au laminage du fer, ne constituerait pas une invention.

La Cour de Paris a tout récemment jugé en ce sens que l'application de l'émail à la tôle comme moyen de préserver le métal de l'oxydation étant connue d'une manière générale, il n'y a point d'invention brevetable dans le fait spécial de l'application de cet

---

(1) C. cass., 13 août 1845 (Dalloz, 45.1.408).—C. cass., 4 mai 1855 (Cavaillon).

émail à des formes à sucre en tôle, si les résultats sont les mêmes à l'égard de ces formes que ceux obtenus précédemment à l'égard de tous autres appareils (1).

Le transport pur et simple ne deviendrait brevetable que si, en raison de la nature de l'objet soumis à l'application nouvelle, il conduisait à un résultat nouveau. En pareil cas, en effet, il y aurait quelque chose d'acquis à la société, et la combinaison du résultat nouveau avec le moyen connu offrirait une base au droit du breveté. Ainsi, l'art de revêtir un fil pour en former un lacet étant connu, il n'y aurait pas, en général, invention à appliquer ce procédé à une espèce de fil plutôt qu'à un autre; mais il y aurait matière à brevet, si le procédé connu étant appliqué au fil de caoutchouc, il en résultait pour l'objet ainsi obtenu une élasticité qui serait un résultat nouveau dans ce genre d'industrie (2).

330. L'application nouvelle est brevetable même quand le résultat n'est pas nouveau. — Au contraire, quand il y a application nouvelle, à proprement parler, c'est-à-dire emploi à des usages essentiellement différents des usages antérieurs, il importe peu que le résultat, ou le produit obtenu, soit nouveau en lui-même ou qu'il soit déjà connu. C'est ce qui résulte certainement de l'art. 2, alinéa 3, qui ne dit pas que le produit, ou le résultat obtenu, doive être nouveau (3). Ainsi, le gaz d'éclairage est un produit connu; la distillation a des procédés connus : néanmoins, si un procédé de distillation employé jusqu'à présent à obtenir certains liquides venait à être employé à obtenir du gaz parfaitement identique au gaz actuellement en usage, il y aurait invention brevetable pour application nouvelle d'un moyen connu à l'obtention d'un produit connu. En un mot, une production ou un résultat industriel étant connu, chacun peut se faire breveter s'il parvient à l'obtenir le premier à l'aide de moyens déjà connus en eux-mêmes, mais employés jusqu'alors dans un autre but et à d'autres usages. C'est ce que la Cour de cassation a formellement déclaré dans l'arrêt du 11 janvier 1825, qui décide que l'application d'un procédé déjà connu peut constituer une invention, s'il est adapté à un nouvel usage, quoique le résultat de cette application ne soit pas nouveau (4).

Seulement, dans ce cas, à la différence de ce qui a lieu quand le moyen lui-même est nouveau et brevetable indépen-

---

(1) Paris, 20 mai 1855 (Rauch c. Schœnberg). — *Gaz. des Trib.* du 31 mai 1855.
(2) C. cass., 27 décembre 1857 (aff. Rattier, Guibal).
(3) C. cass., 1er mai 1851 (Thomas. — Sirey, 52.1.65).
(4) C. cass. (Laurens); Paris, 19 février 1844 (Pichenot). — Renouard, n. 65.

damment de telle ou telle application, ce n'est ici qu'en raison de l'application du moyen et dans la limite rigoureuse du nouvel usage que le droit privatif exige. Le même procédé peut être repris par tout autre, pour être appliqué à un usage différent de ceux désignés au brevet (1).

331. L'usage plus intelligent d'un procédé connu n'est pas brevetable. — L'application nouvelle de moyens connus n'existerait plus s'il y avait seulement emploi plus intelligent d'un procédé connu, selon la destination première du procédé, emploi ayant pour effet, non d'obtenir un résultat d'une autre nature, mais seulement un résultat plus avantageux. Ainsi on ne saurait se faire breveter valablement pour avoir réussi, en faisant fonctionner avec plus d'habileté une machine à triturer les grains, à obtenir un rendement plus considérable. En effet, la propriété d'un appareil emporte pour chacun le droit d'en user de la manière la plus utile, sans qu'il puisse y avoir, dans son emploi pur et simple, matière à monopole (2).

332. Le peu d'importance d'une invention n'en exclut pas la brevetabilité. — Du moment où les conditions requises par l'art. 2 sont réunies, c'est-à-dire qu'il existe, soit un produit industriel nouveau, soit un résultat obtenu par des moyens nouveaux ou appliqués d'une manière nouvelle, les tribunaux doivent déclarer l'objet brevetable, sans pouvoir exiger d'autres conditions non requises par la loi. Ils n'ont point, par exemple, à se préoccuper de la faible importance de l'invention, du peu d'efforts qu'elle a exigé de l'inventeur, de l'espèce d'industrie à laquelle elle s'applique (3) : toute appréciation de cette nature est interdite par l'art. 1er de la loi qui accorde un droit exclusif à l'auteur de toute nouvelle découverte et invention *dans tous les genres d'industrie*.

333. Des objets non susceptibles en eux-mêmes d'être brevetés valablement. — Certains objets, bien que réunissant d'ailleurs toutes les conditions requises par la loi, quant à la nouveauté, quant au caractère industriel, ne peuvent cependant être brevetés, ou du moins ne peuvent l'être valablement.

« Ne sont pas susceptibles d'être brevetés :

« 1° Les compositions pharmaceutiques ou remèdes de toute

---

(1) Arrêt précité du 11 janvier 1825 (Laurens).
(2) C. cass., 20 mars 1854 (Dalloz, 54.1.380).
(3) C. cass., 9 février 1853 (Sax), 1er mars 1851 (Thomas); 17 janv. 1852 (Crespel.—Sirey, 52.1.65 et 66).—30 déc. 1848 (aff. Couleaux).—Voir Dalloz, v° *Brevet*, 52 et suiv.—Renouard, n. 66 ; Blanc, p. 257.

espèce, leurs objets demeurant soumis aux lois et règlements spéciaux sur la matière, et notamment au décret du 18 août 1811, relatif aux remèdes secrets (n° 456) (1).

« 2° Les plans et combinaisons de crédit ou de finances (art. 3). »

Dans ces deux cas, le Gouvernement doit refuser le brevet demandé ; mais ce droit ne saurait être exercé que par le ministre de l'agriculture et du commerce, et non par le préfet, qui ne devra pas moins recevoir la demande et la transmettre à l'administration centrale (Circulaire ministérielle du 1er oct. 1844).

« Seront de nul effet les brevets... si la découverte, invention ou application est reconnue contraire à l'ordre ou à la sûreté publique, aux bonnes mœurs et aux lois du royaume (art. 30). »

Ces dispositions figurant au nombre de celles d'où résulte la nullité des brevets sont examinées au chapitre qui traite spécialement de ces nullités.

Art. 2. — Des diverses espèces de brevets et de leur durée.

SOMMAIRE.

334. Des divers brevets sous la législation actuelle. — 335. Du perfectionnement. Modification à la loi de 1791. Certificat d'addition.—336. Ce qu'on entend dans l'usage par brevet de perfectionnement. — 337. Suppression des brevets d'importation.— 338. Droit de l'auteur d'une invention brevetée à l'étranger.— 339. Certificats relatifs aux objets admis à l'exposition universelle. — 340. Durée des brevets. — 341. De la taxe et du paiement des annuités.— 342. La durée des brevets peut être réduite à une période plus courte.

334. Des divers brevets sous la législation actuelle. — La législation de 1791 établissait trois espèces de brevets distincts : le brevet d'invention, le brevet d'importation, le brevet de perfectionnement.

La loi de 1844, supprimant ces distinctions, admet une seule espèce de brevets principaux, ou brevets d'invention proprement dits, ne variant que dans leur durée, et des brevets accessoires ou certificats d'addition.

La loi du 2 mai 1855 a créé en outre, pour les objets admis à l'exposition universelle, des brevets d'une nature toute particulière, brevets gratuits et de courte durée, dont les conditions et les effets seront exposés plus loin (n°s 386 et suiv.).

335. Du perfectionnement.—Modification à la loi de 1791. — Certificat d'addition. — Après avoir défini

---

(1) Voir spécialement sur ce point Vergé et Loiseau, *Loi sur les brevets*, p. 48-56.

l'invention, les législateurs de 1791 définissaient le perfectionnement et créaient des brevets de perfectionnement. La loi de 1844 n'a pas cru devoir reproduire cette disposition. En effet, comme on l'a dit avec une grande justesse, *perfectionner c'est inventer* (1).

Tout perfectionnement apporté à une invention doit, pour être pris en considération, rentrer dans les termes de l'art. 2 de la loi de 1844. S'il ne consiste que dans une modification insignifiante au point de vue de l'efficacité de l'invention, il n'est pas brevetable.

La loi du 25 mai 1791 déclarait non brevetables les changements de forme ou de proportion, et les ornements de quelque genre qu'ils fussent. Cette proposition a été écartée, en 1844, comme inutile, à cause de son évidence même, dans le cas où les modifications de forme sont sans effet sur l'invention; mais ces modifications, quelles qu'elles soient, redeviennent brevetables quand elles constituent, par leurs effets, une invention dans le sens légal (voir n° 316.)

Les perfectionnements qui se rattachent à une invention déjà brevetée et émanent de l'auteur de l'invention principale, donnent lieu à une espèce particulière et privilégiée de brevets, appelés *certificats d'addition*, et dont il sera traité ci-après (n° 386).

336. Ce qu'on entend dans l'usage par brevet de perfectionnement. — Bien qu'il n'existe plus en réalité dans notre législation qu'une seule espèce de brevets proprement dits, cependant, quand le brevet est pris par un tiers pour un perfectionnement à une invention déjà brevetée, il est assujetti, en faveur du titulaire du brevet principal, à certaines dispositions qui le placent dans une catégorie à part. L'usage a conservé pour ce cas spécial la dénomination de *brevet de perfectionnement*, quoique cette qualification, empruntée à la législation de 1791, ne soit pas admise par la loi de 1844. (Voir la formule n° 399).

337. Suppression des brevets d'importation. — La loi de 1844 ne maintient pas les *brevets d'importation* établis par les art. 3 et 9 de la loi du 7 janvier 1791, et cette fois elle a supprimé la chose avec le mot. Il a paru contraire à la justice comme à l'intérêt de l'industrie nationale d'assurer un droit privatif à celui qui, au lieu d'une création, n'apporte qu'un emprunt fait à l'étranger.

338. Droits de l'auteur d'une invention brevetée à l'étranger. — Toutefois, l'auteur (français ou étranger) d'une

---

(1) Renouard, n. 68.

invention ou découverte déjà brevetée à l'étranger pourra obtenir un brevet en France (voir la formule n° 372). Mais la durée de ce brevet ne pourra excéder celle des brevets antérieurement pris à l'étranger (art. 29).

Comme on l'a fait remarquer avec raison dans la discussion de la loi, ce droit est assez peu efficace, car le brevet, dans le cas de l'art. 29, n'en est pas moins soumis, comme dans tous les autres cas, à la condition générale que l'invention soit nouvelle et n'ait reçu de publicité ni en France ni ailleurs (n° 434 ci-après). « Or, on ne peut se dissimuler, a dit le rapporteur de la loi, et la loyauté fait un devoir d'en donner hautement avis, que cette règle paralyse le bienfait de la loi nouvelle à l'égard des industriels qui auraient été brevetés dans les pays où, comme en Russie, la description des demandes jointes au brevet est publiée immédiatement après la concession (1). »

Les personnes qui se font breveter dans les pays où les spécifications sont publiées, ne pourront donc l'être valablement en France que si elles y forment simultanément leur demande en brevet.

La loi anglaise, sans prescrire la publication des spécifications, autorise toute personne à en prendre communication dès que les plans et spécifications sont déposés. Il y a là une publicité possible, mais non pas nécessairement effectuée; or, la loi ne s'attachant qu'au fait de la publicité opérée, les juges, saisis de l'examen d'un brevet pris en France après le dépôt de la spécification en Angleterre, devront le maintenir s'il n'est pas prouvé que la divulgation ait eu lieu effectivement (2).

339. Certificats relatifs aux objets admis à l'exposition universelle. — Nous renvoyons aux n°s 444 et suivants pour l'exposé et le commentaire de la loi du 2 mai 1855, qui a créé des certificats destinés à remplacer temporairement les brevets à l'égard des produits et procédés admis à l'exposition universelle. Les dispositions de cette loi, dont le but principal a été d'apporter une dérogation aux effets légaux de la divulgation des inventions non encore brevetées, nous ont paru devoir être rapprochées des art. 30 et 31 de la loi du 5 juillet 1844, qui définissent cette divulgation.

340. Durée des brevets. — Effets de leur expiration. — « La durée des brevets sera de cinq, dix ou quinze années » (art. 4, alinéa 1er).

---

(1) Rapport de Philippe Dupin à la Chambre des députés.—Vergé et Loiseau, p. 130.
(2) Blanc, p. 411.

Cette durée (1) courra du jour du dépôt de la demande accompagnée des pièces justificatives, qui seront énumérées ci-après (n° 355) (art. 8). La durée des brevets ne peut être prolongée que par une loi (art. 15).

Quand cette durée est arrivée à son terme, l'objet de l'invention tombe dans le domaine public avec la désignation qui lui a été donnée par le brevet. Ce second résultat est une conséquence forcée du premier, puisque autrement le breveté conserverait indirectement le monopole de l'objet, en retenant à son profit le seul signe par lequel il puisse être reconnu. Néanmoins, il en serait autrement si cette désignation consistait dans le nom même de l'inventeur, qui demeure sa propriété exclusive (2). (Voir au chap. III, § De la propriété des noms, le n° 648).

341. De la taxe et du paiement des annuités. — L'inventeur peut, à son gré, prendre un brevet de cinq, dix ou quinze ans, à la condition de payer une taxe proportionnée à la durée.

« Chaque brevet donnera lieu au paiement d'une taxe, qui est fixée ainsi qu'il suit, savoir :

« Cinq cents francs pour un brevet de cinq ans, mille francs pour un brevet de dix ans, quinze cents francs pour un brevet de quinze ans.

« Cette taxe sera payée par annuités de cent francs, sous peine de déchéance si le breveté laisse écouler un terme sans l'acquitter (art. 4, al. 2 et 3).

La première annuité se paie en formant la demande, la seconde doit être payée au plus tard le jour de l'expiration de la première année, et ainsi de suite.

Le breveté doit effectuer exactement ces paiements s'il ne veut encourir la déchéance (art. 32, n° 1er); mais il ne contracte pas, comme sous l'empire de la législation de 1791, l'obligation de payer l'intégralité de la taxe.

Les annuités se paient, dans chaque département, à la caisse du receveur général, et à Paris à la recette centrale.

342. La durée du brevet peut être réduite à une période plus courte. — Le principe que la durée des brevets ne peut être prolongée s'applique aussi bien aux brevets de cinq et de dix ans, qu'aux brevets de quinze ans ; et une fois le brevet délivré pour l'une des deux périodes les plus courtes, il n'est plus possible

---

(1) Voir, pour la durée des certificats relatifs à l'exposition universelle, le n° 444.
(2) Paris, jugement du 29 avril 1843 et arrêt du 20 janv. 1844 (lampes Carcel); jugement du 28 octobre 1844 (pâte Regnault).

de la transformer par un supplément de taxe en une période plus longue. Mais la durée peut-elle être réduite en ce sens que le brevet, pris pour une période plus longue, soit ramené à une plus courte? Cette question peut se présenter dans la pratique, à l'occasion des cessions de brevet (voir n° 401). MM. Renouard et Dalloz admettent cette réduction, comme n'étant préjudiciable à aucun intérêt, et n'étant contraire, ni au texte, ni à l'esprit de la loi. M. Blanc la repousse au contraire comme en opposition avec le contrat intervenu entre l'inventeur et la société (1). Cette dernière opinion nous paraît trop rigoureuse.

Art. 3. — De la propriété des brevets et des droits qui en résultent.

SOMMAIRE.

343. Toute personne, même étrangère, peut obtenir un brevet. — 344. Application des règles ordinaires sur la capacité. Copropriété et licitation. — 345. Droits résultant de la propriété du brevet. — 346. Le brevet est le titre de l'inventeur au monopole.—347. Le breveté n'a pas de droit en dehors du brevet. — 348. Les jugements ne peuvent modifier les brevets sans encourir la cassation.—349. Les termes du brevet peuvent être interprétés.—350. Des procédés énoncés seulement dans la spécification et non dans le brevet lui-même.—351. De la saisie ou de la vente forcée des brevets. — 352. De la cession ou vente volontaire des brevets. Renvoi.

343. Toute personne, même étrangère, peut obtenir un brevet. — Le brevet d'invention peut être délivré à toute personne, même aux étrangers, à l'égard desquels la loi s'explique expressément (art. 27), en les soumettant, du reste, à toutes les conditions imposées aux régnicoles (art. 28); elle n'exige d'ailleurs, ni leur résidence en France, ni la réciprocité de la part de la nation à laquelle ils appartiennent (2).

344. Application des règles ordinaires sur la capacité. — Copropriété et licitation. — La capacité des nationaux, quant à l'obtention des brevets, n'est réglée par aucune disposition spéciale de la loi de 1844; il résulte seulement du principe que le brevet est délivré sans examen, que l'administration n'a nullement à s'enquérir de l'état civil de la personne qui réclame le brevet, et doit le délivrer quelle que soit cette personne. Une fois le titre obtenu, la propriété ou la jouissance du droit qui s'y rattache est régie par les principes du droit commun. Le brevet appartiendra à l'inventeur mineur ou interdit,

---

(1) Voir Renouard, n. 190 ; Dalloz, 206 ; Blanc, p. 420.
(2) Les dispositions restrictives du projet de loi sur ces deux points n'ont pas été admises.—Voir Dalloz, *Brevets*, n. 535, 538 ; surtout Vergé et Loiseau, p. 120 et suiv.

sauf les pouvoirs du tuteur quant à l'administration ; il appartiendra même au mort civil qui l'aura requis, puisque la loi ne le déclare pas incapable d'acquérir. Accordé à une personne mariée, il suivra le régime matrimonial, et d'après le contrat il sera propre ou commun, ainsi que tout autre objet mobilier acquis pendant le mariage. Obtenu par le failli, il fait, en tout cas, partie de l'actif de la faillite comme tout autre bien. S'il a été demandé par un membre d'une société en sa qualité, il devient la propriété de l'être collectif. Appartient-il à plusieurs co-propriétaires ? Il est soumis à l'application du principe que, Nul n'est tenu de rester dans l'indivision, et doit être licité sur la demande de tout ayant droit, contrairement à ce qui a lieu en matière de propriété littéraire (voir ci-après 2ᵉ section, chapitre 1ᵉʳ).

Faisons remarquer toutefois que ce principe appliqué à la rigueur pourrait devenir, de la part d'un copropriétaire simple bailleur de fonds, un moyen déloyal d'exproprier le véritable inventeur, dénué, comme il arrive fréquemment, des moyens d'exploiter par lui seul sa découverte. Les tribunaux rejetteraient sans doute comme frauduleuse une demande en licitation formée dans de telles circonstances.

345. Droits résultant de la propriété du brevet. — Les droits résultant de la propriété du brevet sont : 1° et principalement le droit d'exploiter, à l'exclusion de tout autre, l'objet même du brevet ; 2° le droit de transmettre et céder le brevet avec les prérogatives qui s'y rattachent.

346. Le brevet est le titre de l'inventeur au monopole. — 1° Le droit essentiel de l'inventeur est défini par l'art. 1ᵉʳ de la loi, *droit exclusif d'exploiter à son profit l'invention ou la découverte.* C'est le droit absolu et sans distinction aucune, de fabriquer et de vendre tout ce qui peut résulter de l'objet breveté et de sa mise en œuvre, soit pour le tout, soit pour partie.

Mais si le droit du breveté est absolu dans les limites de son brevet, il ne saurait excéder ces limites. Le brevet sans invention est inefficace ; l'invention sans brevet ne le serait pas moins. L'inventeur n'a de *titre* qu'en vertu du brevet, et nullement en vertu de son invention. D'où il suit que tout ce qui est en dehors des termes du brevet, tout ce qui est étranger aux objets qu'il indique, est livré à la libre exploitation du public. On peut donc poser en principe la proposition suivante :

L'inventeur breveté a tout ce qui est dans le brevet, rien que ce qui est dans le brevet.

De ce principe découlent deux conséquences pratiques d'une extrême importance.

347. Le breveté n'a pas de droit en dehors du brevet. — La première conséquence du principe posé, c'est que dans toute contestation entre le breveté et les tiers, le brevet seul est la loi du débat, sans qu'il soit permis aux juges, ni d'en restreindre, ni d'en étendre les termes, d'après la pensée présumée du breveté. Ce n'est pas, en effet, ce que l'inventeur a voulu se réserver, mais ce qu'il s'est réservé effectivement, qui lui appartient en propre, et dans le contrat qu'il a passé avec la société, il est réputé avoir livré tout ce qu'il n'a pas formellement retenu.

348. Les jugements ne peuvent modifier les brevets sans encourir la cassation. — Il faut conclure de ce qui vient d'être dit que les juges ont, sans doute, comme en toute matière, la faculté d'interpréter le titre, c'est-à-dire de rechercher et de déterminer la signification et la portée des expressions du brevet, mais non de *modifier le titre* en substituant une indication à une autre, sous prétexte de se conformer à l'intention du breveté. Car les tiers ne connaissent cette intention que par la manifestation qu'elle a reçue dans le brevet, et ne sont tenus d'en respecter que ce qui leur a été manifesté. L'observation de cette règle fondamentale est exactement maintenue par la Cour de cassation, qui interdit aux tribunaux de dénaturer les brevets d'invention, et recherche elle-même, par la comparaison des termes des brevets avec ceux des jugements, s'il y a en réalité modification, au lieu d'une simple interprétation. Ainsi elle a cassé un arrêt qui, à propos d'un procédé pour triturer du bois de teinture en le plaçant dans une situation *parallèle* (d'après les termes du brevet) à l'axe d'un cylindre, a substitué le mot *perpendiculaire* à ce mot parallèle, sous prétexte que ce dernier aurait été employé par erreur ; — « attendu, dit l'arrêt de cassation, que le droit d'interpréter un brevet qui peut appartenir aux tribunaux ne va pas jusqu'à substituer un procédé à un autre, ou à changer la condition que le breveté s'est faite à lui-même, et qui est la seule que les tiers soient obligés de respecter (1). »

En vertu du même principe, la Cour a prononcé la cassation d'un jugement pour avoir dénaturé les brevets et violé leur autorité légale, en décidant que le droit exclusif du breveté ne portait que sur l'application de la force centrifuge au raffinage du

---

(1) C. cass., 24 mars 1842 (Rowcliffe). — Voir Dalloz, v° *Brevet*, n. 194.

sucre alors qu'*en fait* les brevets comprenaient en outre divers procédés ou appareils spécialement décrits (1).

349. Les termes des brevets peuvent être interprétés. — Toutefois les termes du brevet n'ont rien de sacramentel, et il appartient aux juges, par appréciation de l'ensemble du brevet, de déterminer la portée des expressions caractéristiques de l'invention, de décider, par exemple, que, dans un brevet où il est question de *dentelures* d'un appareil, ce mot tel qu'il est employé est synonyme de rainures et de cannelures (2). Seulement c'est sur les termes seuls du brevet connus des tiers, et non sur des circonstances extérieures, étrangères à ceux-ci, que doit se fonder l'appréciation du tribunal.

350. Des procédés énoncés seulement dans la spécification et non dans le brevet lui-même. — La seconde conséquence du principe formulé ci-dessus (n° 347), c'est que le droit exclusif résultant du brevet ne s'étendrait pas aux moyens et procédés, *indépendants de l'invention principale*, qui ne seraient pas énoncés dans la demande elle-même, et par suite dans le brevet (qui reproduit les termes de la demande, n° 376), mais seulement dans le mémoire descriptif. Il en serait ainsi, par exemple, au cas où un inventeur, ayant demandé et obtenu un brevet pour des appareils destinés à condenser les vapeurs, aurait mentionné, dans le mémoire descriptif seulement, l'apposition dans le haut de l'appareil de lentilles en verre, à l'effet d'observer l'ébullition des liquides. Ce procédé accessoire, indépendant de l'invention principale, devait être énoncé non-seulement dans la spécification, mais dans la demande, par le motif que les tiers ne sont tenus de connaître que la demande reproduite dans le brevet, et insérée avec lui au Bulletin des Lois, mais « ne peuvent être astreints à consulter les spécifications déposées au ministère du commerce » pour des objets dont l'existence ne leur est pas révélée par le brevet lui-même (3).

Il en est autrement, bien entendu, pour les procédés et moyens dépendants de l'invention principale, concourant au même but et se confondant avec elle, qui se trouveraient dans le mémoire descriptif sans être mentionnés expressément dans la demande elle-même. Ils n'en seraient pas moins protégés par le brevet,

---

(1) C. cass., 17 janvier 1852 (Crespel de Lisse).
(2) C. cass., 12 mai 1842 (Dietrich).—Voir arrêt du 4 mai 1855 (Cavaillon).
(3) C. cass., 21 août 1846 (Degrand.—Sirey, 46.1.759).

parce que ce titre comprend implicitement tout ce qui est inhérent à l'invention même (1).

Mais la différence entre les procédés dépendants et ceux indépendants de l'invention principale étant souvent très-difficile à faire dans la pratique, la prudence conseille aux inventeurs de n'omettre dans la demande l'indication d'aucun des moyens décrits dans la spécification.

351. De la saisie et de la vente forcée des brevets.
— Les brevets sont, comme tout autre droit incorporel appartenant aux débiteurs, le gage des créanciers. Ils peuvent, en conséquence, être saisis et vendus à la requête de ces derniers, suivant les formes indiquées à l'égard des rentes constituées sur particuliers (Cod. de proc., art. 636 et suiv.) (2).

Le créancier poursuivant procède par voie d'opposition entre les mains du ministre de l'agriculture et du commerce, à l'effet de déclarer qu'il entend saisir et arrêter le brevet, et s'opposer à l'effet de toute cession que le breveté viendrait à faire de ses droits.

Les effets de la vente forcée du brevet sont, à l'égard de l'acquéreur, ceux qui seront exposés ci-après, relativement aux cessions ou ventes volontaires (n°s 403 et suiv.).

352. De la cession ou vente volontaire des brevets.
— **Renvoi.** — Une des conséquences essentielles de la propriété des brevets est le droit d'en disposer à titre onéreux ou à titre gratuit. Tout ce qui se rapporte à la forme et aux effets de la transmission volontaire des brevets sera traité au paragraphe suivant (n°s 401-426), conformément à l'ordre suivi par la loi de 1844.

§ II.

Des formalités relatives à la délivrance des brevets et à leur transmission.

353. Division. — Sous cet intitulé, la loi comprend ce qui concerne : 1° Les demandes de brevets ; 2° la délivrance des brevets ; 3° les certificats d'addition ; 4° la transmission et la cession des brevets ; 5° la communication et la publication des descriptions et dessins de brevets. — Ces divers sujets seront traités ci-après en autant d'articles distincts.

Art. 1er. — Des demandes de brevets.

SOMMAIRE.

354. Formalités à remplir pour l'obtention d'un brevet. — 355. Forme

---

(1) Arrêt précité du 21 août 1846.
(2) Voir Blanc, p. 540.

de la demande. — 356. La demande ne doit pas comprendre plusieurs objets principaux. — 357. Ce qu'il faut entendre par plusieurs objets principaux. — 358. L'effet de la demande limité aux applications prévues. — 359. Mention de la durée. Absence de toutes réserves. — 360. Titre ou désignation de l'objet de l'invention. — 361. De la description. Son but. — 362. Formalités à observer dans la description. — 363. Des dessins. — 364. Du pouvoir à annexer à la demande. — 365. Procès-verbal énonçant la date précise. — 366. Importance de la date précise en cas de concours de deux demandes. — 367. Cas où le dernier breveté conserve ses droits. — 368. Formule de demande de brevet. — 369. Formule de mémoire descriptif. — 370. Formule de demande formée par un mandataire. — 371. Formule de pouvoir annexé à la demande. — 372. Formule de demande de brevet pour une invention brevetée à l'étranger.

354. Formalités à remplir pour l'obtention d'un brevet. — « Quiconque voudra prendre un brevet d'invention devra déposer, sous cachet, au secrétariat de la préfecture, dans le département où il est domicilié, ou dans tout autre département, en y élisant domicile :

« 1° Sa demande au ministre de l'agriculture et du commerce ;

« 2° Une description de la découverte, invention ou application faisant l'objet du brevet demandé ;

« 3° Les dessins ou échantillons qui seraient nécessaires pour l'intelligence de la description ;

« Et 4° un bordereau des pièces déposées (art. 5).

« Toutes les pièces seront signées par le demandeur ou par un mandataire, dont le pouvoir sera annexé à la demande (art. 6, *in fine*).

« Aucun dépôt ne sera reçu que sur la production d'un récépissé constatant le versement d'une somme de cent francs à valoir sur le montant de la taxe » (art. 7, alinéa 1er).

D'après ces dispositions combinées, les pièces à produire par le demandeur en brevet sont : le récépissé de cent francs, — la demande, — la description, — les dessins ou échantillons, — le bordereau des pièces.

Reprenons l'examen de chacune d'elles, avec les explications fournies par la loi elle-même et par la discussion dans les deux chambres.

355. Forme de la demande. — La demande n'est assujettie à aucune forme spéciale. Il faut seulement qu'elle soit signée, comme il est dit au numéro précédent, et qu'elle mentionne les nom, prénoms, profession du demandeur, et son domicile réel ou élu, suivant qu'il habite ou n'habite pas le département. L'élection de domicile a de l'importance pour les notifications éventuelles prévues par la loi, dans le cas d'instance en nullité absolue de brevet (n° 485) (1).

356. La demande ne doit pas comprendre plusieurs objets principaux. — « La demande sera limitée à un seul objet principal avec les objets de détail qui le constituent et les applications qui auront été indiquées » (art. 6, alinéa 1er).

La prohibition du cumul de plusieurs objets dans une seule demande a, suivant M. Renouard, le double but d'empêcher : 1° qu'on n'élude le paiement des taxes qui seraient dues pour plusieurs brevets ; 2° qu'on n'induise en erreur le public, qui ne doit pas avoir à chercher dans un seul brevet plusieurs objets distincts et séparés (2).

L'inobservation de cette prescription aurait pour conséquence le rejet de la demande (voir art. 12 ci-après, n° 378).

357. Ce qu'il faut entendre par plusieurs objets principaux. — Le sens et la portée de la disposition de l'art. 6, alinéa 1er, ont été clairement indiqués dans la discussion de la loi. Il ne faut pas, a dit M. Bethmont, qu'un inventeur puisse, sous un même titre, placer des inventions hétérogènes qui n'auraient entre elles aucun lien ; mais, quand il aura décrit une invention principale complexe, tous les organes ou procédés partiels qui concourent au but général seront protégés par le brevet, même à les envisager isolément.

Le breveté aura le droit d'interdire l'emploi séparé de tels ou tels de ces organes ou moyens dans un autre appareil ou opération, s'ils y remplissent le but qu'il s'est proposé lui-même et qu'il a indiqué dans sa demande. Ainsi, suivant l'explication de M. Arago, un brevet unique pour la fabrication des machines à vapeur aurait attribué à l'inventeur un droit sur toutes les applications par lui prévues soit du parallélogramme articulé, soit du régulateur à force centrifuge, qui peut aussi bien régulariser l'écoulement de l'eau dans les usines hydrauliques que l'écoulement de la vapeur.

Il en sera de même, et des produits obtenus à l'aide d'un appareil nouveau qui pourront être compris, ainsi que l'appareil, dans une demande unique (3), et des produits accessoires qui résulteraient, en même temps que le produit principal, d'une même opération générale. Ainsi, une seule demande et un seul

---

(1) Circulaire ministérielle du 1er octobre 1844.
(2) *Traité des brevets*, p. 343. — Voir Vergé et Loiseau, p. 68 et suiv.
(3) Douai, 30 mars 1846 (Descat).

brevet suffiront pour un système d'épuration du gaz donnant, comme produit principal de l'opération, le gaz épuré, et comme résidus de cette même opération, des produits chimiques utiles, tels que la soude, l'alun, etc... (1).

Mais il faudrait, selon nous, une seconde demande de brevet pour obtenir un droit privatif sur les procédés spéciaux qui seraient nécessaires, par exemple, dans le cas précité, pour rendre marchands les résidus de l'opération principale (2).

358. Effet de la demande limité aux applications prévues. — Outre la règle de non-complexité des demandes, l'art. 6 pose un second principe d'une très-grande importance; c'est que l'effet de la demande est limité aux applications indiquées par l'inventeur ou aux applications tout à fait analogues à celles indiquées (3). Il faut en conclure que la loi ne réserve au breveté, comme le dit M. Blanc, que les effets utiles dont il a eu conscience et qu'il a indiqués au moins en termes généraux (4). Les effets non prévus ou ne découlant pas nécessairement des effets prévus restent en dehors de l'invention brevetée. On verra plus loin les conséquences capitales de ce principe (n° 491).

359. Mention de la durée. — Absence de toutes réserves. — La demande « mentionnera la durée que les demandeurs entendent assigner à leur brevet dans les limites fixées par l'art. 4 » (art. 6, alinéa 2), et ce, à peine du rejet de la demande (art. 12).

Elle « ne contiendra ni restrictions, ni conditions, ni réserves » (art. 6, al. 2, *in fine*).

Cette disposition interdit tout ce qui ôterait à la demande le caractère d'une demande pure et simple, par exemple, la condition que le brevet ne sera accordé que si tel autre brevet est annulé, ou ne sera délivré qu'à une époque déterminée, ou encore la réserve de comprendre ultérieurement dans l'invention des moyens non indiqués. Le breveté, après la délivrance du brevet, n'aurait, dans aucun cas ni sous aucun prétexte, le droit de se prévaloir de semblables stipulations qui sont non avenues (art. 900, C. civ.) (5).

---

(1) Arrêt de Paris du 20 janv. 1855 (Cavaillon c. Laming).
(2) Décidé implicitement par arrêt de la Cour de cassation du 4 mai 1855 (*Gazette des Tribunaux* du 5 mai).
(3) Voir en ce sens Duvergier, *Annotations sur la loi de* 1844.
(4) *Inventeur breveté*, n. 269.
(5) Dalloz, v° *Brevets*, 119.

360. Titre ou désignation de l'objet de l'invention.
— La demande « indiquera un titre renfermant la désignation sommaire et précise de l'objet de l'invention » (art. 6, alinéa 3).

Cette prescription tend à prévenir un double abus, en empêchant que le public ne puisse être induit en erreur sur le véritable objet du brevet par une désignation trompeuse, et que l'administration ne soit amenée à délivrer un brevet dans des cas où la loi lui interdit de le faire (art. 3). Elle est nécessaire pour l'exécution de l'art. 24, alinéa 2, qui ordonne la publication de catalogues contenant les titres des brevets. La sanction est, soit le rejet de la demande à défaut de titre conforme aux prescriptions de la loi (art. 12), soit la nullité du brevet, si ce titre est frauduleux (art. 30) (voir ci-après, n°s 433 et 460).

De ces dispositions on peut conclure que l'administration, dépourvue de tout contrôle sur l'objet même du brevet (1), n'est pas dans la même situation à l'égard du titre qu'il s'agit de breveter, et qu'elle peut exiger, à peine de rejet de la demande, non-seulement qu'il y ait un titre, mais un titre indicatif de l'objet qu'il s'agit de breveter (2). On ne saurait donc trop engager les inventeurs à choisir avec attention les titres de leurs brevets.

361. De la description. — Son but. — La description de la découverte, invention ou application nouvelle, est la formalité la plus essentielle. Cette description a pour but de faire distinguer sans peine l'objet du brevet de tout autre objet breveté ou non, et en même temps d'empêcher que, par la dissimulation de ses procédés, le breveté ne mette la société dans l'impossibilité de prendre possession de l'invention lors de l'expiration du droit privatif. En conséquence, la description doit préciser les points sur lesquels porte l'invention, d'une manière assez claire et assez complète pour que l'exécution soit possible par toute personne à ce connaissant, sans le concours de l'inventeur (3).

362. Formalités à observer dans la description. —
« La description ne pourra être écrite en langue étrangère » (art. 6, alinéa 4). Il est bien entendu que cette disposition n'empêche pas l'emploi de certains mots étrangers que l'usage a introduits pour désigner dans l'industrie divers organes ou procédés.

---

(1) Renouard, p. 349.
(2) Blanc, p. 272.—*Contrà*, Dalloz, v° *Brevet*, n. 121. — Voir Vergé, p. 73.
(3) Voir discours de M. Bethmont dans la discussion à la chambre des députés, et arrêt de cassation du 11 juillet 1846 (Duvelleroy). — Vergé et Loiseau, p. 74, 75.

« Elle devra être sans altération ni surcharge. Les mots rayés comme nuls seront comptés et constatés, les pages et les renvois parafés. Elle ne devra contenir aucune dénomination de poids ou de mesures autres que celles qui sont portées au tableau annexé à la loi du 4 juillet 1837 » (art. 6, al. 4, *in fine*), c'est-à-dire les poids et mesures du système métrique décimal.

L'accomplissement des formalités *extrinsèques* de la description, seul objet de l'art. 6, entraîne le rejet de la demande par le Gouvernement (art. 12) ; mais le défaut de clarté et de suffisance n'autorise jamais l'administration à refuser le brevet. Il peut seulement devenir une cause de nullité du brevet délivré, comme on le verra ci-après (nos 461, 462).

363. Des dessins. — « Les dessins seront tracés à l'encre et d'après une échelle métrique » (art. 6, al. 5). Pour les dessins, qui ne sont d'ailleurs requis qu'au cas où ils sont utiles pour la clarté de la description (art. 5), la loi a proscrit l'emploi du crayon, qui s'efface aisément, mais non celui de la peinture ou de la lithographie.

« Un duplicata de la description et des dessins sera joint à la demande » (art. 6, al. 6).

364. Du pouvoir à annexer à la demande. — On a vu que la signature du demandeur, non-seulement sur la demande, mais sur chaque pièce déposée, peut être remplacée par celle d'un mandataire dont le pouvoir reste annexé.

« La loi n'ayant pas déterminé la forme du pouvoir à exiger des représentants des inventeurs, le mandat sous seing privé peut être admis; mais dans ce cas la signature du mandant doit être légalisée (1). »

365. Procès-verbal énonçant la date précise. — « Un procès-verbal dressé sans frais par le secrétaire-général de la préfecture, sur un registre à ce destiné et signé par le demandeur, constatera chaque dépôt, en énonçant le jour et l'heure de la remise des pièces.

« Une expédition dudit procès-verbal sera remise au déposant, moyennant le remboursement des frais de timbre » (art. 7).

366. Importance de la date précise en cas de concours de deux demandes. — L'indication du jour et même de l'heure a une importance capitale dans le cas où deux brevets viendraient à être pris pour le même objet.

---

(1) Circulaire ministérielle du 1er octobre 1844.

Sans doute, le premier brevet n'attribuerait pas la qualité d'inventeur à celui qui ne l'aurait pas réellement, mais elle la ferait présumer jusqu'à preuve contraire, et donnerait au premier occupant l'avantage de la possession. D'ailleurs et surtout, à supposer que l'invention eût été réellement faite par les deux demandeurs, comme il est arrivé pour MM. de Ruolz et Elkington, qui, chacun de son côté, avait trouvé la dorure au trempé, c'est au breveté premier en date qu'appartient le droit privatif à l'exclusion de l'inventeur qu'il à devancé.

367. Cas où le dernier breveté conserve ses droits. — Le principe de la prédominance absolue du brevet antérieur en date reçoit exception dans deux cas.

1° S'il était justifié que le second demandeur eût lui-même réalisé l'invention antérieurement au premier brevet, celui-ci serait nul pour défaut de nouveauté, au moins à l'égard du premier et véritable inventeur, comme on le verra ci-après (n°[s] 434, 526).

2° Si le dépôt de la première demande avait été effectué par suite d'une soustraction frauduleuse des procédés de l'inventeur (n° 452), celui-ci aurait le droit de revendiquer le secret dérobé et de se faire subroger au bénéfice du brevet qui aurait été régulièrement obtenu par le faux inventeur (1).

368. Formule (2) **de demande de brevet.**

A M. le Ministre de l'agriculture et du commerce.

DEMANDE DE BREVET.

Je soussigné, *Jean-Baptiste N. . .* , *horloger* (3), demeurant à *Paris*, rue *de la Paix*, n° 8, déclare vouloir prendre un brevet d'invention de *quinze* ans (4) pour un *nouveau régulateur marquant le temps vrai et le temps moyen* (5).

---

(1) Dans un pareil cas, où il s'agit uniquement de savoir à qui appartient le brevet tel qu'il est, et nullement de savoir s'il est valable, ainsi que dans tous les autres cas où la question de *propriété de brevet* est seule en jeu, le défendeur ne peut exciper du défaut de nouveauté de l'invention qui met en litige la *validité* du brevet. Cette exception n'appartient qu'à celui qu'on accuse d'avoir usurpé l'invention en l'exploitant au préjudice des droits de son auteur (n° 521), et non à celui qu'on accuse d'avoir usurpé le brevet en dérobant le titre du véritable ayant droit. La jurisprudence et la doctrine ont distingué avec soin ces deux situations essentiellement différentes (Bourges, 23 janv. 1841. — Voir Renouard, n. 92 ; Dalloz, n. 178).

(2) Nous empruntons les formules ci-après aux modèles annexés à la circulaire ministérielle du 1er octobre 1844.

(3) Nous mettons en italiques les mentions qui varient suivant les personnes et les objets.

(4) Mention de la durée.

(5) Titre désignant d'une manière sommaire et précise l'objet de l'invention.

Je joins à la présente demande :

1° Un récépissé constatant le versement d'une somme de cent francs à valoir sur le montant de la taxe du brevet (1) ;

2° Une description originale de l'invention faisant l'objet du brevet demandé (voir la formule suivante) ;

3° Les dessins (2) et échantillons nécessaires à l'intelligence de la description ;

4° Le duplicata de la description et des dessins ;

5° Un bordereau des pièces déposées.

(*Signature sur la demande et sur toutes les pièces jointes.*)

369. Formule de mémoire descriptif.

Mémoire descriptif à l'appui de la demande de brevet formée par. . . . .

Mon invention consiste dans le procédé (*produit, organe, appareil*) ci-après (*décrire avec soin et détail l'objet de l'invention*).

Ce procédé est destiné principalement à être appliqué à la fabrication de. . . . .

Mais il peut être également appliqué à la préparation de. . . . . (*énumérer avec la plus grande précision les applications dont le procédé, etc. . . . est susceptible*).

Je déclare expressément que j'entends me réserver toutes les applications indiquées ci-dessus et autres analogues.

Mon procédé se distingue de tous autres antérieurement connus en ce qu'il réunit pour la première fois. . . . . moyens qui n'avaient été jusqu'à présent employés qu'isolément et pour une autre destination.

Les avantages qu'il présente sont (*énumérer les résultats que l'invention permet d'obtenir*).

Pour appliquer utilement mon procédé et en obtenir les résultats et avantages énumérés ci-dessus, il faut. . . . (*indiquer clairement, complétement, loyalement, tous les moyens qui servent à exécuter l'invention*).

. . . . . Mots rayés nuls.

. . . . . Renvois approuvés.   (*Signature*).

370. Formule d'une demande de brevet formée par un mandataire.

A M. le Ministre de l'agriculture et du commerce.

DEMANDE DE BREVET.

Le soussigné, *Jean-Baptiste N*. . . ., *horloger*, demeurant à *Paris*, rue *de la Paix*, n° 8, agissant au nom et comme mandataire du sieur *Louis C*. . . ., *lampiste*, demeurant à *Lyon*, rue *des Saints-Pères*, n. 14, aux termes du pouvoir que ledit sieur C. . . . lui a donné, le 5 *novembre dernier*, dûment légalisé et certifié véritable par ledit mandataire, a déclaré vouloir prendre, audit nom et en ladite qualité, un brevet d'invention de *quinze ans* pour. . . . . . (*la suite comme à la formule n° 368* ; *ajouter aux pièces produites*) :

6° La procuration sus-énoncée (*authentique ou sous seing privé, enregistrée et légalisée*).

371. Formule du pouvoir à annexer à la demande.

Je soussigné. . . . . ., fabricant de. . . . . ., demeurant à. . . ., ai par les pré-

---

(1) La demande et les autres pièces sont remises sous enveloppe cachetée. Le récépissé du premier versement est seul remis à découvert.

(2) A l'encre et à l'échelle métrique.

sentes donné pouvoir à M. . . . . ., demeurant à. . . . . . ., de, pour moi et en mon nom, prendre tous brevets d'invention pour découvertes par moi faites ou à faire ; de fixer la durée de ces brevets ainsi qu'il le jugera convenable ; de prendre tous certificats d'addition devant se rattacher, soit aux brevets dès à présent obtenus par moi, soit à ceux que je pourrai obtenir à l'avenir ; — aux fins sus-énoncées, et dans les différents cas qui pourront se présenter, faire toutes déclarations et élections de domiciles, signer, parafer, approuver toutes pièces et mentions, requérir tous procès-verbaux, signer et émarger tous registres, et faire en général tout ce qui sera nécessaire pour l'obtention et délivrance des brevets et certificats d'addition, ainsi que des expéditions desdits actes.

Bon pour pouvoir. (*Date et signature légalisée.*)

372. Formule de demande de brevet pour une invention brevetée à l'étranger.

A M. le Ministre de l'agriculture et du commerce.

DEMANDE DE BREVET.

Je soussigné, *John S. . . . . .*, *armurier*, demeurant à *Londres, Regent's-street*, n. 210, faisant élection de domicile chez le sieur *N. . . . . .*, demeurant à *Paris*, rue *de Rivoli*, n. 10, déclare vouloir prendre un brevet d'invention de *dix* ans pour une découverte pour laquelle il a obtenu, *en Angleterre, le 1ᵉʳ décembre* 1854, une patente ayant encore *treize années* de durée, laquelle invention consiste en *un nouveau moyen de charger les fusils par la culasse.*

Je joins à ma demande les pièces ci-après, écrites intégralement en langue française :
1° (Voir, pour la suite, formules nᵒˢ 368 et 369).

Art. 2. — De la délivrance des brevets.

SOMMAIRE.

373. Transmission pure et simple des pièces par le préfet au ministre. — 374. Du principe de non-examen et de non-garantie du Gouvernement.— 375. L'examen préalable interdit pour les conditions intrinsèques, admis pour les conditions extrinsèques.— 376. Toute demande régulière en la forme entraîne délivrance du brevet. — 377. Formalités qui accompagnent la délivrance du brevet. — 378. Rejet des demandes irrégulières.— 379. Quelles irrégularités donnent lieu au rejet de la demande.—380. Tempéraments admis dans la pratique. — 381. Les irrégularités de forme couvertes par la délivrance du brevet.— 382. Conséquences du rejet de la demande. — Perte d'une partie de la taxe. — 383. Perte de la priorité résultant de la date de la demande.—384. Du cas où la demande est reproduite dans les trois mois. — 385. Le rejet de la demande peut être déféré au conseil d'État.

373. Transmission pure et simple des pièces par le préfet au ministre.— « Aussitôt après l'enregistrement des demandes et dans les cinq jours de la date du dépôt, les préfets transmettront les pièces, sous le cachet de l'inventeur, au ministre de l'agriculture et du commerce, en y joignant une copie certifiée du procès-verbal de dépôt, le récépissé constatant le versement de la taxe et, s'il y a lieu, le pouvoir mentionné dans l'art. 6 » (art. 9).

Il a été expliqué dans la discussion à la chambre des pairs que le préfet n'a pas le droit d'ouvrir le paquet, et qu'il doit se borner à le transmettre clos et intact au ministre.

« A l'arrivée des pièces au ministère de l'agriculture et du commerce, il sera procédé à l'ouverture, à l'enregistrement des demandes et à l'expédition des brevets dans l'ordre de la réception desdites demandes » (art. 10).

374. Du principe de non-examen et de non-garantie du Gouvernement. — « Les brevets dont la demande aura été régulièrement formée seront délivrés, sans examen préalable, aux risques et périls des demandeurs, et *sans garantie*, soit de la réalité ou du mérite de l'invention, soit de la fidélité ou de l'exactitude de la description » (art. 11, al. 1er).

« Quiconque, dans des enseignes, annonces, prospectus, affiches, marques ou estampilles, mentionnera sa qualité de breveté ou de brevet sans y ajouter les mots : *sans garantie du Gouvernement*, sera puni d'une amende de 50 à 1,000 fr. » (art. 33).

« Toute demande dans laquelle n'auraient pas été observées les formalités prescrites par les n°s 2 et 3 de l'art. 5 et par l'art. 6 sera rejetée » (art. 12, al. 1er).

Ces articles posent et appliquent le principe fondamental de la délivrance du brevet sans examen préalable.

Ce principe, fondé sur les plus graves considérations d'intérêt public, dégage l'administration de toute responsabilité quant à la valeur même du brevet, enlève au charlatanisme le prestige qu'il pourrait chercher dans l'obtention d'un brevet, et laisse les tribunaux entièrement libres dans l'appréciation des droits du breveté à la qualité qu'il s'attribue. Il doit donc être maintenu avec le plus grand soin, mais aussi il doit être renfermé dans les limites que la législation a tracées. Or, son application est subordonnée à une distinction essentielle.

375. L'examen préalable interdit pour les conditions intrinsèques, admis pour les conditions extrinsèques. — L'examen préalable est absolument interdit à l'égard des conditions de la validité du brevet, ou, suivant le langage juridique, des conditions *intrinsèques* de la demande.

Il est admis, au contraire, relativement aux formalités extérieures, aux conditions *extrinsèques* de la régularité de la demande.

Il résulte de là que la demande ne peut jamais (sauf dans le seul cas de l'art. 3) être rejetée par un motif tiré de *la nature* de la demande, lors même que l'objet de cette demande serait notoirement dans le domaine public, et, chose plus grave, lors même qu'il serait contraire aux bonnes mœurs. Il s'agit, en effet, d'un véritable jugement à prononcer, c'est-à-dire d'un acte qui n'est pas du ressort de l'administration. Aux tribunaux seuls, dans ce cas et autres semblables, il appartiendrait d'anéantir le brevet indûment obtenu, en en prononçant la nullité (1). La nature de la demande ne peut être prise en considération que dans le cas où il s'agit ou de remèdes ou de plans financiers. Encore n'y a-t-il pas exception véritable, en pareil cas, au principe du non-examen préalable. C'est seulement *d'après l'intitulé* de la demande, s'il rentre dans les termes prohibitifs de l'art. 3, que le rejet devra être prononcé, et, comme on l'a dit dans la discussion, « sur l'étiquette du sac. » Si, au contraire, l'objet prohibé par l'art. 3 se cache sous une fausse dénomination, le Gouvernement n'est pas autorisé à rechercher au fond et par l'examen de la demande en elle-même quelle est sa nature véritable, et le brevet doit être accordé par l'administration, sauf à être annulé par la justice. C'est ce qui est résulté de la discussion, d'ailleurs fort vive, à laquelle l'art. 3 a donné lieu (2).

La seconde conséquence des articles précités et qui n'est que la contre-partie de la première, c'est que la demande peut être rejetée par des motifs tirés de *la forme* irrégulière de la demande. Nous examinerons ci-après ces divers motifs de rejet et leurs suites légales (nos 378, 379).

376. Toute demande régulière en la forme entraîne délivrance du brevet. — Quand la demande est régulière en la forme, « un arrêté du ministre, constatant la régularité de la demande, sera délivré au demandeur et constituera le brevet d'invention » (art. 11, al. 2). Cette constatation et le brevet lui-même ne forment qu'un seul et même acte.

La disposition de l'art. 11, al. 2, démontre jusqu'à l'évidence la vérité de la proposition émise précédemment (n° 310), que le brevet n'est autre chose que la prise de possession régulière de la qualité d'inventeur. De ce principe, il résulte que l'arrêté ministériel ne pourrait être retardé et l'octroi de la demande entravé par une opposition formée entre les mains de l'administration.

---

(1) Renouard, p. 383.
(2) Voir l'analyse de cette discussion, présentée avec une remarquable clarté par M. Renouard, p. 388 et suiv. — Voir également Vergé et Loiseau, p. 82, 88.

L'opposition supposerait, en effet, et que le brevet pourrait préjudicier aux droits des tiers, et que sa délivrance serait subordonnée à la justification du droit du requérant. Or on sait que ni l'un ni l'autre de ces deux points n'est exact (1).

377. Formalités qui accompagnent la délivrance du brevet. — « A cet arrêté sera joint le duplicata certifié de la description et des dessins, mentionné dans l'art. 6, après que la conformité avec l'expédition originale en aura été reconnue et établie au besoin.—La première expédition des brevets sera délivrée sans frais » (art. 11, al. 3, 4). Cette disposition, qui abroge les taxes de 2 fr. et 3 fr. perçues sous l'empire de la législation de 1791, ne laisse à la charge du breveté que le coût du papier timbré sur lequel l'expédition doit être portée.

« Toute expédition ultérieure, demandée par le breveté ou ses ayants cause, donnera lieu au paiement d'une taxe de 25 francs. Les frais de dessin, s'il y a lieu, demeureront à la charge de l'impétrant » (art. 11, *in fine*). Les copies de dessin ne seront délivrées que si elles sont spécialement demandées. C'est à l'administration qu'il appartient de désigner les personnes par qui doivent être faites les copies, afin d'éviter que les dessins ne soient mis à la disposition des tiers (2).

« Une ordonnance royale, insérée au Bulletin des Lois, proclamera tous les trois mois les brevets délivrés » (art. 14).

378. Rejet des demandes irrégulières. — On a vu qu'il ne devait être fait droit qu'aux demandes régulières en la forme (n° 376). « Toute demande dans laquelle n'auraient pas été observées les formalités prescrites par les n°s 2 et 3 de l'art. 5 et par l'art. 6 sera rejetée » (art. 12).

379. Quelles irrégularités donnent lieu au rejet de la demande. — D'après cet article, les irrégularités de forme qui autorisent le rejet sont :

1° L'absence totale de description, qui est un fait matériel à constater, et non la simple insuffisance, qui donnerait lieu à un examen interdit à l'administration ;

2° L'absence des dessins ou échantillons qui seraient nécessaires. Il naît ici une difficulté de ce que, d'une part, les dessins ne sont exigés qu'en cas de nécessité, et que, d'autre part, l'administration ne peut, en vertu des principes exposés (n° 375), faire l'appréciation de leur nécessité, sur laquelle cependant elle doit

---

(1) Renouard, n. 85.—Dalloz, n. 157.—*Contrà*, Blanc, p. 512.
(2) Voir la discussion de l'art. 11 à la Chambre des pairs.

prononcer. On résout cette difficulté très-réelle en décidant, avec M. Renouard, que c'est le demandeur lui-même qui sera pris pour juge de la nécessité des dessins, et que l'omission dont il s'agit n'entraînera rejet de la demande que si le demandeur lui-même s'est référé à ces dessins non produits, comme étant le complément obligé de sa description. Dans cette hypothèse, en effet, leur absence constitue une lacune matérielle dans la demande, qui permet à l'administration de rejeter sans examen du fond (1);

3° La réunion dans une même demande de plusieurs objets principaux (art. 6, al. 1er).—Le rejet de la demande est, d'après la jurisprudence de la Cour de cassation, la seule sanction de cette irrégularité (2) (voir sur ce point le n° 465);

4° L'absence des indications et des formalités requises par l'art. 6, et énumérées ci-dessus (nos 359 et suiv.).

380. Tempéraments admis dans la pratique. — Il est certain que toute omission des diverses formalités qu'on vient de rappeler autorise l'administration à rejeter la demande. Mais, dans la pratique, des tempéraments de diverse nature indiqués par M. le rapporteur de la loi à la chambre des pairs adoucissent beaucoup cette rigueur.

Il est d'usage que les demandeurs soient avertis officieusement des irrégularités de leurs pièces et invités à les faire disparaître.

A défaut même de rectification par les intéressés, l'administration tient compte du peu de gravité que peut avoir l'irrégularité, s'il s'agit, par exemple, de renvois insignifiants non approuvés ; elle les corrige même en certains cas aux frais, risques et périls du demandeur, en faisant faire notamment le duplicata de la description qui aurait été omis. C'est seulement quand l'irrégularité est grave et non réparable par les soins de l'administration que le rejet est prononcé.

381. Les irrégularités de forme couvertes par la délivrance du brevet. — Lorsque le pouvoir administratif, juge compétent, dit M. Renouard, des formalités extrinsèques, a passé outre, nonobstant certaines irrégularités, et délivré le brevet, ces irrégularités sont couvertes, si elles tiennent uniquement à la forme. Les tiers ne pourront les relever ultérieurement et s'en prévaloir pour faire annuler le brevet, à moins qu'elles ne

---

(1) Renouard, p. 400. — Vergé et Loiseau, p. 80 et suiv.
(2) C. cass., 4 mai 1855 (Cavaillon).—*Contrà*, Blanc, sur l'art. 30.

rentrent dans les causes de nullité ou de déchéance formulées par les art. 30 et 32, lesquelles ne sauraient être étendues (1).

382. Conséquences du rejet de la demande. — Perte de partie de la taxe. — Quoi qu'il en soit des tempéraments entièrement facultatifs et sur lesquels le demandeur ne doit nullement compter, toute demande reste en droit sous le coup d'un rejet, si elle est irrégulière. Or, pour faire comprendre tout l'intérêt des inventeurs à apporter les plus grands soins à la régularité de leurs pièces, il suffit de constater les graves et souvent irrémédiables conséquences qu'entraîne le rejet d'une demande. Ces conséquences sont : 1° une perte pécuniaire; 2° une déchéance possible.

1° En cas de rejet de la demande pour irrégularité de forme, « la moitié de la somme versée restera acquise au trésor » (art. 12). Toutefois, cette perte n'est pas irrévocable. Le demandeur étant toujours maître de former une nouvelle demande, nonobstant l'insuccès de la première, il lui est tenu compte de la totalité de la somme versée, « s'il reproduit sa demande dans un délai de trois mois, à compter de la date de la notification du rejet de sa requête » (art. 12, *in fine*). Il y a lieu à restitution intégrale de la taxe lorsque par application de l'art. 3, relatif aux remèdes et plans financiers, il ne doit pas être délivré de brevet (art. 13).

383. Perte de la priorité résultant de la date de la demande. — 2° Lorsqu'une demande est rejetée comme irrégulière, elle est réputée non avenue. Il suit de là que, si un brevet est pris pour le même objet avant que la demande rejetée n'ait été reproduite, le droit résultant de la priorité de date se trouve perdu pour le premier demandeur. Cette conséquence n'est pas douteuse en principe. Un amendement de M. Gay-Lussac, tendant à faire déclarer que la priorité de l'invention resterait en tout cas constatée par la date du procès-verbal de dépôt, a été rejeté sur l'observation du rapporteur que, « du moment qu'une demande est nulle, c'est comme si elle n'existait pas. Cela peut être dur, ajoutait-il, mais cela est (2). »

384. Du cas où la demande est reproduite dans les trois mois. — En est-il autrement au cas particulier où la demande aura été reproduite dans le délai de trois mois? La négative a été nettement énoncée à la chambre des députés, où il a

---

(1) C. cass., 12 juillet 1857 (Barbier).—Renouard, n. 154 ; Dalloz, v° *Brevets*, n.154.
(2) Voir Galisset, *Corps du droit français*, sur l'art. 12.—Renouard, n. 153.

été admis comme certain dans la discussion que la nouvelle demande formée dans cet intervalle de trois mois ne rend pas à l'inventeur la priorité que la demande d'un tiers aurait pu lui enlever. Toutefois, à la chambre des pairs, l'amendement de M. Gay-Lussac n'a été rejeté que sur l'observation du ministre, que la loi n'abandonne pas l'inventeur, et que si, dans le délai de trois mois, il renouvelle correctement sa demande, *son droit est conservé.* — Dans ce partage d'opinions au sein même du Pouvoir législatif, nous serions porté à adopter, par argument de la dernière disposition de l'art. 12, l'avis favorable à l'inventeur (1).

385. Le rejet de la demande peut être déféré au conseil d'État. — Quoique l'administration ait l'appréciation des irrégularités de forme, il est constant que le ministre excéderait ses pouvoirs, s'il rejetait la demande en l'absence de toute irrégularité réelle. Un tel rejet, étant contraire à la loi et portant atteinte aux droits du demandeur, constituerait, selon nous, une décision susceptible d'être déférée au conseil d'État par la voie contentieuse dans les trois mois de la notification qui doit en être faite (2). Si la décision ministérielle était réformée, la demande reprendrait de plein droit son effet à partir de sa date.

Art. 3. — Certificats d'addition et brevets pour perfectionnements.

SOMMAIRE.

386. Dispositions concernant les perfectionnements apportés par l'inventeur et les tiers aux inventions brevetées. — 387. Nécessité de s'assurer spécialement le monopole des perfectionnements de l'invention brevetée.— 388. Des certificats d'addition en général.— 389. Caractères et effets des certificats d'addition. Avantages et inconvénients.—390. Le propriétaire du brevet a seul droit au certificat d'addition. — 391. Dans quels cas un certificat d'addition peut être pris valablement. — 392. Du brevet principal pour perfectionnement pris par le breveté.—393. Protection accordée au breveté contre les perfectionneurs.—394. Privilége du breveté pour les perfectionnements pendant une année.—395. Perfectionnements ajoutés à de premiers perfectionnements.—396. Droit des tiers de faire breveter des perfectionnements à une invention déjà brevetée.— 397. Situation respective du breveté principal et du breveté pour perfectionnements. —

---

(1) Dalloz, v° *Brevets*, n. 156.—Blanc, sur l'art. 12.—*Contrà*, Galisset, sur l'art. 12 ; Duvergier, *Lois, id.*—Voir Vergé et Loiseau, p. 91.
(2) Renouard, n. 157 ; Dalloz, n. 155.

398. Formule de demande d'un certificat d'addition.— 399. Formule de demande d'un brevet pour un perfectionnement à une invention brevetée. —400. Frais des brevets et certificats d'addition.

386. Dispositions concernant les perfectionnements apportés par l'inventeur ou les tiers aux inventions brevetées. — La section III du titre II de la loi de 1844 s'occupe de cette sorte de brevets supplémentaires et privilégiés que nous avons appelés certificats d'addition.

La loi a voulu favoriser le progrès industriel en stimulant le breveté lui-même et en l'empêchant de s'endormir sur une première découverte peut-être encore imparfaite.

Elle a employé dans ce but un double moyen. D'une part, elle a favorisé l'inventeur qui modifie, développe ou perfectionne son invention première; d'autre part, elle a permis aux tiers, à certaines conditions, de prendre des brevets pour des perfectionnements aux découvertes brevetées qui restent stationnaires entre les mains de leur auteur : double disposition subordonnée d'ailleurs à l'influence du principe fondamental que la jouissance exclusive de l'invention elle-même reste assurée à celui qui l'a faite, sans que, sous prétexte de perfectionnements apportés, un tiers puisse y porter atteinte (art. 19) (voir n° 397).

387. Nécessité de s'assurer spécialement le monopole des perfectionnements de l'invention brevetée. — Les art. 15 et 16 sont relatifs au breveté qui a perfectionné l'objet de son brevet principal. Constatons d'abord que s'il livre purement et simplement ses perfectionnements à la publicité, ils tombent dans le domaine public sans être protégés *en eux-mêmes* par le brevet principal; ils peuvent être reproduits par chacun, à une seule condition, conséquence du principe ci-dessus rappelé (n° 386), c'est que la reproduction du perfectionnement ne comprendra pas en même temps celle de l'invention brevetée. Ainsi, un tissu nouveau étant breveté au profit d'un fabricant qui y ajoute, sans remplir aucune formalité, des fleurs brochées par un nouveau système, un tiers ne pourra pas sans doute reproduire les fleurs brochées sur ce même tissu, mais il pourra transporter sur un autre tissu non breveté le système de brochage appliqué par le breveté à son étoffe.

Cet exemple montre suffisamment jusqu'à quel point un privilège spécial est nécessaire au breveté pour conserver le monopole des perfectionnements apportés à son invention première.

Le titulaire qui veut s'assurer d'une manière absolue ce droit privatif a deux moyens à prendre, dont chacun a ses conditions et ses effets distincts : il peut demander, ou un certificat d'addition, ou un nouveau brevet principal.

388. Des certificats d'addition en général.—L'art. 16 définit les certificats d'addition, en détermine les formes, en précise les effets.

« Le breveté ou les ayants droit au brevet auront, pendant toute la durée du brevet, le droit d'apporter à l'invention des changements, perfectionnements ou additions, en remplissant, pour le dépôt de la demande, les formalités déterminées par les art. 5, 6 et 7 (voir nos 354 et suiv.).

« Ces changements, perfectionnements ou additions seront constatés par des certificats délivrés dans la même forme que le brevet principal et qui produiront, à partir des dates respectives des demandes et de leur expédition, les mêmes effets que ledit brevet principal, avec lequel ils prendront fin.

« Chaque demande de certificat d'addition donnera lieu au paiement d'une taxe de vingt francs.

« Les certificats d'addition pris par un des ayants droit profiteront à tous les autres (art. 16). »

389. Caractère et effets du certificat d'addition. — Avantages et inconvénients. — Il résulte des dispositions ci-dessus que le certificat d'addition est véritablement un brevet supplémentaire soumis aux mêmes formalités, sauf la taxe, que les brevets ordinaires ; qui étend le brevet principal à des objets qu'il ne comprenait pas originairement ; qui, souvent, le consolide lui-même en complétant, en éclaircissant une description peut-être insuffisante ; mais qui n'a pas une existence indépendante, et expire en même temps que le brevet principal avec lequel il fait corps.

L'avantage est la réduction du droit à payer et l'appui donné au brevet principal; l'inconvénient est la limitation de la durée d'après celle du brevet originaire, limitation tellement absolue, que l'extinction simultanée des deux titres a lieu, non-seulement quand le brevet expire au terme de sa durée légale, mais quand il est frappé de déchéance : en aucun cas le certificat d'addition ne peut lui survivre (1).

Il a été expliqué dans la discussion que le même certificat pouvait contenir plusieurs additions sans aucune irrégularité, et sans qu'il y eût lieu au paiement de plus d'une taxe (2).

---

(1) C. cass., 5 fév. 1852 (Brossard), (Dalloz, 1852.5.59).
(2) Galisset, sur l'art. 12, note.

390. Le propriétaire du brevet a seul droit au certificat d'addition. — Le certificat d'addition ne peut être demandé que par le *propriétaire* du brevet, que ce soit l'inventeur lui-même ou son ayant droit, c'est-à-dire la personne à laquelle il aurait transmis le brevet ou qui lui aurait succédé.

S'il y a plusieurs ayants droit, plusieurs cohéritiers, par exemple, il n'est pas nécessaire qu'ils se réunissent pour prendre ensemble un certificat d'addition. Les certificats pris par l'un d'eux profiteront à tous les autres, suivant la disposition formelle de l'alinéa final de l'art. 12.

Le droit reconnu par la loi à tout cessionnaire (n° 401) fait entièrement disparaître celui de l'inventeur, pour tout ce qui est compris dans la cession. L'auteur de l'invention, quel que puisse être l'intérêt d'honneur qu'il attache encore à sa découverte, n'a plus qualité, une fois la cession consentie, pour modifier le brevet, du moins à son profit (1) (voir n° 408).

391. Dans quels cas un certificat d'addition peut être pris valablement. — Le certificat d'addition ne peut être pris, aux termes de la loi, que pour *changements*, *perfectionnements* ou *additions* à l'invention, c'est-à-dire à l'objet principal du brevet. Ainsi, par exemple, s'il s'agit d'un appareil à vapeur, il y aura changement par la substitution d'un organe à un autre, perfectionnement par la simplification d'un mécanisme, addition par l'indication d'un nouvel organe, tel qu'un frein pour arrêter à volonté le mouvement . dans ces trois cas, le breveté pourra prendre un certificat d'addition, parce que c'est toujours à l'objet principal que les modifications se rattachent. C'est là, en effet, la condition essentielle, à défaut de laquelle le certificat d'addition serait entaché de nullité, comme on l'expliquera au sujet de l'art. 30 (voir n° 464).

392. Du brevet principal pour perfectionnement pris par le breveté. — « Tout breveté qui, pour un changement, perfectionnement ou addition, voudra prendre un brevet principal de cinq, dix ou quinze années, au lieu d'un certificat d'addition expirant avec le brevet primitif, devra remplir les formalités prescrites par les art. 5, 6 et 7, et acquitter la taxe mentionnée dans l'art. 4 » (art. 17).

L'avantage de ce brevet principal, c'est de survivre au brevet originaire; l'inconvénient, c'est l'obligation d'acquitter la taxe intégrale.

---

(1) Renouard, n. 73; Dalloz, v° *Brevet*, n. 167.

Le brevet présente encore, avec le certificat d'addition, cette différence constatée dans la discussion de la loi (1), que s'il est pris par un seul des ayants droit, il ne profitera pas aux autres.

Il va de soi que ce nouveau brevet ne peut être un moyen indirect de prolonger les effets du brevet principal, et nuire au droit du public sur l'invention originaire lors de l'expiration du brevet primitif. Un amendement présenté en ce sens a été écarté comme superflu (2).

393. Protection accordée au breveté contre les perfectionneurs. — L'art. 18 crée, au profit du breveté principal, un privilége nouveau qui a pour but de protéger les inventeurs contre un grave danger auquel les exposait la loi du 25 mai 1791. D'après l'art. 8, titre 2 de cette loi, tout perfectionnement à une invention brevetée pouvait être, sans restriction, breveté au profit d'un tiers. Il en résultait, conformément aux principes, que si le tiers ne pouvait exploiter le perfectionnement tant que durait le brevet principal, l'inventeur, de son côté, ne pouvait, tant que durait le brevet de perfectionnement, exploiter son invention avec le perfectionnement. Or, les *perfectionneurs*, gens habiles, non à créer par eux-mêmes, mais à s'emparer des créations d'autrui, se précipitaient sur toutes les idées nouvelles en prenant, pour les moindres changements qui avaient pu échapper aux prévisions de l'inventeur, des brevets de perfectionnement; puis ils se servaient de ces brevets pour forcer les inventeurs, ainsi emprisonnés dans les limites les plus étroites, à entrer en partage et à former une association avec eux. (Voir Vergé et Loiseau, p. 100 et suiv.)

394. Privilége du breveté pour les perfectionnements pendant une année. — La loi a voulu obvier à cet inconvénient en laissant au breveté toute latitude pour étudier lui-même les développements dont son invention est susceptible pendant une année entière, et se réserver les conséquences naturelles de son idée première. « Nul autre que le breveté, dit l'art. 18, ou ses ayants droit, agissant comme il est ci-dessus, ne pourra, pendant une année, prendre valablement un brevet pour un changement, perfectionnement ou addition à l'invention qui fait l'objet du brevet primitif. »

L'année, dont il s'agit, court à partir de la délivrance du bre-

---

(1) Rejet d'un amendement de M. Delespaul sur l'art. 17.—Voir Vergé, p. 98.
(2) Voir Galisset, sur l'art. 17, note 3.

vet, suivant les explications positives qui ont été données dans la discussion de la loi par le rapporteur et par le ministre du commerce (1). La conséquence directe et nécessaire de cette disposition, c'est que, si un brevet a été demandé par un tiers pendant la première année, aux conditions ci-après énoncées (n° 396), pour des changements, perfectionnements ou additions, le breveté qui aura lui-même pris, dans cette même année, un certificat d'addition ou un brevet pour les mêmes causes, à quelque moment que ce soit, conservera de plein droit la préférence (art. 18, *in fine*.)

395. Perfectionnements ajoutés à de premiers perfectionnements. — Le privilége accordé au breveté ne s'applique qu'aux perfectionnements apportés à l'invention même, et non à ceux qui viendraient s'ajouter à un premier perfectionnement. Ainsi, à supposer qu'un certificat d'addition ait été pris dans l'année pour un nouvel organe appliqué à une machine brevetée, la date de ce certificat ne fera pas courir une nouvelle période privilégiée d'un an pour toute modification à apporter par le breveté à cet organe. La préférence que la loi lui accorde est limitée sans distinction à une durée d'un an, pour tout ce qui se rattache, soit immédiatement, soit médiatement à l'invention principale (2). L'opinion contraire, soutenue par M. Blanc, ne nous paraît avoir aucune base légale.

396. Droit des tiers de faire breveter des perfectionnements à une invention déjà brevetée. — Après avoir donné aux intérêts du breveté une satisfaction légitime, l'art. 18 pourvoit aux besoins du progrès industriel, en autorisant les tiers à prendre des brevets pour tous perfectionnements, sous la réserve des droits de l'inventeur sur l'objet principal, et de la préférence accordée à celui-ci pendant la première année. Ces brevets sont des brevets d'invention proprement dits, et non des certificats d'addition. Ils peuvent être demandés même pendant la première année, à l'effet d'assurer, le cas échéant, la priorité des perfectionnements à leur auteur, sauf à n'être délivrés qu'après l'expiration de cette période. C'est ce qui résulte de l'art. 18, al. 2 et 3, ainsi conçu : « Néanmoins, toute personne qui voudra prendre un brevet pour changement, addition ou perfectionnement à une découverte déjà brevetée, pourra, dans le

---

(1) Voir la discussion, Galisset, sur l'art. 18, note 4. — *Contrà*, Blanc et Dalloz, n. 173, qui fixent le point de départ de l'année à la date du dépôt.

(2) Dalloz, v° *Brevets*, n. 172.—*Contrà*, Blanc, sur l'art. 18.

cours de ladite année, former une demande qui sera transmise et restera déposée sous cachet au ministère de l'agriculture et du commerce.

« L'année expirée, le cachet sera brisé et le brevet délivré (art. 18). »

397. Situation respective du breveté principal et du breveté pour perfectionnement.—La situation respective de l'inventeur originaire breveté pour l'objet principal, et celle du tiers breveté pour un perfectionnement à ce même objet, sont résumées de la manière la plus claire par le dernier article de la section III, qui n'est que l'application des principes posés ci-dessus (n° 387). « Quiconque aura pris un brevet pour une découverte, invention ou application, se rattachant à l'objet d'un autre brevet, n'aura aucun droit d'exploiter l'invention déjà brevetée, et réciproquement le titulaire du brevet primitif ne pourra exploiter l'invention, objet du nouveau brevet (art. 19) (1). » Les deux brevetés devront donc s'entendre, pour que l'invention avec ses perfectionnements puisse être immédiatement exploitée.

398. Formule de demande de certificat d'addition.

A M. le Ministre de l'agriculture et du commerce.

DEMANDE DE CERTIFICAT D'ADDITION.

Je soussigné, *Louis C....*, *lampiste*, demeurant à *Lyon*, rue des *Saints-Pères*, n° 14, déclare vouloir prendre un certificat d'addition au brevet d'invention de *quinze ans* qui m'a été délivré le *15 octobre dernier*, pour *une lampe à régulateur*, laquelle addition consiste en *un modérateur destiné à rendre la lumière toujours égale*.

Je joins à ma demande les pièces ci-après :

1° Un récépissé constatant le versement d'une somme de vingt francs ;

2° Une description originale de l'addition faisant l'objet du certificat demandé (voir la formule n° 369) ;

3° Les dessins nécessaires pour l'intelligence de la description ;

4° Le duplicata de la description et des dessins ;

5° Le bordereau des pièces déposées.

(*Signature sur la demande et sur toutes les pièces jointes.*)

399. Formule de demande de brevet pour un perfectionnement à une invention brevetée.

A M. le Ministre de l'agriculture et du commerce.

DEMANDE DE BREVET POUR UN PERFECTIONNEMENT.

Nous soussignés, *Louis N....*, *chimiste*, demeurant à *Lyon*, et *Nicolas N...*, *pharmacien*, demeurant aussi à *Lyon*, faisant élection de domicile chez le sieur *Pierre N...*, rue des *Récollets*, n° 13, à *Lyon*, déclarons vouloir prendre un brevet de *cinq*

---

(1) Voir sur ce sujet l'arrêt du 4 mars 1841 (Sirey, 41.2.365), et Dalloz, v° *Brevets*, n. 174.

ans pour un perfectionnement à l'invention, objet du brevet délivré au profit du *sieur Antoine L...*, le...... pour *un appareil lithotritique,* ledit perfectionnement consistant en *un moyen d'empêcher l'écartement des branches de l'instrument.*

Nous produisons avec la présente demande :

1° (Voir pour la suite les formules n°ˢ 368 et 369).

400. Frais des brevets et certificats d'addition.

TAXE ET DROITS A PAYER POUR LES BREVETS.

Pour un brevet de cinq ans, cinq annuités de 100 fr. chacune......	500 fr.
Pour un brevet de dix ans, dix annuités de 100 fr............	1,000
Pour un brevet de quinze ans, quinze annuités de 100 fr........	1,500
Somme à débourser en déposant la demande................	100
Pour l'expédition du procès-verbal de dépôt, le remboursement pur et simple du prix du timbre (1).......................	»
Pour la première expédition du brevet, le remboursement pur et simple du prix du timbre............................	»
Pour chaque expédition demandée après la première..........	25
(Les frais de copies de dessins, s'il y a lieu, ne sont pas compris dans cette somme).	
Certificat d'addition.................................	20
Chaque expédition du certificat après la première............	20

Art. 4. — De la transmission et de la cession des brevets.

SOMMAIRE.

Formes et effets. — 401. En quoi consiste la cession d'un brevet.—402. Distinction de la cession et de la simple licence ou autorisation d'exploiter. — 403. Caractère et effets de la cession totale. — 404. Des diverses espèces de cessions partielles. — 405. Qualité du cessionnaire partiel pour agir en vertu d'un brevet. — 406. Tribunaux compétents pour connaître des cessions. — 407. Droits et obligations du cessionnaire et du cédant. Garantie. — 408. Effet légal de la cession quant aux certificats d'addition ultérieurs. — 409. Le même effet est applicable aux acquéreurs de la faculté d'exploiter.—410. Les brevets principaux pour perfectionnements ne profitent pas aux cessionnaires. — 411. Des expéditions de certificats d'addition. — 412. Forme authentique de l'acte de cession.

Enregistrement.—413. En quoi consiste l'enregistrement de la cession. Un seul suffit pour un acte relatif à divers.—414. L'enregistrement applicable à toute mutation. Distinction quant à la sanction.—415. L'enregistrement spécial n'exempte pas du droit général de mutation. — 416. Forme des cessions faites en pays étranger.—417. Effets de l'enregistrement. La cession non enregistrée ne vaut qu'entre les parties. — 418. La cession non enregistrée est nulle à l'égard des tiers. Applications et conséquences du principe. — 419. La nullité ne s'applique pas aux mutations n'ayant pas le caractère de cession.—420. Applications faites par la jurisprudence de la distinction ci-dessus. —

---

(1) Le droit de 12 fr. établi par la loi du 25 mai 1791 a été supprimé.

421. Application aux actes de partage ; aux jugements d'annulation ; aux licences. — 422. Efficacité de l'enregistrement indépendamment des formalités qui le suivent. — 423. Aucune opposition ne peut être faite à l'enregistrement.—424. Du registre d'inscription des mutations. *Formules.*—425. Formule d'acte de cession totale.—426. Formule d'acte de cession partielle.

401. En quoi consiste la cession d'un brevet. — « Tout breveté pourra céder la totalité ou partie de la propriété de son brevet (art. 20). »

La cession dont il s'agit ici, et qui est assujettie, comme on le verra ci-après, à des formes solennelles et rigoureuses, est un acte dont il faut bien comprendre la nature et la portée. C'est la transmission de la propriété même du brevet et de la qualité de breveté, soit pour la totalité de l'invention, soit pour une partie seulement, par exemple, pour une seule des destinations d'un appareil, breveté en vue de diverses applications. Cette transmission, d'où il résulte que le breveté est dessaisi de tous droits et de toute qualité, et que le cessionnaire a seul désormais titre et capacité, soit pour poursuivre les contrefacteurs, soit pour répondre aux actions en nullité et déchéance, cette transmission est la seule que le législateur ait en vue, et qu'il réglemente dans la section III.

402. Distinction de la cession et de la simple licence ou autorisation d'exploiter. — Il ne faut pas confondre la cession avec la simple licence ou *autorisation* donnée à un tiers *d'exploiter* le brevet, autorisation qui laisse subsister sur la tête du breveté sa qualité première avec les effets qui s'y rattachent, et n'est soumise à aucune forme spéciale. C'est ce que le rapporteur de la loi à la Chambre des députés a expliqué nettement, en distinguant expressément la cession de la propriété totale ou partielle du brevet, seul objet des formalités ci-après, de la cession du droit de jouir de la découverte qui reste dans le droit commun (1).

La loi n'indique, du reste, aucune formule sacramentelle qui implique cession réelle ou simple autorisation d'exploiter. C'est d'après l'intention des parties que les juges apprécieront la nature de l'acte, sans que leur décision, à cet égard, puisse encourir la censure de la Cour de cassation. Ainsi, il a été jugé, par arrêt de la chambre des requêtes, que l'acte par lequel les inventeurs cèdent à un tiers *le droit de fabriquer et de vendre,*

---

(1) Voir Galisset sur l'art. 20, note 3 ; et Vergé et Loiseau, p. 108.

comme eux-mêmes en avaient le droit, l'objet de l'invention, a pu être considéré, par interprétation de l'ensemble de l'acte, comme renfermant la concession d'une simple faculté d'exploitation, et non la cession partielle de la propriété du brevet (1).

403. Caractère et effet de la cession totale. — La cession du brevet se comprend et s'applique sans difficulté quand elle est totale. C'est la substitution pure et simple d'un nouveau titulaire à l'ancien, avec transmission de tous les droits et actions attachés au brevet.

404. Des diverses espèces de cessions partielles. — Quant aux cessions partielles, elles peuvent porter séparément sur chacun des droits inhérents au brevet et varier à l'infini. « On peut céder le droit de fabriquer en se réservant le droit de vendre, dit M. Renouard ; on peut limiter la cession à certaines parties du territoire, et ne céder un brevet que pour telle commune, tel arrondissement, tel département. On peut ne vendre que pour une limite de temps déterminée ; enfin, on peut imposer toutes conditions, limitations ou réserves qui sont autorisées par les règles générales sur les conventions »(2). La loi a entendu écarter comme inexact et contraire à la liberté des contrats le prétendu principe de l'indivisibilité de la découverte brevetée (3).

405. Qualité du cessionnaire partiel pour agir en vertu du brevet. — A la différence du simple concessionnaire de la faculté d'exploiter, qui ne peut exercer en son propre nom aucune action (voir ci-après, n° 519), le cessionnaire partiel a seul qualité pour soutenir toutes les actions actives et passives dans la limite de son contrat. Ainsi, celui qui s'est fait céder un brevet pour un département devra seul répondre à la demande en nullité dirigée dans ce département contre le brevet. Si la nullité est prononcée, elle n'aura d'effet que dans le département, et n'atteindra pas les droits du breveté dans le reste de la France. Mais l'annulation du brevet prononcée contre le titulaire serait-elle opposable au cessionnaire partiel, même au cas où il n'aurait pas été mis en cause, conformément à l'art. 38? (Voir avec égard ci-après, n° 479.)

406. Tribunaux Compétents pour connaître des cessions. — La cession d'un brevet est en elle-même un acte

---

(1) C. cass., 8 mars 1852 (Pecquiriaux).—Dalloz, 52.1.80.
(2) Renouard, n. 163. — Vergé et Loiseau, p. 106.
(3) Voir Galisset sur l'art. 20, note 2.

purement civil, et dont la connaissance appartient aux tribunaux civils. Cependant, il peut résulter de la qualité des parties et des circonstances particulières que la cession soit un véritable acte du commerce, lorsque, par exemple, elle a été faite par un industriel à des fabricants ayant pour but d'étendre leurs opérations commerciales à l'objet du brevet. Les contestations, en ce cas, entre cédant et cessionnaires, seraient de la compétence du tribunal de commerce (1).

407. Droits et obligations du cessionnaire et du cédant. — Garantie. — Les effets de la cession entre les parties s'apprécient d'après les règles ordinaires de l'interprétation des contrats en général et du contrat de vente en particulier (2). Ainsi, le cédant est tenu de garantir l'existence et la validité du brevet (art. 1628, 1629, Cod. Nap.).

Si le brevet est annulé pour défaut de cause et comme portant sur un objet non brevetable, la cession elle-même est nulle, et le prix de la cession doit être restitué (3), à moins que le cessionnaire n'ait recueilli, avant l'annulation du brevet, les avantages qu'il s'était proposés (4). La cession pourrait même être déclarée sans cause, si l'invention brevetée ne donnait pas les résultats promis par le cédant (5).

Il pourrait y avoir lieu, suivant M. Blanc, soit à l'annulation de la cession, soit à la réduction du prix, si le cédant avait omis de déclarer au cessionnaire des autorisations d'exploiter antérieurement accordées (voir toutefois à ce sujet, n° 421) (6).

Ces principes ne cesseraient d'être applicables que si la cession avait eu lieu sans garantie, aux risques et périls du cessionnaire (art. 1629, Cod. Nap.); encore le cédant n'en répondrait-il pas moins du préjudice qui proviendrait de son fait personnel (art. 1628).

Le cédant serait tenu, quelles que fussent les stipulations du contrat, de donner au cessionnaire les renseignements et facilités indispensables pour la mise à exécution de l'invention cédée (7).

En dehors de ces applications générales des principes du droit

---

(1) Jugement du 7 sept. 1831 (Larousse).—Voir Dalloz, *Brevets*, n. 222.
(2) Renouard, n. 167.
(3) C. cass., 15 juin 1842 (Flourens) ; 22 août 1844 (Laffore).
(4) C. cass., 27 mai 1839.
(5) C. cass., 21 février 1837.
(6) Blanc, p. 525.
(7) Paris, 22 février 1845 (Marchand).

commun, la cession des brevets a des effets particuliers et fort importants.

408. Effet légal de la cession quant aux certificats d'additions ultérieures. — Le législateur, pour mettre fin à des contestations sans cesse renaissantes dans la pratique, a déterminé, sous un rapport essentiel, et à défaut de stipulation contraire et expresse des parties, la portée légale de la cession.

« Les cessionnaires d'un brevet, et ceux qui auront acquis d'un breveté ou de ses ayants droits la faculté d'exploiter la découverte ou l'invention, profiteront de plein droit des certificats d'addition qui seront ultérieurement délivrés au breveté ou à ses ayants droit. Réciproquement, le breveté ou ses ayants droit profiteront des certificats d'addition qui seront ultérieurement délivrés aux cessionnaires (art. 22). »

409. Le même effet est applicable aux acquéreurs de la faculté d'exploiter. — Le bénéfice des certificats d'addition pris par le breveté lui-même est attribué formellement, non pas seulement aux cessionnaires proprement dits de la propriété totale ou partielle d'un brevet, mais à ceux qui, ainsi qu'il a été expliqué (n° 402), n'auraient acquis que la faculté d'exploiter le brevet demeuré sur la tête du premier titulaire. La distinction précédemment faite entre ces deux situations ne se retrouve pas ici, et la loi interprète dans le même sens favorable à l'acquéreur et le contrat portant cession de propriété et le contrat portant simple autorisation d'exploiter.

410. Les brevets principaux pour perfectionnements ne profitent pas aux cessionnaires. — Il a été déclaré dans la discussion de la loi que, d'après les termes positifs de l'art. 22, le cessionnaire et le breveté, suivant les deux hypothèses de cet article, ne profitent que des *certificats d'addition* obtenus après la cession pour les perfectionnements relatifs à l'invention cédée, mais non des *brevets principaux* qui seraient pris pour ces mêmes perfectionnements (1). Il dépendra donc du cédant de se réserver le bénéfice des perfectionnements, en prenant un brevet principal au lieu d'un simple certificat d'addition. Mais cette faculté, introduite dans le but de ne point décourager le génie inventif des brevetés, ne doit pas se changer en artifice pour rançonner les cessionnaires au moyen d'additions insignifiantes que les cédants les obligeraient à acqué-

---

(1) Galisset, sur l'art. 22, note 4.

rir après coup; elle doit être limitée aux perfectionnements véritables, et les tribunaux, qui verraient un calcul déloyal de la part du cédant dans la demande d'un brevet principal pour une addition sans valeur, pourraient prononcer en faveur du cessionnaire telles réparations civiles qu'il appartiendrait (1).

411. Des expéditions de certificats d'addition. — « Tous ceux qui ont droit de profiter des certificats d'addition pourront en lever une expédition au ministère de l'agriculture et du commerce, moyennant un droit de vingt francs » (art. 22, *in fine*).

412. Forme authentique de l'acte de cession. — « La cession totale ou partielle d'un brevet, soit à titre gratuit, soit à titre onéreux, ne pourra être faite que par acte notarié, et après le paiement de la totalité de la taxe déterminée par l'art. 4 » (art. 20, alinéa 2).

Le montant de cette taxe est déterminé par la durée du brevet. D'après ce qui a été dit plus haut, le cédant peut réduire le versement intégral à effectuer en réduisant le brevet à une plus courte période, mais sans pouvoir plus tard le ramener à sa durée première (n° 342).

413. Enregistrement de la cession.—Un seul suffit pour un acte relatif à divers. — « Aucune cession ne sera valable à l'égard des tiers qu'après avoir été enregistrée au secrétariat de la préfecture du département dans lequel l'acte aura été passé.

« L'enregistrement des cessions ou de tous autres actes emportant mutation sera fait sur la production et le dépôt d'un extrait authentique de l'acte de cession ou de mutation » (art. 20, alinéa 3 et 4).

Il résulte de cette disposition qu'un seul enregistrement suffit, alors même que le même acte contiendrait cession à plusieurs personnes domiciliées dans divers départements. Un amendement tendant à exiger l'enregistrement à la préfecture du département où chaque partie serait domiciliée a été écarté pour simplifier les formalités (2).

414. L'enregistrement applicable à toutes mutations. — Distinction quant à la sanction. — L'enregistrement s'applique, non-seulement aux cessions, mais à tous changements de propriété des brevets, par quelque mode qu'ils

---

(1) Renouard, n° 166.
(2) Galisset, sur l'art. 20, note 2.—Vergé et Loiseau, p. 109.

s'opèrent, par succession notamment. Mais il faut remarquer que la sanction prononcée par l'art. 20, à savoir la nullité dont les effets seront énoncés ci-après (n° 418), n'est prononcée qu'à l'égard des cessions, et non des autres actes emportant mutation de propriété. Il y a néanmoins intérêt, dans ce dernier cas, à effectuer l'enregistrement, dont l'omission peut, en diverses circonstances, compromettre les droits des parties, ainsi qu'il résulte spécialement de l'art. 38.

415. L'enregistrement spécial n'exempte pas du droit général de mutation. — L'enregistrement à la préfecture a lieu sans frais; mais il ne dispense pas du paiement du droit de mutation dû à la régie de l'enregistrement, et qui est de 2 pour 100 du prix de la cession (1).

416. Forme des cessions faites en pays étranger. — La cession faite en pays étranger doit avoir lieu dans les formes requises par la législation du pays. Mais, pour qu'elle fût opposable en France, il faudrait, suivant nous, qu'elle fût enregistrée, soit à la préfecture du département où le cessionnaire aurait son domicile, soit à la préfecture de la Seine. Il faut, en effet, distinguer quant aux cessions passées à l'étranger comme pour celles passées en France, l'*authenticité* de l'acte, nécessaire mais insuffisante, et la *publicité* en France, condition essentielle sans laquelle les tiers ne peuvent être tenus de respecter l'acte intervenu entre les parties (2).

417. Effets de l'enregistrement. — La cession non enregistrée ne vaut qu'entre les parties. — L'enregistrement de la cession a deux effets principaux et essentiels : 1° de rendre l'acte intervenu entre les parties opposable aux tiers ; 2° de rendre nécessaire la mise en cause de chaque intéressé au brevet qui aura fait enregistrer son titre, dans tout procès concernant la validité et l'existence du brevet.

La cession non enregistrée et même faite par acte sous seing-privé est, d'ailleurs, obligatoire entre les parties, conformément au principe général de l'art. 1322 du Cod. Nap.; le cédant ni le cessionnaire, ou leurs héritiers, ne pourraient se dispenser d'en remplir les conditions en alléguant le défaut d'enregistrement ou d'acte authentique (3).

---

(1) Voir l'art. 69, § 5, n. 1, de la loi du 22 frimaire an VII.
(2) Voir à ce sujet Blanc, qui se borne à une simple recommandation, p. 521.
(3) Motif de l'arrêt de cassation du 10 août 1849 (Dalloz, 49.1.211). — C. cass., 20 nov. 1822 (Bérard). — Renouard, n. 172; Dalloz, n. 212 ; Pardessus, *Droit commercial*, n. 110.

418. La cession non enregistrée est nulle à l'égard des tiers. — Applications et conséquences du principe. — A l'égard des tiers, la cession non enregistrée à la préfecture est nulle et sans effet, d'après l'art. 20, al. 2.

« Le caractère occulte du transport non enregistré ne permet pas aux cessionnaires d'opposer aux tiers le droit incomplet résultant à leur profit de cet acte (1). »

C'est seulement à partir de l'enregistrement effectué que le cessionnaire peut agir contre les tiers en vertu de sa nouvelle qualité. Et par *tiers* on doit entendre, non-seulement ceux qui ont des titres et des droits à faire valoir contre la cession, tels qu'une cession antérieure, mais encore toutes autres personnes étrangères à l'acte et intéressées à en contester l'effet, même les contrefacteurs (2). — De là, plusieurs conséquences importantes. Le cessionnaire ne peut, avant l'enregistrement, faire procéder valablement à la saisie d'objets contrefaits (3). Les prévenus de contrefaçon peuvent opposer au cessionnaire le défaut d'enregistrement de la cession, pour le faire déclarer non recevable dans ses poursuites. Et il faut, pour que celles-ci soient régulières, que l'enregistrement ait été non pas seulement demandé, fût-ce par sommation d'huissier adressée au préfet (4), mais opéré avant les poursuites. Il ne suffirait pas pour les valider que l'enregistrement intervînt avant le jugement de l'action en contrefaçon : « un tel enregistrement serait inefficace, dit l'arrêt précité du 6 avril 1850, soit pour transformer en un délit un fait jusque-là licite, soit pour communiquer après coup force et effet à une poursuite qui, à son origine, n'avait pas une base légale (5). »

419. La nullité ne s'applique pas aux mutations n'ayant pas le caractère de cession. — Il ne faut pas perdre de vue que la nullité résultant du défaut d'enregistrement s'applique à tous les actes de mutation ayant le caractère de *cession* ou vente, mais seulement à ces actes. Ainsi, d'une part, il serait inexact de dire qu'il suffit que la propriété du brevet change de mains pour que l'enregistrement soit la condition essentielle de la recevabilité d'une action du nouveau

---

(1) C. cass., 6 avril 1850 (Mothès).
(2) C. cass., 12 mai 1849 (Laval).—Renouard, n. 172.— *Contrà*, Blanc, p. 524.
(3) Jugement de Paris, 8 mai 1845.—Voir Dalloz, v° *Brevets*, n. 211, 220.
(4) C. cass., arrêt du 12 mai 1849 précité (Sirey, 50.1.72).
(5) Voir arrêt Mothès (Dalloz, 1852 5, p. 59 et 60).

propriétaire contre les tiers ; car l'héritier d'un breveté est recevable à poursuivre les contrefacteurs sans avoir fait enregistrer l'acte de liquidation ou de notoriété qui constate sa qualité, bien que le défaut d'enregistrement puisse d'ailleurs lui préjudicier (voir art. 38 et n° 485).

D'autre part, les droits attachés au brevet peuvent passer matériellement d'une main dans une autre, sans qu'il y ait mutation proprement dite et nécessité d'enregistrement (voir n° 420).

Or « la nullité limitée par l'art. 20 de la loi du 5 juillet 1844 à l'intérêt des tiers, ne s'applique qu'au cas où le propriétaire d'un brevet d'invention ayant cédé son privilége, les deux parties contractantes n'ont pas fait enregistrer ce transport. Mais cette disposition est de droit étroit, et on ne saurait étendre la sanction de l'article précité à tous autres modes de transmission que celui qui a été taxativement prévu par ledit article (1). »

420. Applications faites par la jurisprudence de la distinction ci-dessus. — D'après cette distinction, la rétrocession faite par le cessionnaire au cédant ou l'apport d'un brevet par le titulaire primitif à une société seraient soumis à la formalité de l'enregistrement, sous peine de ne pouvoir être opposés aux tiers (2). Mais il n'en serait pas de même à l'égard de l'acte de partage par lequel un des associés copropriétaire du brevet obtiendrait la propriété exclusive de ce brevet. En effet, d'après les art. 883 et 1872 du Cod. Nap., le partage étant *déclaratif* et non attributif de propriété, l'associé, investi du brevet par le partage, est censé en avoir toujours été seul et unique propriétaire, de sorte qu'il n'y a pas, en droit, transmission de propriété, cession ni rétrocession à son égard. Par application de ces principes, la Cour de cassation a jugé, sur notre plaidoirie, que l'inventeur demeure, lors de la liquidation de la société, propriétaire unique du brevet qu'il avait apporté à ladite société, et est recevable, nonobstant le défaut d'enregistrement de l'acte de partage, à poursuivre les tiers en contrefaçon (3).

421. Application aux actes de partage, aux jugements d'annulation, aux licences. — La même solution devrait être admise soit en cas de partage entre divers copropriétaires ou cohéritiers d'un brevet, soit en cas de résiliation ou

---

(1) Arrêt de cassation du 10 août 1849 (Caron).—Dalloz, 49.1.211.
(2) Arrêt de Paris du 14 avril 1849 (Penzold c. Caron).
(3) C. cass., 10 août 1849 (Caron c. Penzold), arrêt précité. — Voir Paris, 14 avril 1849.—*Contrà*, jugement du 11 janv. 1849 (Dalloz, 1849.1.211).

d'annulation par jugement d'une cession qui n'opère pas mutation, à la différence de l'annulation volontaire, qui est une véritable rétrocession (1).

De ce que la simple permission d'exploiter un brevet n'est pas assujettie à l'enregistrement comme la cession totale ou partielle du brevet, M. Blanc conclut que le cessionnaire est tenu de respecter de semblables autorisations, alors même qu'elles ne lui auraient pas été signalées, sauf son recours contre le cédant (2). Il semble plus conforme aux principes d'appliquer, à défaut d'enregistrement, la règle générale de l'art. 1328 du Cod. Nap., d'après laquelle les actes non enregistrés ne sont pas opposables aux tiers.

422. Efficacité de l'enregistrement indépendamment des formalités qui le suivent. — Si aucun droit quelconque ne peut résulter, à l'égard des tiers, du fait de la cession non encore enregistrée, il suffit que l'enregistrement ait eu lieu pour que la cession soit opposable, et il n'est nullement nécessaire qu'elle ait été publiée et revêtue des formalités postérieures à l'enregistrement, qui sont le fait, non plus des parties, mais de l'administration seule (voir ci-après n° 424) (3).

423. Aucune opposition ne peut être faite à l'enregistrement. — L'enregistrement de la cession ne peut être refusé ni retardé sous aucun prétexte. Les tiers ne sauraient y mettre obstacle, non plus qu'à la délivrance des brevets (n° 376), en formant opposition entre les mains du préfet ou du ministre. Le fait de l'enregistrement, ne produisant d'effets que si la cession est valable, ne peut porter atteinte à aucun droit ni à aucun intérêt, tandis que son omission pourrait causer le préjudice le plus grave et le moins justifié (4).

424. Du registre d'inscription des mutations. — « Il sera tenu, au ministère de l'agriculture et du commerce, un registre sur lequel seront inscrites les mutations intervenues sur chaque brevet, et, tous les trois mois, une ordonnance royale proclamera, dans la forme déterminée par l'art. 14, les mutations enregistrées pendant le trimestre expiré » (art. 21).

---

(1) Renouard, n. 176.—M. Dalloz conseille, pour plus de sûreté, de faire enregistrer les jugements d'annulation (n° 221).

(2) Blanc, p. 525.

(3) Jugement de Paris, 14 janvier 1840 (Devilaine).—Voir Blanc, et Dalloz, v° *Brevet*, n. 211.

(4) Renouard, n. 175.

425. Formule d'acte de cession totale.

Par-devant moi, notaire à. . . . . ., en présence des témoins ci-après dénommés, domiciliés et qualifiés ;

Est comparu M. N. . . ., demeurant à. . . . . . ., lequel a par ces présentes cédé et transporté, sans autre garantie que celle de ses faits personnels, à M. P. . . ., demeurant à. . . . ., ici présent et ce acceptant, le brevet d'invention pris en France par le comparant le. . . . . . . pour. . . . . ans, ledit brevet ayant pour objet (*énoncer le titre du brevet*).

Ladite cession faite, sans réserve aucune, pour la totalité de la propriété du brevet, aura pour effet de transporter au cessionnaire tous les droits et actions quelconques résultant dudit brevet, et de lui conférer, conformément à la loi, le profit des certificats d'addition qui seraient ultérieurement délivrés au breveté ou à ses ayants droit.

La présente cession est faite moyennant la somme de. . . . ., que le sieur P. . . . reconnaît avoir reçue et dont il donne quittance. Et en outre à la charge par le cessionnaire de payer les frais du présent acte et de remplir toutes les conditions imposées aux cessionnaires pour assurer la validité et les effets de la cession.

Dont acte. . . . .

426. Formule d'acte de cession partielle.

Par-devant moi, notaire à. . . . . ., en présence des témoins ci-après dénommés, domiciliés et qualifiés ;

Est comparu M. N. . . ., demeurant à. . . . . ., lequel a par ces présentes cédé et transporté à M. P. . . ., demeurant à. . . . . . ., ici présent et ce acceptant, et pour la partie ci-après déterminée, la propriété du brevet d'invention pris en France par le comparant, le. . . . . . ., pour. . . . ans, ledit brevet ayant pour objet (*énoncer le titre du brevet*).

Ladite cession partielle a pour objet spécial et unique l'un des procédés compris dans l'invention brevetée, ledit procédé décrit sous le n°. . . et consistant en. . . . . . Il est convenu et entendu entre les parties que relativement audit procédé le cessionnaire exercera seul, à l'exclusion de tous autres et même du cédant, tous droits et actions quelconques résultant du brevet, sans pouvoir prétendre aucunement à l'exploitation des autres procédés, étrangers à la présente cession, mais seulement aux certificats d'addition, relatifs au procédé transporté par les présentes, que le cédant pourrait ultérieurement obtenir.

La présente cession est faite (*le reste comme à la formule ci-dessus n° 425*).

Art. 5. — De la communication et de la publication des descriptions et dessins de brevets.

SOMMAIRE.

427. Formes de la communication des descriptions, dessins, etc. — 428. Publication des brevets. — 429. Dépôt des descriptions et dessins.

427. Formes de la communication des descriptions, dessins, etc. — « Les descriptions, dessins, échantil-

lons et modèles des brevets délivrés resteront jusqu'à l'expiration des brevets déposés au ministère de l'agriculture et du commerce, où ils seront communiqués, sans frais, à toute réquisition.

« Toute personne pourra obtenir, à ses frais, copie desdites descriptions et dessins, suivant les formes qui seront déterminées dans le règlement rendu en exécution de l'art. 50 » (art. 23).

Pour prévenir toute fraude et toute altération possible, la copie dont il s'agit ne peut être faite par la personne intéressée elle-même, mais seulement par les employés du ministère. Comme le fait remarquer M. Blanc, la communication peut être obtenue même pendant l'année réservée au breveté pour perfectionner sa découverte (1).

428. Publication des brevets. — « Après le paiement de la deuxième annuité, les descriptions et dessins seront publiés, soit textuellement, soit par extrait » (art. 24).

L'administration apprécie, d'après l'importance des brevets, quels sont ceux qui doivent être publiés intégralement ou partiellement. Mais le droit pour chaque intéressé de prendre communication du texte même permet toujours de remédier à ce que le travail de l'administration pourrait avoir d'insuffisant.

« Il sera en outre publié, au commencement de chaque année, un catalogue contenant les titres des brevets délivrés dans le courant de l'année précédente » (art. 24, *in fine*).

429. Dépôt des descriptions et dessins. — « Le recueil des descriptions et dessins et le catalogue, publiés en exécution de l'art. 24, seront déposés au ministère de l'agriculture et du commerce et au secrétariat de la préfecture de chaque département, où ils pourront être consultés sans frais » (art. 25).

« A l'expiration des brevets, les originaux des descriptions et dessins seront déposés au Conservatoire royal des arts et métiers » (art. 26).

§ III.

Nullités et déchéances des brevets.

Art. 1er.—Définitions et principes.

SOMMAIRE.

430. Définition de la nullité et de la déchéance. — 431. Les nullités et

---

(1) *L'Inventeur breveté*, p. 308.

déchéances doivent être appliquées limitativement; peuvent l'être pour partie.—432. Nullités et déchéances absolues ou relatives.

430. Définition de la nullité et de la déchéance. —
La délivrance des brevets ayant lieu, comme on l'a vu (n° 374), *sans garantie du gouvernement,* ne met aucun obstacle à ce que l'existence légale d'un brevet soit attaquée par toute personne intéressée. Or, le brevet peut être attaqué pour deux causes qu'il importe de distinguer avec soin : la *nullité* et la *déchéance,* qui diffèrent essentiellement par leur nature et leurs effets.

La nullité provient d'un vice radical qui porte sur le principe même du brevet, et qui, s'il est reconnu, a pour effet de faire considérer le brevet comme n'ayant jamais existé.

La déchéance résulte d'une cause qui vient faire tomber un brevet valable à l'origine, et qui ne produit d'effet qu'à partir du moment où cette cause s'est manifestée.

431. Les nullités et déchéances doivent être appliquées limitativement; peuvent l'être pour partie. —
Les causes de nullité et de déchéance des brevets sont énumérées dans les art. 30 et 32. Les dispositions rigoureuses de ces articles, en raison de leur nature même, sont essentiellement limitatives, non-seulement quant à l'interprétation qu'elles doivent recevoir, mais quant à l'objet auquel elles s'appliquent. Ainsi, lorsqu'un brevet porte à la fois sur un produit et sur les moyens de l'obtenir, le brevet, annulé en ce qui concerne le produit qui serait seul connu, devrait être maintenu en ce qui concerne le procédé qui serait nouveau.

On ne saurait argumenter d'une prétendue indivisibilité du brevet, pour soutenir qu'il ne peut être maintenu dans une de ses parties et annulé dans une autre. Par exemple, un brevet porte sur un système qui a pour objet tout à la fois d'épurer le gaz d'éclairage et d'utiliser les résidus que l'épuration laisse après elle. Aucun principe ne s'oppose à ce que tel ou tel mode d'utilisation des résidus soit déclaré acquis au domaine public, et que le brevet soit en conséquence déclaré nul quant à ce, bien qu'il soit reconnu valable en ce qui concerne le procédé principal d'épuration. Cette observation a une grande importance pratique, en présence de la jurisprudence qui maintient les brevets portant sur plusieurs objets principaux, par cela seul que l'administration n'a pas rejeté la demande (voir n° 465). Bien qu'un tel brevet ne puisse être attaqué dans son entier pour vice de complexité, chacune de ses parties principales pourra être isolément annulée, si elle est entachée en elle-même d'un des vices qui seront exposés ci-après.

De même, et à plus forte raison, l'annulation ou la déchéance d'un certificat d'addition laisserait subsister le brevet principal; mais il n'en serait pas de même de l'annulation du brevet, qui entraînerait celle de l'addition en lui enlevant son fondement unique.

432. Nullité et déchéance absolues ou relatives. — La nullité ou la déchéance dans les divers cas prévus par les art. 30 et 32 peuvent être prononcées d'une manière, soit *absolue*, soit *relative*, ainsi qu'il sera expliqué ci-après (n° 474).

Art. 2. — Des causes de nullité en général et spécialement de la nullité pour défaut de nouveauté.

SOMMAIRE.

433. Énumération des causes de nullité. — 434. Nullité pour défaut de nouveauté. A quel moment la publicité doit être appréciée. — 435. La connaissance acquise au public exclut la nouveauté de l'objet du brevet. — 436. Caractères de la connaissance excluant la nouveauté. — 437. Possibilité d'exécution. — 438. Caractère industriel de l'exécution dont il s'agit. — 439. Publicité. De la connaissance individuelle et sans divulgation. — 440. L'appréciation de la publicité appartient aux juges du fait. — 441. L'existence d'un brevet antérieur ne constitue pas par elle-même au profit des tiers une cause de nullité. — 442. De la communication ou publication officielle. — 443. Tous les modes de publicité en général produisent nullité. Exception. — 444. Loi du 2 mai 1855 relative aux objets admis à l'exposition universelle. Effet limité, mais définitif du certificat. — 445. Difficultés auxquelles peut donner lieu l'application de la loi du 2 mai 1855. — 446. La loi du 2 mai inapplicable aux objets présentés, mais non admis à l'exposition universelle. — 447. La publicité, de quelque manière qu'elle se soit produite, peut être invoquée par tout intéressé. — 448. Principaux modes de publicité : publication par l'impression ; mise en pratique. — 449. Des faits émanés de l'inventeur lui-même. — 450. Communications faites confidentiellement par l'inventeur. — 451. La cession antérieure au brevet n'est pas une divulgation. — 452. De la divulgation résultant d'une fraude commise au préjudice de l'inventeur. — 453. Mise en pratique par l'inventeur antérieurement au brevet. Des simples essais. — 454. De la mise en pratique demeurée secrète. — 455. Du débit des produits antérieurement au brevet.

433. Énumération des causes de nullité. — Les causes de nullité, soit du brevet principal, soit du certificat d'addition, sont, d'après l'art. 30 :

1° Le défaut de nouveauté ;

2° La contravention à l'art. 3 ;

3° Le caractère purement théorique de l'invention;
4° La nature immorale ou illégale de l'invention;
5° La fausse indication de l'objet;
6° L'insuffisance de la description;
7° La contravention à l'art. 18;
8° L'absence de connexité entre le certificat d'addition et le brevet principal.

Il faut étudier séparément et avec soin chacune de ces causes de nullité.

434. Nullité pour défaut de nouveauté. — A quel moment la publicité doit être appréciée. — « Seront nuls et de nul effet les brevets délivrés dans les cas suivants, savoir :

« 1° Si la découverte, invention ou application n'est pas nouvelle » (art. 30).

On sait que, d'après l'art. 31, il suffit, pour qu'une invention perde son caractère de nouveauté, c'est-à-dire pour qu'il n'y ait pas légalement invention, que l'objet du brevet ait reçu, en France ou à l'étranger, antérieurement à la date du dépôt de la demande, une publicité suffisante pour pouvoir être exécuté (n° 311).

Dans l'appréciation des faits de publicité, les tribunaux doivent, d'après la loi, s'attacher à l'époque, non de la délivrance du brevet, mais de la demande, et on a vu qu'il ne pouvait y avoir incertitude sur la date du dépôt de la demande, puisque le jour et l'heure en sont authentiquement constatés (art. 7). L'arrêt qui prononcerait la nullité d'un brevet pour publicité de l'invention, sans constater que cette publicité a été antérieure à la demande, encourrait inévitablement la cassation (1).

435. La connaissance acquise au public exclut la nouveauté de l'objet du brevet. — On reconnaîtra dans quels cas un brevet est nul pour défaut de nouveauté en se pénétrant du principe fondamental énoncé ci-dessus (n° 313), à savoir que la société n'accorde sa protection qu'à l'inventeur véritable qui lui apporte ce dont elle n'était pas encore en possession; qu'elle ne doit rien, au contraire, à ceux qui lui apportent ce qui, déjà, lui appartenait (2).

Dès lors qu'une invention présentée comme telle était con-

---

(1) C. cass., 22 décembre 1849 (Bockarts).—Sirey, 50.1.68.
(2) C. cass. 10 février 1806 ; Douai, 27 novembre et 18 décembre 1841 (Sirey, 42. 2.116). — Voir Renouard, n. 47. — Vergé et Loiseau, p. 133.

nue pour quelque cause que ce soit, il n'y a pas nouveauté, et le brevet est nul. C'est donc le fait pur et simple de la *connaissance acquise* au public antérieurement à la demande du brevet, qui détruit la nouveauté de l'invention et fait tomber le brevet.

Il est évident d'ailleurs que pour que ce résultat soit produit, il faut que les procédés antérieurement connus soient identiques à ceux postérieurement brevetés ; et cette identité doit exister en réalité d'après la nature même de l'invention, et non pas seulement d'après la qualification donnée (1) ou même d'après la spécification, isolée des autres éléments de comparaison (2). L'identité doit, en outre, se trouver dans l'ensemble qui constitue seul et réellement l'invention, et non pas seulement dans telles et telles opérations ou procédés de détail (3). Toutefois si le brevet n'ajoute à ce qui est connu que des éléments insignifiants, et qu'il n'y ait pas dans le produit ou dans les procédés une originalité véritable, l'art. 30 devra s'appliquer.

436. Caractères de la connaissance excluant la nouveauté. — Sous le mérite de cette observation, posons en principe que la connaissance antérieure, pour entraîner nullité, doit, d'après la combinaison des art. 30 et 31, réunir deux conditions :

1° Elle doit être suffisante pour que l'invention ait pu être exécutée ;

2° Elle doit avoir un caractère de *publicité*.

437. Possibilité d'exécution. — 1° La loi ne se contente pas de la connaissance vague et générale d'une théorie ; elle exige que l'invention ait été connue d'une manière assez précise pour pouvoir être exécutée.

Il n'est pas d'ailleurs nécessaire que l'exécution ait été réalisée. Il suffit qu'elle ait été possible d'après les seules notions existantes antérieurement à la demande du breveté (4). La simple mention d'un procédé industriel, sans description de ce procédé, sans explication des moyens à prendre pour le mettre en œuvre, ne saurait être une cause de nullité du brevet ultérieurement demandé (5).

---

(1) C. cass., 20 mai 1844 (Hamoire).—Sirey, 44.1.513.
(2) C. cass., 13 février 1839 (Taylor).—Voir Blanc, p. 446-450.
(3) Jugement du 14 février 1833. — Dalloz, v° *Brevet*, n. 57.
(4) Blanc, p. 454.— Voir Vergé et Loiseau, p. 138 et suiv.
(5) Metz, 14 août 1850 (Alcan.—Sirey, 50.2.604).—C. cass., 13 fév. 1839 (Taylor).

Mais si l'indication avait été telle qu'elle mît toute personne à ce connaissant en mesure de réaliser l'objet en question, elle détruirait par là même la nouveauté de l'invention, sans qu'il fût nullement nécessaire qu'on y retrouvât les formes et les détails exigés pour la description qui doit accompagner la demande en brevet (1).

438. Du caractère industriel de l'exécution dont il s'agit. — L'exécution dont il s'agit dans l'art. 31, est une exécution utile au point de vue de l'exploitation, une *exécution industrielle* en un mot. C'est par ce principe que doit être résolue la question sans cesse soulevée en pratique, de savoir si la publication d'un procédé dans un ouvrage purement scientifique entraîne nullité du brevet pris ultérieurement pour ce même procédé. Ce qu'il importe uniquement de rechercher, ce n'est pas le genre de l'ouvrage, d'où résulte la publication, mais si cette publication a été de nature à rendre l'exécution possible au point de vue de l'industrie par une mise en pratique pure et simple de la théorie publiée. Lorsque l'exécution des indications scientifiques suffit à produire le résultat industriel, il n'y a plus de brevet possible; si au contraire les indications ne permettent d'obtenir qu'un résultat purement scientifique, le procédé qui plus tard vient rendre l'invention industriellement pratique, reste nouveau et brevetable (2).

439. Publicité.—De la connaissance individuelle et sans divulgation. — 2° Ce n'est pas uniquement au fait de la connaissance acquise à un tiers, mais de la connaissance *acquise au public*, c'est-à-dire à la publicité de l'invention que la loi s'attache d'après l'interprétation qu'elle a reçue de la jurisprudence.

De là des conséquences fort importantes.

La connaissance acquise à un individu isolé d'un procédé depuis breveté, sans qu'il soit établi qu'il y ait eu par lui divulgation, ne constitue pas la publicité de l'invention et n'entraîne pas déchéance du brevet (3), bien qu'elle fasse naître au profit du possesseur de ce procédé une exception qui le met à l'abri des poursuites en contrefaçon. Ce n'est pas en ce cas la société qui était en possession, c'est un individu. Le breveté ne

---

(1) C. cass., 20 mai 1844 (Hamoire.—Sirey, 44.1.513).
(2) C. cass., 13 août 1845 (Bédier.— Sirey, 45.1.689 et observations de Devilleneuve); arrêt du 4 mai 1855 (Cavaillon).
(3) C. cass., 19 août 1853 (Riant.—Dalloz, 53.5.57).

perd, en conséquence, son monopole qu'à l'égard de cette personne, mais non vis-à-vis de la société entière (1). Et il en est ainsi, d'après un récent arrêt de la Cour de cassation, alors même que plusieurs personnes ont connu simultanément le procédé, et l'ont exploité en observant le secret (voir n° 450) (2).

440. L'appréciation de la publicité appartient aux juges du fait. — La Cour de cassation décide d'ailleurs constamment que la question de savoir s'il y a simple connaissance individuelle insuffisante pour annuler le brevet, ou publicité réelle et efficace, est une question de fait entièrement abandonnée à l'appréciation des tribunaux (3).

441. L'existence d'un brevet antérieur ne constitue pas par elle-même au profit des tiers une cause de nullité. — Le fait qu'un brevet a été pris antérieurement pour une même invention, fait qui soulève entre les deux brevetés une question d'antériorité, ne constitue pas *en lui-même* la publicité requise par la loi. Sans doute il peut servir au premier breveté contre le second ; mais il ne peut donner ouverture au droit des tiers, et les autoriser à se prévaloir, pour faire prononcer la nullité du second brevet, du droit qui pourrait être acquis au premier inventeur. En un mot, le brevet antérieur ne peut servir de base à une demande en nullité de la part de tout autre que du premier breveté (4).

A plus forte raison, une simple demande de brevet non suivie d'effet ne constituerait-elle pas la publicité légale (5).

Tels sont les principes dans leur exactitude rigoureuse et théorique. Mais, en pratique, il résulte de la seule existence antérieure d'un brevet une telle présomption de divulgation du procédé, que les tribunaux n'hésitent guère à prononcer la nullité du brevet postérieur sur la production d'un brevet pris

---

(1) C. cass., 10 mars 1843 (Mignot). *Bulletin criminel*, à la date. — Voir à cet égard les motifs de l'arrêt de la Cour de cassation du 18 février 1854. — C. cass., 30 mars 1849 (Witz-Meunier.—Sirey, 50.1.70).—Cette doctrine, fondée sur le texte de l'article 32, ne paraît pas conforme à l'opinion de MM. Renouard, n. 44.

(2) C. cass., 22 avril 1854 (Sirey, 54.1.491). — Ce système, formulé du reste pour un cas où c'est de l'inventeur même que serait venue la communication, nous paraît dépasser les justes limites. Le secret de plusieurs est le secret de tout le monde.

(3) C. cass., 18 août 1853 (Riant). *Bulletin criminel*, à la date ; et arrêts précités sur le n° 435.

(4) C. cass., 7 mai 1851 (Poissat.—Dalloz, 51.5.62) ; 8 juillet 1848 (Chabrié.— Dalloz. 48.1.170).

(5) Paris, 29 juillet 1848 (Briet.—Sirey, 48.2.468).

antérieurement *par un tiers* pour le même objet, sans exiger la preuve que le brevet a été publié ou appliqué publiquement. Une telle production est la justification habituelle et presque toujours unique des exceptions d'antériorité présentées par les prévenus de contrefaçon, et des annulations de brevet pour défaut de nouveauté.

442. De la communication ou publication officielle. — Quoi qu'il en soit d'une pratique fondée, il faut le reconnaître, sur la réalité des choses, la jurisprudence de la Cour de cassation n'admet pas que la divulgation résulte de la communication officielle faite, en vertu de l'art. 23 de la loi de 1844, par le ministère de l'agriculture et du commerce. « La publicité d'une invention qui ne laisse plus de cause aux brevets postérieurs ne peut s'entendre que d'une *divulgation privée* qui livrerait ladite invention au domaine public, et non de la communication faite par *l'autorité*, par suite d'une prescription légale qui a pour but de protéger le brevet contre toute atteinte de la part des tiers, et, par conséquent, de le soustraire au domaine public » (1).

La Cour de cassation a jugé également, lorsqu'il s'agit de brevet pris à l'étranger, que l'annonce d'un tel brevet dans les recueils destinés à la publication des patentes d'invention, ne constitue pas la publicité requise pour faire tomber, sur la poursuite des tiers, les brevets postérieurs (2).

Cette doctrine, conforme peut-être aux intentions du législateur, nous paraît fort difficile à justifier en présence des termes absolus des art. 30 et 31.

443. Tous les modes de publicité, en général, produisent nullité. — Exception. — Le principe que la publicité antérieure fait tomber le brevet de quelque manière qu'elle se soit effectuée, est posé, dans la loi, de la manière la plus large. « La généralité de ces termes, disait le rapporteur à la chambre des pairs, embrasse tous les modes de publicité, soit que cette publicité résulte de l'usage qui aurait été fait de l'invention, soit qu'elle provienne de la publication des procédés ou de tout autre mode, » tel que l'exhibition dans une exposition publique (voir n° 414). Les amendements proposés pour définir la publicité ont été écartés précisément pour ne pas restreindre la portée de ce terme, et en laisser l'appréciation aux tribunaux, appréciation

---

(1) Voir arrêt précité du 8 juillet 1848 et la note de Dalloz.
(2) Arrêt précité du 7 mai 1851.

libre et souveraine, à cet égard, d'après la jurisprudence constante de la Cour suprême (1).

Une exception capitale à ce principe absolu vient d'être introduite par la loi du 2 mai 1855.

444. Loi du 2 mai 1855, relative aux objets admis à l'exposition universelle. — Effet limité mais définitif du certificat. — L'exhibition à l'exposition universelle de l'industrie, ou même la présentation aux comités locaux des produits ou procédés nouveaux, mais non encore brevetés, eût suffi pour en entraîner la divulgation, si une disposition spéciale n'était venue faire fléchir la rigueur des principes. Tel avait été l'objet des art. 53 à 57 du règlement général de l'exposition, approuvé par décret impérial, qui, moyennant un certificat conféré par la commission impériale, garantissait aux exposants, pendant une année, la propriété de leurs découvertes non brevetées. Mais la légalité d'une dérogation apportée par un simple décret aux prescriptions formelles de l'art. 31 de la loi du 5 juillet 1844 ne pouvait être admise par la jurisprudence (2).

Le règlement a dû être remplacé, sur ce point, par la loi du 2 mai 1855, loi qui s'est proposé le double but, d'apporter, relativement aux objets admis à l'exposition universelle, une exception aux règles du droit commun sur la divulgation des inventions, et de créer au profit de ces mêmes objets une espèce particulière de brevets.

Loi garantissant, jusqu'au 1er mai 1856, les inventions industrielles et les dessins de fabrique admis à l'exposition de 1855.

« Art. 1er. Tout Français ou étranger, auteur, soit d'une découverte ou invention susceptible d'être brevetée, aux termes de la loi du 5 juillet 1844, soit d'un dessin de fabrique qui doive être déposé conformément à la loi du 18 mars 1806, ou ses ayants droit, peuvent, s'ils sont admis à l'exposition universelle, obtenir de la commission impériale de l'exposition un certificat descriptif de l'objet déposé.

La demande de ce certificat doit être faite dans le premier mois, au plus tard, de l'ouverture de l'exposition.

« Art. 2. Ce certificat assure à celui qui l'obtient les mêmes droits que lui conférerait un brevet d'invention, à dater du jour de l'admission par le comité local de l'exposition, jusqu'au 1er mai

---

(1) C. cass., 8 avril 1854 (Higton.—Dalloz, 54.5.81); 25 nov. 1852 (Guebbard).
(2) Exposé des motifs de la loi du 2 mai 1855.

1856, lors même que cette admission serait antérieure à la promulgation de la présente loi, et sans préjudice du brevet que l'exposant peut prendre, ou du dépôt qu'il peut opérer avant l'expiration de ce terme.

« Art. 3. Les demandes de certificats doivent être accompagnées d'une description exacte de l'objet à garantir, et, s'il y a lieu, d'un plan ou d'un dessin dudit objet.

Ces demandes, ainsi que les décisions prises par la commission impériale, seront inscrites sur un registre spécial, qui sera ultérieurement déposé au ministère de l'agriculture, du commerce et des travaux publics.

La délivrance de ce certificat est gratuite (1). »

Le certificat, valablement obtenu, a des effets d'une durée limitée, mais définitifs dans cette limite, et non subordonnés à la condition qu'un brevet ordinaire sera pris à l'expiration de l'année. C'est, en un mot, un *brevet d'un an*.

---

(1) La commission impériale de l'exposition universelle a donné, sur la loi du 2 mai, les explications suivantes :

« Cette loi, qui répond aux désirs exprimés par un grand nombre de comités et d'exposants, étend encore la faveur du règlement général de l'exposition, en faisant remonter l'efficacité du certificat *au jour de l'admission par le comité local*.

« Ainsi, les effets du certificat seront en tout, sauf la durée, assimilés à ceux du brevet d'invention dont ce certificat aura la validité.

« Les pièces à produire sont :

« 1° Une demande rédigée en français et dans la forme prescrite par l'article 5 de la loi du 8 juillet 1844, pour les demandes de brevets ;

« 2° Une description, également en français, de l'objet ou des objets à protéger ;

« 3° Un plan ou dessin desdits objets, s'il est nécessaire pour l'intelligence de la description ;

« 4° La lettre d'admission des objets par le comité local, ou un certificat du président du comité constatant la date de cette admission ;

« 5° Un bordereau des pièces déposées, qui toutes devront porter la signature du demandeur.

« Quand le postulant sera autre que l'inventeur, il devra justifier d'une cession régulière à lui faite ; s'il n'est que mandataire, il devra être muni d'une procuration telle qu'elle est exigée pour la prise des brevets. — Toutes ces pièces resteront annexées à la demande.

« Les dessins ou calques seront tracés à l'encre et d'après une échelle métrique.— Pour les dessins de fabrique et pour certains produits, tels que papiers peints, tissus imprimés, etc., il suffira d'un échantillon du produit fabriqué, pourvu qu'il soit de nature à se placer dans un portefeuille, et qu'il n'excède pas les dimensions de 1 mètre sur 60 centimètres. Pour les autres objets, le dessin devra être un *fac-simile* sur une échelle rentrant dans ces proportions.

« Les certificats dont il s'agit, ne pouvant s'appliquer qu'à des articles *effectivement exposés*, ne seront délivrés qu'après constatation préalablement faite de la présence de ces articles dans les bâtiments de l'Exposition. »

445. Difficultés auxquelles peut donner lieu l'application de la loi du 2 mai 1855. — La loi du 2 mai 1855 ne paraît pas répondre entièrement à son but, et son application peut donner lieu à des difficultés sérieuses. Ainsi que l'a fait remarquer la commission du Corps législatif, par l'organe de son rapporteur, ce n'est pas seulement à partir du jour de l'admission par le comité local, mais à partir du jour même où *communication de l'invention* a été donnée, qu'il était nécessaire de protéger l'inventeur.

En effet, entre le jour de la communication qui a dû être faite au comité pour le mettre en mesure de juger si l'objet est digne d'être admis à l'exposition, et celui où a été prononcée cette admission, il s'est écoulé un laps de temps pendant lequel l'invention n'a pas été protégée. Cet intervalle peut avoir été mis à profit par des tiers pour l'obtention d'un brevet, qui primera, par la date de la demande, le certificat accordé par la commission impériale. Il est certain, en effet, qu'il faut voir une divulgation véritable, d'après l'art. 31 de la loi de 1844, dans « la communication des procédés nouveaux faite à un comité composé d'un grand nombre d'industriels, et la publicité donnée par certains journaux qui ont cru devoir mettre en relief les inventions destinées à enrichir l'exposition (1). »

Un amendement présenté par la commission du Corps législatif, pour remédier à l'inconvénient grave qui vient d'être signalé, n'a été que très-incomplétement admis, et les faits pourront révéler de graves et irréparables atteintes aux droits que la loi a cherché à garantir.

446. La loi du 2 mai inapplicable aux objets présentés, mais non admis à l'exposition. — Constatons, d'ailleurs, que le bénéfice de la loi du 2 mai s'applique exclusivement aux objets *admis* à l'exposition. Il suit de là que toute invention qui, après avoir été présentée au comité local, n'aurait pas été définitivement admise, serait désormais acquise au domaine public comme divulguée et publiée, aux termes du droit commun, par la communication dont elle aurait été l'objet. Ce résultat, regrettable sans doute, paraît ressortir implicitement des termes de la loi du 2 mai 1855.

447. La publicité, de quelque manière qu'elle se soit produite, peut être invoquée par tout intéressé. — Hors le cas exceptionnel prévu par la loi du 2 mai 1855, les juges saisis d'une question de nullité de brevet, pour défaut de nou-

---

(1) Rapport de M. Sallandrouze de Lamornaix au Corps législatif.

veauté, ont à considérer uniquement si le seul fait pertinent, celui d'une divulgation, d'une publicité antérieure, est constant pour eux. Ils n'ont pas à rechercher si la divulgation émane ou non de l'inventeur, si elle a été ou non connue, avant la demande du brevet, de celui qui invoque la nullité (1).

Comme le dit M. Renouard avec autant de précision que de justesse, « un fait divulgué par l'inventeur est tout aussi public qu'un fait divulgué par quelque autre personne que ce soit. Un fait divulgué au public, en la personne du premier venu, est tout aussi acquis à la société qu'un fait divulgué au public en la personne du défendeur (2). »

La demande en nullité ne saurait non plus être écartée en raison de ce que le demandeur aurait lui-même pris un brevet postérieurement à celui dont il poursuit l'annulation, et aurait ainsi reconnu que la découverte était susceptible de propriété privée. Une telle fin de non-recevoir ne résulte d'aucune disposition de la loi (3).

448. Principaux modes de publicité : publication par l'impression ; mise en pratique. — La publicité résulte habituellement, mais non exclusivement, de deux modes principaux : le premier est la *publication par la voie de l'impression*, pourvu que l'ouvrage soit sorti des presses de l'imprimeur; car, dit M. Renouard, un imprimé non publié n'existe pas pour le public (4). Il importerait peu d'ailleurs, d'après les termes de l'art. 32, que la publication eût été faite dans une langue étrangère, soit à l'étranger, soit en France (5).

La *mise en pratique* d'une invention est une des preuves les plus habituelles et les plus concluantes de la divulgation des procédés, *pourvu qu'elle ait été publique* (6); si cette publicité existe, elle entraîne nullité, que l'exploitation ait été faite par un tiers ou par l'inventeur. (Voir ci-dessus, n° 447.)

449. Des faits émanés de l'inventeur lui-même. — Nous avons dit que les effets de la publicité sont en droit les mêmes, soit que les faits émanent des tiers, soit qu'ils proviennent de l'inventeur. Il faut toutefois, dans l'application, tenir un compte particulier de la situation de celui-ci pour ne pas

---

(1) C. cass., 15 mars 1825 ; Douai, 27 nov. et 18 déc. 1841. — Blanc, p. 454 ; Dalloz, n. 69.
(2) *Brevets*, n. 47, p. 262.
(3) C. cass., 4 juin 1839 (Lambert.—Sirey, 39.1.708).
(4) *Brevets*, n. 41.— Voir Vergé et Loiseau, p. 140.
(5) Renouard, n. 43.
(6) Voir l'arrêt précité du 19 août 1853 (Dalloz, 53.5.57).

exagérer les conséquences de la *communication* ou de l'*usage* qu'il aurait pu faire de son invention antérieurement à la demande en brevet. Ces deux faits doivent être examinés séparément.

450. Communications faites confidentiellement par l'inventeur.— En ce qui concerne d'abord la simple communication, M. Renouard admet avec raison une exception au principe, quand il s'agit d'une communication confidentielle faite à un petit nombre de témoins des travaux de l'inventeur, et qu'il n'y a pas divulgation réelle (1). M. Blanc étend cette exception à la communication faite aux membres d'une société d'encouragement pour leur faire apprécier le mérite de l'invention. Soutenir le contraire « serait, dit-il, étouffer à leur naissance les productions de l'esprit humain, et isoler les inventeurs des secours qui peuvent les encourager, les aider même dans l'accomplissement de leur œuvre » (2).

La Cour de cassation a appliqué le même tempérament au cas où un inventeur, avant la demande en brevet, a communiqué à prix d'argent et accordé à plusieurs industriels le droit d'employer le procédé par lui découvert, mais en stipulant expressément que ces communications étaient faites à la charge du secret. La Cour a considéré qu'il n'y avait pas dans de semblables communications un fait de nature à divulguer le procédé, si d'ailleurs le secret avait été gardé (3). Nous avons dit plus haut (n° 439) qu'une telle solution nous paraissait dépasser les bornes de la réserve légitime qu'on doit apporter dans l'interprétation de l'art. 31. Tout en approuvant la doctrine de de M. Renouard, à l'égard des communications vraiment confidentielles, nous ne saurions admettre une solution semblable dans les circonstances envisagées par M. Blanc, ou dans celles sur lesquelles a statué l'arrêt de la Cour de cassation du 22 avril 1854. C'est réellement livrer une découverte à la société elle-même que de la livrer simultanément à plusieurs de ses membres, et l'inventeur qui, antérieurement à toute demande en brevet, se met, surtout à prix d'argent, en rapport avec les tiers, soit pour l'appréciation et l'examen, soit pour l'exploitation de ses procédés, abdique le droit d'en conserver le monopole. La loi

---

(1) *Brevets*, n. 47, p. 262.
(2) *L'Inventeur breveté*, p. 455. — Voir sur ce point arrêt de Paris du 14 août 1850 (Dalloz, 51.2.163) et jugement du 6 octobre 1837 (Lhomond) cité par Blanc.— *Contrà*, C. cass., 10 février 1806 (Gajon).
(3) C. cass., 22 avril 1854 (Sirey, 54.1.491).

du 2 mai 1855 paraît fournir un argument décisif à l'appui de notre opinion.

451. La cession antérieure au brevet n'est pas une divulgation. — Mais quand il s'agit d'une véritable cession que l'inventeur a faite à un tiers de son procédé avant de l'avoir breveté, un tel acte ne saurait être considéré comme une divulgation. C'est, en effet, la personne même de l'inventeur qui se continue dans celle du cessionnaire, et par conséquent il n'y a pas révélation aux tiers. Il en serait autrement si l'inventeur prétendait lui-même obtenir un brevet après la cession, et reprenait ainsi, à l'égard de l'invention, une personnalité distincte du cessionnaire (1).

452. De la divulgation résultant d'une fraude commise au préjudice de l'inventeur. — La communication de l'invention peut avoir été non pas faite volontairement par l'inventeur, mais surprise à sa confiance par la déloyauté d'un tiers. Suivant M. Renouard, « la nullité du brevet n'en serait pas moins encourue si la fraude avait eu pour résultat de rendre l'invention publique avant le brevet; les droits de l'inventeur se borneraient à une action en dommages-intérêts contre les auteurs et les complices de la fraude. Quant à traiter encore avec la société, comment le pourrait-il, puisqu'il serait hors d'état de lui fournir le prix du monopole temporaire qu'il réclamerait d'elle? c'était à lui à mieux garder son secret ou à requérir un brevet avec plus de diligence » (2).

La Cour de Paris, au contraire, a jugé récemment, conformément à sa jurisprudence constante, que la divulgation résultant d'une infidélité ne met pas obstacle à la délivrance ultérieure d'un brevet valable (3).

M. Dalloz approuve cette doctrine en l'appuyant sur le texte de l'art. 43, duquel il résulte qu'un inventeur peut, au moins en certains cas, être valablement breveté, alors même qu'antérieurement à la demande en brevet, il y aurait eu divulgation par suite d'une infidélité commise à son préjudice (4).

---

(1) C. cass., 18 fév. 1810.—Voir Blanc, p. 457.

(2) Renouard, n. 46. — Voir dans le même sens, Blanc, p. 457, sauf une distinction pour le cas où la communication frauduleuse aurait eu lieu pendant les essais.

(3) Voir arrêt Florimond c. Moys, 2 décembre 1853, et arrêt de cassation, même affaire, 18 février 1854.— Paris, 20 nov. 1841 (Bissonet), 3 juillet 1845 (Croizat).— Dalloz, v° *Brevet*, n. 75.

(4) Dalloz, v° *Brevet*, n. 71.

Cette dernière opinion ne saurait être admise qu'avec réserve. Ce n'est, en effet, qu'en considération de la faveur qu'il mérite que l'inventeur peut et doit être protégé contre la fraude ; d'où nous concluons que s'il avait lui-même à imputer à sa propre négligence, au retard qu'il aurait mis imprudemment à demander le brevet, la publicité que son procédé se trouverait avoir reçue, le principe général redeviendrait applicable, et la nullité serait encourue. En pareil cas, en effet, la faute ou la simple imprudence du breveté lui ôterait tout droit de se plaindre, vis-à-vis de la société, de l'infidélité commise à son préjudice.

Il lui resterait, en tout état de cause, la faculté de se faire subroger au brevet qu'un tiers aurait pu prendre à la faveur de ce détournement (1).

453. Mise en pratique par l'inventeur antérieurement au brevet.—Des simples essais. — En ce qui concerne l'exploitation ou la mise en pratique de l'invention antérieurement au brevet, il faut d'abord faire remarquer qu'on ne saurait considérer comme telle les simples essais auxquels se livre l'inventeur avant de mettre la dernière main à son œuvre ; pourvu toutefois que ces essais n'aient pas lieu vis-à-vis du public, et dans le but de lui soumettre l'appréciation de l'invention. S'il s'agit d'essais renfermés dans l'atelier du fabricant, leur appliquer la rigueur du principe relatif à la divulgation serait paralyser tout perfectionnement, empêcher tout progrès, et porter, dit avec raison M. Blanc, un triple préjudice à l'inventeur, à la société, à l'industrie (2).

La Cour de cassation a jugé en conséquence que le fait seul d'avoir fait fonctionner une machine devant quelques personnes qui avaient concouru à sa confection, pouvait être réputé, par appréciation des circonstances, un simple essai n'enlevant pas à l'invention son caractère de nouveauté (3).

Mais il en serait autrement si les essais avaient eu lieu, concurremment entre l'inventeur et des tiers, sans que le premier eût fait aucune réserve à son profit pendant la durée des expériences (4).

454. De la mise en pratique demeurée secrète. — L'exploitation même la plus complète de l'invention antérieure-

---

(1) Renouard, n. 46.
(2) L'*inventeur breveté*, p. 460.
(3) C. cass., 19 août 1853 (Sirey, 54.1.152).—Voir en ce sens Paris, 13 août 1840 (Sirey, 40.2.435).
(4) Paris, 11 août 1841 (Dalloz. v° *Brevets*, n. 76).

ment à la demande du brevet n'entraîne pas la nullité de celui-ci si elle est demeurée secrète. L'inventeur peut, à ses risques et périls, se livrer à une exploitation clandestine, par exemple dans le but, très-légitime, d'amener son œuvre à sa dernière perfection avant de la faire breveter; il le peut, sans perdre par là même le droit de prendre un brevet, mais en s'exposant à voir sa découverte divulguée par quelque circonstance inattendue, ou à être prévenu dans sa demande de brevet par quelque autre inventeur.

Merlin a posé à cet égard les vrais principes. « Tant que l'auteur d'une invention la tient secrète, tant qu'il en use sans que le public puisse en pénétrer le mécanisme, sa propriété reste intacte, et il est toujours à temps pour prendre les voies légales, à l'effet d'empêcher qu'elle ne devienne une propriété publique. Pourquoi la loi déclare-t-elle l'inventeur déchu? Est-ce pour avoir mis sa découverte en pratique avant de remplir les formalités nécessaires pour s'en assurer la jouissance exclusive? Non; c'est uniquement pour l'avoir rendue publique après en avoir constaté les avantages par l'usage plus ou moins prolongé qu'il en a fait (1). »

455. Du débit des produits antérieurement au brevet. — Toutefois, le fait seul de l'exploitation peut, en certains cas, et quelles que soient les précautions prises par l'inventeur, entraîner divulgation de l'invention. Quand il s'agit, par exemple, de produits nouveaux dont l'analyse chimique peut révéler la composition et la préparation, le seul débit de pareils produits met obstacle à ce qu'ils soient ultérieurement brevetés. Il en serait autrement si la connaissance des éléments constitutifs de l'objet ne suffisait pas pour le reproduire, abstraction faite des procédés qui servent à l'obtenir (2).

Art. 3. — Causes diverses de nullité. — Suite et fin.

SOMMAIRE.

456. Nullité des brevets relatifs aux remèdes de toute nature; n'atteint pas les instruments médicaux.—457. Nullité des brevets pour changements de formes.—458. Nullité des brevets portant sur des principes ou méthodes non industrielles. — 459. Nullité par suite d'atteinte aux mœurs ou aux lois. — 460. Nullité pour fausseté du titre des brevets.— 461. Nullité pour insuffisance de description.—462. Quand la descrip-

---

(1) Merlin, *Rép.*, v° *Brevet*, n. 6; Renouard, n. 44; Blanc, p. 461. — Voir Paris, 13 août 1840.

(2) Paris, 2 décembre 1853 (Florimond c. Moys); Bruxelles, 21 nov. 1857. — Voir Dalloz, v° *Brevets*, n. 68.

tion doit être réputée insuffisante. — 463. Nullité de brevets pris dans l'année pour perfectionnements. — 464. Nullité des certificats d'addition ne se rattachant pas au brevet principal.—465. Le brevet qui comprend plusieurs objets principaux est-il nul?

456. Nullité des brevets relatifs aux remèdes de toute nature; n'atteint pas les instruments médicaux. — « 2° Si la découverte, invention ou application n'est pas, aux termes de l'art. 3, susceptible d'être brevetée » (art. 30).

La disposition rigoureuse de l'art. 3 qui prohibe les brevets pour tous remèdes quelconques, doit être interprétée dans un sens essentiellement limitatif. La loi n'a entendu annuler que les brevets au moyen desquels des remèdes secrets seraient exploités par le charlatanisme; mais la nullité n'atteint le brevet que s'il est relatif au médicament même, et non pas s'il porte sur un objet qui, ne rentrant point dans cette qualification, peut servir d'instrument à un traitement médical. Ainsi, un appareil orthopédique peut être valablement breveté au profit du médecin qui l'emploie au traitement des déviations de la taille (1). Il a même été décidé que des substances gélatineuses servant d'enveloppe à un médicament sans le constituer, et ne faisant que faciliter son introduction dans le corps humain, pouvaient faire l'objet d'un brevet aussi bien que l'instrument propre à la confection de ce produit (2).

La disposition de l'art. 30, al. 2, comprend, d'ailleurs, toutes les compositions pharmaceutiques sans distinction, même celles destinées à la guérison des animaux, mais non les substances alimentaires et les cosmétiques (voir spécialement Vergé et Loiseau, p. 54-57).

457. Nullité des brevets pour changements de forme. — Il faut assimiler aux inventions non susceptibles d'être brevetées, dit M. Dalloz, les perfectionnements qui ne consisteraient que dans de simples changements de forme. Les brevets délivrés pour des perfectionnements de ce genre seraient nuls, en vertu des art. 1 et 30 combinés (3), sauf le cas où le changement de forme produirait un résultat industriel (n° 322).

458. Nullité des brevets portant sur des principes ou des méthodes non industrielles. — « 3° Si les brevets

---

(1) C. cass., 30 mars 1853 (Guérin).—Sirey, 53.1.264).
(2) C. cass., 12 nov. 1859 (Mothes).—Sirey, 59.1.932.
(3 Dalloz, v° *Brevets*, n. 249.

portent sur des principes, méthodes, systèmes, découvertes et conceptions théoriques dont on n'a pas indiqué les applications industrielles » (art. 30).

Cette nullité est la conséquence du principe posé au n° 315, que le brevet ne protège que les effets industriels prévus et indiqués par l'inventeur. Elle frappe les brevets obtenus pour des systèmes et méthodes dont les applications, ou ne sont pas constatées, ou, bien que complétement exposées, ne sont pas du domaine de l'industrie.

Il faut conclure des explications données au n° 320, que cette nullité ne saurait atteindre le brevet relatif à la méthode la plus simple, la plus intellectuelle, si elle a une application à l'industrie (1); mais que, par contre, la méthode la plus savante et la plus complète, telle que l'indication d'une combinaison chimique nouvelle ou la théorie d'une opération mécanique, n'est pas brevetable si son auteur ne fait pas connaître de quelle manière elle peut être exploitée par l'industrie (2).

De la seconde proposition énoncée ci-dessus il résulte que les tribunaux doivent prononcer la nullité de tout brevet pris pour une méthode de lecture ou d'écriture (3), ou tout autre système relatif à l'instruction, à l'hygiène, à la médecine, objets en dehors du domaine de l'industrie, à moins qu'il ne s'agisse d'un appareil matériel susceptible en lui-même d'être exploité industriellement (4).

459. Nullité par suite d'atteinte aux mœurs ou aux lois. — 4° « Si la découverte, invention ou application est reconnue contraire à l'ordre ou à la sûreté publique, aux bonnes mœurs ou aux lois du royaume, sans préjudice, dans ce cas et dans celui du paragraphe précédent, des peines qui pourraient être encourues pour la fabrication ou le débit d'objets prohibés » (art. 30).

MM. Blanc et Dalloz font remarquer que cette nullité ne s'appliquerait pas au brevet obtenu pour une découverte dont l'exploitation, non prohibée d'une manière absolue, serait l'objet d'un monopole (par exemple la fabrication de la poudre). Un tel

---

(1) C. cass., 21 avril 1854 (Sirey, 54.1.490).
(2) Blanc, p. 554.
(3) C. cass., 22 août 1844 (Sirey, 44.1.831).—Voir 15 juin 1841 (Sirey, 42.1.699). — Renouard, n. 59 et 60.
(4) Tel serait un boulier-compteur, un appareil chirurgical.

brevet, parfaitement valable en lui-même, serait seulement soumis pour la mise en œuvre à l'exécution des lois et règlements spéciaux (1).

460. Nullité pour fausseté du titre du brevet. — 5° « Si le titre sous lequel le brevet a été demandé indique frauduleusement un objet autre que le véritable objet de l'invention » (art. 30).

La seule remarque à faire sur cette disposition, c'est que ce n'est pas l'inexactitude du titre en elle-même qu'elle atteint, mais seulement l'intention malicieuse du breveté, qui aurait donné sciemment une fausse indication à l'effet d'induire le public en erreur (2).

461. Nullité pour insuffisance de description. — 6° « Si la description jointe au brevet n'est pas suffisante pour l'exécution de l'invention, ou si elle n'indique pas d'une manière complète et loyale les véritables moyens de l'inventeur. »

Il y a nullité dans ce cas, à la différence du précédent, même en l'absence de toute fraude de la part du breveté. La déloyauté dans l'indication des procédés est une circonstance aggravante, mais elle n'est pas nécessaire pour que la nullité soit prononcée (3); cette sanction est encourue par le fait seul de l'insuffisance de la description ou du silence gardé sur les procédés véritables.

462. Quand la description doit être réputée insuffisante. — C'est d'ailleurs uniquement au point de vue de l'application, et nullement des théories scientifiques sur lesquelles peut reposer l'invention, que la description doit, à peine de nullité, être complète et suffisante (4).

Faisons remarquer enfin, avec M. Blanc, que l'insuffisance n'existerait pas par cela seul que l'emploi des moyens décrits ne donnerait pas les résultats indiqués; il suffirait, pour que l'indication fût loyale, qu'ils produisissent les effets obtenus par le breveté lui-même, qui a pu se faire illusion sur la portée de son invention (5).

Les tribunaux apprécient souverainement, par examen des faits, si la description répond ou non au vœu de la loi.

« Nous nous contenterons de dire en principe général, avec les

---

(1) Voir Dalloz, v° *Brevets*, n. 250 ; Blanc, p. 552.
(2) Voir Galisset, discussion de l'art. 30, n. 5, note 1. — Cass., 9 février 1853 (Sirey, 53.1.193) ; Douai, 30 mars 1846.
(3) Voir Renouard ; Vergé et Loiseau sur l'art. 30, n° 6.
(4) Jugement du 10 mars 1843 (Bissonnet). — Voir Blanc, p. 555.
(5) Blanc, p. 556.

lois allemandes, qu'il faut que la description des moyens et des procédés employés soit suffisante pour rendre l'exécution possible à un simple ouvrier, s'il s'agit de choses de sa compétence, ou à un homme de l'art, s'il s'agit de choses qui l'excèdent et ne doivent pas être faites habituellement par un manœuvre » (1).

La faculté d'appréciation, reconnue aux juges du fait par la Cour suprême et qui les autorise à interpréter les termes d'une description (voir n° 348), n'irait pas jusqu'à leur permettre de compléter ou de rectifier une description insuffisante dans ses termes, d'après l'intention présumée de l'inventeur. Une telle modification constituerait un excès de pouvoir qui ferait tomber la décision rendue sous la censure de la Cour de cassation (2).

463. Nullité de brevets pris dans l'année pour perfectionnements. — 7° « Si le brevet a été obtenu contrairement aux dispositions de l'art. 18, » c'est-à-dire, s'il a été délivré pour un perfectionnement apporté par un tiers à un brevet principal moins d'un an à partir de la délivrance de celui-ci » (art. 30).

464. Nullité des certificats d'addition ne se rattachant pas au brevet principal. — « Seront également nuls et de nul effet les certificats comprenant des changements, perfectionnements ou additions, qui ne se rattacheraient pas au brevet principal » (art. 30 *in fine*).

Cette disposition a pour but d'empêcher qu'un seul brevet ne soit pris pour des inventions distinctes qui devraient être l'objet d'autant de brevets principaux. La nullité qui en résulte ferait tomber seulement le certificat d'addition rattaché à tort au brevet, mais non le brevet lui-même (voir n° 431).

465. Le brevet qui comprend plusieurs objets principaux est-il nul ? — Cette même nullité serait-elle applicable au brevet principal, s'il contenait lui-même plusieurs inventions distinctes en contravention à l'art. 6, al. 1er? M. Blanc établit l'affirmative, en soutenant que l'alinéa final de l'art. 30 n'est lui-même qu'une conséquence du principe de l'art. 6, al. 1er, auquel il vient donner une sanction applicable de la manière la plus générale (p. 572).

Un brevet complexe serait, d'ailleurs, suivant le même auteur, frappé de la déchéance prononcée, comme on le verra ci-après

---

(1) Rapport à la chambre des pairs. — Voir Galisset sur l'art. 30, n° 6, note 2.
(2) Cass., 24 mars 1842 (Rowcliffe).

(n° 467), pour défaut de paiement de la taxe, puisqu'il résulte de la combinaison des art. 4, 6 et 32 que la taxe est due, à peine de nullité, pour chaque invention brevetée, et que la complexité du brevet n'est qu'un moyen de fraude à cette obligation fiscale.

Malgré la force de ces raisons, un arrêt tout récent de la Cour de cassation (1) a décidé que les nullités, étant de droit étroit, ne pouvaient être étendues à un cas non expressément prévu par la loi, et que la seule sanction de la violation de l'art. 6, al. 1er, se trouvait dans la disposition de l'art. 12, portant que, en pareil cas, la demande de brevet doit être rejetée par le ministre.

Ajoutons que la question a été soulevée dans la discussion de la loi, et résolue par le rapporteur dans un sens conforme à la jurisprudence de la Cour suprême. Il faut reconnaître, toutefois, que la sanction résultant de l'art. 12 sera dans la pratique absolument illusoire, en vertu du principe qui, pour ne pas engager la responsabilité du Gouvernement, exclut l'examen, par le ministre, du brevet en lui-même, et ne permet de rejeter que les brevets dont la complexité serait révélée par le seul intitulé.

Art. 4. — Des causes de déchéance.

SOMMAIRE.

466. Énumération des causes de déchéance. — 467. Déchéance pour défaut de paiement de la taxe.—468. Effet absolu de cette déchéance. — 469. De l'excuse tirée de la force majeure. — 470. Déchéance par suite du retard ou de l'interruption de l'exploitation. — 471. En quoi consiste l'exploitation requise. — 472. Déchéance pour importation d'objets fabriqués à l'étranger.—473. Dérogation au principe en vertu d'une autorisation ministérielle.

466. Énumération des causes de déchéance. — Les causes de déchéance des brevets, énumérées limitativement par l'art. 32, sont :

1° Le défaut ou le retard de paiement des annuités ;

2° Le défaut ou l'interruption d'exploitation pendant deux années;

3° L'importation, de l'étranger en France, d'objets semblables à ceux brevetés.

467. Déchéance pour défaut de paiement de la taxe. — « Sera déchu de tous ses droits : 1° Le breveté qui n'aura pas acquitté son annuité avant le commencement de chacune des années de la durée de son brevet » (art. 32, al. 1er).

Il résulte des termes mêmes de cette disposition que le paie-

---

(1) C. cass., 4 mai 1855 (Cavaillon c. Laming).

ment de chaque annuité de la taxe doit être effectué, sous peine de déchéance, avant le commencement du premier jour de chaque année de la durée du brevet, et que, par suite, ce paiement est tardif, s'il n'a lieu que dans le courant de ce même jour (1).

C'est toujours la date du brevet principal qui doit servir de point de départ, même quand il a été pris ultérieurement des certificats d'addition, ceux-ci se confondant avec le brevet, et devant prendre fin avec lui (2).

468. Effet absolu de cette déchéance. — D'après la jurisprudence de la Cour de cassation cette déchéance est absolue. A défaut de paiement dans le délai, elle est encourue par le seul effet du retard, quelque minime qu'il puisse être, alors même que le montant de la taxe aurait été versé avant toute demande en déchéance, et reçu sans contestation par l'administration (3).

Aucun acte administratif ne peut relever le breveté de cette déchéance. Ce n'est pas non plus à l'administration qu'il appartient de la prononcer sous l'empire de la loi de 1844 qui a abrogé le système contraire admis par le législateur de 1791 (4). Les tribunaux désormais sont seuls compétents pour déclarer la déchéance, comme pour déterminer à quel moment le délai a dû commencer à courir.

Cette déchéance ne produit effet qu'à partir de l'époque où est échue l'annuité non payée, et laisse subsister les droits acquis au breveté, notamment contre les contrefacteurs, antérieurement à cette date (5).

Ces solutions consacrées par l'arrêt de la Cour de cassation, du 7 juin 1851 (6), conformément à l'opinion de M. Renouard, doivent mettre fin aux divergences qui s'étaient manifestées dans la jurisprudence et la doctrine.

469. De l'excuse tirée de la force majeure. — Il est difficile de ne pas admettre une exception à la rigueur du principe, pour le cas où il serait justifié que le retard est dû à un événement de force majeure. Tel est le sentiment de M. Renouard (7),

---

(1) Voir décision du ministre des finances du 11 décembre 1844 (Sirey, 48.2.567).

(2) Amiens, 28 décembre 1850 ; C. cass., 7 juin 1851 (Dalloz, 51.1.246).

(3) Renouard, n. 209, 210.—*Contrà*, Blanc, p. 574 ; Dalloz, v° *Brevets*, n. 113. —Paris, 13 juin 1850 (Dalloz, 51.2.284).

(4) Renouard, *ibid.*—C. d'État, 27 mai 1848 (Sirey, 48.2.567).

(5) Douai, 5 août 1851 (Dalloz, 52.2.72). — *Contrà*, Amiens, 28 décembre 1850 (Dalloz, 51.2.77).

(6) C. cass., 7 juin 1851 (Dalloz, 51.1.247).

(7) *Brevets*, n. 210.

partagé par M. Dalloz (1). Mais une telle excuse ne devrait être admise qu'en cas d'impossibilité matérielle bien et dûment constatée.

470. Déchéance par suite du retard ou de l'interruption de l'exploitation.—2° « Le breveté *qui n'aura pas mis en exploitation* sa découverte ou invention en France, dans le délai de deux ans, à partir du jour de la signature du brevet, ou *qui aura cessé de l'exploiter* pendant deux années consécutives, à moins que, dans l'un ou l'autre cas, il ne justifie des causes de son inaction » (art. 32, al. 2).

Cette disposition, qui assimile entièrement la cessation d'exploitation à la non-exploitation pendant deux ans, soumet à l'examen des tribunaux deux questions distinctes, à savoir : 1° si l'invention a été mise en usage; 2° si, en cas d'inaction du breveté, cette inaction peut être excusée.

La déchéance, qui doit être prononcée seulement en cas de solution négative des deux questions, s'applique aussi bien aux certificats d'addition qu'aux brevets principaux, lorsqu'il s'agit des procédés décrits dans les certificats.

Le texte formel de la loi ne permet pas de faire courir la première période de deux ans à partir du dépôt de la demande, ainsi que le soutient M. Blanc. Le point de départ est, comme le dit l'art. 32, le *jour de la signature*, quels qu'aient pu être les motifs de cette disposition.

471. En quoi consiste l'exploitation requise.—L'exploitation exigée par la loi est une exploitation sérieuse, et ne saurait résulter de simples essais sans résultats, ou d'une mise en vente unique sans autre but que d'éviter la déchéance. Au reste, l'appréciation des faits qui constituent ou non l'exploitation est abandonnée entièrement à la prudence des tribunaux, sans que leur décision à cet égard puisse donner lieu à cassation (2).

Du moment où l'exploitation est constatée, il importe peu qu'elle soit le fait de l'inventeur même ou d'un tiers auquel il aurait cédé ses droits. Quand le brevet comprend divers procédés conduisant à des résultats distincts, il faut en principe qu'ils aient été tous pratiqués pour qu'il n'y ait pas lieu à déchéance au moins partielle; mais il en serait autrement si les divers pro-

---

(1) Voir Dalloz, 1851.1.246, note 3.
(2) C. cass., 13 juin 1837 : 7 juillet 1819 ; 21 avril 1824.—Voir Dalloz, n. 265 ; Blanc, p. 578.— Vergé et Loiseau, p. 144.

cédés donnant identiquement le même résultat, un seul avait été employé (1). L'unique but de la loi est en effet de faire en sorte que la société recueille le bénéfice de l'invention (2). Dès que ce but est atteint, il n'y a pas intérêt à rechercher si c'est par tel mode plutôt que par tel autre.

Il n'y aurait pas lieu non plus à déchéance, même partielle, du brevet d'invention, pour défaut d'exploitation de certains moyens indiqués, s'ils n'étaient présentés que comme subsidiaires et auxiliaires à la réalisation du procédé principal (3).

Les faits justificatifs de l'inaction du breveté pendant l'une et l'autre période de deux ans, déterminée par la loi, sont comme les faits d'exploitation soumis à l'appréciation souveraine des tribunaux.

472. Déchéance pour importation d'objets fabriqués à l'étranger. — « 3° Le breveté qui aura introduit en France des objets fabriqués en pays étranger, et semblables à ceux qui sont garantis par son brevet » (art. 32).

Le but que s'est proposé le législateur est de faire profiter le travail national de la main-d'œuvre résultant de l'exploitation de l'invention brevetée et d'éviter que le brevet ne devienne une prime accordée à l'industrie étrangère. Il ressort des motifs de cette disposition que la déchéance n'est pas encourue quand l'importation se borne à de simples échantillons sans valeur commerciale en eux-mêmes et destinés uniquement à donner l'idée des produits brevetés (4). Suivant un arrêt tout récent l'art. 32, n° 3, n'est pas applicable lorsque les objets introduits l'ont été, non pour être livrés au commerce, mais pour être employés comme modèles (5). Mais la déchéance devrait au contraire être prononcée, du moins en général, si, l'invention consistant dans la combinaison de divers organes en un seul mécanisme, le breveté faisait venir de l'étranger les éléments isolés du mécanisme pour les réunir en France (6).

Les juges ne pourraient en décider autrement que s'ils reconnaissaient, en fait, que la main-d'œuvre réservée à l'industrie nationale est suffisante pour satisfaire à elle seule au vœu de la loi.

---

(1) Jugement du 22 juin 1843 (Dalloz, n. 260).
(2) Rapport de Philippe Dupin sur l'art. 32.
(3) Paris, arrêt du 9 février 1850, confirmé par arrêt de rejet de la Cour de cassation (Renard-Perrin c. Boucherie).
(4) Douai, 11 juillet 1846 (Dalloz, 46.2.194.)
(5) Paris, 8 juin 1855 (*Gazette des Tribunaux*, du 13 juin 1855).
(6) Blanc, p. 580. — *Contrà*, arrêt du 11 juillet 1846 précité.

473. Dérogation au principe en vertu d'une autorisation ministérielle. — Par un juste tempérament apporté à la rigueur du principe, « sont exceptés des dispositions du précédent paragraphe les modèles de machines dont le ministre de l'agriculture et du commerce pourra autoriser l'introduction dans le cas prévu par l'art. 29 » (art. 32, *in fine*), c'est-à-dire dans le cas où il est pris en France un brevet pour une invention brevetée à l'étranger. La loi, en se servant du mot *pourra*, confère au ministre un pouvoir discrétionnaire, et lui laisse l'appréciation souveraine de l'opportunité d'une pareille introduction.

Art. 5. — Actions en nullité et déchéance.

SOMMAIRE.

474. Définition des actions en nullité et déchéance. Effets de la chose jugée absolus ou relatifs. — 475. Par qui les actions peuvent être exercées. — 476. Chaque cause de nullité ou déchéance donne-t-elle lieu à une action séparée ? — 477. Le condamné pour contrefaçon peut agir en nullité ou déchéance du brevet. — 478. Compétence des tribunaux civils. — 479. Du cas où le titulaire et le cessionnaire sont en cause. — 480. Procédure. — 481. Droits du ministère public. Nullité ou déchéance absolue. — 482. Effet de l'admission ou du rejet des réquisitions tendant à nullité ou déchéance absolue. — 483. Le tribunal correctionnel est incompétent pour prononcer la nullité ou déchéance absolue. — 484. Appel du ministère public. Intervention en appel. Frais. — 485. Mise en cause de tous les ayants droit. — 486. L'administration est sans qualité pour prononcer ou demander la déchéance à défaut de paiement de la taxe. — 487. Proclamation de la nullité ou déchéance absolue.

474. Définition des actions en nullité et déchéance. — Effets de la chose jugée, absolus ou relatifs. — Les actions en nullité ou en déchéance sont les instances judiciaires qui ont pour but de faire tomber le brevet par une des causes qui viennent d'être énumérées. Ces actions, d'après le principe général sur l'application de la chose jugée (art. 1351, C. Nap.), ne devraient produire d'effet qu'à l'égard des parties en cause. Mais la nature du brevet, qui est un contrat entre l'inventeur et la société elle-même, l'intérêt de l'industrie engagé à ce que le sort des inventions et les droits respectifs soient promptement et universellement fixés, l'utilité d'éviter des procès identiques et sans cesse renaissants ou des collusions fâcheuses (1), tous ces motifs ont déterminé le législateur à étendre en certains cas

---

(1) Voir rapport et discussion, Galisset, sur l'art. 37.

à tous les intéressés, même étrangers au procès, les effets des décisions qui annulent les brevets (voir ci-après n° 482). C'est ainsi que les nullités et déchéances ont été distinguées en *relatives* et *absolues*.

Mais il n'en est jamais de même pour les jugements qui maintiennent les brevets; et s'il y a, ainsi qu'on va le voir (n° 481), des brevets nuls d'une manière absolue, frappés de mort dans toute la force du mot, il n'y a pas de brevets valides envers et contre tous (1).

475. Par qui les actions peuvent être exercées. — « L'action en nullité et l'action en déchéance pourront être exercées par toute personne *y ayant intérêt* » (art. 34). Il faut entendre ces mots dans le sens le plus large d'après les explications données dans la discussion des deux chambres. Le rapporteur à la chambre des députés, après avoir déclaré que la loi n'entend pas autoriser les simples citoyens à agir dans un pur *intérêt social,* mais uniquement dans un intérêt personnel, expose qu'il ne s'agit pas ici de l'intérêt *né et actuel* exigé dans la plupart des contestations.

« L'intérêt, dit-il, peut être dans l'avenir, comme dans le passé ou dans le présent. Ainsi un fabricant voudra faire usage d'une machine brevetée; il aura droit d'attaquer celui qui, sans droit, aurait pris un brevet pour cette machine. Mais il faut qu'il y ait un *intérêt réel, sérieux, justifié*. Les tribunaux l'apprécieront. La loi ne peut le déterminer à l'avance; autrement on verrait des spéculateurs d'une nouvelle espèce faire métier de plaider contre les personnes brevetées » (2).

Il paraît difficile d'admettre, avec M. Renouard (3), que l'intérêt requis par la loi puisse être autre qu'un intérêt industriel, et n'être, par exemple, que celui du consommateur à faire baisser le prix d'un produit : ce serait là, ce nous semble, le pur intérêt social que le législateur a déclaré insuffisant (4).

476. Chaque cause de nullité ou déchéance donne-t-elle lieu à une action séparée? — Il est de principe certain que l'action en nullité et l'action en déchéance sont absolument distinctes, et que la chose jugée sur l'une n'empêche pas de porter l'autre devant les tribunaux. Mais il y a doute sur

---

(1) Renouard, n. 198.
(2) Voir discussion, Galisset sur l'art. 34 ; Vergé et Loiseau, p. 147-149.
(3) *Brevets*, n. 206.
(4) Voir Dalloz, v° *Brevets*, n. 271.

la question de savoir si chaque motif de nullité ou de déchéance peut donner lieu à une action séparée, et si le rejet de la demande fondée sur un de ces moyens ne met pas un obstacle de droit à ce qu'une nouvelle demande soit formée pour un autre moyen (1).

Il semble conforme à la rigueur du droit de décider l'affirmative, à cause de la différence radicale des questions que soulèvent les art. 30 et 32. Mais, en pratique, la division calculée des actions provoquerait, à juste titre, la défaveur des tribunaux.

477. Le condamné pour contrefaçon peut agir en nullité ou déchéance du brevet. — L'individu condamné pour contrefaçon n'est pas irrecevable à demander, nonobstant sa condamnation, la nullité ou la déchéance du brevet. Car si le jugement qui le condamne *suppose* la validité du brevet, elle ne la *juge* pas, à moins que la question n'ait été soulevée à titre d'exception par le prévenu (n° 524) (2). Encore, la chose jugée se limiterait-elle à la cause spéciale de nullité invoquée, et laisserait-elle subsister l'action pour toute autre cause (3).

478. Compétence du tribunal civil. — « Ces actions, ainsi que toutes contestations relatives à la priorité des brevets, seront portées devant les tribunaux civils de première instance » (art. 34, *in fine*).

Cette disposition est absolue et s'applique même en cas de contestations entre commerçants ou entre associés (4). Elle ne dispense pas le demandeur du préliminaire de conciliation. Aux termes du Code de procédure, le tribunal compétent est d'ailleurs, conformément au droit commun, celui du domicile du défendeur.

479. Du cas où le titulaire et les cessionnaires sont en cause. — « Si la demande est dirigée en même temps contre le titulaire du brevet et contre un ou plusieurs cessionnaires partiels, elle sera portée devant le tribunal du domicile du titulaire du brevet » (art. 35).

Cette dérogation à l'art. 59 du Cod. de proc., qui permet au demandeur d'assigner à son choix devant le domicile de l'un des défendeurs, est surtout fondée sur le motif que le breveté est le principal intéressé par suite de la garantie qu'il doit aux cessionnaires (5).

---

(1) M. Blanc soutient l'affirmative, p. 336, M. Dalloz la négative, v° *Brevet*, n. 287.
(2) Voir Dalloz, v° *Brevet*, n. 288.
(3) Paris, 14 janv. 1845 (Bruni c. Debain).
(4) Blanc, p. 605.
(5) Loiseau et Vergé, *Loi sur les brevets*, p. 150.

Le demandeur n'est nullement tenu de mettre en cause tous les intéressés au brevet, sauf au cessionnaire attaqué à appeler en garantie le titulaire.

480. Procédure. — « L'affaire sera instruite et jugée dans la forme prescrite pour les matières sommaires, par les art. 405 et suivants du Code de procédure civile. Elle sera communiquée au procureur du roi » (art. 36).

481. Droits du ministère public. — Nullité ou déchéance absolue. — « Dans toute instance tendant à faire prononcer la nullité ou la déchéance d'un brevet, le ministère public pourra se rendre partie intervenante et prendre des réquisitions pour faire prononcer la nullité ou la déchéance absolue du brevet.

« Il pourra même se pourvoir directement par action principale, pour faire prononcer la nullité dans les cas prévus aux n°s 2, 4 et 5 de l'art. 30 » (art. 37).

Il résulte de cette disposition que le ministère public, qui reçoit toujours, et à peine de nullité, communication des affaires dont il s'agit, 1° peut intervenir dans toute action en nullité ou en déchéance formée par une partie privée;

2° Peut intenter une *action principale en nullité*, mais seulement dans trois cas : si le brevet est pris, soit pour remède ou plan financier, soit pour objet contraire aux lois et aux mœurs, soit sous un faux titre;

3° Ne peut jamais intenter une action principale en déchéance.

Il faut bien remarquer que c'est uniquement quand le ministère public est en cause que la nullité ou déchéance absolue peut être prononcée, et qu'un tribunal excéderait ses pouvoirs s'il la prononçait d'office en l'absence de conclusions du ministère public à cet égard (1).

482. Effet de l'admission ou du rejet des réquisitions tendant à nullité ou déchéance absolue. — A la différence de la décision intervenue sur la seule demande d'un particulier, qui n'est *relative* qu'aux seules parties en cause et à ceux qu'elles représentent, la nullité ou déchéance prononcée sur l'intervention ou sur l'action principale du ministère public est *absolue*. D'où il suit que le bénéfice du jugement est acquis à toutes personnes, sans que le breveté puisse ultérieurement et

---

(1) Renouard, n. 197.— Voir, sur cette matière, Vergé et Loiseau, p. 151-157.

contre qui que ce soit se prévaloir du brevet frappé de nullité ou de déchéance absolue.

Si la demande a été rejetée, contrairement aux conclusions du ministère public à fin de nullité ou déchéance absolue, les mêmes conclusions ne peuvent être reprises devant un nouveau tribunal par un autre magistrat. C'est la conséquence du principe de l'indivisibilité du ministère public (1). Mais il n'en résulte pas qu'une partie intéressée ne puisse intenter une nouvelle action en nullité ou déchéance relative (voir n° 476).

483. Le tribunal correctionnel est incompétent pour prononcer la nullité ou déchéance absolue. — Il a été reconnu dans la discussion de la loi que le ministère public n'a qualité, pour demander la nullité ou déchéance absolue d'un brevet d'invention, que *devant la juridiction civile*, et non devant la juridiction correctionnelle, où la question serait soulevée en vertu d'une exception proposée par le prévenu. Un tribunal de répression, saisi incidemment d'une question civile, ne saurait avoir le droit de prononcer l'annulation absolue d'un brevet. La jurisprudence est, sur ce point, d'accord avec les auteurs (2).

484. Appel du ministère public. — Intervention en appel. — Frais. — Le ministère public qui aurait succombé, en première instance, dans ses réquisitions à fin de nullité ou déchéance absolue d'un brevet, ne serait recevable à se pourvoir en appel (sauf dans les cas des n°s 2, 4 et 5 de l'art. 30) qu'autant que le demandeur primitif aurait lui-même appelé.

En effet, le défaut d'appel de la part de ce dernier équivaut à un acquiescement au jugement de première instance. La nullité ou la déchéance du brevet ne sont donc plus en question, et, conséquemment, l'action du ministère public, qui ne s'exerce que par intervention, ne peut plus avoir lieu.

Le ministère public ne pourrait pas davantage intervenir pour la première fois en appel, parce que, aux termes de l'art. 464, Cod. proc. civ., aucune demande nouvelle ne peut y être formée, et que ce serait priver le défendeur du premier degré de juridiction (3).

Les frais faits par le ministère public, dans le cas où il suc-

---

(1) Voir discussion de l'art. 37, Galisset, note 2.
(2) Douai, 5 août 1851 (Dalloz, 54.2.72). — Renouard, n. 201 ; Blanc, p. 541 ; Dalloz, v° *Brevets*, n. 273.
(3) Voir les explications de M. Barthélemy, rapporteur (Galisset, sur l'art. 37).

combe sur son action principale en nullité, sont supportés par le Trésor (1).

485. Mise en cause de tous les ayants droits. — « Dans les cas prévus par l'art. 37, tous les ayants droit au brevet dont les titres auront été enregistrés au ministère de l'agriculture et du commerce, conformément à l'art. 21, devront être mis en cause. »

Il résulte de cette disposition que l'enregistrement est d'un grand intérêt, même pour les personnes qui, n'étant pas *cessionnaires,* pourraient, nonobstant le défaut d'enregistrement, agir contre les tiers (voir n° 419).

486. L'administration est sans qualité pour prononcer ou demander la déchéance à défaut de paiement de la taxe. — Ainsi que le démontre M. Renouard, l'administration n'a qualité ni pour prononcer la déchéance des brevets à défaut de paiement de la taxe (n° 467), ni pour introduire directement l'action en déchéance comme personne y ayant intérêt. Cette cause de déchéance n'est pas d'ailleurs de celles qui autorisent l'action principale du ministère public. Il en résulte « cette conséquence peu satisfaisante, dit le savant jurisconsulte, que le non-paiement des annuités est une cause ordinaire de déchéance qui ne pourra être invoquée que par action privée (2).

487. Proclamation de la nullité ou déchéance absolue. — « Lorsque la nullité ou la déchéance absolue d'un brevet aura été prononcée par jugement ou arrêt ayant acquis force de chose jugée, il en sera donné avis au ministre de l'agriculture et du commerce, et la nullité ou la déchéance sera prononcée dans la forme déterminée par l'art. 14 pour la proclamation des brevets. » (art. 39).

§ IV.

De la contrefaçon.

488. Protection accordée à l'inventeur contre la contrefaçon. — Division. — Après avoir défini les droits de l'inventeur et déterminé les conditions auxquelles ils peuvent être conservés, le législateur arme le breveté d'une action spéciale pour repousser toutes les usurpations dont seraient menacés ses

---

(1) Voir Dalloz, v° *Brevets,* n. 289.—Renouard, n. 202.
(2) Renouard, n. 209.—*Contrà,* M. Blanc, p. 593, et Dalloz, n. 276, qui attribuent à l'administration le droit de prononcer la déchéance.

droits légalement établis. C'est l'action en contrefaçon tout à la fois civile et pénale, dont la loi détermine la nature, l'objet, les formes et les effets. Nous examinerons :

1° Quels sont les faits qui donnent lieu à cette action ;
2° Devant quels tribunaux et par quelles personnes elle peut être intentée ;
3° Quelle en est la procédure ;
4° Quels en sont les effets au double point de vue de la répression et des réparations civiles.

Art. 1er.— Du délit de contrefaçon et de complicité de contrefaçon.

SOMMAIRE.

489. Définition de la contrefaçon. — 490. Conditions constitutives du délit de contrefaçon.— 491. La contrefaçon ne peut porter que sur les procédés décrits dans le brevet. — 492. L'exploitation en dehors des termes d'une autorisation donnée est une contrefaçon. — 493. L'intention de nuire n'est pas nécessaire pour constituer le délit. — 494. Qui est réputé auteur de contrefaçon. — 495. La contrefaçon résulte de la reproduction et de l'imitation. — 496. De la fabrication non suivie de vente. — 497. De la fabrication commencée. — 498. De la reproduction incomplète ou imitation. Quand elle constitue la contrefacon.—499. De la contrefaçon partielle. — 500. Règles générales d'appréciation. Les objets décrits au brevet sont tous protégés et seuls protégés.—501. De l'analogie dans l'ensemble, malgré la différence des détails. — 502. La contrefaçon résulte, non de la description dans un brevet, mais de l'exécution des procédés brevetés. — 503. De la complicité en matière de contrefaçon. — 504. Définitions. Vente. Recel. Exposition en vente. — 505. Introduction en France. Des objets contrefaits circulant en transit. — 506. Les principes du droit commun sur la complicité sont inapplicables.—507. De la détention pour un usage personnel d'objets contrefaits. — 508. De la mise en vente d'objets brevetés par l'ouvrier non payé. — 509. De l'exploitation d'un appareil breveté remis en gage. — 510. L'intention de nuire est un élément constitutif du délit de complicité de contrefaçon. — 511. Dans quel cas et à quelles conditions la bonne foi est admissible. — 512. La preuve de la bonne foi incombe au détenteur d'objets contrefaits.

489. Définition de la contrefaçon. -- L'art. 40 de la loi du 5 juillet 1844 définit ainsi la contrefaçon :

« Toute atteinte portée aux droits du breveté, soit par la fabrication de produits, soit par l'emploi de moyens faisant l'objet de son brevet, constitue le délit de contrefaçon. »

La loi punit et les auteurs de la contrefaçon et ceux qui leur servent d'instruments ; nous nous occuperons successivement des uns et des autres.

490. Conditions constitutives du délit de contrefaçon. — Il résulte des termes de l'art. 40 que les deux conditions essentielles pour que le délit de contrefaçon existe sont : 1° qu'il y ait atteinte aux droits du breveté ; 2° que cette atteinte soit portée par l'usurpation de l'objet même du brevet.

Faisons d'abord observer que par breveté il faut entendre ici le *propriétaire du brevet* : d'où il suit que l'inventeur lui-même qui aurait cédé son brevet serait contrefacteur, s'il agissait en violation des droits par lui transportés sur la tête d'autrui (1).

L'atteinte aux droits du breveté suppose un préjudice quelconque causé à l'inventeur. Ainsi, la simple prise d'un brevet pour un objet déjà breveté, mais sans application de ce brevet, ne donnerait pas lieu à l'action en contrefaçon (2), non plus que l'imitation privée d'un objet breveté dans un simple but d'essai ou d'expérience (3).

Le préjudice à lui seul ne suffirait pas, s'il ne provenait point de la violation des droits garantis par le brevet. D'où l'on doit conclure que la fausse déclaration qu'un produit est identique au produit breveté ne serait point une contrefaçon, s'il n'y avait pas en réalité de similitude entre les produits (4).

491. La contrefaçon ne peut porter que sur les procédés décrits dans le brevet. — Une conséquence plus importante du même principe, c'est que la contrefaçon résulte, non pas de toute reproduction des moyens que peut employer l'inventeur, mais seulement et exclusivement de ceux décrits au brevet. Le breveté n'aura donc rien prouvé en démontrant qu'on imite ses procédés de fabrication, s'il n'établit en même temps, le brevet à la main, que ces procédés sont bien ceux qu'il s'est réservés en propre (5), et que l'application qui en est faite est celle qu'il a lui-même indiquée (voir ci-dessus n° 346). Les applications de cette règle sont nombreuses et essentielles.

492. L'exploitation en dehors des termes d'une autorisation donnée est une contrefaçon. — De ce que l'atteinte aux droits résultant du brevet suffit pour constituer le délit de contrefaçon, il faut conclure qu'il y a contrefaçon de la

---

(1) Blanc, p. 615 et suiv.
(2) C. cass., 30 décembre 1843 (Painchault).
(3) Renouard, n. 9.—*Contrà*, Blanc, p. 533.
(4) Blanc, p. 345.
(5) Blanc, p. 623.

part de celui qui ayant acquis, soit en partie, soit sous certaines conditions, la propriété ou la jouissance du brevet, exploite les procédés brevetés en dehors des termes de l'autorisation accordée. Un tel fait n'est pas une simple infraction au contrat, mais un délit de contrefaçon, puisqu'il rentre dans la définition de l'art. 40. La Cour de cassation a jugé en ce sens que les individus autorisés à faire usage d'un procédé de gaissage, sous des conditions déterminées, étaient contrefacteurs par cela seuls qu'ils exploitaient le procédé sans remplir les conditions, « attendu que l'inexécution des conditions à l'accomplissement desquelles l'autorisation était subordonnée met obstacle à ce que cette autorisation puisse être invoquée, comme légitimant l'emploi du procédé objet du brevet » (1).

Il n'en serait autrement que s'il y avait doute sérieux sur l'étendue de l'autorisation, et qu'il y eût en conséquence dans la cause une question d'interprétation de contrat essentiellement civile de sa nature.

493. L'intention de nuire n'est pas nécessaire pour constituer le délit. — De ces explications il ressort que les deux éléments nécessaires et suffisants pour constituer le délit de contrefaçon peuvent se résumer en ces deux mots : 1° larcin, 2° préjudice.

Aux deux éléments qui viennent d'être mentionnés, on ne saurait ajouter une troisième condition constitutive de tout délit du droit commun, l'*intention de nuire*.

La jurisprudence de la Cour de cassation est constante sur ce point, et trouve un appui inébranlable dans la comparaison des art. 40 et 41 de la loi de 1844, dans les déclarations formelles faites lors de la discussion notamment par le rapporteur à la chambre des pairs, enfin, dans cette raison décisive, qu'en vertu de la publicité des brevets le fabricant est censé ne pas ignorer le titre en violation duquel il agit.

Il faut donc admettre comme un point certain qu'en cette matière le fait matériel suffit pour constituer le délit, et que l'*auteur* de la contrefaçon ne peut trouver d'excuse dans son ignorance ou dans sa bonne foi (2). D'où il suit qu'un arrêt ne saurait être critiqué pour avoir puni un individu comme contrefacteur

---

(1) C. cass., 20 août 1851 (Dalloz, 54.5.78). — Metz, 14 août 1850 (Dalloz, 51.2.163).
(2) Voir discussion sur l'art. 40, Galisset, note 3 ; notamment Vergé et Loiseau, p. 160, 161. — C'est à tort que M. Morin, *Répertoire*, v° *Contrefaçon*, n. 41, présente la solution de la question comme douteuse.

sans le déclarer *coupable*, mais seulement auteur du fait incriminé (1).

494. Qui est réputé auteur de contrefaçon. — Il faut considérer comme auteur de contrefaçon non-seulement celui qui fabrique lui-même, mais celui qui fait fabriquer les objets contrefaits. Et on doit assimiler à ce dernier celui qui tire de l'étranger, soit des produits *dont il a donné la commande*, soit une machine qu'*il a fait construire* pour la mettre en activité sur le sol français (2). Mais il en serait autrement du simple introducteur d'objets d'origine étrangère, dont la fabrication ne pourrait lui être attribuée (voir n° 505).

495. La contrefaçon résulte de la reproduction ou de l'imitation. — C'est sous le mérite de ces observations préliminaires qu'il faut apprécier les faits d'où peut résulter la contrefaçon. Comme le mot l'indique, contrefaire est reproduire ou imiter. De la reproduction ou de l'imitation de l'objet du brevet résulte en fait l'atteinte portée aux droits du breveté.

496. De la fabrication non suivie de vente. — Il importe peu que la reproduction ou imitation ait eu lieu sur une plus ou moins grande échelle. Aussi celui qui *fabriquerait* un produit breveté pour son usage personnel et sans le mettre dans le commerce serait en général contrefacteur (3), parce qu'il diminuerait par là le profit que le breveté devait tirer de la vente de ses produits à toutes les personnes auxquelles ils peuvent servir (4).

Il en serait ainsi à quelque moment de la durée du brevet qu'eût lieu la fabrication, et lors même que le fabricant n'entendrait mettre en vente les produits qu'après l'expiration du brevet. En effet, la seule fabrication en temps prohibé est évidemment une atteinte au droit du breveté de fabriquer seul (5) tant que subsiste son brevet.

497. De la fabrication commencée. — Quant à la question de savoir si un simple essai ou commencement de fabrication constitue la contrefaçon, elle ne peut être résolue que par appréciation des circonstances particulières. S'il n'y a que simple tentative non réalisée, il faudra appliquer le principe du droit commun que la tentative du délit n'est point punissable dans le silence de la loi spéciale à cet égard. Si, au contraire, l'objet fa-

---

(1) C. cass., 25 mai 1829.
(2) C. cass., 20 juillet 1830 (Sirey, 30.1.365).
(3) Il en est autrement pour celui seulement *acquis* pour son usage personnel (n° 507).
(4) Jugement du 20 juillet 1834 (Bataille). — Voir Dalloz, n. 296.
(5) Blanc, p. 344. — *Contrà*, Dalloz.

briqué peut être considéré comme une reproduction au moins partielle du produit (voir n° 499), il y aura délit bien et dûment consommé (1).

498. De la reproduction incomplète ou imitation. — Quand elle constitue la contrefaçon. — Dans quels cas et à quelles conditions la reproduction ou imitation sont-elles de nature à être qualifiées contrefaçon?

Il n'y a pas de doute possible pour la reproduction pure et simple des produits ou des moyens brevetés, qui établit une identité complète entre ces objets et ceux du brevet.

Les difficultés ne naissent que relativement à la reproduction imparfaite, avec des différences plus ou moins tranchées, que l'on appelle imitation, et d'où résulte non plus l'identité, mais la similitude. A cet égard, il ne peut y avoir évidemment qu'une question de fait, celle de savoir si la similitude est assez grande pour constituer une usurpation; question que les tribunaux décideront dans leur sagesse par appréciation des faits particuliers à chaque espèce.

Ils peuvent déclarer souverainement, et sans contrôle possible de la part de la Cour régulatrice, que la contrefaçon existe nonobstant quelques différences entre deux produits, deux appareils, deux procédés, alors surtout que les différences, peu importantes, n'ont pour but que de masquer l'usurpation (2).

499. De la contrefaçon partielle. — Il ne serait pas nécessaire, au point de vue qui nous occupe, qu'il y eût reproduction ou imitation de l'ensemble de l'invention; il suffirait qu'il y eût usurpation d'une partie notable et essentielle du procédé breveté. La contrefaçon *partielle* est punissable aussi bien que la contrefaçon totale. Ainsi, quand un brevet porte à la fois sur un produit et sur les moyens de l'obtenir, il y a contrefaçon par cela seul que l'on fabrique le produit d'une manière quelconque (3).

Ainsi encore, il a été expliqué dans la discussion de la loi qu'en cas de brevet obtenu pour une machine complexe renfermant des organes nouveaux eux-mêmes, un tiers commettrait une contrefaçon en appliquant l'un de ces procédés à une autre machine pour y jouer le même rôle (4).

---

(1) Voir sur cette question jugement de Paris du 4 décembre 1859.—Dalloz, n. 297; Renouard, n. 10 ; Blanc, p. 633.
(2) C. cass., 9 août 1844 (Delisle) ; Douai, 30 mars 1846 (Sirey, 47.2.214). — *Jurisprudence constante.*
(3) Blanc, p. 629.
(4) Voir discours de M. Arago sur l'art. 6 (Galisset, p. 230.)

Il en serait autrement et il n'y aurait pas contrefaçon, même partielle, si l'imitation portait, soit sur quelque point secondaire sans influence sur la réalisation de l'idée même de l'inventeur (1), soit sur un organe employé pour une destination autre que celle prévue par le breveté (2), soit, à plus forte raison, sur un procédé qui, bien que compris avec d'autres dans un même brevet, serait tombé antérieurement dans le domaine public (3).

500. Règles générales d'appréciation. — Les objets décrits au brevet sont tous protégés et seuls protégés. — Quel que soit le pouvoir d'appréciation des juges du fait, il est cependant des principes dont les tribunaux ne peuvent s'écarter sans s'exposer à la censure de la Cour suprême.

1° Les juges, au point de vue de la contrefaçon, ne peuvent prendre en considération que les similitudes existant avec l'objet qui est compris dans le brevet ; et réciproquement, ils ne peuvent négliger les ressemblances signalées avec ce qui constitue en réalité cet objet.

Ainsi, d'après la première proposition, la ressemblance des procédés ne constitue pas la contrefaçon quand elle ne se rapporte qu'aux modifications que l'inventeur aurait apportées dans la pratique aux procédés par lui décrits, ou quand il y a application de la part du prévenu à des usages tout autres que ceux indiqués par le brevet (4). Peu importe, du reste, qu'il soit possible, à l'aide de quelque changement dans l'objet incriminé, de s'en servir pour remplacer l'objet breveté. Ce serait une éventualité de contrefaçon, mais non une contrefaçon réelle (5).

De même, l'identité des résultats obtenus, tel que le tannage des cuirs amené d'une manière quelconque à la même perfection que par les procédés brevetés, ne peut donner lieu à une poursuite quand le but est atteint par des moyens autres que ceux indiqués au brevet (6).

501. De l'analogie dans l'ensemble malgré la différence des détails. — D'un autre côté, quand l'invention consiste dans la combinaison de divers organes ou procédés connus,

---

(1) C. cass., 30 décembre 1843 (Painchault).
(2) C. cass., 18 janv. 1845 (Benoit).
(3) C. cass., 9 nov. 1850 (Sirey, 51.1 462).
(4) C. cass , 18 janvier 1845 (Dalloz, 45.1.117) ; 11 janvier 1825 (Laurens). — Paris, 5 février 1841 (Obert).—Voir Dalloz, n. 299, 300.
(5) Blanc, p 632.
(6) C. cass., 4 juillet 1846 (Dalloz, 46.1.525).

les juges ne peuvent se contenter, pour écarter l'action en contrefaçon, de constater des différences même notables entre les moyens envisagés isolément, en s'abstenant de rechercher si l'analogie ne se retrouverait pas entre les deux combinaisons comparées dans leur ensemble. Car il arrive souvent que les différences, capitales entre des organes pris en eux-mêmes, deviennent tout à fait secondaires, si ces organes font partie d'un tout, en raison du rôle qui leur est attribué dans le jeu de l'ensemble.

C'est ce qu'a jugé la Cour suprême dans une espèce où l'invention était présentée comme résultant, non-seulement de divers éléments d'un gazogène (tube de communication, emplissage complet, clissage de l'appareil), mais encore et surtout de la combinaison de ces divers éléments. L'imitation de chacun d'eux pris isolément a pu être déclarée licite, sans qu'il en fût de même pour l'imitation du tout obtenu par les trois organes réunis (1).

502. La contrefaçon résulte, non de la description dans un brevet, mais de l'exécution des procédés brevetés. — 2° Si les juges doivent, d'une part, uniquement prendre en considération les procédés décrits au brevet de l'inventeur, ils ne doivent, au contraire, d'autre part, envisager que les procédés mis en pratique par le prévenu, et nullement ceux que ce dernier aurait pu décrire dans un brevet pris par lui postérieurement au brevet de l'inventeur. Ce n'est pas, en effet, de la similitude du second brevet avec le premier, comme on l'a dit plus haut (n° 490), mais de la similitude des procédés ou produits incriminés avec ceux décrits au premier brevet, que résulte la contrefaçon (2).

503. De la complicité en matière de contrefaçon. — La loi ne punit pas seulement les contrefacteurs proprement dits, c'est-à-dire les fabricants d'objets contrefaits, mais les individus qu'elle considère comme les instruments et les complices de la contrefaçon.

« Ceux qui auront sciemment recélé, vendu ou exposé en vente, ou introduit sur le territoire français un ou plusieurs objets contrefaits, seront punis des mêmes peines que le contrefacteur » (art. 41).

---

(1) Voir sur ce point l'arrêt de cassation du 5 février 1853 (Briet).—Dalloz, 53.5.54).
—Voir cependant C. cass., 10 juillet 1846 (Duvelleroy) (Sirey, 46.1.587).
(2) Renouard, n. 240.

Il faut rapprocher de cet article le dernier alinéa de l'art. 43, aux termes duquel l'ouvrier ou employé du breveté qui se sera associé avec le contrefacteur pourra être poursuivi comme complice.

504. Définitions.— Vente.— Recel. — Exposition en vente. — Les termes de ces articles s'expliquent d'eux-mêmes :

Recéler signifie recevoir en dépôt, pour les dérober aux investigations, les objets contrefaits, mais non les détenir pour son usage personnel (n° 507). Celui qui fait cacher par un autre les objets qu'il a reçus doit être réputé recéleur (1).

Vendre, dans le sens de la loi, signifie livrer à prix d'argent. Il n'est pas d'ailleurs nécessaire qu'il y ait débit habituel, il suffit d'un seul fait de vente pour donner lieu à l'application de la loi (2).

L'*exposition en vente* est la tentative de vente, même non suivie d'effet, que la loi a entendu atteindre aussi bien que la vente réalisée.

505. Introduction en France. — Des objets contrefaits circulant en transit. — L'*introduction en France* doit être considérée comme réalisée dès que les objets ont dépassé la frontière, alors même qu'ils auraient été mis en entrepôt de douanes réel ou fictif, ou qu'ils circuleraient sous le régime du transit. La fiction d'*exterritorialité,* admise en pareil cas au point de vue de la loi fiscale, est sans effet en ce qui concerne l'application des lois ordinaires (3).

Il est évident d'ailleurs que l'acquit des droits de douane pour les objets introduits serait une circonstance absolument indifférente au point de vue de l'appréciation du délit (4).

Les termes absolus de l'art. 41 ne permettent pas de distinguer en cas d'introduction, comme l'a fait la jurisprudence à l'égard de la détention et de l'emploi des objets contrefaits, entre le cas où l'introduction aurait lieu dans un but commercial, et celui où elle ne serait faite que pour l'usage personnel du prévenu (5).

506. Les principes du droit commun sur la complicité sont inapplicables.—Une remarque première à faire sur les art. 41 et 43, c'est que, d'après la jurisprudence récente de la Cour de cassation, ils énumèrent *limitativement* tous ceux

---

(1) C. cass., 26 septembre 1844.—Voir Blanc, p. 349.
(2) Voir exposé des motifs (Dalloz, v° *Brevets*, n. 321).
(3) C. cass., 7 décembre 1854 (Dalloz, 54.1.819).
(4) C. cass., 20 juillet 1830.
(5) Dalloz, n. 324.— Voir ci-après n° 507.

qui peuvent être réputés légalement *complices* d'une contrefaçon. Les dispositions générales des art. 59 et 60, Cod. pén., qui déterminent les cas de complicité dans le droit commun, sont inapplicables en matière de contrefaçon, et remplacées par celles des art. 41 et 43 de la loi de 1844.

En conséquence, la Cour a jugé que ni le simple intermédiaire du contrefacteur auprès d'un acheteur des objets provenant de la contrefaçon, ni l'individu qui aurait commandé les objets fabriqués en contrefaçon, bien que complices l'un et l'autre suivant le droit commun, ne pouvaient être réputés tels dans le sens des dispositions exceptionnelles et restrictives des art. 41 et 43 de la loi de 1844 (1).

Il en devrait être de même de celui qui aurait cédé gratuitement, sans les vendre, des objets contrefaits, et auquel ne s'applique aucun des termes des articles précités (2).

507. De la détention pour un usage personnel d'objets contrefaits. — Distinction. — La jurisprudence a été plus loin encore. Elle a décidé que, dans les cas de complicité énumérés par l'art. 41, on ne pouvait comprendre *l'achat* et la *détention* d'un objet contrefait *par celui qui en fait un usage personnel* sans intention de spéculation commerciale. Tel serait le fait d'un cultivateur qui aurait acheté des objets contrefaits et les emploierait à améliorer les procédés de sa culture. En effet, bien que les produits de l'agriculture soient destinés à être vendus, la vente par un cultivateur des fruits de sa récolte ne constitue pas une opération de commerce (3).

Mais il paraîtrait difficile d'admettre qu'il en fût ainsi au cas même où les objets destinés à l'usage personnel de l'acquéreur seraient employés à une industrie quelconque, bien qu'étrangère à celle de l'inventeur. La doctrine de l'arrêt du 24 mars 1848 sur ce point (4) nous semble implicitement condamnée par celle de l'arrêt du 12 juillet 1851.

508. De la mise en vente d'objets brevetés par l'ouvrier non payé. — Il résulte de ces principes qu'on ne saurait considérer, ni comme auteur de contrefaçon, ni comme débitant d'objets contrefaits, l'ouvrier qui, sur le refus du titulaire

---

(1) C. cass., 26 juillet 1850 ; 21 novembre 1851 (Dalloz, 51.5.54).—*Contrà*, Paris, 23 février 1850 (Gibus).

(2) *Contrà*, Blanc, p. 349, et Dalloz, n. 323.

(3) C. cass., 12 juillet 1851 (Dalloz, 51.5.56); 28 juin 1844.—Douai, 5 août 1851 (Dalloz, 54.2.72).—Renouard, n. 23 ; Dalloz, n. 311.

(4) Sirey, 48.1.579.—Voir Dalloz, n. 307.

d'un brevet de prendre livraison et de payer la main d'œuvre de produits qu'il a confectionnés d'après son ordre, suivant le procédé breveté, les a mis en vente avec l'intention d'exercer simplement le droit de rétention que la loi lui accorde (voir 3ᵉ partie). Il n'y a pas, en effet, dans ce cas, d'objets contrefaits, puisque c'est par la volonté du breveté qu'ils ont été fabriqués; il n'y a par suite ni contrefaçon, ni débit de contrefaçon, ni atteinte portée au droit du breveté en dehors des termes du contrat fait avec l'ouvrier (ce qui suffirait pour constituer la contrefaçon, n° 492), puisque celui-ci ne fait qu'user d'un droit que la loi lui confère. L'affaire en ces termes ne pourrait donner lieu qu'à un débat purement civil (1).

509. De l'exploitation d'un appareil breveté remis en gage. — Il en serait autrement, si un créancier auquel un breveté aurait remis, à titre de gage et de dépôt, une machine servant à l'exploitation du brevet, venait à l'exploiter lui-même. Il se placerait, en effet, en dehors des limites de la concession à lui faite par le breveté, et serait à ce titre passible des peines de la contrefaçon (n° 492). Le seul droit du créancier, comme de l'ouvrier au cas précité, serait de faire vendre l'objet dans les formes légales, la cession forcée devant avoir les effets d'une cession volontaire (2).

510. L'intention de nuire est un élément constitutif du délit de complicité de contrefaçon. — Tout en assimilant les complices, tels que l'art. 41 les détermine, aux auteurs de la contrefaçon quant à la peine, la loi établit entre les uns et les autres une différence capitale au point de vue de la perpétration du délit. On a vu que le fait matériel suffisait pour constituer le délit de contrefaçon proprement dite, et que l'excuse tirée de la bonne foi était inadmissible à l'égard de l'auteur de la contrefaçon (n° 493). Il en est autrement pour le complice qui ne peut être condamné que s'il a eu intention de nuire, et qui peut se retrancher derrière son ignorance et sa bonne foi. C'est ce qui résulte formellement du mot *sciemment* employé par l'art. 41, et des explications données à ce sujet dans la discussion (3).

511. Dans quels cas et à quelles conditions la bonne foi est admissible. — Le mot « sciemment » doit s'entendre en ce sens que le recéleur, débitant, ou introducteur, a droit d'exciper

---

(1) C. cass., 10 février 1854 (Dalloz, 54.5.80).
(2) Renouard, n. 243; Dalloz, n. 311.
(3) Galisset sur l'art. 41. — Voir Vergé et Loiseau, p. 159 et 162.

de l'ignorance où il aurait été de l'origine des objets, qu'il a pu croire émanés de l'inventeur lui-même, dès lors qu'il les trouvait dans le commerce. Mais il n'y a pas de bonne foi légalement admissible quand le prévenu a su par qui les produits étaient fabriqués, parce qu'il a à s'imputer de n'avoir pas recouru aux moyens que la loi lui offre de vérifier et reconnaître si le fabricant avait droit de confectionner ces produits, ou si au contraire ils étaient brevetés au profit d'autrui (1). C'est pourquoi il a été jugé que le prévenu qui a connu l'origine des objets ne peut invoquer l'erreur qui aurait porté uniquement sur la persuasion où il aurait été que le procédé breveté était tombé dans le domaine public. Cette fausse appréciation de la valeur des brevets ne pouvait être considérée comme suffisante pour constituer la bonne foi, parce que « la date et la *portée* de chaque brevet doivent être réputées légalement connues dans le commerce » (2).

Ce qui revient à dire, en un mot, que l'art. 41 admet l'erreur de fait et non l'erreur de droit.

Dans la pratique, la publicité donnée par le breveté à des condamnations intervenues à son profit, l'annonce réitérée des dépôts de ses produits, rendraient difficile à admettre une erreur excusable de la part du détenteur sur l'origine des objets contrefaits (3).

Celui qui, trouvé nanti d'objets contrefaits, refuserait de faire connaître de qui il les tient, devrait être réputé les receler sciemment et de mauvaise foi (4) ; sauf le cas où les objets étant réservés à l'usage personnel du possesseur, celui-ci serait, comme on l'a dit, à l'abri de toute poursuite (voir n° 507).

512. La preuve de la bonne foi incombe au détenteur d'objets contrefaits. — D'après un principe fort important posé par la Cour de cassation dans une matière analogue, dès que le fait matériel de contrefaçon est reconnu à l'égard des objets du litige, le breveté n'a pas à faire la preuve de l'intention coupable du détenteur de ces objets. Cette intention est présumée contre celui-ci, à moins qu'il ne justifie de circonstances de nature à établir sa bonne foi (5).

---

(1) C. cass., 12 juillet 1851 (Dalloz, 51.5.56).
(2) C. cass., 13 août 1852 (Sirey, 53.1.289). — Paris, 13 avril 1852 (*ibid.*).
(3) Paris, 5 juillet 1839 ; jugement du 29 avril 1845. — Voir Dalloz, 318.
(4) Blanc, p. 349.
(5) Voir à ce sujet arrêt de la Cour de cassation du 24 mai 1855 (aff. Thoinier Desplaces c. Duckett, Didot et Lévy. — *Gazette des Tribunaux*, du 25 mai 1855).

Art. 2. — De la compétence en matière de contrefaçon. — Actions. — Exceptions. — Sursis.

SOMMAIRE.

513. Action civile. Action publique.— 514. Tribunaux compétents pour connaître de l'action civile. — 515. L'action pénale ne peut être exercée que sur la plainte de la partie lésée. — 516. Le désistement de la partie privée n'arrête pas l'action du ministère public. —517. A quel tribunal l'action doit être portée. — 518. Par qui et à quelle époque l'action peut être intentée. — 519. De l'action du cessionnaire. Conditions et limites. — 520. Le juge correctionnel est juge des exceptions. Dérogation au principe sur les questions préjudicielles.—521. Des exceptions en général. Définition. Énumération. 522. De l'exception de bonne foi. — 523. Exceptions tirées de la non-recevabilité de l'action, de la reconnaissance du droit du prévenu. — 524. Exceptions du fond : nullité, déchéance, propriété. — 525. De la preuve de l'exception. — 526. Des exceptions de nullité et spécialement de l'exception d'antériorité. — 527. Des brevets antérieurs et de la mise en pratique non publique. — 528. Des exceptions de déchéance et spécialement de l'exception de non-exploitation. — 529. Exceptions relatives à la propriété des brevets. — 530. Le tribunal correctionnel doit-il surseoir en présence d'une instance civile sur la validité ou la propriété des brevets? Préliminaires. — 531. Distinction. Le sursis est obligatoire quand l'action civile a précédé la poursuite correctionnelle. — 532. Le sursis est facultatif quand la poursuite correctionnelle a précédé l'action civile. — 533. Dans quels cas la demande au civil est réputée antérieure à l'action correctionnelle. — 534. Du renvoi par le tribunal civil au tribunal correctionnel.— 535. Influence réciproque de la chose jugée au civil ou au criminel sur les exceptions dont il s'agit.—536. Le prévenu du débit d'objets contrefaits ne peut appeler en garantie son vendeur. — 537. Cumul d'une action en nullité avec l'action en contrefaçon.

513. Action civile. — Action publique.—La contrefaçon, comme tout délit, donne lieu à deux actions : *action civile* proprement dite, pour la réparation du préjudice causé, qui appartient à la partie lésée ; *action pénale* ou *publique*, pour l'application des peines prononcées à raison du délit, qui n'appartient qu'au ministère public. Conformément au droit commun (Cod. d'inst. crim., art. 3), le breveté peut porter à son gré l'action civile ou devant la juridiction civile, ou devant la juridiction correctionnelle, soit par voie de citation directe, soit en intervenant comme partie civile sur les poursuites exercées par le ministère public (à la condition exposée ci-après, n° 515).

514. Tribunaux compétents pour connaître de l'action civile. — Si la juridiction civile est saisie, le tribunal compétent sera généralement le tribunal civil de première instance. Toutefois, lorsque la demande est dirigée contre un commerçant pour fait de son négoce, l'affaire est de la compétence du tribunal de commerce. C'est ce qui résulte de l'art. 631 du Code de commerce, qui attribue à la juridiction consulaire la connaissance de toutes contestations relatives aux engagements entre commerçants, et, entre toutes personnes, de toutes contestations relatives aux actes de commerce (1). L'opinion contraire, soutenue par M. Blanc, est repoussée par une jurisprudence et une pratique constantes (2).

Si le breveté s'adresse à la justice répressive, c'est devant le tribunal de police correctionnelle qu'il devra intenter son action, à moins que le délit de contrefaçon n'ait été commis par un militaire, cas auquel les tribunaux militaires seraient seuls compétents (3).

515. L'action pénale ne peut être exercée que sur la plainte de la partie lésée. — L'action *pénale*, qui ne peut être exercée en cette matière comme en toute autre que par le ministère public, présente un caractère exceptionnel qui lui est commun avec les actions en diffamation ou en adultère : c'est que l'initiative n'en appartient pas au ministère public. L'action correctionnelle, dit l'art. 45, pour l'application des peines de la contrefaçon, ne pourra être exercée par le ministère public que sur la plainte de la partie lésée ; et la raison, tout à fait péremptoire, en est que le breveté pouvant avoir consenti aux faits qui paraissent constituer la contrefaçon, il convenait de n'admettre la poursuite du ministère public que sur une plainte qui repousse la supposition d'un tel consentement (4).

Il suffit d'ailleurs d'une plainte proprement dite, et il n'est pas nécessaire que le breveté se porte partie civile.

516. Le désistement de la partie privée n'arrête pas l'action du ministère public. — Mais une fois la plainte déposée, il faut admettre, contrairement à l'opinion de MM. Renouard, Blanc et Dalloz (5), que le désistement de la partie privée ne pourrait plus arrêter ni paralyser l'action publique mise en mouvement. « Après la plainte portée, le ministère public recou-

---

(1) Dalloz, v° *Brevets*, n. 530.
(2) L'*Inventeur*, p. 680.
(3) C. cass., 9 février 1827 ; 18 juillet 1828 (Dalloz, n. 331).
(4) Voir l'exposé des motifs à la chambre des députés.
(5) *Brevets*, p. 354 et 648 ; l'*Inventeur*, p. 354 ; *Répertoire*, v° *Brevets*, n. 341.

vre toute son indépendance, et, loin que son action puisse être à la merci de l'intérêt, de la volonté ou du caprice de la partie lésée, elle rentre dans l'application de l'art. 4 du Code d'instruction criminelle, qui porte que la renonciation à l'action civile ne peut arrêter ni suspendre l'action publique,» et auquel il n'est pas dérogé par l'art. 45 de la loi de 1844 (1).

Il en est ainsi, même au cas où le breveté se serait désisté de sa plainte dès avant la mise en prévention (2).

517. A quel tribunal l'action doit être portée. — Le tribunal compétent, s'il s'agit d'une simple demande au civil, est celui du domicile du défendeur ou de l'un d'eux, s'il y en a plusieurs, au choix du demandeur (art. 59, Cod. proc.).

Quant à l'instance correctionnelle, elle peut être portée, d'après l'art. 53 du Cod. d'inst. crim., devant le tribunal de police correctionnelle soit du lieu où a été commis le délit, soit du lieu où réside le prévenu, soit enfin du lieu où celui-ci a été trouvé, mais non pas devant le tribunal dans le ressort duquel aurait seulement été effectuée la saisie des objets argués de contrefaçon (3).

518. Par qui et à quelle époque l'action peut être intentée. — Le droit d'intenter l'action en contrefaçon à fins civiles appartient essentiellement à l'inventeur breveté. Il peut l'exercer dès qu'il a obtenu ou même dès qu'il a demandé le brevet, puisque c'est du jour de cette demande que le droit exclusif appartient à l'auteur de l'invention, et qu'il peut être porté atteinte à ce droit; autrement, le monopole de l'inventeur, au lieu d'avoir sa durée légale, se trouverait diminué de fait de tout le temps qui s'écoulerait entre la demande et la délivrance du brevet. Seulement, dans cette dernière hypothèse, le tribunal se trouverait dans la nécessité de surseoir à statuer jusqu'à la délivrance du titre, si la représentation en était nécessaire (4).

Le titulaire pourrait agir même en vertu d'un brevet expiré, si les faits incriminés étaient antérieurs à cette expiration (voir n° 496).

519. De l'action du cessionnaire. — Conditions et limites. — Mais ce n'est pas seulement par le breveté même que l'action peut être intentée; elle peut l'être, en général, par celui qui est investi en vertu d'une cession de la propriété du brevet,

---

(1) C. cass., 2 juillet 1853 (Dalloz, 54.1.366).—*Contrà*, Orléans, 14 fév. 1853.
(2) Paris, 20 janvier 1852 (Dalloz, 52.2.207).
(3) Voir les arrêts cités sur ce point au chapitre de la propriété littéraire.
(4) Blanc, p. 649.

pour le tout, ou pour partie, sauf à ne produire d'effet que dans la mesure du droit du propriétaire partiel. Ainsi, le cessionnaire d'une partie des procédés brevetés pourra poursuivre les contrefacteurs de ces procédés, mais non pas ceux des autres procédés auxquels il n'a pas droit.

L'action, d'ailleurs, d'après les principes exposés ci-dessus (n° 402), n'appartient qu'au cessionnaire proprement dit du droit au brevet, et ce, à partir seulement de l'enregistrement de la cession, et non de la simple déclaration à la préfecture (1). Elle n'appartient pas à celui qui n'a qu'une simple autorisation d'exploiter, à laquelle ne s'applique point la formalité de l'enregistrement.

Suivant M. Blanc il y aurait exception à la rigueur du principe et droit de poursuite pour le tiers autorisé à exploiter, dans le cas où l'autorisation serait conférée d'une manière absolue et exclusive pour un certain lieu (2).

Cette doctrine, contraire à la règle fondamentale que nul, en France, ne plaide par procureur, a été repoussée avec raison par arrêt de la Cour de Paris du 30 novembre 1854.

520. Le juge correctionnel est juge des exceptions. — Dérogation aux principes sur les questions préjudicielles. — La loi a appliqué à la matière de la contrefaçon, en termes plus étendus que dans le droit commun, le principe que le juge de l'action est aussi juge de l'exception. « Le tribunal correctionnel, dit l'art. 46, saisi d'une action pour délit de contrefaçon, statuera sur les exceptions qui seraient tirées par le prévenu, soit de la nullité ou de la déchéance du brevet, soit des questions relatives à la propriété dudit brevet. »

Cette disposition déroge à la règle que les tribunaux correctionnels sont en général incompétents pour statuer sur les questions de propriété soulevées devant eux, lesquelles doivent être renvoyées, à titre de *questions préjudicielles*, devant la juridiction civile : règle qui d'ailleurs, comme on l'a fait remarquer avec grande raison dans la discussion de la loi, n'est point absolue et a été établie par l'art. 182 du Code forestier, principalement en vue de la propriété foncière (3). Quoi qu'il en soit, l'art. 46 a tranché toute difficulté sur ce point au profit de la compétence correctionnelle, dans le but de rendre l'action de la

---

(1) *Contrà*, Blanc, p. 544 et 647.
(2) Voir Blanc, *ibid.*
(3) Voir Vergé et Loiseau, p. 169, 170.

justice plus rapide et plus efficace, en déjouant les manœuvres des contrefacteurs, qui ne soulèveraient la question dont il s'agit que pour gagner du temps et continuer, au détriment du breveté, leur industrie illicite.

521. Des exceptions en général. — Définition. — Énumération. — On entend, en général, par exceptions non pas les moyens de défense purs et simples qui consistent à nier ou à atténuer le fait incriminé, mais ceux par lesquels le prévenu conteste au demandeur qu'il ait droit ou qualité pour agir, ou soutient que le fait incriminé ne constitue pas un délit.

La loi spéciale ne s'occupe point, et nous n'avons pas à en traiter nous-mêmes, des exceptions du droit commun applicables à toute action.

Ces exceptions se tirent : de la non-recevabilité de l'action pour défaut de qualité du demandeur, s'il n'est, par exemple, ni titulaire, ni cessionnaire du brevet; de la non-recevabilité de l'action d'un étranger à défaut de caution *judicatum solvi* (art. 166, Cod. de proc.); de la chose antérieurement jugée au profit du prévenu (1); de la prescription résultant du temps écoulé depuis la perpétration des faits incriminés (voir ci-après, n° 571).

522. De l'exception de bonne foi. — On sait que l'exception de bonne foi n'est pas recevable de la part de l'auteur de la contrefaçon. Elle ne le serait que de la part de ceux que la loi considère comme complices du délit, mais qui sont admis à prouver qu'ils n'ont pas agi sciemment (voir à cet égard n° 511).

523. Exceptions tirées de la non-recevabilité de l'action. — De la reconnaissance des droits du prévenu. — Les exceptions spéciales à la matière de la contrefaçon sont tirées, soit de la recevabilité, soit du fond même de l'action.

Parmi les premières est celle que fournit contre le cessionnaire le défaut d'enregistrement de la cession dont on a expliqué les effets (n°s 402 et suiv.).

La reconnaissance de la validité du brevet qu'aurait pris le prévenu ou la renonciation à le poursuivre pourraient fournir au prévenu des fins de non-recevoir, mais il faudrait qu'elles fussent expresses. La jurisprudence a refusé de voir une telle reconnaissance dans le fait d'un inventeur qui, n'ayant pas les ressources nécessaires pour exploiter ses brevets, s'était associé

---

(1) Voir ci-après (n° 535) l'influence de la chose jugée, soit au civil, soit au criminel.

temporairement avec un individu qui avait pris lui-même postérieurement un brevet pour le même objet, et l'action en contrefaçon contre ce dernier n'en a pas moins été accueillie (1).

Il en a été de même dans un cas où le demandeur s'était rendu acquéreur du brevet pris postérieurement aux siens, mais pour une plus courte durée, et y avait même ajouté des certificats d'addition. A l'expiration de ce brevet, il a été admis à soutenir que les siens avaient conservé tous leurs effets et que l'invention n'était pas acquise au domaine public (2).

524. Exceptions du fond.— Nullité. — Déchéance. — Propriété.—L'art. 46 s'occupe des exceptions du fond, à savoir, celles qui consistent à soutenir que la contrefaçon ne saurait exister à l'égard du demandeur parce que son brevet serait atteint de nullité ou de déchéance, ou parce que la propriété du brevet appartiendrait, soit au prévenu, soit à tout autre que le poursuivant.

525. De la preuve de l'exception.— C'est, en pareil cas, au prévenu qui invoque l'exception à faire la preuve des faits qu'il invoque, d'après la maxime générale : *reus in excipiendo fit actor*, et non pas au demandeur à prouver que les faits invoqués par son adversaire n'existent pas.

Tous les moyens de preuve sont d'ailleurs admis, même la preuve par témoins, quelle que soit la valeur de l'objet du litige, la loi de 1844 n'ayant pas reproduit les dispositions de l'art. 16 de la loi de 1791, qui limitait le genre de preuves à invoquer contre le breveté (3).

526. Des exceptions de nullité, et spécialement de l'exception d'antériorité. — L'exception de nullité consiste, de la part du prévenu, à invoquer contre le titulaire du brevet tous les cas de nullité énumérés par l'art. 30, et dont le premier et le plus habituellement opposé est le défaut de nouveauté du brevet, qui constitue ce qu'on appelle en pratique *l'exception d'antériorité*.

D'après les principes exposés ci-dessus, l'antériorité de nature à faire tomber l'action en contrefaçon peut résulter, soit de la publication dans un ouvrage quelconque, soit de la mise en pratique *avec publicité*, soit de l'exposition publique du procédé breveté avant la demande du brevet.

---

(1) Paris, 13 juin 1850 (Dalloz, 52.2.25).
(2) C. cass., 13 août 1852 (Sirey, 53.1.388).
(3) Blanc, p. 712.

527. Des brevets antérieurs et de la mise en pratique non publique. — Il faut se rappeler, à cet égard, deux points essentiels et souvent méconnus de la part des intéressés :

1° L'exception d'antériorité ne résulte pas de plein droit de la production d'un brevet obtenu par un tiers antérieurement à celui du demandeur et relatif au même objet. Pour que le premier brevet fasse tomber l'action en contrefaçon, il faut, en principe, qu'il implique par lui-même la publicité de l'invention, comme les brevets pris en Angleterre, ou qu'il ait été pris par le prévenu lui-même. Nous avons vu que, dans la pratique, ce principe n'était point appliqué rigoureusement, et que les tribunaux regardaient le plus souvent la simple production d'un brevet comme une justification suffisante d'antériorité (n° 441). Il résulte du moins et d'une manière certaine de la règle posée, que la Cour de cassation ne saurait censurer une décision qui aurait maintenu un brevet sans égard au fait pur et simple de l'existence d'un brevet antérieur (1) ;

2° La mise en pratique non publique n'est pas opposable au breveté, à moins qu'elle ne soit le fait du prévenu qui y puiserait une véritable exception de propriété de l'invention tout à fait péremptoire, mais à lui personnelle (2). (Voir n° 453 ci-dessus et n° 529 ci-après.)

Nous n'avons d'ailleurs qu'à renvoyer aux explications données ci-dessus relativement aux diverses causes de nullité que le prévenu peut invoquer à titre d'exception contre le demandeur (voir § III).

528. Des exceptions de déchéance et spécialement de l'exception de non-exploitation. — Il en est de même pour les motifs de déchéance que l'inculpé peut également soumettre à la police correctionnelle, toujours à la condition de fournir la preuve de ses allégations. Ainsi, quand le prévenu excipe de la non-exploitation du procédé breveté, ce n'est pas au titulaire du brevet à justifier qu'il a exploité pendant le temps requis par la loi, mais à son adversaire à établir, autant que faire se pourra, le défaut d'exploitation. Quelque difficile que puisse être une preuve négative, rien n'autorise à en décharger celui qui est demandeur à l'exception, et à imposer la preuve contraire au poursuivant, auquel il suffit de se retrancher derrière son brevet.

---

(1) Voir Cour de cassation 27 juillet 1850 (aff. Rouget de Lisle).
(2) C. cass., 30 mars 1849 (Sirey, 50.1.70). — Renouard, n. 44 et suiv.; Blanc, p. 445 et suiv.

Toutefois, dans la pratique, comme la preuve d'un fait d'exploitation est aussi aisée à fournir que l'est peu celle de l'absence de toute exploitation, les tribunaux verraient sans doute avec défaveur l'attitude du breveté qui, se prévalant de son droit strict, refuserait des justifications qu'il doit avoir à sa disposition. Ils pourraient y trouver une présomption grave et peut-être décisive à l'appui des allégations du prévenu. Le poursuivant fera donc prudemment de fournir lui-même tous les documents de nature à éclairer la question.

529. Exceptions relatives à la propriété des brevets. — Les exceptions relatives à la propriété du brevet sont toutes celles qui tendent à établir que le brevet n'appartient pas au titulaire, telles que celle tirée de la production par le défendeur d'un brevet antérieur par lui obtenu pour le même objet, ou de la soustraction frauduleuse que le breveté aurait faite lui-même de l'invention du prévenu, ou de la cession qu'il aurait consentie à ce dernier, ou de l'expiration du brevet. Ces questions et autres semblables peuvent être soulevées devant le tribunal de police correctionnelle du moment où leur solution peut avoir pour conséquence l'acquittement de l'inculpé.

« Quand, au contraire, comme le fait remarquer M. Renouard, des questions concernant l'exécution des contrats surgiront dans le cours des débats, et quand ces questions ne toucheront ni la recevabilité de l'action, ni la vérification du fait de contrefaçon, le tribunal correctionnel devra se déclarer incompétent (1). »

530. Le tribunal correctionnel doit-il surseoir en présence d'une instance civile sur la validité ou la propriété du brevet? — Préliminaires. — Quoique les questions de nullité, de déchéance, de propriété de brevet puissent être débattues et jugées en police correctionnelle, il n'en est pas moins vrai qu'elles sont essentiellement de la compétence des tribunaux civils (art. 34).

Le prévenu, au lieu de se réserver de les soulever à titre d'exception devant le tribunal correctionnel, peut les déférer par voie d'action principale au tribunal civil.

De là cette question vivement controversée de savoir si, en présence d'une action intentée au civil sur la validité ou la propriété du brevet, la justice correctionnelle, qui n'est saisie qu'exceptionnellement de ces questions, doit surseoir à statuer jusqu'à ce que la justice civile ait prononcé.

---

(1) *Brevets*, n. 226.

Tout le monde est d'accord sur ce point, qu'il ne saurait suffire au prévenu, pour obtenir le sursis, de contester la propriété du breveté, ce qui serait contraire au texte formel de l'art. 46; et sur cet autre point, que s'il a une fois soulevé l'exception devant le tribunal correctionnel, ce serait en vain qu'il voudrait dessaisir celui-ci en intentant l'action principale, puisqu'on pourrait lui opposer la maxime : *Electâ und viâ non datur recursus ad alteram* (1). Mais la divergence se manifeste au cas où le prévenu intente l'action civile avant d'avoir soulevé l'exception.

531. Distinction. — Le sursis est obligatoire quand l'action civile a précédé la poursuite correctionnelle. — M. Blanc soutient que le sursis doit être *nécessairement* prononcé par la justice répressive sur le vu de la demande introductive d'instance, eût-elle été formée dans le cours des débats, et même pendant l'instance d'appel après une condamnation en première instance (2). Cette opinion est repoussée à bon droit par la plupart des auteurs et des arrêts, d'après les explications positives données dans la discussion de la loi (3).

Il faut distinguer si l'instance civile a été intentée avant ou pendant l'instance correctionnelle.

Quand l'instance civile est antérieure, le tribunal correctionnel *doit* surseoir jusqu'à ce que la justice civile ait prononcé, attendu la *litispendance* et conformément à l'art. 171 du Cod. de proc. civ.; mais à la condition que les questions soulevées soient identiquement les mêmes et non pas seulement connexes (4), cas auquel le sursis serait facultatif.

532. Le sursis est facultatif quand la poursuite correctionnelle a précédé l'action civile. — Si l'instance civile n'est engagée que dans le cours de la poursuite correctionnelle, le sursis n'est jamais obligatoire; les juges peuvent ou l'accorder ou le refuser d'après les circonstances.

« Suivant que de ces circonstances résultera le plus ou moins de bonne foi des parties, ou le tribunal accordera le sursis en fixant un délai raisonnable pendant lequel l'action civile sera

---

(1) Blanc, p. 597.
(2) Blanc, p. 556.
(3) Morin. *Répert.*, v° *Contrefaçon*, n. 45; Renouard, n. 225; Dalloz, n. 554; Loiseau et Vergé, p. 169.—Douai, 13 octobre 1854.—C. cass., 14 février 1855.
(4) C. cass., 23 février 1857 (Sirey, 57.1.261).—Voir *Codes annotés* de Gilbert, sur l'art. 171 du Code de procédure.

jugée, ou il refusera le sursis demandé s'il voit qu'il n'est qu'un prétexte pour échapper aux dispositions de l'art. 46. » Ce point est abandonné « sans réserve à la sagesse, à la prudence et au discernement des juges (1). »

533. Dans quels cas la demande au civil est réputée antérieure à l'action correctionnelle.— La demande au civil ne doit être considérée comme antérieure à l'instance correctionnelle que si elle a réellement précédé les poursuites. Il n'en serait pas ainsi au cas où le prévenu n'aurait fait qu'intervenir, pendant le cours de cette dernière instance, dans un procès préalablement engagé au civil; c'est en effet de son intervention seule que daterait pour lui l'action civile (2).

Il faut selon nous, en décider de même lorsque la demande au civil a été formée, même avant la citation en police correctionnelle, mais postérieurement à la saisie des objets contrefaits valablement effectuée, comme il sera dit ci-après (n° 538). La saisie est, en effet, le véritable point de départ des poursuites devant la justice répressive. Autrement il suffirait au prévenu de donner assignation au breveté à l'instant où il serait averti par la saisie, pour entraver nécessairement les poursuites correctionnelles. Telle n'a pu être l'intention de la loi.

534. Du renvoi par le tribunal civil au tribunal correctionnel.— La jurisprudence a décidé qu'en cas d'action en nullité ou en déchéance intentée au civil par le prévenu déjà poursuivi en contrefaçon, et ayant proposé des exceptions fondées sur les mêmes moyens, le tribunal civil pouvait renvoyer pour connexité la cause devant le tribunal saisi de l'action en contrefaçon (3).

535. Influence réciproque de la chose jugée au civil et au criminel sur les exceptions dont il s'agit. — S'il y a eu, non pas seulement demande, mais jugement au civil avant que le tribunal correctionnel n'ait statué, celui-ci ne peut plus accueillir les exceptions qui remettraient en question la chose jugée. Ainsi, le prévenu qui a succombé devant le tribunal civil sur une instance principale en nullité ou en déchéance de brevet ne pourra plus, en police correctionnelle, soulever, à titre d'exception, les mêmes moyens de nullité ou de déchéance qui se sont

---

(1) Rapport de M. Barthélemy.
(2) Arrêt précité du 14 février 1855 (Rohlfs et Seyrig) — Voir *Gazette des Tribunaux* du 15 février 1855.
(3) C. cass., 5 décembre 1849 (Sirey, 50.1.137)

trouvés compris et jugés dans l'instance principale (1). Mais si c'était, au contraire, devant le tribunal correctionnel que ces moyens eussent été proposés par voie d'exception et rejetés, il n'en résulterait nullement une fin de non-recevoir contre une action civile ultérieure. Car le tribunal correctionnel n'est saisi de ces questions et ne les apprécie qu'au point de vue spécial de la contrefaçon, et ne peut enlever aux juges civils l'action principale intentée au point de vue général de la validité du brevet (2).

A peine est-il utile de faire remarquer que le jugement au civil qui aurait statué sur la validité du brevet, de même qu'une précédente condamnation, en vertu de ce même brevet, ne peuvent être opposés au prévenu que s'il a été partie en cause (3). C'est l'application pure et simple des principes généraux sur la chose jugée (voir n° 474 *in fine*).

536. Le prévenu de débit d'objets contrefaits ne peut appeler en garantie son vendeur. — L'individu poursuivi correctionnellement pour avoir recélé, débité et mis en vente des objets contrefaits, ne peut, en aucun cas, appeler en garantie son vendeur. L'action en garantie est essentiellement civile, dit M. Blanc. D'ailleurs, elle n'a pas d'objet si le prévenu prouve qu'il est innocent, et elle n'est pas possible s'il est déclaré coupable. Un condamné ne peut demander à être garanti par son complice (4).

537. Cumul d'une action en nullité avec l'action en contrefaçon. — Quand un individu poursuivi pour contrefaçon devant la justice civile se défend en produisant un brevet pris par lui ou par son auteur, en vertu duquel il aurait confectionné les produits prétendus contrefaits, le poursuivant peut à sa demande en contrefaçon joindre une demande en nullité ou en déchéance du brevet qui lui est opposé. Le tribunal est obligé de statuer séparément sur les deux demandes. Il ne pourrait se dispenser de statuer sur la seconde, sous prétexte que la contrefaçon n'étant pas établie, il n'y a pas lieu de s'occuper de la nullité ou déchéance du brevet invoqué par le défendeur. Pour avoir succombé dans sa demande en contrefaçon, le poursuivant

---

(1) C. cass., 18 juin 1852 (Guillaume).
(2) Voir sur ce point, Blanc, p. 357.
(3) C. cass., 26 mars 1846 (aff. Nadal c. Duchesne) (Dalloz 46.4.47).
(4) Blanc, p. 350. — C. cass., 10 juillet 1846 (Dalloz, 46.1.287); 15 mars 1825.

n'en a pas moins intérêt à faire tomber le brevet qu'on lui oppose, et à garantir ainsi son industrie du danger bien plus grand qui le menace dans l'avenir (1).

Art. 3. — **Préliminaires et procédure de l'action en contrefaçon.** — **Description, saisie, expertise, etc.**

SOMMAIRE.

538. En quoi consistent la description et la saisie. — 539. Formalités. Requête au président. Ordonnance. Procès-verbal. — 540. Du cautionnement, facultatif en général. — 541. L'ordonnance du président peut-elle restreindre le droit de saisie à certains objets. — 542. Cautionnement obligatoire à l'égard des étrangers.—543. Du cas d'omission ou d'insuffisance du cautionnement. — 544. Sur quels objets et en quels lieux peut être opérée la saisie. — 545. Nullité de la saisie. 546. Du délai dans lequel l'action doit être intentée après la saisie. — 547. Comment la nullité et la mainlevée doivent être prononcées. — 548. Des moyens à prendre pour prévenir une saisie.—549. L'ordonnance d'autorisation doit être spéciale et n'est pas indéfiniment efficace. — 550. Effets de la nullité de la saisie quant aux poursuites ultérieures. — 551. De l'expertise. — 552. Incidents de l'instance en contrefaçon.

538. En quoi consistent la description et la saisie. — Le premier acte de la poursuite est celui par lequel le breveté assure la constatation du délit, soit en mettant sous la main de justice les objets contrefaits au moyen d'une *saisie*, soit en faisant procéder à leur exacte désignation, ce qui constitue la *description*.

539. Formalités.— Requête au président. — Ordonnance. — Procès-verbal. — « Les propriétaires de brevet pourront, en vertu d'une ordonnance du président du tribunal de première instance, faire procéder par tous huissiers, à la désignation et description détaillées, avec ou sans saisie, des objets prétendus contrefaits » (art. 47, al. 1er).

Quand la poursuite a lieu à la requête du ministère public, sur la plainte du breveté, la saisie peut être opérée par le commissaire de police.

« L'ordonnance sera rendue sur simple requête et sur la représentation du brevet » (art. 47). D'après ce qui a été dit plus haut (n° 518) sur le droit de l'inventeur de poursuivre les contrefacteurs à partir de la demande en brevet, il suffit, si le

---

(1) Arrêt d'admission de la chambre des requêtes du 24 avril 1855 (*Gazette des Tribunaux* du 27 avril 1855).— *Contrà*, arrêt de Paris du 26 août 1854.

brevet n'est pas encore délivré, de produire le récépissé du dépôt des pièces à la préfecture.

L'autorisation peut être accordée sur la production d'un brevet expiré, si les faits incriminés sont antérieurs à l'expiration du brevet, « attendu qu'une contestation doit être jugée par l'état du droit des parties au moment où les faits se sont passés (1). »

La requête à laquelle doit être joint le brevet ou le récépissé qui en tient lieu, doit contenir les nom, profession et domicile du demandeur, l'indication de l'invention qui fait l'objet du brevet, le nom ou la désignation aussi exacte que possible du contrefacteur ou des détenteurs. Le breveté peut demander à être autorisé à saisir chez tout recéleur ou débitant des objets contrefaits qu'il découvrira (2). On verra néanmoins que l'autorisation ne saurait avoir des effets indéfinis (n° 549).

L'ordonnance contiendra, s'il y a lieu, la nomination d'un expert pour aider l'huissier dans sa description (art. 47, suite).

Si la description peut avoir lieu sans saisie quand le breveté croit devoir s'en tenir à cette seule mesure, la saisie ne peut avoir lieu sans un procès-verbal contenant la description des objets argués de contrefaçon (3).

540. Du cautionnement, facultatif en général. — La loi a voulu mettre les tiers à l'abri de poursuites vexatoires et abusives de la part d'un breveté qui chercherait non-seulement à poursuivre la contrefaçon prohibée, mais à décourager la concurrence permise. « Lorsqu'il y aura lieu à saisie, l'ordonnance *pourra* imposer au requérant un cautionnement qu'il sera tenu de consigner avant d'y faire procéder » (art. 47, al. 3).

541. L'ordonnance du président peut-elle restreindre le droit de saisie à certains objets. — Cette faculté accordée au président nous paraît trancher implicitement la question fort controversée de savoir si ce magistrat a le droit, sur la production d'un brevet régulier en la forme, de refuser l'autorisation de saisir ou de restreindre la saisie à certains objets, quand le breveté requiert une saisie totale. Il nous paraît que la libre appréciation des objets qu'il convient de saisir doit être laissée au breveté, par cette raison que le président peut toujours prévenir les inconvénients d'une saisie trop étendue en

---

(1) C. cass., 20 août 1851 (Dalloz, 54.5.78).—Metz. 14 août 1850 (Dalloz, 51.2.163).
(2) Blanc, p. 631.
(3) Dalloz, n. 345.

imposant un cautionnement proportionné. Tous les intérêts se trouvent ainsi sauvegardés (1).

542. Cautionnement obligatoire à l'égard des étrangers. — Si le cautionnement est facultatif à l'égard des nationaux, il doit toujours être imposé à l'étranger breveté qui requerra la saisie (art. 47, al. 4). Cette disposition, ne faisant à cet égard aucune distinction doit être appliquée même à l'étranger qui a été admis à jouir des droits civils en France (2).

543. Du cas d'omission ou d'insuffisance du cautionnement. — Quand le président a omis d'ordonner le cautionnement dans la requête, la partie saisie peut toujours le requérir par voie de référé ou d'action principale. Elle pourrait de même demander l'augmentation du cautionnement accordé, soit en appelant de l'ordonnance du président, soit en formant une demande au principal. Mais il n'existe aucun recours contre la disposition de l'ordonnance qui autorise la saisie et qui émane de la juridiction non contentieuse (3).

544. Sur quels objets et en quels lieux peut être opérée la saisie? — La saisie peut porter non-seulement sur les objets contrefaits, mais sur les instruments qui ont servi à les fabriquer. Les matières premières obtenues par la contrefaçon peuvent être saisies en quelque état quelles aient été mises par une fabrication ultérieure. Les tribunaux en ont jugé ainsi à l'égard de draps fabriqués avec des laines dégraissées par un procédé argué de contrefaçon (4).

La saisie peut être opérée en tous lieux où les objets contrefaits sont découverts, chez les tiers comme chez le fabricant et même dans le local d'une exposition nationale des produits de l'industrie (5).

Elle ne doit cependant pas porter sur les objets à l'usage personnel de leur possesseur (voir n° 507), et ce à peine de dommages-intérêts contre le breveté qui aurait fait procéder à une saisie d'objets de ce genre (6).

545. Nullité de la saisie. — « Il sera laissé copie au détenteur des objets décrits ou saisis, tant de l'ordonnance que de

---

(1) Blanc, p. 360 et 655 ; Dalloz, n. 344.—*Contrà*, Renouard, n. 236 et arrêt de Paris, 8 mars 1845 (Parisot).
(2) Renouard, n. 98. — Voir Vergé et Loiseau, p. 176.
(3) Paris, 11 février 1846 (Pentzold c. Caron). — Voir Dalloz, n. 380.
(4) Jugement du 23 décembre 1841.—Voir Dalloz, n. 332.
(5) Blanc, p. 361.
(6) Angers, 18 février 1841 (Perrier c. Hossard).

l'acte constatant le dépôt du cautionnement le cas échéant; le tout à peine de nullité et de dommages-intérêts contre l'huissier » (art. 47, *in fine*).

On verra plus loin (n° 550) que la saisie n'étant pas un préliminaire indispensable de l'instance, cette nullité de la saisie n'entraînerait pas celle de la citation en police correctionnelle. Seulement le plaignant sera forcé de fournir d'autres preuves pour établir la contrefaçon, celles qui résulteraient du procès-verbal entaché de nullité ne pouvant plus être invoquées.

546. Du délai dans lequel l'action doit être intentée après la saisie. - Nullité et dommages-intérêts. — Le saisi ne doit pas rester longtemps sous le coup d'une main-mise, peut-être mal fondée, qui paralyserait ou entraverait ses opérations. Aussi l'art. 48 oblige-t-il le breveté à donner cours aux poursuites sans retard.

« A défaut par le requérant de s'être pourvu, soit par la voie civile, soit par la voie correctionnelle, dans le délai de huitaine, outre un jour par trois myriamètres de distance, entre le lieu où se trouvent les objets saisis ou décrits et le domicile du contrefacteur, recéleur, introducteur ou débitant, *la saisie ou description sera nulle de plein droit*, sans préjudice des dommages-intérêts qui pourront être réclamés, s'il y a lieu, dans la forme prescrite par l'art. 36. »

Les dommages-intérêts dont parle l'art. 48 ne sont pas dus seulement en cas de nullité de saisie; ils le seraient encore à plus forte raison au cas où la poursuite elle-même serait reconnue mal fondée (1).

547. Comment la nullité et la mainlevée doivent être prononcées. — Quoique la nullité en question ait lieu de plein droit d'après la loi, le saisi n'en est pas moins tenu de la faire prononcer par la justice. La nullité, soit pour cause de retard dans les poursuites, soit pour autre cause, doit être demandée au tribunal de police correctionnelle, par voie d'exception ou de demande reconventionnelle, si le tribunal se trouve investi de la cause au moment où cette demande se produit. Sinon, la question de nullité doit être portée devant le tribunal civil (2).

Quand la saisie a été ordonnée par le juge d'instruction sur des poursuites intentées à la requête du ministère public, ce n'est

---

(1) Voir Blanc, p. 564.
(2) Jugement de Paris du 7 janvier 1845.—Voir Dalloz, n. 355.

548. Des moyens à prendre pour prévenir une saisie.—L'art. 48 ne donne droit à l'inculpé d'agir qu'après que la saisie a été réellement effectuée. Si le breveté n'avait fait que de simples menaces ou tentatives de saisie, celui qui en aurait été l'objet ne pourrait l'assigner pour lui faire faire d'avance défense d'y procéder (2). Il n'aurait d'autres moyens d'assurer sa sécurité que d'intenter, s'il y avait lieu, une action en nullité ou en déchéance, ou de mettre le breveté en demeure de poursuivre, en lui notifiant par exploit régulier ses procédés et moyens, et en le sommant d'avoir à déclarer s'il y voit ou non une contrefaçon des procédés brevetés. La réponse de l'inventeur ou même, dans certains cas, son silence en présence d'une manifestation loyale à son égard, pourraient élever une fin de non-recevoir contre l'action en contrefaçon qu'il voudrait intenter plus tard. Rappelons toutefois que la simple tolérance du breveté pendant un temps plus ou moins long (sauf l'application de la prescription) ne met aucun obstacle aux poursuites de la partie lésée.

549. L'ordonnance d'autorisation doit être spéciale et n'est pas indéfiniment efficace.—L'ordonnance portant autorisation de saisir n'a d'effet légal qu'à l'égard de la poursuite en vue de laquelle elle est intervenue. Le breveté ne pourrait s'en prévaloir ultérieurement pour faire procéder à des poursuites nouvelles en raison de faits postérieurs à l'ordonnance. Il serait absolument contraire à l'esprit de la loi que l'autorisation de saisir demeurât indéfiniment efficace entre les mains du breveté, et qu'il lui suffît de s'être adressé une fois à la justice pour pouvoir saisir désormais à son jour et à son heure. Ce serait rentrer indirectement dans le système de la loi du 7 janvier 1791 (art. 12), qui autorisait la saisie en vertu du brevet seul, système que la loi de 1844 a voulu précisément abolir. Les tribunaux pourront donc décider en fait, d'après la date ancienne de l'ordonnance et les circonstances qui l'ont accompagnée, qu'elle ne peut valider une saisie de beaucoup postérieure (3).

550. Effet de la nullité de la saisie quant aux poursuites ultérieures.—La saisie et la description, qui sont les

---

(1) Jugement de Paris du 7 janvier 1845 (Elkington).—Voir Dalloz, n° 355.
(2) Jugement du 18 avril 1844.—Voir Dalloz, n. 355.
(3) Arrêt de Paris du 21 février 1853, aff. Duchesne.

préliminaires les plus utiles de toute poursuite en contrefaçon, ne sont pourtant pas, avons-nous dit, la condition essentielle de la validité des poursuites.

L'absence de toute saisie ou description (1), non plus que la nullité de la saisie effectuée (2), ne met aucun obstacle à ce que le breveté ne forme et ne suive l'action en contrefaçon, sauf à suppléer par la preuve testimoniale aux moyens de constatation qui lui manquent.

551. De l'expertise. — Le tribunal saisi de l'action en contrefaçon, soit au civil, soit au criminel, ordonne le plus souvent une expertise pour faire examiner par des hommes de l'art les questions de fait que soulève le procès. Toutefois, il est entièrement libre de prendre ou de ne pas prendre cette mesure, quelles que soient à cet égard les conclusions des parties (3); il peut, après une première expertise qu'il ne trouve pas suffisamment concluante, en ordonner une seconde (4); il peut enfin statuer contrairement aux opinions manifestées par les experts.

Mais il ne pourrait, sans donner de motifs, rejeter implicitement la demande d'enquête formée par le prévenu à l'effet d'établir les faits qu'il croirait utiles à sa défense. Un tel défaut de motifs donnerait ouverture à cassation (5), à moins que les juges ne se déclarassent suffisamment éclairés, ce qui serait motiver indirectement le rejet des conclusions à fin d'enquête.

552. Incidents de l'instance en contrefaçon. — Les explications données ci-dessus relativement aux exceptions qui peuvent être opposées par le prévenu (n° 521) ont fait connaître à l'avance les principaux incidents qui peuvent se manifester pendant l'instance en contrefaçon.

Art. 4. — Effets de l'action en contrefaçon au civil et au criminel.

SOMMAIRE.

553. Peines de la contrefaçon. Amende, emprisonnement. — 554. De la récidive.—555. De la contrefaçon effectuée ou favorisée par l'ouvrier du breveté. — 556. Admission des circonstances atténuantes.—557. De la confiscation, même en cas d'acquittement.—558. Les tribunaux

---

(1) Arrêt précité du 20 août 1851.
(2) Douai, 5 août 1851 (Dalloz, 54.2 72). — Voir C. cass., 27 mars 1855 (Dalloz, v° *Brevets*, n. 354 ; Blanc, p. 662.
(3) C. cass., 24 décembre 1855.
(4) Paris, 20 janvier 1855 (aff. Cavaillon).
(5) La jurisprudence de la Cour de cassation est constante sur ce point. — Voir C. cass., 26 août 1840 (Maillard c. Rattier).

PEINES DE LA CONTREFAÇON. 285

sont tenus de prononcer la confiscation. — 559. Les objets à l'usage personnel du prévenu ne sont pas sujets à confiscation. — 560. La confiscation comprend tout ce qui est inséparable des objets contrefaits. — 561. Confiscation des objets fabriqués à l'aide de procédés contrefaisants. — 562. Application du principe. — 563. Confiscation des instruments de la contrefaçon. — 564. Remise des objets confisqués. Dommages-intérêts. — 565. De la solidarité.—566. Impression et affiche des jugements.— 567. Contrainte par corps.—568. La confiscation peut-elle être prononcée par la juridiction civile.—569. Recours contre les jugements civils et correctionnels.—570. Chose jugée. —571. Prescription.—572. Dispositions finales et transitoires.

553. Peines de la contrefaçon. - Amende.—Emprisonnement. — Les suites de l'action en contrefaçon et les condamnations à intervenir diffèrent complétement, suivant que la poursuite a lieu devant le tribunal correctionnel ou le tribunal civil.

Le tribunal correctionnel peut seul prononcer des peines proprement dites.

Les peines de la contrefaçon sont, d'après les art. 40 et 43, l'amende et l'emprisonnement, suivant les cas.

L'amende est de 100 à 2000 fr., tant contre le contrefacteur lui-même que contre les recéleurs, vendeurs, introducteurs. La loi de 1844 a repoussé la distinction établie, entre l'auteur principal et les complices, par l'art. 425 du Cod. pén.

L'amende peut être accompagnée d'emprisonnement dans deux cas : 1° s'il y a récidive ; 2° si les procédés du brevet ont été livrés par un abus de confiance d'un ouvrier du breveté. C'est ce qui résulte de l'art. 43, dont les dispositions réclament quelques explications.

554. De la récidive. — « Dans le cas de récidive, il sera prononcé, outre l'amende portée aux art. 40 et 41, un emprisonnement d'un mois à six mois. Il y a récidive lorsqu'il a été rendu contre le prévenu, dans les cinq années antérieures, une première condamnation pour un des délits prévus par la présente loi. »

D'après les explications données par le rapporteur de la loi à la Chambre des députés, il suffit, pour constituer la récidive, qu'il y ait eu deux contrefaçons, alors même qu'elles se seraient attaquées à deux brevets différents (1). Mais, suivant MM. Renouard (n° 252) et Dalloz (n° 369), il faut que les deux délits

---

(1) Voir Vergé et Loiseau, p. 165.

soient des délits de contrefaçon proprement dits, et, malgré la généralité des termes de l'art. 43, la récidive ne résulterait pas de la perpétration antérieure de l'un des délits spéciaux dont s'occupe l'art. 33 (usurpation de la qualité de breveté, omission, dans l'annonce du brevet, de la non-garantie du Gouvernement).

555. De la contrefaçon effectuée ou favorisée par l'ouvrier du breveté. — « Un emprisonnement d'un mois à six mois pourra aussi être prononcé si le contrefacteur est un ouvrier ou un employé ayant travaillé dans les ateliers ou dans l'établissement du breveté, ou s'il s'est associé avec un ouvrier ou un employé du breveté, avec connaissance, par ce dernier, des procédés décrits au brevet.

« Dans ce dernier cas, l'ouvrier ou l'employé pourra être poursuivi comme complice » (art. 43).

Suivant la remarque fort judicieuse de M. Blanc, pour qu'il y ait violation d'un secret de la part de l'ouvrier de l'inventeur, il faut que la révélation soit antérieure à la délivrance du brevet, puisque celui-ci, pouvant être consulté par tous, il n'y a plus d'intérêt à demander à l'ouvrier ce qui est le secret de tout le monde. D'où la conséquence exposée ci-dessus (n° 452), que la communication d'un procédé non encore breveté faite à un tiers par l'ouvrier qui abuse de la confiance de son maître ne suffit pas pour faire tomber l'invention dans le domaine public, à moins qu'il ne s'en soit suivi une publicité complète.

556. Admission des circonstances atténuantes. — « L'art. 463 du Cod. pénal (relatif aux circonstances atténuantes) pourra être appliqué aux délits prévus par les dispositions qui précèdent » (art. 44), et à plus forte raison aux délits moins graves prévus par l'art. 33 (1).

557. De la confiscation même en cas d'acquittement. — L'amende et, en cas de récidive, l'emprisonnement ne sont pas les seules condamnations qu'ait à prononcer le tribunal correctionnel.

« La confiscation des objets reconnus contrefaits et, le cas échéant, celle des instruments ou ustensiles destinés spécialement à leur fabrication, *seront*, même en cas d'acquittement, prononcées contre le contrefacteur, l'introducteur et le débitant (art. 49).

La confiscation a dû être prononcée, même en cas d'acquit-

---

(1) Dalloz, n. 371.

tement du prévenu, comme le seul moyen de ne pas remettre dans le commerce des objets contrefaits, en d'autres termes, de ne pas autoriser la contrefaçon (1).

558. Les tribunaux sont tenus de prononcer la confiscation. — La confiscation, toutefois, n'a pas lieu de plein droit; il faut qu'elle soit prononcée par le jugement. Mais cette mesure étant impérativement prescrite par la loi, toute décision qui s'abstiendrait de la prononcer encourrait la cassation.

En application de ces principes, la Cour suprême a dû annuler un arrêt qui n'avait pas ordonné la confiscation des objets saisis chez un débitant acquitté à raison de sa bonne foi (2).

Il en doit être ainsi alors même que le brevet est expiré avant le jugement de condamnation, pourvu qu'il fût en vigueur au moment des poursuites; le texte n'admet aucune distinction à cet égard (3).

559. Les objets à l'usage personnel du prévenu ne sont pas sujets à confiscation. — Mais en vertu de l'interprétation limitative donnée aux articles qui définissent le délit de contrefaçon et la complicité de ce délit, la jurisprudence n'admet la confiscation que lorsque le fait, bien que suivi d'acquittement à raison de circonstances personnelles au prévenu, serait en lui-même constitutif du délit, soit de contrefaçon, soit de complicité de contrefaçon. C'est pourquoi elle a décidé que les tribunaux ne pouvaient prononcer la confiscation des objets reconnus être à l'usage propre et particulier du prévenu, « attendu que la loi ordonne la confiscation, seulement contre le contrefacteur, le receleur, l'introducteur et le débitant (4). »

560. La confiscation comprend tout ce qui est inséparable des objets contrefaits. — La confiscation doit porter sur la totalité des objets contrefaits, alors même que leur valeur dépasserait de beaucoup le préjudice causé au breveté et ne serait même en aucun rapport avec ce préjudice (5).

---

(1) Rapport de Philippe Dupin. — Voir Vergé et Loiseau, p. 178.
(2) C. cass., 9 décembre 1848 (Dalloz, 51.5.56).
(3) Metz, 14 août 1850 (Dalloz, 51.2.165). — *Contrà*, Dalloz, n. 575, et jugement du 21 décembre 1829.
(4) C. cass., 12 juillet 1851 (Dalloz, 51.5.56); 28 juin 1844 (Dalloz, 44.1.432). —Douai, 5 août 1851 (Dalloz, 54.2.72). — *Contrà*, Dalloz, qui critique cette jurisprudence par le motif que la circonstance de l'emploi à un usage personnel n'empêche pas l'objet contrefait d'être, à proprement parler, la chose du breveté (Dalloz, 54.2.72, notes 6 et 7).
(5) Metz, 14 août 1850 (Dalloz, 51.2.165).

En vertu de ce principe, elle doit s'étendre aux objets même non contrefaits qui seraient *inséparables* des objets contrefaits (1), sans qu'il y ait lieu de rechercher quel est l'accessoire et quel est le principal. Ainsi, il suffit que des laines aient été graissées avec de l'oléine, produit breveté, pour que la confiscation qui doit atteindre l'oléine partout où elle se trouve ait dû porter sur les laines elles-mêmes (quelle qu'en fût la valeur) dont la substance brevetée ne pouvait être séparée (Cass. 14 août 1850).

561. Confiscation des objets fabriqués à l'aide des procédés contrefaisants. — Il résulte également de la disposition absolue de l'art. 49 que les objets fabriqués à l'aide d'un procédé contrefaisant doivent être confisqués aussi bien que les instruments au moyen desquels ils ont été obtenus.

La jurisprudence toute récente de la Cour de cassation (voir n° suivant) a fixé sur ce point, de la manière la plus précise, la règle qui doit être suivie dans l'application de la loi et la juste limite qui ne doit pas être dépassée.

562. Application du principe. — Si tout objet *fabriqué* par les procédés ou appareils contrefaisants doit être confisqué, il ne suffit pas que l'objet ait été seulement *appliqué* à l'instrument de la contrefaçon. La confiscation ne comprend les matières premières, marchandises ou objets de contrefaçon auxquels ont été appliqués l'instrument, la machine ou le procédé contrefaisant, qu'autant qu'il est reconnu et déclaré expressément par le juge que ces objets ont subi, par suite de cette application, dans leur forme, dans leur apparence ou dans leur valeur, des modifications telles qu'ils doivent être considérés comme objets contrefaits (2).

La Cour suprême a cassé en conséquence la décision qui avait prononcé la confiscation en se bornant à constater que les objets saisis avaient été touchés par la machine contrefaisante, sans apprécier les modifications qu'ils avaient pu subir. Toutefois, la circonstance que les objets ont été obtenus à l'aide de la contrefaçon, essentielle pour motiver la confiscation, peut ne pas être textuellement mentionnée dans l'arrêt de condamnation, si elle ressort du procès-verbal de saisie signalant les objets saisis comme contrefaits, sans que le prévenu ait élevé aucune réclamation contre cette énonciation du procès-verbal (3).

---

(1) C. cass., 2 mai 1822 ; 31 décembre 1822.
(2) C. cass., 28 mai 1855 (Dalloz, 54.1.45).
(3) C. cass., 25 mai 1855 (Gaslond). *Gazette des Tribunaux* du 26 mai 1855.

Réciproquement, il n'y a lieu de refuser la confiscation des objets de fabrication auxquels le procédé breveté a été appliqué qu'autant qu'il est reconnu qu'ils n'ont pas été modifiés par cette application. La Cour suprême a cassé un arrêt de la Cour impériale de Paris, qui, en prononçant la confiscation de peignes à épautir les laines, n'a pas ordonné celle des mérinos épautis à l'aide de ces peignes, sans s'expliquer sur les modifications qui avaient pu être apportées à ces étoffes (1).

563. Confiscation des instruments de la contrefaçon. — Ces distinctions ne s'appliquent, en aucune manière, aux instruments mêmes de la contrefaçon, qui doivent être confisqués dans tous les cas. Il faut seulement remarquer que, si la confiscation doit porter sur tous les instruments qui ont effectivement servi à la contrefaçon, qu'ils y fussent, d'ailleurs, ou n'y fussent pas destinés, elle ne saurait atteindre les instruments dont l'application à la contrefaçon ne serait que *possible,* si le défendeur justifiait qu'il les détient pour un emploi légitime (2).

564. Remise des objets confisqués. — Dommages-intérêts.— « Les objets confisqués seront remis au propriétaire du brevet, sans préjudice de plus amples dommages-intérêts et de l'affiche du jugement, s'il y a lieu » (art. 49, *in fine*).

La question de savoir s'il est dû des dommages-intérêts, et quelle doit être la quotité de ces dommages, est exclusivement laissée à l'appréciation des juges du fait, qui doivent prendre pour base le préjudice éprouvé par le plaignant et non le bénéfice qu'aurait pu faire le contrefacteur.

Les dommages-intérêts pourraient être accordés, quoique le contrefacteur n'eût vendu aucun des produits contrefaits (3); ils peuvent l'être également en cas d'acquittement du prévenu (4).

565. De la solidarité.— La solidarité doit être prononcée à l'égard de tous les individus qui auraient participé au même délit de contrefaçon. Mais il n'en est pas ainsi, quand plusieurs faits de contrefaçon isolés et distincts ont été compris dans une même poursuite, dirigée contre plusieurs contrefacteurs. L'analogie des faits ne suffit pas à motiver la solidarité, quand leurs

---

(1) C. cass., 13 mai 1855 (Dalloz, 54.1.43 et 5.79).
(2) Blanc, p. 565. — Dalloz, n. 375.
(3) Renouard, n. 261.
(4) Dalloz, n. 577.

auteurs sont restés étrangers les uns aux autres. C'est ce que la Cour de cassation a jugé, sur notre plaidoirie, par arrêt du 27 juillet 1850 (1).

566. Impression et affiche des jugements. — L'impression et l'affiche des jugements et arrêts peuvent être prononcées même en cas d'acquittement du prévenu, à titre de dommages-intérêts (2).

Elles peuvent comprendre, non-seulement le dispositif, mais la teneur entière de la décision (3).

Elles ne peuvent avoir lieu sans avoir été autorisées, ni dépasser le nombre prescrit, à peine de dommages-intérêts contre l'auteur de la publication (4).

Aucun texte ne nous paraît empêcher le breveté de prendre telles mesures qu'il juge convenables pour assurer la conservation et la permanence des affiches, par exemple, de les placer sur des cartons apposés à sa boutique et retirés tous les soirs (5). L'opinion contraire, soutenue par MM. Blanc et Dalloz, n'a pas, selon nous, de fondement légal (6).

567. Contrainte par corps. — Les condamnations peuvent être prononcées par corps, conformément à la disposition générale de l'art. 52 du Code pénal.

568. La confiscation peut-elle être prononcée par la juridiction civile? — Lorsque le breveté s'est adressé à la juridiction civile, le tribunal ne peut prononcer que des condamnations purement civiles, parmi lesquelles il faut comprendre sans difficulté les dommages-intérêts et les frais avec ou sans solidarité, et l'affiche du jugement (art. 103, Cod. proc. civ.).

Les auteurs et la jurisprudence sont partagés sur le point de savoir s'il en est de même de la confiscation. Quoiqu'elle soit en elle-même de nature pénale, néanmoins, dans la loi de 1844, elle revêt un caractère d'indemnité, puisqu'elle est prononcée au profit de la partie lésée, même en cas d'acquittement, et qu'elle paraît comprise dans la qualification générale de dommages-intérêts par l'art. 49, qui la prescrit d'ailleurs sans distinguer la

---

(1) C. cass., Rouget de Lisle c. Duchesne (Dalloz 51.5.284). — Voir jugement du 27 août 1842 (Alcan).—Dalloz, v° *Brevets*, n. 377.
(2) Dalloz, n. 381.
(3) Paris, 21 janvier 1844 (Ganilh).
(4) Paris, 23 fév. 1839 (Pouet) ; 1er juin 1831 (Damont); 6 juin 1844 (Demarson).
(5) Jugement du 25 octobre 1837 (Dalloz, n. 384).
(6) Blanc, p. 758 ; Dalloz, n. 384.—Voir arrêt de Paris, 21 janv. 1841 (Ganilh).

juridiction saisie. Ces raisons, empruntées au texte même de la loi, nous paraissent déterminantes (1).

569. Recours contre les jugements civils et correctionnels. — Les règles ordinaires de la procédure civile et du Code d'instruction criminelle doivent être suivies pour les recours à diriger contre les jugements intervenus, soit au civil, soit au correctionnel.

Bornons-nous à faire remarquer qu'en vertu du principe qu'aucune demande nouvelle ne peut être formée en appel, le plaignant qui n'aurait invoqué en première instance qu'un seul brevet, de perfectionnement, par exemple, ne pourrait se plaindre pour la première fois devant la Cour d'une violation d'un brevet principal (2).

570. Chose jugée. — Sur la question de savoir quand il y a chose jugée et quels en sont les effets au civil et au criminel, nous nous référons à ce qui a été dit ci-dessus, n° 535. (Voir sur les effets du pourvoi en cassation Vergé et Loiseau, p. 170-174.)

571. Prescription. — Conformément au droit commun, la prescription de l'action en contrefaçon est de trois ans, même quand elle est portée devant les tribunaux civils (3). Ce laps de temps ne court qu'à partir du dernier fait de fabrication, de recel, de vente, etc... (4). Chacun de ces faits, d'ailleurs, constitue un délit distinct donnant lieu à une prescription particulière, d'où il suit que la prescription de l'action principale en contrefaçon pour fabrication n'éteint pas l'action particulière pour débit d'objets contrefaits (5).

Les condamnations pénales se prescrivent par cinq ans, et les condamnations civiles par trente années seulement, même quand elles ont été prononcées par la police correctionnelle.

572. Dispositions finales et transitoires. — « Des ordonnances royales portant règlement d'administration publique arrêteront les dispositions nécessaires pour l'exécution de la présente loi, qui n'aura d'effet que trois mois après sa promulgation » (art. 50).

---

(1) Blanc, p. 365 ; Dalloz, n. 575. — *Contrà*, Rouen, 4 mars 1841 (Rowcliffe) ; Colmar, 30 juin 1828.—M. Renouard (n° 257) admet pour les tribunaux civils le droit de prononcer seulement la *remise* des objets contrefaits, qui ne produit pas identiquement les mêmes effets que la confiscation.
(2) C. cass., 8 février 1827 (Adam).
(3) Voir les art. 636, 637, 638, 642, du Code d'instruction criminelle.
(4) C. cass., 28 juin 1844 (Mausson).
(5) Voir Renouard, p. 266 et suiv. ; Blanc, p. 476 ; Dalloz, n. 397.

« Des ordonnances rendues en la même forme pourront régler l'application de la présente loi dans les colonies, avec les modifications qui seront jugées nécessaires » (art. 51).

« Seront abrogées, à partir du jour où la présente loi sera devenue exécutoire, les lois des 7 janvier et 25 mai 1791, celle du 20 septembre 1792, l'arrêté du 17 vendémiaire an VII, l'arrêté du 5 vendémiaire an IX, les décrets des 25 novembre 1806 et 25 janvier 1807, et toutes dispositions antérieures à la présente loi relatives aux brevets d'invention, d'importation et de perfectionnement » (art. 52).

« Les brevets d'invention, d'importation et de perfectionnement actuellement en exercice, délivrés conformément aux lois antérieures à la présente ou prorogés par ordonnance royale, conserveront leur effet pendant tout le temps qui aura été assigné à leur durée » (art. 53).

« Les procédures commencées avant la promulgation de la présente loi seront mises à fin conformément aux lois antérieures. Toute action, soit en contrefaçon, soit en nullité ou déchéance de brevet, non encore intentée, sera suivie conformément aux dispositions de la présente loi, alors même qu'il s'agirait de brevets délivrés antérieurement » (art. 54).

Cette disposition n'est relative qu'aux règles de procédure. Quant aux droits résultant des brevets antérieurs à la loi de 1844, ils doivent être appréciés d'après les dispositions en vigueur lors de leur délivrance.

CHAPITRE II.
Dessins de fabrique.

LÉGISLATION. Loi du 18 mars 1806, section III (*Conservation de la propriété des dessins*). — Ordonnance du 17 août 1825 (*Dépôt des dessins*). — Loi du 2 mai 1855 (*Dessins admis à l'exposition universelle*).

573. La propriété des dessins objet d'une loi spéciale. — Division. — Les dessins et figures de toute espèce que peuvent présenter les étoffes et autres produits manufacturés, ou *dessins de fabrique,* sont susceptibles de devenir l'objet d'une propriété industrielle d'après la loi du 18 mars 1806 (section III). Cette loi, faite spécialement en vue de la ville de Lyon et de ses manufactures de soieries, a été étendue à la France entière par la jurisprudence et par l'ordonnance du 17 août 1825.

Le fabricant peut se réserver, à sa volonté, la propriété des dessins pendant une, trois ou cinq années, ou à perpétuité (art. 18). L'exercice de cette propriété est subordonné à la formalité d'un dépôt dont il sera parlé ci-après (n° 586).

Nous devons examiner, 1° quels sont exactement les dessins auxquels la loi attache un droit privatif ; 2° à quelles conditions est subordonné l'exercice de ce droit ; 3° quels en sont les effets au profit de celui qui en est régulièrement investi.

Art. 1er. — Définition et caractères légaux des dessins de fabrique.

SOMMAIRE.

574. Définition du dessin de fabrique; il se distingue des dessins artistiques. — 575. Application générale de la loi de 1806.—576. Les modèles en relief sont-ils dessins de fabrique? — 577. Pratique à l'égard de certains modèles en relief. — 578. Caractères des dessins de fabrique. — 579. Le dessin de fabrique suppose une configuration reconnaissable. — 580. Des figures obtenues par le fonctionnement seul d'un métier connu. — 581. Résumé et principes sur les caractères légaux des dessins de fabrique. — 582. De la nouveauté des dessins. — 583. De l'application nouvelle de dessins connus. — 584. La nouveauté doit être dans le résultat même et non dans les moyens. —585. L'application faite à l'étranger exclut la nouveauté.

574. Définition du dessin de fabrique; il se distingue des dessins artistiques. — Les dessins de fabrique semblent former le lien entre la propriété industrielle et la propriété artistique. S'ils tiennent à celle-ci par leur origine, c'est toutefois à la première qu'ils se rattachent par les règles qui les gouvernent. Il importe donc essentiellement de distinguer les dessins industriels des dessins artistiques proprement dits dont il sera question ci-après (2e section, chapitre IV). Cette distinction ne résulte d'aucune disposition expresse des lois en vigueur, mais elle ressort suffisamment de leur esprit.

On entend par dessin de fabrique tout dessin appliqué à l'industrie, c'est-à-dire employé par des procédés industriels à la confection des produits fabriqués ou manufacturés (1), quelle que soit d'ailleurs l'origine du dessin, et sans préjudice des droits qui peuvent naître de cette origine.

Si le dessin est par lui-même une œuvre d'art, il est et demeure comme tel l'objet d'une propriété artistique pour le dessinateur, et continue à être régi au regard de son auteur par les lois relatives à ce genre de propriété.

---

(1) Jugement du tribunal de la Seine du 10 juillet 1846 (Lubienski).—Dalloz, 52.2.13.

Mais la propriété industrielle de ce même dessin, en tant qu'il est appliqué à l'industrie, ne concerne plus l'artiste, elle s'adresse au fabricant ou manufacturier qui en fait usage pour son exploitation. Ainsi, un dessin de fleurs exécuté au crayon ou au pinceau est un objet d'art protégé par la loi du 19 juillet 1793 (voir sect. 2, chap. IV, n° 890). S'il sert de modèle pour l'ornement d'une étoffe où il se trouve reproduit par l'impression, la propriété de l'artiste sur le dessin original et les reproductions artistiques qui en seraient faites, n'en subsiste pas moins tout entière; mais la reproduction industrielle donne à ce même dessin, pour le fabricant, un autre caractère : il devient l'objet d'une propriété nouvelle moyennant l'observation des lois spéciales, et constitue vis-à-vis de l'industrie un dessin de fabrique.

En cas de reproduction de ce dessin d'une manière quelconque (voir n° 900) sans la volonté de *l'auteur*, celui-ci aura l'action en contrefaçon, fondée sur la loi de 1793 et d'après les conditions prescrites par cette loi. La poursuite en vertu de la loi industrielle n'appartiendra qu'au *fabricant propriétaire* légitime du dessin contre un autre fabricant usurpateur du même dessin (n° 596).

575. Application générale de la loi de 1806. — Quoique la loi de 1806 n'ait eu en vue que les étoffes de soie, elle a été appliquée, par un usage constant, aux dessins existant sur tous les tissus quelconques et même sur les autres matières, tels que papiers peints, porcelaines, faïences, cuivre, fonte, zinc, tôle, etc. (1).

576. Les modèles en relief sont-ils des dessins de fabrique? — Il n'y a de difficulté qu'à l'égard des dessins en relief qui, par leur configuration, semblent appartenir à la sculpture, ou à l'égard des formes extérieures, même sans ornements caractérisés, que les fabricants donnent à leurs produits. Ces divers modèles ont droit, en tant qu'objets d'art, suivant la jurisprudence de la Cour de cassation, à la protection qui résulte de la loi de 1793 pour l'auteur ou ses cessionnaires, et un arrêt récent a étendu cette protection même aux modèles appliqués à des objets purement industriels, tels que des poêles, quelle qu'en soit d'ailleurs la simplicité (2) (voir à ce sujet le chapitre IV, sect. 2,

---

(1) Gastambide, *Traité des contrefaçons*, n. 528.— Dalloz, v° *Industrie*, n. 281.

(2) C. cass., 2 août 1854 (Vivaux et Morel).—Sirey, 54.1.549.—La doctrine de la Cour de cassation est repoussée par la Cour de Paris dans un arrêt rendu presque en même temps que l'arrêt précité.—Paris, 3 août 1854 (Sirey, 54.2.710).

relatif à la sculpture industrielle, n° 910). Mais ces mêmes figures ou modèles peuvent-ils devenir, par le dépôt dont il sera parlé ci-après (n° 586), l'objet de la propriété spéciale et perpétuelle à volonté qui s'applique, d'après la loi de 1806, aux dessins de fabrique ?

La question nous semble pouvoir se résoudre par cette double considération : d'une part, que les modèles de sculpture industrielle jouent, à l'égard des métaux manufacturés, exactement le même rôle que les dessins proprement dits, à l'égard des étoffes ou des porcelaines ; d'autre part, qu'il y a impossibilité ou difficulté extrême à établir une ligne de démarcation entre les dessins proprement dits, les gravures, les ciselures, les moulures, les estampes, et enfin les sculptures en bas ou haut relief. La loi de 1806, largement entendue, peut donc paraître applicable à tous les cas où des figures d'une espèce quelconque sont employées dans l'industrie (1).

Cette question a conservé tout son intérêt pratique, en présence de la divergence actuelle de la jurisprudence et de la doctrine sur le point de savoir si les modèles purement industriels peuvent être assimilés aux objets d'art (voir la note précédente). A un ancien arrêt de la Cour de cassation, du 17 novembre 1814, qui refuse aux modèles en relief le caractère de dessins de fabrique, on peut opposer deux arrêts de la Cour de Paris, du 24 mai 1837 et 3 août 1854 (2) ; et à l'autorité de MM. Blanc et Gastambide, celle de M. Dalloz (3), qui invoque la jurisprudence de la chambre du conseil et du tribunal de commerce de la Seine.

577. Pratique à l'égard de certains modèles en relief. — L'usage d'effectuer le dépôt conformément à la loi de 1806 s'est établi pour les ouvrages d'orfévrerie, les cristaux, les porcelaines ; il n'y a aucune raison pour qu'il ne soit pas étendu à l'industrie des fontes, cuivres, zincs, etc.

La prudence conseille aux fabricants de considérer comme dessins de fabrique et de déposer, en conséquence, tous les modèles qui sont susceptibles de dépôt, ne fût-ce que pour donner à leur origine une date certaine.

578. Caractères des dessins de fabrique. — Les dessins de fabrique comprennent tous les dessins quelconques

---

(1) Voir arrêt conforme de Paris, 3 août 1854 (Sirey, 54.2.710). — *Contrà*, Blanc, p. 580 ; Gastambide, n. 328, 596.

(2) Sirey, 37.2.286, et 54.2.710.

(3) Dalloz, v° *Industrie*, n. 282.

appliqués, par des procédés industriels, aux étoffes ou à toute autre matière, alors même que leur simplicité ne permettrait de leur reconnaître aucun caractère de dessins artistiques; telles sont les lignes et les figures purement géométriques, constituant, par exemple, sur les étoffes, des rayures, des carreaux, etc., qui, bien que n'étant pas des dessins artistiques, n'en sont pas moins des dessins de fabrique.

Les dessins de fabrique, et spécialement ceux qui s'appliquent aux étoffes, sont, d'ailleurs, d'une variété infinie; ils peuvent être tissés, brochés, appliqués, imprimés, composés de lignes, d'ombres, de pleins, de creux, de jours, de mailles, de réseaux, etc.

579. Le dessin de fabrique suppose une configuration reconnaissable. — Il est nécessaire, toutefois, que les combinaisons présentées comme dessins aient une configuration distincte et reconnaissable; il a été jugé, en conséquence, que le *chinage* en général, quand il ne présente pas de dessin déterminé, pouvait constituer un procédé de fabrication susceptible d'être breveté, mais non un dessin de fabrique (1).

Ce n'est pas, d'ailleurs, seulement de l'emploi des lignes, mais aussi de la disposition des couleurs, que peut résulter un dessin reconnaissable. Il a été décidé, avec raison, qu'une combinaison ou assemblage de couleurs produisant un tout harmonieux et d'un aspect caractérisé était véritablement un dessin de fabrique (2).

580. Des figures obtenues par le fonctionnement seul d'un métier connu. — Mais doit-on aller plus loin, et, quand le tissu présente des figures déterminées, peut-on refuser le caractère de dessin de fabrique aux dispositions nouvelles des fils de l'étoffe, parce qu'elles sont obtenues uniquement au moyen d'un métier fonctionnant d'après des procédés connus; faut-il réserver ce caractère aux figures provenant de l'imitation d'un modèle proprement dit?

Cette question est assurément des plus délicates. L'affirmative a été décidée, par arrêt de la Cour de Nîmes du 2 août 1844, par ce motif principal que, si la disposition de l'étoffe est obtenue avec les moyens ordinaires d'exécution que présente le métier, il n'est pas possible de voir là le produit d'une invention autre que celle du métier lui-même; que tous les résultats produits

---

(1) Arrêt de Rouen, 2 février 1837 (Dalloz, 40.2.59).—*Contrà*, Blanc, p. 580.
(2) Lyon, 16 mai 1854 (Serre.—Sirey, 1854.2.708).

par les combinaisons diverses d'une machine qui fonctionne avec ses moyens primitifs d'exécution ne sont que la conséquence nécessaire de l'idée première qui a présidé à sa confection ; qu'à côté du produit élémentaire de la machine déjà tombée dans le domaine public, celui qui réclame un privilége doit présenter une idée nouvelle, réalisée par un dessin de fabrique et exécutée au moyen d'un travail nouveau, qui s'incorpore et se superpose sur les produits ordinaires de cette machine. Cette décision a été maintenue, comme contenant une appréciation souveraine des faits de la cause, par arrêt de la chambre criminelle de la Cour de cassation du 15 mars 1845, qui ne s'est pas expliqué, d'ailleurs, sur la thèse de droit (1).

Mais le système opposé avait été admis par la même Cour de Nîmes, dans un arrêt du 28 juillet 1843, cassé, il est vrai, par la chambre civile de la Cour de cassation, le 16 novembre 1846, mais par un motif différent et sans que la Cour ait, cette fois encore, résolu la question de principe.

Ce dernier système a été soutenu, avec beaucoup de force, par M. Hippolyte Dieu, dans le *Moniteur du Conseil des Prud'hommes* (2). « Tout dessin, dit-il, représenté sur une étoffe, un papier de tenture, des cuirs, basanes, bois ou métaux, est évidemment un dessin de fabrique, peu importe l'étendue, la complication ou la simplicité du dessin, pourvu qu'il y ait dessin, c'est-à-dire représentation d'une forme ou figure quelconque, configuration d'un contour, combinaisons de lignes, de points, de couleurs ou de nuances ; peu importe comment le dessin a été tracé, comment on le fait apparaître, comment on l'a produit, pourvu qu'il apparaisse sur l'objet et qu'on le voie. Ainsi sur papier de tenture, sur cartons ou cuirs d'ameublement, le dessin est quelquefois exprimé par des reliefs et des creux ou par une poudre de couleur, répandue sur la surface et qui s'attache aux contours tracés avec de la colle. Dirait-on que ce ne sont pas là des dessins de fabrique ? Sur tissus, on peut, par la disposition des fils de la trame ou de la chaîne, par exemple, dans les toiles damassées, composer des figures. Dira-t-on que tout fabricant peut impunément les reproduire telle que je les ai conçues, par cela seul que le dessin n'est pas colorié et que le mode de tissage employé pour le produire appartient au domaine public ? Oui, ce mode de tissage ap-

---

(1) Dalloz, 45.1.284.
(2) Numéro du 15 mai 1844, cité par Dalloz, 1845.1.285.

partient au domaine public, mais appliqué à des dessins différents. »

581. Résumé et principes sur les caractères légaux des dessins de fabrique. — Les principes qui viennent d'être exposés sont, à ce qu'il nous semble, ceux qui doivent guider les juges dans l'appréciation des questions difficiles que soulève ce sujet. En l'absence de toute distinction dans le texte de la loi, le dessin de fabrique doit être reconnu d'après sa configuration et non d'après les moyens qui ont servi à l'obtenir. La Cour de cassation a jugé qu'un dessin connu, quoique obtenu par des procédés nouveaux, n'avait pas droit à la protection accordée aux dessins de fabrique (voir n° 584). Il faut, par une juste réciprocité, reconnaître ce droit au dessin nouveau obtenu par l'emploi d'un métier connu.

582. De la nouveauté des dessins. — Le dessin de fabrique, pour être l'objet d'une propriété exclusive, doit être *nouveau*. C'est ce qui résulte de l'art. 15 de la loi du 18 mars 1806, qui exige qu'il soit de *l'invention* du fabricant (1). De ce principe, il résulte que nul ne peut revendiquer un droit exclusif sur un dessin déjà tombé dans le commerce (2), et que la copie d'un dessin antérieurement connu ne peut faire l'objet d'une propriété industrielle, à moins que par la disposition et l'agencement des éléments puisés dans le domaine public le fabricant ne leur ait imprimé un cachet de nouveauté (3).

583. De l'application nouvelle de dessins connus. — La Cour de cassation a décidé, qu'à la différence de ce qui a lieu en matière de brevets, où la seule nouveauté d'application de moyens connus constitue une invention brevetable, « les dessins de fabrique, déjà connus, ne deviennent pas nouveaux par la seule nouveauté de leur emploi, » et qu'ainsi l'application nouvelle à des tissus de laine d'un dessin qui n'avait été employé que pour des tissus de fil ne saurait créer, au profit du fabricant, un droit exclusif (4).

Nous pensons que cette décision, malgré la généralité de ses

---

(1) Voir le rapport de M. Regnault de Saint-Jean-d'Angély au Corps législatif sur la loi du 18 mars 1806.

(2) C. cass., 31 mai 1827 (Marescal).

(3) C. cass., 5 brumaire an XIII (Letourneur).—Rouen, 17 mars 1843 (Barbet). — Lyon, 25 mars 1846 (Lecomte) ; 25 novembre 1847 (Barlet) ; 16 mai 1854 (*Gazette des Tribunaux* du 24 juin 1854).

(4) C. cass., 16 novembre 1846 (Rouvière-Cabane). — *Contrà*, Étienne Blanc, *Contrefaçon*, p. 580.

termes, doit être restreinte au cas où il s'agit d'industries analogues, telles que celles qui concernent les diverses espèces de tissus, et qu'il y aurait nouveauté, si l'application était faite à une industrie tout à fait différente (1).

584. La nouveauté doit être dans le résultat même et non dans les moyens.—Du reste, la nouveauté doit exister dans la configuration même du dessin, et il ne suffit pas qu'elle se trouve dans les moyens employés pour l'obtenir. C'est le résultat même et le résultat seul que, à la différence de la loi sur les brevets d'invention, la loi de 1806 protége. Cette dernière loi ne pourrait être invoquée en faveur d'un dessin connu, quand même il serait justifié qu'il a été obtenu d'une manière toute nouvelle.

« L'invention des moyens et procédés à l'aide et pour l'emploi desquels les dessins sont susceptibles d'être mis à profit dans la fabrication est régie par la législation spéciale sur les brevets d'invention et demeure entièrement étrangère à l'objet de la loi de 1806 (2). »

585. L'application faite à l'étranger exclut la nouveauté.—Un dessin n'est réputé nouveau qu'autant qu'il n'a été appliqué ni en France, ni même à l'étranger. Il en est ici comme pour les brevets d'invention, et il suffit que des dessins de fabrique aient été exécutés hors de France pour que cette exploitation industrielle en pays étranger les ait fait tomber dans le domaine public. Ce principe atteint l'inventeur même qui, ayant exploité ses dessins à l'étranger, prétendrait poursuivre comme contrefacteurs ceux qui auraient imité les dessins d'après les produits ainsi manufacturés au dehors (3).

Art. 2. — Du dépôt des dessins.

SOMMAIRE.

586. En quoi consiste le dépôt des dessins.— 587. Formalités du dépôt. 588. Effets du dépôt régulier. — 589. Le dépôt ne crée pas la propriété du dessin. — 590. Le dépôt doit précéder la mise en vente ou l'exhibition publique.— 591. Exception spéciale aux dessins admis à l'exposition universelle. — 592. Influence du dépôt sur la durée du droit.—593. Date certaine résultant du dépôt.— 594. Le dépôt établit

---

(1) Paris, 26 juin 1837 (Marguerie).
(2) C. cass., arrêt du 16 novembre 1846 précité.
(3) Voir arrêt de Paris, 10 juillet 1846 (Lubienski).—Gastambide, n. 345.

une présomption de propriété. — 595. Dépôt d'un même dessin par plusieurs. Priorité.

586. En quoi consiste le dépôt des dessins.—La propriété du dessin de fabrique résulte de l'invention de ce dessin. Mais la conservation et l'exercice de cette propriété sont subordonnés à une condition essentielle, celle du *dépôt*.

« Tout fabricant qui voudra pouvoir revendiquer par la suite, devant le tribunal de commerce, la propriété d'un dessin de son invention, sera tenu d'en déposer, aux archives du conseil des prud'hommes, un échantillon plié sous enveloppe, revêtu de ses cachet et signature, sur laquelle sera également apposé le cachet du conseil des prud'hommes » (art. 15, L. du 18 mars 1806).

L'échantillon, à proprement parler, est une partie de l'objet même servant à faire connaître le tout ; mais un tel échantillon serait, en certains cas, très-difficile à fournir en nature. Conformément au texte des anciens règlements, la pratique assimile au dépôt d'échantillon proprement dits le dépôt d'une esquisse qui doit, autant que possible, reproduire les couleurs aussi bien que la configuration du dessin de fabrique (1).

587. Formalité du dépôt. — Le dépôt, d'après la loi de 1806, doit avoir lieu aux archives du conseil des prudhommes. Dans les lieux où il n'existe pas de prud'hommes, il se fait au greffe du tribunal de commerce ou du tribunal civil qui en remplit les fonctions. Telle est la disposition de l'ordonnance du 17 août 1825, dont la constitutionnalité, fondée sur l'art. 34 de la loi même de 1806, ne peut être contestée (2).

Le paquet ou pli déposé par le fabricant reçoit un numéro d'ordre, et chaque dépôt est inscrit sur un registre spécial (article 16).

588. Effet du dépôt régulier. — Un seul dépôt suffit pour conserver les droits du fabricant dans toute la France, alors même qu'il aurait plusieurs fabriques situées dans des ressorts différents (3).

Le dépôt, pour produire ses effets de droit, doit être opéré régulièrement au lieu même que la loi indique. S'il est fait au greffe du tribunal de commerce quand il y a un conseil de prud'hommes, il ne peut plus donner ouverture à l'action en contre-

---

(1) Voir Gastambide, n. 540, et Blanc, p. 591.
(2) Voir à ce sujet Blanc, p. 575.
(3) Arrêt de Paris du 29 décembre 1835 (Barbet).— Voir Mollot, *Compétence des prud'hommes*, p. 319.

façon (voir ci-après, n° 396); il peut seulement servir à constater la date à laquelle remonte l'invention (1).

589. Le dépôt ne crée pas la propriété du dessin. — Conséquence de ce principe. — Le dépôt du dessin n'en crée pas la propriété, il n'en est pas le titre constitutif; c'est l'invention du dessin, avons-nous dit (n° 586), qui en confère la propriété à son auteur. Il suit de là que celui-ci pourra, en principe, poursuivre des atteintes portées à cette propriété, même antérieurement au dépôt (à la différence de ce qui a lieu à l'égard des inventions garanties par des brevets), pourvu que le dépôt ait précédé les poursuites elles-mêmes. Telle est la conséquence importante et certaine du principe de la préexistence du droit de propriété au fait du dépôt (2). De ce principe, M. Blanc conclut également que, si un tiers venait à découvrir le dessin avant tout dépôt et mise en vente de la part de l'inventeur, il ne le ferait pas tomber par là dans le domaine public, comme il arrive à l'égard des objets brevetables divulgués par des tiers avant la demande en brevet (3).

590. Le dépôt doit précéder la mise en vente ou l'exhibition publique. — Il faut bien remarquer que, d'après la loi elle-même, le droit, quoique préexistant, n'est *conservé* que par le dépôt, et il semble en résulter que ce dépôt doit être effectué avant la mise en vente ou exhibition publique de l'objet fabriqué. Si le fabricant met en vente ou exhibe publiquement avant d'avoir déposé, il ne se réserve plus la propriété comme la loi lui en donnait la faculté, il l'abandonne au public et ne peut plus la reprendre; c'est ce que décide, conformément à l'opinion de la plupart des auteurs, la jurisprudence la plus récente de la Cour de cassation, en se fondant, et sur les art. 15 et 18 de la loi de 1806, et sur l'art. 6 de l'arrêt du conseil du 14 juillet 1787, qui déclarait le fabricant déchu de toutes réclamations, s'il n'avait rempli les formalités prescrites *avant la mise en vente* des étoffes fabriquées.

La pratique, appuyée sur une ancienne jurisprudence, résiste à cette interprétation rigoureuse de la loi, et dans l'exposé des

---

(1) Voir sur ce point Gastambide, n. 338, et Dalloz, v° *Industrie*, n 296.— Contrà, Blanc, qui admet l'efficacité entière d'un dépôt, même irrégulier, p. 585.

(2) Arrêt de Nîmes du 22 février 1842.— C. cass., 17 mai 1843 (Delon). — Le fabricant est obligé d'administrer la preuve que son invention est antérieure aux faits incriminés. Or, la difficulté de cette preuve, sans le secours d'un dépôt fait dès l'origine, peut paralyser, dans bien des cas, l'exercice du droit.

(3) Voir Blanc, p. 590.

motifs du projet de loi sur les marques de fabrique, en 1845, le ministre de l'agriculture et du commerce disait formellement : « On tient aujourd'hui, d'après les termes de la loi de 1806 combinés avec l'art. 18 de la loi du 22 germinal an XI, que ce dépôt n'est pas nécessaire pour constituer le droit des compositeurs ou des fabricants, et qu'il n'est qu'une formalité préalable à l'exercice de l'action en revendication du dessin, *formalité que les ayants droit peuvent remplir utilement, même après avoir mis leurs produits dans le commerce* (1). »

La question paraît implicitement résolue dans le sens de la jurisprudence actuelle de la Cour de cassation, par l'art. 1er de la loi du 2 mai 1855 (voir ci-dessus, n° 444), relative aux objets admis à l'Exposition universelle, qui a cru nécessaire d'accorder une protection exceptionnelle aux dessins exposés dans le palais de l'Industrie, sans que le dépôt en eût été préalablement effectué.

591. Exception spéciale aux dessins admis à l'Exposition universelle. — Le principe que l'exhibition publique des dessins avant le dépôt en fait perdre la propriété à leur auteur a reçu une exception analogue à celle admise relativement aux inventions brevetables (n° 444). D'après l'art. 1er de la loi du 2 mai 1855, tout Français ou étranger, auteur...... d'un dessin de fabrique qui doive être déposé, conformément à la loi du 18 mars 1806, ou ses ayants droit, peuvent, s'ils sont admis à l'Exposition universelle, obtenir de la commission impériale de l'Exposition un certificat descriptif de l'objet déposé. Ce certificat, dont la demande doit être faite dans le premier mois *au plus tard* de l'ouverture de l'Exposition, assure à celui qui l'obtient les mêmes droits que lui conférerait le dépôt. L'efficacité du certificat remonte, d'après l'art. 2 de la loi, au jour de l'*admission par le comité local*, et se prolonge jusqu'au 1er mai 1856, sans préjudice du dépôt que l'exposant peut opérer avant l'expiration de ce terme (2).

Nous devons constater à regret qu'il semble résulter de l'art. 2

---

(1) Voir, dans le sens de la première opinion, arrêt de cassation du 1er juillet 1850 (Pollon), de la Cour de Lyon du 11 mai 1842 (Palle-Gilly) et du 15 août 1849 (Valansot) (Dalloz, 51.2.14).—Voir également Étienne Blanc, p. 586, et Gastambide.

Voir en sens contraire arrêt de cassation du 14 janvier 1828 (Liesching), Paris, 24 juin 1837 (Marguerie). — Tribunal de commerce de Paris, 7 juin 1843 (Hébert), et la dissertation de Dalloz, v° *Industrie*, n. 290 et suiv.

(2) Voir au chapitre des brevets d'invention (n°s 444, 445, 446) le texte et le commentaire de la loi du 2 mai 1855.

de la loi du 2 mai que les dessins présentés au comité local et non admis à l'Exposition seraient par là même irrévocablement acquis au domaine public, s'ils n'avaient été antérieurement déposés.

Il nous paraît, d'ailleurs, certain qu'une simple communication confidentielle d'un dessin, à la différence d'une exhibition publique, ne compromettrait nullement la propriété de son auteur (1).

592. Influence du dépôt sur la durée du droit. — Le premier effet du dépôt est de fixer la durée du droit de propriété. En déposant son échantillon, dit l'art. 18 de la loi de 1806, le fabricant déclarera s'il entend se réserver la propriété exclusive pendant une, trois ou cinq années, ou à perpétuité. Il sera tenu note de cette déclaration. En déposant, le fabricant paie une indemnité réglée par le conseil des prud'hommes, qui ne peut excéder 1 fr. pour chacune des années pendant lesquelles il voudra conserver la propriété exclusive de son dessin, et sera de 10 fr. pour la propriété perpétuelle. Le dépôt est reçu gratuitement quand il est fait au greffe du tribunal (ordonnance du 17 août 1825, art. 2).

Par propriété perpétuelle, il faut entendre une propriété indéfinie et non limitée à la vie du fabricant. Mais, comme le fait remarquer M. Blanc, la mobilité du goût et de la mode en matière de dessins atténue singulièrement les inconvénients que cette perpétuité pourrait avoir pour l'industrie (2).

Si le fabricant omettait d'indiquer une durée quelconque, sa propriété se trouverait limitée au terme le plus court, c'est-à-dire à une année.

593. Date certaine résultant du dépôt. — En même temps que le dépôt fixe la durée ultérieure du droit exclusif, il donne une date certaine à l'origine même de la propriété, si le dépôt a été fait sans retard, sauf, bien entendu, la faculté de prouver, en cas de besoin, que l'invention a préexisté plus ou moins longtemps.

594. Le dépôt établit une présomption de propriété. — Le dépôt établit en même temps en faveur du déposant une présomption de propriété du dessin, de telle sorte qu'en cas de contestation avec des tiers le fabricant qui a dé-

---

(1) C. cass., 15 novembre 1853 (Sirey, 53.1.703).—Lyon, 19 juin 1851 (Valensot).
—Voir à cet égard au chapitre des brevets d'invention les n. 450 et suiv.
(2) *Traité de la contrefaçon*, p. 592.

posé n'a autre chose à faire qu'à produire son certificat de dépôt, tandis que celui qui n'a pas déposé aurait à établir par tous les moyens du droit commun qu'il est effectivement inventeur et propriétaire du dessin. Sans doute, le dépôt qui, comme la demande en brevet, ne donne lieu à aucune vérification, n'est pas un titre véritable de propriété, et la preuve contraire est recevable, mais elle incombe tout entière à l'adversaire du déposant, ce dernier étant protégé par la présomption que le dépôt établit en sa faveur (1).

595. Dépôt d'un même dessin par plusieurs. — Priorité. — La loi prévoit le cas où deux fabricants auraient fait le dépôt d'un même dessin (art. 17). La priorité de dépôt constatée par un certificat émané du conseil des prud'hommes ou du greffe du tribunal établit la présomption de propriété en faveur du premier en date, sauf au dernier à faire la preuve que son invention est réellement antérieure.

Art. 3. — De la contrefaçon des dessins et de l'action en contrefaçon.

SOMMAIRE.

596. Action résultant du dépôt.— 597. Principes sur les caractères de la contrefaçon.— 598. La bonne foi est exclusive du délit. Différence avec la contrefaçon des brevets. — 599. La contrefaçon résulte de l'introduction et du débit. — 600. L'application à une industrie différente n'est pas en général une contrefaçon.— 601. Distinction pour le cas où il y a préjudice possible.— 602. Action civile devant le tribunal de commerce. — 603. Action correctionnelle.— 604. Des preuves. Intervention des prud'hommes. — 605. Dommages-intérêts, affiche des jugements de condamnation. — 606. Confiscation. Interdiction de fabriquer à l'avenir . — 607. Amende.

596. Action résultant du dépôt. — Le dépôt donne à l'inventeur du dessin le droit de revendiquer sa propriété contre tout usurpateur, en d'autres termes, de poursuivre le contrefacteur de son invention, aux termes de l'art. 425 du Code pénal.

597. Principes sur les caractères de la contrefaçon.— La contrefaçon résulte, comme en matière de brevets d'invention, de la reproduction ou de l'imitation plus ou moins servile de l'objet inventé (n° 495). La question de savoir si l'imitation est suffisante pour constituer la contrefaçon est une question de fait, entièrement livrée à l'appréciation des tribunaux. Les prin-

---

(1) Blanc, p. 589.

cipes qui doivent guider les juges, dans cette appréciation, sont, d'une part, que des différences légères dans la forme du dessin n'excluent pas le délit, quand elles n'ont pour objet que de masquer la contrefaçon; d'autre part, que la contrefaçon ne saurait exister quand c'est le *genre* de dessin et *non l'espèce* particulière qui a été imité, et que le prévenu, au lieu de copier le dessin primitif, s'en est seulement inspiré (1).

598. La bonne foi est exclusive du délit. — Le délit de contrefaçon de dessins, différant sur ce point du délit de contrefaçon d'objets brevetés, n'existe que quand la reproduction ou imitation a eu lieu frauduleusement : la bonne foi du prévenu serait, pour lui, un moyen péremptoire de défense contre l'application de la loi pénale, sauf les dommages-intérêts en réparation du préjudice causé (voir n° 605).

Mais la bonne foi sera difficilement admise par les tribunaux, quand l'inventeur aura effectué le dépôt, qui peut fixer chacun sur la durée de la propriété du dessin, dont l'origine, d'ailleurs, est presque toujours facile à connaître dans l'industrie. Il faudrait admettre, en pareil cas, conformément à la doctrine d'un arrêt de cassation rendu en matière de propriété littéraire, qu'il y a contre le prévenu présomption de mauvaise foi, résultant du fait même de la reproduction de l'objet (2). C'est seulement en cas d'omission de dépôt que la bonne foi sera aisément supposée, et c'est là une raison puissante pour déterminer l'inventeur à ne point retarder l'accomplissement de cette formalité.

599. La contrefaçon résulte de l'introduction et du débit. — La contrefaçon peut résulter non-seulement de la reproduction, mais de l'introduction et du débit, en France, de dessins contrefaits à l'étranger. C'est la disposition formelle de l'art. 426 du Code pénal. On conçoit que, pour ce genre de délit, l'excuse tirée de la bonne foi est plus facilement admissible (3).

600. L'application à une industrie différente n'est pas, en général, une contrefaçon. — Le droit de l'inventeur à la propriété de son dessin est d'une nature absolue, comme tout droit de propriété; cependant, il ne saurait excéder

---

(1) Paris, 26 décembre 1835 (Barbet) ; 24 juin 1837 (Brun); 29 décembre 1835 (Barbet).—Rouen, 17 mars 1845.—Blanc, *Traité de la contrefaçon*, p. 594; Dalloz, v° *Invention*, n. 500 et suiv.
(2) C. cass., 24 mai 1855 (*Gazette des Tribunaux* du 25 mai 1855).
(3) Blanc, p. 595.

la portée qui résulte de sa nature même. Il s'agit du dessin de fabrique, c'est-à-dire du dessin envisagé, non en lui-même, comme objet d'art, indépendamment de toute application particulière (voir à cet égard 2ᵉ sect., chap. IV), mais du dessin industriel, considéré en tant qu'objet d'exploitation. La protection indéfinie que la loi accorde au dessin de fabrique s'attachant au dessin *tel qu'il est exploité,* il résulte de ce principe que le droit du fabricant n'est pas d'interdire tout emploi du même dessin dans un tout autre genre d'industrie, mais seulement l'emploi qui serait de nature à préjudicier, d'une manière quelconque, à sa propre exploitation. En effet, sans ce tempérament nécessaire, la durée illimitée de la propriété priverait à jamais le domaine public de l'application, à tous les arts industriels, d'une forme une fois appliquée à un objet spécial, résultat absolument inadmissible. Ainsi, le dépôt du dessin imprimé sur une étoffe n'empêche pas l'orfèvre, par exemple, de graver, sur un vase d'argent ou d'or, un dessin analogue, parce qu'il n'y a aucune parité entre les deux genres d'industrie, ni aucune influence possible de l'exécution du dessin par l'orfévrerie sur l'exploitation du même dessin appliqué à la soierie ou à la toile.

601. Distinction pour le cas où il y a préjudice possible. — Mais il en serait autrement et la contrefaçon reparaîtrait, s'il y avait possibilité de préjudice pour l'inventeur du dessin, soit par suite d'une concurrence directe, soit par suite de la dépréciation et de l'avilissement qui pourrait résulter, pour le dessin, de l'usage qui en serait fait dans une autre industrie.

Ainsi, non-seulement l'application sur laine d'un dessin inventé pour une étoffe de soie serait interdite comme pouvant nuire à la vente de celle-ci, en permettant d'offrir, à plus bas prix, un tissu aussi élégamment orné; mais la reproduction, sur papier peint, d'un dessin d'étoffe, pourrait donner lieu à de justes poursuites (1). En effet, la vulgarité même qui résulterait, pour le dessin, de sa répétition comme ornement de tenture, lui ôterait la nouveauté et l'originalité, qui font le charme et le prix des objets de toilette.

Les juges trouveront, d'ailleurs, dans l'allocation des dommages-intérêts, le moyen de faire la part exacte de l'influence plus ou moins grande que la reproduction du dessin peut exer-

---

(1) Voir art. 8 du règlement de 1787.

cer sur l'exploitation de l'inventeur, eu égard aux différences plus ou moins prononcées entre l'industrie de celui-ci et celle du reproducteur (1).

602. Action civile devant le tribunal de commerce. — Le délit de contrefaçon de dessins donne lieu, conformément au droit commun, à deux actions, l'action civile et l'action pénale ou publique (voir n° 513).

L'action civile en dommages-intérêts peut être portée, soit devant le tribunal de commerce, d'après les termes formels de l'art. 15 de la loi du 18 mars 1806 (et jamais devant le tribunal civil) (2), soit devant le tribunal de police correctionnelle, d'après l'art. 3 du Code d'instr. crim., auquel la loi de 1806, antérieure, d'ailleurs, ne saurait apporter aucune limitation (3).

603. Action correctionnelle. — L'action pénale est fondée sur les art. 425 et suivants du Code pénal. Mais elle est subordonnée, comme l'action civile, à la formalité préalable du dépôt de la part du fabricant (4).

604. Des preuves. — Intervention des prud'hommes. — On a vu que la prétention du demandeur était suffisamment établie par la reproduction du certificat de dépôt pour tous les faits postérieurs au dépôt. Pour les faits antérieurs, le fabricant doit, en outre, administrer la preuve de la préexistence de son invention aux actes incriminés.

L'inculpé est admis à faire la preuve que, nonobstant le dépôt, la propriété du dessin n'appartient pas réellement au demandeur, et que les faits à lui reprochés sont antérieurs à la prétendue invention.

Les prud'hommes sont appelés, par les art. 14 et 17 de la loi de 1806, à intervenir en certains cas, mais uniquement pour constater l'identité des échantillons et vider la question de priorité des dépôts, mais jamais pour faire acte de juridiction (5).

605. Dommages-intérêts, impression, affiches. — Lorsque la propriété du dessin est reconnue au profit du demandeur, et la contrefaçon établie à la charge du prévenu, les dom-

---

(1) Paris, 29 déc. 1855 (Barbet).—Voir Blanc, p. 595; Dalloz, v° *Industrie*, n. 305.
(2) C. cass., 17 mai 1843 (Delon).
(3) Voir la discussion à laquelle se livre sur ce point, d'ailleurs incontestable, M. Étienne Blanc, p. 596 et suiv.
(4) Paris, 19 février 1855 (Rondeau-Pouchet); 24 juin 1857 (Brun). — Voir en ce sens Cour impériale de Riom, 18 mai 1853 (Seguin-Sirey, 1853.2.650).
(5) Voir Mollot, *Compétence des prud'hommes*, p. 318 à 325.

mages-intérêts à accorder, soit par le tribunal de commerce, soit par le tribunal correctionnel, sont fixés d'après l'appréciation du préjudice (art. 1382, Cod. Nap.), et non d'après les bases posées par les art. 1 et 4 de la loi du 17 juillet 1793, abrogés sur ce point par l'art. 429, Cod. pén. (1).

L'un et l'autre tribunal peut ordonner, à la charge du contrefacteur, l'impression et l'affiche du jugement (art. 1036, C. proc.).

606. Confiscation. — Interdiction de fabriquer à l'avenir. — Le juge correctionnel seul peut ordonner, au profit du plaignant, la confiscation des objets contrefaits, par application des art. 427 et 429 du Cod. pén., la confiscation étant une peine que les tribunaux civils ou de commerce ne sauraient appliquer à moins de disposition spéciale (voir n° 568) (2).

Quant à la défense de fabriquer ou de vendre à l'avenir les objets contrefaits, elle ne saurait être faite à peine de dommages-intérêts pour infraction à cette défense, en vertu du principe que les juges ne disposent pas pour l'avenir et ne prononcent que sur des faits accomplis. Une telle disposition, dépourvue de sanction, serait tout au moins superflue, en admettant qu'elle pût échapper à la censure de la Cour de cassation (3).

607. Amende. — Renvoi. — La peine encourue est, outre la confiscation, une amende de 100 à 2,000 francs contre le contrefacteur ou l'introducteur en France de dessins contrefaits; de 25 à 100 contre le débitant (art. 427, Cod. pén.). La solidarité des condamnations entre ceux qui ont pris part au délit, la prescription des poursuites et des peines, ont lieu conformément au droit commun (voir chapitre précédent, n°s 565 et suiv.).

CHAPITRE III.

Marques et noms de fabrique.

608. Des marques de fabrique en général. — Marques obligatoires et facultatives. — On entend par marques de fabrique certains signes emblématiques destinés à faire reconnaître l'origine ou la nature des marchandises.

---

(1) Colmar, 27 mars 1844 (Lagier).
(2) Art. 11 du Code pénal ; Gastambide, n. 175 ; Dalloz, v° *Industrie*, n. 309. — Contrà, Paris, 26 décembre 1833 (Barbet).
(3) C. cass., 4 juillet 1838 (Barbereau), et Paris, arrêt précité du 26 décembre 1833. Un arrêt de Toulouse du 26 mars 1836 interdit une telle défense.

Il existe deux sortes de marques de fabrique : les unes sont *obligatoires* et prescrites principalement dans un intérêt public et fiscal ; les autres *facultatives* et instituées dans l'intérêt du fabricant qui veut garantir la qualité et assurer la réputation de ses produits. Quoique essentiellement protectrices du travail privé, elles ne sont pas étrangères à l'intérêt national, car, d'une part, accordées à certaines villes, elles conservent la renommée industrielle de populations entières ; d'autre part, elles maintiennent le droit des loyaux produits de notre industrie française à la confiance des nations étrangères. Les marques de fabrique, imposées jadis comme une garantie forcée, ou concédées à titre de privilége (1), ont repris, dans la législation moderne, leur véritable caractère de propriété libre, et de la plus inviolable de toutes, celle qui est le résultat du travail.

« Le droit d'apposer son nom, son signe, sa marque distinctive, sur les produits de son travail, disait un ministre à la Chambre des pairs (2), c'est la conséquence naturelle du droit de travailler. »

Après avoir dit quelques mots sur les marques obligatoires, nous traiterons des marques en général, et nous examinerons : 1° leurs caractères légaux ; 2° les conditions auxquelles leur conservation est subordonnée ; 3° les droits qui en résultent pour les fabricants.

§ I.
Marques obligatoires et spéciales.

LÉGISLATION. Loi du 19 brumaire an VI (*Marques des ouvrages d'or et d'argent*).— Décrets du 1er avril et du 18 septembre 1811, et du 22 décembre 1812 (*Marque des savons*). — Décrets du 25 juillet 1810 et du 22 déc. 1812 (*Lisière des draps*). — Décret du 20 floréal an XIII (*Marque des étoffes d'or faux ou mi-fin et des velours*).—Loi du 28 avril 1816, art. 59 ; ordonnance du 8 août 1816 ; loi du 21 avril 1818, art. 41 et 42 (*Marque des tissus de coton, etc.*). — Ordonnance du 16 mai 1819 (*Marque des cotons filés*). — Ordonnance du 3 avril 1836 (*Marque des tulles*).

SOMMAIRE.

609. Marques des ouvrages d'or et d'argent. — 610. Marque des savons. — 611. Lisières des draps.—612. Lisières des étoffes d'or faux ou mi-fin.—613. Lisières des velours.—614. Marques des cotons tissés, filés.

609. Marques des ouvrages d'or et d'argent. — Les

---

(1) Voir Blanc, p. 145, et Dalloz, v° *Industrie*, n. 234.
(2) Exposé des motifs du projet de loi sur les marques et dessins de fabrique, présenté le 8 avril 1845, par M. Cunin-Gridaine.

principales marques obligatoires sont : 1° les empreintes des trois poinçons auxquels doivent être soumis tous les ouvrages d'or et d'argent, d'après la loi du 19 brumaire an vi (voir ci-dessus n° 295).

610. Marque des savons. — 2° Les marques tendant à prévenir la fraude dans la fabrication des savons. Ces marques sont établies pour tout l'Empire par le décret du 1er avril 1811 et celui du 18 septembre suivant, dont l'art. 1er prescrit une marque spéciale pour le savon à l'huile d'olive, une pour le savon à l'huile de graines, une pour celui au suif ou à la graisse, avec addition du nom du fabricant et de la ville où il réside, à peine d'une amende de 100 francs, portée au double en cas de récidive.

Une marque particulière en forme de pentagone pour les savons à l'huile d'olive fabriqués à Marseille a été créée par le décret du 22 décembre 1812.

611. Lisières des draps. — 3° Les lisières accordées aux villes manufacturières de draps, que chaque fabricant de ces villes est tenu de mettre à ses produits, à peine de l'amende de 11 à 15 francs, édictée par l'art. 479 du Cod. pén., et doublée en cas de récidive (décrets du 25 juillet 1810 et du 22 décembre 1812).

612. Lisières des étoffes d'or faux ou mi-fin. — 4° Les deux lisières avec barre noire de quarante fils au moins exigées pour les étoffes fabriquées avec des dorures fausses ou mi-fines; la lisière unique avec la bande noire sus-indiquée pour les étoffes d'or, où il entre à la fois des dorures fines et des dorures fausses ou mi-fines (art. 3 et 4 du décret du 20 floréal an XIII).

613. Lisières des velours. — 5° Les lisières des étoffes de velours déterminées par les art. 5 et 6 du décret précité, et qui portent une ou plusieurs chaînettes, suivant que les velours sont à un ou plusieurs poils.

Le tout à peine, en cas de contravention dans les deux cas précédents, de saisie et confiscation de la marchandise, et, en cas de récidive, d'une amende de 3,000 fr. au plus, avec affiche du jugement (art. 7).

614. Marques des cotons tissés, filés, etc. — 6° Les marques dont doivent être revêtues toutes étoffes, pleines ou mélangées, en laine et en coton, et tous tissus de la nature de ceux qui sont prohibés à l'importation, ainsi que la bonneterie de coton ou de laine. Ces marques, indiquant le nom de la ville ou de l'arrondissement où la fabrication a lieu, et le nom du fabricant ou tel signe qu'il déclarera choisir, sont vérifiées par les prud'hommes, et, à leur défaut, par les maires assistés des fabricants notables (loi du 28 avril 1816, t. VI, art. 59, ordonnance du 8 août 1816, et loi du 21 avril 1818, art. 41 et 42).

Les contrevenants sont punis, suivant les cas, par la saisie et une amende de 6 pour cent de la valeur du tissu (art. 42 de la loi de 1818).

7° L'estampillage au chlorure de manganèse prescrit, pour les tulles de coton fabriqués en France, par l'ordonnance du 3 avril 1836, sous les peines portées par l'art. 42 de la loi du 21 avril 1818.

8° Les bandes de papier, empreintes de la marque du fabricant, qui doivent être appliquées sur les écheveaux de coton plat, avant qu'ils soient recouverts de l'enveloppe usitée, à peine de saisie (art. 7 et 8 de l'ordonnance du 16 mai 1819).

§ II.

Marques facultatives proprement dites ou marques emblématiques.

LÉGISLATION. Loi du 22 germinal an XI; décret du 11 juin 1809; décret du 20 février 1810 (*Marques de fabrique en général*). — Décret du 5 septembre 1810 (*Marques de coutellerie et quincaillerie*).— Décrets du 25 juillet 1810, du 22 décembre 1812 (*Marques spéciales à certaines villes*).

Art. 1ᵉʳ. — Définition et caractères légaux des marques de fabrique.

SOMMAIRE.

615. Distinction des marques de fabrique et des noms apposés aux produits.—616. Caractères de la marque. De l'adhérence aux produits. — 617. Spécialité des marques.—618. Intervention des prud'hommes. — 619. De l'emprunt de marques étrangères.—620. Droit des étrangers.—621. La marque s'applique aux produits agricoles.

615. Distinction des marques de fabrique et des noms apposés aux produits. — Les *marques de fabrique* proprement dites sont définies et protégées par la loi du 22 germinal an XI, et par les décrets du 11 juin 1809 et du 20 février 1810. Elles doivent être distinguées des *noms* apposés aux produits qui sont l'objet de dispositions spéciales (n° 613), et des étiquettes ou autres désignations non adhérentes aux objets fabriqués eux-mêmes (n° 673).

La qualification de marque de fabrique est réservée à toute figure ou signe quelconque, autre qu'un nom, choisi à volonté par un fabricant, et incorporé ou adhérent au produit.

Quand le nom est ajouté à un autre signe, dont il ne forme qu'une partie accessoire, il y a marque proprement dite : c'est en conséquence la législation sur les marques, et non celle relative aux noms (voir ci-après, n° 643), qui doit être appliquée (1).

Il en est autrement quand c'est le nom qui forme la partie principale, et cette distinction a une grande importance au point de vue de l'application des peines en cas de contrefaçon, punie beaucoup plus sévèrement à l'égard des marques qu'à l'égard des noms.

616. Caractères des marques. — De l'adhérence aux produits. — Un signe symbolique, quelque peu compliqué qu'il soit, fût-ce une simple étoile pour servir de marque (2).

La marque choisie par un manufacturier étant destinée à constater l'identité des produits sortis de sa fabrique, il en résulte que, pour produire ses effets légaux, elle devra présenter deux caractères : être adhérente aux produits ; se distinguer nettement de toute autre marque précédemment adoptée.

L'adhérence aux produits est nécessaire, car sans elle la marque pouvant être, sans altération, détachée d'un produit pour être appliquée sur un autre, ne garantirait plus l'identité (3).

L'adhérence peut, du reste, être obtenue de différentes manières, suivant la nature du produit : ainsi la marque sera, selon les cas, imprimée, soit sur l'objet même, soit sur une enveloppe qu'on ne pourrait appliquer à un autre objet sans la rompre ; ou, s'il s'agit d'un liquide, elle sera appliquée sur le vase qui le renferme, de manière à ce que le liquide ne puisse être extrait sans que la marque soit brisée. Peu importe d'ailleurs que la marque soit ostensible ou non, et qu'elle soit placée au dehors ou à l'intérieur de l'enveloppe (4).

617. Spécialité des marques. — La marque doit en outre, suivant l'art. 5 du décret du 20 février 1810, être « assez distincte des autres marques pour qu'elles ne puissent être con-

---

(1) C. cass., 12 juillet 1845 (Bernard) ; 3 juin 1846 (Bulla) ; 29 novembre 1847 (Bulla) ; 8 décembre 1827 (Grange) ; Paris, 20 novembre 1847 (Mounier). — Voir Gastambide, n. 417, et Dalloz, v° *Industrie,* n. 517.

(2) Rouen, 30 nov. 1840 (Lelarge).

(3) C. cass., 22 janvier 1807 (Laugier). — Voir Gastambide, n. 415, 416. — *Contrà*, C. cass., 28 mai 1822 (Guérin). Cet arrêt admet qu'on peut considérer comme marque une empreinte gravée sur une bande fixée avec une épingle sur des rubans, etc. — Voir Pardessus, *Droit commercial,* t. 1, n. 110, et consultation citée par Blanc, *de la Contrefaçon,* p. 175.

(4) C. cass., 12 juillet 1845 (Bernard).

fondues et prises l'une pour l'autre. » La question de savoir si la différence entre les marques nouvelles et celles déjà adoptées est suffisante ou insuffisante pour qu'elles puissent être distinguées est une question toute de fait, sur laquelle aucun principe général ne peut être posé. Tout fabricant peut choisir la marque à ses risques et périls sans être obligé de la faire vérifier; mais il fera sagement, pour mettre sa bonne foi hors de doute, de soumettre le signe adopté par lui à l'appréciation du conseil des prud'hommes (voir 3ᵉ partie) qui, d'après l'art. 6 du décret de 1810, est arbitre de la suffisance ou de l'insuffisance de la différence entre les marques (1).

618. Intervention des prud'hommes. — Il faut remarquer que cette intervention des prud'hommes n'est, comme le dit fort justement M. Blanc, qu'une mesure de conciliation, un simple avis non obligatoire, et ne constituant pas l'exercice d'un premier degré de juridiction (art. 12 du décret du 7 février 1810). Si donc il y a contestation sur la question de suffisance ou d'insuffisance, malgré l'avis exprimé par les prud'hommes, les parties se pourvoiront, suivant l'art. 6 du décret, devant le tribunal de commerce, qui prononcera après avoir vu l'avis du conseil des prud'hommes. Cette décision est en premier ressort et à charge d'appel, suivant les règles du droit commun (2) (sauf ce qui sera dit sur les marques de coutellerie, n° 635).

Bien que la marque nouvelle présente en elle-même des différences avec une marque ancienne, elle devra être rejetée, si la différence peut disparaître dans l'application : par exemple, au moyen de l'inclinaison du poinçon qui sert à marquer des objets de coutellerie (3).

619. De l'emprunt de marques étrangères. — La loi française ne protégeant par la propriété des marques étrangères (voir n° 633), il en résulte qu'il n'est pas défendu à un fabricant français, du moins en vertu de la législation spéciale aux marques de fabrique, d'adopter des marques déjà employées par des fabricants étrangers, alors même que d'autres fabricants français auraient fait antérieurement le dépôt des mêmes marques. Il ne peut en effet dépendre d'un seul individu d'interdire à tous les fabricants la libre faculté d'emprunter directement à l'étranger

---

(1) Bordeaux, 9 février 1852 (Cahuzac c. Rousse-Sirey, 52.2.332). — Voir Blanc, p. 167.
(2) Riom, 18 février 1854 (Dumas c. Bernard). — Voir Blanc, p. 166.
(3) Riom, 12 février 1854 (Dumas).

les marques qui y sont en usage. En certains cas, du reste, l'apposition mensongère d'une marque étrangère constituerait une véritable tromperie sur la nature de la marchandise vendue, délit prévu par l'art. 423 du C. pén., qui ne saurait assurément à aucun point de vue se placer sous la sauvegarde des lois (voir n° 633) (1).

Il n'en serait plus de même, si la maison étrangère était représentée en France par un associé autorisé à y résider, et ayant effectué le dépôt de la marque. Un tiers ne pourrait se servir de cette marque sous prétexte qu'il est en relation avec la fabrique étrangère. Une telle excuse ne serait qu'un prétexte pour dissimuler une contrefaçon (2).

620. Droit des étrangers. — Nous renvoyons au paragraphe relatif aux noms la discussion de la question de savoir si l'étranger a une action en France contre le Français qui aurait usurpé sa marque industrielle (n° 666).

621. La marque s'applique aux produits agricoles. — D'après une jurisprudence constante qui a suppléé au silence de la loi, les marques de fabrique peuvent servir à protéger les produits de l'agriculture, tels que les vins, aussi bien que ceux de l'industrie manufacturière (3).

Art. 2. — Du dépôt des marques. — Formalités et effets.

SOMMAIRE.

622. Du double dépôt des marques de fabrique.—623. Mode spécial aux ouvrages de quincaillerie et de coutellerie.—624. Constatation du dépôt.—625. Perpétuité de la propriété des marques. — 626. Effets du dépôt de la marque, même à l'égard des faits antérieurs. Recevabilité de l'action en contrefaçon.—627. Le dépôt est-il nécessaire pour la recevabilité de l'action en dommages-intérêts?

622. Du double dépôt des marques de fabrique. — Ainsi qu'on l'a dit à l'égard des dessins de fabrique, la propriété de la marque résulte de l'adoption même d'un signe distinctif, non encore employé (voir n° 582); mais l'exercice du droit de propriété est également subordonné à la formalité du dépôt qui doit être opéré, 1° au greffe du tribunal de commerce, 2° au secrétariat du conseil des prudhommes.

---

(1) Paris, 26 mars 1822 (Benoît). — Voir Blanc, p. 485, et arrêt du 7 août 1832 (Schmid-Born), cité par cet auteur, p. 484.

(2) Tribunal de la Seine, 12 février 1829 (Farina c. Geslin).—Voir Blanc, p. 484.

(3) C. cass., 12 juillet 1845 (Besnard) ; 8 juin 1847 (Fabre).—Ces arrêts relatifs aux noms sont également applicables aux marques.

Nul ne pourra former action en contrefaçon de sa marque, s'il ne l'a préalablement fait connaître d'une manière légale, par le dépôt d'un modèle au greffe du tribunal de commerce, d'où relève le chef-lieu de la manufacture ou de l'atelier (art. 18 de la loi du 22 germinal an xi). Indépendamment du dépôt ordonné par l'art. 18 de la loi de germinal an xi au greffe du tribunal de commerce, nul ne sera admis à intenter action en contrefaçon de sa marque, s'il n'a, en outre, déposé un modèle de cette marque au secrétariat du conseil des prud'hommes (art. 7 du décret du 11 juin 1809).

623. Mode spécial aux ouvrages de quincaillerie et coutellerie.—Le double dépôt doit être effectué d'après un mode spécial quand il s'agit de marque de coutellerie et de quincaillerie. Ces marques doivent être empreintes sur des tables communes établies à cet effet, et déposées tant au greffe du tribunal qu'au secrétariat du conseil des prudhommes (décret du 5 septembre 1810, art. 3 et 4). Ce même mode est prescrit pour les marques sur produits analogues à ceux de la quincaillerie et de la coutellerie, par l'art. 9 du décret du 11 juin 1809. Cette formalité entraîne le paiement d'un droit de 6 fr. applicable à l'acquisition et à l'entretien des tables (même art.).

624. Constatation du dépôt. — Procès-verbal du dépôt est dressé sur un registre en papier timbré, coté et parafé par le conseil des prudhommes. Une expédition sera remise au fabricant pour lui servir de titre contre les contrefacteurs. Cette expédition est signée du président et du secrétaire, et parfois du secrétaire seul (1).

625. Perpétuité de la propriété des marques. — Le fabricant n'a pas à déclarer à l'égard des marques, comme à l'égard des dessins, le temps pendant lequel il se réserve la propriété de la marque. Cette propriété est de droit perpétuelle, elle subsiste autant que son auteur, et même elle passe à ses héritiers quand ils continuent son commerce (2). Elle ne tombe dans le domaine public que quand il résulte des circonstances qu'elle peut être réputée abandonnée.

626. Effets du dépôt de la marque, même à l'égard des faits antérieurs. — Recevabilité de l'action en contrefaçon.—Les effets du dépôt de la marque sont analogues

---

(1) Voir M. Mollot, *Compétence des prud'hommes*, p. 278.
(2) Voir Gouget et Merger, v° *Marque de fabrique*, n. 129 et 150.

à ceux du dépôt du dessin de fabrique, et nous ne pouvons que renvoyer à ce qui a été dit à cet égard (voir n° 596). L'effet principal est de permettre au fabricant d'intenter l'action en contrefaçon, suivant l'art. 18 de la loi de germinal an XI. Du principe que la propriété résulte, non du dépôt qui ne fait que la déclarer, mais de l'adoption primitive de la marque qui crée véritablement cette propriété, il résulte qu'une fois le dépôt effectué le fabricant peut se plaindre de toute usurpation de sa marque même ayant précédé le dépôt, sauf la preuve de l'antériorité de l'existence de cette marque (voir n° 589).

Il n'y a aucun doute sur ces différents points, et il faut ajouter que le fabricant qui a déposé a le choix d'agir, par la voie civile devant le tribunal de commerce, seule voie employée en pratique, ou de porter une plainte en contrefaçon, et de se constituer partie civile devant la Cour d'assises (voir n° 631).

627. Le dépôt est-il nécessaire pour la recevabilité de l'action en dommages-intérêts? — Mais une question fort délicate et vivement débattue est celle de savoir si, pour intenter 'action en dommages-intérêts, le dépôt préalable est nécessaire comme pour l'action pénale en contrefaçon. Dans le sens de la négative, on fait remarquer que la loi, qui à l'égard des dessins exige le dépôt préalable pour toute action en *revendication* de propriété, ce qui comprend évidemment l'action civile, ne l'impose expressément, à l'égard des marques de fabrique, que pour l'action en *contrefaçon,* qui de sa nature est une action criminelle. « Le dépôt en matière de marque, dit M. Gastambide, n'est pas une déclaration de l'intention où est le propriétaire de la marque de *poursuivre les contrefacteurs comme faussaires.* A défaut de dépôt, la propriété de la marque rentre dans le droit commun et a droit à la protection de l'art. 1382, Code Nap. (1). »

Mais, répond-on avec M. Pardessus, la formalité du dépôt, qui n'est pas exigée pour faire acquérir le droit d'employer telle ou telle marque, l'est cependant pour pouvoir se plaindre en justice de ce qu'un autre l'a usurpée, parce que, si elle ne confère pas la propriété qui résulte de la nature même des choses, c'est *la manifestation de la volonté qu'on a d'empêcher que d'autres fassent usage de la même marque.* M. Blanc fait remarquer qu'autrement la disposition de la loi serait une lettre morte et que, malgré la

---

(1) Voir en ce sens Dalloz, v° *Industrie,* n. 328, 329.

généralité de l'art. 1382, Cod. Nap., il est conforme à tous les principes d'y apporter une restriction, en vertu d'une disposition spéciale à l'égard d'une propriété d'une nature à part, organisée par une loi d'exception (1). La jurisprudence qu'on présente comme favorable à la première opinion nous paraît plutôt conforme à la seconde, car l'arrêt de la Cour de cassation du 28 mai 1822 (aff. Forest C. Guérin) déclare que, si ce n'est pas le dépôt des marques au greffe qui en constitue la propriété, il est nécessaire *pour exercer la revendication.*

L'accomplissement du double dépôt ne saurait donc être trop vivement recommandé à l'attention des fabricants.

Art. 3. — De la contrefaçon des marques.

SOMMAIRE.

628. Caractères de la contrefaçon de marques.—629. De la bonne foi du fabricant. — 630. De la bonne foi du débitant.—631. De l'action criminelle pour contrefaçon de marques. Pénalité. — 632. De l'action civile. Procédure. — 633. De l'application frauduleuse d'une marque étrangère.

628. Caractères de la contrefaçon des marques. — La contrefaçon résulte, conformément au droit commun, de la reproduction ou imitation faite avec intention de nuire et de nature à causer préjudice. Considérée en elle-même, la contrefaçon existe dès que l'imitation est suffisante pour qu'il y ait méprise, confusion possible, et non pas seulement confusion certaine et inévitable (2).

629. De la bonne foi du fabricant. — La bonne foi de la part d'un fabricant (3) est difficile à supposer. Il arrivera bien rarement que le hasard suffise pour expliquer la reproduction d'une marque précédemment adoptée, excepté dans le cas où cette marque consisterait dans l'apposition d'initiales que peuvent présenter dans le même ordre les noms de divers individus. Faisons remarquer que, même en ce cas, l'absence d'intention frauduleuse, qui ferait disparaître la culpabilité au point de vue

---

(1) Blanc, p. 175-178, où il cite une consultation de M. Pardessus.

(2) Voir Blanc, p. 180, et arrêt de Riom du 18 février 1834 (Dumas) et Bordeaux 9 février 1852.

(3) Voir, sur la présomption de fraude qui s'attache au fait matériel de la contrefaçon, l'arrêt de la Cour de cassation du 24 mai 1855 (Thoinier-Desplaces), applicable par analogie.

criminel, n'exclurait pas l'obligation de renoncer à la marque et de réparer le tort causé au moyen de dommages-intérêts prononcés contre l'auteur de la marque contrefaite (1).

630. De la bonne foi du débitant. — Il y a plus de difficulté à l'égard du simple débitant de marchandises portant des marques contrefaites. Sans doute, s'il est de mauvaise foi, il pourra être poursuivi, sinon comme complice ou recéleur (art. 60 et 62, Cod. pén.) (2), du moins, dans tous les cas, en vertu de l'art. 1382, Cod. Nap. S'il est de bonne foi, il n'encourt aucune condamnation (3), à moins qu'il n'y ait eu imprudence de sa part dans la manière dont il s'est procuré les marchandises, si, par exemple, il les a achetées d'un colporteur, sans prendre aucun renseignement sur leur origine (4).

631. De l'action criminelle pour contrefaçon de marques.—Pénalité.—La contrefaçon des marques, au point de vue criminel, est assimilée au faux en écriture privée par l'art. 16 de la loi du 22 germinal an XI, et punie de la peine de la réclusion aux termes de l'art. 142, Cod. pén. C'est donc un crime de la compétence de la Cour d'assises, et l'action est suivie par le ministère public sur la plainte du fabricant, qui peut se porter partie civile devant la Cour d'assises et obtenir des dommages-intérêts, même en cas d'acquittement du prévenu.

632. De l'action civile. — Procédure. — Mais l'excessive rigueur de cette poursuite l'a fait tomber à peu près en désuétude, et c'est à la voie civile que, dans la pratique, le fabricant lésé a constamment recours.

La marche à suivre est tracée ou indiquée par les art. 4, 6, 12, du décret des 7-20 février 1810.

Le demandeur doit appeler son adversaire en conciliation devant le conseil des prud'hommes, s'il en existe dans le ressort. A défaut de conciliation, la demande doit être portée en premier ressort devant le tribunal de commerce du domicile soit du contrefacteur même, soit de l'un des débitants, sans que l'action puisse être divisée, s'il y a plus d'un défendeur, et sans que

---

(1) Riom, 18 février 1834 (Dumas).—Voir Blanc, p. 180 et 188.

(2) La jurisprudence, sans doute à cause de l'excessive sévérité des peines prononcées par le décret de germinal an XI (voir n° 631), n'a pas admis la complicité du débitant.—Voir M. Blanc, p. 200.—Il en est autrement en cas de contrefaçon de noms (voir la loi du 28 juillet 1824.)

(3) Paris, 30 novembre 1840 (Guesnot).

(4) Toulouse, 26 mars 1836 (Wagner).

chacun d'eux puisse demander son renvoi devant le tribunal de son domicile (1).

Le tribunal, au vu de l'avis des prud'hommes, prononce la suppression de la marque contrefaite, des dommages-intérêts, plus, s'il y a lieu, l'affiche du jugement et l'insertion dans les journaux.

Il ne peut y avoir saisie préalable des objets contrefaits qu'en cas de poursuite par la voie criminelle (2).

633. De l'application frauduleuse d'une marque étrangère. — La loi de germinal an XI, n'ayant pour but que de protéger la fabrication française, ne serait évidemment pas applicable en cas d'apposition frauduleuse d'une marque étrangère. Mais l'auteur de cette tromperie pourrait-il être poursuivi à la requête du ministère public ou des acheteurs, en vertu de l'art. 423, qui punit la tromperie sur la *nature* de la marchandise? M. Blanc ne considère pas l'affirmative comme douteuse. « Celui qui appose sur les produits de son industrie la marque d'une maison de commerce étrangère, dit-il, commet certainement le délit prévu et puni par les art. 423 et 405 du C. pén., combinés. » M. Gastambide adopte la même opinion, s'appuyant sur l'autorité de MM. Chauveau et Faustin-Hélie (théorie du Code pénal, sur l'art. 423). Cependant M. Dalloz soutient vivement l'opinion contraire, et se fonde, soit sur l'ensemble des lois de la matière, soit surtout sur la discussion qui a eu lieu au conseil d'État, relativement à la rédaction de l'art. 423.—La solution de la question nous paraît dépendre absolument des circonstances. Nous ne pensons pas que la tromperie sur l'origine d'une marchandise doive être nécessairement assimilée à la tromperie sur sa nature, et que, par conséquent, l'adoption d'une marque étrangère donne lieu par elle-même à l'application de l'art. 423 du Code pénal. Mais, selon nous, cette disposition devient applicable toutes les fois que l'origine d'un produit en indique la qualité et jusqu'à un certain point la nature, et que, par conséquent, l'apposition mensongère de la marque étrangère tend à induire l'acheteur en erreur sur ces points essentiels. Il en serait ainsi, par exemple, pour des châles français portant une marque affectée aux cachemires de l'Inde, ou pour des li-

---

(1) Paris, 3 juin 1843 (Spencer et Stubbs). — Tribunal de commerce de Paris, 12 novembre 1833, cité par Dalloz, *Compétence civile des tribunaux d'arrondissement*, n. 38.

(2) Art. 7 du décret du 16 juin 1809.—Voir Gastambide, n. 426.

queurs dont la marque étrangère indiquerait une fausse provenance (1).

Art. 4.—Règles spéciales aux marques de quincaillerie et de coutellerie.

SOMMAIRE.

634. Du dépôt des marques d'objets de quincaillerie et de coutellerie. — 635. Compétence des prud'hommes ou du juge de paix. — 636. Pénalités : amende, confiscation, affiche. — 637. Dommages-intérêts contre le dénonciateur.

634. Du dépôt des marques d'objets de quincaillerie et de coutellerie. — Les marques de coutellerie et de quincaillerie sont soumises à des règles spéciales par le décret du 5 septembre 1810.

Le double dépôt se fait, comme on l'a dit au n° 623, par le moyen d'une empreinte de la marque sur des tables déposées au greffe du tribunal de commerce, et au secrétariat du conseil des prud'hommes quand il en existe (art. 3 et 4). Tout fabricant dont la propriété a été constatée par le dépôt a le droit de faire procéder à la saisie des ouvrages empreints de la marque contrefaite, par les officiers de police, sur sa simple réquisition accompagnée de la présentation du procès-verbal de dépôt (art. 8).

635. Compétence des prud'hommes ou du juge de paix. — Les parties doivent être renvoyées devant le conseil des prud'hommes, s'il y en a un dans la commune, et, s'il n'y en a point, devant le juge de paix. Le juge compétent est celui du lieu de la saisie, et, s'il n'y a pas eu saisie, celui du domicile du contrefacteur ou du lieu de la fabrication.

Le conseil des prud'hommes ou le juge de paix statue en premier ressort après audition des parties et de leurs témoins. L'appel est porté dans les trois mois de la signification du jugement devant le tribunal de commerce, si les prud'hommes ont prononcé, et devant le tribunal civil, si la décision émane du juge de paix.

636. Pénalités. — Amende, confiscation, affiche. — La peine ramenée ici à une juste proportion avec la gravité du fait est, non plus criminelle (voir au n° 631), mais correctionnelle. Elle consiste dans une amende de 300 fr., portée au double en cas de récidive, qui entraîne de plus la condamnation à six mois d'emprisonnement (voir l'art. 1ᵉʳ du décret du 5 septembre 1810).

---

(1) Voir en ce sens Devilleneuve et Massé, *Dictionnaire du contentieux commercial*, v° Contrefaçon, n. 72.

S'il y a eu saisie, les objets contrefaits sont confisqués au profit du propriétaire de la marque ; le contrefacteur sera en outre condamné à tous dommages-intérêts, et à l'impression et affiche du jugement à ses frais, sans que les parties puissent transiger sur l'affiche et la publication (art. 2 et 11).

Les condamnations pénales aussi bien que les condamnations civiles sont prononcées par le conseil des prud'hommes ou le juge de paix. Les termes généraux du décret de 1810 ne permettent pas de distinguer à cet égard (1).

637. Dommages-intérêts contre le dénonciateur. — Dans le cas où la dénonciation pour contrefaçon ne serait point fondée, celui qui l'aura faite sera condamné à des dommages-intérêts proportionnés au trouble et au préjudice qu'il aurait causés (art. 10).

M. Blanc est d'avis que cette condamnation doit être prononcée par le juge même d'office (p. 209).

Art. 5. — Marques spéciales à certaines villes.

SOMMAIRE.

638. Règles spéciales aux marques de fabrique accordées à certaines villes. — 639. Action criminelle en contrefaçon. Pénalité modifiée par le décret de 1812. — 640. Action civile ; ses conséquences. — 641. Pénalité en cas de contrefaçon de marques de savon. — 642. La banlieue assimilée à la ville même.

638. Règles spéciales aux marques de fabrique accordées à certaines villes. — Ce ne sont pas seulement les particuliers qui ont droit de placer leurs produits sous la protection des marques de fabrique ; certaines villes, justement renommées par le mérite de leur fabrication, ont été investies de la faculté d'assurer la conservation de cette réputation séculaire par l'apposition d'une marque sur tous les produits qui sortent de leurs manufactures. L'autorisation d'apposer une semblable marque, spéciale d'abord à la ville de Louviers pour ses fabriques de draps (décret du 25 juillet 1810), puis rendue accessible à toutes les manufactures de draps par le décret du 22 décembre 1812, est accordée par le Gouvernement sous forme de décret rendu en conseil d'État ; elle a pour conséquence, à l'égard de tous les fabricants de la ville autorisée, l'obligation de garnir tous leurs produits de la lisière spéciale qui constitue ce genre de marque (voir n° 611). En même temps, elle confère à ces fabricants le

---

(1) Voir Blanc, p. 206, 207.

droit exclusif d'employer cette lisière, et, par suite, de poursuivre les contrefacteurs en requérant des officiers de police la saisie des draps dont la lisière aura été contrefaite, saisie qui devra être effectuée sur la seule présentation de leur patente (art. 8 du décret de 1812). Cette marque étant établie par décret inséré au *Bulletin des lois*, il n'y a pas lieu au dépôt préalable comme préliminaire de la poursuite.

639. Action criminelle en contrefaçon.—Pénalité modifiée par le décret de 1812. — En cas de contrefaçon poursuivie par voie criminelle, le décret du 22 décembre 1812, qui paraît avoir abrogé en ce point la pénalité spéciale de 3,000 francs d'amende édictée relativement aux draps de Louviers (1), renvoie aux dispositions de l'art. 16 de la loi du 22 germinal an XI, et, par suite, aux peines portées par l'art. 142 du Cod. pén. (art. 4).

Les simples débitants ne pourront être poursuivis, à moins que, pris en contravention, ils ne se refusent à donner les renseignements nécessaires pour découvrir l'auteur du délit (art. 5).

640. Action civile et conséquences. — Si la poursuite a lieu par la voie civile, les parties doivent être renvoyées devant le conseil des prud'hommes comme arbitres, et à défaut de conciliation, l'action se suit conformément au droit commun devant le tribunal de commerce (art. 8). En cas de dénonciation mal fondée, le plaignant doit être condamné aux dommages-intérêts (art. 9).

Tout jugement portant condamnation doit être imprimé et affiché aux frais du contrefacteur de la lisière.

641. Pénalité en cas de contrefaçon des marques de savons. — On a vu (n° 641) qu'une marque particulière avait été accordée à la ville de Marseille pour les savons d'huile d'olive. D'après le décret du 22 décembre 1812, tout particulier établi dans une ville autre que celle de Marseille, qui emploiera la marque de cette dernière ville sera puni d'une amende de 1,000 francs, doublée en cas de récidive, et les savons seront confisqués (art. 3). La saisie des savons revêtus de la marque contrefaite aura lieu sur la réquisition des autorités constituées de cette ville ou de ses fabricants munis de patente. Les poursuites auront lieu comme en matière de police correctionnelle (art. 4).

---

(1) Voir Blanc, p. 212, et Gastambide, n. 447.

642. La banlieue assimilée à la ville même. — Il est admis dans la pratique que les fabricants de la banlieue d'une ville manufacturière peuvent se servir de la marque de la ville comme ceux qui habitent dans la circonscription proprement dite (voir arrêt de cassation du 28 mars 1844).

§ III.

Des noms apposés aux produits fabriqués ou marques nominales.

Législation. Loi du 28 juillet 1824.

Art. 1ᵉʳ. — De la propriété des noms.

SOMMAIRE.

643. Nature et effets de la propriété des noms de fabrique ou marques nominales.—644. La loi du 28 juillet 1824 ne s'applique qu'aux noms apposés aux produits.—645. Ce qu'il faut entendre par noms dans le sens de la loi de 1824. — 646. Du cas où plusieurs fabricants portent le même nom.—647. Perpétuité de la propriété du nom. — 648. La propriété du nom survit à celle du produit. Jurisprudence.—649. Cas exceptionnel où le nom d'un fabricant tombe dans le domaine public.

643. Nature et effets de la propriété des noms de fabrique ou marques nominales. — Dans les usages du commerce, le signe apposé sur les produits, pour en garantir l'identité, est souvent, au lieu d'une marque arbitrairement choisie, le *nom* même du fabricant, que l'on peut alors appeler *marque nominale*.

Le *nom* d'un fabricant ou sa *raison de commerce* sont essentiellement, et plus encore que la marque de fabrique, sa propriété exclusive. Cette propriété est fondée, au point de vue industriel, sur le droit naturel qui appartient à chacun de profiter seul de la valeur particulière que peut donner à ses produits l'apposition d'un nom qu'il a su entourer, par son talent et sa probité, d'une juste considération. Elle a, pour conséquence nécessaire, la faculté de s'opposer à ce qu'un tiers, en empruntant ce même nom, détourne, à son profit et au préjudice de celui qui en a fait la réputation, l'attention et la confiance du public (voir, relativement aux noms des lieux, le n° 658).

Une loi spéciale, celle du 28 juillet 1824, protége ce genre de propriété contre toute usurpation.

644. La loi du 28 juillet 1824 ne s'applique qu'aux noms apposés aux produits. — Il est essentiel de noter qu'il s'agit ici du nom employé, comme la marque de fabrique, pour établir l'origine et l'identité des produits. La loi du 28 juillet 1824 a pour but spécial et unique de punir celui qui aura, soit apposé, soit fait apparaître, *sur des objets fabriqués*, un nom de fabricant ou de lieu dont il n'a pas droit de se servir, sans qu'il y ait lieu de distinguer, d'ailleurs, si le nom est adhérent à l'objet, ou se trouve sur l'enveloppe quelconque dans laquelle l'objet serait renfermé. La loi ne s'applique donc qu'aux noms apposés frauduleusement aux produits ou à leur contenant, et non pas à ceux qui le seraient sur des factures, sur des prospectus ou des enseignes. L'usurpation de nom, dans ce dernier cas, est réprimée en vertu des principes du droit commun (1), ainsi qu'il sera dit ci-après (n° 672).

645. Ce qu'il faut entendre par noms, dans le sens de la loi de 1824. — Les noms, qui font seuls l'objet de la loi de 1824, et qu'il ne faut pas confondre avec les marques de fabrique, comprennent et les noms patronymiques du fabricant, tels qu'ils résultent de son acte de naissance, et la raison commerciale choisie pour désigner l'établissement industriel, et le nom du lieu de fabrication. Les simples initiales, ainsi que toutes les autres désignations, rentrent dans la classe générale des marques de fabrique (n° 616) (2).

646. Cas où plusieurs fabricants portent le même nom. — A la différence des marques, dont le choix est absolument facultatif, le nom appartient au fabricant par son origine même, et il peut arriver que plusieurs fabricants, exerçant la même industrie, portent un nom semblable. Le dernier en date ne peut être obligé, assurément, de renoncer à faire usage du nom qu'il tient de sa naissance; mais il ne peut, d'un autre côté, sans injustice, usurper les bénéfices de la réputation que son devancier s'est acquise. La jurisprudence a concilié, autant que possible, ces deux principes, en décidant que lorsqu'un fabricant a pris possession commerciale de son nom en l'apposant à ses produits, tout homonyme qui fabriquera ultérieurement les mêmes produits sera tenu, en y apposant son nom, d'y joindre une qualification ou une désignation qui le distingue de celui déjà employé (3) (voir ci-après n° 656).

---

(1) Paris, 15 mars 1841 (Boyer c. Berlèche, Bonjean et Chesnon).

(2) C. cass., 19 novembre 1850 (Mothes); 29 novembre 1850 (Jouvin); 12 juillet 1851 (Morel).

(3) Aix, 8 janvier 1821; Poitiers, 12 juillet 1835 (Seignette c. veuve Seignette); Lyon, 7 mai 1821.

647. Perpétuité de la propriété du nom. — La propriété du nom, plus essentiellement encore que celle de la marque de fabrique (n° 615), est de plein droit perpétuelle et se transmet aux héritiers continuateurs de la même industrie (1). De là, résulte une conséquence fort importante et d'une application journalière. Il arrive fréquemment qu'un fabricant, qui a pris un brevet pour l'exploitation d'un produit de son invention, marque ce produit de son nom en le mettant dans le commerce. A l'expiration du brevet, chacun acquiert la faculté de fabriquer et de vendre le produit tombé désormais dans le domaine public, mais non pas de le vendre avec le nom de l'inventeur. Celui-ci conserve le droit exclusif de revêtir le produit de son nom ou de sa raison commerciale.

648. La propriété du nom survit à celle du produit. — Jurisprudence. — Ainsi il a été jugé, à l'égard des lampes inventées par Carcel, qu'après l'expiration du brevet d'invention tout fabricant autre que le successeur de Carcel lui-même, bien qu'investi désormais du droit d'exploiter le même système, ne pouvait intituler ses produits lampes *Carcel,* ce qui eût été usurper le nom commercial d'autrui, mais devait faire précéder ce nom d'une mention telle que *façon* ou *dite* Carcel, ayant pour effet d'indiquer que les lampes provenaient d'une autre maison que la maison Carcel (2).

Tels sont, à notre avis, les vrais principes, et nous ne saurions admettre la doctrine d'un arrêt de Paris du 18 février 1852 (Barbier), qui semble poser en principe que par cela seul qu'un produit, l'*Eau de Botot,* connu dans le commerce sous une dénomination contenant le nom de l'inventeur, est tombé dans le domaine public, tout fabricant peut apposer aux flacons renfermant ce liquide la dénomination consacrée par l'usage, bien que le nom de l'auteur y figure. Une telle doctrine repose sur une confusion de la propriété du produit avec la propriété du nom. Aussi n'a-t-elle pas été approuvée par la Cour de cassation, qui, saisie du pourvoi dirigé contre cet arrêt, ne l'a rejeté qu'en se fondant sur un motif de toute autre nature qui sera examiné ci-après (n° 657) (3).

649. Cas exceptionnels où le nom d'un fabricant tombe dans le domaine public. — L'interdiction générale

---

(1) Gouget et Merget, v° *Marques de fabrique,* n. 129 et 130.
(2) Tribunal de commerce de Paris, 27 avril 1843 (Dalloz, v° *Brevet,* n. 108)
(3) C. cass., 9 juillet 1852 (Dalloz, 52.1.269 et la note).

d'apposer à ses produits le nom d'autrui reçoit exception au cas où par suite, soit de la cessation de tout commerce de la part du titulaire, soit d'un long usage pratiqué sans contestation, le nom est acquis au public comme moyen de désignation du produit lui-même ou d'une qualité particulière de produit. C'est ainsi que le nom de *Quinquet* désigne usuellement une certaine espèce de lampe. Il a été jugé, en vertu du même principe, que la dénomination *Spencer et Stubbs*, apposée depuis longues années sur une certaine espèce de limes, avait pu être légitimement employée, quoiqu'il existât des fabricants du nom de Spencer et de Stubbs, parce que cette dénomination, usitée depuis quarante ans sans opposition, était tout à fait distincte de la raison commerciale de l'un et de l'autre de ces fabricants (1).

Art. 2. — De l'usurpation des noms et de l'action en contrefaçon.

SOMMAIRE.

650. L'action en contrefaçon n'est subordonnée, relativement aux noms, à aucun dépôt préalable.—651. Action civile et action correctionnelle. —652. Fraude spécialement réprimée par la loi de 1824.— 653. En quoi consiste la contrefaçon. — 654. Faculté d'appréciation laissée aux tribunaux. Motifs de rigueur.—655. Emprunt déloyal du nom d'autrui.— 656. Imitation de noms de nature à tromper les tiers.—657. Distinction quant à l'effet du nom entre le contenant et le contenu.—658. De l'emploi du nom des lieux.—659. Difficulté à l'égard des eaux minérales artificielles. — 660. Droit des fabricants de la banlieue des villes.— 661. Apposition mensongère du nom d'une ville étrangère. — 662. Mise en circulation d'objets marqués de faux noms. Marchandises circulant en transit.—663. Pénalités. Emprisonnement. Amende. Confiscation.— 664. Concours de l'usurpation de noms avec d'autres délits. — 665. L'action pour usurpation de noms appartient aux étrangers. — 666. L'action en contrefaçon de marques peut-elle être exercée par un étranger?

650. L'action en contrefaçon n'est subordonnée, relativement aux noms, à aucun dépôt préalable. — La formalité préalable du dépôt exigée pour les marques de fabrique ne l'est pas pour les noms dont il est de toute évidence que chacun se réserve l'usage (2).

Il suffit donc à celui qui veut intenter l'action en contrefaçon de produire sa patente de fabricant, et de justifier de son nom ou

---

(1) Paris, 3 juin 1843 (Spencer et Stubbs).
(2) Paris, arrêt précité du 3 juin 1843.—Voir Gastambide, n. 448.

de sa raison sociale. L'action appartient au fabricant lui-même et à ses successeurs ; c'est-à-dire à ses héritiers ou à ceux auxquels il a transmis son établissement industriel avec le droit de se servir du nom qui en assure la clientèle (voir ci-après sur les effets de la cession du nom, n°s 704, 705).

651. Action civile et action correctionnelle. — Le fabricant dont le nom a été usurpé a deux actions : l'une purement civile devant le tribunal de commerce, l'autre devant le tribunal de police correctionnelle, en vertu de l'art. 1er de la loi du 28 juillet 1824, ainsi conçu : « Quiconque aura, soit apposé, soit fait apparaître, par addition, retranchement ou par une altération quelconque, sur des objets fabriqués, le nom d'un fabricant autre que celui qui en est l'auteur, ou la raison commerciale d'une fabrique autre que celle où lesdits objets auront été fabriqués, ou, enfin, le nom d'un lieu autre que celui de la fabrication, sera puni des peines portées en l'art. 423, Cod. pén., sans préjudice des dommages-intérêts, s'il y a lieu. »

652. Fraude spécialement réprimée par la loi de 1824. — Cet article a eu principalement en vue de réprimer une fraude que n'atteignait que très-imparfaitement la législation précédente. D'après l'art. 13 de la loi du 22 germinal an XI, la marque était considérée comme contrefaite quand on y avait inséré ces mots : *façon de...*, et à la suite le nom d'un autre fabricant ou d'une autre ville. Mais, dit l'exposé des motifs de la loi de 1824, « les fraudeurs se sont mis facilement à couvert en évitant matériellement la seule manœuvre décrite dans la loi, et on a vu des draps originairement marqués de tel domicile *près* Louviers ou *rue de* Louviers, et des marchands, complices de la supposition ainsi préparée, couper sur l'étoffe les mots *près* ou *rue de*, en faire des draps de Louviers et les vendre pour tels.

Telle est la fraude, jusqu'alors impunie, qui fait apparaître après coup un nom dissimulé ou déguisé lors de la fabrication même du produit.

653. En quoi consiste la contrefaçon. — La contrefaçon résulte, selon les principes généraux, de la reproduction du nom, sauf ce qui a été dit plus haut pour le cas où divers fabricants porteraient le même nom patronymique (n° 646). Dans cette hypothèse, le dernier venu sera tenu, en thèse générale, d'employer quelque désignation additionnelle de nature à faire éviter la confusion (1).

---

(1) Voir Blanc, p. 199. — Paris, 27 juillet 1828 (Farina).

654. Faculté d'appréciation laissée aux tribunaux. — Motifs de rigueur.—Ce principe laisse, dans l'application, une large place à l'appréciation des tribunaux. Indulgents quand le même nom patronymique se trouve purement et simplement employé par les membres d'une même famille (1), ils se montrent sévères lorsqu'une intention de fraude se révèle, par exemple, dans le choix des prénoms qu'un fabricant ajouterait à son nom pour former sa raison commerciale, de manière à rendre complète la similitude avec un nom déjà connu dans la même industrie (2).

655. Emprunt déloyal du nom d'autrui.—Il en est de même quand un individu portant le même nom qu'un fabricant antérieurement établi, entre dans une société de commerce pour lui apporter ce nom, et la faire ainsi profiter indûment du crédit que le premier fabricant a su y attacher (3).

A plus forte raison faut-il poser en principe absolu que nul n'a droit de prêter son nom à des tiers (n° 704), et de les autoriser à s'en servir pour reproduire dans leur raison sociale le même nom que celui d'un fabricant en exercice (4).

656. Imitation de noms de nature à tromper les tiers. — Entre personnes de familles et de noms différents, ce n'est pas d'ailleurs seulement quand il y a reproduction exacte de l'ensemble du nom que le délit existe, mais quand il y a une imitation de nature à induire les acheteurs en erreur, et faite dans un but de concurrence déloyale. C'est ce qui a été jugé au profit de Humblot-Conté, fabricant de crayons marqués *Conté à Paris*, lignes, n° . . ., contre les sieurs Joel et Conte qui reproduisaient sur leurs propres crayons la marque nominale du premier, à la seule différence d'un accent aigu sur la voyelle *e* (5).

De même le sieur Weynen, papetier, a obtenu la condamnation d'un concurrent qui avait marqué ses papiers du nom de Meynen (6).

---

(1) Bordeaux, 25 juin 1841 (Mounier).
(2) C. cass., 2 janvier 1844, arrêt confirmatif d'un arrêt de Paris du 25 juin 1842 (aff. Jean-Marie Farina), qui pose en principe que « lorsqu'un commerçant veut exercer dans une ville une industrie déjà exploitée par une personne portant le même nom que lui, il doit combiner les nom et prénoms de telle sorte que la raison de commerce soit bien distincte de celle qui a été précédemment adoptée par la maison préexistante. »
(3) Paris, 6 mars 1851, et C. cass., 4 février 1852 (Clicquot).
(4) Voir Dalloz 1852.1.200, note et arrêt ci-dessus du 4 février 1852.
(5) Tribunal de la Seine, 29 juillet 1828, cité par Blanc, p. 198.
(6) Toulouse, 26 mars 1856 (Weynen).—Voir arrêt de Paris du 28 juillet 1835,

657. Distinction quant à l'effet du nom entre le contenant et le contenu. — Lorsqu'il s'agit de noms apposés non pas sur les produits eux-mêmes, mais sur leur enveloppe, par exemple, sur les bouteilles ou flacons destinés à contenir un liquide, il est essentiel de rechercher avec soin si c'est le contenu ou le contenant, dont le nom a pour objet de garantir l'identité. Lorsque le fabricant de flacons a apposé son nom sur le flacon même, il est évident que nul ne peut reproduire le flacon avec un nom semblable sans encourir la peine de la contrefaçon. Mais il en est autrement quand c'est le fabricant ou débitant du liquide qui a inscrit son nom sur le vase pour garantir l'identité non du vase lui-même mais du liquide. Il n'y a contrefaçon accomplie et punissable que tout et autant que le liquide a été renfermé dans les vases revêtus du nom destiné à garantir la provenance et l'identité du liquide même. Tant que les flacons restent vides et isolés du liquide, il peut y avoir tentative de délit, mais cette tentative n'est pas punissable (1). C'est ce que la Cour de cassation a jugé relativement à des flacons sur lesquels se trouvait la désignation *Eau de Botot*, mais qui ne renfermaient point le liquide connu sous ce nom et que les successeurs de Botot ont seuls le droit de vendre sous la garantie de leur nom (voir n° 648).

658. De l'emploi du nom des lieux. — Aux termes de la loi de 1824, ce n'est pas seulement l'apposition mensongère du nom d'un fabricant qui est prévue et punie, mais aussi celle du nom d'un lieu autre que celui de la fabrication. Il est des villes de fabrique, dit M. Dalloz, dont les produits ont une réputation qu'on peut appeler *collective*, et c'est encore une propriété (voir ce qui a été dit sur ce sujet à propos des marques de fabrique, n° 638). Les draps de Louviers ou de Sedan sont distingués dans le commerce comme des *espèces* particulières, et il importe aux fabricants de ces villes d'empêcher que d'autres tissus plus ou moins semblables ne se confondent avec les leurs à la faveur d'une indication fausse. De là deux conséquences essentielles : 1° que chaque fabricant de ces localités renommées a le droit de marquer ses produits de leur nom, et d'agir ou d'intervenir dans l'action dirigée contre les usurpateurs de ce nom, pour obtenir sa part de dommages-intérêts (2); 2° qu'aucun de ces fabricants

---

relatif à l'encre de la *Petite Vertu* (Perrine Guyot c. Guyot), et l'arrêt précité du 27 juillet 1828 (Farina).

(1) C. cass., arrêt précité du 9 juillet 1852 (Barbier c. Bonneau).

(2) C. cass., 12 juillet 1845 (Besnard).

n'a le droit exclusif de se servir seul du nom de ce lieu, et d'en interdire l'usage aux autres fabricants qui en tirent également leurs produits (1), alors même que, dans le territoire portant un nom général, un fabricant posséderait un domaine particulier connu sous le même nom (2).

659. Difficulté à l'égard des eaux minérales artificielles. — La question n'est pas sans difficulté pour les eaux minérales à l'égard desquelles le nom de la source indique non-seulement la provenance, mais encore l'espèce et la nature particulière. On s'est demandé si la loi de 1824 interdisait d'apposer le nom du lieu sur les eaux artificielles composées des mêmes éléments, et ayant la même vertu que les eaux naturelles qui en proviennent ; et on a fait observer que l'indication de ce nom étant indispensable pour faire reconnaître l'espèce des eaux, la prohibition de cette indication serait véritablement la prohibition de l'industrie des eaux artificielles. Il a été jugé que l'emploi du nom du lieu était permis, en pareil cas, comme indicatif de la nature du produit, mais à la condition d'y joindre une mention, telle que le mot *factice* ou *artificiel*, à l'effet de distinguer nettement le produit fabriqué du produit naturel (3).

660. Droit des fabricants de la banlieue des villes. — Les fabricants de la banlieue d'une ville manufacturière peuvent, aussi bien que ceux de la ville même, en donner le nom à leurs produits, quand ils emploient dans leur fabrication les mêmes procédés, les mêmes apprêts, obtiennent des produits de même nature, et surtout quand ces produits reçoivent dans la ville même les dernières préparations (4).

661. Apposition mensongère du nom d'une ville étrangère. — La jurisprudence et les auteurs sont divisés sur le point de savoir si l'apposition mensongère du nom d'une ville étrangère est prévue et punie par l'art. 1er de la loi de 1824. Il est d'abord incontestable que les fabricants de cette ville ne sauraient invoquer les dispositions d'une loi qui n'a été faite qu'en vue de protéger la fabrication française (5). Mais les acheteurs français et le ministère public peuvent-ils s'en prévaloir ? M. Dalloz soutient la négative en se fondant sur l'esprit de la

---

(1) Rennes, 21 mars 1839, et C. cass., 24 février 1840 (de Laleu).
(2) Bordeaux, 24 mars 1846 (Chadeuil), et 2 avril 1846 (Fabre).
(3) Lyon, 9 mai 1841 (Goin, aff. des eaux de Saint-Alban).
(4) C. cass., 28 mars 1844 (Ministère publ. c. Loupot) arrêt relatif aux draps fabriqués dans la banlieue de Sedan.
(5) Voir Blanc, p. 199 ; Dalloz, v° *Industrie*, n. 551.

loi de 1824, dont le but est de mettre les fabricants et les villes manufacturières à l'abri de l'usurpation qui serait faite de leur nom, et de leur donner, à cet effet, une action en contrefaçon, mais non pas de créer, au profit des acheteurs, une action en dommages-intérêts pour tromperie sur l'origine de la marchandise (1). MM. Blanc (p. 199) et Gastambide (n°s 424 et 461) invoquent, en faveur de l'affirmative, la généralité des termes de la loi de 1824, le renvoi à l'art. 423 du Cod. pén., qui implique la pensée de garantir les acheteurs contre des manœuvres frauduleuses, et ils opposent au jugement du tribunal de la Seine du 9 juillet 1835, cité par M. Dalloz, un jugement du même tribunal en date du 5 mars 1829 (2).

Cette dernière solution paraît résulter de la combinaison de l'art. 1er de la loi de 1824 avec l'art. 423 du Cod. pén., à supposer que ce seul article ne suffise pas pour punir la tromperie sur l'origine de la marchandise. Or, le doute, suivant nous, peut d'autant moins exister à l'égard des noms, que l'indication du lieu d'origine emporte souvent, à l'égard des liqueurs, des tissus, des métaux, etc., l'indication d'une certaine qualité ou même d'une certaine nature de produits (voir Marques de fabrique, n° 633).

662. Mise en circulation d'objets marqués de faux noms. — Marchandises circulant en transit. — La loi de 1824 n'atteint pas seulement le fabricant, mais encore « tout marchand, commissionnaire ou débitant quelconque lorsqu'il aura sciemment exposé en vente ou mis en circulation les objets marqués de noms supposés ou altérés. » Cette disposition répare, à l'égard des noms, l'omission qui existe sur ce point relativement aux marques de fabrique (voir n° 630). Peu importe, d'ailleurs, que les objets marqués de faux noms aient été tout à la fois fabriqués ou vendus en France, ou que, fabriqués à l'étranger, ils soient seulement débités sur notre sol. L'impossibilité de poursuivre le fabricant étranger n'empêche pas que le débitant français n'ait commis le délit prévu par l'alinéa 2 de l'art. 1 de la loi de 1824 (3).

---

(1) Voir la dissertation de M. Dalloz, v° *Industrie*, n. 278, et en ce sens jugement du tribunal de la Seine du 9 juillet 1835, cité par le même auteur, p. 355.

(2) Condamnation de divers fabricants d'eau de Cologne qui avaient indiqué faussement sur leurs flacons la ville de Cologne.

(3) Voir Gastambide, n. 463, et Dalloz, n. 348, qui cite deux jugements du tribunal de la Seine des 8 avril et 4 mai 1827.

La Cour de cassation, par arrêt du 7 décembre 1854, a reconnu que la loi de 1824 s'appliquait même au cas où les marchandises, portant de fausses marques ou de faux noms, ne circulaient en France que sous le régime du transit pour être expédiées à l'étranger (1).

En effet, la fiction d'exterritorialité admise au point de vue spécial de la législation douanière ne peut être invoquée pour protéger une fraude commerciale.

663. Pénalités.—Emprisonnement.—Amende.—Confiscation. — La loi de 1824 a eu pour but, tout en étendant la répression à des cas non prévus jusqu'alors, de la rendre plus efficace et plus réelle, en substituant à la pénalité exagérée de la loi de germinal an XI un châtiment plus en rapport avec la nature du délit (art. 1, alinéa 1 et art. 2). Cette peine est celle de l'art. 423 du Cod. pén., c'est-à-dire un emprisonnement de trois mois à un an, et une amende qui ne pourra excéder le quart des restitutions et dommages-intérêts ni être au-dessous de 50 fr., plus, la confiscation des objets du délit ou leur valeur, s'ils appartiennent encore au vendeur. La confiscation, d'après cette disposition, peut porter sur l'objet même revêtu du nom supposé. Toutefois, les tribunaux se bornent en général à ordonner la suppression des boîtes, flacons ou enveloppes marqués des faux noms, et de les faire effacer sur les produits eux-mêmes, s'ils y sont apposés (2).

664. Concours de l'usurpation de nom avec d'autres délits. — La loi de 1824 est applicable, et le tribunal de police correctionnelle, seul compétent, à l'exclusion de la Cour d'assises, toutes les fois que le nom est incorporé à une marque proprement dite, de manière à en former la partie principale (3).

Si le contrefacteur d'un objet d'art ou d'industrie ajoute à ce premier délit l'usurpation du nom du fabricant, s'il appose, par exemple, le nom d'autrui sur des statuettes contrefaites, ce sera la loi de 1824 qu'il faudra lui appliquer à raison même de sa sévérité, car l'emprunt frauduleux du nom est considéré comme un délit plus grave que la contrefaçon proprement dite (4).

665. L'action pour usurpation de noms appartient-

---

(1) Morin C. Goupillat (Sirey, 54.1.819).
(2) Voir Gastambide, n. 465.
(3) C. cass., arrêt des chambres réunies du 29 novembre 1847 (Bulla).
(4) Ainsi jugé arrêt de la Cour de Paris, 10 mars 1855 (*Gazette des Tribunaux* du 1ᵉʳ avril.—Mine et Susse c. Ghilardi.

elle aux étrangers? — Nous ne nous sommes occupé, en ce qui concerne, soit les noms, soit les marques de fabrique, que des droits des fabricants français, les seuls, en effet, que la loi ait en vue. On s'est demandé, et la question a été très-vivement débattue, si la protection de la loi française pouvait être invoquée par l'étranger ayant fondé un établissement commercial en France, mais n'ayant pas été admis à la jouissance des droits civils.

Contrairement à la jurisprudence des Cours impériales et à l'opinion à peu près unanime des auteurs, la Cour de cassation, par plusieurs arrêts, et notamment par arrêt des chambres réunies du 12 juillet 1848, a décidé, sur les conclusions conformes de M. le procureur général Dupin, que le droit de se prévaloir de la protection accordée à la propriété des noms constitue une faculté purement civile, dont l'existence est subordonnée, en ce qui concerne les étrangers, à la condition de réciprocité, stipulée dans les conventions diplomatiques et internationales (1).

La doctrine opposée, soutenue par les Cours de Paris et de Rouen, par MM. Massé, Fœlix, Gouget et Merger, Hello, Demolombe, Serrigny, Carette, a été développée avec un remarquable éclat par M. le conseiller Rocher, dans le rapport présenté aux chambres réunies (2). Par cela même que la propriété du nom dérive de la nature des choses, elle doit être inviolable entre les mains de l'étranger, comme toute autre propriété. Si la loi pénale, qui donne à cette inviolabilité naturelle des effets particuliers, n'a été faite qu'en vue des Français, les principes généraux du droit n'en autorisent pas moins l'étranger à se plaindre, par la voie purement civile, de l'atteinte portée à sa propriété, comme il pourrait se plaindre du préjudice causé à son fonds de terre, à ses meubles ou à sa personne. « Cette action, disait l'éloquent rapporteur, n'a pas besoin de se rattacher à un fait pénal, puisqu'elle repose sur ce principe, qu'une lésion produite par une faute appelle une réparation proportionnée. *Y a-t-il faute ? Y a-t-il lésion? toute la question est là.* Il faut donc, pour la résoudre, examiner uniquement si l'étranger demandeur en indemnité est fondé à dire : le nom qu'à *la différence de la marque*

---

(1) Aff. Guesnot-Gueland c. Rowland (Sirey, 48.1.418 ; Dalloz, 48.1.141). — Voir dans le même sens C. cass., 14 août 1844 (Guemot), et Cour impériale de Bordeaux, 20 juin 1853.

(2) Paris, 30 novembre 1840 (Guesnot), et 3 juin 1843 (Spencer). — Rouen, 8 juin 1845 (Guesnot).

je ne me suis pas donné, l'importance, qu'au prix de mes sueurs, j'ai attachée à ce nom, constituent par excellence ce droit que Pothier a défini « celui en vertu duquel une chose nous est propre et nous appartient privativement à tous autres ; » droit incorporel, il est vrai, mais que pourrait seule nier une législation matérialiste, ou restreindre à ses nationaux une législation infidèle aux grands principes de justice et d'humanité. »

Ces raisons, nous l'espérons, finiront par prévaloir dans la jurisprudence de la Cour de cassation elle-même, qui n'a pu triompher de la résistance des Cours impériales. La Cour de Paris (1) vient de statuer, contrairement aux conclusions de M. l'avocat général Moreau, en un sens conforme à ses précédents, dans un cas où la poursuite était dirigée par un étranger contre un étranger.

Il nous paraît, d'ailleurs, dans l'opinion favorable aux étrangers, que ceux-ci ne pourraient agir qu'autant qu'ils auraient un établissement commercial en France, condition nécessaire pour donner à la propriété en question une assiette dans notre pays (2).

666. L'action en contrefaçon de marque peut-elle être exercée par un étranger ? — L'action en dommages-intérêts reconnue à l'étranger, au cas d'usurpation de nom, lui appartiendrait-elle également en cas d'usurpation de marque ? La solution nous paraît plus douteuse, parce qu'à l'égard du Français lui-même la loi subordonne la protection qu'elle accorde à ce genre de propriété à des formalités préalables qui, au point de vue, sinon de son origine, du moins de sa conservation et de sa garantie, la font rentrer dans le domaine du droit civil. Cette différence entre le nom et la marque ressort du rapport de M. Rocher, dont nous avons cité un fragment. On peut faire remarquer toutefois que la propriété de la marque de fabrique peut être réputée un accessoire de la propriété de la fabrique elle-même, et que, comme cette dernière, elle pourrait être acquise et conservée même par l'étranger, en se conformant aux moyens que la loi du pays a déterminés (3).

---

(1) Voir arrêt de Paris, 22 mars 1855, *Gazette des Tribunaux* du 31 mars 1855 (aff. Perry).

(2) Demolombe, *Cours de droit civil*, t. 1, n. 246 *bis* ; Serrigny, *Droit public*, t. 1, p. 252.

(3) Paris, 3 juin 1843 (Spencer et Stubbs).

CHAPITRE IV.

Désignations diverses des produits et des établissements industriels.—Achalandage.

LÉGISLATION. Art. 1382 et 1383 du Code Napoléon.

§ I.

Désignations et dénominations diverses.

SOMMAIRE.

667. Le droit commun protége les désignations diverses des produits et de l'établissement.—668. Nature et conditions de l'action pour usurpation de ces désignations.—669. Caractères de l'usurpation. — 670. Dénomination des produits. Elle doit être arbitraire et nouvelle. — 671. L'imitation opérant confusion est interdite.— 672. Des noms de fabricants employés comme noms des produits, mais sans y être apposés. — 673. Étiquettes, cachets, enveloppes et modes analogues de désignation.—674. Combinaison nouvelle de plusieurs modes de désignation connus isolément. Applications diverses.

667. Le droit commun protége les désignations diverses des produits ou de l'établissement. — Les marques et les noms sont les modes les plus efficaces par lesquels un fabricant puisse désigner ses produits, et les seuls qui fassent l'objet de dispositions spéciales de la loi ; mais il est encore d'autres modes de désignation d'une importance plus ou moins grande, qui sont également la propriété de ceux qui les emploient, et sont, comme tels, protégés par les principes du droit commun.

Parmi ces désignations, les unes servent à indiquer et à spécifier les produits, à l'instar des marques emblématiques et nominales : telels sont les *dénominations,* les *formes* et les *couleurs* adoptées par un fabricant pour ses produits, les *étiquettes,* les *enveloppes* de toute espèce, etc...; les autres indiquent l'établissement industriel ou commercial lui-même, et sont pour ainsi dire le signe de ralliement de la clientèle : telles sont les *enseignes.*

668. Nature et conditions de l'action pour usurpation de ces désignations. — La plupart des principes posés relativement à la contrefaçon des marques de fabrique proprement dites, s'appliquent à l'usurpation des autres modes de désignation des produits, sauf deux différences essentielles : 1°

que le dépôt préalable n'est pas nécessaire pour donner ouverture à une action (1); 2° que la seule action qui existe à l'égard de ces désignations est l'action civile en dommages-intérêts, sans qu'il puisse y avoir lieu à l'application d'aucune peine, soit d'après la loi du 22 germinal an XI, soit d'après la loi du 28 juillet 1824 (2). Les juges ne peuvent qu'ordonner la réparation pécuniaire du préjudice causé et prononcer l'interdiction de continuer à désigner les produits par le mode condamné. Ils ont d'ailleurs toute latitude, d'après l'art. 1382, Cod. Nap., quant à la condamnation aux dommages-intérêts; et alors même que la fabrication illégale faite antérieurement au jugement de première instance n'aurait pas donné lieu à indemnité, si cette fabrication a continué pendant l'instance d'appel, le défendeur peut être condamné par la Cour à des dommages-intérêts (3).

669. Caractères de l'usurpation. — Quant aux circonstances d'après lesquelles l'usurpation devra être ou non admise, elles doivent, en tous cas, être appréciées d'après ce principe que toute similitude de nature à faciliter une concurrence déloyale, en favorisant une confusion frauduleuse ou seulement préjudiciable, doit être prescrite (4). Elles varient du reste avec chaque espèce de désignations.

670. Dénomination des produits. — Elle doit être arbitraire et nouvelle. — 1° Les *noms* des produits (qu'il ne faut pas confondre avec les noms des fabricants, objets de la loi de 1824) appartiennent exclusivement à ceux qui les ont employés les premiers, à la condition, toutefois, qu'ils ne soient pas la dénomination *nécessaire*, le nom propre et générique du produit, mais bien une appellation *arbitraire* ou de fantaisie choisie à volonté par le fabricant. C'est alors un *titre* dont la propriété appartient à son inventeur, comme celui d'un ouvrage (5). Par exemple, la dénomination tout à fait facultative de *café des dames* ayant été

---

(1) C'est ce qui paraît résulter de l'absence de toute disposition, relative au dépôt, qui ait en vue les désignations dont il s'agit. Cependant le tribunal de commerce de la Seine a décidé récemment que le droit exclusif de se servir, pour envelopper ses produits, d'un papier d'une certaine couleur, ne peut résulter que d'un dépôt préalable fait au greffe du tribunal de commerce ou au secrétariat du conseil des prud'hommes, 15 février 1855 (Morel Fatio c. Chollet). —*Gaz. des Trib.* du 17 février 1855.

(2) C. cass., 12 juillet 1851 (Morel et autres).

(3) Paris, 21 janvier 1850 (Delvallée).

(4) Voir à ce sujet Dalloz, 1852.2.265, note.

(5) Voir Gastambide, n. 480 et suiv.; Blanc, p. 219; Gouget et Merger, *Dictionnaire*, v° *Nom*, 20 et suiv.

adoptée par un fabricant, un concurrent n'a pu, sans usurpation, désigner son produit sous le titre de *nouveau café des dames.*

Il en est ainsi alors même que le nom est choisi, non d'une manière arbitraire, mais comme le mieux approprié à la nature de l'objet, si ce nom est cependant nouveau et peut être remplacé par quelque autre dénomination. C'est ce qui a été jugé à l'égard du nom de *gazogène,* que le sieur Briet avait appliqué le premier à un appareil pour confectionner des eaux gazeuses et qui peut avoir des équivalents tels que *gazateur, gazodore,* etc. (1).

671. L'imitation opérant confusion est interdite. — La seule imitation du nom, sans qu'il y ait reproduction identique, est interdite quand elle tend à établir une confusion, dans le cas, par exemple, où un entrepreneur de voitures désigne ses véhicules sous le nom de *citadins,* alors qu'une entreprise antérieure a adopté celui de *citadines* (2). La Cour de Paris vient de juger en ce sens qu'il y avait usurpation et fait de concurrence déloyale de la part d'un fabricant qui donnait à son produit le nom de *Revalenta arabica,* alors qu'un produit analogue avait été désigné antérieurement par le nom d'*Ervalenta-Warton;* la légère différence des deux mots n'empêchant pas une confusion préjudiciable (3).

672. Des noms de fabricants employés comme noms de produits, mais sans y être apposés. — Les difficultés que peut faire naître, quant à la propriété de la désignation, l'adoption des noms indiqués plus ou moins naturellement par la destination du produit, ont fait conclure à tous les auteurs que le moyen le plus certain pour le fabricant de s'assurer cette propriété était de désigner par son propre nom le produit qu'il livre au commerce. Ainsi connaît-on les draps Bonjean, l'eau de Botot, le champagne Clicquot. Mais il faut bien remarquer qu'en pareil cas le nom du fabricant devenu nom d'un produit n'est protégé par la loi de 1824 que s'il est apposé sur les objets mêmes ou leur enveloppe (voir n° 644), et que s'il ne figure que sur des factures, des prospectus, des étiquettes isolées, il n'est plus considéré que comme un mode de désignation, placé sous l'application des principes du droit commun. Telle est la doc-

---

(1) Jugements du tribunal de commerce de la Seine, 29 mai 1834 (Ravier); 16 janvier 1834 (Gardet), cités par Dalloz, v° *Industrie,* n. 368. — Paris, 19 janvier 1852 (Briet). — Bordeaux, 9 février 1852 (Cahuzac).
(2) Voir Blanc, p. 219.
(3) Paris, 22 mars 1855 (*Gazette des Tribunaux* du 31 mars 1855).

trine d'un arrêt de la Cour de Paris, qui a condamné aux dommages-intérêts un fabricant de drap qui désignait indûment, dans ses factures et autres pièces, les produits de sa fabrication du nom de *Satins-Bonjean* (1).

673. Étiquettes, cachets, enveloppes et autres modes de désignation. — Ce qui vient d'être dit pour les *noms des produits* s'applique aux autres sortes de désignations de quelque genre qu'elles soient. Ainsi les étiquettes, les cachets, les enveloppes, les boîtes, les flacons deviennent la propriété du fabricant qui les emploie, quand ils se distinguent par leur forme ou leur couleur de toutes désignations antérieurement employées. La jurisprudence a fréquemment déclaré propres à un débitant de liquides ou de pommades, les flacons ou boîtes d'une forme particulière et nouvelle où il les renferme.

Ainsi il a été jugé :

Qu'une vignette représentant un monument public, apposée par un fabricant sur les boîtes et les enveloppes dans lesquelles il écoule ses produits, peut constituer une marque particulière dont l'imitation est interdite aux autres fabricants de produits similaires (2);

Que l'emploi que fait un fabricant, pour la vente de ses produits, d'enveloppes et de prospectus imitant par leur couleur et leurs ornements ceux adoptés par un fabricant de produits semblables, peut donner lieu à une action en dommages-intérêts, de la compétence des tribunaux civils, quand même un tel fait n'aurait pas le caractère d'un délit de contrefaçon de marque de fabrique (3) ;

Que la couleur de la cire employée pour cacheter des bouteilles d'eau minérale peut constituer une marque de fabrique, dont l'usurpation est interdite (4).

Un arrêt de la Cour de Paris a reconnu le droit exclusif d'un pharmacien, à la couleur spéciale et au système de rayures appliqués par lui à des toiles vésicantes pour les faire reconnaître (5).

Un jugement du tribunal de commerce de la Seine, du 15 février 1855, reconnaît de même en principe que la teinte et la

---

(1) Paris, 13 mars 1841 (Royer c. Bertèche, Bonjean).
(2) Riom, 23 novembre 1852 (Sirey, 53.2.36).
(3) Lyon, 15 janvier 1851 (Lecoq).—Sirey, 53.2.57.
(4) Lyon, 21 août 1851 (André).—Sirey, 51.2.607.
(5) Paris, 21 janvier 1850 (Delvallée c. Leperdriel).—Douai, 30 mars 1846 (Dalloz, 47.2.105).

disposition du papier enveloppant des produits peuvent être un objet de propriété, tout en rejetant dans l'espèce la demande en dommages-intérêts parce qu'il était constant en fait que l'enveloppe incriminée ne pouvait engendrer à aucun titre une confusion dans le débit commercial (1).

674. Combinaison nouvelle de plusieurs modes de désignation connus isolément.—Applications diverses. —Alors même que ces divers modes de désignation, par exemple, la forme des flacons, celle des cachets et leur couleur, seraient isolément acquis au domaine public, la combinaison nouvelle de plusieurs de ces modes devenus les éléments d'une seule et même désignation, pourrait encore être la propriété d'un fabricant. Ainsi, bien que des flacons à fond plat fussent incontestablement d'un usage universel, ainsi que la couleur de la cire employée pour le cachet, il a été interdit à un fabricant de débiter des produits semblables à ceux de l'un de ses confrères, dans des flacons de cette forme, cachetés avec la même cire appliquée de la même manière, et il lui a été ordonné de distinguer ses propres récipients par l'application de son nom sur une cire de couleur différente (2).

Ces divers principes s'appliquent sans difficulté aux *plaques, panonceaux, écussons, étendards,* etc., employés pour les voitures publiques, et servant à désigner spécialement telle ou telle entreprise (3).

§ II.
De l'enseigne.

SOMMAIRE.

675. Définition de l'enseigne.—676. Protection accordée à la propriété de l'enseigne. — 677. Distinction entre la propriété de l'enseigne et celle du signe matériel. Applications. — 678. Enseigne emblématique et enseigne nominale.—679. Du droit exclusif à l'enseigne.—680. Prohibition de prendre une enseigne qui serait un moyen de concurrence déloyale.—681. De l'indication des relations de parenté, d'apprentissage. — 682. L'indication des relations de parenté, etc., interdite si elle peut faire confusion.—683. Le titre d'élève ne peut être pris par un simple ouvrier. — 684. Du titre de successeur. — 685. De l'apposition d'un nom propre, mais identique à celui déjà apposé par un fabricant.—686. Quand la simple analogie des enseignes constitue une usurpation.—687. De l'analogie par la consonnance.—688. Imitation

---

(1) Morel-Fatio c. Chollet (*Gazette des Tribunaux* du 17 février 1855).
(2) Arrêt déjà cité de Lyon du 21 août 1851.
(3) Paris, jugement du 12 décembre 1833 (*les Citadines*).—Voir Blanc, p. 215.

des dispositions extérieures de l'établissement.—689. Analogie d'enseignes entre industries différentes.—690. Analogie d'enseignes entre établissements du même genre, mais éloignés. — 691. Conséquences de la tolérance à l'égard d'une enseigne usurpée. — 692. Application aux prospectus, factures, etc. — 693. L'action en dommages-intérêts appartient aux étrangers.

675. Définition de l'enseigne. — A la différence des désignations dont il vient d'être parlé, les *enseignes* désignent non pas tel ou tel produit en particulier, mais l'ensemble des produits, l'établissement industriel lui-même. On doit comprendre, sous le nom générique d'enseigne, tout tableau, figure, inscription, signe quelconque, en un mot toute *désignation nominale* ou *emblématique* apposée, d'une manière apparente, à l'établissement pour le caractériser et le distinguer de tout autre.

Il résulte de cette définition, que l'enseigne ne peut consister que dans une désignation facultative et non dans la désignation nécessaire et forcée de l'établissement, telle que l'écriteau indiquant la profession (1) ou le n° de la maison. Cependant si le n° était disposé, par un industriel, d'une manière tout à fait saillante et particulière, un concurrent qui viendrait s'établir dans la même maison ne pourrait reproduire ce n° de la même façon (2).

676. Protection accordée à la propriété de l'enseigne.— L'enseigne qui est vis-à-vis du public comme le drapeau de l'établissement et le mot d'ordre de la clientèle, a une importance considérable en tant que moyen de notoriété pour un fabricant, et c'est surtout au moyen de l'imitation frauduleuse de l'enseigne que s'exerce une concurrence déloyale, par l'usurpation de la réputation acquise à une ancienne maison. La propriété de l'enseigne, si importante à ces divers titres, était déjà reconnue dans l'ancien droit (3). Elle n'est protégée dans le nôtre par aucune loi spéciale; mais elle est soigneusement garantie par les tribunaux contre toute atteinte en vertu du principe général de l'art. 1382 du Code civil.

677. Distinction entre la propriété de l'enseigne et celle du signe matériel.—Applications.—La propriété

---

(1) Tribunal de la Seine, 18 juillet 1833 (Remilleux).—Voir Blanc, p. 216.
(2) Toulouse, 24 décembre 1833.—Voir Blanc, p. 220.
(3) Voir dans Merlin, v° *Enseigne*, un arrêt du parlement de Paris du 12 août 1648; et Denizart, cité par Blanc, p. 223.

de l'enseigne, qui ne peut être contestée à celui qui l'a créée (1), est une propriété d'une nature toute spéciale. Elle consiste bien moins dans la propriété du signe matériel, du tableau, de la planche, du cadre où elle est figurée, que dans le droit de se servir partout et toujours de ce signe. De telle sorte que le signe pourrait tomber légalement entre les mains d'un tiers, sans que le droit de s'en servir comme enseigne lui fût attribué par là même. De là, en pratique, des conséquences importantes. Quoiqu'il soit de principe (art. 546, 551, Cod. Nap.) que tout ce qui s'incorpore à la chose louée appartient au propriétaire, celui-ci, néanmoins, n'a pas le droit de retenir, à l'expiration du bail, l'enseigne que le locataire a fait peindre ou graver sur la façade de sa maison. Admettre une telle prétention, comme l'avait fait un jugement du tribunal de Chinon, du 13 avril 1836, serait dénaturer, en le matérialisant, le droit à l'enseigne, et une telle décision a été justement réformée (2).

Nous ne saurions donc approuver un jugement du tribunal de la Seine, qui semble décider que tout individu ayant acheté, après faillite, pour le prix des matériaux, le tableau qui portait l'enseigne du failli, a le droit d'en faire l'enseigne de son propre établissement (3).

678. Enseigne emblématique et enseigne nominale. — Durée différente de la propriété. — L'enseigne emblématique n'ayant un caractère particulier que comme moyen de désigner un établissement industriel et commercial, il en résulte que la propriété qui s'y attache ne dure qu'autant qu'elle est employée ou peut être employée conformément à son objet. Cette propriété cessera donc de plein droit si le propriétaire cesse lui-même toute exploitation sans transmettre ses droits à aucun successeur, et le signe, jusqu'alors possédé à titre exclusif, tombera dans le domaine public. En d'autres termes, ce qui était l'enseigne de l'industriel ne sera plus qu'un tableau et un cadre pour le non-commerçant, et le droit de reprendre le signe lui-même au point de vue industriel sera rendu à tous. Ce principe ne serait pas applicable à l'enseigne nominale (n° 679) dont la propriété se confond avec celle du nom, auquel chacun, commerçant ou non, conserve toujours un droit exclusif.

---

(1) Aix, 22 mai 1829 (Richard). — Paris, 22 juin 1840 (Percet).
(2) Orléans, 18 août 1836 (Demarié c. Deniau), et C. cass., 6 décembre 1837 (Deniau).
(3) Voir Blanc, qui cite et critique avec raison cette décision (aff. Vacheron), p. 230.

L'extinction de la propriété de l'enseigne emblématique ne s'opérerait pas si la cessation de commerce avait lieu par un fait de force majeure de nature à faire supposer qu'elle n'est que temporaire. Par exemple, si un établissement avait été détruit par un incendie, nul ne pourrait en prendre l'enseigne sans le consentement du propriétaire victime d'un tel sinistre (1).

679. Du droit exclusif à l'enseigne. — Les divers éléments dont peut se composer une enseigne ont donné lieu, dans la pratique, à de nombreuses questions.

L'enseigne consiste fréquemment dans l'apposition du nom de l'industriel sur son établissement. C'est à ce nom que s'attache avant tout la réputation acquise, et nul n'a droit de s'en servir directement ni indirectement de manière à profiter du bénéfice de cette réputation.

En thèse générale, le choix de l'enseigne emblématique est parfaitement libre, mais à la condition que la désignation choisie ne reproduise ou n'imite pas une désignation déjà adoptée pour le même genre d'industrie.

680. Prohibition de prendre une enseigne qui serait un moyen de concurrence déloyale. — Pour résoudre les difficultés souvent fort ardues auxquelles donne lieu l'application de cette règle, il faut, avant tout, se placer sous l'empire du principe déjà posé à l'égard des diverses désignations de produits, à savoir que la concurrence entre négociants ne doit s'exercer que par des moyens loyaux et non par ceux qui tendraient à établir, relativement à un confrère déjà en renom, une confusion frauduleuse ou même seulement préjudiciable (voir n° 669).

681. De l'indication des relations de parenté, d'apprentissage, etc. — Ce principe domine toute la matière et apporte nécessairement une limitation au droit naturel qui appartient à tout industriel de faire connaître au public, de la manière qu'il juge convenable, soit ses relations de parenté, soit les garanties que présente son apprentissage.

Ainsi, rien de plus naturel et de plus licite pour un vétérinaire, par exemple, que de s'intituler élève de l'École d'Alfort ou, pour un fabricant de produits chimiques, neveu d'un chimiste connu, que d'indiquer ce lien de parenté.

682. L'indication des relations de parenté, etc..., interdite si elle peut faire confusion. — Mais il s'élève

---

(1) Jugement du tribunal de la Seine, 14 octobre 1827 (Jesson c. Minot). — Voir Blanc, p. 230.

une difficulté des plus sérieuses, des plus controversées en jurisprudence, quand celui dont le nouveau fabricant se dit l'élève ou le parent est lui-même un fabricant, renommé dans la même branche d'industrie, qui exerce encore ou qui a un successeur. L'indication, sur l'enseigne du nouveau fabricant, du lien de parenté, dit un arrêt de Paris du 29 août 1812 (Tollard C. Vilmorin), « soit qu'elle soit insignifiante, soit qu'elle soit faite dans l'intention d'en tirer avantage, est toujours préjudiciable à ceux qui ont le droit exclusif de porter le nom de la maison. » L'interdiction absolue de prendre les qualifications ci-dessus a été prononcée par l'arrêt précité et par diverses autres décisions (1) vivement approuvées par M. Étienne Blanc (p. 222).

D'un autre côté, des décisions nombreuses permettent l'indication du lien de parenté ou de la qualité d'élève ou d'apprenti, à moins qu'elle ne soit un moyen frauduleux de favoriser la confusion avec une maison antérieurement existante (2).

Nous pensons, d'après le principe rappelé plus haut, que l'indication de la qualité d'élève ou de parent d'un tel, sans être interdite d'une manière absolue, devra l'être néanmoins toutes les fois qu'il en résultera ou pourra résulter une confusion nuisible ; quand, par exemple, le fabricant ferait ressortir sur l'enseigne le nom de son maître ou de son parent autant ou plus que le sien propre ; quand, d'après les circonstances, le public pourrait être induit dans la fausse opinion que le maître ou le parent antérieurement établi est remplacé par son élève ou son parent ; quand, enfin, il serait justifié que c'est l'indication du nom de l'ancien fabricant qui fait, au détriment de celui-ci, la vogue et l'achalandage du nouveau. La question surtout ne nous paraîtrait pas un instant douteuse, et la prohibition de prendre le nom d'élève ou de fils d'un tel devrait être rigoureusement prononcée, s'il existait un successeur du premier fabricant, avec lequel le public pourrait confondre, soit l'élève, soit même le fils, qui, sans avoir régulièrement succédé à son père, aurait fondé un établissement analogue au sien (3).

---

(1) Jugement du tribunal de commerce de la Seine du 4 mai 1854 (Dujarriez). — Voir analogues : Aix, 8 janvier 1821 ; C. cass., 26 juin 1822 (Roure) ; tribunal de commerce de la Seine, 29 mars 1843 (Bonnard c. Bidault).

(2) Paris, 5 mars 1859 (Thiboumery). — Tribunal de la Seine, 13 octobre 1841 (Fardel).—Bordeaux, 21 décembre 1841 (Varinot).—Lyon, 21 mai 1850 (Casati). — Voir Gastambide, n. 470.

(3) Voir Blanc, p. 222, qui critique avec raison un jugement du tribunal de la Seine du 16 juin 1835, autorisant la dame Morin à se dire le seul enfant de M....., dont

Il n'y a, du reste, aucune raison de distinguer, à cet égard, l'indication de la qualité de fils ou gendre, de celle de neveu, cousin, ou tout autre degré de parenté.

683. Le titre d'élève ne peut être pris par le simple ouvrier. — Il faut faire observer, avec M. Blanc (1), que dans les cas mêmes où il pourrait être permis, d'après les distinctions exposées ci-dessus, de prendre la qualité d'*élève* ou d'*apprenti*, ce titre ne pourrait appartenir au simple *ouvrier* « qu'on paie pour travailler, pour faire ce qu'il sait, et que le maître n'a pas dû initier à tous les secrets de sa fabrication, » à la différence de « l'élève ou apprenti, qui paie pour apprendre et auquel le maître qu'il a choisi de préférence à tout autre a dû nécessairement faire connaître ses procédés. » (Voir dans la III° partie ce qu'il faut entendre par ouvrier et apprenti.)

684. Du titre de successeur. — Quant à l'intitulé, *successeur d'un tel* ou *ancienne maison de...*, il ne peut être pris qu'en vertu d'une cession régulière (2), et ce droit cesserait même si le successeur, à défaut de paiement, venait à être exproprié de l'établissement (3). (Voir sur les cessions en général n° 697.)

L'individu qui occuperait le même local qu'un industriel ayant exercé antérieurement la même profession, ne pourrait mettre sur son enseigne ni l'une ni l'autre des désignations ci-dessus, alors même qu'il serait seul désormais à pratiquer ce genre d'industrie (4).

685. De l'apposition d'un nom propre, mais identique à celui déjà apposé par un fabricant. — Une question analogue à celle qui a été discutée au n° 646 peut s'élever par suite de l'apposition qu'un fabricant fait de son propre nom sur son enseigne, alors qu'un fabricant du même nom l'a antérieurement employé pour la désignation de son établissement. Il a été décidé que l'ancien fabricant pourrait exiger que le nouveau apportât à son enseigne nominale les changements nécessaires pour faire cesser toute méprise préjudiciable à l'exploi-

---

un sieur Moynial était devenu le successeur. Nous n'admettons pas davantage la doctrine d'un arrêt de Bordeaux du 21 décembre 1841 (Varinot), qui permet à un sieur Lacaze de s'intituler gendre de feu Varinot, nonobstant l'existence d'un établissement exploité par Varinot fils et successeur de son père.

(1) *Traité de la Contrefaçon*, p. 221.
(2) Paris, 29 thermidor an IX (aff. Derosne).
(3) Voir Blanc, p. 231, qui cite un jugement du tribunal de la Seine du 16 janvier 1854.
(4) Jugement du 21 novembre 1826 (aff. Gallin c. Lemoine), cité par Blanc, p. 222.

tation antérieure en date (1). C'est l'application du principe posé d'une manière générale à l'égard des noms apposés aux produits.

686. Quand la simple analogie des enseignes constitue une usurpation. — Pour qu'il y ait usurpation d'enseigne donnant lieu à dommages-intérêts, il faut et il suffit qu'il y ait préjudice réel causé à l'établissement qui s'est mis le premier en possession de la désignation dont il s'agit.

Il suit de là que la simple imitation d'une enseigne, sans qu'il y ait reproduction exacte, peut être interdite, avec dommages-intérêts, quand il est reconnu, en fait, qu'elle peut induire le public en erreur, et surtout quand l'analogie du signe, combinée avec d'autres circonstances telles que l'installation dans le voisinage d'un établissement renommé, révèle une intention de concurrence déloyale. Ainsi, un industriel qui vient s'établir en face d'une maison ayant pour enseigne *la Dame blanche,* ne pourra prendre celle de *la Reine Blanche.*

Il a été jugé en ce sens qu'il y a usurpation d'enseigne de la part du commerçant qui, en venant se fixer auprès d'un autre commerçant ayant pour enseigne *au Grand Frédéric,* prend pour enseigne *au Roi de Prusse* en y joignant le portrait du grand Frédéric (2).

Toutefois, il a été jugé qu'il n'y a pas usurpation de l'enseigne d'une boucherie dite *nationale,* de la part d'un boucher qui, dans son enseigne, introduit ces mots de *boucherie nationale,* pour annoncer qu'il vend sa marchandise au même prix que la *Boucherie nationale* (3).

En général, la reproduction des mots les plus importants d'une enseigne suffit pour constituer l'usurpation, quoique les autres mots soient différents. En vertu de ce principe, la jurisprudence a décidé que l'enseigne : *Grand Café de la Marine,* chez Louis Richard, est une usurpation de celle : *Grand Café de la Marine royale ;* que l'enseigne : *Petites Affiches,* est contrefaite par celle : *Petites Affiches du commerce et de l'industrie,* etc., etc. (4).

687. De l'analogie par la consonnance. — La consonnance entre des mots, d'ailleurs différents, suffit souvent pour

---

(1) C. cass., 26 juin 1822, et Aix, 8 janvier 1821 (aff. Roure).—Voir également tribunal de commerce de la Seine, 29 mars 1843 (aff. Bonnard et Campmas c. Bidault).
(2) Bordeaux, 13 janvier 1852 (Destonet c. Cohen et Rodriguez).—Sirey, 52.2.230.
(3) Bordeaux, 23 août 1851 (Alcuet et autres c. Neveux), Sirey, 52.2.228.
(4) Aix, 22 mai 1829 (Richard).—Tribunal de la Seine, 14 février 1834.—Cour de Paris, 28 février 1833.—Tribunal de commerce de la Seine, 8 octobre 1833.— Voir Gastambide, n. 486, et Blanc, p. 223.

caractériser l'usurpation, et il a été décidé avec raison que l'enseigne : *au Rocher du Cantal* était une contrefaçon de l'enseigne : *au Rocher de Cancale;* que l'enseigne : *au Verdier,* était de même une usurpation condamnable du nom de *Verdier,* célèbre fabricant de cannes (1).

C'est à juste titre que M. Gastambide critique un jugement du tribunal de commerce qui a décidé que l'enseigne : *au Singe vert,* appartenant à un épicier, n'était pas contrefaite par l'enseigne : *au Vieux Singe vert,* prise par un épicier voisin.

688. Imitation des dispositions extérieures de l'établissement. — Il faut d'ailleurs assimiler à l'usurpation de l'enseigne emblématique l'imitation de la disposition et de la décoration extérieure d'un magasin voisin, imitation qui est de nature à induire facilement le public en erreur, et qui, si elle présente un caractère intentionnel, doit être sévèrement proscrite comme un des moyens les plus dangereux de concurrence déloyale (2).

689. Analogie d'enseignes entre industries différentes. — Pour qu'il y ait réellement usurpation passible de dommages-intérêts, il faut, avons-nous dit (n° 680), qu'il y ait préjudice par suite de l'imitation de l'enseigne, c'est-à-dire qu'il y ait concurrence possible entre les deux établissements. De là cette première conséquence, que nul n'est admis à se plaindre de la reproduction de son enseigne par un industriel ayant une spécialité toute différente de la sienne. Ainsi, la compagnie d'assurance contre l'incendie, l'*Urbaine,* n'a pu empêcher une compagnie pour le balayage de prendre, à Lyon, la même dénomination (3).

Mais il arrive fréquemment que la différence entre les deux industries n'est point aussi tranchée, et les tribunaux auront à apprécier en fait s'il y a des rapports suffisants entre l'une et l'autre pour que l'analogie d'enseignes puisse amener une confusion préjudiciable. C'est ainsi que le tribunal de commerce a repoussé l'action d'un bottier contre un cordonnier pour dames qui avait pris une enseigne semblable, parce que le succès du commerce de ce dernier ne pouvait nuire au premier; et qu'il a, au contraire, interdit la reproduction par un quincaillier ven-

---

(1) Paris, 22 juin 1840 (Percet).—Paris, 18 janvier 1844 (Lainé); 30 décembre 1826 (Verdier c. Marcadé).
(2) Voir Blanc, p. 227.
(3) Lyon, 9 décembre 1840.

dant de la poudre et du plomb, de l'enseigne d'un sellier qui débitait les mêmes objets (1).

690. Analogie d'enseignes entre établissements du même genre, mais éloignés. — Une seconde conséquence du principe posé, c'est que l'éloignement entre les établissements peut écarter toute action en rendant impossible la concurrence, et par suite le préjudice. C'est ce qui arrive, notamment à l'égard d'établissements qui ne fournissent leurs produits que sur place, et ne peuvent se nuire que s'ils sont dans une même localité, tels que des restaurants, des cafés ou des auberges dont on voit les enseignes se reproduire sans inconvénient dans des villes et des départements différents. Mais il en serait tout autrement à l'égard des établissements dont les produits, susceptibles d'être transportés, s'expédient au loin, alors surtout que la réputation d'un pareil établissement lui a attiré des acheteurs de tous les lieux : tel serait un magasin de nouveautés dont l'enseigne ne saurait être usurpée, même dans un autre département (2).

S'il arrivait qu'un fabricant, ayant depuis longtemps une enseigne, vînt s'établir auprès d'un confrère qui aurait adopté depuis aussi longtemps la même enseigne dans un autre lieu et y jouirait d'une grande renommée, il y aurait action contre le nouveau venu en vertu de ce seul rapprochement qui pourrait être considéré comme un moyen déloyal de détourner à son profit une clientèle établie (3).

691. Conséquences de la tolérance à l'égard d'une enseigne usurpée. — Il est certain que si la tolérance d'un industriel, à l'égard du concurrent qui aurait pris la même enseigne, peut donner lieu de penser qu'il n'en éprouve pas de préjudice, il n'en saurait résulter contre lui aucune fin de non-recevoir alors que le préjudice se manifeste et qu'il croit devoir se plaindre. C'est ce qui a été formellement décidé par la Cour de Paris dans une espèce où le propriétaire de l'enseigne usurpée avait gardé le silence pendant huit années (4).

692. Application aux prospectus, factures, etc. — Tout ce qui vient d'être dit à l'égard des enseignes s'applique directement aux prospectus, factures et affiches de toute espèce

---

(1) Voir jugements du tribunal de commerce du 8 décembre 1833 et du 26 septembre 1835, cités par Gastambide, n. 486.
(2) Voir Blanc, p. 227.
(3) Voir Blanc, p. 228.
(4) Paris, 18 janvier 1844 (Lainé c. syndics Dreyfus).

sur lesquels serait reproduite ou imitée la désignation, soit emblématique, soit nominale, antérieurement adoptée par un établissement industriel.

693. L'action en dommages-intérêts appartient aux étrangers. — L'action en dommages-intérêts, pour fait de concurrence déloyale par un des moyens signalés ci-dessus, appartient, selon nous, aux étrangers à plus forte raison encore que l'action en usurpation de nom (voir n° 665).

Il s'agit, en effet, non de l'application d'une loi spéciale, mais de la protection par les moyens de droit commun d'une propriété commerciale qui ne peut pas plus être déniée à l'étranger qu'elle ne peut l'être aux Français.

C'est en ce sens qu'a statué, le 22 mars 1855, un arrêt de la Cour de Paris, par le motif que l'industrie commerciale de deux étrangers résidant en France y est soumise aux mêmes obligations que celles imposées aux négociants français; que les parties ne pourraient trouver ailleurs qu'en France la solution judiciaire de leurs contestations; qu'un fait constituant une concurrence déloyale au préjudice d'un établissement industriel a par lui-même un caractère de commercialité qui le fait rentrer dans la compétence des tribunaux français. Ces principes nous semblent mériter la plus entière approbation (1).

§ III.
De l'achalandage.

SOMMAIRE.

694. Définition de l'achalandage.—695. Des diverses atteintes à la propriété de l'achalandage.—696. L'atteinte portée à l'achalandage n'est réprimée que si elle est frauduleuse. Liberté de la concurrence.

694. Définition de l'achalandage.—Aux objets spéciaux de la propriété industrielle qui viennent d'être exposés, il faut ajouter l'achalandage, c'est-à-dire l'ensemble des relations établies entre l'établissement lui-même et les acheteurs qui le fréquentent. Les relations créées par l'habileté et la probité d'un fabricant, entretenues et développées par la renommée qu'il a su acquérir, maintenues par le nom et l'enseigne de l'établissement, constituent l'élément incorporel d'une propriété véritable

---

(1) Paris, 22 mars 1855 (Wartou-Perry c. Klug.—*Gazette des Tribunaux* du 31 mars).—Voir les développements présentés par Me Marie à l'appui de cette même doctrine et les arguments en sens contraire opposés par M. Blanc.

et protégée contre la fraude par le principe général de l'art. 1382, Cod. Nap. (Voir ce qui a été dit à l'égard des enseignes, n° 676).

695. De diverses atteintes à la propriété d el'achalandage. — L'achalandage forme la valeur principale de l'établissement industriel, et c'est surtout comme moyen d'en assurer la conservation que les désignations de l'établissement ont une si grande importance. Il suit de là que c'est en général des atteintes portées à ces désignations que résultent les attaques contre l'achalandage, et que les garanties que protégent les premières défendent en même temps celui-ci. Mais il peut arriver que l'achalandage soit frauduleusement usurpé, sans qu'il y ait violation directe d'aucun autre droit, et en ce cas encore il y aurait lieu à dommages-intérêts.

C'est ce qui arriverait, par exemple, si un individu, profitant du voisinage d'un établissement analogue au sien, se donnait *verbalement* aux acheteurs pour l'industriel voisin. Ce fait, que ne prévoit pas la loi de 1824 sur l'usurpation des noms, n'en a pas moins été réprimé par la voie civile, sur l'action intentée par la partie lésée (1).

Il en devrait être ainsi, en cas d'imitation de la disposition d'une boutique dans le but d'induire en erreur les acheteurs et de les entraîner à leur insu chez un rival (n° 688).

Il en serait de même encore et surtout, dans le cas où un fabricant, non content d'exalter ses produits, déprécierait par des annonces ou prospectus ceux de ses rivaux; « attendu, dit un arrêt de la Cour de Paris, que si la concurrence commerciale permet à un fabricant quelconque de vanter et de publier, ainsi qu'il le juge utile à son commerce, l'efficacité de ses produits, il faut que cette juste liberté se renferme dans les limites convenables; — attendu qu'il n'est permis à personne de dénigrer publiquement les produits d'un concurrent (2). »

696. L'atteinte à l'achalandage n'est réprimée que si elle est frauduleuse. — Liberté de la concurrence. — Mais il faut bien remarquer que l'atteinte directe à l'achalandage ne peut être réprimée qu'autant qu'elle a lieu par des moyens frauduleux. Il est loisible à chacun de chercher à étendre ses propres relations, fût-ce au détriment des relations acquises antérieurement à un confrère. C'est l'exercice pur et simple

---

(1) Jugement du tribunal de la Seine du 30 septembre 1850 (aff. Lepère). — Voir Blanc, p. 200, et Gastambide, n. 474.
(2) Paris, 27 juillet 1850 (Raquin c. Mothes).

de la concurrence industrielle. Quelles que soient les provocations adressées au public, quel qu'en soit l'effet sur un achalandage préexistant, elles ne peuvent être incriminées quand elles ne vont pas jusqu'au dénigrement des établissements en exercice.

Dans l'examen de toutes les questions, souvent fort délicates, qui s'élèvent à ce sujet, les tribunaux ne doivent jamais perdre de vue que si la concurrence est libre, elle ne doit pas moins être loyale, et que toute juste solution réside dans la conciliation de ces deux principes également respectables de la *liberté* et de la *loyauté* de la concurrence en matière industrielle.

CHAPITRE V.
Cession des divers objets de la propriété industrielle.

LÉGISLATION. Art. 1598 et suivants (livre III, titre VI) du Code Napoléon.

SOMMAIRE.

697. Deux modes de cession des divers objets de la propriété industrielle. — 698. Cession résultant de la transmission de l'établissement lui-même. — 699. Droits du cessionnaire du fonds de commerce. — 700. Renonciation du cédant à fonder un établissement en concurrence. — 701. Exceptions à la présomption de renonciation. — 702. Forme de la cession générale. — 703. Cession spéciale et distincte des divers éléments de la propriété industrielle. — 704. La cession du nom est interdite isolément. — 705. Effets de la transmission du nom comme accessoire de l'établissement.

697. Deux modes de cession des divers objets de la propriété industrielle. — Nous avons examiné les divers objets de la propriété industrielle, les dessins, les marques, les noms, les enseignes, l'achalandage, etc...., au point de vue des droits du propriétaire originaire sur ces objets. Il nous reste à exposer le mode et les effets de la transmission qui peut être faite de ces mêmes droits à des tiers ou cessionnaires. Cette cession peut avoir lieu, soit d'une manière générale, soit d'une manière spéciale, ainsi qu'il va être expliqué.

698. Cession résultant de la transmission de l'établissement lui-même. — Les droits divers dont il vient d'être question sont au nombre des éléments principaux d'une propriété plus générale, celle de l'établissement industriel lui-même ou fonds de commerce, qui comprend en outre : les instruments de fabrication et les objets fabriqués; les créances actives et passives; le droit au bail et autres droits stipulés dans l'intérêt de l'exploitation de l'établissement : objets régis par les principes de la loi commune sur la propriété, et que nous n'avons pas en conséquence à étudier ici. Or, il résulte de cette incorporation du nom, de l'enseigne, de l'achalandage, etc., dans le fonds de commerce, que la cession du fonds, faite en termes généraux et sans restriction, emporte de plein droit (sauf une limitation relative au nom dont il sera parlé ci-après, n° 704) transmission au profit du cessionnaire de tous et de chacun de ces droits particuliers (1). Il n'en serait autrement que si le peu d'importance du prix pouvait donner lieu de croire que le fonds de commerce a été vendu sans aucun des accessoires qui constituent sa principale valeur (2).

699. Droits du cessionnaire du fonds de commerce. — Du principe que la cession du fonds emporte, sauf preuve contraire, cession des droits inhérents à la propriété du fonds, il résulte que le cessionnaire d'un établissement industriel a seul et à l'exclusion de tous autres la faculté de prendre le nom du cédant, de se servir des marques, enseignes, étiquettes (3).

700. Renonciation du cédant à fonder un établissement en concurrence. — Une conséquence analogue et d'une extrême importance dans l'application, c'est que la cession de l'établissement industriel entraîne, au moins en général, la renonciation de la part du cédant non-seulement à reprendre à son profit ses anciennes marques et enseignes (4), mais même à rouvrir dans le voisinage un établissement du même genre, qui puisse enlever au cessionnaire l'achalandage compris dans la transmission du fonds. C'est l'application de l'art. 1625 du Code civil qui oblige le vendeur à faire jouir l'acheteur, sans trouble, de la chose vendue.

---

(1) Arrêts de Metz, 3 juin 1841 (Bouché), relatif à l'achalandage. — Paris, 19 novembre 1824 (Auger), relatif à l'achalandage, aux armoiries et autres signes distinctifs.—Aix, 22 mai 1829 (Richard), relatif aux noms et aux enseignes.— Paris, 25 juin 1844 (Champeaux), relatif au titre de successeur.

(2) Argument d'un arrêt de Grenoble, 10 mars 1836 (Coche).—Voir Blanc, p. 190.

(3) Voir Blanc, qui cite l'arrêt de Paris du 11 avril 1833, qui a interdit au sieur Massieu de débiter l'eau de mélisse sous la dénomination de *Eau de mélisse des Carmes,* réservée au seul cessionnaire des anciens Carmes déchaussés (p. 189). — Voir Bordeaux, 12 juillet 1833 (Seignette).

(4) Paris, 19 novembre 1824 (Auger).—Voir Blanc, p. 190.

Cette renonciation peut évidemment être expresse, et serait valable même indépendamment de toute cession, fût-elle l'objet d'une stipulation spéciale ; elle s'étend à tous les accessoires de la profession principale qui seraient de nature à nuire à l'acquéreur (1). Elle oblige les héritiers, auxquels passent de plein droit les engagements contractés par leur auteur, quand ils ne sont pas exclusivement attachés à la personne (2).

Il suffit généralement, pour que cette renonciation résulte d'une manière certaine, quoique tacite, de la seule cession de l'établissement, que le vendeur ne se soit pas expressément réservé la faculté de rouvrir un établissement analogue (3).

La seule cession du droit au bail peut, en certains cas et d'après le prix stipulé, impliquer interdiction par le cédant de faire concurrence au cessionnaire (4).

701. Exception à la présomption de renonciation. — La présomption de renonciation dont il vient d'être parlé n'est pas absolue ; elle est admise sans difficulté à l'égard des fonds de commerce proprement dits et des petits établissements industriels, à cause de l'influence extrême que l'achalandage a sur leur valeur, et de l'usage général qui sert à interpréter en pareil cas les conventions particulières ; mais elle est contestée à l'égard des manufactures et des usines où l'achalandage est pris ordinairement en bien moins grande considération que le matériel mobilier et immobilier servant à l'exploitation. La Cour suprême a jugé en principe, par un arrêt de cassation fondé sur l'art. 544 du Code Napoléon (5), que celui qui a vendu une usine peut former dans le voisinage un établissement semblable, alors qu'il ne s'en est pas interdit la faculté dans l'acte de vente (6).

Dans cette matière délicate les juges devront s'attacher moins à décider la question en thèse de droit qu'à rechercher la commune intention des parties et les usages existants, comme, au reste, l'arrêt de cassation lui-même leur en laisse la faculté.

---

(1) Caen, 28 juin 1842 Royer).— Montpellier, 30 avril 1849 (Ganivet).
(2) Paris, 19 mai 1849 (Malingre).
(3) C. cass., 11 juillet 1809.—Caen, 6 février 1828.
(4) Metz, 27 novembre 1821 (Mercier), arrêt précité du 19 novembre 1824 (Auger).—Lyon, 28 août 1843 (Moissel).—Montpellier, 26 juillet 1844 (Fabre).
(5) Cet article reconnaît à chacun la liberté de jouir et de disposer de sa propriété comme bon lui semble.
(6) Voir arrêt de cassation du 17 juillet 1844, rendu contrairement aux conclusions de l'avocat général, et en sens opposé, l'arrêt de Dijon du 19 février 1841 (Sirey, 44.1.679).

702. Forme de la cession générale. — La cession peut avoir lieu suivant toutes les formes admises pour la vente en droit civil, soit par acte authentique, soit par acte sous seing privé, soit même en vertu de simples conventions verbales.

703. Cession spéciale et distincte des divers éléments de la propriété industrielle. — Indépendamment de la cession générale et tacite de tous droits inhérents au fonds de commerce, il peut y avoir cession spéciale et isolée de l'un ou l'autre de ces droits, sauf certaines exceptions et distinctions.

Bien que l'achalandage paraisse, de sa nature, essentiellement incorporé au fonds de commerce ou à l'établissement, il peut cependant en être séparé par la volonté expresse des parties, soit que l'industriel cède directement la clientèle à un tiers, en s'engageant à le recommander à la confiance de ses pratiques, sans se dessaisir de l'établissement même, soit au contraire qu'il se réserve la clientèle, tout en transmettant le fonds (1).

Il n'y a aucune difficulté relativement à la cession de la marque de fabrique, des dessins, des enseignes, des désignations de toute nature, qui peuvent être cédés par tous les modes admis pour la vente des fonds de commerce eux-mêmes.

On ne saurait opposer à de semblables cessions qu'elles pourront induire le public en erreur sur l'origine et la qualité des produits, si le cessionnaire s'en sert pour recommander des qualités inférieures à celles que produisait son cédant. Il suffirait de répondre que la marque et les autres signes caractéristiques sont autorisés pour l'avantage des fabricants eux-mêmes, et non prescrits dans l'intérêt du public, et que c'est à chaque industriel à veiller au maintien de sa réputation (2).

704. La cession de nom est interdite isolément. — Il n'en est pas du nom comme de la marque emblématique. Usuelle et loyale quand elle est l'accessoire de la cession de l'établissement dont le nom conserve la clientèle, « la cession du nom est invariablement proscrite, commercialement parlant, quand elle est le but unique ou principal du contrat entre le vendeur et l'acheteur. Ces sortes de ventes sont toujours empreintes d'un caractère frauduleux, et l'acquisition isolée d'un nom n'a pour but que d'élever une déloyale concurrence » (3).

Autoriser de semblables cessions serait permettre à certains

---

(1) Grenoble, 7 février 1835 (Badier).
(2) Voir Dalloz, v° *Industrie*, n. 267, 268.
(3) Blanc, p. 197.

industriels, dont tout le mérite consiste à porter le nom de quelque fabricant connu, d'en faire un indigne moyen de concurrence en livrant ce nom à d'habiles spéculateurs (n°655). Aussi le tribunal de la Seine a-t-il interdit à un sieur Farina de céder son nom à un tiers pour faire concurrence à la maison connue sous le même nom (1).

705. Effets de la transmission du nom comme accessoire de l'établissement. — Alors même que le nom est transmis comme accessoire de l'établissement, le droit du cessionnaire n'est pas absolu. Il ne faut pas perdre de vue en effet que, si le nom a une utilité commerciale susceptible d'être exploitée par un tiers, il demeure au point de vue civil l'apanage inaliénable de la famille du cédant, qui garde le droit de veiller à sa pureté et à son honneur. L'une et l'autre, abandonnés à des étrangers, peuvent être compromis par une faillite ou par tout autre sinistre commercial. Le nom d'une famille ne peut rester indéfiniment exposé à de telles chances, et les tribunaux ont la faculté de concilier les deux intérêts opposés en fixant un délai suffisant pour assurer la transmission de l'achalandage ; après l'expiration de ce délai, le successeur cessera de pouvoir porter le nom du cédant, qui rentrera purement et simplement dans le patrimoine de la famille (2).

IIe SECTION.

PROPRIÉTÉ LITTÉRAIRE ET ARTISTIQUE.

CHAPITRE PREMIER.

Prolégomènes et principes généraux.

SOMMAIRE.

706. Controverse sur le droit de l'homme à l'égard des créations de son esprit. — 707. Absence de système dans notre législation sur la nature des droits d'auteur. — 708. Adoption dans cet ouvrage de la qualification générale de propriété. — 709. La propriété littéraire et artistique se rattache intimement au droit industriel. — 710. Nature

---

(1) Tribunal de la Seine, 13 août 1828 (*Gazette des Tribunaux* du 14), tribunal correctionnel, 5 mars 1829. Voir Gastambide, n. 468.
(2) Voir Blanc, p. 189 ; Dalloz, v° *Industrie*, n. 265.

spéciale de la propriété des œuvres littéraires et artistiques. — 711. Définition de la propriété littéraire et artistique. — 712. A quels objets s'applique la propriété littéraire et artistique.

706. Controverse sur le droit de l'homme à l'égard des créations de son esprit (1). — C'est sans doute une question du plus haut intérêt, au point de vue philosophique, que celle de savoir si le droit de l'homme sur les productions de son esprit est un droit naturel ou un droit civil, et s'il constitue ou non une propriété véritable.

Les uns, avec M. Renouard, se refusent absolument à lui reconnaître ce dernier caractère, même à l'égard des œuvres littéraires et artistiques; les autres, comme M. de Lamartine, appliquent le principe de la propriété à toute production de l'esprit ou du génie; d'autres, enfin, essaient une distinction et comme une transaction entre les opinions opposées : ils admettent une propriété en matière littéraire et artistique à cause du caractère exclusivement personnel des créations de ce genre, et dénient l'existence d'un tel droit sur les inventions proprement dites, qui ne sont, pour ainsi dire, que la première rencontre d'objets existants que l'on eût trouvés tôt ou tard.

Tout en rendant hommage aux dissertations profondes et ingénieuses que cette question a provoquées, il nous paraît oiseux, dangereux, peut-être, au point de vue de la pratique, d'aborder un tel sujet; et nous en trouvons la preuve dans notre législation même.

707. Absence de système dans notre législation sur la nature des droits d'auteur. — Le législateur, en effet, a qualifié d'une manière très-diverse les droits de cette nature. Suivant les époques et suivant les sujets, il emploie tantôt le mot de propriété, tantôt celui de privilége, ou encore ceux de droit de jouissance, de droit privatif. Ce serait s'égarer que de voir un système dans l'emploi de telle ou telle de ces expressions, et d'en tirer des conséquences quant à l'interprétation plus ou moins large à donner aux dispositions où elles se trouvent. Au moment où le problème a été le plus vivement débattu, lors de la discussion de la loi sur les brevets d'invention, le législateur a employé une expression qui, moins précise que le mot de propriété, prend la définition du droit dans ses effets plutôt que

---

(1) Les considérations suivantes, dont la place naturelle était à la tête de la deuxième partie de notre ouvrage, se trouvent reportées ici par une erreur typographique.

dans son essence, et qui n'est incompatible avec aucune des théories proposées : celle de *droit exclusif* d'exploitation.

Nous croyons, en conséquence, devoir nous en tenir à ces sages paroles de M. le ministre du commerce dans l'exposé des motifs du projet de loi sur les brevets : « Heureusement nous n'avions pas à vous déférer une question de pure métaphysique, et nous ne pouvions oublier que les sociétés qui s'éclairent et s'améliorent par les discussions philosophiques ne se gouvernent pas par des principes absolus, et vivent de la réalité des faits. Bornons-nous donc à constater ce qui existe et ce qui existe sans contestation depuis 1791. L'inventeur ne peut exploiter sa découverte sans la société; la société ne peut en jouir sans la volonté de l'inventeur; la loi, arbitre souverain, est intervenue : elle a garanti, à l'un, une jouissance exclusive, temporaire; à l'autre, une jouissance différée, mais perpétuelle. Cette solution, transaction nécessaire entre les principes et les intérêts, constitue le droit actuel des inventeurs (et des auteurs), et, droit naturel ou droit concédé, propriété ou privilége, indemnité ou rémunération, ce résultat a été regardé universellement comme le règlement le plus équitable des droits respectifs; la raison publique l'a accepté, et il est devenu, en cette matière, la base de la législation chez tous les peuples (1). »

708. Adoption dans cet ouvrage de la qualification générale de propriété. — Nous employons, quant à nous, indistinctement, à l'égard de tous les objets du droit exclusif, la qualification de *propriété*, consacrée par l'usage, claire pour tout le monde, réclamée d'ailleurs de plus en plus vivement par le mouvement des idées et par la nécessité même de rompre plus franchement que jamais avec des théories subversives. Nous l'employons d'une manière générale et sans réserve, ne fût-elle pas toujours exactement conforme à l'idée théorique du droit de propriété. C'est pourquoi nous avons compris sous la dénomination générale de propriété intellectuelle appliquée à l'industrie, ou propriété industrielle (n° 307), et le droit du breveté sur son invention, et celui des fabricants sur les désignations de leurs établissements ou de leurs produits, et enfin le droit des auteurs à l'exploitation des œuvres littéraires et artistiques.

Après avoir traité successivement, et dans l'ordre indiqué, des deux premières espèces de propriété intellectuelle, il nous reste

---

(1) Exposé des motifs à la chambre des pairs, séance du 10 janvier 1843.

à aborder la troisième, en l'envisageant principalement dans ses rapports avec l'industrie.

709. La propriété littéraire et artistique se rattache intimement au droit industriel. — La propriété littéraire et artistique a naturellement et nécessairement sa place dans un traité de droit industriel.

Quelque élevé, quelque immatériel que soit son principe, il emprunte le plus souvent à l'industrie ses moyens d'application. Sans elle, ou il demeure stérile entre les mains de celui qui l'a conçu, ou, du moins, ses manifestations demeurent réservées à quelques privilégiés ; par elle, au contraire, il se répand à travers les espaces et les temps, il augmente le patrimoine intellectuel des peuples et des générations. Toute œuvre littéraire se produit au dehors par le secours d'une double industrie, celle de l'imprimeur, celle de l'éditeur, à moins qu'elle ne fasse son apparition sur la scène dramatique, dont l'exploitation est encore une industrie. Si l'art, plus indépendant, produit des œuvres qui s'offrent au public telles qu'elles sortent de l'atelier du peintre ou du sculpteur ; si le tableau, si la statue, sous leur forme première, trouvent leur expression la plus complète et leur plus grande célébrité, cependant ces mêmes œuvres ne peuvent se populariser, se répandre, qu'après avoir été reproduites par l'industrie de la gravure et du moulage, et souvent même elles ne sont mises au jour que pour fournir directement à des industries variées leurs contours ou leurs couleurs.

Nous devons donc étudier la propriété littéraire et la propriété artistique, sinon dans leur principe et au point de vue philosophique de leur conception dans l'esprit ou le génie de leur auteur, du moins au point de vue pratique de leurs rapports nécessaires avec les diverses industries par lesquelles elles se manifestent, s'utilisent ou s'exploitent, suivant leur destination particulière.

710. Nature spéciale de la propriété des œuvres littéraires et artistiques. — Ce n'est point le lieu de discuter théoriquement ce que, dans la production d'une œuvre littéraire ou artistique, l'auteur peut tirer de lui-même, et ce qu'il emprunte à la société en puisant dans ce fonds commun d'idées, grossi par chaque génération, qui devient le patrimoine de l'humanité. Le caractère de propriété, reconnu à ces mille inventions dont l'industrie nous a offert tant d'exemples, sera, comme nous l'avons dit (n° 708), attribué aux œuvres du littérateur ou de l'artiste qui, s'il ne crée pas toujours les éléments dont il se sert, en enfante du moins la combinaison. En cette matière, comme en beaucoup d'autres, la propriété a été substituée au *privilége* par les lois de la révolution. Nous reconnaîtrons, toutefois, qu'en vertu de sa nature même, en vertu de la part que la société prend à son origine et à sa conservation par une protection indispensable et toute particulière, cette propriété a dû être soumise à des conditions, à des restrictions importantes que réclamait l'intérêt de tous. Ce sont ces conditions qu'il importe d'étudier en même temps que les caractères légaux de la propriété littéraire et artistique.

711. Définition de la propriété littéraire et artistique. — En abolissant le système des *priviléges en librairie* formulé par les arrêts du conseil d'État du roi du 30 août 1777, le décret du 19 juillet 1793 a proclamé le *droit de propriété* des auteurs d'ouvrages de littérature et de toutes productions de l'esprit ou du génie qui appartiennent aux beaux arts (1).

Cette propriété est définie, par l'art. 1 du décret de 1793 : le droit exclusif des auteurs de vendre, faire vendre, distribuer leurs ouvrages dans le territoire de la République, et d'en céder la propriété en tout ou en partie.

712. A quels objets s'applique la propriété littéraire et artistique. — Division. — La propriété spéciale, fondée sur la loi de 1793, est reconnue expressément en faveur des auteurs d'écrits en tout genre, des compositeurs de musique, des peintres et dessinateurs qui feront graver des tableaux et dessins (art. 1er), auxquels il faut ajouter, d'après les termes généraux de l'art. 7, les auteurs d'ouvrages de sculpture et modèles en relief (2). De là différents genres de propriétés qui, bien que soumis à l'empire des mêmes principes généraux, sont cependant l'objet de règles spéciales. C'est pourquoi nous nous occuperons séparément de la propriété littéraire, de la propriété dramatique et musicale, et des différentes espèces de propriétés artistiques.

---

(1) Décret des 19-24 juillet 1793, intitulé et art. 7. — Voir l'art. 427 du Code pénal.

(2) Cass., 2 août 1834 (Vivaux).

CHAPITRE II.
Propriété littéraire.

LÉGISLATION. Loi des 19-24 juillet 1793 (*Propriété littéraire et artistique*). — Décret du 1er germinal an XIII (*Ouvrages posthumes*). — Décret du 7 germinal an XIII (*Livres d'église*). — Décret du 20 février 1809 (*Manuscrits des archives*).—Décret du 5 février 1810, art. 39, 40 (*Garantie de la propriété littéraire*). — Loi du 21 octobre 1814 (*Dépôt des exemplaires*). — Ordonnance du 24 octobre 1814 (*Id.*).—Ordonnance du 9 janvier 1828 (*Id.*). — Décret du 28 mars 1852 (*Ouvrages publiés à l'étranger*). — Loi du 8 avril 1854 (*Durée de la propriété littéraire*). — Décret du 19 avril 1854 (*relatif à la convention littéraire avec la Belgique*). — Code pénal, art. 425-429 (*Peines de la contrefaçon*). — (Voir en outre les lois et règlements relatifs à l'imprimerie et à la librairie, 1re partie, n° 208).

713. En quoi consiste la propriété littéraire.— Ce qu'il faut entendre par auteur. — La propriété littéraire est celle des auteurs sur *leurs écrits en tous genres*, c'est-à-dire sur toute œuvre écrite, quel qu'en soit le mérite ou l'étendue, un traité de Bossuet ou une simple notice. L'auteur est celui qui compose ou fait composer un écrit, un ouvrage, c'est-à-dire celui qui, par ses propres efforts ou ceux qu'il dirige, donne naissance à une production nouvelle.

D'après cette définition, que justifieront tous nos développements ultérieurs, il faut et il suffit qu'il y ait, de la part de l'auteur, pour qu'il ait droit à ce titre, quelque invention, quelque conception personnelle, soit dans l'ensemble, soit dans les détails de l'œuvre; condition qui ne permet pas de confondre l'auteur avec le simple copiste, mais qui le dispense d'avoir le génie créateur d'un Pascal ou d'un Corneille.

714. Principe général pour la solution des difficultés particulières. — Rien de plus simple que l'application de ce principe à toutes les productions réellement et entièrement originales; mais rien de plus difficile souvent, à l'égard des œuvres qui n'émanent que sous certains rapports de celui qui les revendique. On résoudra cependant, sans beaucoup de peine peut-être, toutes les questions particulières, en s'attachant à cette idée fondamentale : qu'il faut simplement et loyalement, sans subtilité et sans réserve, attribuer à l'auteur tout ce qui est en réalité son invention personnelle; rien de plus et rien de moins. Telle sera notre constante et unique règle.

Dans le doute, le respect dû à la propriété sera pour nous la considération déterminante.

§ I.

Des auteurs ou personnes auxquelles appartient la propriété littéraire.

SOMMAIRE.

715. A quelles personnes peut appartenir la propriété littéraire. Droit des étrangers.—716. Distinctions relativement aux œuvres des étrangers publiées ou non en France.—717. Application facultative pour l'étranger, soit du décret du 28 mars 1852, soit des traités spéciaux à sa nation. —718. Des ouvrages publiés à l'étranger par un Français.—719. Les règles du droit civil sur la capacité s'appliquent à la propriété littéraire. — 720. Droits de l'État et des administrations publiques à la propriété littéraire. — 721. Droits des sociétés littéraires légalement existantes. — 722. Des personnes privées se réunissant pour la composition d'un ouvrage. Deux hypothèses. — 723. De la collaboration proprement dite. Droits des coauteurs. — 724. En quel cas il y a collaboration et copropriété. — 725. Règles spéciales à la copropriété littéraire en cas de désaccord entre les ayants droit.— 726. Le titre et le droit d'auteur appartiennent exclusivement à l'organisateur d'une œuvre d'ensemble. — 727. Application faite par la jurisprudence. Affaire de la Biographie universelle.

715. A quelles personnes peut appartenir la propriété littéraire. — Droit des étrangers. — Les droits d'auteur sont reconnus et garantis à toute personne, même aux étrangers, par l'art. 40 du décret du 5 février 1810 : disposition libérale qui exclut absolument ici l'application de la jurisprudence restrictive qui a prévalu à la Cour de cassation, relativement aux noms des fabricants (n° 665). (Voir, ci-après, pour ce qui concerne les rapports avec l'étranger, n° 765).

L'étranger demeure seulement assujetti en cette matière, comme en toute autre, à fournir caution, lorsqu'il forme sa demande en justice, si le défendeur le requiert (art. 166, 167, Cod. proc. civ.) (1).

Le décret du 28 mars 1852 a encore étendu la disposition du décret de 1810, en l'appliquant même aux ouvrages publiés à l'étranger, dont l'auteur étranger peut désormais poursuivre la contrefaçon en France, pourvu qu'il remplisse les conditions exigées pour les ouvrages publiés en France. Ce décret s'applique même aux ouvrages librement réimprimés par des tiers avant sa promulgation, dont il n'est plus permis de faire aucune édition

---

(1) Renouard, *Traité des droits d'auteur*, t. 2, n. 90.

nouvelle sans encourir les peines de la contrefaçon (1). Le débit des réimpressions faites ou introduites en France avant le 28 mars 1852 est seul permis (2).

Le décret du 28 mars 1852 peut être invoqué par la veuve et les ayants cause de l'étranger (3).

716. Distinction relativement aux œuvres des étrangers publiées ou non en France. — Il y a, toutefois, comme le fait observer avec raison M. Delalain (4), une distinction à faire au sujet des auteurs étrangers, selon que leurs œuvres ont été ou non publiées originairement en France. L'étranger dont l'œuvre a paru primitivement en France a droit, non-seulement à la reconnaissance de sa propriété en France, mais encore au bénéfice des conventions internationales (voir n° suivant), qui protégent à l'étranger les œuvres publiées sur notre sol. Mais ces conventions ne sont point faites pour les écrits d'origine étrangère ; l'étranger dont l'œuvre a fait sa première apparition hors de nos frontières peut bien, en se conformant au décret du 28 mars 1852, obtenir la protection de la loi française, mais non celle des traités qui ne concernent que les écrits d'origine nationale.

717. Application facultative pour l'étranger, soit du décret du 28 mars 1852, soit des traités spéciaux à sa nation. — Il ne s'agit, bien entendu, dans le numéro qui précède, que des traités qui ne concernent point la nation à laquelle appartient l'étranger. S'il existe une convention entre la France et le pays dont l'auteur est originaire, celui-ci a droit à une double protection : celle qui résulte des termes généraux du décret du 28 mars 1852, et celle qui résulte des termes spéciaux du traité diplomatique. L'étranger pourra à son gré invoquer l'une ou l'autre, suivant qu'elle lui sera plus avantageuse.

Par exemple, la convention du 22 août 1852, entre la France et la Belgique, stipule la reconnaissance réciproque de la propriété littéraire des Français en Belgique et des Belges en France, à la condition du dépôt d'*un* exemplaire à Paris ou à Bruxelles. L'auteur belge pourra invoquer cette convention spéciale pour justifier la recevabilité d'une action en contrefaçon, s'il n'a déposé qu'un seul exemplaire, nonobstant les termes généraux du

---

(1) Paris, 8 décembre 1855 (Sirey, 54.2.410).
(2) Delalain, *Législation de la propriété littéraire*, édit. de 1855, p. 23.
(3) Cass., 20 août 1852.—Lacan, *Traité de la législation des théâtres*, t. 2, n. 75.
(4) Delalain, *Législation de la propriété littéraire*, p. 3 et 23.

décret du 28 mars 1852, d'après lesquels le dépôt de deux exemplaires est exigé.

Cette observation a de l'importance principalement en ce qui concerne les pays étrangers à l'égard desquels la reconnaissance réciproque de la propriété littéraire est stipulée sans condition d'aucun dépôt, tels que le Hanovre, le duché de Bade, les États Sardes, etc... (voir n° 765).

718. Des ouvrages publiés à l'étranger par un Français. — Le décret du 28 mars 1852 tranche nettement la question, longtemps et vivement débattue, de savoir si un Français perd ses droits d'auteur en publiant ses œuvres à l'étranger avant de les publier en France (1). Le droit nouveau, introduit dans l'intérêt de l'étranger, comme le dit formellement l'exposé des motifs du décret, est *à fortiori* applicable au Français. D'ailleurs, l'art. 1er du décret du 28 mars interdisant, en termes généraux et sans distinction, la contrefaçon, sur le territoire français, de tout ouvrage publié à l'étranger, peut incontestablement, d'après ses termes, être invoqué par les regnicoles.

719. Les règles du droit civil sur la capacité s'appliquent à la propriété littéraire. — La propriété littéraire appartient aux femmes mariées, aux mineurs, aux interdits en vertu d'un jugement civil, ou d'une condamnation criminelle, aux faillis enfin, par cela seul qu'ils sont auteurs, sauf l'application de droit commun, quant à la gestion et à la disposition des biens des personnes incapables (2). Elle appartient même au mort civil qui devient auteur après sa condamnation, en vertu du principe qui lui reconnaît la capacité d'acquérir des biens mobiliers ou immobiliers sous les réserves contenues dans les art. 25 et suivants du Cod. Nap. (3).

720. Droit de l'État et des administrations publiques à la propriété littéraire. — La propriété littéraire peut appartenir à des personnes collectives aussi bien qu'à des individus, et d'abord à l'État lui-même, en vertu du principe qui répute auteur, non-seulement celui qui fait, mais celui qui fait faire un ouvrage (n° 713). Il en est ainsi à l'égard de *la Description de l'Égypte, de la Collection des mémoires pour servir à l'histoire de France, du Catalogue de la bibliothèque impériale,* des manuscrits qui font partie des archives ou bibliothèques pu-

---

(1) Voir Renouard, t. 2, n. 73, 74.
(2) Paris, 7 août 1837, Raissac. — Voir Renouard, t. 2, n. 91, 92, 93.
(3) Renouard, t. 2, n. 95, 157.

bliques, etc. (1), écrits sur lesquels l'État a un droit exclusif et dont il peut seul autoriser la reproduction par des tiers.

Mais il ne faut pas assimiler à ces écrits, qui sont dans la propriété proprement dite de l'État, parce qu'il les a acquis par un moyen de droit civil (2), ceux qui par leur nature appartiennent à tous et sont dès lors du domaine public, quoique l'État se soit réservé la faculté de les publier le premier, à savoir, les lois et tous les actes d'administration, ainsi que les comptes-rendus, rapports, etc..., qui en sont les accessoires (voir n° 729).

Les administrations publiques, qui ne sont autre chose que des branches de l'administration générale du pays, sont exactement dans la même situation que l'État. Elles sont propriétaires des œuvres qu'elles font publier (3), mais ne peuvent interdire la reproduction des ordonnances, instructions, circulaires, émanées de chacune d'elles.

721. Droit des sociétés littéraires légalement existantes. — Les sociétés littéraires et corps savants, tels que les académies, dont l'existence est légalement autorisée, ont un droit exclusif sur les divers travaux publiés par leurs soins, comme le *Dictionnaire de l'Académie française* (4), les *Mémoires de l'Académie des inscriptions et belles lettres*, sans que cependant chaque membre perde la faculté de publier pour son compte les travaux qu'il a fait entrer dans la collection générale (5).

On verra, plus loin, les règles particulières sur la durée du droit d'auteur au profit de ces personnes civiles qui ne meurent point (n° 768).

722. Des personnes privées se réunissant pour la composition d'un ouvrage. — Deux hypothèses. — Plusieurs personnes, sans former une société proprement dite, peuvent s'être réunies pour composer ensemble un ouvrage. Quel est l'auteur d'un tel ouvrage ? Pour répondre à cette question, il faut examiner deux hypothèses bien distinctes et qui comportent deux solutions différentes. Ou les divers écrivains ont pris part *au même titre* et en la même qualité (sinon dans les mêmes proportions) à l'œuvre commune, concourant à la combinaison de l'ensemble aussi bien qu'à l'exécution des détails,

---

(1) Voir le décret du 20 février 1810, relatif au droit d'impression des manuscrits des bibliothèques et des établissements publics.
(2) Voir à ce sujet Blanc, p. 270-272.
(3) Par exemple, le *Dictionnaire des postes aux lettres*, publié par l'administration des postes. — Voir Gastambide, n. 31.
(4) Cass., aff. du *Dictionnaire de l'Académie française*, 28 floréal an XII.
(5) Blanc, p. 275.

ayant tous un droit semblable à la qualification de coauteurs, comme MM. Chauveau et Hélie, publiant ensemble la *Théorie du Code pénal*; ou les divers écrivains ont été employés à fournir les matériaux d'un ouvrage collectif, dont un autre a conçu le plan, dont il rassemble les éléments ainsi isolément préparés pour en former un tout, semblable à l'architecte qui, dirigeant la construction d'un édifice, réunit et coordonne les œuvres de la sculpture et de la peinture aussi bien que les travaux de maçonnerie et de charpente pour l'achèvement de l'ensemble : tel a été le rôle de M. Michaud, publiant la *Biographie universelle*.

723. De la collaboration proprement dite, droits des coauteurs. — Dans la première hypothèse, il y a collaboration proprement dite, et il résulte de cette collaboration une seule et même propriété résidant indivisément sur la tête de tous les *coauteurs*, se réglant pour sa durée sur l'existence du survivant d'entre eux (voir ci-après n° 769).

En ce cas, à défaut de conventions exceptionnelles, chaque collaborateur a un droit égal aux produits de la propriété et peut d'ailleurs disposer comme il l'entend, au profit d'un cessionnaire, de sa part et portion (1). Ce droit appartient à toute personne qui peut établir en fait sa qualité réelle de collaborateur, alors même qu'il ne figurerait pas en nom sur le titre de l'ouvrage.

724. En quel cas il y a collaboration et copropriété. — Le titre de collaborateur pourrait être reconnu à celui dont les idées auraient été empruntées, même sans son adhésion, pour l'exécution d'un ouvrage d'un autre genre que le sien et qu'il ne voudrait ou ne pourrait attaquer comme une contrefaçon. C'est ce qui devrait être décidé, dans le cas où une pièce de théâtre, un roman, seraient composés d'après le sujet, le plan et les données principales d'un feuilleton antérieurement publié (voir n° 754, et relativement à la propriété dramatique, chapitre III ci-après).

La copropriété n'existerait pas si un tiers s'était borné à faire des corrections à l'ouvrage publié sous le nom d'un autre, où s'il résultait des circonstances que le collaborateur avait volontairement renoncé à faire apparaître son nom lors de la publication (2).

---

(1) Renouard, t. 2, p. 217.
(2) Voir sur ce sujet Lacan, t. 2, n° 648; Renouard, n. 99 ; Paris, 8 août 1837 (Burat), 27 janvier 1840 (Paul de Musset), et un jugement du tribunal de la Seine du 9 mai 1855, Michel Levy et Lokroy (*Gazette des Tribunaux* du 10 mai 1855).

725. Règle spéciale à la copropriété littéraire en cas de désaccord entre les ayants droit. — Cette copropriété, régie par des principes spéciaux et dont on ne pourrait exiger la licitation en vertu de la règle générale que nul n'est tenu de rester dans l'indivision, peut donner lieu à de graves difficultés, quand les coauteurs ne s'accordent pas sur son exploitation, notamment sur le choix de l'éditeur. Ces difficultés, de la compétence du tribunal civil, ne sauraient entraîner pour chacun des dissidents la faculté de faire publier à part et chacun de son côté l'ouvrage tout entier (1). S'il y avait refus absolu de publier de la part d'un coauteur, refus fondé sur ce qu'il n'aurait pas entendu livrer son travail à l'impression, les tribunaux ne pouvant créer une convention qui n'existe pas, ni violer le principe qui défend de publier sans le consentement de l'auteur, n'auraient pas le droit d'ordonner la publication. Mais, si le dissentiment ne portait que sur le choix de l'éditeur ou les conventions à intervenir, c'est-à-dire sur de simples mesures d'exécution, le tribunal aurait tout pouvoir pour statuer (2).

726. Le titre et le droit d'auteur appartiennent exclusivement à l'organisateur d'une œuvre d'ensemble. — Dans la seconde hypothèse (n° 722), l'ouvrage pris dans son ensemble, Revue ou Journal, Dictionnaire ou Encyclopédie, appartient, selon M. Renouard, à l'auteur principal, investi de la direction du travail. « Le mot *auteur*, dit Merlin, désigne non-seulement ceux qui ont composé par eux-mêmes un ouvrage littéraire, mais encore ceux qui l'ont fait composer par d'autres et qui en ont pris la composition à leur compte. Ainsi, ce n'est pas le feu citoyen Panckouke qui a composé l'*Encyclopédie méthodique* : il l'a fait composer par des gens de lettres à qui il en a distribué la matière et dont il a salarié le travail : et certainement, depuis comme avant la loi de 1793, le citoyen Panckouke a été universellement reconnu seul propriétaire de l'*Encyclopédie méthodique*. Le citoyen Guyot n'a composé qu'une partie du *Répertoire de jurisprudence* ; les trois quarts au moins ont été composés par des jurisconsultes que le citoyen Guyot avait associés à ses travaux et qu'il a indemnisés par des honoraires payés au fur et à mesure qu'ils lui remettaient leurs manuscrits. Cependant, qui oserait contester au citoyen Guyot le plein exer-

---

(1) Voir M. Renouard, t. 2, n. 101, qui réfute sur ce point MM. Vivien et Blanc.
(2) Voir les principes spéciaux à la représentation des ouvrages dramatiques (chapitre III ci-après).

cice des droits que la loi de 1793 assure aux auteurs sur leurs ouvrages ? » (*Questions de droit*, v° *Contrefaçon*, § ii).

727. Application faite par la jurisprudence. — Affaire de la Biographie universelle.—Cette doctrine a été tout récemment approuvée et confirmée solennellement par la Cour de cassation, dans une affaire célèbre; et elle en a tiré une conséquence aussi morale que nécessaire, selon nous : c'est que la qualité d'auteur et non de simple éditeur de l'œuvre collective, reconnue à celui qui en a organisé l'ensemble, met obstacle à ce que les rédacteurs des divers articles, les eussent-ils signés de leur nom, les publient pour leur compte *dans un recueil susceptible de faire concurrence à celui qui les a déjà employés* (1), et s'oppose également à ce que des tiers reproduisent ces articles, même à l'expiration du temps qui fait tomber, après la mort, l'œuvre de chacun dans le domaine public. Si l'absorption des matériaux dans l'édifice n'avait pas pour effet de conférer à l'organisateur la propriété des parties aussi bien que du tout, on pourrait voir chacune d'elles lui échapper isolément, et enfin la propriété générale lui demeurer comme un vain titre dont tous les résultats utiles se seraient successivement évanouis.

La Cour de cassation, rendant un légitime hommage à l'œuvre vraiment créatrice de l'architecte d'un tel monument, condamnant avec fermeté toutes les subtilités inventées pour fausser les saines données du juste et de l'honnête, et rectifiant les principes erronés admis par les auteurs et les arrêts, a tranché, au profit des cessionnaires de Michaud contre MM. Didot frères, cette importante question. La Cour d'Orléans a adopté le même système par le motif principal que les notices composant l'œuvre collective, « par leur introduction et leur réunion dans le recueil, ont perdu le caractère et l'existence d'œuvres distinctes et individuelles, pour devenir parties intégrantes et inséparables d'un tout dans lequel elles sont comme confondues ; que la réunion de toutes les notices dans un seul cadre a rendu au public un service littéraire et communiqué à l'ensemble un mérite particulier, service et mérite que ces mêmes compositions livrées toutes séparément à la publicité n'auraient pu réaliser ; que, dès lors, l'entrepreneur ou le créateur de ce recueil a, par ce fait seul, un mérite d'auteur de l'ensemble et non pas seulement de simple éditeur, et, par suite, un droit distinct et personnel à raison de cet ensemble ;

---

(1) D'après cette réserve, la publication d'une notice isolée dans la collection des œuvres de l'auteur ne constituerait pas en général une contrefaçon (voir n° 742).

droit supérieur à celui des écrivains signataires de ces notices, qui n'ont fourni chacun que quelques-unes des parties de l'œuvre collective ; qu'il est donc juste et conforme à l'esprit de la loi de récompenser par un privilége d'auteur la publication dont le créateur du recueil a enrichi la société (1). »

§ II.
Des œuvres sur lesquelles porte la propriété littéraire.

SOMMAIRE.

728. — Sur quels écrits peut porter la propriété littéraire. — 729. Des lois, règlements et écrits officiels. — 730. Des discours prononcés lors de la discussion des lois.— 731. Des jugements et arrêts. — 732. Des plaidoyers et réquisitoires. — 733. Généralité des droits de l'auteur sur ses œuvres quelconques. — 734. Droit de l'auteur sur son manuscrit, essentiellement personnel.— 735. De la propriété des lettres missives. — 736. Des ouvrages anonymes. — 737. Des traductions. — 738. Des additions, annotations, commentaires. — 739. Des compilations. — 740. Des abrégés et notices. — 741. Des tableaux synoptiques et autres. — 742. Propriété des articles de journaux. Réserve implicite au profit des auteurs.—743. Tempérament admis pour les emprunts que se font les journaux. — 744. Des livres d'église. Décret du 7 germinal an XIII. — 745. De la nature et des effets du droit des évêques. — 746. Le produit de la confiscation n'appartient pas à l'évêque ni à son ayant droit. — 747. La propriété littéraire s'étend en général aux œuvres qui se manifestent par la parole. — 748. Discours prononcés dans l'exercice d'une fonction. Distinction d'après le mode de reproduction. — 749. Droit exclusif de reproduction des leçons, discours académiques et sermons. — 750. Tempérament apporté par l'usage. — 751. Des œuvres posthumes. Définition. — 752. Dispositions spéciales aux œuvres posthumes. Obligation de les imprimer séparément. — 753. Le décret du 1er germinal an XIII ne s'applique qu'au cas où les œuvres déjà publiées sont dans le domaine public.— 754. De la propriété du sujet ou plan d'un ouvrage. Distinction. — 755. De la propriété du titre. — 756. De la nouveauté et de la spécialité du titre. — 757. Des dénominations naturelles, mais susceptibles d'être remplacées. — 758. Du titre des journaux. — 759. Des noms d'auteurs.

728. Sur quels écrits peut porter la propriété littéraire. — Après avoir déterminé quelles sont les personnes à

---

(1) Cass., 16 juillet 1853 (Thoisnier-Desplaces c. Didot); Orléans, 19 juillet 1854 (même aff.).—Voir le remarquable rapport de M. Faustin Hélie (Sirey, 53.1.552-563), et Renouard, t. 2, p. 282.—*Contrà*, Paris, 4 mars 1853; Amiens, 1er décembre 1853. — Voir Blanc, *Traité de la contrefaçon* (de la propriété littéraire, chap. II).

qui appartiennent la qualité et le droit d'auteurs, il reste à examiner sur quelles œuvres peut porter la propriété littéraire.

Ecrits en tous genres, dit l'art. 1er de la loi de 1793. Cette expression si générale doit s'entendre de la manière la plus large.

729. Des lois, règlements et écrits officiels. — Les termes de la loi de 1793 ne doivent recevoir exception que pour les ouvrages « essentiellement destinés au service public, dévolus au domaine de tous, qui entrent dans le domaine de tous dès le moment où ils sont mis au jour, et qui ne sont pas susceptibles d'être affectés à un privilége exclusif » (M. Renouard, tome II, page 132).

Tels sont généralement les lois et règlements, que nul n'est censé ignorer, et que par conséquent chacun a le droit de faire connaître. Un décret du 6 juillet 1810 en interdit la publication avant l'insertion au Bulletin des Lois. Ce décret, auquel se réfère implicitement l'ordonnance du 12 janvier 1820, est abrogé, d'après M. Renouard, et selon d'autres auteurs est demeuré en vigueur (1). Il faut du moins reconnaître qu'il est entièrement tombé en désuétude.

Le droit de reproduire librement les lois et règlements, et en même temps toutes les annexes officielles des lois, tels qu'exposés de motifs, rapports aux chambres, s'étend sans difficulté à tous les actes d'administration publique, c'est-à-dire officiellement émanés d'un fonctionnaire revêtu d'une portion quelconque de l'autorité publique (arrêtés ministériels, rapports à l'Empereur, comptes rendus, circulaires et instructions administratives, etc....).

La Cour de cassation a appliqué ce principe au bulletin du prix-courant des marchandises, rédigé et publié par les courtiers de commerce d'une ville. Cette décision est fondée sur ce motif remarquable et essentiellement propre à éclairer toute question analogue, « que la constatation de ces faits étant exigée dans un but d'utilité publique, le résultat n'en appartient pas à ces officiers; que *l'accomplissement d'un devoir imposé par la loi ne peut être assimilé à l'œuvre libre d'un auteur* (2). »

730. Des discours prononcés lors de la discussion des lois. — Le droit de publier les lois et règlements comprend-il celui de publier les discours prononcés dans les chambres lors

---

(1) Voir en ce sens Parant, *Lois de la presse*; Gastambide, n. 24.—*Contrà*, Renouard, t. 2, n. 60.

(2) Cass., 12 août 1843 (Courtiers de Lille—Sirey, 43.1.814). Voir Gastambide, n. 25 Gouget et Merger, *Propriété littéraire*, n. 60 ; Renouard, t. 2, n. 61.

de la discussion des lois? Tous les auteurs sont d'accord sur la faculté qui appartient à tous de reproduire les discours avec les lois ou projets de lois qui en ont été l'occasion, et dont ils sont le commentaire naturel. Ce motif tout exceptionnel cessant quand il s'agit d'une publication isolée des discours considérés plutôt comme œuvres oratoires que comme œuvres législatives, il nous paraît que l'auteur doit recouvrer le plein exercice de sa propriété (1).

731. Des jugements et arrêts. — La même règle existe pour les jugements, arrêts et décisions de la justice, soit civile, soit administrative, dont la publicité, dit M. Renouard, est à la fois une garantie pour les justiciables et un moyen d'enseignement pour tous les citoyens.

732. Des plaidoyers et réquisitoires. — Conformément à la règle que nous avons admise précédemment pour les discours envisagés comme annexes des lois, nous pensons que les plaidoyers des avocats ainsi que les réquisitoires des magistrats peuvent être librement reproduits à l'occasion d'une décision judiciaire, mais non pas être réunis et publiés comme œuvre spéciale sans la volonté de leur auteur (2).

733. Généralité des droits de l'auteur sur ses œuvres quelconques. — En dehors de ces exceptions, que l'on peut rattacher toutes à la seule et même idée du droit de tous et de chacun sur les écrits officiels, le principe du droit de l'auteur reprend sa puissance la plus entière et la plus absolue. La jurisprudence a proclamé ce principe, quelle que fût la forme sous laquelle parût l'œuvre d'un écrivain, toutes les fois qu'elle a reconnu qu'il y avait, en effet, création ou invention de la part de l'auteur; elle ne l'a écarté que lorsque l'auteur prétendu n'avait réellement rien apporté de lui-même dans l'œuvre qu'il présentait comme sienne.

734. Droit de l'auteur sur son manuscrit, essentiellement personnel. — La première manifestation extérieure de la pensée de l'auteur et la plus personnelle est le manuscrit. L'ouvrage manuscrit est donc essentiellement la propriété de celui qui l'a composé, et qui peut dès lors en interdire la reproduction par un tiers, bien qu'il lui soit impossible de

---

(1) Voir en ce sens Pardessus, *Cours de droit commercial*, n. 165; Blanc, p. 588; Gastambide, n. 25. — *Contrà*, Renouard, qui admet la liberté illimitée de la reproduction des discours de tribune, n. 63.

(2) *Contrà*, Renouard, t. 2, n. 65.

remplir la condition du dépôt, préliminaire indispensable, en tout autre cas, de la poursuite en contrefaçon (voir ci-après, n° 760).

Le droit de l'auteur sur son manuscrit est d'ailleurs exclusivement attaché à sa personne. Tant que le manuscrit n'a pas été publié, nul ne peut prétendre exercer, malgré l'auteur, le droit de propriété en son lieu et place. De là, la conséquence formulée par le jurisconsulte anglais Blakstone, que les créanciers ne peuvent faire saisir les manuscrits d'un auteur et les mettre au grand jour sans son aveu. Les intérêts les plus sacrés de la réputation, de la conscience même, seraient compromis par la doctrine contraire (1). Mais le principe général reprendrait son empire, si la publication avait eu lieu.

735. De la propriété des lettres missives. — A l'égard d'un genre tout particulier de manuscrits, les lettres missives, on s'est demandé si c'est à celui qui les a écrites ou à celui qui les a reçues qu'appartient le droit de les publier. La question est délicate et fort controversée (2). Nous pensons qu'une lettre missive ayant essentiellement le caractère confidentiel, constituant un rapport d'individu à individu et non un objet d'exploitation, l'envoi qui en est fait à un tiers ne lui transfère pas le droit de la publier, du moins dans un but de spéculation ; que l'auteur se réserve implicitement, mais nécessairement, l'appréciation du point de savoir si son œuvre doit être livrée au public comme un écrit ordinaire ; qu'en un mot, c'est à lui, à moins de circonstance particulière, que continue à appartenir le droit d'auteur, soit qu'il veuille publier la lettre dont il aurait retenu copie, soit qu'il veuille en empêcher la publication par le destinataire ou tout autre détenteur de l'écrit. Cette solution, qui repousse de honteuses spéculations fondées sur la possession parfois tout accidentelle de lettres confidentielles, nous paraît, en thèse générale, réclamée par l'honneur des familles et la loyauté des rapports entre particuliers (3).

736. Des ouvrages anonymes. — Lorsque l'ouvrage est publié, il n'est nullement nécessaire que l'auteur y insère son nom pour en conserver la propriété. Une telle condition, non écrite dans la loi, est repoussée par la raison et par l'équité. MM. Gastambide, Blanc et Renouard, critiquent vivement la doc-

---

(1) Paris, 11 janvier 1828 ; jugement du 8 mars 1850. — Voir Lacan, t. 2, n. 678.
(2) Voir M. Renouard, t. 2, n. 169 ; Blanc, p. 320.
(3) Paris, 10 décembre 1850 (Collet). — Voir Dalloz, 1851.2.1, et les annotations.

trine tout arbitraire d'un jugement du tribunal correctionnel de Lyon, qui considère comme *une espèce d'épave,* dont le maître est censé avoir abandonné la propriété, un ouvrage publié sans nom d'auteur. Ils font remarquer que la circulaire ministérielle sur l'interprétation du décret du 29 avril 1811, invoquée par le jugement, et qui assimile les ouvrages anonymes à ceux tombés dans le domaine public, est relative, non à la propriété de ces ouvrages, mais à la perception d'un droit imposé à chaque famille quand l'auteur ou ses héritiers n'existent plus, assimilation toute fiscale et sans importance pour la solution de la question de droit (voir n° 762) (1).

Toutefois, l'impossibilité ou la difficulté de constater l'existence de l'auteur ou de ses héritiers, qui suffit à l'explication de la circulaire de 1811, pourra être souvent et utilement invoquée par le reproducteur au point de vue de la bonne foi (voir n° 806).

737. Des traductions. — Une traduction publiée, soit en regard du texte, soit isolément, est la propriété de celui qui a interprété l'œuvre étrangère, sauf aux tribunaux à faire la part des ressemblances qui doivent naturellement exister entre deux traductions du même livre, sans qu'elles soient la reproduction l'une de l'autre (2).

Cette solution, bien entendu, n'est donnée que pour les cas où le traducteur a le droit de reproduire en une autre langue l'œuvre originale, droit qui n'existe d'une manière absolue qu'à l'égard des ouvrages tombés dans le domaine public (voir n° 814) (3).

738. Des additions, annotations, commentaires. — Les additions, annotations et commentaires annexés à un ouvrage du domaine public ne donnent pas, sans doute, à leur auteur un droit quelconque sur le fond même de l'œuvre (4), mais bien sur l'œuvre ainsi enrichie ou amplifiée. Chacun peut repro-

---

(1) Gastambide, n. 32 ; Blanc, p. 270 ; Renouard, n. 107.

(2) Cass., 23 juillet 1824 (Ladvocat) ; Paris, 14 janvier 1830 (Gosselin). — Voir Chauveau et Hélie, t. 6, p. 46; Renouard, t. 2, n. 50; Gastambide, n. 5; Blanc, p. 289.

(3) « Il y a une observation importante à faire au sujet des traductions. Il faut distinguer si ces traductions sont faites sur une œuvre de propriété privée ou sur une œuvre du domaine public. Dans le premier cas, elles ne peuvent être faites que du consentement de l'auteur de l'œuvre originale ou de ses ayants cause, quel que soit l'idiome dans lequel cette œuvre a été écrite ; dans le second cas, elles peuvent être faites librement par tous. Dans les deux cas, chaque nouvelle traduction autorisée ou permise devient une propriété privée, qu'on ne peut reproduire ou imiter sans commettre le délit de contrefaçon (Delalain, *Législation de la propriété littéraire*, p. 2).

(4) Cass., 28 floréal an XII (Bossange). — Voir Blanc, p. 308.

duire librement le texte même de *Pindare*, mais non le texte accompagné des notes que tel ou tel helléniste y aura ajoutées. Il suffit que les additions aient elles-mêmes un caractère original et une importance appréciable, et il n'est nécessaire, ni qu'elles soient imprimées à part de l'ouvrage tombé dans le domaine public, ni qu'elles forment au moins le quart de l'ouvrage principal. — Ces deux conditions, requises, soit par le règlement du 30 août 1777 abrogé par la loi de 1793, soit par le décret du 1er germinal an XIII relatif aux ouvrages posthumes, ont été reconnues inapplicables au cas qui nous occupe par les auteurs et par la jurisprudence la plus récente (1).

739. Des compilations. — Les compilations, quelle que soit la défaveur, parfois immérité, qui s'attache à cette qualification, les recueils de morceaux choisis et autres écrits de même nature, sont protégés par les lois relatives à la propriété littéraire, quand ces ouvrages, au lieu d'être la simple copie de diverses autres œuvres, révèlent, dans leur exécution, un discernement, un choix, surtout une méthode et un plan qui ont ajouté aux matériaux empruntés un élément véritablement personnel (2), sans préjudice, d'ailleurs, du droit des auteurs sur les morceaux qui pourraient leur avoir été indûment enlevés (voir ci-après, n° 809).

740. Des abrégés et notices. — Il en est de même pour les abrégés quand la composition et l'ordonnance des matières leur donnent réellement un cachet spécial et nouveau (3). Une simple notice relative à un produit de l'art ou de l'industrie est, en principe, une propriété littéraire (4), bien que, selon nous, les tribunaux aient le droit de rechercher si, à raison de son peu d'importance ou de son mode de publication, elle ne devrait pas être considérée comme abandonnée au domaine public.

741. Des tableaux synoptiques et autres. — Un ta-

---

(1) Cass., 27 février 1845 ; Paris, 9 novembre 1851 ; 28 juin 1855 ; 7 novembre 1855 (Sirey, 55.2.525).— Gastambide, n. 7 ; Blanc, p. 305 et suiv.; Renouard, t. 2, n. 52.—*Contrà*, Cass., 23 octobre 1806 ; Paris, 13 août 1819. Voir Favard de Langlade, v° *Propriété littéraire*, § 2, n. 3 et 10, et Dalloz, *Jurisprudence générale*, 1re édit., v° *Propriété littéraire*, p. 466 et 469.

(2) Cass., 2 décembre 1814; Rouen, 25 octobre 1842; Paris, 23 août 1844. — Voir Merlin, *Rép.*, v° *Contrefaçon*, § 11, Renouard, t. 2, n. 48, 51; Gastambide, n. 8 et 55; Chauveau et Hélie, t. 6, p. 46 ; Blanc, p. 343 ; Lacan, *Traité de la législation des théâtres*, t. 2, n. 643.

(3) Tribunal de la Seine, 22 mars 1835.—Voir Chauveau et Hélie, t. 6, p. 46; Gastambide, 6; Blanc, p. 315.

(4) Tribunal correctionnel de la Seine, 29 janvier 1836. —Voir Gastambide, n. 12.

bleau, soit nominatif, soit synoptique, est propre à son auteur, quoiqu'il relate des mentions appartenant à tous, si la disposition qui leur est donnée révèle une création quelconque. C'est ce qui a été jugé à l'égard d'un tableau synoptique du budget et d'un tableau nominatif des membres de la Chambre, et ce qui devrait l'être pour les calendriers (1).

742. Propriété des articles de journaux. — Réserve implicite au profit des auteurs. — Aucune raison de droit ne soustrait les articles de journaux à l'influence du principe que toute œuvre littéraire appartient à celui qui l'a faite ou fait faire. Le propriétaire d'un journal l'est donc également des divers articles qui le composent et qui ont, *par leur rédaction*, un caractère particulier, soit feuilletons, soit articles de fonds, soit correspondances (2) (voir la discussion relative aux œuvres collectives, n° 726); sauf le droit que l'auteur même est toujours censé s'être réservé de les reproduire pour son compte personnel, *dans une forme qui ne puisse préjudicier au journal même* (3).

Sans doute, au temps où la loi sur la propriété littéraire fut promulguée (1793), les articles de journaux étaient dignes de peu d'estime, et les feuilletons, dont l'importance s'est si fort étendue, n'y avaient point pris place; mais le jurisconsulte ne peut distinguer là où le législateur n'a pas fait de distinction. « Que l'ouvrage paraisse dans tout son ensemble, ou par fragments, ou par livraisons, peu importe : or, le mode de publication par le journal est, à vrai dire, une publication par livraisons successives…. S'il était une fois admis que la presse périodique est en dehors des règles de la propriété littéraire, il faudrait aller jusqu'aux dernières conséquences, et tout recueil hebdomadaire ou mensuel serait livré au pillage (4). »

En vertu de ces principes, de nombreuses condamnations sont intervenues contre les journaux dont la rédaction consistait dans la réunion d'articles textuellement empruntés à diverses autres feuilles (5).

---

(1) Paris, 22 mars 1830; 21 décembre 1831.—Voir Gastambide, qui cite la jurisprudence anglaise sur les calendriers, n. 9 et 11; Goujet et Merger, v° *Propriété littéraire*, n. 49.

(2) Mais non les simples notices qualifiées *nouvelles et faits divers*.—Tribunal correctionnel de la Seine, 11 avril 1835 (*Estafette*).—Voir Blanc, p. 317.

(3) Paris, 2 janvier 1834 (*Journal des enfants* c. Desnoyers).

(4) Conclusions de M. l'avocat général Palliart devant la Cour de Rouen, rapportées par Dalloz, 40.2.55.

(5) C. cass., 29 octobre 1830 (*le Pirate*). — Paris, 25 novembre 1836 (*l'Estafette*).

743. Tempérament admis pour les emprunts que se font les journaux. — Toutefois, la communauté des sources où puisent les journaux, la réciprocité des emprunts qu'ils se font, et surtout l'avantage qu'ils recueillent pour eux et pour leurs rédacteurs de la notoriété donnée à leurs articles, font admettre sur ce point, dans la pratique, une extrême tolérance. L'usage a introduit cette présomption que la reproduction d'un article ou d'un feuilleton, par cela seul qu'elle n'est pas expressément interdite, est implicitement permise, même dans les journaux qui vivent uniquement de ces reproductions (par exemple, l'*Echo des feuilletons*), à la seule condition que ces journaux ne soient pas de nature à élever une concurrence contre ceux qu'ils mettent à contribution (1).

744. Des livres d'Église. — Décret du 7 germinal an XIII. — Les *livres d'Eglise*, c'est-à-dire les livres composés, soit par les évêques, soit sous leur surveillance et leur censure, pour l'instruction des fidèles de leur diocèse, ont donné lieu à la controverse la plus animée.

Quant à ceux qui sont composés par les évêques eux-mêmes, bien que dans l'exercice et pour l'accomplissement des devoirs de leurs fonctions, il n'y a, à notre avis, aucune espèce de difficulté; ils appartiennent à leurs auteurs comme tous autres ouvrages, et les raisons qu'on a proposées à l'appui de l'opinion contraire ne soutiennent pas la discussion (2).

A l'égard même des livres d'Église dont ils ne sont pas auteurs, les évêques ont un droit de censure consacré et sanctionné par les art. 1 et 2 du décret du 7 germinal an XIII ainsi conçu :

« Art. 1er. Les livres d'Église, les Heures et Prières ne pourront être imprimés ou réimprimés que d'après la permission donnée par les évêques diocésains, laquelle permission sera textuellement rapportée et imprimée en tête de chaque exemplaire.

« Art. 2. Les imprimeurs-libraires qui feraient imprimer ou réimprimer des livres d'Église, des Heures ou Prières, sans avoir obtenu cette permission, seront poursuivis conformément à la loi du 19 juillet 1793. »

—Rouen, 10 et 13 décembre 1859 (Rivoire, Pommier). — Voir Gastambide, n. 13; Renouard, p. 116; Blanc, p. 316.

(1) Voir Renouard, p. 115.

(2) Voir C. cass., 29 thermidor an XIII et 30 avril 1825.—Merlin, *Rép.*, v° *Contrefaçon*, et *Questions de droit*, v° *Tribunal correctionnel*.

745. De la nature et des effets du droit des évêques.
— Résulte-t-il de cette disposition un simple droit d'examen et de haute censure, duquel découlerait uniquement, pour les évêques, le droit de porter plainte, et pour le ministère public le droit et le devoir de poursuivre, même d'office, les imprimeurs qui contreviendraient au décret de l'an XIII (1)? En résulte-t-il, au contraire, à l'égard des évêques, sinon une véritable propriété, du moins le droit exclusif de reproduire et faire reproduire les livres d'Église aux conditions par eux déterminées, ainsi que celui de poursuivre les contrefaçons par les voies ordinaires? C'est dans ce dernier sens qu'après de nombreuses variations s'est fixée définitivement la jurisprudence de la Cour suprême.

L'arrêt du 5 juin 1847, confirmant en ce point un arrêt de Paris du 6 février précédent, a décidé que « la condition à laquelle est subordonnée en cette matière l'impression ou réimpression, à savoir, la permission de l'évêque diocésain, lui confère virtuellement la faculté de l'accorder ou de la refuser en vertu d'une appréciation souveraine;

« Que l'intérêt de l'enseignement religieux, auquel il est appelé à pourvoir, et l'unité de dogme et de discipline qu'il est chargé de maintenir, ne sont efficacement garantis qu'autant que la permission émanée de lui est *personnelle* à l'imprimeur, *préalable* à l'impression, *renouvelée* à chaque édition nouvelle, ce qui entraîne, par voie de conséquence, le libre choix de l'imprimeur ou des imprimeurs préposés sous sa direction à toutes les publications liturgiques réclamées par les besoins de son diocèse. »

D'où le même arrêt a tiré encore cette autre conséquence que les imprimeurs et libraires, auxquels la permission a été accordée aux conditions que l'évêque a jugé à propos de déterminer, sont recevables à agir contre les auteurs d'une publication non autorisée (2).

746. Le produit de la confiscation n'appartient pas à l'évêque ou à ses ayants droit. — Seulement, de ce que le droit exclusif du diocésain n'est pas un droit de propriété proprement dit quand il n'est pas lui-même auteur, il résulte que, si la confiscation doit être prononcée comme peine en cas de publication sans permission, le produit de cette confiscation, réservé par la loi à l'auteur ou à ses représentants, ne saurait

---

(1) Voir en ce sens C. cass., 28 mai 1836, sur les conclusions conformes de M. Dupin.—Colmar, 6 août 1835; Amiens, 14 décembre 1835.

(2) Voir sur la question, outre les arrêts précités, le rapport de M. le conseiller

appartenir à l'évêque ou à ceux qui ont été investis de sa permission (1).

747. La propriété littéraire s'étend en général aux œuvres qui se manifestent par la parole. — Nous nous sommes occupés, jusqu'ici, des écrits proprement dits : il est des œuvres littéraires qui se manifestent d'abord par la parole, tels que les discours, les leçons, les plaidoyers, les sermons. On peut se demander tout d'abord si l'auteur qui adresse ainsi lui-même au public la première manifestation de sa pensée non encore écrite ne lui livre pas par là même le droit de la reproduire ; on peut rechercher, d'ailleurs, si des considérations particulières ne rendent pas inapplicables à telles ou telles de ces œuvres les principes de la propriété littéraire. En thèse générale, il faut reconnaître, avec M. Renouard, que, bien que l'art. 1er de la loi de 1793 ne parle que des *écrits*, il résulte de son esprit que le discours d'un orateur demeure son œuvre propre, et que seul il peut ultérieurement le reproduire par l'impression, en vertu de la disposition de l'art. 3 de cette même loi, qui prohibe la publication de toute édition imprimée sans le consentement de l'auteur. Il ne peut y avoir aucune difficulté à cet égard en ce qui concerne, soit la lecture de manuscrits, soit les discours débités oralement, soit les scènes créées par un improvisateur dramatique, si leur auteur les a prononcés spontanément et dans un caractère privé (2).

748. Discours prononcés dans l'exercice d'une fonction. — Distinction d'après le mode de reproduction. — Mais la controverse commence quand le discours peut être considéré comme l'accomplissement d'une fonction ou d'un devoir public, et présente, sous ce rapport, un caractère commun avec les actes émanés des autorités constituées ; actes destinés au public et dont la reproduction est libre pour tous. Ce dernier caractère nous a paru (n° 730) appartenir essentiellement aux discours prononcés dans les assemblées législa-

---

Rocher et les conclusions de M. l'avocat général Nouguier (Sirey, 47.1.531 et s.). — Voir en sens divers : le réquisitoire de M. Dupin (Sirey, 36.1.479) ; l'arrêt de Caen du 11 fév. 1839 ; celui de la Cour de cass. du 23 juillet 1830 ; le décret du 7 juin 1809. — Voir également *Revue de droit français* (1846, p. 960, et 1847, p. 169) ; Hélie et Chauveau, t. 6, p. 51 ; Dufour, *Traité de la police des cultes*, p. 606 ; Renouard, t. 2, p. 165 et s.; Gastambide, n. 17-20 ; Blanc, p. 291-504.

(1) Voir la note précédente.

(2) Voir Gastambide, n. 26 ; Goujet et Merger, n. 46 ; Renouard, t. 2, n. 58. — Spécialement, Lacan, *Législation des théâtres*, n. 649.

tives, et aux allocutions des fonctionnaires s'adressant au public à raison de leur qualité. Les uns et les autres peuvent être reproduits, soit comme éléments officiels d'interprétation des lois et règlements, soit comme manifestations publiques de l'opinion et comme documents appartenant à l'histoire même du pays. Mais il en serait autrement, s'il s'agissait de reproduire les mêmes œuvres sous une forme qui les rattachât particulièrement à la personne de leur auteur et qui fît dépendre l'intérêt de la publication du mérite même de celui-ci, par exemple, sous forme de collection de discours. La personnalité de l'auteur, secondaire quand il s'agit de rechercher dans divers discours l'esprit général d'une loi, reparaîtrait, au contraire, ici en première ligne, et la réputation individuelle se trouvant directement et essentiellement en jeu ferait renaître, avons-nous dit, le droit exclusif de chacun sur la publication de ses œuvres.

La même solution doit être admise à l'égard des plaidoyers des avocats, des réquisitoires des magistrats, organes naturels de la justice, et dont les paroles, commentaires véritables des jugements et arrêts, pourront être librement publiées à l'occasion des décisions judiciaires, mais non pas de manière à présenter une collection des œuvres oratoires de l'avocat ou du magistrat (n° 731).

Telle nous paraît être l'équitable conciliation des droits publics et privés (1).

749. Droit exclusif de reproduction des leçons, discours académiques et sermons.—Quand le discours a été prononcé en vertu d'une mission de l'autorité ou dans l'exercice d'une fonction proprement dite, ce qui peut s'appliquer d'une manière plus ou moins absolue aux leçons des professeurs salariés par l'État, aux discours académiques, aux sermons des prédicateurs, il est constant que le professeur, aussi bien que le prédicateur, ne devant au public rien autre chose que l'émission orale de sa pensée, conserve le droit exclusif de la reproduire par la voie de l'impression. Autrement, la renommée de l'orateur et les intérêts, parfois de l'ordre le plus élevé, dont il est l'organe, seraient, contre toute raison, livrés à la merci d'un sténographe inintelligent ou d'un reproducteur malveillant peut-être.

Cette opinion, conforme non-seulement aux droits des auteurs, mais à ceux de la religion, de la science, de la littérature, est

---

(1) Voir ce qui a été dit sur ce point n°ˢ 730, 731, 732.

enseignée par tous les auteurs et n'a jamais pu être sérieusement contestée (1).

750. Tempérament apporté par l'usage. — L'usage a apporté toutefois, à la rigueur du principe, un tempérament qui doit être maintenu comme la conséquence légitime et naturelle de la manifestation publique donnée par l'auteur à sa pensée; c'est le droit pour les journaux d'insérer dans leurs colonnes des comptes-rendus de tous discours prononcés publiquement en y introduisant même des citations plus ou moins prolongées (2).

751. Des œuvres posthumes.— Définition.— Le législateur a soumis à des règles particulières les œuvres *posthumes*, c'est-à-dire celles qui ne sont mises au jour qu'après la mort de leur auteur. Et, par extension, dit M. Renouard, on applique cette dénomination aux ouvrages qui tout en ayant, du vivant de leur auteur, reçu une publicité orale, n'ont pas acquis alors, par l'impression, ce corps, cette vie qui fixe les ouvrages et leur donne la consistance et la durée : ainsi un discours qui n'a été que prononcé, une œuvre musicale qui n'a été qu'exécutée (3).

752. Disposition spéciale aux œuvres posthumes. — Obligation de les imprimer séparément.— Aux termes du décret du 1er germinal an XIII, « les propriétaires par droit de succession, ou à autre titre, d'un ouvrage posthume, ont les mêmes droits que l'auteur, et les dispositions des lois sur la propriété exclusive des auteurs et sur sa durée leur sont applicables, toutefois à la charge d'imprimer séparément les œuvres posthumes et sans les joindre à une nouvelle édition des ouvrages déjà publiés et devenus propriété publique. »

Il résulte de ce décret que le propriétaire du manuscrit de l'ouvrage posthume est assimilé à l'auteur dont il exerce les droits, mais qu'il ne peut conserver ce droit exclusif sur un tel ouvrage qu'à la condition de l'imprimer séparément, et de manière à ce que la publication soit réellement et complétement distincte de celle des autres œuvres de l'auteur (4).

Cette disposition s'applique non-seulement à la première pu-

---

(1) Paris, 11 février, 28 mai 1852 (voir *le Droit* du 13 juin). — Lyon, 17 juillet 1815 (aff. Lacordaire).—Paris, 18 juin 1840, 30 juin 1836, 27 août 1828, 12 ventôse an IX.—Voir spécialement la dissertation de M. Blanc, p. 280-288, et MM. Renouard, t. 2, n. 70 ; Gastambide, n. 21, 23, 26, 27, 28, Chauveau et Hélie, t. 6, p. 55 ; Lacan, t. 2, n. 647.

(2) Pardessus, *Cours de droit commercial*, n. 165, et Renouard, t. 2, p. 145.

(3) Renouard, t. 2, n. 70 ; Gastambide, n. 33.

(4) Renouard, t. 2, p. 169.

blication que peut faire l'éditeur d'une œuvre posthume, mais à toutes les réimpressions subséquentes (1).

Le but de cette condition, comme le dit le préambule du décret, est d'empêcher qu'en rattachant les œuvres posthumes à une édition des anciens ouvrages de l'auteur, on ne rende la concurrence impossible pour toute autre édition, et on n'enlève ainsi indirectement au domaine public des ouvrages qui lui appartenaient déjà.

753. Le décret du 1er germinal an XIII ne s'applique qu'au cas où les œuvres déjà publiées sont dans le domaine public. — Le décret suppose que les ouvrages déjà publiés appartiennent au domaine public. Quand, au contraire, ces mêmes ouvrages, après la mort de leur auteur, sont encore propriété privée, et tant que cette propriété subsiste, ni le texte ni l'esprit du décret de l'an XIII ne sont applicables. Il n'existe en effet, dans ce cas, aucune raison pour que le propriétaire de l'œuvre posthume ne puisse la comprendre dans les éditions générales des œuvres de l'auteur (2), sauf à la publier séparément lorsque celles-ci seront devenues la propriété de tous. Dès ce moment, le décret redevenant applicable, l'exploitation de toute édition où les deux espèces d'œuvres seraient confondues se trouverait interdite.

754. De la propriété du sujet ou plan d'un ouvrage. —Distinction.—Le *sujet* seul d'un ouvrage peut-il en lui-même constituer une propriété? C'est une question de principe du plus haut intérêt et dont la solution peut servir à trancher un grand nombre de questions de détail, telles que celles de savoir si on peut d'un feuilleton tirer le sujet d'un roman, d'un roman faire une comédie, si le plan, le *canevas* d'un ouvrage, tel que la partie chorégraphique d'un ballet, peut être impunément reproduit, etc. (voir n° 815). Elle nous paraît devoir être résolue par une distinction. Si le sujet est emprunté par l'auteur lui-même à des objets connus dans la science, l'histoire, la littérature, fût-il tout à fait spécial, comme une monographie, il n'est pas douteux qu'il reste accessible à tous et qu'il ne saurait donner lieu à un monopole pour celui qui l'aurait traité le premier. Si, au contraire, c'était un sujet absolument imaginaire, création de la fantaisie de l'auteur, comme celui d'*Atala* ou

---

(1) Jugement du tribunal de la Seine du 6 juillet 1854.—Voir Delalain, p. 11.
(2) Paris, 11 octobre 1827.—Voir en ce sens Renouard, n. 71; Gastambide, n. 53.
—*Contrà*, Blanc, p. 320-322.

de *Corinne*, nous croyons qu'il ne serait pas permis de le reproduire dans son ensemble, malgré des différences de détail (1). Il pourrait arriver en effet que le second auteur, profitant de l'invention de son prédécesseur et le surpassant par l'exécution, détournât à son profit la vogue qui se serait attachée au premier ouvrage. Dans tous les cas, l'inventeur du sujet pourrait revendiquer, à bon droit, une copropriété, ou du moins une part dans les bénéfices ainsi obtenus avec son concours (voir n° 724). La contrefaçon se rencontrerait même dans certaines hypothèses (voir n° 815). Il n'en serait autrement que si le même sujet était traité à un point de vue absolument différent, sous une forme burlesque, par exemple, après l'avoir été sous une forme sérieuse.

Ce que nous avons dit du sujet imaginaire peut être appliqué au *plan* qui rajeunit un sujet connu.

755. De la propriété du titre. — Le *titre* d'un ouvrage peut, aussi bien que l'ouvrage même, être l'objet d'une propriété garantie par la protection que la loi de 1793 assure à tout genre d'écrits. « Dans le cas où il n'y aurait d'usurpé que le titre, dit Merlin, cette loi serait violée » (2).

« L'auteur d'un ouvrage n'est pas moins propriétaire du titre de son ouvrage que du corps de l'ouvrage lui-même; en effet, le titre est le moyen à l'aide duquel un ouvrage est connu du public, soit dans la librairie, soit dans la littérature ; c'est le titre qui empêche les confusions entre les ouvrages différents ; enfin, le titre d'un ouvrage est, relativement au public et aux auteurs, une partie importante et notable de l'ouvrage» (3). « Le titre, dit encore M. Blanc, est *l'enseigne* d'un ouvrage; il appartient à celui qui le premier l'a adopté.» De ces principes, il résulte que le propriétaire du titre a le droit d'en poursuivre l'usurpation par les voies que lui ouvre la loi de 1793 combinée avec l'art. 425 du Cod. pénal (voir n° 817), et non pas seulement par l'action civile en dommages-intérêts fondée sur l'art. 1382 du Cod. Nap.

756. De la nouveauté et de la spécialité du titre. — De la nature même du titre qui constitue pour son auteur le moyen de distinguer et de *spécialiser* son œuvre, il résulte une conséquence importante pour la solution d'une foule de questions fort délicates dans la pratique. C'est que le titre n'est

---

(1) *Contrà*, Lacan, t. 2, n. 648.
(2) *Questions de droit*, v° *Propriété littéraire*, § 1er.—Voir Lacan, t. 2, n. 619.
(3) Paris, 6 février 1852.— Orléans, 19 juillet 1854. — Voir Renouard, n. 56.— *Contrà*, Gastambide, n. 195-201.

une propriété particulière que quand il atteint vraiment son but, à savoir, d'être spécial à l'ouvrage qu'il entend désigner. D'où il suit qu'un titre déjà connu, comme celui de *Traité des études*, ou un titre banal, s'appliquant de lui-même à toute une catégorie d'ouvrages, tel que celui de *Dictionnaire français*, ne sauraient être revendiqués comme une propriété particulière. La raison en est, dit avec justesse M. Gastambide, qu'en pareil cas l'auteur « n'a pas donné à son ouvrage une *désignation* véritable, c'est-à-dire une désignation spécialement appropriée, et qu'il ne peut être en son pouvoir de déshériter toute une classe d'ouvrages de la dénomination naturelle et nécessaire qui leur appartient dans notre langue. (1) »

En général, les auteurs, pour caractériser leur titre, ajoutent à l'expression générique et du domaine de tous *traité, abrégé, histoire, cours*, quelque qualification qui indique l'objet particulier du livre.

757. Des dénominations naturelles, mais susceptibles d'être remplacées.—La difficulté, dans l'application, c'est de distinguer les dénominations purement et simplement empruntées à un usage généralement établi, qui ne sauraient être attribuées exclusivement à personne, de celles qui ont été plus ou moins ingénieusement choisies afin de donner un cachet propre à l'idée de l'auteur. Pour trancher cette difficulté, on devra se demander si la désignation du livre peut être remplacée par une autre qui s'applique également à la même catégorie d'ouvrages; car, alors même que la désignation serait parfaitement naturelle, convenable, il n'y aurait pas moins titre exclusif au profit de celui qui l'aurait inventée le premier, si une autre désignation pouvait rendre également la même pensée. Ce principe, fondé sur l'équité aussi bien que sur le droit, suffit, ce nous semble, s'il est fermement appliqué, à la solution de toutes les questions particulières.

Nous nous bornerons à un exemple récent et mémorable. C'est, selon nous, avec la plus juste raison qu'il a été jugé par la Cour d'Orléans, contrairement aux décisions antérieures de la Cour de Paris, que, si le titre de *Biographie* est une expression générique qui appartient à tous, la dénomination de *Biographie universelle, ancienne et moderne*, a tous les caractères d'un titre

---

(1) Voir Merlin, *Question de droit*, v° *Propriété littéraire;* Goujet et Merger, n. 77; Gastambide, n. 198.

propre et exclusif. En effet, bien qu'elle rende très-naturellement la pensée de l'auteur, elle peut être remplacée par d'autres qui en sont l'équivalent exact pour des ouvrages du même genre, telle que celle de *Biographie générale* (1).

758. Du titre des journaux. — Le titre d'un journal est, aussi bien que celui de tout autre ouvrage, et aux conditions qui viennent d'être déterminées, une propriété véritable. Elle dure autant que le journal lui-même, mais aussi, suivant M. Renouard, elle finit avec lui. « Le titre d'un journal qui a cessé d'exister peut être adopté, dit le savant magistrat, par toute personne voulant fonder un autre journal sous le même titre, *à la condition*, toutefois, que les précautions nécessaires seront prises pour que la responsabilité légale, pécuniaire et même morale des propriétaires et rédacteurs du journal, qui existait précédemment sous ce titre, ne se trouve en rien engagée par la publication du journal nouveau » (2). Cette solution ne nous paraît pas à l'abri de sérieuses objections.

On verra plus loin quand un titre, réunissant, d'ailleurs, les caractères nécessaires pour constituer une propriété, doit être considéré comme usurpé (n° 817).

759. Des noms d'auteurs. — Quant au *nom* d'un auteur, envisagé en lui-même, il ne peut, à aucun égard, être un objet de propriété littéraire. C'est une propriété d'une nature plus haute et plus générale, mais qui n'est protégée que par les principes du droit commun, à moins que l'usurpation n'atteigne, outre le nom, tout ou partie des ouvrages auxquels ce nom a pu être attaché (3).

§ III.
Du dépôt des œuvres littéraires.

SOMMAIRE.

760. Du dépôt des écrits et de ses effets.—761. Le dépôt rétroagit sur les faits antérieurs.—762. Le dépôt effectué par l'imprimeur est suffisant.— 763. Du dépôt des articles de journaux. — 764. Dispense de

---

(1) Orléans, 19 juillet 1854 (Sirey, 55.1.49). — *Contrà*, Paris, 8 février 1854 (Furne c. Michaud) ; 4 mars 1853 (aff. Didot). — L'arrêt de cassation du 16 juillet 1853 ne tranche pas la question en droit ; il se borne à déclarer souveraines sur ce point les appréciations de fait de l'arrêt de Paris précité. — Voir le rapport de M. Quénault (Sirey, 53.1.552) ; voir encore arrêts de Paris 1er février 1834 ; 8 octobre 1855, etc.—Gastambide, n. 198, et Renouard, p. 56.

(2) Renouard, t. 2, n. 56.—Voir arrêt de Paris du 15 avril 1834.

(3) Paris, 20 mars 1826.—Renouard, t. 2, n. 57.

tout dépôt à l'égard des manuscrits et des discours.—765. Du dépôt de la part des auteurs étrangers.

760. Du dépôt des écrits et de ses effets. — La propriété d'un écrit, comme celle des dessins, des marques de fabrique, etc., résulte de l'invention de la composition même de l'ouvrage; mais l'exercice du droit de l'auteur est subordonné à l'accomplissement de la formalité du dépôt de *deux exemplaires* à la préfecture, dans les départements, ou au ministère de l'intérieur, à Paris (décret du 19 juillet 1793, art. 6; ordonnance royale du 9 janvier 1828) (1).

Le dépôt, pour l'accomplissement duquel, d'ailleurs, aucun délai fatal n'est fixé, ne constitue pas la propriété de l'auteur; il ne fait pas preuve de l'existence de cette propriété; il établit seulement une présomption, qui peut être combattue par la preuve contraire, et n'empêche pas le déposant d'être dépossédé judiciairement de la qualité d'auteur (2). Le dépôt, toutefois, est essentiel, en ce sens qu'il est le préliminaire indispensable de toute action en contrefaçon de la part de l'auteur.

761. Le dépôt rétroagit sur les faits antérieurs. — De la combinaison de ces principes il résulte, selon nous, comme nous l'avons reconnu à l'égard des dessins et des marques de fabrique, cette conséquence importante, qu'une fois le dépôt effectué, l'auteur peut se plaindre de toute atteinte portée à sa propriété, même antérieurement à l'accomplissement de cette formalité. Nous ne saurions admettre, avec MM. Gastambide et Lacan, que le fait de la publication antérieure au dépôt puisse être réputé un abandon au domaine public de la propriété de l'ouvrage (3).

Bien que l'intérêt pratique de cette question ait diminué par l'obligation imposée à l'imprimeur, sous peine d'amende (voir n° 220), d'effectuer le dépôt avant la publication, elle peut se présenter toutes les fois qu'il y a eu dépôt irrégulier, et surtout quand il s'agit de la propriété des articles des journaux quotidiens (voir n° 763 ci-après).

---

(1) C. cass., 1er mars 1834 (Terry), conclusions conformes de M. Dupin.
(2) Jugement de Coutances du 31 août 1824, cité par Blanc, p. 351.
(3) Tribunal d'appel de la Seine 8 frimaire an xi et annotation sur ce jugement (Devilleneuve, coll. nouv. à la date).—Tribunal de Paris, 18 mai 1836.—Voir la dissertation de Blanc, p. 352 et suiv.—Devilleneuve et Massé, v° *Propriété littéraire*, n. 92; Renouard, t. 2, n. 218.—*Contrà*, Gastambide, n. 125; Lacan, *Législation des théâtres*, t. 2, n. 653.—Voir sur la question les monuments de jurisprudence cités par ce dernier auteur.

762. Le dépôt effectué par l'imprimeur est suffisant. — Il n'est pas nécessaire, que le dépôt soit effectué par l'auteur lui-même. D'après la jurisprudence actuelle, conforme, du reste, à un usage constant, le dépôt que l'imprimeur est tenu de faire avant la publication (n° 220) remplit entièrement le vœu de la loi et profite également à l'auteur. A Paris, la direction de la librairie exige de l'imprimeur la déclaration du nom de l'auteur. Si toutefois le nom de l'auteur ne se trouvait inscrit ni dans la déclaration, ni dans le titre de l'ouvrage, le dépôt pourrait être considéré comme irrégulier vis-à-vis de ce dernier et rendre son action non recevable (1).

763. Du dépôt des articles de journaux. — La formalité du dépôt est exigée à l'égard de tous les écrits imprimés, même à l'égard des journaux quotidiens; les modifications apportées aux obligations des imprimeurs, à cause de la rapidité de la publication des feuilles quotidiennes (n° 235), ne font pas disparaître, à l'égard des auteurs, la nécessité de déposer leurs articles, s'ils veulent en revendiquer la propriété (2). Cette solution vient confirmer l'opinion par nous émise que le dépôt est efficace par cela seul qu'il précède la poursuite, bien qu'il soit postérieur à la publication (n° 761) ; ce n'est, en effet, que dans ces dernières conditions, que le dépôt est possible à l'égard des articles de journaux.

764. Dispense de tout dépôt à l'égard des manuscrits et des discours. — La jurisprudence, interprétant la loi d'après les nécessités impérieuses de la pratique, a décidé que le dépôt n'est nécessaire que pour les ouvrages imprimés, qui, seuls, en effet, sont susceptibles d'être soumis à cette formalité. En conséquence, la poursuite de l'auteur serait recevable, si son œuvre avait été contrefaite alors qu'elle n'était encore qu'en manuscrit, et, à plus forte raison, si elle n'avait été émise que sous forme de discours (3).

765. Du dépôt de la part des auteurs étrangers. — Les auteurs étrangers ne peuvent, en général, d'après le décret du 28 mars 1852, invoquer, en France, la protection accordée à la propriété littéraire, qu'à la condition d'effectuer le dépôt

---

(1) C. cass., 20 août 1852 (Bourret) ; 1er mars 1834 (Terry). — Rouen, 10 et 13 décembre 1839 (Pommier, Rivoire).— Devilleneuve et Massé, v° *Propriété littéraire*, n. 29.—*Contrà*, C. cass., 30 juin 1832 (Noël et Chapsal).

(2) Paris, 25 novembre 1836 (*Estafette*).—C. cass., 29 octobre 1830.—Voir Blanc, p. 357.—*Contrà*, Gastambide, *Traité des contrefaçons*.

(3) C. cass., 17 novembre 1814 ; Paris, 27 août 1828 ; Lyon, 17 juillet 1845 (Marle).

comme les Français eux-mêmes. Toutefois, il en est autrement pour les auteurs originaires des États avec lesquels la France a conclu des conventions relatives à la propriété littéraire, dans lesquelles la formalité du dépôt n'est pas prescrite. Se trouvent ainsi exempts de l'obligation du dépôt les auteurs des États suivants : Bade, Brunswick, Hanovre, Hesse-Cassel, Hesse-Darmstadt, Hesse-Hombourg, Nassau, Oldenbourg, Reuss (branches aînée et cadette), Sardaigne, Saxe-Weimar, Schwarzbourg-Rudolstadt, Schwarzbourg-Sondershausen, Waldeck (1).

§ IV.
Durée de la propriété littéraire.

SOMMAIRE.

766. Durée limitée de la propriété littéraire. Deux périodes distinctes. — 767. Première période. Durée égale à celle de la vie de l'auteur. — 768. Durée de la propriété de l'État, des sociétés savantes. Distinction.—769. Durée de la propriété des œuvres collectives en général. — 770. Du cas où l'œuvre collective est conçue et dirigée par un seul.—771. Seconde période. Droit de la veuve. — 772. Droit des enfants et descendants.—773. Ce droit est applicable aux enfants d'un premier mariage.— 774. Le droit des descendants directs ne se conserve pas au profit de leurs héritiers.—775. La survie d'un seul descendant maintient ce droit.—776. Droit des successeurs autres que les descendants directs. — 777. Durée du droit des cessionnaires.—778. A qui profite l'extension donnée à la durée de la propriété littéraire lorsque la propriété a été cédée. — 779. Durée de la propriété des œuvres posthumes.

766. Durée limitée de la propriété littéraire.—Deux périodes distinctes.—La propriété littéraire, créée par la production même de l'écrit et rendue efficace par le dépôt, n'a pas une durée illimitée. Le terme fixé par la loi à cette durée est le résultat d'une véritable transaction entre le droit naturel de l'auteur sur son œuvre et le droit qui naît, pour la société, tant des éléments qu'elle a fournis aux compositions de l'auteur que de la protection spéciale qu'elle lui a accordée (n° 710). La durée de la propriété littéraire se divise en deux périodes, qu'il faut envisager séparément. La première est égale à la vie de l'auteur lui-même; la seconde varie suivant les successeurs que l'auteur laisse après lui.

767. Première période.—Durée égale à celle de la vie de l'auteur. — Quant à la première période, il n'y a au-

---

(1) Voir Delalain, *Législation de la propriété littéraire*, p. 24.

cune difficulté si l'ouvrage émane d'un seul auteur. D'après les termes formels de l'art. 1 de la loi du 19 juillet 1793, la propriété subsiste pendant *la vie entière* de l'auteur, soit qu'il en ait conservé la jouissance, soit qu'il l'ait transmise à d'autres : quel que soit le propriétaire, c'est de l'existence de l'auteur que dépend celle de la propriété (1).

768. Durée de la propriété de l'État, des sociétés savantes. — Distinction. — Si c'est l'État ou une administration publique qui a fait composer l'ouvrage, la durée de la propriété est par là même perpétuelle. Il en est ainsi à l'égard des œuvres collectives résultant de la coopération véritablement indivise des membres des académies et sociétés savantes légalement instituées pour publier certains ouvrages, comme le *Dictionnaire de l'Académie*.

Quand il s'agit, au contraire, d'une simple collection de travaux distincts, comme celle des *Mémoires de l'académie des sciences*, c'est la durée de la vie de l'auteur de chacun des articles qui détermine l'époque où ils tomberont dans le domaine public (2).

769. Durée de la propriété des œuvres collectives en général. — Si l'ouvrage a pour auteurs plusieurs individus y ayant collaboré au même titre et en leur nom personnel (voir n° 724), la propriété réside sur la tête de tous et s'étend, pour la première période de sa durée, jusqu'au décès du survivant d'eux : telle est l'opinion de MM. Gastambide, Renouard et Blanc, opinion fondée principalement sur cette raison péremptoire, qu'il ne peut se faire qu'un ouvrage appartienne en commun à des individus et au domaine public (3).

770. Du cas où l'œuvre collective est conçue et dirigée par un seul. — Quand, au lieu de prendre part à l'œuvre, au titre égal de coauteur, plusieurs écrivains ont été employés à la composition d'une œuvre collective entreprise et dirigée par une seule personne, c'est sur la durée de la vie de cette personne, réputée l'auteur véritable de l'œuvre (voir n° 726), que se règle généralement celle de la propriété de chacune des parties de l'ensemble, sans que le décès de chacun des collaborateurs puisse entraîner isolément l'acquisition au domaine public de son travail particulier. C'est ce que la Cour de cas-

---

(1) Renouard, t. 2, n. 87.
(2) Gastambide, n. 141, 142; Renouard, n. 104.
(3) Voir Renouard, n. 97 ; Blanc, p. 375 ; Gastambide, n. 139.

sation a décidé dans l'affaire de la *Biographie Michaud* (1) (voir néanmoins la note du n° 726).

En ce qui concerne les journaux, s'il est certain que la propriété de la collection est attachée à l'existence du propriétaire même du journal, il n'en est pas de même pour la propriété des articles. La présomption admise d'après l'usage, que les auteurs de ces articles se réservent la faculté de les reproduire pour leur compte personnel (n° 742), doit faire conclure, qu'à la différence des ouvrages collectifs d'une nature permanente, la durée du droit sur les éléments divers de ces feuilles journalières se règle d'après la vie de leurs auteurs (2).

771. Seconde période. — Droit de la veuve. — La seconde période de la durée de la propriété littéraire commence à la mort de l'auteur. Fixée sans distinction à 10 ans par la loi de 1793, cette durée a été modifiée et étendue par le décret impérial du 5 février 1810 (art. 39 et 40) et par la loi du 8 avril 1854.

La propriété littéraire subsiste au profit de la veuve de l'auteur pendant toute l'existence de celle-ci, si ses conventions matrimoniales lui donnent droit à cette propriété, soit qu'il y ait eu à cet égard conventions expresses, soit que les œuvres du mari, d'après un principe généralement admis, soient tombées de plein droit dans la communauté (3).

« Les conventions matrimoniales donnent droit à la jouissance viagère spécifiée par l'art. 39, lorsque la veuve est mariée sous le régime de la communauté, soit légale, soit conventionnelle (4). Aux termes des principes généraux du droit, l'œuvre du mari, essentiellement mobilière, tombe dans la communauté et profite à la société conjugale, non-seulement pour ses produits, mais encore pour la valeur capitale; c'est l'ouvrage même qui lui appartient, et une pareille propriété n'étant pas susceptible de division, ne pouvant pas surtout se partager avec le domaine public, la veuve est appelée à en recueillir viagèrement les fruits » (5).

---

(1) C. cass., 16 juillet 1853 ; Orléans, 19 juillet 1854. — *Contrà*, Paris, 4 mars 1853 ; Amiens, 1er décembre 1853.— Voir le rapport très-remarquable de M. le conseiller Quénault et les autorités qu'il cite dans les deux sens (Sirey, 53.1.558 et s.).
(2) Voir Renouard n° 164 ; Blanc, p. 383.
(3) Tribunal de la Seine, 26 juillet 1837. — Blanc, p. 323 ; Zachariæ, *Droit civil*, § 507, note 8; Duranton, t. 14, n. 152.—*Contrà*, Toullier, t. 12, n. 116 ; Battur, *Communauté* ; Renouard, t. 2, p. 129.
(4) Arrêt de la Cour impériale de Paris, 8 avril 1854.
(5) Delalain, p. 15.—Jugement du tribunal de la Seine, 1er février 1854.

Lorsque la veuve recueille la propriété des œuvres du mari non en vertu de ses conventions matrimoniales, mais à titre de legs ou de succession ordinaire, elle n'a que les droits de tout successeur (voir n° 776).

MM. Blanc et Gastambide sont d'avis que le mari survivant d'une femme auteur peut réclamer, par identité de motifs, le droit créé par le décret de 1810 au profit de la veuve (1). Les termes formels du décret ne permettent guère d'adopter cette opinion que combat M. Renouard (t. II, n° 135).

La propriété de la femme survivante continue celle de l'auteur au même titre. La veuve est complétement assimilée sous ce rapport à l'auteur lui-même, et ce n'est que lorsqu'elle vient à décéder que commence à courir le droit temporaire des enfants et autres successeurs, réglé ainsi qu'il suit.

772. Droit des enfants et descendants.—Les *enfants* de l'auteur, mais non ceux que sa veuve aurait eus d'un autre mariage (2), conservent la propriété littéraire pendant trente ans qui courent à partir, soit du décès de l'auteur lui-même, soit du décès de sa veuve (loi du 8 avril 1854).

Par le mot enfants il faut entendre ici tous les *descendants* légitimes *en ligne directe*, même les enfants adoptifs (3); mais on ne saurait assimiler aux enfants les ascendants et autres ayants cause, comme l'a soutenu à tort M. Locré (4). Quant aux enfants naturels ils sont traités comme les autres successeurs.

773. Ce droit est applicable aux enfants d'un premier mariage. — Quoique l'art. 39 du décret parle spécialement des enfants issus du mariage de l'auteur et de sa veuve, il nous paraît certain que les enfants de l'auteur issus d'un premier mariage ont également la propriété de trente ans. Autrement, il faudrait admettre que le second mariage de leur père les a privés d'un droit qui leur était acquis, ce qui semble impossible (5). Cette interprétation est confirmée par les termes généraux de la loi du 8 avril 1854.

774. Le droit des descendants directs ne se conserve pas au profit de leurs héritiers.—Le droit de trente années s'éteint avec la descendance directe à laquelle seule il est ac-

---

(1) Voir dans le même sens Pardessus, *Droit commercial*, t. 1, n. 111.
(2) Tribunal de la Seine, 28 avril 1826.—Renouard, t. 2, n. 142.
(3) Jugement du tribunal de la Seine du 4 mai 1822, cité par Gastambide, n. 135. —Renouard, t. 2, n. 139, 140.—*Contrà*, Blanc, p. 377.
(4) Voir Lacan, t. 2, n° 686.
(5) Voir Renouard, n. 142.—*Contrà*, Blanc, p. 378.

cordé, et ne saurait se conserver en faveur des héritiers des enfants. Ceux-ci ne pourraient qu'achever la période de dix ans, établie en faveur de tous successeurs (n° 776), si elle n'était point terminée au décès des descendants directs.

775. La survie d'un seul descendant maintient le droit.—Nous pensons avec M. Renouard que de même que la survie d'un seul des coauteurs maintient la propriété littéraire pour les héritiers des autres (voir n° 769), de même la survie d'un seul des descendants directs conserve à tous les intéressés la propriété pendant trente ans. Le principe général qui résout toutes les questions de ce genre est que la propriété littéraire subsiste au profit de tous ceux qui y ont intérêt tant que dure le droit d'une seule des personnes que la loi y appelle (1).

776. Droit des successeurs autres que les descendants directs. — Les *héritiers* et tous *successeurs* (enfants naturels, conjoint survivant, etc.) (2), autres que les descendants, ne conservent la propriété littéraire que pendant dix ans : période qui à leur égard, et à la différence de ce qui a lieu pour les enfants, nous paraît courir à partir du décès de l'auteur même quand la veuve survit. D'où il suit que le droit des héritiers ne s'exerce que si la veuve appelée par ses conventions matrimoniales, décède dans les dix ans. Telle est la solution qui ressort du rapprochement de l'art. 39 du décret de 1810 et de l'art. 2 de la loi de 1793 (3).

Les successeurs testamentaires et tous légataires sont appelés au droit décennal, comme les héritiers auxquels ils doivent être assimilés et non pas aux cessionnaires (4).

777. Durée du droit des cessionnaires.— Quand l'auteur a cédé ses droits à des tiers, par acte entre vifs, et suivant l'un des modes qu'on examinera ci-après (n° 782) la durée du droit du cessionnaire ne se règle pas sur l'existence de ce dernier, mais sur celle des divers successeurs dont il vient d'être question, alors même qu'ils ne devraient plus participer en rien à la propriété.

En cas de cession temporaire, l'auteur ou ses successeurs reprennent à l'expiration du délai fixé les droits que leur donne la loi ; en cas de cession définitive le droit du cessionnaire subsiste,

---

(1) Voir Renouard, n. 147, 148.
(2) Voir Renouard, 153-156.
(3) Voir Renouard, t. 2, n. 150, et jugement du 28 avril 1826 ; Lacan, t. 2, n. 687. — *Contrà*, Blanc, p. 377, et Pic, *Code des imprimeurs, libraires, etc.*, p. 179, 181.
(4) Voir Gastambide, n. 156.—*Contrà*, Blanc, p. 379.

d'après l'art, 40 du décret de 1810, autant qu'eût duré celui du dernier successeur de l'auteur s'il n'y avait pas eu cession (1).

778. A qui profite l'extension donnée à la durée de la propriété littéraire lorsque la propriété a été cédée? — Les extensions successives données à la durée de la propriété littéraire par le décret du 5 février 1810 et la loi du 8 avril 1854, ont fait naître une question des plus délicates, celle de savoir si la durée du droit du cessionnaire demeure celle qui était fixée pour la durée du droit des successeurs de l'auteur par la législation existante au moment de la cession, ou si elle s'étend conformément aux dispositions de la législation nouvelle. La jurisprudence a décidé, jusqu'à présent, que l'extension de la durée de la propriété littéraire profite exclusivement aux successeurs de l'auteur, et nullement au cessionnaire (2).

Cette décision absolue n'est pas, selon nous, admissible; elle donnerait lieu à des difficultés ou plutôt à des impossibilités pratiques qui ne paraissent pas avoir été envisagées, et la question, très-ardue et très-complexe, nous semble réclamer des distinctions.

Il est vrai que c'est la législation existante au moment de la cession que les parties doivent être présumées avoir eue en vue dans leurs conventions, et qui doit, par conséquent, en principe, faire la loi du contrat. Mais, pour l'application de ce principe, il faut distinguer dans les cessions deux choses essentiellement différentes, et qu'on a peut-être confondues : la transmission de la propriété au cessionnaire et le prix de cette transmission.

Quant à la transmission de la propriété, si elle a été faite d'une manière absolue (et nous nous plaçons dans cette hypothèse), il est impossible d'admettre qu'elle ne doive pas être maintenue à l'égard du cessionnaire, nonobstant l'extension donnée à la durée de la propriété. En effet, le cessionnaire n'ayant, d'après la loi existante, en perspective, à l'expiration de son droit privatif, que le retour de l'œuvre au domaine public, a pu, sans aucune entrave quelconque, préparer toutes les combinaisons possibles pour exploiter cette œuvre, soit exclusivement, soit, plus tard, en concurrence avec le domaine public, mais sans jamais craindre de rencontrer l'obstacle d'un droit privilégié en opposition avec le sien. Or, si le droit des successeurs de l'au-

---

(1) Voir Blanc, p. 579.
(2) Jugement du 5 janvier 1851 (de Wailly); Paris, 12 juillet 1852 (Noel).—Voir Lacan, t. 2, n. 690; Blanc, p. 586.

teur peut renaître tout à coup aux lieu et place de celui du public lors de l'expiration de l'ancienne période de durée de la propriété littéraire, qu'elle sera la situation du cessionnaire? Il va se trouver en face d'un propriétaire exclusif qui ne partagera pas avec lui l'exploitation comme eût fait le public, mais qui lui retirera tout droit à l'exploitation, qui pourra même taxer de contrefaçon les éditions préparées par l'éditeur dans la prévision de les vendre, sinon à titre privilégié, du moins en concurrence avec tous. La loi primitive du contrat et la situation originaire du cessionnaire se trouveraient donc, par ce système, changées de la manière la plus grave, sous prétexte de respecter cette même loi à l'égard des successeurs du cédant. Une telle doctrine qui, au premier abord, paraît conforme aux principes, viole à la fois les règles du droit et de l'équité.

Ce résultat est surtout frappant dans un cas qui se présente fréquemment à l'égard d'ouvrages scientifiques ou d'instruction, celui où l'éditeur cessionnaire a acquis en même temps que la propriété de l'œuvre et par une clause expresse de son traité, le droit de la remanier et de la tenir au courant des progrès des connaissances humaines. Qu'arriverait-il, si, à un moment donné, la propriété d'un tel ouvrage, par l'effet d'un changement de législation, revenait du cessionnaire au cédant? Celui-ci recouvrerait ce qu'il a cédé : l'édition ancienne, isolée de toutes les modifications qui ont maintenu l'ouvrage, c'est-à-dire un livre sans valeur. L'éditeur demeurerait avec les frais de toute nature qu'aurait exigés les remaniements du travail originaire, sans pouvoir en exploiter les résultats, à peine d'être accusé de contrefaçon. L'ouvrage refait de fond en comble lui appartiendrait dans presque toutes ses parties, mais non dans son principe et sa base même. Il serait devenu le constructeur d'un édifice sur le terrain d'autrui. Le cessionnaire serait sacrifié sans utilité réelle pour l'auteur, et, si les parties ne parvenaient à s'entendre, l'ouvrage périrait pour toutes d'eux. Un tel résultat n'est pas possible.

La solution, selon nous, est celle-ci :

La transmission de propriété faite d'une manière absolue, l'a été évidemment sans esprit de retour et doit être maintenue malgré les modifications apportées par la législation ultérieure à la durée de la propriété. Mais ce qui a été généralement calculé sur la durée primitive de la propriété et établi en vue de la législation du moment, c'est le *prix* de la cession. Ce prix, stipulé relativement à une propriété d'une certaine durée, peut n'être plus en rapport avec une propriété plus étendue. Ici, l'équité et le droit se réunissent, dans la plupart des cas, pour exiger un changement à la situation première des parties. Or, ce changement doit être, non la résolution forcée du contrat, mais l'obligation pour le cessionnaire de payer un supplément de prix, si mieux il n'aime renoncer à la cession, conformément au principe posé par l'art. 1618 du Code Napoléon. Ce n'est pas là refaire un contrat, chose qui est toujours interdite aux tribunaux; c'est appliquer au contrat maintenu dans son essence le tempérament établi par la loi elle-même dans une hypothèse qu'elle a prévue, celle où la propriété vendue se trouve avoir une étendue plus grande que celle envisagée par les parties.

L'éditeur gardera la propriété qu'il avait cru acquérir définitivement, l'auteur restera dessaisi de la propriété qu'il avait cru abandonner sans retour; mais l'éditeur ne jouira pas sans compensation d'une augmentation de droit sur laquelle il ne comptait pas, et l'auteur ne perdra pas un bénéfice que la loi vient lui conférer et qu'il n'a pas pensé aliéner d'avance. Cette solution qui prévient des difficultés inextricables, qui concilie tous les droits et tous les intérêts, nous paraît aussi simple et aussi pratique qu'équitable et vraiment juridique.

Le principe une fois posé, l'application sera subordonnée à la nature des traités et des ouvrages. Nulle difficulté dans le cas de cession de la propriété à charge d'un droit d'auteur sur chaque édition. Le cessionnaire continuera à publier exclusivement les éditions, et l'auteur à toucher la redevance pendant tout le temps ajouté à la durée de la propriété. Si l'ouvrage a été vendu pour un prix unique, les tribunaux apprécieront le supplément de prix qui doit être payé en raison de l'extension apportée à la chose vendue; supplément qui sera plus considérable s'il s'agit d'une œuvre purement littéraire qui se maintient sans modification aucune, tel qu'un roman ou une pièce de théâtre, qui sera moindre en général, pour une œuvre scientifique dont la valeur actuelle serait due principalement aux additions et compléments apportés par l'éditeur.

L'importance capitale et la difficulté d'une question mal comprise suivant nous jusqu'à présent, et appelée à se présenter fréquemment dans la pratique, nous ont paru justifier ces développements qui sont loin d'avoir épuisé la matière et que nous nous réservons de compléter.

779. Durée de la propriété des œuvres posthumes. — Les règles exposées ci-dessus sont applicables à la propriété des ouvrages posthumes, d'après le décret du 1er germinal an XIII, qui, ainsi qu'on l'a vu (n° 752) donne au propriétaire d'un tel ouvrage, et par suite à ses ayants cause les mêmes droits que s'il était lui-même l'auteur (1).

M. Lacan enseigne toutefois que ces droits ne sont que ceux qui existaient au profit de l'auteur lors de la promulgation du décret de l'an XIII, et qu'en conséquence l'extension qui résulte du décret de 1810 ne profite pas à la veuve et aux enfants de celui qui a publié une œuvre posthume (2).

§ V.
De la cession et de ses effets.
Art. 1er. — Nature, modes et étendue de la cession.

SOMMAIRE.

780. Cession de l'auteur à un éditeur pour l'exploitation de la propriété littéraire. — 781. Comment s'opère la cession quand il y a plusieurs coauteurs.—782. Des diverses espèces de cession. Règle d'interprétation. — 783. Formes de la cession. — 784. Présomption de cession. Possession du manuscrit. Publication sans réclamation.—785. Étendue et portée de la cession.—786. Effets de l'extension de la durée de la propriété littéraire sur la cession antérieurement consommée. — 787. Effets à l'égard du cessionnaire de l'extension donnée par des traités diplomatiques à la garantie de la propriété littéraire.—788. De l'autorisation d'imprimer les manuscrits des bibliothèques publiques. — 789. Formule de cession entière de propriété avec droit d'auteur sur chaque édition.—790. Formule de cession d'une seule édition.— 791. Formule de cession avec abandon plein et entier de tout droit de propriété.—792. Formule d'acte d'association entre l'auteur et l'éditeur.

780. Cession de l'auteur à un éditeur pour l'exploitation de la propriété littéraire. — La propriété littéraire n'est pas ordinairement exploitée par l'auteur lui-même, étranger le plus souvent aux opérations commerciales que cette exploitation suppose. Elle est très-fréquemment l'objet de cessions absolues ou restreintes, temporaires ou définitives, au profit de libraires-éditeurs qui se chargent de la publication sous le rapport industriel, moyennant un prix qu'on appelle généralement *droit d'auteur*.

C'est à ce point de vue que la propriété littéraire rentre essentiellement dans le domaine de l'industrie. Il convient en conséquence d'examiner avec soin le mode, les conditions et les

---

(1) Renouard, t. 2, n. 168.
(2) *Traité de la législation des théâtres*, t. 2, n. 695.

effets de ces cessions qui, ainsi qu'on vient de le voir (n° 777), n'influent en rien sur la durée du droit en lui-même.

781. Comment s'opère la cession quand il y a plusieurs coauteurs. —La cession ne peut émaner valablement que de l'auteur, ce qui ne peut faire difficulté quand il n'y a qu'un auteur. S'il y a plusieurs coauteurs, elle n'est parfaite que par le consentement de tous (1), à la condition toutefois que les divers collaborateurs se seraient révélés au public ou du moins au cessionnaire. Le collaborateur anonyme et ignoré pourrait avoir des droits contre l'auteur apparent, mais non contre le cessionnaire qui aurait traité de bonne foi avec ce dernier. Il va de soi que nulle cession ne peut être faite par celui qui, n'ayant fourni que des matériaux à un ouvrage, n'a pas droit lui-même au titre d'auteur (voir n° 724).

782. Des diverses espèces de cessions. — Règle d'interprétation. — L'objet de la cession peut être, soit la propriété d'une seule édition de l'ouvrage ou même d'un certain nombre d'exemplaires d'une édition, soit la propriété pleine et entière de l'ouvrage avec tous les droits accessoires qui en résultent, comme celui de traduction, d'abrégé, etc..... (2). Il peut varier de beaucoup de manières entre ces deux termes extrêmes. La cession prend souvent la forme d'une véritable société où l'auteur apporte son ouvrage, l'éditeur ses capitaux et son industrie, à la condition d'un partage des bénéfices entre les deux parties contractantes. Tout dépend en cette matière des conventions des parties qui devront toujours, dans le doute, être interprétées d'après le principe que nul n'est présumé renoncer à son droit et que par conséquent l'auteur ne doit être réputé s'être dessaisi que de ce qu'il a manifesté l'intention d'abandonner. Ainsi, lorsqu'un auteur écrit dans un journal, dit M. Renouard, on doit présumer que l'auteur n'a aliéné que la partie de ses droits utile à l'existence ou à la propriété du journal. Il résultera de là que le droit de recueillir en un corps d'ouvrage les articles d'un même auteur sera conservé à cet auteur et n'appartiendra pas au propriétaire du journal (3) (voir n° 742).

783. Formes de la cession.—La cession n'est assujettie à aucune forme spéciale et peut avoir lieu par tous les modes admis en droit commun, pour la transmission de la propriété

---

(1) Paris, 18 février 1836 (Fréd. Lemaître c. Barba).—Voir Blanc, p. 351.
(2) Voir Renouard, t. 2, n. 161, 178.
(3) *Droits d'auteur*, t. 2, n. 164.

mobilière, sauf les difficultés qu'il peut y avoir à en faire la preuve et surtout à en établir la date à défaut d'actes réguliers. C'est à tort que M. Favard de Langlade a conclu de l'art. 3 de la loi de 1793, que la cession ne peut avoir lieu que *par écrit*, et son opinion est condamnée par tous les auteurs (1).

784. Présomptions de cession.—Possession du manuscrit. — Publication sans réclamation. — En l'absence de conventions écrites, la question de savoir s'il y a ou non cession est abandonnée à l'appréciation des tribunaux. On peut néanmoins poser en principe qu'une présomption de cession, susceptible, bien entendu, d'être combattue par la preuve contraire, résulte :

1° De la possession du manuscrit d'un ouvrage encore inédit, soit durant la vie, soit après la mort de l'auteur, en vertu de la règle : *En fait de meubles, possession vaut titre* (art. 2279, Cod. Nap.); règle appliquée aux ouvrages posthumes par le décret du 1er germinal an XIII (2). Une exception doit être faite, à l'égard des lettres missives, ainsi qu'on l'a expliqué plus haut (n° 735).

2° Du fait de la publication de l'ouvrage à la connaissance de l'auteur et sans réclamation de sa part, fait qui dans la pratique équivaut à une preuve complète (3).

785. Étendue et portée de la cession. — Quant à l'étendue même de la cession, en l'absence d'acte écrit, M. Renouard enseigne qu'il n'y a présomption d'aliénation que pour l'édition publiée, conformément au principe posé ci-dessus (n° 782). Quand il y a un acte, mais que cet acte, conçu en termes généraux, est muet sur le point en question, il est naturel de croire, dit le même auteur, que la cession s'étend à tout le privilége (4). Ces propositions ne sauraient être données comme règles absolues, et les circonstances particulières exerceront en fait une influence décisive sur la solution des diverses difficultés.

786. Effets de l'extension de la durée de la pro-

---

(1) C. cass., 27 mars 1835.—Renouard, t. 2, n. 165 ; Gastambide, n. 90 ; Blanc, p. 352.—*Contrà*, Favard, *Répert.*, v° *Propriété littéraire.*—Voir Pardessus, *Droit commercial*, n. 308.

(2) Paris, 13 novembre 1844 (Broussais).— Voir Merlin, *Quest. de droit*, v° *Donation*, § 4, où il discute les motifs de droit d'un arrêt de Paris du 4 mai 1816, relatif aux manuscrits de Chénier.—Voir également la dissertation de M. Renouard, t. 2, n. 166 et suiv., et Lacan, t. 2, n. 671.

(3) Renouard, n. 166.

(4) Renouard, t. 2, n. 164.

priété littéraire, sur la cession antérieurement consommée. — Nous avons examiné ci-dessus (n° 778) les questions délicates, qui naissent à ce sujet. Nous ne pouvons que nous référer aux développements précédemment donnés sur le point de savoir à qui profite la prolongation légale de la durée de la propriété littéraire.

787 Effets à l'égard du cessionnaire de l'extension donnée par des actes diplomatiques à la garantie de la propriété littéraire.— Une question qui présente de l'analogie avec la précédente est celle de savoir à qui profite l'extension de la propriété, non pas en durée, mais en superficie, pour ainsi dire, lorsqu'un traité diplomatique l'a fait reconnaître dans un pays où elle n'était pas reconnue jusqu'alors. L'auteur qui a cédé, par exemple, son droit de propriété à un éditeur français, antérieurement aux conventions littéraires avec la Belgique, peut-il le ressaisir hors de la frontière et le céder à un éditeur belge, depuis que la propriété littéraire française est protégée en Belgique? Nous n'hésitons pas à répondre négativement. Ce n'est pas, en effet, dans ce cas, la propriété littéraire qui s'accroît, ce sont uniquement ses garanties, ses moyens de défense qui s'augmentent. Or, le cessionnaire de la propriété littéraire a naturellement la faculté de s'en prévaloir partout où la législation lui permet d'invoquer son droit. Il n'y a pas modification dans l'objet du contrat, mais seulement dans ses effets utiles, lesquels sont au nombre des chances heureuses qui doivent profiter au cessionnaire, de même que, par compensation, les chances mauvaises, les conditions plus rigoureuses posées à l'exercice du droit, retomberaient incontestablement sur lui seul.

788. De l'autorisation d'imprimer les manuscrits des bibliothèques publiques. —La propriété de l'État sur les manuscrits des archives et des bibliothèques publiques met obstacle à ce qu'aucun particulier ne publie les pièces qui en font partie sans une autorisation expresse. C'est la disposition formelle du décret précité du 20 février 1809. Mais de cette autorisation, qui n'entraîne aucun dessaisissement de la part de l'État, ne résulterait nullement un privilége pour le permissionnaire sur les écrits ainsi publiés, et rien n'empêcherait ultérieurement qu'un autre éditeur n'obtînt une autorisation semblable (1).

---

(1) Renouard, n. 170, 171.

789. Formule de cession entière de propriété avec droit d'auteur sur chaque édition.

Entre M. P....., professeur d'histoire, demeurant à......
Et M. C....., libraire éditeur, demeurant à.....,
A été convenu ce qui suit :

Article premier.

M. P..... vend et cède à M. C....., qui l'accepte, la propriété d'un ouvrage intitulé........ et composé de.... volumes, format....

Art. 2.

La cession de l'ouvrage dont il s'agit est faite aux conditions suivantes :

1° M. C..... s'engage à payer tous les frais nécessités par l'impression, la publication et l'annonce de chacune des éditions de l'ouvrage présentement vendu ;

2° M. C..... paiera en espèces, à l'auteur, le jour de la mise en vente du premier exemplaire de chaque édition, la somme de...... par chaque exemplaire. Le droit d'auteur sera porté à.... si la vente annuelle dépasse un chiffre de.... exemplaires ;

3° Le prix fort ou de catalogue de chaque volume broché est fixé à....;

4° Chaque édition sera tirée au moins à.... exemplaires et au plus à...., avec double main de passe accordée à l'éditeur ;

5° Aucun exemplaire ne pourra être mis en vente sans être revêtu de la griffe de l'auteur et de l'éditeur.

Art. 3.

1° L'auteur et l'éditeur prennent l'engagement respectif de ne publier aucun ouvrage qui soit de nature à contrarier le débit de celui qui fait l'objet de la présente cession ;

2° M. P..... se réserve le droit de revoir chaque édition et d'y apporter les changements qu'il jugera convenables, sans pouvoir toutefois porter le nombre de feuilles au delà d'un maximum de.....
M. C..... s'interdit, de son côté, d'apporter aucune modification à l'ouvrage sans le consentement exprès de l'auteur ;

3° M. P..... s'engage à corriger ou à faire corriger les épreuves de chaque volume à chaque édition nouvelle ;

4° Il ne devra y avoir aucune interruption entre la publication des éditions. L'édition sera censée épuisée et l'ouvrage devra être remis sous presse quand, dans un délai qui ne pourra dépasser quinze jours, il n'aura pu être obtenu de M. C..... livraison d'un ou plusieurs exemplaires.

Art. 4.

M. P..... se réserve la faculté de rentrer dans la propriété du présent ouvrage :

1° En cas d'interruption de publication par le fait de l'éditeur ;

2° En cas de décès de M. C..... ou de cession par lui de sa maison de commerce, ou aussi dans le cas où ladite maison viendrait à être mise en liquidation par quelque cause que ce puisse être ;

3° En cas de non-paiement intégral des droits d'auteur dans un délai de six mois, à partir du jour de la mise en vente de l'édition.

Dans ces divers cas, M. P..... reprendra le droit d'éditer ou de faire éditer l'ouvrage comme bon lui semblera. Il rachètera les exemplaires restant en magasin au prix de......

Art. 5.

L'auteur se réserve le droit de traiter avec la librairie étrangère pour la traduction de son œuvre ; il se réserve le même droit pour l'impression à l'étranger d'éditions françaises, dans le cas où l'éditeur, une contrefaçon étant signalée, n'exercerait pas les poursuites nécessaires pour empêcher à l'étranger la contrefaçon dudit ouvrage.

Art. 6.

Toute difficulté relative à l'exécution du présent traité sera résolue sans appel par deux arbitres choisis, l'un par l'auteur, l'autre par l'éditeur, et qui auront la faculté de désigner un tiers arbitre.

Fait double à. . . . . ., le. . . . . . .

790. Formule de cession d'une seule édition.

Entre M. P. . . . ., homme de lettres, demeurant à. . . . . .
Et M. C. . . . . ., libraire éditeur, demeurant à. . . . . .
A été convenu ce qui suit :

Article premier.

M. P. . . . . vend et cède à M. C. . . . . ., qui l'accepte, une édition de l'ouvrage intitulé. . . . . .

Art. 2.

Le prix de la présente cession est fixé à une somme de. . . . .; qui sera payée en espèces à l'auteur le jour de la mise en vente de la présente édition.

L'édition objet de la présente cession sera publiée en format . . . ., au nombre de . . . . exemplaires, avec simple main de passe.

Chaque exemplaire sera revêtu de la signature de l'auteur et de celle de l'éditeur.

Art. 3.

L'auteur s'interdit d'éditer ou faire éditer le même ouvrage sous le même format avant l'épuisement complet et intégral de l'édition présentement cédée. Elle sera censée épuisée quand il n'aura pu être obtenu de M. C. . . . ., dans un délai de quinze jours au plus, aucun exemplaire de l'ouvrage.

Art. 4.

Nonobstant la présente cession, l'auteur se réserve le droit de publier, s'il le juge à propos, une autre édition, dite *de luxe*, en format . . . . et au prix fort de. . . . . au minimum, ou d'éditer son ouvrage par livraisons.

Art. 5.

Toute difficulté, etc. (voir n° 789).

791. Formule de cession avec abandon plein et entier de tout droit de propriété.

Entre M. P. . . . ., homme de lettres, demeurant à. . . . . .
Et M. C. . . . ., libraire éditeur, demeurant à. . . . .
A été convenu ce qui suit :

Article premier.

M. P. . . . vend et cède à M. C. . . . ., qui l'accepte, la propriété pleine et entière d'un ouvrage intitulé. . . . .

Art. 2.

La présente cession est faite moyennant le paiement d'une somme de. . . . ., que M. P. . . . reconnaît avoir reçue à l'instant de M. C. . . . . et dont il a donné quittance par les présentes.

Art. 3.

Il est expressément entendu qu'en vertu de la présente cession M. C. . . . . acquiert sur ledit ouvrage tous les droits quelconques appartenant à l'auteur lui-même, soit en France, soit à l'étranger. Il pourra, en conséquence, y apporter ou faire apporter telles modifications qu'il jugera à propos, et même en suspendre ou cesser définitivement la publication.

Fait double à...... le.......

792. Formule d'acte d'association entre l'auteur et l'éditeur.

Entre M. P....., docteur en médecine, demeurant à......

Et M. C...., libraire-éditeur, demeurant à........

A été convenu ce qui suit :

M. P....., auteur d'un ouvrage intitulé........, a proposé à M. C....., qui l'a accepté, d'éditer ce livre aux clauses et conditions suivantes :

Article premier.

L'ouvrage formera un volume in-8°, d'environ.... feuilles; la justification, le caractère et le papier seront conformes au spécimen ci-annexé.

Art. 2.

M. C.... sera seul éditeur de l'ouvrage et seul chargé de la vente ; en cette qualité il fera tous les frais d'impression, de papier, de publicité, d'annonces, etc.

Art. 3.

Le tirage de la première édition sera fait à.... exemplaires et double main de passe.

Art. 4.

Le prix fort de l'ouvrage est fixé à..... Sur ce prix fort ou de catalogue, il est accordé à l'éditeur une remise de..... et le 15° pour le couvrir des frais de placement, tels que frais d'expéditions, de correspondance, de recouvrements, de non-valeurs, d'exemplaires perdus, etc., etc.

Les exemplaires que M. P..... voudrait acquérir personnellement lui seront passés aux mêmes prix et conditions qu'à l'éditeur.

Art. 5.

Les produits de la vente, défalcation faite de la remise dont il vient d'être parlé, seront exclusivement affectés, jusqu'à due concurrence, à rembourser M. C.... des sommes avancées par lui pour impression, papier, brochage, annonces, etc., aux termes de l'art. 2 du présent traité.

Art. 6.

Les sommes qui excéderont le montant de ces dépenses (c'est-à-dire le produit net de l'opération) seront réparties par égales portions entre l'auteur et l'éditeur.

Art. 7.

Immédiatement après la mise en vente de l'ouvrage, M. C..... fournira un état général des dépenses, lequel sera vérifié et arrêté par M. P....., et ce dans le mois qui suivra la remise du compte. Trois mois après cette remise, le compte sera considéré comme approuvé par M. P..... à défaut d'approbation explicite.

Art. 8.

Tous les ans, dans la première quinzaine de...., il sera dressé un état des dépenses et des recettes. En cas d'excédant de recettes, la part qui reviendra à chaque intéressé sera réglée à trois mois, à dater de l'arrêté du compte.

Art. 9.

Si M. P..... se trouvait dans l'impossibilité de faire lui-même le travail nécessité par les éditions subséquentes, il désignerait une personne pour faire ce travail; à son défaut M. C..... ferait cette désignation.

Art. 10.

Les difficultés qui pourraient s'élever entre les soussignés à l'occasion du présent traité, seront soumises à la décision souveraine d'arbitres choisis par les parties.

Art. 11.

Ce traité est fait pour toutes les éditions de l'ouvrage, quelles que soient les modifications que ledit ouvrage reçoive par la suite. En cas de nouvelle édition, le chiffre du tirage et le prix des volumes seront fixés de gré à gré. M. P..... aura le droit et l'obligation de faire tous les changements, corrections et modifications utiles à l'amélioration de l'ouvrage.

Fait double à..... le........

Art. 2.—Obligations respectives de l'auteur et de l'éditeur.

SOMMAIRE.

793. Principe des obligations de l'auteur : devoir de livrer et garantir. — 794. L'engagement de l'auteur envers l'éditeur est-il personnel à celui-ci? — 795. Des obligations de l'éditeur. Principes généraux. — 796. L'éditeur ne peut altérer ni modifier l'ouvrage.— 797. Exception pour les publications collectives.— 798. L'éditeur doit maintenir le titre et le nom, le format et le mode de publication. — 799. L'éditeur doit poursuivre la publication sans interruption.— 800. L'éditeur ne peut outrepasser, d'aucune manière, le nombre des exemplaires cédés. — 801. Obligation réciproque de ne pas publier d'ouvrages en concurrence. — 802. Engagements respectifs de l'éditeur et des souscripteurs.

793. Principe des obligations de l'auteur : devoir de délivrer et garantir. — Les obligations de l'auteur, à l'égard de son cessionnaire, dérivent toutes du principe posé par l'art. 1603 du Cod. Nap., en vertu duquel le vendeur est tenu de délivrer et de garantir la chose vendue. Les nombreuses décisions de jurisprudence intervenues en cette matière ne sont que l'application de ce principe. Il en résulte que l'auteur est tenu, non-seulement de livrer le manuscrit, mais de le livrer en copie lisible et même de corriger les épreuves, si la bonne exécution de l'ouvrage ne peut être assurée autrement (1); qu'il est obligé, en outre, de remettre la copie au moment convenu, l'opportunité de la publication étant souvent la principale condition du succès de l'ouvrage. Il résulte également du même principe que l'auteur ne peut faire une seconde cession au préjudice d'une cession antérieure, et même que l'auteur qui publie lui-même ses œuvres, nonobstant la cession qu'il en a faite, ne fût-elle que d'une édition non encore épuisée, devient contrefacteur à l'égard de son cessionnaire, quel que soit le temps écoulé depuis la cession (2).

Les difficultés que les tribunaux ont si fréquemment à ré-

---

(1) Renouard, t. 2, n. 182.
(2) Voir Gastambide, n. 109, 110, 111 et les décisions qu'il cite. — Voir surtout C. cass., 22 février 1847 (Laurent).—*Contrà*, Paris, 27 janvier 1845.

soudre, sur ces divers points, naissent, non pas de l'incertitude des principes, mais de l'obscurité et de l'insuffisance des conventions entre les auteurs et les éditeurs.

794. L'engagement de l'auteur envers l'éditeur est-il personnel à celui-ci?—Une question souvent débattue est celle de savoir si l'engagement de l'auteur envers l'éditeur est attaché à la personne de celui-ci, en ce sens que l'engagement n'existe plus en cas de décès ou de cessation de commerce du cessionnaire lui-même. Cette question ne peut guère se résoudre en principe et doit être décidée d'après les circonstances. La jurisprudence a généralement distingué entre les ouvrages déjà publiés dont elle maintient la propriété aux ayants cause de l'éditeur, et ceux non encore publiés, à l'égard desquels la personne de l'éditeur a une importance plus grande (1).

En cas de faillite du cessionnaire avant la publication, l'auteur serait certainement dégagé, selon nous, de l'obligation de livrer son manuscrit, le prix fût-il consigné par les syndics. Les suites de la faillite peuvent, en effet, modifier complétement les chances de succès que l'auteur a pu très-légitimement avoir en vue, quand il s'est adressé à un éditeur à la tête de ses affaires (2).

795. Des obligations de l'éditeur. — Principes généraux. — Les obligations de l'éditeur sont d'une nature plus spéciale et plus déterminée. M. Pardessus les a parfaitement résumées dans le passage suivant, dont les propositions, invoquées à bon droit par tous les auteurs, ont été confirmées par la jurisprudence. « La vente d'un manuscrit sans aucune réserve... ne donne pas à l'acheteur le droit d'en disposer de la manière la plus absolue; par exemple, de le changer, refondre, augmenter par des intercalations, ou réduire par des suppressions. L'éditeur n'est en réalité qu'un usufruitier, qui doit jouir en conservant la substance de la chose. Il ne peut donc la détruire ou se dispenser de la publier par voie d'impression. Le vendeur, en recevant un équivalent du profit que l'ouvrage eût pu lui procurer, s'il eût imprimé ou débité pour son compte, n'a pas aliéné l'espérance de réputation que peut assurer la publicité, parce que c'est une chose inévaluable. » (*Droit commercial*, n° 360).

796. L'éditeur ne peut altérer ni modifier l'ouvrage. — Il résulte de ces principes diverses conséquences également importantes. L'éditeur, tenu de publier l'ouvrage tel

---

(1) Renouard, n. 148.
(2) Voir sur la question Gastambide, n. 119, et surtout Renouard, t. 2, p. 322.

qu'il l'a reçu, ne peut, du vivant de l'auteur, ni en altérer le texte malgré lui, par retranchements ou additions, ni y ajouter des notes, si elles étaient de nature à modifier, en quoi que ce soit, la pensée de l'écrivain (1), ni annoncer l'édition comme revue et augmentée si elle ne l'était pas effectivement (2). Il en serait de même pendant la durée légale de la propriété des successeurs, période durant laquelle l'éditeur ne tenant ses droits que de la cession, doit en respecter scrupuleusement les clauses essentielles. Quand l'ouvrage est acquis au domaine public, il devient loisible à chacun de lui faire subir tels changements qu'il juge convenable, mais *à la condition expresse* d'annoncer au public les modifications apportées à l'original, et de faire connaître que les corrections ou additions sont étrangères à l'auteur. Les héritiers, gardiens naturels et légitimes d'une réputation qui est le patrimoine de la famille, seraient toujours recevables, n'eussent-ils plus aucun droit pécuniaire sur l'ouvrage, à réclamer contre l'abus d'un nom qu'ils ont, non-seulement le droit, mais le devoir de défendre (3).

797. Exception pour les publications collectives. — Le droit absolu de l'auteur au maintien de l'intégrité de son œuvre, ne reçoit exception que quand il fournit les éléments d'une publication collective. Il se soumet alors implicitement au contrôle du directeur du recueil, qui peut exiger et même exécuter les modifications nécessaires pour conserver l'unité de vues et de doctrines de l'œuvre commune, et faire concourir les travaux partiels au but général de l'entreprise (4).

798. L'éditeur doit maintenir le titre et le nom, le format et le mode de publication. — 2° L'éditeur est obligé de maintenir le nom de l'auteur, aussi bien que le contenu de l'ouvrage ; il ne peut ni le supprimer ni le remplacer par une désignation plus ou moins équivalente (5) ; il ne peut ajouter ni substituer un nom à celui de l'auteur (6) ; il ne peut non plus, quand il y a plusieurs auteurs, faire disparaître tels ou tels noms, ni en intervertir l'ordre, qui peut indiquer le rôle plus ou

---

(1) Tribunal de commerce de Paris 22 août 1845 (Marquam).— Voir jugement du 17 août 1814, cité par Renouard, t. 2, n. 192.

(2) Paris, 21 décembre 1833.—Voir Gastambide, n. 107.

(3) Renouard, t. 2, n. 193.

(4) Paris, 12 janvier 1848 ; 20 janvier 1853 (Saint-Priest c. Malgaigne.— Voir Sirey, 54.2.761 et la note).

(5) Tribunal de commerce de Paris, 19 octobre 1828 ; jugement du 30 mars 1835 ; Paris, 17 décembre 1838.—Renouard, n. 189.

(6) Paris, 12 janvier 1848 (Vergniaud).—Voir Toullier, *Code civil*, t. 6, p. 45.

moins important des collaborateurs (1), ni surtout établir à son gré des différences dans les caractères employés pour mettre ces noms en reli ef.

3° L'éditeur n'a pas le droit de modifier le format, ou le mode de publication convenus; de substituer, par exemple, la publication par livraisons à celle en volume complet (2).

799. L'éditeur doit poursuivre la publication sans interruption. — 4° L'éditeur est tenu, non-seulement de ne pas paralyser les droits du cédant en ralentissant par malice ou négligence l'écoulement de l'édition qu'il a acquise (3), mais encore, en règle générale, si la propriété entière lui a été vendue, de publier aussitôt après l'épuisement d'une édition une édition nouvelle. Il ne pourrait être déchargé de cette obligation rigoureuse, surtout au cas où l'auteur a stipulé un droit sur chaque édition, que s'il justifiait que, par suite des circonstances, l'écoulement de l'ouvrage n'est plus possible (4).

800. L'éditeur ne peut outrepasser, d'aucune manière, le nombre d'exemplaires cédés. — 5° Enfin, l'éditeur, cessionnaire d'une seule édition ou d'un nombre déterminé de volumes, ne saurait, à peine de contrefaçon, selon M. Gastambide, outrepasser le nombre d'exemplaires pour lequel il a été autorisé. S'il lui avait été accordé, en sus du nombre principal, des *mains de passe* et qu'elles n'eussent pas été tirées effectivement, il ne pourrait les imputer en déduction sur le nombre des exemplaires publiés, parce que les mains de passe ne sont considérées que comme la compensation des exemplaires altérés ou donnés gratuitement par l'éditeur, et non pas comme un supplément au nombre des volumes destinés au commerce (5).

801. Obligation réciproque de ne point publier d'ouvrage en concurrence. — La cession comporte généralement, sauf appréciation des circonstances, obligation implicite tant de la part de l'auteur que de l'éditeur, de ne pas publier d'ouvrage de nature à faire concurrence à l'ouvrage cédé. Cette condition cesse pour l'éditeur, quand il a acquis d'une manière absolue la propriété sans que le prix de la cession soit sub-

---

(1) Jugement du 26 juin 1852 ; Paris, 18 février 1856.— Voir Renouard, t. 2, n. 189, 190.
(2) Jugement du 30 décembre 1854.—Gastambide, n. 102.
(3) Paris, 24 avril 1857 (Ducaurroy).
(4) Renouard, n. 187, 188.—Gastambide, n. 96.
(5) Paris, 18 mars 1842 (Bourdin).

ordonné au nombre d'éditions ; elle ne saurait exister pour l'auteur quand il a vendu une seule édition sous un format déterminé. Il est censé alors s'être réservé le droit de publier des éditions du même ouvrage sous un autre format, et à plus forte raison de publier des ouvrages analogues.

802. Engagements respectifs de l'éditeur et des souscripteurs. — Tout éditeur est obligé vis-à-vis du public, à donner la suite des ouvrages qu'il a annoncé devoir publier dans leur entier, et à remplir les conditions énumérées dans les prospectus, sans pouvoir fournir, par exemple, une édition ancienne au lieu d'une édition présentée comme nouvelle (1). Cette obligation est rigoureuse, quand il y a eu souscription provoquée par l'éditeur ; elle peut, dans les autres cas, subir l'influence des circonstances qui seraient venues retarder ou même empêcher la publication. Du reste, l'éditeur rendu responsable par la justice envers un acheteur ou souscripteur, aurait son recours contre l'auteur (2).

Nous admettons réciproquement, avec M. Dalloz, que la souscription par la simple signature sur un bulletin, conformément à un usage immémorial, engage le souscripteur envers l'éditeur sans qu'il y ait besoin d'acte double (3).

§ VI.
Du délit de contrefaçon.

SOMMAIRE.

803. Définition et caractères légaux du délit de contrefaçon.—804. Le délit existe, quel que soit le mode de reproduction. — 805. Du préjudice, soit matériel, soit moral. — 806. Le délit suppose l'intention coupable. Présomption à cet égard.—807. La circonstance d'une confusion possible n'est nullement requise pour constituer le délit.— 808. Deux espèces de contrefaçon. De la contrefaçon totale. — 809. Contrefaçon partielle. Distinction du plagiat non punissable. — 810. Caractères généraux de la contrefaçon partielle. — 811. Les citations textuelles peuvent n'être pas contrefaçon. Droits de la critique. Parodies. — 812. Distribution à des élèves des extraits d'un ouvrage.— 813. Contrefaçon par imitation servile.— 814. Contrefaçon résultant de l'abrégé ou de la traduction d'un ouvrage. — 815. La contrefaçon

---

(1) Voir M. Troplong sur l'art. 1625.—Jugement du 14 fév. 1852 (Dalloz, 52.5.457).
(2) Renouard, t. 2, n. 183.
(3) Voir observations sur un arrêt de Paris du 1ᵉʳ mai 1848 (Dalloz, 49.2.79). — Voir sur la question C. cass., 8 novembre 1843 ; Paris, 2 mai 1849, et jugement des 14 et 18 février 1852 (Dalloz, 52.5.457).

résulte-t-elle de l'emprunt du sujet? — 816. De la contrefaçon des compilations, vocabulaires, etc.—817. Contrefaçon de titres. Circonstance aggravante par suite de confusion possible entre les ouvrages. — 818. Distinction quant à la contrefaçon d'après la nature des ouvrages.—819. De l'imitation des titres opérant contrefaçon. — 820. Introduction, exportation, expédition, circulation, même en transit, d'ouvrages contrefaits. — 821. Action en contrefaçon accordée au Français en pays étranger et réciproquement à l'étranger en France. —822. Du débit d'ouvrages contrefaits.—823. De l'annonce et de la transmission officieuse d'un ouvrage contrefait. — 824. De la bonne foi du débitant. — 825. Des faits préjudiciables sans être constitutifs du délit de contrefaçon.

803. Du délit de contrefaçon.—Définition et caractères légaux.—Les droits de l'auteur ou de ses ayants cause, aux divers titres qui viennent d'être déterminés, sont, pendant toute leur durée légale, protégés et garantis contre toute usurpation de la propriété littéraire, c'est-à-dire contre tout fait portant atteinte au droit exclusif qui appartient à l'auteur de publier ou faire publier son œuvre (art. 1 de la loi du 19 juillet 1793, art. 425 et 426, C. pén.). Ce fait constitue le délit de contrefaçon, s'il réunit trois circonstances, suffisantes, mais nécessaires : 1° qu'il y ait *reproduction* totale ou partielle de l'œuvre de l'auteur sans son consentement ; 2° que cette reproduction soit de nature à causer *préjudice* ; 3° qu'il y ait *intention* de contrefaire. — En dehors du délit de contrefaçon, il peut y avoir des faits dommageables pour lesquels l'auteur a une action purement civile, et que nous examinerons ci-après (n° 825).

On voit, par le seul énoncé de ces principes, que l'auteur lui-même ou le cessionnaire peuvent être contrefacteurs, quand le premier prétend publier, nonobstant la cession qu'il a faite de son droit (voir n° 780), et quand le second dépasse les limites de la cession qui lui a été faite (voir n° 800) (1).

804. Le délit existe quel que soit le mode de reproduction.—Le mode de reproduction non plus que la personne du reproducteur ne doivent être pris en considération pour reconnaître l'existence du délit de contrefaçon. Le mot *édition imprimée* employé par l'art. 425 du Code pénal n'est qu'énonciatif. Du moment où la reproduction est susceptible de causer préjudice, elle est punissable, quand même elle aurait lieu par voie

---

(1) Voir sur ce point Gastambide, n. 109, 111, et Blanc, p. 388. — Paris, 28 novembre 1826 ; jugement du tribunal de la Seine, 26 juillet 1843.— *Contrà*, arrêt de Paris du 18 octobre 1843 (Sirey, 44.2.13).

de copie faite à la main ou autographiée (1). Il en serait de même, d'après un arrêt de cassation du 2 juillet 1807, s'il n'y avait eu qu'impression commencée de quelques feuilles, sans que le tirage fût achevé.

La possibilité de causer préjudice au moyen de la composition en caractères d'imprimerie nous détermine à adopter une solution pareille, même pour le cas où l'ouvrage serait trouvé seulement composé chez l'imprimeur, avant qu'aucune feuille eût été tirée (2).

805. — Du préjudice, soit matériel, soit moral. — Quant au préjudice, il peut résulter des circonstances les plus diverses; mais, quelles qu'en soient la cause et la nature, qu'il soit présent ou futur, matériel ou moral, qu'il porte atteinte à des intérêts pécuniaires ou à la réputation de l'auteur, toujours engagée plus ou moins en pareil sujet, il doit être admis comme élément constitutif du délit (3).

806. Le délit suppose l'intention coupable. — Présomption à cet égard. — L'intention coupable, élément essentiel de tout délit, à moins d'une disposition spéciale, est requise ici en vertu des principes généraux auxquels il n'est point apporté de dérogation. S'il en est autrement en matière de brevets d'invention (n° 493), c'est par le motif que le contrefacteur a toujours à s'imputer la faute de n'avoir pas vérifié, comme il le pouvait, si le procédé n'était point antérieurement breveté. Les auteurs et la jurisprudence sont désormais d'accord sur la question, en ce qui concerne la propriété littéraire (4). Faisons seulement une remarque capitale à cet égard. C'est que le fait matériel de la contrefaçon élèvera par lui-même, contre son auteur, une présomption de mauvaise foi, qu'il sera obligé de combattre, ainsi que l'a jugé la Cour de cassation par arrêt du 24 mai 1855, et qui entraînera condamnation, si le prévenu ne fournit pas la preuve de sa bonne foi (5).

Dans tous les cas, le préjudice causé suffirait pour ouvrir à l'auteur une action en dommages-intérêts.

---

(1) Gastambide, 40 et 64.—Voir Pardessus et arrêt de Paris du 29 juin 1827.
(2) Voir Blanc, p. 404.
(3) Gastambide, n. 39.
(4) C. cass., 15 juin 1844; Paris, 14 juillet 1838 et 18 juin 1847 (Philippon).— Chauveau et Hélie, t. 7, p. 598 ; Rauter, t. 2, p. 184 ; Morin, *Rép.*, v° *Contrefaçon*, n. 25 ; Blanc, etc.— Voir cependant Renouard, t. 2, p. 6.
(5) Voir la *Gazette des Tribunaux* du 25 mai 1855 (Thoinier-Desplaces c. Duckett, Didot, Lévy).

C'est en s'attachant fermement et uniquement à la réunion des trois conditions ci-dessus exprimées : larcin, préjudice, intention coupable, que l'on résoudra, conformément à l'esprit de la loi, toutes les difficultés particulières.

807. La circonstance d'une confusion possible n'est nullement requise pour constituer le délit. — Il faut se garder de considérer comme un élément constitutif du délit une circonstance prédominante en d'autres matières (voir marques, noms, enseignes), à savoir que l'emprunt fait à l'auteur peut produire confusion entre les deux ouvrages, et méprise de la part des acheteurs. Si cette circonstance se rencontre, elle pourra aggraver le délit (n° 817), mais elle n'est nullement nécessaire pour le constituer, puisque la fraude et le préjudice peuvent exister sans elle (1). C'est seulement au point de vue du dommage causé et de la réparation à accorder, qu'elle devra être envisagée, à moins, cependant, que l'usurpation ne portât uniquement sur le titre ou le mode de désignation de l'ouvrage (voir n°^{s} 755 et 817), cas où la confusion possible serait la seule cause de préjudice.

808. Deux espèces de contrefaçons. — De la contrefaçon totale. — La loi interdit également et la contrefaçon totale et la contrefaçon partielle.

Il n'y a que deux mots à dire sur la contrefaçon *totale*, c'est-à-dire la réimpression pure et simple d'un ouvrage. La difficulté, en pratique, est de reconnaître les exemplaires contrefaits, mais non de les qualifier quand on les a reconnus. C'est, dit fort bien M. Gastambide, la *spoliation* dans toute son effronterie, c'est le *préjudice* avec toute sa gravité.

La contrefaçon n'en existe pas moins quand un écrit de peu d'étendue a été inséré dans le corps d'un ouvrage plus considérable (2), et à plus forte raison quand l'ouvrage est reproduit avec simple addition de notes, commentaires ou réfutations (3).

809. Contrefaçon partielle. — Elle se distingue du plagiat non punissable. — C'est à propos de la contrefaçon *partielle* que s'élèvent, dans l'application, une foule de questions fort délicates. Il n'y a pas, en effet, contrefaçon toutes les fois que des emprunts sont faits, soit aux idées, soit aux expressions d'un auteur. L'*imitation*, c'est-à-dire la reproduction des mêmes

---

(1) Blanc, p. 388 ; Gastambide, n. 42.

(2) Voir jugement du 30 juillet 1836, relatif à l'insertion d'un mémoire sur la culture du poivre dans un Manuel de l'herboriste, et autres décisions citées par Gastambide, n. 45.

(3) Renouard, n. 11.

pensées sous une autre forme, généralement réprouvée par le goût; le *plagiat*, chose plus grave, qui consiste dans le larcin systématique et direct des procédés de l'auteur, et que la morale condamne sévèrement, peuvent cependant n'être pas atteints par la loi pénale ni même par la loi civile. Pour reconnaître s'il y a ou non contrefaçon, il faut, suivant l'excellente formule donnée par M. l'avocat général Daniels, et en tout conforme aux principes posés ci-dessus (n° 873), « rechercher si l'auteur accusé du délit a, par les moyens employés, indépendamment du mérite de son propre ouvrage, fait préjudice au débit de ce qu'on prétend avoir été contrefait » (1).

En l'absence de tout préjudice, le plagiaire n'encourra que les sévérités de l'opinion. Y a-t-il dommage au contraire? le plagiaire sera justiciable des tribunaux, sans qu'on doive s'attacher à cette circonstance qu'il aurait ou n'aurait pas signalé l'ouvrage mis à contribution par ses emprunts. Dans le premier cas, il n'aura pas, sans doute, porté atteinte à la réputation de l'auteur, mais bien à ses intérêts pécuniaires, et c'est assez pour qu'il y ait délit (2).

810. Caractères généraux de la contrefaçon partielle. — Sous le mérite de ces observations, nous examinerons les divers cas de contrefaçon partielle qui peuvent exister indifféremment, aux conditions précédemment déterminées (n°s 803-805), par suite de copie textuelle de passages entiers d'un livre, ou par suite d'emprunt du fonds même de l'ouvrage déguisé sous une forme nouvelle (3).

L'application pure et simple du principe que la contrefaçon résulte de l'atteinte intentionnelle et préjudiciable au monopole de l'auteur semble trancher la plupart des questions soulevées par les auteurs et la jurisprudence.

811. Les citations textuelles peuvent n'être pas contrefaçon. — Droits de la critique. — Parodies. — De ce qui vient d'être dit, il résulte que la citation, même textuelle, de passages entiers peut n'être pas une contrefaçon partielle si, au lieu de dispenser ou de détourner le public de l'acquisition de l'ouvrage, elle ne fait qu'exciter la curiosité générale et augmenter la réputation de l'auteur. Telle est la double raison qui justifie les droits étendus que l'usage, sous ce rapport,

---

(1) Voir Renouard, p. 12.
(2) Blanc, p. 399 à 402.
(3) Voir arrêts de la Cour de Paris des 6 janvier et 11 avril 1853.—Delalain, p. 5.

a attribués à la critique, alors surtout qu'elle s'exerce dans la presse quotidienne et dans les revues, où le nom de l'auteur trouve une publicité dont il s'offense rarement. Il en résulte également qu'il n'y aurait pas contrefaçon pour insertion, dans un cours de littérature, de morceaux empruntés à divers écrivains, et ne formant qu'une partie minime des œuvres de chacun, emprunts qui ne font qu'initier à la connaissance de ces œuvres sans aucun préjudice pour les auteurs (1). Mais ces mêmes motifs n'existeraient plus si, sous prétexte de critique, la reproduction du plan de l'ouvrage et de ses détails principaux devait diminuer le besoin ou le désir d'en faire l'acquisition, circonstance qui pourrait se rencontrer, soit dans un compte rendu, soit même dans une parodie (2).

Nous avons vu que, relativement aux journaux et aux emprunts qu'ils se font entre eux, il existait une tolérance extrême et nécessaire, qui rend les tribunaux beaucoup moins rigoureux à leur égard (n° 743).

812. Distribution à des élèves d'extraits d'un ouvrage. — Le droit de l'auteur nous semblerait atteint par le fait d'un maître ou chef d'école qui distribuerait à ses élèves des extraits d'ouvrages classiques. Ce serait, en effet, nuire évidemment à la vente de ces ouvrages, et nous ne saurions approuver sur ce point la doctrine d'un arrêt de la Cour de cassation du 29 janvier 1829 (3).

813. Contrefaçon par imitation servile. — A défaut de reproduction textuelle de certaines parties d'un livre, les juges pourront trouver le délit de contrefaçon dans une imitation servile, quoique non textuelle, du fond et de la forme, alors surtout que les ouvrages ayant un but analogue sont de nature à se faire concurrence (4).

Ce sont des questions de fait livrées à l'appréciation des tribunaux.

814. Contrefaçon résultant de l'abrégé ou de la traduction d'un ouvrage. — L'*abrégé* d'un ouvrage par un tiers en constitue la contrefaçon, parce que cette reproduction

---

(1) Gastambide, n. 51, et jugements des 4 février et 12 mars 1835. — *Contrà*, Blanc, p. 397.

(2) Paris, 6 janvier 1849; Rouen, 7 juin 1849 (Collot); Paris, 15 juillet 1830 (Darthenay).—Morin, *Rép.*, v° *Contrefaçon*, n. 20; Lacan, t. 2, n. 702; Gastambide, n° 60; Renouard, n. 10.— Voir sur les parodies, Paris, 8 avril 1842; jugement du 5 février 1834, cité par Gastambide, n. 59, et Lacan, t. 2, n. 648 et 708.

(3) Voir Renouard, p. 45 et suiv., et Blanc, p. 395, qui rapportent et critiquent avec raison cet arrêt et d'autres décisions analogues.

(4) Gastambide, n. 50.

de la pensée de l'auteur dans des proportions plus restreintes, outre qu'elle a tous les caractères d'une usurpation, peut créer à l'ouvrage original une concurrence des plus redoutables. Il en est de même de la *traduction* en une autre langue, et nous comprenons difficilement les doutes qui se sont élevés à cet égard. En droit, il est certain que toutes les formes dont une œuvre est susceptible appartiennent à son auteur. S'emparer de l'une d'elles est lui causer préjudice en restreignant la jouissance de sa propriété, souvent même en lui enlevant immédiatement des acheteurs ; ce qui serait frappant dans le cas, devenu rare par malheur, mais très fréquent aux siècles passés, où un savant voulant rendre son ouvrage d'un usage universel l'aurait publié en latin (1). Le principe général, qui dans le silence de la loi garde toute sa puissance, doit donc être maintenu en faveur de l'auteur, et ne recevoir exception que s'il était justifié en fait, chose difficile, que la traduction ne cause aucun préjudice. Pour prévenir toute contestation, les auteurs d'ouvrages de quelque importance sont dans l'usage de se réserver expressément le droit de traduction ; mais on conçoit que la valeur de cette réserve est subordonnée à l'existence du droit lui-même (2).

815. La contrefaçon résulte-t-elle de l'emprunt du sujet. — Une question beaucoup plus délicate est celle de savoir si l'emprunt fait à un auteur de son sujet, de son plan, de ses idées, pour leur donner une forme nouvelle, pour faire, par exemple, avec un roman une pièce de théâtre, constitue une contrefaçon. L'usage a établi une grande tolérance sur ce point qui nous paraît cependant devoir être résolu par l'application des règles posées ci-dessus (nos 754 et 809).

Il est d'abord très certain que la faculté des emprunts ne saurait aller jusqu'à l'usurpation des expressions elles-mêmes, et qu'il y aurait contrefaçon de la part de celui qui découperait dans les pages d'un roman le dialogue de sa comédie. (Voir ci-après propriété dramatique n° 866). Il est certain encore, quand l'usurpation se borne à celle du sujet et du plan, qu'il y aurait action en domma-

---

(1) Voir Dalloz, *Répert.*, 1re édition, v° *Propriété littéraire*, p. 479, sur la traduction en français du *Codex*.

(2) Voir en ce sens Pardessus, *Droit commercial*, 2e partie, t. 1, n. 164 et 167 ; Blanc, p. 416 ; Delalain, p. 2 et 7 ; les observations de M. le conseiller Hardouin (Sirey, 53.1.85). — Rouen, 7 novembre 1845 ; Paris, 17 juillet 1847 ; 26 janvier 1852 ; jugement du tribunal de la Seine du 4 août 1841 ; argument d'un arrêt de cassation du 12 janvier 1853. — *Contrà*, Gastambide, n. 58 ; Renouard, n. 16 ; Goujet et Merger, *Dict.*, v° *Propriété littéraire*, n. 220.

ges-intérêts contre celui qui aurait ainsi *tiré profit de la chose d'autrui* (1).

Nous allons plus loin, et nous pensons que pour les œuvres de pure imagination, l'emprunt du sujet nettement caractérisé constituerait une contrefaçon, par cela seul qu'il priverait l'auteur d'un des moyens d'exploiter son œuvre qui dérivent naturellement du droit de propriété, et lui causerait ainsi un préjudice réel ou tout au moins possible.

Cette doctrine nous semble résulter des motifs d'un arrêt de la Cour de cassation, du 24 mai 1845, posant en thèse qu'il est interdit de s'emparer des idées d'un auteur, alors même qu'on les revêtirait d'une forme nouvelle (2).

816. Contrefaçon des compilations, vocabulaires, etc. — La contrefaçon partielle, assez facile à reconnaître quand elle porte sur un ouvrage original, l'est moins quand elle s'attaque à un travail de seconde main fait avec des matériaux qui appartiennent pour la plupart au domaine public, tel qu'une compilation, un vocabulaire, un almanach. Il est clair que dans cette hypothèse, des ressemblances même très-nombreuses pouvant provenir, soit de l'ordre nécessaire des matières, soit des emprunts faits à des sources communes, ne suffiraient pas à faire déclarer la contrefaçon. Il faudra que ces ressemblances portent sur ce qui appartient en propre à l'auteur, c'est-à-dire la méthode, le choix des morceaux, la rédaction, les définitions, l'exposé des détails; enfin il faudra, comme le recommande M. Gastambide, se rappeler ce principe qu'il ne peut y avoir *larcin* que lorsqu'il y a *propriété*, c'est-à-dire création (3).

817. Contrefaçon de titres. — Circonstance aggravante par suite de confusion possible entre les ouvrages. — La contrefaçon peut avoir pour objet tout à la fois le titre et l'ouvrage. En ce cas, les juges devront se préoccuper d'une circonstance aggravante de l'usurpation, quoiqu'elle ne soit nullement nécessaire pour la constituer. Cette circonstance est la confusion qui pourrait s'établir entre l'ouvrage du contrefacteur et celui de l'auteur (voir ci-dessus n° 807). La possibilité de cette confusion et la présomption de fraude qui ressort d'une similitude extérieure, devront rendre les juges

---

(1) Voir Lacan, *Législation des théâtres*, t. 2, n. 648. — Paris, 27 janvier 1840.
(2) Voir Sirey, 45.1.765.
(3) Voir Gastambide, n. 55 et 56 ; Blanc, p. 408.

beaucoup plus sévères dans l'appréciation des emprunts que contiendrait l'écrit poursuivi, ainsi que dans l'allocation des dommages-intérêts (1).

Et à cet égard, il ne faut pas s'attacher seulement à l'intitulé même du livre, mais à tout ce qui constitue son apparence et sa physionomie, caractères, ornements, couleur de la couverture, en un mot à tout ce qui peut être pour le public une cause de méprise (2).

Ainsi, un ouvrage élémentaire, un cours d'histoire, composé dans le but très-légitime de faire concurrence à un cours du même genre précédemment publié, pourrait être justement taxé de contrefaçon, si, à des analogies dans le plan et l'ordre des matières, insuffisantes par elles-mêmes, au point de vue du délit, il joignait une désignation à peu près semblable, un même format, un même aspect, enfin tout ce qui pourrait faire prendre le change à l'acheteur. De pareilles combinaisons, malheureusement fréquentes, réuniraient à l'odieux de la contrefaçon littéraire celui de la déloyauté commerciale, et devraient être frappées à double titre.

818. Distinctions quant à la contrefaçon du titre d'après la nature des ouvrages. — Quand c'est exclusivement sur le titre que porte l'imitation, sans aucune reproduction quelconque du contenu même, il faut distinguer si le sujet des ouvrages offre ou non quelque rapport. Si les ouvrages sont de genres absolument différents, il n'y a aucune confusion ni aucun préjudice possible pour l'auteur, et par conséquent pas de contrefaçon, comme, par exemple, lorsque le titre est transporté d'un livre à un journal, ou d'un ouvrage en six volumes à un ouvrage de soixante (3).

Si, au contraire, les ouvrages traitent, sous une forme analogue, de matières semblables, l'emprunt du titre seul peut avoir pour effet, comme le dit fort bien M. Gastambide, de *détourner frauduleusement la clientèle* acquise à l'ouvrage original ; par conséquent il constituera une contrefaçon (4).

819. De l'imitation des titres opérant contrefaçon. — Il y a contrefaçon de titre toutes les fois que l'intitulé primitivement adopté, présentant d'ailleurs le caractère de spécialité indis-

---

(1) Merlin, *Questions de droit*, v° *Propriété littéraire*, § 1 (aff. du Dict. de l'Acad.)
(2) Jugement du 12 avril 1836, cité par Gastambide, p. 222.
(3) Paris, 8 décembre 1833. — Renouard, t. 2, p. 125.
(4) Gastambide, n. 197-200.

pensable (n° 756), a été imité de manière à ce que la confusion soit possible. Il ne peut y avoir à cet égard que des questions de fait livrées à l'appréciation des tribunaux, et entièrement analogues à celles qui s'élèvent en matière de marques de fabrique, d'enseignes, etc. (n°s 628, 656, 671, 686). On se rappellera que l'analogie suffisante pour constituer le préjudice, et par suite la contrefaçon, peut résulter de la disposition matérielle de l'intitulé aussi bien que de la rédaction même (1).

820. Introduction, exportation, expédition, circulation, même en transit, d'ouvrages contrefaits. — La contrefaçon ne résulte pas seulement de la publication d'ouvrages contrefaits, mais encore de leur *introduction* en France d'après les art. 426 et 427 du Code pénal. Le décret du 28 mars 1852 a rendu ces articles applicables à l'*exportation* et à l'*expédition* des ouvrages publiés à l'étranger et contrefaits en France. Le délit serait consommé alors même que les ouvrages, momentanément introduits, auraient été réexpédiés (2). Il existerait même, selon nous, si les exemplaires étaient restés en douane ou traversaient la France sous le régime du transit. Le principe que les marchandises en entrepôt ou en transit sont réputées demeurer sur le sol étranger, principe spécial à la matière des douanes et applicable au point de vue de l'acquit des droits dus au trésor, ne peut être invoqué en matière ordinaire contre les tiers. Il ne ferait pas plus obstacle à l'action en contrefaçon, qu'il ne s'opposerait à l'action en revendication de tout particulier, s'il s'agissait d'objets volés. Les arrêts de la Cour de Paris du 14 juillet 1854 et de la Cour de cassation du 7 décembre suivant, rendus à l'égard des marques de fabrique (n° 662), peuvent être cités à l'appui de notre opinion (3).

On doit réputer introducteur, non pas seulement celui qui importe les ouvrages contrefaits, mais aussi celui qui se les fait expédier par un libraire étranger (4).

821. Action en contrefaçon accordée au Français en pays étranger, et réciproquement à l'étranger en France. — Au reste, la disposition de l'art. 426 du Cod. pén. sur l'introduction des ouvrages contrefaits a beaucoup perdu de

---

(1) Voir sur ce sujet les développements et les exemples que donnent MM. Gastambide, n. 199, et Renouard, t. 2, n. 56.
(2) Paris, 20 février 1835 (Jules Renouard).
(3) Voir Sirey, 54.1.819. — *Contrà*, jugement du 17 janvier 1835, cité par Renouard, t. 2, p. 60.
(4) Paris, 20 février 1835. — Voir Gastambide, n. 83 ; Goujet et Merger, n. 375.

son importance pratique depuis que, par suite de nombreux traités avec les nations voisines, le fait même de la publication à l'étranger donne action au Français, contre le contrefacteur, devant les tribunaux du pays de ce dernier (1).

---

(1) Nous empruntons à M. Jules Delalain, *Législation de la propriété littéraire et artistique*, l'exposé analytique du droit international concernant les auteurs et les artistes français :

États romains.—Rome a déjà admis le principe de la reconnaissance de la propriété littéraire et artistique, en adhérant à une convention conclue, en 1840, entre l'Autriche et la Sardaigne : des négociations ont lieu en ce moment avec cet État.

Grèce. — La législation de la Grèce admet le principe de réciprocité pour les œuvres littéraires et artistiques.

Hanovre.—Une convention du 20 octobre 1851 reconnaît aux auteurs et artistes français le droit de propriété des ouvrages de littérature et d'art. Il n'est pas prescrit de dépôt.

Hesse-Cassel (Électorat).—Une convention du 7 mai 1853 reconnaît aux auteurs et artistes français la propriété des œuvres d'esprit et d'art. Il n'y a pas de dépôt.

Hesse-Darmstadt (Grand-duché). — Une convention du 18 septembre 1852 reconnaît aux auteurs et compositeurs français la propriété des œuvres littéraires et des compositions musicales. Un dépôt n'est pas exigé.

Hesse-Hombourg (Landgraviat). — Une convention du 2 octobre 1852 reconnaît aux auteurs et compositeurs français la propriété des œuvres littéraires et des compositions musicales. Il n'est pas prescrit de dépôt.

Hollande.—Une convention du 29 mars 1855, soumise à l'approbation des pouvoirs législatifs de la Hollande, reconnaît aux auteurs français le droit de propriété des œuvres littéraires.

Nassau (Duché).—Une convention du 2 mars 1853 reconnaît aux auteurs et compositeurs français la propriété des œuvres littéraires et des compositions musicales. Un dépôt n'est pas exigé.

Oldenbourg (Grand-duché). —Une convention du 1er juillet 1855 reconnaît aux auteurs et artistes français la propriété des œuvres d'esprit et d'art. Il n'est pas prescrit de dépôt.

Portugal.—Une convention du 12 avril 1851 reconnaît aux auteurs et artistes français le droit de propriété des ouvrages d'esprit et d'art. — Le droit de traduction est garanti. — Il est prescrit un dépôt de deux exemplaires à Lisbonne.

Prusse.—La législation prussienne admet le principe de réciprocité pour les œuvres littéraires et artistiques. Le droit de traduction est garanti. Il n'est pas prescrit de dépôt.

Reuss, branche aînée (Principauté).— Une convention du 24 février 1853 reconnaît aux auteurs et compositeurs français la propriété des œuvres littéraires et des compositions musicales. Il n'est pas exigé de dépôt.

Reuss, branche cadette (Principauté).—Une convention du 30 mars 1853 reconnaît aux auteurs et compositeurs français la propriété des œuvres littéraires et des compositions musicales. Un dépôt n'est pas exigé.

Sardaigne. — Trois conventions, des 28 août 1843, 22 avril 1846 et 5 novembre 1850, reconnaissent aux auteurs et artistes français la propriété des ouvrages d'esprit et d'art. Le droit de traduction est garanti. Il n'est pas prescrit de dépôt.

Saxe (Royaume). — La législation du royaume de Saxe admet le principe de réciprocité pour les œuvres littéraires et artistiques. L'enregistrement et le dépôt d'un exemplaire à Leipzig sont recommandés.

822. Du débit d'ouvrages contrefaits. — Le simple *débit* d'ouvrages contrefaits, soit en France, soit à l'étranger (décret du 28 mars 1852), constitue un délit spécial puni de peines moindres que la contrefaçon elle-même (art. 426, 427 Cod. pén.). Il n'est pas, d'ailleurs, nécessaire pour l'existence du délit qu'il y ait eu vente effectuée ou même exposition en vente; il suffit qu'un exemplaire contrefait ait été trouvé chez un libraire, qui est réputé le destiner à son commerce. M. Renouard soutient, avec raison, qu'il en est de même quand le livre contrefait est saisi dans un cabinet de lecture où la location qui en est faite nuit évidemment à la vente de l'ouvrage original (1).

Il n'y a pas, d'ailleurs, à distinguer entre le débitant d'ouvrages contrefaits en France ou d'ouvrages introduits, après fabrication à l'étranger. La loi est applicable dans l'un et l'autre cas (2).

823. De l'annonce et de la transmission officieuse d'un ouvrage contrefait. — Mais l'annonce pure et simple sur un catalogue ou prospectus d'un ouvrage contrefait, quelque condamnable et même préjudiciable qu'elle puisse être, ne serait qu'une tentative de délit non punissable, si le libraire n'était pas effectivement devenu détenteur du livre (3).

Saxe-Altenbourg (Duché).—Le principe de réciprocité est admis par la loi du duché de Saxe-Altenbourg pour les ouvrages d'esprit.

Saxe-Weimar (Grand-duché).—Une convention du 17 mai 1853 reconnaît aux auteurs et artistes français la propriété des œuvres d'esprit et d'art. Un dépôt n'est pas exigé.

Schwarzbourg-Rudolstadt (Principauté). — Une convention du 16 décembre 1853 reconnaît aux auteurs et artistes français la propriété des œuvres d'esprit et d'art. Il n'est pas prescrit de dépôt.

Schwarzbourg-Sondershausen (Principauté).—Une convention du 7 décembre 1853 reconnaît aux auteurs et artistes français la propriété des œuvres d'esprit et d'art. Un dépôt n'est pas exigé.

Suède et Norwége. — Le droit de réciprocité pour les œuvres littéraires est admis par la constitution et la législation des États de Suède et de Norwége.

Toscane (Grand-duché).—Un traité de commerce du 15 février 1853 interdit la fabrication de contrefaçons des œuvres littéraires et artistiques des auteurs et artistes français.

Waldeck (Principauté).—Une convention du 4 février 1854 reconnaît la propriété des œuvres d'esprit et des compositions musicales en faveur des auteurs et des compositeurs français. Il n'est pas prescrit de dépôt.

(1) Voir Renouard, n. 23.
(2) Gastambide, n. 85.
(3) Voir arrêts de cassation du 2 décembre 1808, et conclusions conformes de Merlin.—*Contrà*, Chauveau et Hélie (3ᵉ édit.), sur l'art. 426.

La transmission à titre purement officieux d'un exemplaire contrefait ne constituerait pas non plus par elle-même un délit(1); mais le destinataire pourrait être considéré et puni comme complice de l'introducteur, s'il recevait l'ouvrage pour en faire le commerce (2).

824. De la bonne foi du débitant. — Le délit de débit de contrefaçon est un délit intentionnel, aussi bien et à plus forte raison, que celui de contrefaçon même. On comprend que la bonne foi sera plus facile à admettre de la part du simple débitant, que des circonstances diverses peuvent avoir induit en erreur. Toutefois, la mauvaise foi sera présumée, jusqu'à preuve contraire, de la part de tout libraire qui aurait acheté d'un autre que de l'auteur les exemplaires trouvés dans son magasin (3).

825. Des faits préjudiciables sans être constitutifs du délit de contrefaçon. — Lorsque le fait incriminé, d'ailleurs préjudiciable, ne réunit pas tous les caractères constitutifs du délit de contrefaçon, soit qu'il s'agisse, par exemple, d'un simple manquement aux conventions sur la forme de la publication, soit qu'il y ait usurpation trop peu caractérisée pour constituer une contrefaçon (voir n° 803), soit qu'il y ait absence d'intention coupable chez le prévenu, les intérêts de l'auteur lésé sont protégés par l'action civile en indemnité qui se substitue à l'action correctionnelle en contrefaçon. Dans la pratique, cette dernière est le plus souvent remplacée par l'action en dommages-intérêts alors même que le délit pourrait être établi.

§ VII.
De l'action en contrefaçon.

SOMMAIRE.

826. De l'action civile et de l'action publique en contrefaçon. — 827. L'action appartient au propriétaire de l'ouvrage contrefait.— 828. De la saisie des ouvrages contrefaits.— 829. Sur quels objets doit porter la saisie. — 830. Du tribunal compétent pour connaître de l'action civile. — 831. Du tribunal compétent pour connaître de l'action correctionnelle. — 832. De l'exception préjudicielle et du sursis. — 833. Preuves de la contrefaçon. Condamnations.— 834. De l'amende. — 835. Confiscation. Son caractère pénal. — 836. De la confiscation en cas de contrefaçon partielle.— 837. Droit du poursuivant à l'égard des

---

(1) Cass., 2 décembre 1808.
(2) Amiens, 28 novembre 1835.
(3) C. cass., 18 juin 1847.

tiers détenteurs d'ouvrages contrefaits. — 838. Des réparations civiles. Appréciation des dommages-intérêts. — 839. De la solidarité entre les individus condamnés. — 840. Dommages-intérêts dus au prévenu acquitté. — 841. Application du droit commun quant à l'appel, au recours en cassation, à la prescription. — 842. Point de départ de la prescription.— 843. L'expiration du délai de trois ans ne donne pas le droit de débiter l'édition contrefaite.

826. De l'action civile et de l'action publique en contrefaçon. — La contrefaçon donne lieu, comme tout délit, suivant les art. 1er et 3 du Cod. d'instr. crim., à deux actions : l'action civile en indemnité, l'action publique ou pénale.

La première peut être intentée par la partie intéressée, soit devant le tribunal civil sous forme de demande en dommages-intérêts, soit devant le tribunal correctionnel par voie de citation directe, ou en se portant partie civile. Mais le particulier lésé ne peut, même en police correctionnelle, demander que des réparations pécuniaires, et il ne saurait les obtenir du tribunal de répression que si le fait donne lieu à une peine (1). Le ministère public seul, s'il croit devoir se joindre à l'action, peut requérir des condamnations pénales. D'ailleurs, son action est parfaitement libre et indépendante de celle de la partie privée; et il peut, soit intenter d'office l'action en contrefaçon, même sans être provoqué par une plainte, soit continuer à suivre malgré le désistement de la partie civile (2).

Ces règles sont l'application pure et simple des principes du droit commun, sur lesquels nous n'avons pas à insister. Au point de vue du droit spécial, nous n'avons à nous occuper que de l'action en contrefaçon et des conditions de son exercice de la part des intéressés.

827. L'action appartient au propriétaire de l'ouvrage contrefait. — On sait que la condition première de la recevabilité de toute action est le dépôt (n° 760) (3). Une fois ce préliminaire rempli, l'action peut être exercée par le véritable propriétaire de l'ouvrage contrefait, à l'exclusion de tous autres, c'est-à-dire suivant les cas, par l'auteur, par ses successeurs, ou enfin par le cessionnaire, quand celui-ci a acquis le droit exclusif de publier, sans qu'il soit besoin qu'il justifie d'un acte de cession

---

(1) Paris, tribunal correctionnel, 29 décembre 1852.— Lacan, t. 2, n. 721.
(2) Amiens, 9 mai 1842 (aff. Beauvais) : Paris, 18 novembre 1851. — F. Hélie, *Inst. crim.*, t. 5, p. 183 ; Lacan, t. 2, n. 720.
(3) Sauf les cas où il y a dispense de dépôt en vertu des traités diplomatiques (voir ci-dessus n° 765).

ayant date certaine (1). S'il n'y avait qu'une simple autorisation de vendre un certain nombre d'exemplaires, l'action continuerait à appartenir à l'auteur, demeuré seul propriétaire de l'ouvrage lui-même (2).

828. De la saisie des ouvrages contrefaits. — Le moyen habituel de faire constater le délit est la saisie des exemplaires contrefaits, que, d'après l'art. 3 de la loi de 1793, et le décret du 25 prairial an III, les commissaire de police ou les juges de paix sont *tenus* d'effectuer lorsqu'ils en sont requis par l'auteur ou ses représentants légaux, sans pouvoir se dispenser d'obtempérer à cette réquisition (3).

La saisie n'est pas indispensable, d'après l'art. 429 du Cod. pén., pour rendre l'action en contrefaçon recevable (4). Tous les autres moyens de preuve sont admissibles, et l'action pourrait être suivie, bien qu'il n'y eût pas eu saisie, ou que la saisie fût nulle pour inobservation des formalités prescrites par les art. 38 et 39 du Cod. d'instr. crim. (5). Mais elle n'en demeure pas moins le meilleur et souvent le seul moyen de constatation du délit.

La saisie n'est autorisée que quand il s'agit de constater des faits de contrefaçon. Si l'auteur se plaint d'une atteinte à ses droits qui n'ait pas ce caractère, il n'y a plus lieu à la saisie. Mais elle est autorisée en cas de débit ou d'introduction en France d'ouvrages contrefaits aussi bien qu'en cas de contrefaçon proprement dite (6).

829. Sur quels objets peut porter la saisie. — La saisie peut porter sur tous les objets constituant le corps du délit et susceptibles d'être confisqués d'après l'art. 429 du Cod. pén., c'est-à-dire, non-seulement sur les exemplaires contrefaits, mais encore sur les instruments mêmes de la contrefaçon. Il faut y comprendre les caractères d'imprimerie, quand ils sont composés pour le tirage de l'œuvre incriminée (7).

Le droit de saisie porte, sans distinction, sur tous les exemplaires contrefaits, en quelque lieu qu'ils se trouvent, même chez de simples particuliers qui ne seraient ni fabricants ni dé-

---

(1) C cass., 27 mars 1855 (Hacquart); Toulouse, 3 juillet 1855.
(2) Blanc, p. 423 et suiv.
(3) Gastambide, n. 147; Blanc, p. 429 ; Delalain, p. 7 ; Lacan, t. 2, n. 716.
(4) C. cass., 27 mars 1855.—Lacan, t. 2, n. 715.
(5) Renouard, n. 227 ; Lacan, t. 2, n. 715.
(6) Renouard, n. 228.
(7) Blanc, p. 432.

bitants de l'objet du délit. Les termes absolus de la loi n'autorisent pas d'exception à l'égard de ces derniers (1).

830. Du tribunal compétent pour connaître de l'action civile. — Le tribunal compétent est, en général, s'il s'agit de l'action civile proprement dite, le tribunal civil, en vertu du principe constant que l'auteur ou ses représentants ne font pas acte de commerce en exploitant la propriété littéraire (2). Toutefois, ils pourront agir devant le tribunal de commerce, s'ils ont pour adversaire un commerçant. Enfin, les juges consulaires seront seuls compétents, si l'action est intentée par un cessionnaire commerçant contre un autre commerçant (3). — Le tribunal compétent est d'ailleurs celui du domicile du défendeur.

831. Du tribunal compétent pour connaître de l'action correctionnelle. — Quant à l'action correctionnelle, elle est portée devant le tribunal de police correctionnelle, soit du lieu où le délit a été commis, soit du lieu où réside le prévenu, soit, enfin, de celui où il peut être trouvé. Mais le fait seul de la saisie d'exemplaires contrefaits dans un endroit où il n'y aurait eu ni fabrication, ni vente, ne suffirait pas pour attribuer juridiction au tribunal du ressort (4). Il n'y aurait pas lieu, dit avec raison M. Morin, à faire ici application de la fiction établie pour les lois de la presse, suivant laquelle un ouvrage est réputé publié partout où la publicité le fait parvenir (5).

Ces règles générales sur la compétence ne reçoivent exception que pour le cas où le prévenu, à raison de sa qualité, celle de magistrat, par exemple, ou de militaire, serait justiciable d'un tribunal spécial (6).

832. De l'exception préjudicielle de propriété et du sursis. — Le juge, même correctionnel, saisi de l'action principale, est en même temps juge de toutes les exceptions que le prévenu peut opposer pour sa défense.

Quand celui-ci se défend en soutenant qu'il est lui-même pro-

---

(1) Voir Blanc, p. 431, et Renouard, n. 229, qui adopte cette opinion, mais avec hésitation.
(2) Renouard, n. 22, 160.
(3) Renouard, n. 243.—*Contrà*, Blanc, p. 417-430. L'opinion de ce dernier auteur est absolument repoussée dans la pratique.
(4) Paris, 28 mars 1855 (Tondeur.—*Gaz. des Trib.* du 31 mars 1855); C. cass.; 22 mai 1855.—Renouard, t. 2, n. 247.
(5) Morin, *Répert.*, v° Contrefaçon, n. 26.
(6) C. cass., 9 février 1827.—De Grattier, t. 1, p. 403 ; Gastambide, n. 187.

priétaire de l'ouvrage prétendu contrefait, ou que le demandeur n'a pas de droit privatif sur cet ouvrage, le tribunal correctionnel doit-il surseoir à statuer jusqu'à ce que la question de propriété ait été vidée par le tribunal civil, en vertu du principe posé par l'art. 182 du Code forestier? Il faut reconnaître tout d'abord que le tribunal peut passer outre, si l'exception préjudicielle ne lui paraît qu'un vain prétexte (1); mais quand il y a titre invoqué ou faits de possession d'un caractère sérieux, la question est fort délicate (2). La jurisprudence de la Cour de cassation, conformément à l'opinion de plusieurs auteurs, admet que le juge correctionnel peut, à son gré, ou surseoir à statuer jusqu'à ce que la question de propriété ait été vidée par le tribunal civil, ou décider lui-même cette question comme accessoire à la question de contrefaçon (3).

Le sursis est obligatoire quand le prévenu justifie qu'antérieurement à la poursuite correctionnelle la question de propriété a été déjà portée devant le tribunal civil (voir à ce sujet le chapitre des brevets d'invention, n° 520).

833. Preuves de la contrefaçon.— Condamnations. — La contrefaçon peut être établie par tous les moyens de preuve du droit commun. Les juges auxquels l'existence du délit est démontrée ne sont pas obligés, pour justifier la condamnation, de spécifier les parties de l'ouvrage qui ont été contrefaites; il suffit qu'ils déclarent qu'il résulte des faits et circonstances qu'il y a contrefaçon (4).

Lorsque la contrefaçon est établie à la charge du prévenu, les condamnations encourues par celui-ci sont l'amende et la confiscation, qui, ayant le caractère de peines, ne peuvent être prononcées que par le tribunal correctionnel, et les dommages-intérêts ou réparations civiles.

834. De l'amende. — 1° L'amende est de 100 à 2000 fr. en cas de contrefaçon proprement dite, ou d'introduction en France d'ouvrages contrefaits; elle est seulement de 25 à 500 francs en cas de débit de ces mêmes ouvrages (art. 427, 428 Cod. pén.).

Dans l'une et l'autre hypothèse, les règles relatives aux circonstances atténuantes et au non-cumul des peines sont applica-

---

(1) Paris, 18 janvier 1839.
(2) Voir jugement du tribunal de Nantes, 20 juillet 1841; tribunal de Paris, 8 décembre 1841.—Lacan, t. 2, n. 722.
(3) Voir Blanc, p. 451; Morin, *Répert.*, v° *Contrefaçon*, n. 26 et 45.
(4) C. cass., 27 février 1845.

bles (art. 463 et 365 du Cod. pén.) (1). L'amende la plus forte sera donc seule prononcée s'il y a plusieurs délits, à moins que l'un des faits ne constitue en même temps une infraction à des lois d'une nature spéciale, par exemple, une contravention de douane (2).

Il doit être infligé une amende à chacun des auteurs de la même contrefaçon, s'ils sont plusieurs, avec solidarité à l'égard de tous (art. 55, Cod. pén. ; voir n° 565) (3).

835. Confiscation.—Son caractère pénal. — 2° La confiscation ne doit pas être confondue avec la *remise* des objets contrefaits que le tribunal civil peut accorder au propriétaire, à titre d'indemnité, tandis que la confiscation est essentiellement une *peine* qui ne peut être prononcée qu'en cas de condamnation par le tribunal correctionnel. Mais elle a ce caractère particulier, que les objets confisqués, au lieu d'appartenir au fisc, suivant la règle générale, sont attribués à la partie lésée par l'art. 429, pour l'indemniser d'autant du préjudice causé ; à la différence de l'amende, elle doit être prononcée alors même que le prévenu a justifié de sa bonne foi, parce qu'elle a pour but essentiel de faire disparaître l'objet du délit et d'empêcher le mal de se continuer (voir n° 557) (4). Il importerait peu qu'il s'agît de livres d'église dont l'évêque n'est pas l'auteur et dont il ne peut être qualifié propriétaire ; la confiscation devrait être ordonnée, bien que le produit n'en pût être en ce cas attribué au plaignant (n° 745) (5).

836. De la confiscation en cas de contrefaçon partielle.— S'il n'y a que contrefaçon partielle, la confiscation est prononcée pour la partie contrefaite quand elle peut être séparée du surplus (6). Si la séparation n'est pas possible, comme lorsque le livre contrefait est tombé dans le domaine public, quant au texte principal, mais non quant aux additions et annotations qu'il renferme, la confiscation doit porter sur l'ensemble (7). Les tribunaux ne sauraient, sans excès de pouvoir, remplacer la confiscation par la condamnation du contrefacteur à un prix déterminé (8).

---

(1) Morin, *Répert.*, v° *Contrefaçon*, n. 29, 51 ; Renouard, n. 231.
(2) C. cass., 17 décembre 1831.
(3) Renouard, n. 252 ; Blanc, p. 471.
(4) Gastambide, n. 181.
(5) C. cass., 5 juin 1847.
(6) Renouard, t. 2, n. 259.
(7) C. cass., 5 juin 1847.
(8) Renouard, t. 2, n. 259.—*Contrà*, Blanc, p. 468.

837. Droit du poursuivant à l'égard des tiers détenteurs d'ouvrages contrefaits. — Il n'est pas nécessaire qu'il y ait eu saisie, pour que la confiscation soit prononcée (1), pourvu qu'elle porte sur des exemplaires trouvés en la possession des parties comprises dans la poursuite et non de tiers non poursuivis. Du reste, une fois la condamnation intervenue devant la police correctionnelle, les propriétaires autorisés à saisir les exemplaires contrefaits *partout où ils les trouveront*, n'ont plus à intenter contre les tiers détenteurs qu'une action civile en validité de saisie et non plus une nouvelle action correctionnelle en contrefaçon (2).

838. Des réparations civiles. — Appréciation des dommages-intérêts. — 3° Les réparations civiles qui peuvent être prononcées contre le contrefacteur comprennent : la remise des exemplaires contrefaits, qui, bien qu'elle se confonde souvent en fait avec la confiscation même, s'en distingue cependant comme on l'a dit (n° 835), en ce qu'elle peut être ordonnée par un jugement purement civil ; — l'impression et l'affiche du jugement, autorisées par l'art. 1036 du Cod. de proc. civ., et d'autant mieux appliquées ici, ainsi que le remarque M. Renouard, qu'elles signalent les contrefacteurs à l'animadversion générale et mettent les acheteurs en garde contre les éditions contrefaites : toutefois, cette condamnation n'ayant qu'un caractère civil, ne saurait être prononcée à la requête du ministère public (3) ; — enfin, les dommages-intérêts proprement dits, arbitrés *par les voies ordinaires*, d'après l'art. 429 du Cod. pén., abrogeant les art. 4 et 5 de la loi du 19 juillet 1793, qui fixaient les dommages-intérêts à une somme équivalente, suivant les cas, au prix de 3,000 ou de 500 exemplaires de l'édition originale (4).

839. De la solidarité entre les individus condamnés. — Aux termes de l'art. 55 du Cod. pén., tous les individus condamnés pour le même délit de contrefaçon sont tenus solidairement des amendes, restitutions, dommages-intérêts et frais. Le contrefacteur est évidemment solidaire des condamnations prononcées contre tous les débitants, et chaque débitant, de celles prononcées contre le contrefacteur, puisqu'ils ont participé au

---

(1) Renouard, t. 2, n. 235.—*Contrà*, Blanc, p. 456.
(2) C. cass., 10 janvier 1837.
(3) Amiens, 8 juillet 1836.—Gastambide, n. 189.
(4) Paris, 11 mars 1837.—Gastambide, n. 187.

même délit. Quant aux débitants à l'égard les uns des autres, la solidarité devra être ou non prononcée, suivant qu'il y aura eu ou non concert entre eux (n° 565) (1).

840. Dommages-intérêts dus au prévenu acquitté.
— Dans le cas où le prévenu aurait été indûment accusé, des dommages-intérêts devraient être prononcés en sa faveur contre la partie civile, conformément au droit commun (art. 1382 Cod. civ., voir n° 546, au chapitre des brevets d'invention), sans préjudice, s'il y a lieu, de l'application des peines dont la loi frappe la dénonciation calomnieuse (art. 373 Cod. pén.).

841. Application du droit commun quant à l'appel, au recours en cassation, à la prescription.—Les règles relatives à l'appel, au recours en cassation, à la prescription, sont celles qui sont établies à l'égard de tous les délits en général.

Nous renvoyons sur ce point au chapitre des brevets d'inventions (n°ˢ 569-571).

.Faisons remarquer seulement ici, en ce qui concerne la prescription, que les infractions aux droits d'auteur, même poursuivies devant les tribunaux civils ou de commerce, pourront être écartées par la prescription de trois ans, si les faits incriminés sont de nature à constituer un délit, si, par exemple, il s'agit de la reproduction totale ou partielle de l'œuvre. Au contraire, la prescription de trente ans serait seule applicable au fait simplement dommageable, tel que la violation des conventions, qui ne pourrait être qualifié contrefaçon.

842. Point de départ de la prescription. — La prescription du délit de contrefaçon proprement dite ne commence à courir que du jour où l'œuvre contrefaisante s'est manifestée par un fait extérieur et public, comme le dépôt, qui en a rendu la poursuite possible (2). Quant au débit de contrefaçon, chaque fait de vente constitue un délit spécial, à partir duquel court un nouveau délai de prescription, quelle que soit d'ailleurs l'époque de la fabrication ou celle de la première mise en vente, et alors même que le débitant serait le fabricant lui-même (3). La mise en vente, qui est assimilée au débit, est d'ailleurs un fait permanent *(délit successif)*, qui renouvelle à chaque instant le délit

---

(1) Voir Paris, 16 février 1843 ; 24 décembre 1834.—Gastambide, n. 191.
(2) Renouard, t. 2, n. 268.
(3) Paris, 26 juillet 1828 ; C. cass., 26 septembre 1828. — Voir Renouard, t. 2, n. 267 ; Blanc, p. 477.—Argument d'un arrêt de cassation du 28 juin 1844.

même, de telle sorte que la prescription court, non du jour où la mise en vente a commencé, mais du jour où elle a cessé (1).

843. L'expiration du délai de trois ans ne donne pas le droit de débiter l'édition contrefaite. — De ces principes il résulte nécessairement que l'expiration du délai de trois ans, à partir de la fabrication, qui met l'éditeur à l'abri des peines édictées par l'art. 427, al. 1, ne lui donne pas la faculté d'écouler impunément l'édition contrefaite, et à bien plus forte raison, d'en publier une autre même identique à la première, sous prétexte qu'il y a présomption d'une cession consentie par l'auteur (voir sur ce point le n°s 878-880 ci-après et la critique d'un arrêt de Paris du 24 février 1855).

CHAPITRE III.
De la propriété des œuvres dramatiques et musicales.

Législation. Lois des 13 janvier et 19 juillet 1791 (*Représentation des œuvres dramatiques*).—Loi du 19 juillet 1793 (*Propriété littéraire*).—Loi du 1ᵉʳ septembre 1793 (*Représentation des œuvres dramatiques*). — Décret du 8 juin 1806 (*Œuvres dramatiques posthumes*). — Décret du 15 octobre 1812 (*Représentation des œuvres dramatiques*).—Lois du 3 août 1844 et du 8 avril 1854 (*Durée de la propriété musicale et dramatique*).—Art. 428 du Code pénal (*Contrefaçon*).

844. La propriété dramatique et musicale comprend le droit d'impression et le droit de représentation.— La propriété des œuvres dramatiques et des compositions musicales dérive du même principe que la propriété littéraire en général, le droit de l'auteur sur les productions de son esprit (n° 711). Ces œuvres sont en général destinées tout à la fois à être livrées à l'impression et à être *représentées* ou exécutées en public par des artistes qui sont les interprètes. De cette double destination il résulte que cette propriété renferme deux droits bien distincts :

1° Le droit d'impression, régi par la loi du 19 juillet 1793 et pour lequel nous ne pouvons que renvoyer aux développements contenus dans le chapitre de la propriété littéraire;

2° Le droit de représentation, objet de la loi du 13 janvier 1791 et dont il va être spécialement question.

---

(1) Voir Morin, *Répert.*, v° *Prescription*, n. 22.

§ I.
Droit de publication des œuvres dramatiques et musicales.

SOMMAIRE.

845. Les règles sur la propriété littéraire applicables à l'œuvre dramatique imprimée.— 846. Les œuvres musicales assimilées aux œuvres littéraires, quelle que soit leur peu d'étendue. — 847. De la musique accompagnée de paroles. Copropriété indivisible. Ses effets.—848. Du dépôt des compositions musicales.—849. Durée de la propriété musicale d'après la loi du 8 avril 1854.—850. Cession du droit de publier les œuvres musicales.—851. De la contrefaçon des œuvres musicales.

845. Les règles sur la propriété littéraire applicables à l'œuvre dramatique imprimée. — La circonstance qu'une œuvre littéraire est destinée à la représentation, n'empêchant en rien de la reproduire par la voie de l'impression, laisse subsister à cet égard les droits et les obligations de l'auteur quant à la propriété, au dépôt de l'œuvre, à la durée et à la transmission des droits d'auteur (n°s 713-802).

846. Les œuvres musicales assimilées aux œuvres littéraires quelle que soit leur peu d'étendue. — Les œuvres musicales sont, par la loi du 19 juillet 1793, assimilées complétement, sous le rapport de la publication, aux œuvres littéraires en général.

Elles sont donc un objet de propriété, quelque minime que soit leur étendue, du moment où elles constituent, soit une production originale, opéra ou chanson, soit un arrangement nouveau de productions anciennes (n°s 728 et suiv.).

Un arrêt de la Cour de Paris du 11 avril 1353, motivé d'une manière remarquable, a posé en principe « que la loi qui reconnaît aux auteurs un droit de propriété ne mesure point sa protection à la longueur des productions....; qu'en effet, le mérite des compositions musicales ne tient point à leurs proportions ; que tous les jours des partitions considérables tombent dans l'oubli, tandis que de simples airs, trouvés par le génie, composés par le goût, se perpétuent comme des chefs-d'œuvre ou des souvenirs nationaux dans la mémoire des peuples (1). »

847. De la musique accompagnée de paroles. — Copropriété indivisible. — Ses effets. — Des questions de copropriété se présentent très-fréquemment lorsque la musique

---

(1) Sirey, 53.2.238.—Voir également arrêt de Paris du 6 janvier 1853, et Lacan, t. 2, n. 650.

est accompagnée de paroles, qui n'émanent presque jamais du compositeur. Quelle que soit l'importance relative de la musique et des paroles, il est impossible de refuser à chaque auteur un droit indivis sur l'œuvre totale : d'où il suit que le musicien, par exemple, ne saurait disposer de la partition d'un opéra sans le consentement du poëte. Il faut, au point de vue de la publication, s'en référer aux principes posés ci-dessus en cas de dissentiment entre les coauteurs d'une même œuvre (n° 781 ; au point de vue de la représentation, voir ci-après n° 862).

La nature et les limites du principe de l'indivisibilité du droit de l'auteur de la musique et de celui des paroles ont été tout récemment formulées par un jugement du tribunal correctionnel de la Seine, ainsi conçu : « S'il est constant qu'un opéra forme entre l'auteur et le compositeur une œuvre et une propriété communes, qui soient indivisibles en ce sens que l'un ne puisse, au préjudice de l'autre, associer ultérieurement à ses paroles ou à sa musique une autre musique ou d'autres paroles, on ne saurait aller jusqu'à prétendre que l'exécution exclusivement instrumentale de la musique puisse donner ouverture à un droit quelconque de l'auteur (1). »

Il résulte de cette décision que le compositeur de la musique peut, sans le consentement de l'auteur des paroles, la transformer, par exemple, en quadrilles, valses, morceaux de tous genres destinés à une exécution exclusive de l'emploi des paroles. Cette solution, vraie en principe, devrait être modifiée si la transformation opérée était de nature à influer d'une manière quelconque sur le débit de l'œuvre première, comme il pourrait arriver à l'égard d'une romance transformée en air de valse, etc...

848. Du dépôt des compositions musicales. — Le dépôt est nécessaire pour l'exercice de toute action contre les contrefacteurs (n° 760). Ce dépôt, d'après l'ordonnance du 9 janvier 1828, est de deux exemplaires si la musique est accompagnée d'un texte, et de trois si elle est sans texte.

849. Durée de la propriété musicale d'après la loi du 8 avril 1854. — La durée de la propriété de la musique imprimée ou gravée est restée jusqu'en 1854 soumise aux dispositions de la loi du 19 juillet 1793 et par conséquent limitée sans distinction à un terme fixe de dix ans après la mort de l'auteur. Le dé-

---

(1) 11 mai 1855 (Société des compositeurs c. Dejean. — *Gazette des Tribunaux* du 18 mai 1855). — Par le même principe et réciproquement, l'auteur des paroles peut les détacher et les publier isolément.

cret de 1810, qui étendait le droit de la veuve et des enfants, (voir n° 771) ne concernant que les œuvres littéraires, ne pouvait être appliqué aux compositions musicales. C'est ce qui résultait formellement, suivant plusieurs auteurs, d'un avis du conseil d'État du 23 août 1811 (1), et en tous cas des dispositions mêmes du décret de 1810 (2). Mais la loi du 8 avril 1854 mettant un terme à de choquantes anomalies, a supprimé, quant à la durée des droits des veuves et des enfants, toute distinction entre les propriétés des diverses œuvres de l'esprit. Désormais le droit de la veuve du compositeur se conserve pendant sa vie entière et celui des enfants pendant trente ans (voir ci-dessus n°s 771, 772). Les autres successeurs restent soumis au terme fixé par la loi de 1793. Sur la question de savoir à qui profite cette prolongation de durée, en cas de cession de la propriété, nous nous référons aux développements présentés ci-dessus (n° 778).

850. Cession du droit de publier les œuvres musicales. — En ce qui concerne la cession du droit de publier les œuvres musicales, nous renvoyons au § V du chapitre II ci-dessus et à ce qui est dit ci-après sur la cession du droit de faire exécuter ou représenter publiquement (n° 862), sauf la distinction radicale entre ces deux droits qui ne permet pas d'induire la cession de l'un de celle de l'autre (n° 863). Le cédant, en thèse générale, est réputé abandonner les divers modes de jouissance qu'il ne s'est pas formellement réservés.

851. De la contrefaçon des œuvres musicales. — Les principes que nous avons posés ci-dessus, à l'égard de la contrefaçon des œuvres littéraires (n°s 826 et suiv.), s'appliquent sans difficulté aux œuvres musicales. Ainsi il faut admettre que nul ne peut sans le consentement de l'auteur insérer des airs, quelque courts qu'ils soient, dans des compositions plus étendues (3).

On remarquera que la reproduction par voie de copies à la main, ayant surtout de l'importance en matière musicale, présenterait ici tous les caractères de la contrefaçon (4).

---

(1) Voir Lacan, t. 2, n. 688 ; Gastambide, n. 255.— Voir cependant en sens contraire un arrêt de la Cour de Paris du 8 avril 1854 (*Gazette des Tribunaux* du 25 avril) confirmant le jugement de première instance (veuve Herold).

(2) Renouard, t. 2, n. 117 ; argument d'un arrêt de cassation du 30 mars 1838.— *Contrà*, Blanc, p. 498 et 509, qui applique le décret de 1810 aux compositions musicales.

(3) Gastambide, n. 259.—Voir à cet égard Lacan, n. 650, et les nombreux monuments de jurisprudence qu'il cite et qu'on peut invoquer par analogie.

(4) Gastambide, n. 262, sauf exception pour les copies à l'usage particulier.

La contrefaçon partielle et le plagiat peuvent s'exercer sur la propriété musicale aussi bien que sur la propriété littéraire, suivant les conditions et les distinctions précédemment établies (nos 809 et suiv.).

Du droit de propriété de l'auteur sur toutes les formes de son œuvre il résulte spécialement en cette matière, qu'il y aurait contrefaçon non-seulement à extraire d'une œuvre importante des fragments pour les publier à part, mais même à en emprunter les motifs principaux pour composer des quadrilles ou des morceaux de fantaisie, ou pour les transporter de l'usage d'un instrument à celui d'un autre. C'est là une véritable traduction qui en principe appartient à l'auteur comme l'œuvre elle-même. Toutefois, il faudrait en pareille matière tenir grand compte de la tolérance que l'usage a introduite à l'égard d'emprunts de cette sorte, et surtout de l'absence de préjudice réel si elle était justifiée (1).

Sur la question de savoir si l'*exécution* de compositions musicales sans l'agrément de l'auteur peut constituer une contrefaçon, nous nous référons aux explications données ci-après, (n° 867).

Le décret du 28 mars 1852, renvoyant expressément à l'art. 425 du Code pénal, atteint certainement la contrefaçon des œuvres musicales composées à l'étranger. D'où cette conséquence précédemment admise (n° 718), et particulièrement importante pour la musique « cette langue de tous les pays » que la publication par un Français de sa musique, hors de France, n'entraîne pas d'elle-même déchéance de son droit de propriété.

On devra se reporter au chapitre II, § VII ci-dessus, pour tout ce qui est relatif à la poursuite en contrefaçon et à ses conséquences.

Il nous reste à nous occuper des droits des auteurs d'œuvres musicales ou dramatiques, au point de vue de l'exécution publique ou de la représentation.

§ II.

Du droit de représentation des œuvres dramatiques et musicales.

SOMMAIRE.

852. Du droit de représentation. A quels ouvrages il s'applique.— 853. Ce qu'il faut entendre par représentation et par théâtre.—854. De la censure dramatique. — 855. De la représentation à l'étranger anté-

---

(1) Gastambide, n. 260 ; Renouard, t. 2, n. 28.

rieurement à toute représentation en France.—856. De l'exercice du droit de représentation en cas de désaccord entre les coauteurs d'une même œuvre.—857. Durée du droit de représentation pour la veuve et les enfants. — 858. Durée du droit de représentation pour les successeurs en général. — 859. Des œuvres dramatiques posthumes. — 860. Application aux œuvres dramatiques posthumes de la distinction entre la publication et la représentation. — 861. Exception à l'obligation générale du dépôt.—862. De la cession du droit de représentation.— 863. Cession séparée du droit d'imprimer et du droit de représenter. — 864. Obligations des directeurs de théâtre. — 865. Obligations de l'auteur dramatique.

852. Du droit de représentation.—A quels ouvrages il s'applique. — Le droit de représentation attribué exclusivement aux auteurs résulte de l'art. 3 de la loi du 19 janvier 1791, qui dispose que les ouvrages des auteurs vivants ne pourront être représentés sur aucun théâtre public, dans toute l'étendue de la France, sans le consentement formel et par écrit des auteurs.

Par ouvrages, la loi a entendu toutes les œuvres dramatiques ou musicales, c'est-à-dire toute composition d'esprit, en paroles ou en musique, qui peut être transportée sur un théâtre (1).

853. Ce qu'il faut entendre par représentation et par théâtre. — La représentation est l'exécution sur la scène et devant le public, soit d'un ouvrage dramatique, soit d'une composition musicale, ne fût-ce qu'un fragment intercalé dans un morceau d'ensemble.

Le mot de théâtre doit s'entendre dans le sens le plus large ; il s'applique à tout lieu où le public est admis, même exceptionnellement, même sans rétribution, pour assister à une représentation (2). C'est ce qui a été jugé à l'égard d'un café, d'entrée libre, où des morceaux de musique étaient exécutés sans accompagnement de paroles ni de jeu scénique (3).

Mais deux jugements tout récents ont décidé qu'il en était autrement pour les airs de danse exécutés dans des bals publics ou dans des cabarets ; que la musique n'y était qu'un accessoire ;

---

(1) Conclusions de M. l'avocat général Plougoulm jointes à l'arrêt de cassation du 24 juin 1852, et arrêt de Paris du 11 avril 1853.

(2) Lacan, *Législation des théâtres*, t. 2, n. 650.

(3) Arrêt précité du 24 juin 1852, et 11 avril 1853 (Sirey, 53.2.237), qui ne permet pas d'appliquer à des couplets de vaudevilles, sans le consentement des auteurs, des airs qui sont leur propriété. — Dans le même sens, voir arrêt de Paris du 3 juin 1854 (*Gazette des Tribunaux* du 6 juin 1854).

que son exécution n'y avait le caractère ni d'un concert ni d'une représentation quelconque; enfin que la salle de bal ou le cabaret ne pouvaient être, sous aucun rapport, assimilés à un théâtre (1).

854. De la censure dramatique. — Le droit de représentation n'est pas absolu dans son exercice. Aux termes du décret du 30 décembre 1852, les ouvrages dramatiques sont soumis avant leur représentation à l'autorisation du ministre de l'intérieur à Paris et des préfets dans les départements, autorisation qui peut toujours être retirée par des motifs d'ordre public.

855. De la représentation à l'étranger antérieurement à toute représentation en France. — La propriété dramatique, de même que la propriété littéraire, est consacrée aussi bien au profit des étrangers que des nationaux par la loi de 1791 et par l'art. 428 du Cod. pén. Il n'y a pas de doute, à cet égard, pour les ouvrages dramatiques représentés pour la première fois, en France, par des étrangers (2). Mais que faut-il décider à l'égard des étrangers et même à l'égard des Français, quand la représentation a eu lieu pour la première fois à l'étranger?

On a vu que le décret du 28 mars 1852 avait tranché, dans le sens du maintien de la propriété, la question auparavant controversée de la manière la plus vive, relativement à la *publication* de l'ouvrage. Il en sera ainsi évidemment pour le droit de reproduire l'œuvre dramatique par l'impression. Mais le décret est muet à l'égard du droit de représentation; il ne s'occupe, d'après son art. 1er, que des ouvrages *publiés*, mentionnés par l'art. 425 du Cod. pén., et parmi les articles auxquels il renvoie, ne se trouve pas l'art. 428, relatif au droit de représentation. On peut en conclure, comme le faisait M. Renouard antérieurement au décret de 1852 à l'égard de toute publication (3), que toute œuvre dramatique, représentée pour la première fois à l'étranger, soit par un étranger, soit par un Français, peut être librement représentée en France. La jurisprudence, approuvée sur ce point par des auteurs estimés, admet ce tempérament, que si, après une représentation à l'étranger, l'auteur représentait son œuvre en

---

(1) Tribunal de la Seine, 11 mai 1855 (*Gaz. des Trib.* du 18 mai). — Tribunal de Tours, 9 juin 1855 (*Gaz. des Trib.* du 21 juin 1855).

(2) Gastambide, n. 213.

(3) Renouard, t. 2, n. 73, 74; Gastambide, n. 214. — *Contrà*, Lacan, n. 677. — Voir arrêt du 24 décembre 1831, cité par Gastambide, n. 286.

France avant toute autre exhibition dans notre pays, il ressaisirait et conserverait tous ses droits de propriété (1). Quoi qu'il en soit, si la pièce ou la composition musicale avait été exécutée en France tout d'abord, la représentation ultérieure, qui pourrait avoir lieu au dehors, ne la ferait certainement pas tomber dans le domaine public en France.

Au reste, cette question a perdu presque tout son intérêt pratique depuis les nombreux traités conclus avec les pays circonvoisins pour la garantie réciproque des œuvres de l'esprit, et d'après lesquels la propriété intellectuelle, de nationale qu'elle était, devient européenne (2).

856. De l'exercice du droit de représentation en cas de désaccord entre les coauteurs d'une même œuvre. — L'exercice du droit de représentation donne lieu à des difficultés sérieuses, quand un seul ouvrage est fait par plusieurs auteurs, soit que divers écrivains aient collaboré à une même pièce, soit qu'il y ait, comme dans les opéras, réunion de l'œuvre d'un musicien et de celle d'un poëte.

Nous avons dit d'abord qu'en principe, lorsque le désaccord porte sur le point de savoir s'il y aura ou non exécution, un des auteurs ne peut faire représenter l'œuvre commune sans le consentement de son collaborateur (voir n° 725). Il n'en serait autrement que s'il était démontré par les circonstances ou par la nature même de la composition, qu'elle n'a été faite qu'en vue de la représentation. C'est ce qui résulte des termes absolus de l'art. 3 de la loi de 1791 et des considérations de convenance les plus puissantes (3).

Si le dissentiment porte seulement sur le choix du théâtre, il semble difficile d'admettre que le différend doive être tranché par les tribunaux, comme nous l'avons établi lorsqu'il s'agit du choix d'un éditeur pour la publication (n° 781). Suivant la juste observation de M. Lacan (n° 542), d'accord sur ce point avec MM. Vivien et Blanc, le tribunal ne saurait ni apprécier exactement les conditions d'après lesquelles une pièce convient à tel théâtre plutôt qu'à tel autre, ni imposer à un auteur vis à vis de certaine entreprise dramatique les relations personnelles que la représentation exige. Ces jurisconsultes concluent de là que chaque auteur a la faculté, en pareille occurence, de porter de son

---

(1) C. cass., 30 janvier 1818; Paris, 26 novembre 1828.—Vivien et Blanc, § 455.
(2) Voir l'état du droit international ci-dessus (n° 821).
(3) Paris, 18 avril 1845.—Voir Renouard, t. 2, p. 102.

côté la pièce au théâtre de son choix, sauf à tenir compte à son collaborateur de sa part dans les bénéfices (1).

857. Durée du droit de représentation pour la veuve et les enfants. — Pendant la vie de l'auteur ou de l'un des auteurs, le droit de représentation se conserve conformément aux règles générales exposées précédemment (nos 767,769). Ce même droit après la mort de l'auteur, qui avait été porté, pour les œuvres dramatiques seulement, à vingt années en faveur de la femme survivante et des enfants par la loi du 3 août 1844, a été étendu pour les œuvres musicales, dramatiques et toutes œuvres littéraires et artistiques, à la vie entière de la veuve ayant droit (n° 771) et à une durée de trente années, à partir de la mort de la veuve, au profit des enfants (loi du 8 avril 1854).

On connaît la controverse à laquelle donne lieu la question de savoir si la prolongation des droits d'auteur profite, en cas de cession totale, au cessionnaire ou aux successeurs de l'auteur (voir n° 778).

858. Durée du droit de représentation pour les successeurs en général. — A l'égard des autres héritiers ou successeurs de l'auteur, dont la loi de 1854 ne s'est point occupée, les dispositions antérieures conservent leur empire. La durée du droit de représentation ou exécution publique des œuvres, soit dramatiques, soit musicales, est, sans distinction, de dix années, en vertu de l'art. 2 de la loi de 1793, portant abrogation tacite de l'art. 2 de la loi de 1791, qui la limitait à cinq ans pour les œuvres dramatiques. La jurisprudence a été fixée sur ce point par un arrêt de la Cour de cassation très-fortement motivé, en date du 5 décembre 1843, et conforme à l'opinion soutenue par la plupart des auteurs (2).

359. Des œuvres dramatiques posthumes. — D'après l'art. 12 du décret du 8 juin 1806 : « Les propriétaires d'ouvrages dramatiques posthumes sont les mêmes droits que l'auteur, et les dispositions sur la propriété des auteurs et sur sa durée leur sont applicables, ainsi qu'il est dit au décret du 1er germinal an XIII (voir n° 752).

La loi de 1854 n'a pas prolongé cette propriété en faveur des enfants (n° 779).

---

(1) Voir MM. Vivien et Blanc, Lacan.— *Contrà*, Gastambide, n. 241. — Jugement du 30 avril 1853, cité par Lacan, p. 65.

(2) Sirey, 44.1.28.—Voir Lacan, t. 2, n.693 ; Pic, *Code des imprimeurs, libraires*; Vivien et Blanc, *Traité de la législation des théâtres.*—*Contrà*, Gastambide, n. 220, et Blanc, *de la Contrefaçon*, p. 500.

Par ouvrages dramatiques posthumes, il faut entendre ceux qui, non-seulement n'ont pas été imprimés, mais qui n'ont pas été représentés du vivant de l'auteur (1).

860. Application aux œuvres dramatiques posthumes de la distinction entre la publication et la représentation. — Si le propriétaire de l'œuvre posthume l'a laissée tomber dans le domaine public, en ce qui concerne l'impression, faute de s'être conformé aux conditions prescrites par le décret de l'an XIII (n° 752), perd-il par cela même son droit exclusif sur la représentation du même ouvrage?

De la distinction établie plus haut entre les deux éléments de la propriété dramatique (n° 844), il faut conclure que la perte de l'un n'entraîne pas celle de l'autre, et que par conséquent l'héritier ou ayant cause de l'auteur, tout en ayant abdiqué le monopole de la publication, reste seul investi du droit d'autoriser ou de défendre la représentation de l'œuvre dont il s'agit (2).

861. Exception à l'obligation générale du dépôt. — La formalité du dépôt (n° 848) n'est prescrite que pour les ouvrages livrés à la gravure ou à l'impression. L'auteur qui fait représenter sa pièce ou exécuter sa musique sur manuscrit conserve, sans avoir effectué aucun dépôt quelconque, l'intégralité de son droit de propriété et de poursuite aussi bien que l'orateur qui débite un discours (3).

862. De la cession du droit de représentation. — La cession du droit de représenter une œuvre dramatique ou musicale est soumise, quant aux formes et quant aux preuves, aux principes que nous avons exposés relativement à la cession des œuvres littéraires en général (voir n°s 780 et suiv.).

863. Cession séparée du droit d'imprimer et du droit de représenter. — Présomptions diverses. — L'auteur cède parfois tout ensemble le droit d'imprimer et celui de représenter son œuvre; mais, en général, les deux droits sont cédés séparément, l'un à un éditeur, l'autre à un directeur de théâtre ou de concerts. Dans le silence de l'acte ou en l'absence de toute convention écrite, l'auteur qui s'adresse à l'une ou à l'autre industrie est censé ne lui céder que le genre de publica-

---

(1) Voir Lacan, t. 2, n. 666, qui repousse avec grande raison l'opinion contraire de Gastambide, n. 53.

(2) Lacan, t. 2, n. 665.

(3) Paris, 18 juin 1840; Lyon, 7 janvier, 31 mars 1852; arrêt précité de cassation du 24 juin 1852.—Voir Lacan, n. 656; Blanc, p. 497: Delalain, p. 5.

tion qui se rattache à sa spécialité (1). Quand, au contraire, c'est un tiers n'exerçant ni l'une ni l'autre profession qui s'est rendu cessionnaire, il doit être présumé, sauf stipulation contraire, avoir acquis les droits de l'auteur dans leur entier (art. 1602, Cod. Nap.).

Les chefs d'orchestre qui composent des ouvertures, partitions ou motifs pour les pièces représentées sur le théâtre auquel ils sont attachés, sont réputés n'avoir cédé leur œuvre que pour un temps égal à la durée de leurs fonctions et seulement pour l'usage même du théâtre (2).

L'auteur qui cède sa pièce au théâtre d'une ville conserve, à moins d'abandon formel de sa part, le droit de la faire représenter sur les théâtres des autres villes (3).

864. Obligations du directeur du théâtre. — Le directeur de théâtre ou l'entrepreneur de concerts est réellement, au point de vue de la représentation, l'*éditeur* de l'œuvre dramatique ou musicale.

De même que le libraire éditeur est tenu de publier le livre dont il s'est rendu cessionnaire, le directeur ou l'entrepreneur est tenu de faire représenter l'ouvrage qui lui a été cédé, tel qu'il l'a reçu (4), sauf refus ou retrait d'autorisation par le ministre ou le préfet (n° 854), cas de force majeure qui donne lieu à résiliation du contrat sans dommages-intérêts (5).

Le directeur ne peut d'ailleurs, dans un but quelconque, ni annoncer les pièces sous un titre autre que celui qui leur appartient (6), ni supprimer ou intervertir les noms des auteurs (7).

La pièce reçue doit être jouée dans le délai que l'usage ou le tour de rôle détermine, à peine de résiliation du contrat, alors même que l'auteur en aurait vendu la propriété entière, parce qu'il lui reste un intérêt de réputation et d'avenir à en obtenir la représentation. L'œuvre dramatique doit recevoir le nombre de représentations que sa valeur et son succès comportent, et, en cas de refus du directeur, les tribunaux auraient à appré-

---

(1) Jugement de Paris, 20 août 1834. — Blanc, p. 492 ; Lacan, n. 668.
(2) Voir Lacan, n. 669.
(3) Jugement de Paris du 22 septembre 1836. — Lacan, n. 673.
(4) Voir Lacan et les espèces citées n. 557, 561, 562.
(5) Lacan, n. 558, 559.
(6) Règlement du 25 avril 1807.
(7) Tribunal de Paris, 26 juin 1832. — Gastambide, n. 245.

cier les circonstances qui peuvent ou non justifier la conduite de celui-ci (1).

865. Obligations de l'auteur dramatique. — De son côté, l'auteur est tenu de prêter aux répétitions tout le concours nécessaire pour assurer la bonne exécution de la pièce, sans pouvoir désormais ni la retenir, ni la changer, ni surtout la faire jouer à un autre théâtre de la même localité (voir n° 870).

Toutes les difficultés particulières se résoudront en vertu de ce principe que l'auteur et le directeur doivent contribuer de bonne foi et dans la mesure de ce qui dépend de chacun d'eux au succès de l'ouvrage dramatique ou de la composition musicale. Nous ne pouvons que renvoyer aux solutions de détail précédemment données à l'occasion des rapports entre auteurs et éditeurs (n°ˢ 793 et suiv.).

§ III.

Contrefaçon des œuvres dramatiques et musicales.
Représentation illicite.

SOMMAIRE.

866. Caractères de la contrefaçon des œuvres dramatiques et musicales. Des copies de rôles. — 867. De la représentation illicite. Éléments constitutifs du délit. — 868. De la reproduction totale ou partielle. Principes. — 869. De la traduction des pièces de théâtres. — 870. Transformation du genre de la pièce. — 871. De l'usurpation du titre. — 872. Publicité de l'exécution. Caractères légaux. — 873. Représentation devant des invités. — 874. Exécution publique par des personnes accidentellement réunies. — 875. Absence de consentement formel et par écrit. — 876. De la bonne foi en matière de représentation illicite. — 877. Action civile et action publique pour contrefaçon et représentation illicite. — 878. Prescription. Distinction essentielle à cet égard entre la contrefaçon et la représentation illicite. — 879. Durée de la prescription. — 880. Point de départ de la prescription en cas de représentation illicite. — 881. Pénalités.

866. Contrefaçon des œuvres dramatiques et musicales. — Des copies de rôles. — La propriété des œuvres dramatiques et musicales est par sa nature exposée à une double atteinte : la *contrefaçon* proprement dite, qui s'attaque au droit exclusif de publication ou d'édition ; la *représentation illicite*, qui préjudicie au droit exclusif de l'auteur de faire exécuter ou représenter son ouvrage.

---

(1) Jugement du 9 août 1831 (Harel).—Blanc, p. 495 ; Lacan, n. 574.

A l'égard de la contrefaçon par l'impression ou autre mode d'éditer les pièces de théâtres et compositions musicales, délit prévu et puni par les art. 425, 426, 427, du Cod. pén., et par le décret du 28 mars 1852, nous nous référons à ce qui a été dit à propos de la propriété littéraire (n°s 803 et suiv.).

Nous nous bornerons à faire remarquer que la copie à la main peut constituer pour les œuvres musicales un mode de contrefaçon très-dommageable (n° 851); mais que de semblables copies, appliquées limitativement aux rôles de chaque acteur, et faites pour les besoins d'un seul et même théâtre, ne sauraient constituer une contrefaçon. C'est, en effet, le moyen souvent unique de préparer la représentation, et il n'y a pas matière à préjudice pour l'éditeur de la pièce (1).

867. De la représentation illicite.— Éléments constitutifs du délit.— Le délit de représentation illicite, véritable mode de contrefaçon, résulte, selon l'art. 1er de la loi de 1791, de toute représentation effectuée sans le consentement formel et par écrit de l'auteur ou de ses représentants.

D'après cet article, interprété conformément aux principes posés à l'égard de la contrefaçon littéraire, les trois éléments nécessaires et suffisants du délit spécial dont il s'agit sont :

1° La reproduction totale ou partielle de l'œuvre originale;

2° L'exécution publique de cette œuvre par un directeur, entrepreneur de spectacle ou association d'artistes;

3° L'absence du consentement formel et par écrit de l'auteur. Reprenons ces trois points.

868. De la reproduction totale ou partielle.—Principe.— 1° L'appréciation du degré de ressemblance qui prend le caractère, non d'une simple imitation, mais d'une véritable usurpation, doit être faite sous l'influence du principe suivant posé par M. Gastambide : *il y a représentation condamnable, toutes les fois que la pièce représentée constituerait une contrefaçon, si elle était imprimée* (2). Nous nous référons sur ce point à nos explications antérieures (n°s 808 et suiv.), tout en signalant certaines circonstances, spécialement relatives aux représentations théâtrales.

---

(1) Voir sur ce point Pardessus, *Droit commercial*. t. 2, n. 54.—Il en serait autrement, si un directeur faisait faire des copies de rôles pour les fournir à d'autres théâtres.—Paris, 29 juin 1827 ; tribunal de Paris, 24 juin 1846; tribunal de Lyon, 5 février 1851.—Voir Lacan, t. 2, n. 711.

(2) Voir Gastambide, n. 224, 225 ; Lacan, n. 701.

869. De la traduction des pièces de théâtre. — Si la traduction d'un ouvrage imprimé constitue une contrefaçon (n° 814), à bien plus forte raison faut-il le décider ainsi à l'égard de la traduction d'une pièce de théâtre en une autre langue; car, en matière d'œuvres dramatiques, « le plan de l'ouvrage, l'ordonnance du sujet, la conception et le développement des caractères, l'agencement des scènes, la conduite de la pièce, son action et ses effets, ont une importance capitale, indépendamment du style, de la forme du langage et de la composition » (1). La jurisprudence est constante sur ce point (2).

870. Transformation du genre de la pièce. — La transformation d'une pièce d'un certain genre en une pièce d'un autre genre, d'un drame, par exemple, en un opéra, serait en général une contrefaçon, pourvu qu'il y eût possibilité de préjudice (3). Il en serait ainsi alors même que la pièce faite par imitation émanerait de l'auteur de la pièce originale, si celle-ci avait été par lui vendue sans réserve. L'auteur qui a cédé son œuvre doit être purement et simplement assimilé à un tiers (4).

871. De l'usurpation du titre. — L'usurpation du titre seul qui, à l'égard d'une publication, pourrait être considérée comme une contrefaçon partielle (n° 817), ne saurait, par la nature même des choses, à l'égard d'une pièce jouée, constituer le délit de représentation illicite, puisque, si on imprime un titre, on ne le représente pas, et que par conséquent la reproduction de la pièce seule est atteinte par la loi de 1791. Mais cette usurpation pourrait donner lieu à une action en dommages-intérêts, si elle causait quelque préjudice.

872. Publicité de l'exécution.— Caractères légaux. — Gratuité. — 2° La seconde condition pour que la représentation soit illicite, c'est qu'elle soit donnée sur un théâtre public, par un directeur, entrepreneur de spectacle ou association d'artistes. Pour que la publicité existe, il faut et il suffit que le public soit admis sans invitation directe et personnelle (5). La

---

(1) Jugement du tribunal de la Seine, confirmé par arrêt du 6 novembre 1841 (Victor Hugo).

(2) C. cass , 12 janvier 1853 ; Paris , 20 janvier 1852.—Voir les observations de M. le conseiller Hardouin jointes à l'arrêt précité (Dalloz, 53.1.119), et les nombreuses décisions citées par Lacan, t. 2, n. 703.

(3) Lacan, *ibid*.; Gastambide, n. 228.

(4) Vivien et Blanc, § 424; Lacan, n. 703 ; tribunal de Paris, 4 février et 14 août 1855 ; 8 janvier 1856, etc.

(5) Sur la question de savoir si l'exécution de quadrilles, valses dans un bal public, peut être assimilée à une représentation illicite, voir ci-dessus n°   .

circonstance que l'entrée du local serait gratuite ne pourrait à elle seule faire disparaître le délit ; car il est évident que l'exécution d'une œuvre musicale, gratuitement offerte au public, détournerait les amateurs d'aller l'entendre dans un concert que l'auteur donnerait à son profit, et qu'il y aurait dommage pour celui-ci, alors même qu'il n'y aurait pas profit pour le contrefacteur (1). Seulement le fait d'une spéculation directe par un paiement à l'entrée, ou indirecte par l'attrait d'un concert gratuit donné aux consommateurs dans un café, devrait déterminer les juges à punir plus sévèrement le délit (2). Et il nous paraît même, qu'eût-on recours à des invitations personnelles, si une rétribution était perçue à l'entrée, ce serait, sous une forme déguisée, un véritable appel au public, qui donnerait lieu à l'application de la loi pénale (3).

873. Représentation devant des invités. — La représentation cesse au contraire d'être illicite quand elle a lieu devant des personnes invitées et choisies personnellement et gratuitement, sur un théâtre de salon, par exemple, quelque nombreuse que soit l'assistance.

874. Exécution publique par des personnes accidentellement réunies. — Malgré la généralité de l'art. 3 de la loi de 1791, le Code pénal ne punit la représentation que quand elle émane d'un entrepreneur de spectacle ou d'une *association d'artistes*. On a conclu de ces expressions qu'une représentation unique, même publique et payante, donnée dans un but de bienfaisance par des amateurs réunis pour cette seule circonstance, pourrait avoir lieu sans le consentement de l'auteur de la pièce ou de la musique (4). Il y aurait en ce cas, à la condition que le fait ne se répétât point, exception au principe qu'une représentation au profit des pauvres donne ouverture, comme toute autre, au droit des auteurs sur le produit de la recette (5).

875. Absence de consentement formel et par écrit. — 3° Enfin la loi déclare la représentation illicite, en l'absence du consentement *formel et par écrit* de l'auteur.

Il en résulte que des directeurs de province ne sauraient,

---

(1) Voir Lacan, n. 699, d'après lequel les sociétés philharmoniques ne pourraient exécuter des morceaux sans le consentement des auteurs.—Tribunal de commerce de Nancy, 12 mai 1854 (*Gaz. des Trib.* du 1ᵉʳ juin 1854).
(2) C. cass., 24 juin 1852; Lyon, 7 janv. 1852; Paris, 18 juin 1845.—Lacan, n. 699.
(3) Blanc, p. 502, 503.
(4) Gastambide, n. 231.
(5) Voir MM. Vivien et Blanc, *Traité de la législation des théâtres*.

sans risque d'une condamnation, se prévaloir d'un usage assez généralement suivi, pour faire représenter une pièce qui a réussi à Paris, sans s'être entendus au préalable avec l'auteur, sauf à lui tenir compte de ses droits. En présence du texte de la loi, le consentement de l'auteur ne saurait être présumé, et il aurait toujours la faculté, nonobstant l'usage invoqué, soit d'interdire d'avance la représentation, quels que fussent les préparatifs faits par le théâtre, soit de poursuivre, même correctionnellement, le directeur qui aurait passé outre à la représentation (1).

Toutefois, s'il était justifié que le consentement de l'auteur eût été réellement donné, l'absence d'écrit ne saurait autoriser celui-ci à arguer de nullité la cession par lui faite (voir n° 862).

876. De la bonne foi en matière de représentation illicite. — Il faut admettre, comme en matière de contrefaçon littéraire, que la représentation illicite constitue un délit intentionnel (n° 806), et que la bonne foi du prévenu le met à l'abri de toute peine (2), quoiqu'elle ne l'exempte pas des réparations civiles, s'il y a eu préjudice causé.

877. Action civile et action publique pour contrefaçon et représentation illicite. — Les poursuites en cas de contrefaçon proprement dite des œuvres musicales et dramatiques, comme en cas de représentation ou exécution illicite, sont soumises à tous les principes ci-dessus exposés en ce qui concerne la contrefaçon littéraire (n°s 826 et suiv.). L'action publique en répression du délit et l'action civile en réparation du dommage peuvent être exercées, soit ensemble, soit isolément.

878. Prescription. — Distinction essentielle à cet égard entre la contrefaçon et la représentation illicite. — La prescription relative au délit de contrefaçon par voie d'édition est essentiellement distincte de celle relative au délit de représentation illicite. De ce que le fait de reproduction de la pièce imprimée ne pourrait plus être incriminé, il ne résulterait en aucune façon que le droit de représentation fût acquis par là même au directeur qui aurait, à des époques différentes, publié et représenté. C'est l'application certaine des principes élémentaires sur la distinction des deux éléments de la propriété dramatique. Nous repoussons donc, sans hésiter, la solution admise récemment par le tribunal de la Seine, qui

---

(1) Tribunal de la Seine, 18 décembre 1841.—Voir Lacan, n. 697.
(2) Paris, 12 août 1842 (Troupenas).

déclare, contrairement au droit et à l'équité, que l'auteur d'un libretto, non poursuivi pendant trois ans, peut céder valablement le droit de représenter le sujet de ce libretto, bien que ce soit celui d'une pièce appartenant à autrui (1).

879. Durée de la prescription conformément au droit commun.— La prescription est de trois ans, pour toute action, soit pénale, soit purement civile, mais fondée sur un fait de représentation illicite qui pourrait être qualifié délit, tandis qu'elle ne serait que de trente ans, s'il s'agissait d'une simple infraction aux conventions des parties.

880. Point de départ de la prescription en cas de représentation illicite.—La prescription de trois ans court-elle à partir de la première représentation faite sans le consentement de l'auteur, ou chaque représentation nouvelle est-elle le point de départ d'une nouvelle prescription ?

La difficulté naît de ce que la représentation illicite renferme en elle-même tout à la fois le fait de contrefaçon et celui de débit de l'objet contrefaisant. Or, dit-on, la loi, à l'égard de la publication proprement dite d'un ouvrage, a créé, sans doute, deux délits distincts résultant, l'un de la fabrication, fait unique, l'autre, du débit, fait qui se répète à chaque vente, laquelle sert de point de départ à une nouvelle prescription ; mais cette distinction n'est pas faite en ce qui concerne la représentation illicite. Dès lors, le caractère principal de contrefaçon doit l'emporter sur le caractère accessoire et secondaire de débit de la chose contrefaite ; d'où il suit que la poursuite donne lieu de rechercher l'existence d'un délit unique et général de contrefaçon, délit qui a été pleinement consommé, suivant l'arrêt de Paris du 24 février 1855, le jour où la pièce a été représentée au mépris des droits de propriété de l'auteur, sans que l'exploitation ultérieure de l'œuvre puisse raviver le délit lui-même. On conclut de là qu'il faut appliquer le principe absolu d'après lequel, ni les preuves d'un délit, ni le délit lui-même, ne peuvent être recherchés après trois ans, et reconnaître qu'il y a présomption de cession régulière de la part de l'auteur qui n'a pas réclamé pendant les trois années qui ont suivi la première représentation de son œuvre (2).

Nous ne saurions admettre cette doctrine. Chaque représentation est une édition nouvelle et spéciale de l'œuvre dramatique,

---

(1) Jugement du 16 mars 1855 (*Gaz. des Trib.* du 18 mars 1855).
(2) Voir *Gazette des Tribunaux* du 25 février 1855.

pour laquelle le consentement *formel* de l'auteur est nécessaire, d'après la loi de 1791. Chacune a, en effet, son caractère particulier, ses conditions d'exécution, ses circonstances déterminantes, parfois ses interprètes à part. Aussi, aux termes mêmes de la loi de 1791 comme de l'art. 428 du Code pénal, il est porté atteinte au droit de l'auteur d'une manière directe et particulière toutes les fois que son œuvre est représentée sans son agrément. Le consentement tacite à une représentation, que le silence de l'auteur pendant trois ans fait présumer, n'implique pas que l'auteur ait consenti à d'autres représentations, pas plus qu'il ne faudrait induire de l'absence de poursuites contre une édition contrefaite que l'auteur a renoncé à poursuivre une édition nouvelle émanée du même individu. Chaque représentation porte donc une nouvelle et spéciale atteinte au droit de l'auteur comme le ferait chaque édition de l'œuvre imprimée, et donne lieu, en conséquence, à une nouvelle prescription (1).

881. Pénalités. — En cas de condamnation, les peines prononcées par la loi pour représentation illicite sont une amende de 50 à 500 francs, et la confiscation des recettes, qui doivent être remises au propriétaire (art. 428, 429, du Cod. pén.). Nous renvoyons, sur ce point, aux explications données à l'occasion de la contrefaçon littéraire en général (n°s 833 et suiv.).

CHAPITRE IV.
De la propriété artistique.

LÉGISLATION. Loi du 19 décembre 1793 (*Propriété littéraire et artistique*). — Décret du 28 mars 1852 (*Propriété artistique dans ses rapports avec l'étranger*). — Loi du 8 avril 1854 (*Durée de la propriété artistique*). — Art. 425 du Code pénal (*Contrefaçon*).

§ I.
Principes généraux sur la propriété artistique.

SOMMAIRE.

882. Objets auxquels s'applique la propriété artistique. — 883. Définition de la propriété artistique. Comment elle se distingue de la propriété

---

(1) Voir en ce sens arrêt de Paris du 27 juin 1844, qui a admis l'action en contrefaçon pour représentation illicite de la *Gazza ladra*, bien que l'auteur l'eût laissé jouer pendant vingt-trois ans. — Paris, 6 novembre 1841.

du droit commun. — 884. En quoi consiste le droit exclusif de reproduction. — 885. La propriété artistique suppose une création ou production nouvelle. — 886. La nouveauté peut résulter d'une simple combinaison. — 887. La propriété artistique s'applique-t-elle aux productions purement industrielles ? — 888. Le droit exclusif se restreint à ce qui émane réellement de l'artiste. — 889. Influence des faits accomplis à l'étranger sur la propriété artistique.

882. Objets auxquels s'applique la propriété artistique. — La propriété artistique, dont les rapports avec l'industrie proprement dite sont chaque jour plus nombreux, est tout à fait analogue par son principe et ses effets à la propriété littéraire. Elle est également consacrée par l'art. 1er de la loi du 19 décembre 1793, d'après lequel « les peintres et dessinateurs qui font graver des tableaux ou dessins jouissent.,.. du droit exclusif de vendre, faire vendre, distribuer leurs ouvrages et d'en céder la propriété en tout ou en partie. » On a conclu des expressions générales de l'art. 7 : *toute autre production de l'esprit ou du génie et qui appartient aux beaux-arts*, que le principe de la loi de 1793 était applicable à tous les arts délinéatoires et plastiques, notamment à la sculpture et ses dérivés (voir nos 910 et suiv.) (1), ainsi qu'à l'architecture elle-même (voir ci-après, n° 928).

883. Définition de la propriété artistique. — Comment elle se distingue de la propriété du droit commun. — La propriété de l'artiste porte d'abord et essentiellement sur l'œuvre même sortie de ses mains, le tableau, le dessin, la statue. C'est un objet matériel et mobilier, soumis comme tel à tous les principes ordinaires, et à la propriété duquel se rattachent tous les modes de jouissance, parmi lesquels il faut comprendre la faculté de l'exhibition ou exposition publique (2). Ce que la loi spéciale ajoute à cette propriété du droit commun, c'est le droit de reproduction ou droit de copie qui constitue la propriété artistique, la seule qui reçoive application à l'industrie et dont il doive être question dans cet ouvrage.

884. En quoi consiste le droit exclusif de reproduction. Conséquences et applications. — Ce droit de copie ou plus exactement de reproduction consiste dans le droit exclusif pour l'artiste de donner à son œuvre toutes les formes, toutes les manifestations dont elle est susceptible, de l'exprimer,

---

(1) Gastambide, n. 352, et arrêts cités par cet auteur.—Renouard, p. 79.
(2) Renouard, t. 2, n. 51 et 44.

pour ainsi dire, dans un autre langage, comme le ferait l'auteur en transportant son écrit dans un autre idiome ou dans un autre genre littéraire; et cette analogie confirme pour nous d'une manière frappante ce que nous avons dit ailleurs du droit de traduction et de transformation en littérature (n° 737). Il en résulte que l'auteur a seul la faculté non-seulement de faire à la main des copies de son œuvre originale, plus ou moins semblables à elle (1), mais de la reproduire même par un autre art, par exemple, de reproduire une peinture par la gravure, la lithographie, la photographie, qui est venue ouvrir une voie nouvelle et merveilleuse aux arts du dessin, mais qui offre aussi à la contrefaçon de grandes facilités (n° 891). — Le droit exclusif n'irait pas toutefois jusqu'à mettre obstacle à l'emprunt d'un sujet par un art absolument différent, de telle sorte qu'il n'y eût plus d'analogie réelle entre l'original et la prétendue copie. Nous examinerons à l'occasion de la contrefaçon les conditions dans lesquelles l'emprunt du sujet pourrait ne pas être illicite (n° 906).

885. La propriété artistique suppose une création ou production nouvelle. — La propriété artistique définie par la loi de 1793 n'a pour objet, parmi les œuvres d'art, que celles qui constituent, de la part de leur auteur, une *création*, une production nouvelle de l'esprit, de même que la propriété industrielle suppose une invention. Elle ne s'appliquerait donc pas évidemment à la copie d'une œuvre antérieurement connue.

Mais il suffit qu'il y ait création artistique, c'est-à-dire production d'une chose nouvelle dans les figures ou les formes, pour qu'il y ait matière à propriété, abstraction faite du plus ou moins de mérite de l'œuvre, du plus ou moins de talent du producteur.

886. La nouveauté peut résulter d'une simple combinaison. — Or, la création, la nouveauté, peut résulter, non pas seulement de l'*invention* d'une œuvre entièrement originale, telle qu'une statue de fantaisie, mais de l'*exécution* nouvelle d'un sujet préexistant, comme serait un portrait, ou même de la *combinaison* nouvelle d'éléments isolément connus, comme un encadrement, ou un décor de théâtre, réunissant dans son ensemble divers motifs appartenant à tous (2).

887. La propriété artistique s'applique-t-elle aux productions purement industrielles? — Dans tous ces

---

(1) Gastambide, n. 290, 302 et suiv.; Renouard, n. 32.
(2) Paris, 4 août 1828; Gastambide, n. 281.

divers cas et autres analogues, il y a œuvre nouvelle de l'esprit appliquée aux formes et aux figures, qui sont du domaine de l'art; il y a création, il y a matière à propriété artistique.

De là résulte, comme le fait remarquer M. Gastambide, cette conséquence très-grave et très-intéressante que l'industrie qui crée des peintures, des dessins et des formes, doit avoir et a effectivement la propriété de ses œuvres, comme l'art proprement dit et au même titre (1); qu'elle a droit sous ce rapport au bénéfice de la loi de 1793, et qu'ainsi la propriété industrielle et la propriété artistique peuvent se confondre et dans leur principe et dans leurs effets.

Telle nous paraît être la vraie doctrine, nonobstant la décision contraire rendue récemment par la Cour de Paris (2).

888. Le droit exclusif se restreint à ce qui émane réellement de l'artiste. — Mais il faut conclure également qu'en dehors des créations pures et simples, œuvres du génie, et quand il s'agit, comme la plupart du temps, de productions où tout n'émane pas de l'artiste, la propriété ne pourra dépasser son principe ni s'étendre au delà de ce qui est véritablement créé. Ainsi, l'exécution d'un portrait ne donne pas au peintre le monopole de la reproduction des traits du modèle, mais seulement celui de la reproduction de l'image même obtenue par l'artiste; ainsi encore l'exécution d'une carte et d'un plan ne confère pas au géographe ou à l'ingénieur le droit exclusif de dessiner telle ou telle contrée mais uniquement celui d'interdire l'imitation de son propre dessin (3).

889. Influence des faits accomplis à l'étranger sur la propriété artistique. — Les nombreux traités diplomatiques récemment intervenus protégent la propriété artistique à l'étranger au même titre que la propriété littéraire (4). Indépendamment de ces traités, le décret du 28 mars 1852, applicable

---

(1) Gastambide, n. 278.—Voir en ce sens arrêt de cassation du 2 août 1854 (Sirey, 54.1.549).—Jugement du tribunal de la Seine du 31 déc. 1852 (Sirey, 54.2.710).— Contrà, arrêt du 3 août 1854 (voir la note suivante).

(2) Un arrêt de la Cour de Paris, 2e chambre, du 3 août 1854 (Sirey, 54.2.710), a décidé, par infirmation d'un jugement du tribunal de commerce de la Seine, qu'une œuvre de sculpture industrielle destinée à l'ornementation de produits fabriqués (vases de porcelaines) n'est point une œuvre d'art dans le sens de la loi du 19 juillet 1793 sur la propriété artistique; qu'elle doit être considérée comme un dessin de fabrique et soumise par suite au dépôt préalable prescrit par l'art. 15 de la loi du 18 mars 1806 pour s'en assurer la propriété exclusive.

(3) Voir pour les applications Gastambide, n. 279, 280, 281, 282, 284, 285.

(4) Voir l'énumération de ces traités ci-dessus (n° 821).

en général aux arts du dessin, puisqu'il renvoie à l'art. 425 du Code pénal qui les énumère spécialement, met à l'abri de toute déchéance de ses droits d'auteur l'artiste qui ferait graver ou lithographier, et à plus forte raison qui exposerait ses peintures et dessins à l'étranger (voir n° 718). Le renvoi du décret de 1852 aux art. 425 et 427, sous l'application desquels la jurisprudence fait rentrer la sculpture, permet de lui appliquer la même solution (1).

Ces principes généraux sur le droit de reproduction, de même que plusieurs de ceux qui vont être exposés, sont communs à tous les arts délinéatoires et plastiques sans distinction. Toutefois, l'importance particulière, en matière industrielle, de la sculpture et des arts qui s'y rattachent, nous engage à en faire l'objet d'un paragraphe spécial dont nous nous occuperons après avoir traité des divers arts du dessin.

§ II.
Arts du dessin (peinture, dessin, gravure, lithographie, photographie, etc.).

Art. 1er. — De la propriété des dessins, peintures, etc...

SOMMAIRE.

890. Des arts du dessin en général. Ce qu'on doit y comprendre.— 891. De la photographie et de ses divers procédés. — 892. Des combinaisons d'éléments connus. — 893. Du titre des gravures et des dessins. — 894. De la formalité du dépôt. — 895. Distinction des dessins artistiques et des dessins de fabrique. Renvoi. — 896. Durée de la propriété artistique. — 897. Cession des œuvres artistiques. Son double objet. — 898. De la cession du droit de reproduction par suite de la vente de l'original. — 899. Interdiction de refaire un nouvel original. Droit à l'esquisse.

890. Des arts du dessin en général.—Ce qu'on doit y comprendre. — Dans la catégorie des arts du dessin il faut comprendre toutes les manières d'exprimer par des couleurs ou par des lignes la figure des corps. L'expression de *gravure*, employée par la loi de 1793 et le Code pénal, est un terme générique qui s'applique sans difficulté à tous les arts et procédés nouveaux que l'esprit humain découvre et perfectionne. Cette législation protège donc, non-seulement les peintures et dessins proprement dits, mais les gravures sur métal et sur pierre dure qui ont pro-

---

(1) Voir d'ailleurs Blanc, p. 526, et jugement du 24 décembre 1831.

duit tant de chefs-d'œuvre, les mosaïques de toute sorte, les cartes de géographie physique, astronomique, mathématique, les vues et plans de lieux, les cartes routières, les plans et coupes des architectes, les tableaux statistiques et synoptiques, ne fussent-ils qu'un assemblage de lignes indiquant les combinaisons d'un jeu connu (1), tous les dessins, en un mot, à l'exécution desquels la main de l'auteur a pris part.

891. De la photographie et de ses divers procédés. — Quant aux vues photographiques d'un monument, par exemple, ou d'une ville, bien que le jeu de la lumière les produise de lui-même, il faut cependant, de la part du photographe, une dextérité et une précision qui ajoutent à l'œuvre de la nature un élément personnel. L'épreuve obtenue sera donc l'objet de la propriété artistique de son auteur, en ce sens que, seul, il aura le droit de reproduire cette image elle-même par un moyen quelconque, sans qu'il en résulte, bien entendu, interdiction de prendre directement les mêmes vues. Or, ce point a une importance très-grande à cause du procédé photographique, qui permet, à l'aide d'une épreuve négative, d'obtenir sur papier un nombre indéfini d'épreuves positives absolument identiques, résultat qui est encore réalisé par la lithophotographie ou transport sur pierre lithographique des épreuves daguerriennes. — En fait, d'ailleurs, la distinction des épreuves prises directement sur le même objet, ou obtenues à l'aide d'une précédente épreuve usurpée, sera des plus faciles, à cause de la similitude mathématique et absolue qui existera toujours entre deux épreuves prises l'une sur l'autre, tandis que deux épreuves directes offriront certainement, ne fût-ce que par suite du déplacement le plus minime du point de vue ou des ombres portées, une différence appréciable (2).

892. Des combinaisons d'éléments connus. — Les combinaisons artistiques d'éléments connus, analogues aux compilations en littérature, fournissent à l'industrie proprement dite de très-nombreuses applications, et l'arrangement, plus ou moins ingénieux, qui en fait une œuvre nouvelle, leur donne droit à la protection de la loi spéciale (voir propriété littéraire, n° 739). Le principe de la propriété artistique a été appliqué,

---

(1) Paris, 1ᵉʳ septembre 1837 (carte routière) ; jugement du 2 juillet 1829 (tableau des coups du jeu de billard).—Voir Blanc, p. 520-522.

(2) Voir à cet égard ce qui est dit relativement au moulage sur nature qui, sous le rapport qui nous occupe, est à la sculpture ce que le daguerréotype est au dessin (n° 921).

sans que les tribunaux aient dû se préoccuper du peu de mérite ou d'importance de la combinaison (1), aux vignettes composées de motifs gothiques déjà connus et formant l'encadrement de sujets religieux (2), aux ornements accessoires ajoutés au sceau de l'État sur des panonceaux de notaire (3), aux armoiries de fantaisie composées pour illustrer une publication, à la combinaison de sujets historiques ou allégoriques et d'ornements divers sur une toile ou rideau de théâtre, etc... (4).

893. Du titre des gravures et dessins. — Le titre d'une gravure ou d'une lithographie n'ayant rien de commun avec les arts du dessin ne peut être protégé par les principes relatifs à la propriété artistique. Il ne saurait être qu'un objet de propriété littéraire, s'il avait en lui-même une originalité qui en fît une véritable création de l'auteur, caractère qui s'est rencontré plus d'une fois dans le titre de certains dessins ou caricatures politiques. En tout autre cas, l'artiste aurait seulement le droit de se plaindre, si l'emprunt du titre était de nature à nuire à la vente de son œuvre en facilitant une confusion préjudiciable (n° 817).

894. De la formalité du dépôt. — Les œuvres artistiques sont soumises, comme les œuvres littéraires, à la formalité du dépôt, condition de la recevabilité de toute poursuite, mais seulement quand elles consistent dans des estampes susceptibles d'être reproduites à un grand nombre d'exemplaires, telles que gravures, lithographies (5), aqua-tintes, etc.... C'est ce que la loi de 1793 indique par son article 6, en disposant que les ouvrages de *gravures* mis au jour seront déposés au cabinet des *estampes*. Il résulte de ces expressions mêmes une exception, réclamée d'ailleurs par la nature des choses, en faveur des peintures et dessins originaux, qui doivent être assimilés, sous ce point de vue, aux manuscrits. La lithochromie, qui exige, après la reproduction mécanique, une main-d'œuvre spéciale, ne saurait être assujettie au dépôt. Les dessins obtenus par la photographie devront être ou n'être pas déposés, selon qu'il s'agira d'épreuves sur plaque métallique, dont il n'est souvent possible d'avoir qu'un ou deux originaux, ou d'épreuves sur papier qui se reproduisent en grand nombre (voir, quant aux effets du dépôt, n° 760).

---

(1) A moins cependant que les changements apportés aux types tombés dans le domaine public ne soient insignifiants. — Voir en ce sens Bordeaux, 26 mai 1858.
(2) Paris, 2 août 1828. — Blanc, p. 524.
(3) Paris, 9 février 1832.
(4) Voir jugement du 13 mai 1855 (*Gazette des Tribunaux* du 23 mai 1855).
(5) Ordonnance du 8 octobre 1817, art. 1.

Le nombre des exemplaires à déposer a été fixé à *trois* par l'ordonnance du 9 janvier 1828.

895. Distinction des dessins artistiques et des dessins de fabrique. — Renvoi. — Les arts du dessin fournissent à diverses industries un nombre infini de modèles où brillent toute la variété et toute l'élégance du goût français. Cette application de l'art à l'industrie, comme nous l'avons expliqué avec détail au sujet des dessins de fabrique (n° 574), ne porte pas atteinte à la propriété artistique ; elle donne seulement naissance à une propriété nouvelle et distincte, soumise à des conditions particulières et produisant des effets spéciaux (n°ˢ 586 et suiv.).

896. Durée de la propriété artistique. — La durée de la propriété artistique est égale, pendant sa première période, à la vie de l'*auteur*, qualification sous laquelle il faut comprendre tout artiste qui exécute ou fait exécuter par des élèves ou des ouvriers l'œuvre en question. Après la mort de l'auteur, la durée de la propriété artistique, dans le silence des art. 39 et 40 du décret de 1810, était uniformément limitée, pour tous les successeurs, à une durée de dix ans. Elle a été étendue à la vie entière de la veuve (1) par la loi du 8 avril 1854, et portée, en faveur des enfants, à trente ans, à partir du décès de l'auteur ou de l'extinction des droits de la veuve. Elle demeure fixée à dix ans pour tous les autres successeurs (n°ˢ 771-776).

Le décret du 1ᵉʳ germinal an XIII, relatif aux œuvres posthumes, n'a d'application, ni d'après sa lettre, ni d'après son esprit, aux ouvrages d'art proprement dits (2).

897. Cession des œuvres artistiques. — Son double objet. — Nous ne nous occuperons pas des formes de la cession des œuvres artistiques, à laquelle s'applique exactement ce qui a été dit ailleurs (n° 783); il nous suffira d'en déterminer les effets. L'artiste, comme on l'a vu (n° 883), a sur son œuvre un double droit, analogue, mais non identique, à la double propriété de l'auteur dramatique (voir n° 844), et qui peut faire l'objet de deux cessions séparées, à savoir : le droit de propriété ordinaire et corporel sur l'original, le droit spécial et tout incorporel de reproduction de cet original.

Point de difficulté, quand il existe un acte constatant la transmission, soit distincte, soit simultanée, de ces droits.

---

(1) Il ne s'agit bien entendu que de la veuve ayant droit à cette propriété en vertu de ses conventions matrimoniales (voir n. 771).

(2) Voir Gastambide, n. 325.

898. De la cession du droit de reproduction par suite de la vente de l'original.—Dans le silence des conventions, la vente de l'original doit-elle être censée comprendre la cession du droit de reproduction ?

Cette question, très-vivement débattue en doctrine et en jurisprudence (1), paraît définitivement tranchée dans le sens de l'affirmative par un arrêt des chambres réunies de la Cour de cassation du 27 mai 1842, rendu conformément aux conclusions de M. le procureur-général Dupin, mais contrairement à un précédent arrêt de la chambre criminelle de la même Cour du 23 juillet 1841. Cette solennelle décision est fondée sur ce motif général que, conformément au Cod. civ., la vente faite sans aucune réserve transmet à l'acquéreur la pleine et absolue propriété de la chose vendue, avec tous les accessoires, avec tous les avantages qui s'y rattachent et en dépendent ; que le droit de reproduire le tableau par la gravure doit être compris au nombre des droits et facultés que transmet à l'acquéreur une vente faite sans réserve, et que la loi de 1793 qui, suivant l'arrêt, n'a eu aucunement en vue de créer au profit de l'artiste, quant au droit de reproduction, une propriété distincte, indépendante du tableau, n'apporte pas de dérogation à ces principes.

Le dernier motif, base essentielle de la décision, nous paraît des plus contestables et fort peu conciliable avec l'art. 1er et surtout avec l'art. 3 de la loi de 1793, qui, par cela même qu'il ordonne la confiscation des œuvres gravées sans la permission *formelle et par écrit des auteurs*, semble exiger qu'il y ait cession expresse du droit de reproduction pour que l'auteur en soit dessaisi. Les raisons les plus fortes peuvent d'ailleurs être invoquées en faveur de la réserve tacite du droit de l'artiste (2). Mais nous croyons inutile de discuter au fond le mérite d'un arrêt, conforme d'ailleurs à un avis du conseil d'État du 2 avril 1823 (3), qui sera évidemment la règle des décisions à intervenir. Nous nous bornerons à faire remarquer avec M. Dalloz

---

(1) Affirm. Paris, 22 avril 1841 ; Orléans, 15 déc. 1841; Massé (Sirey, 42.1.585). — Négat. arrêt de Caen cité par Renouard, t. 2, p. 505. — C. cass., 23 juillet 1841 ; Renouard, t. 2, n. 175; Blanc, p. 550; Gastambide, n. 322; Dalloz (42.1.297).—Voir Troplong, *Revue de législation et de jurisprudence* de février 1842, p. 133.

(2) Voir Dalloz, 42.1.297, à la note.

(3) D'après cet avis, toute vente de tableau faite à l'État emporte cession du droit de copie. Cela résulterait d'ailleurs de cette circonstance bien connue de tout artiste, que l'État achète précisément pour livrer les œuvres d'art à l'étude et autoriser en conséquence à son gré la reproduction.—Voir Renouard, t. 2, n. 175.

que, dans la plupart des débats qui pourront s'élever en pareille matière, c'est surtout d'après les circonstances que la question devra être tranchée. A notre avis, même en l'absence de toute stipulation expresse, les tribunaux auraient la faculté de décider en fait, par appréciation de la nature du tableau, de la position respective des parties, surtout de la profession de l'acquéreur et du prix de vente, parfois enfin de l'usage suivi, que la convention doit être interprétée ou non dans le sens de la réserve du droit de gravure au profit de l'auteur (1).

899. Interdiction de refaire un nouvel original. — Droit à l'esquisse. — Il est du reste constant qu'alors même que l'artiste se serait formellement ou tacitement réservé, en vendant son tableau, le droit de le reproduire par la gravure ou autre procédé analogue, il n'aurait pas la faculté d'en faire lui-même une copie ou de répéter le même sujet d'une manière identique. Une telle reproduction, qui donnerait naissance à un nouvel *original* de même valeur que le premier, déprécierait nécessairement celui-ci et porterait l'atteinte la plus directe à la jouissance exclusive que le vendeur doit procurer à son acheteur (2).

On ne devrait décider autrement que dans le cas où le tableau aurait existé en plusieurs originaux lors de la vente.

Il n'en est pas de l'esquisse comme de la répétition du tableau même. L'usage en laisse la propriété à l'auteur quand il a vendu, même sans réserve, l'œuvre principale. On assimile dans la pratique à l'esquisse la reproduction du sujet sur une échelle beaucoup plus petite.

Art. 2. — De la contrefaçon des dessins, gravures, etc.

SOMMAIRE.

900. Caractères de la contrefaçon des œuvres d'art. — 901. Principes d'après lesquels les faits d'usurpation doivent être appréciés. — 902. Conséquence des principes ci-dessus quant à la contrefaçon des portraits. — 903. Application aux copies par le même art. — 904. Application aux reproductions par des modes directs. — 905. De la reproduction dans un but autre que celui que s'est proposé l'auteur. — 906. De la reproduction par un art différent. — 907. Action en dommages-intérêts pour usurpation du titre d'une gravure. — 908. Le délit de contrefaçon existe indépendamment de la mise en vente. — 909. Poursuites. Pénalités. Prescription. Renvoi.

---

(1) Dalloz, 42.1.297.; Blanc, p. 533.
(2) Blanc, p. 534; Renouard, t. 2, n. 177. — *Contrà*, Gastambide.

900. Caractères de la contrefaçon des œuvres d'art.
— La contrefaçon en matière de propriété artistique est, d'après les art. 1 et 3 de la loi de 1793 et 425 du Cod. pén., l'atteinte portée intentionnellement au droit exclusif de l'auteur de reproduire son œuvre par la gravure ou tout autre mode assimilé à la gravure, et de la débiter à son profit. Cette atteinte existe, et la contrefaçon doit être reconnue, toutes les fois qu'un tiers a, sans le consentement de l'auteur, exécuté la reproduction de l'œuvre, par un mode quelconque, au détriment de l'auteur, et qu'ainsi les éléments de toute contrefaçon, le *larcin* effectué et le *préjudice* possible (n° 803), se trouvent réunis.

901. Principes d'après lesquels les faits d'usurpation doivent être appréciés. — Une grande latitude est laissée au juge du fait pour l'appréciation de ces deux éléments. Posons cependant les principes suivants, applicables aux diverses espèces particulières. L'usurpation existe quand il y a reproduction de ce qui, dans l'œuvre primitive, appartient en propre à l'auteur, et non pas de ce qui, dans cette même œuvre, ne pourrait être revendiqué comme sien par l'artiste. Il peut y avoir usurpation, comme en tout autre cas, par suite de reproduction partielle aussi bien que de reproduction totale, abstraction faite, d'ailleurs, de la dimension de l'œuvre. Enfin, le préjudice en cette matière spéciale peut résulter, non-seulement de la possibilité d'une concurrence directe de l'œuvre du contrefacteur avec l'œuvre de l'auteur sous la forme même où elle existe, mais encore de deux circonstances dont chacune est suffisante, à savoir : 1° l'usurpation d'un des modes de reproduction par lesquels l'auteur a le droit de tirer parti de son œuvre; 2° l'avilissement ou la dépréciation de celle-ci par l'apparition même et la diffusion de celle-là, avilissement qui, pour des objets dont le goût du public arbitre seul la valeur, résulte de tout ce qui peut faire tomber dans la banalité un sujet jusqu'alors original.

Le préjudice, apprécié à l'un ou à l'autre de ces deux points de vue, sera la pierre de touche qui, dans les cas particuliers, nous servira à reconnaître ou à dénier l'existence de la contrefaçon, sans qu'il soit besoin de rechercher s'il y a confusion ou méprise possible entre l'œuvre du contrefacteur et celle de l'auteur (n° 819).

Ces principes, bien compris et exactement appliqués, rendront facile la solution des difficultés spéciales au sujet actuel, et qui ne se trouveraient pas tranchées par les solutions générales données à propos de la propriété littéraire (voir, sur les caractères de la contrefaçon totale ou partielle, les n°⁵ 808-810, dont la doctrine est ici directement applicable).

902. Conséquences des principes ci-dessus quant à la contrefaçon des portraits. — De ces principes nous tirerons les conséquences suivantes :

1° Quand l'œuvre de l'auteur est une imitation même servile de la nature, comme un plan, une carte géographique, un dessin de monument, un portrait, il faut distinguer, au point de vue de la contrefaçon qui pourrait en être faite, si le second dessin ou portrait est une imitation du premier, cas où il y a larcin de ce qui appartient à l'auteur, ou s'il est une nouvelle imitation du modèle même, cas où il n'y a qu'un second exemplaire de ce qui appartient à tous (n° 885). C'est ce qui résulte des diverses décisions relatives à des contrefaçons de portraits ou de cartes géographiques (1).

903. Application aux copies par le même art. — 2° En ce qui concerne les modes de reproduction, la contrefaçon est évidente et ressort des termes mêmes de la loi de 1793, quand il y a copie à la main de la peinture par la peinture, du dessin par le dessin (art. 1), quel que soit celui qui fasse la copie, fût-ce l'auteur lui-même, s'il a cédé son droit (voir ce qui est dit à propos des esquisses, n° 899) (2).

904. Application aux reproductions par des modes directs. — 3° La contrefaçon n'est pas certaine, quand il y a reproduction, même dans un tout autre format (3), par un des modes directs qui servent, d'après l'usage, à répandre un sujet, à savoir, la gravure, dit la loi de 1793 (art. 1 et 3), à laquelle il faut assimiler tous les autres arts du dessin, la lithographie, l'aqua-tinte, la lithochromie (4), etc..., et surtout la photographie, qui reproduit l'ensemble et le détail avec une précision mathématique (n° 891).

Dans ces diverses hypothèses, les plus simples de toutes, l'imperfection, la grossièreté même de la reproduction, ne mettront pas le contrefacteur à l'abri des sévérités de la loi. L'inhabile fabricant d'une mauvaise estampe sera réellement contrefacteur

---

(1) Paris, 26 juillet 1828 ; 15 janvier 1829 ; 1ᵉʳ septembre 1857 ; tribunal de la Seine, 17 mars 1834 ; Colmar, 27 mars 1844. — Voir Gastambide, n. 282 ; Renouard, t. 2, n. 79.
(2) Gastambide, n. 504.
(3) Blanc, p. 541 ; Colmar, 27 mars 1844.
(4) Gastambide, n. 506.

de la gravure précieuse qu'il aura imitée, parce qu'il pourra détourner, à son profit, des acheteurs par l'appât du bon marché, et en tous cas *vulgariser* l'œuvre de l'artiste au grand préjudice de celui-ci.

905. De la reproduction dans un but autre que celui que s'est proposé l'auteur. — 4° La circonstance que la reproduction par l'un de ces moyens directs d'imitation serait faite dans un but autre que celui que s'est proposé l'auteur ne ferait pas disparaître la contrefaçon. Ainsi, il y aurait contrefaçon de la part du *peintre sur porcelaine* qui reproduirait sur des vases ou autres objets des peintures ou dessins sans le consentement de l'auteur. L'usage ne saurait faire en ce cas fléchir les principes, et les tableaux des musées, dont le Gouvernement autorise libéralement la copie, fournissent en pratique aux artistes en céramique un nombre suffisant de sujets.

Il y aurait également contrefaçon dans la reproduction d'un tableau ou d'une gravure sur *papier peint* (pour tenture, devant de cheminée, etc...) (1), ou sur étoffe par les divers procédés de l'impression. La contrefaçon existerait même dans la copie de sujets gravés ou lithogragraphiés sur de simples enveloppes de jouets ou de bonbons (2). La raison de décider est dans tous ces cas divers que le fait est préjudiciable à l'auteur, et parce qu'il constitue une usurpation d'un des moyens utiles de reproduire son œuvre, et parce qu'il en résulte avilissement et dépréciation du sujet même par la banalité qui lui est infligée.

906. De la reproduction par un art différent. — 5° Il faut induire des solutions précédentes que la différence du mode de reproduction ne suffit pas en général pour exclure la contrefaçon.

Plusieurs auteurs et plusieurs arrêts restreignent ce principe au cas où le mode de reproduction est emprunté à un art analogue, et ils refusent de l'appliquer alors qu'un sujet est transporté d'un art dans un autre absolument différent. Ils admettent en conséquence qu'un sculpteur, un modeleur ou un ciseleur, pourront impunément copier un tableau sans qu'il y ait autre chose qu'un plagiat non punissable. « Le droit de l'auteur, dit un arrêt de la Cour de Paris, ne peut être étendu à la reproduction de ses ouvrages par un *art essentiellement distinct* dans

---

(1) Jugement du 11 février 1836.—Voir Gastambide, n. 308. — *Contrà*, jugement du 14 nivôse an XI.
(2) Jugement du 7 avril 1829.—Voir Gastambide, n. 308.

ses procédés comme dans ses résultats (1). » Cette doctrine sur laquelle, d'ailleurs, la Cour de Paris elle-même est revenue (2), nous paraît tout à fait inexacte. Suivant nous, c'est le principe contraire qui doit être posé, à savoir, comme le dit l'arrêt du 16 février 1843, que d'après la loi de 1793 et le Code pénal, toute reproduction, même celle qui s'opère au moyen d'un art essentiellement distinct dans ses procédés comme dans ses résultats, est une contrefaçon, lorsque cette reproduction est de nature à porter atteinte à la propriété d'autrui, et qu'elle ne devient licite que s'il est justifié de l'absence de tout préjudice possible. Peu importe qu'en pareil cas le nouvel objet d'art soit sous les rapports principaux la création de son auteur, s'il n'en renferme pas moins des parties même secondaires dérobées à autrui, et surtout s'il peut diminuer le profit que le premier artiste avait droit d'attendre de son œuvre. Il peut arriver, par exemple, que l'exécution d'un sujet en bas-relief et même en groupes isolés, comme dans l'espèce de l'arrêt de 1843, détourne de l'acquisition du même sujet en peinture, ou que des nielles, œuvres du ciseleur et de l'émailleur sur métal, ôtent du prix à la gravure qu'elles reproduisent.

Concluons donc que la reproduction d'un tableau par la sculpture ou autre art plastique est en général une contrefaçon, sauf le cas d'absence totale de préjudice (3), et ajoutons qu'alors même qu'on n'admettrait pas qu'il y eût contrefaçon proprement dite aux termes de la loi de 1793, il y aurait lieu à une action civile en dommages-intérêts fondée sur le principe général que nul ne peut s'enrichir aux dépens d'autrui (voir, pour la reproduction des œuvres de sculpture et d'architecture par les arts du dessin, n° 925).

Les mêmes principes et les mêmes restrictions devront être appliqués, s'il s'agit de la reproduction sur étoffe des dessins ou peintures d'un artiste au moyen de la broderie, du brochage, de la tapisserie. Ici, l'analogie des effets obtenus malgré la différence des procédés devrait rendre les juges plus sévères dans leur appréciation. La même question pourrait s'élever et réclamer la même solution, en cas d'imitation par l'estampage sur reliure d'un sujet de vignette ou d'encadrement gravé par son auteur, etc.

---

(1) Paris, 14 décembre 1831.—Renouard, t. 2, n. 41 ; Blanc, p. 545.
(2) Voir arrêt du 16 février 1843 (Sirey, 43.2.129) ; 16 février 1854.—Voir jugement du 20 avril 1855 (*Gaz. des Trib.* du 21 avril) et arrêt du 5 juin 1855 (*Gaz. des Trib.* du 6 juin 1855).
(3) Gastambide, n. 310, est favorable à cette opinion.

(voir les règles particulières aux sujets exécutés comme dessins de fabrique, au point de vue non de l'art, mais de l'industrie, n°⁸ 597 et suiv.).

907. Action en dommages-intérêts pour usurpation du titre d'une gravure.—L'usurpation du titre d'une gravure ne peut constituer, avons-nous dit (n° 893), en aucun cas, une contrefaçon de la propriété artistique; mais elle pourrait donner lieu, soit à une action en dommages-intérêts, si elle causait une confusion de nature à nuire à la vente du sujet connu le premier sous le titre en question, soit même en certains cas à une action en contrefaçon d'œuvre littéraire (n° 817).

908. Le délit de contrefaçon existe indépendamment de la mise en vente. — Comme en matière de contrefaçon littéraire, le délit existe indépendamment du fait de la mise en vente, par cela seul que la gravure de la planche ou le dessin sur pierre lithographique, ou l'épreuve négative de la photographie sur papier ou sur verre, en un mot, le moyen de reproduction, quel qu'il soit, est exécuté. N'y eût-il qu'un commencement d'exécution, ce serait encore une véritable contrefaçon, et non une simple tentative, si la partie exécutée était déjà susceptible de donner une reproduction partielle du sujet (1). En tous cas, les tribunaux seraient autorisés à ordonner la destruction de la planche commencée (2).

909. Poursuites, pénalités, prescription. Renvoi. —Pour tout ce qui concerne la saisie, la poursuite, les pénalités et la prescription, nous renvoyons à ce qui a été exposé relativement à la contrefaçon littéraire (n°⁸ 828 et suiv.).

§ III.

Sculpture et autres arts plastiques. — Architecture.

Art. 1ᵉʳ.— Propriété des œuvres de la sculpture et autres arts plastiques.

SOMMAIRE.

910. De la propriété artistique relativement aux arts plastiques. — 911. Application aux œuvres des divers arts plastiques.—912. La propriété du modèle suppose création dans la composition, ou l'exécution, ou la combinaison.—913. Du moulage sur nature. De la réduction. — 914. Originalité résultant de la seule exécution. Application aux copies.—915. Le dépôt n'est point exigé pour les produits des arts plas-

---

(1) Blanc, p. 539.
(2) Gastambide, n. 313, 314.

tiques.— 916. Le dépôt, quoique non obligatoire, a une utilité réelle. —917. Durée de la propriété des ouvrages de sculpture, etc... —918. Cession des ouvrages de sculpture. — 919. La cession du droit de reproduction résulte-t-elle de la cession d'un ouvrage de sculpture?

910. De la propriété artistique relativement aux arts plastiques. — A la différence des arts délinéatoires qui n'expriment que les contours et les couleurs des corps, les arts plastiques comprennent tous les moyens de reproduire les formes elles-mêmes, suivant un relief ou un creux plus ou moins complets (ronde bosse, haut-relief, bas-relief, creux), soit en taillant avec le ciseau une matière dure, soit en façonnant une pâte, soit en coulant un métal.

La jurisprudence, interprétant l'esprit plutôt que la lettre de la loi de 1793 et du Code pénal, a appliqué de la manière la plus large le principe de la propriété artistique aux produits de ces différents arts, même quand ils n'ont qu'une destination purement industrielle (1). Par un récent arrêt, la Cour de cassation a repoussé définitivement et absolument, au point de vue du droit, la distinction souvent proposée entre la sculpture artistique et la sculpture industrielle, entre l'*art* et le *métier*. Réformant une décision de la Cour de Paris relative à un simple modèle de poêles ovales sans ornement, la Cour suprême a placé sous la protection de la loi de 1793, non-seulement les ouvrages de sculpture ou de moulage artistique (2), mais *tout modèle destiné à être reproduit en relief*, nonobstant la nature usuelle du produit, la simplicité de la forme et l'absence même d'ornementation, du moment que ce modèle porte en lui *un caractère propre et spécial qui permette d'en apprécier l'origine et d'en reconnaître l'individualité* (3).

911. Application aux œuvres des divers arts plastiques. — Il faut dès lors reconnaître sans difficulté que la propriété des modèles appartient aux *sculpteurs sur bois*, ivoire, nacre, etc., comme aux *mouleurs* en pâtes de toute sorte (caoutchouc durci, carton-pierre, écaille ou corne fondue) aussi bien qu'en plâtre ou en verre (4), aux *fabricants de bronze* dont

---

(1) Blanc, p. 556; Gastambide, n. 355 et suiv.
(2) C. cass., 17 novembre 1814.
(3) Arrêt du 2 août 1854 (Sirey, 54.1.549).—*Contrà*, Paris, 11 août 1852 (*ibid.*), et 3 août 1854 (Sirey, 54.2.710).
(4) Gastambide, n. 355 *bis*, et 562.—*Contrà*, arrêt de Paris du 12 juin 1840, dont la doctrine n'a pas été suivie.

le règlement du 16 juillet 1766 défendait de *piller* les modèles (1), aux *fondeurs* en fer, cuivre, zinc, etc. (2), aux *estampeurs* qui obtiennent des formes saillantes sur des feuilles de métal *repoussées* au moyen d'une *matrice* ou creux et d'un *poinçon* en relief, procédé qui s'applique à tous les métaux depuis les grossiers ouvrages de tôle jusqu'à la plus fine orfévrerie et même au cuir (3), aux *fabricants de porcelaines et faïences* pour les modèles des figures proprement dites et même des vases à formes déterminées (4), aux *fabricants de cristaux*, soit taillés, soit moulés..., aux *ciseleurs* qui exécutent des nielles et autres ornements par incision du métal, etc.

912. La propriété du modèle suppose création dans la composition, ou l'exécution, ou la combinaison. — Il importe de ne pas perdre de vue en ce qui concerne la sculpture proprement dite, et surtout les différentes variétés de la sculpture industrielle, que la jurisprudence reconnaît la propriété des modèles pour tout ce qui est création de l'auteur (voir à ce sujet n° 885), mais seulement pour ce qui présente véritablement ce caractère. La création, comme on l'a dit à propos de la peinture (n° 892), résultera, tantôt de la *composition*, dans les sujets inventés par l'artiste, tantôt de l'*exécution*, dans les bustes ou statues d'un personnage déterminé, tantôt enfin de la combinaison des parties, lorsqu'un groupe, par exemple, est composé de divers éléments empruntés au domaine public, ce qui en sculpture constitue le *marcottage*, ou, chose plus fréquente, quand un sujet de quincaillerie ou d'orfévrerie est formé de plusieurs ornements isolément connus.

913. Du moulage sur nature. — De la réduction. — On s'est demandé si le portrait ou fac-simile obtenu par un moulage sur nature était un objet de propriété artistique. Le tribunal de la Seine, conformément à un avis des membres de la section des Beaux-Arts de l'Institut, a décidé la négative (5).

---

(1) C. cass., arrêt précité du 2 août 1854 ; Paris, 22 juin 1818; 25 janvier 1829, etc..—Voir Gastambide, n. 352 et 355.

(2) Jugement de Toulouse, 22 décembre 1835 ; Bordeaux, 21 janvier 1836 ; Gastambide, n. 356, 375 ; Blanc, p. 558.

(3) Paris, 9 février 1832 Ameling); jugement du 6 juin 1836. — Gastambide, n. 357.—Voir arrêt du 20 janvier 1837, cité par Gastambide, n. 396.

(4) Paris, 24 mai 1837 ; Gastambide, n. 359. — *Contrà*, Paris, arrêt précité du 3 août 1854.

(5) Jugement du 10 décembre 1834 (Automarchi).—Gastambide, n. 370 ; Renouard, n. 80.

Cette doctrine nous paraît complétement erronée (1). Quoique l'opération du moulage soit d'un genre moins relevé que celles qui constituent la statuaire, il n'en est pas moins vrai que l'*exécution*, ici comme ailleurs, est un élément personnel à l'auteur, susceptible par conséquent de lui conférer un droit propre, et de mettre obstacle non pas à ce qu'on moule de nouveau le sujet primitif, mais à ce qu'on copie l'empreinte obtenue par le moulage d'autrui. Les perfectionnements apportés dans ces derniers temps à l'art du moulage font ressortir encore le mal fondé de la solution que nous critiquons.

Il faut en décider de même pour l'art de la *réduction* mathématique, porté si haut par Collas et Barbédienne, qui permet d'obtenir des statues et ornements de bronze ayant presque le mérite d'originaux. Sans empêcher sans doute la reproduction par autrui et par d'autres procédés (n° 489) des sculptures originales, cet art donne lieu à une véritable propriété artistique sur les modèles ainsi obtenus qu'on ne saurait copier sans délit (2).

914. Originalité résultant de la seule exécution. — Application aux copies. — Posons en principe que toute reproduction d'un sujet, même du domaine public, exécutée par un artiste, donne naissance à un produit auquel son travail personnel a imprimé un cachet d'individualité qui en fait en quelque sorte, au point de vue de l'exécution, un original. D'où nous concluons l'interdiction non pas de reproduire à nouveau le sujet primitif, mais de prendre une copie de cette même copie, par des procédés de nature à lui emprunter non-seulement le sujet qui appartient à tous, mais le *faire* de l'artiste, qui doit être toujours considéré comme sa propriété (3) (voir ce qui est dit à propos du contre-moulage, n° 921).

915. Le dépôt n'est point exigé pour les produits des arts plastiques. — La formalité du dépôt n'est ordonnée à l'égard des objets de sculpture par aucun texte de loi. On ne peut leur appliquer la disposition de la loi de 1793, relative aux éditions *imprimées ou gravées*. Un arrêté du 5 germinal an XII, qui prescrit le dépôt des médailles, non pour en assurer la propriété, mais uniquement dans un intérêt de police, n'a d'ailleurs

---

(1) Voir Blanc, p. 552.
(2) Paris, 17 décembre 1847 ; 22 janvier 1829.—Gastambide, n. 368.
(3) Voir Blanc, p. 568 ; Gastambide, n. 374 et note, où il combat un arrêt contraire.

aucun trait aux autres produits des arts plastiques. On conçoit que l'obligation de déposer des ouvrages en relief eût été excessivement onéreuse et souvent même impossible pour leurs auteurs (1). D'où il faut conclure que la propriété des ouvrages de sculpture se conserve et s'exerce à tous les points de vue sans qu'aucun dépôt ait été effectué (2).

916. Le dépôt, quoique non obligatoire, a une utilité réelle. — Ce principe, applicable, d'après le dernier état de la jurisprudence, à la sculpture industrielle sans distinction, diminue l'intérêt de la question jusqu'ici fort débattue, de savoir si le dépôt spécial au secrétariat du conseil des prud'hommes, d'après la loi du 8 avril 1806, soit des objets eux-mêmes quand il est possible (objets moulés ou estampés, par exemple), soit d'un dessin représentatif des modèles non susceptibles de dépôt, réalise à leur égard le genre spécial de propriété temporaire ou perpétuelle à la volonté des déposants, que la loi a créé pour les dessins de fabrique (voir l'examen de cette question, n° 576).

La loi de 1793, surtout en présence de l'extension que la loi du 8 avril 1854 a donnée à la propriété artistique, accorde à la sculpture industrielle une protection suffisante pour qu'il soit moins important de recourir aux dispositions de la loi du 18 mars 1806. Toutefois, le dépôt spécial, en usage dans certaines industries (porcelaines, verres moulés, orfévreries) (3), fût-il inefficace pour faire acquérir le bénéfice de la loi de 1806, aurait toujours l'effet de fixer, quant à la date, l'origine des droits de l'auteur sur l'œuvre déposée, et de préparer ainsi d'avance la solution des questions, parfois si difficiles, qui s'élèvent sur l'antériorité d'une production par rapport à une autre (n° 588).

917. Durée de la propriété des ouvrages de sculpture, etc. — En dehors de toute application de la loi de 1806, la durée de la propriété est ici celle de toute propriété artistique (voir n° 896).

918. Cession des ouvrages de sculpture. — En ce qui concerne la cession des ouvrages de sculpture, nous nous en référerons à ce qui a été dit relativement aux produits des arts du dessin (n°ˢ 897-898). Faisons remarquer seulement que, lorsqu'un

---

(1) Blanc, p. 564.
(2) Voir en ce sens arrêt de la Cour de Douai du 3 juin 1850 (Sirey, 51.2.247).
(3) Voir arrêt précité du 3 août 1854.

artiste aura, d'après la commande d'un fabricant, composé un modèle destiné spécialement à l'industrie, c'est le fabricant qui devra être réputé véritablement l'auteur, et qui en exercera tous les droits.

919. La cession du droit de reproduction résulte-t-elle de la cession d'un ouvrage de sculpture? — Le principe posé par l'arrêt des chambres réunies de la Cour de cassation du 27 mai 1842, sur la cession du droit de copie comme accessoire de la vente du tableau (n° 898), ne saurait être, suivant nous, appliqué aux arts plastiques *de plano* et d'une manière générale, et il nous semble impossible d'admettre en thèse que la vente de l'œuvre d'un sculpteur entraîne virtuellement cession du droit de la reproduire.

La raison, à notre avis décisive, est tirée de la nature même des principaux arts plastiques et de leurs procédés essentiels. A la différence du tableau, qui est l'expression originale et le jet même de la pensée de l'auteur, la statue, comme tout objet de sculpture, n'est elle-même qu'une première reproduction d'un *modèle* que l'artiste crée et exécute lui-même, à laquelle il donne un achèvement et une perfection tout autres que le peintre à son esquisse, puisqu'il le livre au praticien ou au fondeur pour le reproduire en marbre ou en bronze par des procédés d'une précision mathématique.

Lorsque, malgré la vente, le sculpteur est laissé en possession de ce modèle, au moyen duquel il peut reproduire son œuvre sans la participation de l'acquéreur de la statue, la présomption est, selon nous, sauf la preuve contraire, qu'il s'est réservé le droit, sinon de refaire et de vendre à nouveau une seconde statue dans les proportions de la première, ce qui serait déprécier celle-ci (voir n° 899), du moins d'user des modes de reproduction, sur une autre échelle, qui permettent d'exploiter commercialement son œuvre (1).

Lorsque, au contraire, le sculpteur aura vendu à un fabricant le modèle même, tel que celui d'une figure destinée, par l'industriel, à être coulée en fonte ou en bronze, la présomption sera en sens opposé; toutefois, il pourra encore résulter des circonstances que le sculpteur n'a cédé au commerçant que le mode de reproduction spécial à sa profession, et qu'il s'est réservé la reproduction artistique.—Concluons qu'en thèse générale la présomption qu'il y a ou non cession du droit de reproduction

---

(1) Voir arrêt précité de Caen, rapporté par Renouard, t. 2, n. 175.

dépendra de la circonstance qu'il y a ou non vente du modèle, et que, dans tous les cas, les faits particuliers de la cause pourront influer sur la détermination du juge (1), sans que la doctrine de l'arrêt des chambres réunies du 27 mai 1842 doive recevoir son application.

Nous admettons sans difficulté, par les raisons données plus haut (n° 898, et note 3), que la vente d'une statue originale à l'*État* ou à la *Liste civile* doit être présumée emporter cession du droit de reproduction (2).

Quand l'artiste s'est réservé le droit de reproduire isolément une figure d'un groupe sur lequel il a, d'ailleurs, cédé toutes ses prérogatives, ce droit ne peut être considéré comme étant à lui personnel et inhérent à sa qualité d'artiste, et, s'il ne l'a pas exercé de son vivant, il passe de plein droit à ses héritiers (3).

Art. 2. — Contrefaçon des œuvres de la sculpture et autres arts plastiques.

SOMMAIRE.

920. Caractères de la contrefaçon en ce qui concerne les arts plastiques. — 921. Du contremoulage et procédés analogues.—922. De la reproduction par simple copie.—923. De la reproduction dans des proportions différentes.—924. La contrefaçon résulte de la reproduction totale ou partielle.—925. De la reproduction des ouvrages de sculpture par un art différent.—926. Toute reproduction, même non commerciale, susceptible de causer préjudice, est contrefaçon. — 927. De la reproduction contrairement aux termes d'une convention.

920. Caractères de la contrefaçon en ce qui concerne les arts plastiques. — La contrefaçon en matière de sculpture artistique et industrielle est soumise à l'application des principes généraux que nous avons établis relativement à la contrefaçon des peintures et dessins (voir n°s 900 et suiv.). Ajoutons quelques observations spéciales, en raison des procédés particuliers aux arts plastiques.

En principe, il y a contrefaçon dès lors que la reproduction totale et partielle, sans l'aveu de l'auteur, est reconnue, quel que soit le moyen auquel on ait eu recours. Néanmoins, il convient, dans la pratique et pour l'appréciation, soit de

---

(1) Voir jugement du 21 mars 1839 (Marochetti.—*Gaz. des Trib.* du 22 mars 1839).

(2) Voir jugement du 21 mars 1839 (aff. du Spartacus de Foyatier).—Renouard, t. 2, n. 175.

(3) Jugement du tribunal civil de la Seine du 23 mars 1855 (Cordonnier c. Susse. —*Gazette des Tribunaux* du 31 mars 1855).

l'intention du prévenu, soit du préjudice causé à l'auteur, de tenir compte de la nature du moyen employé. Il existe, en effet, pour la reproduction illicite d'une œuvre de sculpture ou de tout autre art plastique, deux sortes de procédés bien distincts : le *contre-moulage*, auquel il faut assimiler les modes de reproduction mathématiquement exacts inventés récemment, et la simple *copie*.

921. Du contre-moulage et procédés analogues. — Le contre-moulage et les procédés semblables, dont la photographie offre l'analogue dans les arts du dessin (n° 891), consistent à se procurer, par des moyens mécaniques, un modèle qui est le *fac-simile* de l'œuvre de l'artiste. Le contre-mouleur s'épargne ainsi tous les travaux préparatoires, si difficiles et si onéreux pour le sculpteur, et obtient sans peine ni frais les mêmes résultats que l'auteur lui-même. Ce procédé, aussi désastreux que déloyal, usurpe, non-seulement le sujet, mais tous les détails accessoires d'exécution, et jusqu'à la touche même de l'artiste, c'est-à-dire ce qui, dans une simple copie, peut appartenir en propre à son auteur.

Il suit de là que le contre-moulage est illicite dans presque tous les cas et que, pour peu que les tribunaux aperçoivent dans l'œuvre à laquelle il aura été appliqué, non-seulement une combinaison nouvelle de détails et d'accessoires, mais même un mérite d'exécution appréciable, il y aura, à ce point de vue au moins, de la part du contre-mouleur usurpation punissable (1). Il va de soi que ce procédé est essentiellement frauduleux, et repousse par lui-même toute excuse tirée de la bonne foi.

922. De la reproduction par simple copie. — La copie simple exige un travail analogue à celui que l'artiste fait exécuter par le praticien à l'égard de son modèle ; elle emporte reproduction du sujet, mais non du *faire* de l'auteur, d'où il suit qu'elle est interdite à l'égard des originaux, mais non pas à l'égard des copies.

Rappelons d'après les principes généraux qu'il y a copie contrefaisante, quand, malgré des différences de détail, l'ensemble du sujet est reproduit (2); qu'au contraire, il n'y a qu'un plagiat non punissable, quand l'imitateur s'est inspiré seulement de l'œuvre d'autrui, et a donné à la sienne un cachet réel de personnalité (voir n° 802).

---

(1) Blanc, p. 569.
(2) Bordeaux, 21 janvier 1836 ; *id.*, 26 mai 1838 (Minquini).— Voir Gastambide, n. 377.

923. De la reproduction dans des proportions différentes. — Il importerait peu, au point de vue de la contrefaçon, qu'elle fût faite sur la même échelle ou sur une échelle autre que l'original. C'est ce qui a été expliqué par une ordonnance rendue en conseil d'État, à la date du 10 septembre 1814, suivant laquelle les copies des ouvrages de sculpture, qu'elles soient d'une plus forte ou d'une moindre proportion que le modèle, sont défendues quand elles n'ont pas été autorisées par les propriétaires (1). On sait que la réduction en statuettes, aujourd'hui si fréquente, des œuvres des maîtres, est un des moyens les plus fructueux d'en tirer profit.

924. La contrefaçon résulte de la reproduction totale ou partielle. — Le droit exclusif de l'artiste consistant dans un monopole sur la reproduction et le débit de ses œuvres, il faut admettre que toute atteinte directement ou indirectement portée à ce monopole constitue la contrefaçon, en matière de propriété artistique comme en matière de propriété littéraire (voir n° 808). Du moment où il sera reconnu qu'il y a usurpation totale ou partielle de l'ouvrage, effectuée intentionnellement et pouvant porter préjudice à l'auteur, il y aura contrefaçon, sans qu'il soit besoin de rechercher si la confusion est possible entre l'œuvre du contrefacteur et celle de l'auteur (n° 807).

En renvoyant aux principes développés à l'occasion de la contrefaçon littéraire (n°s 803 et suiv.), bornons-nous à rappeler que la contrefaçon totale résulte du fait de l'insertion dans une collection d'une gravure publiée isolément, aussi bien que de la reproduction spéciale de ce même ouvrage, et que la contrefaçon partielle existe toutes les fois que les emprunts à l'œuvre même de l'artiste sont de nature à lui causer un préjudice quelconque (2).

925. De la reproduction des ouvrages de sculpture par un art différent. — Les questions soumises aux tribunaux en cette matière présentent quelques difficultés sérieuses, quand la reproduction du dessin a lieu pour un usage tout autre que celui que le plaignant a fait de son œuvre, ou par les procédés d'un art entièrement différent.

Tous les modes de reproduction, dans quelque genre que ce soit, appartenant en principe à l'auteur, il y a contrefaçon dans

---

(1) Voir dans Gastambide le texte de cette ordonnance non insérée au Bulletin des Lois et qui n'a d'ailleurs qu'une autorité de raison.—Voir **Colmar, 27 mars 1844.**
(2) **Paris, 23 janvier 1828.**

l'usurpation de son sujet, même pour une application autre que celle qu'il en a faite, et par un art tout différent du sien (voir les développements à ce sujet, nos 905, 906). Nous ne saurions penser avec M. Gastambide que le droit de l'auteur soit limité au mode de reproduction et d'exploitation qu'il a choisi d'abord (1). Sur ce point, la jurisprudence et les auteurs se montrent plus favorables encore au sculpteur qu'au peintre. Ceux mêmes qui admettent la faculté pour le sculpteur de reproduire par son art le sujet d'un tableau dénient au graveur le droit de reproduire en estampes l'œuvre du sculpteur, soit parce que la loi de 1793, reconnue applicable au sculpteur, donne expressément à tout artiste le droit exclusif de faire *graver* son ouvrage, soit parce qu'en fait, l'imitation par le dessin d'un modèle de sculpture, surtout d'un bas-relief ou d'une ciselure, nuit le plus souvent au débit de l'œuvre même du sculpteur (2). C'est ainsi que la Cour de Paris a jugé récemment que la reproduction de statuettes et autres œuvres de sculpture, au moyen du daguerréotype, est une contrefaçon : décision fondée essentiellement sur ce principe, qui doit servir, selon nous, à trancher toute difficulté analogue, « que la propriété assurée par la loi du 19 juillet 1793 à l'auteur d'une œuvre d'art consiste dans le droit exclusif d'en opérer toute reproduction quelconque de nature à donner un profit; — que toute atteinte portée à ce droit constitue la contrefaçon » (3).

926. Toute reproduction, même non commerciale, susceptible de causer préjudice, est contrefaçon. — D'après ce principe, bien qu'il doive être admis, par une sorte de tolérance nécessaire, qu'un particulier peut reproduire l'œuvre d'un artiste comme sujet d'amusement ou d'étude, il n'en serait plus ainsi dès lors que cette reproduction tendrait à dispenser certaines personnes de l'acquisition de l'ouvrage original (4).

Nous croyons donc qu'un maître n'aurait la faculté d'exercer ses élèves à couler en bronze ou à mouler en plâtre un sujet n'appartenant pas au domaine public, qu'à la condition que les copies ainsi obtenues seraient détruites. Il y aurait évidemment contrefaçon, si le maître reproduisait le sujet pour le fournir à ses élèves et leur en épargner l'acquisition (voir par analogie n° 812) (5).

---

(1) Voir Gastambide, n. 390.
(2) Gastambide, n. 391. — *Contrà*, Blanc, p. 570, et Renouard, t. 2, p. 88.
(3) Paris, 16 février 1854 (Samson. — Sirey, 54.2.401).
(4) Voir Gastambide, n. 393.
(5) Voir sur ce point un jugement du 15 janv. 1836, cité par Gastambide.

927. De la reproduction contrairement aux termes d'une convention. — Ainsi qu'on l'a fait remarquer à l'égard de la propriété littéraire, il peut y avoir contrefaçon de la part de l'auteur lui-même, quand il reproduit son œuvre après avoir fait cession pleine et entière du droit de reproduction. L'acquéreur du droit de reproduction partielle, qui effectue une reproduction plus étendue que ne l'y autorise son contrat, doit également être réputé contrefacteur (n° 800). Mais il n'en serait pas de même en cas de doute sur l'interprétation du contrat. Ainsi, si l'auteur s'était réservé à certaines conditions un droit de copie, si, par exemple, il avait vendu un groupe en conservant la faculté de reproduire une des figures du groupe isolément, à charge de proposer au cessionnaire antérieurement à tout autre l'acquisition de ce droit spécial moyennant un prix déterminé, et qu'il fût prétendu par ce dernier que l'auteur a exercé le droit réservé sans avoir fait la proposition convenue, il n'y aurait plus qu'une question d'interprétation ou d'inexécution de contrat, et non de contrefaçon. La partie lésée n'aurait donc que l'action civile en dommages-intérêts et non l'action correctionnelle (1).

Art. 3.—De la propriété artistique par rapport à l'architecture.

SOMMAIRE.

928. La propriété artistique s'applique aux œuvres originales d'architecture.—929. L'architecte a-t-il un droit exclusif à la reproduction de son œuvre par les arts du dessin ? — 930. La cession faite par l'architecte de son œuvre emporte-t-elle celle du droit de la reproduire ? — 931. La cession d'une œuvre d'architecture à l'État donne à tous le droit d'en effectuer la reproduction.

928. La propriété artistique s'applique aux œuvres originales d'architecture. — Des principes posés précédemment et appuyés sur les monuments les plus récents de la jurisprudence ressort la conséquence que les œuvres de l'architecture elle-même peuvent, dans une juste limite, devenir des objets de propriété artistique (2). La question se présentera rarement peut-être, parce qu'il y a moins d'originalité dans les œuvres architecturales que dans celles des autres arts, et que la plupart ne sont que l'imitation de modèles depuis

---

(1) Jugement du tribunal de la Seine du 25 mars 1855 (Susse.—*Gaz. des Trib.* du 31 mars 1855).

(2) Nous n'entendons pas ici parler du droit de l'architecte sur ses plans et dessins qui est en dehors de toute controverse, mais de son droit à la reproduction des édifices par lui construits.

longtemps connus. Toutefois, nous n'hésitons pas à dire que le type nouveau et vraiment original d'un édifice serait la propriété de l'architecte qui l'aurait inventé et exécuté, et qu'il faudrait tenir pour contrefateur tout constructeur qui viendrait à le reproduire servilement. Il y aurait, en effet, usurpation d'une œuvre d'art et préjudice pour l'architecte, privé ainsi de la clientèle de celui qui voudrait faire construire un édifice semblable. Ce principe serait d'une application plus usuelle et plus facile pour les détails d'architecture, où se trouve fréquemment le cachet d'une création véritable, et dont la reproduction par un autre architecte serait incontestablement une contrefaçon pure et simple (1). Tel est le corollaire naturel de la doctrine de l'arrêt de cassation du 2 août 1854, d'après lequel les dispositions de *la loi de* 1793 *ont pour objet de protéger toute création, soit des arts proprement dits, soit des arts appliqués à l'industrie :* protection qui s'étend à la propriété des dessins ou modèles destinés à être reproduits en relief (2).

Le principe de la propriété artistique en matière d'œuvres d'architecture a été explicitement proclamé par un jugement du tribunal de la Seine du 20 avril 1855 et implicitement reconnu par l'arrêt du 5 juin suivant (3).

929. L'architecte a-t-il un droit exclusif à la reproduction de son œuvre par les arts du dessin?—Peut-on aller plus loin encore? Peut-on, par une assimilation complète de l'architecture à la sculpture, admettre que l'architecte a droit à tous les modes de tirer profit de son œuvre, et par suite, qu'il a seul la faculté de la reproduire par un autre art, tel que le dessin ou la photographie, à l'effet d'en débiter les images?

Il y a tout d'abord une distinction radicale à établir entre la reproduction *pittoresque,* où l'édifice joue un rôle plus ou moins important dans une composition d'ensemble, et la reproduction purement graphique, qui tend exclusivement à offrir le facsimile du monument. Interdire ou limiter la première serait apporter sans profit pour l'architecte une entrave insupportable à la culture des arts du dessin qui prennent leurs modèles partout où ils les trouvent. Quant au second mode de reproduction qui consiste à obtenir des images exactes de l'objet pour les débiter comme telles, et qui est un moyen direct, quoique éloigné,

---

(1) Voir sur ce point Renouard, t. 2, n. 55.
(2) Voir Sirey, 54.1.551.
(3) Aff. du Palais de l'industrie (*Gaz. des Trib.* du 6 juin 1855).

de tirer partir de l'œuvre architecturale elle-même, il nous paraît certain qu'en principe, il doit être réservé à l'auteur de l'édifice, pourvu que celui-ci ne l'ait pas, plus ou moins expressément, abandonné au public.

C'est dans cet esprit et d'après cette distinction qu'ont été rendues deux décisions toutes récentes sur la question, absolument neuve en jurisprudence, de savoir si l'architecte d'un monument a seul droit à la reproduction de son œuvre par le dessin ou la photographie (aff. du Palais de l'industrie).

« Attendu, dit le jugement du 20 avril 1855 (1), que les dispositions de la loi des 19 et 24 juillet 1793 sont générales et absolues, et s'appliquent à tous les objets du domaine de l'art ;

« Que l'œuvre de l'architecte peut et doit, dans certains cas, à raison de l'élévation de la pensée qui a présidé à sa conception et du mérite de son exécution, être considérée comme une œuvre d'art ; qu'à ce titre, l'architecte qui l'a produite est donc fondé à revendiquer, dans les limites que la nature de son art impose à l'exercice de ses droits, les avantages accordés à tout artiste par la loi de 1793 ;

« Que ces avantages sont la consécration d'un double droit qui appartient à l'artiste, droit principal à la propriété de la chose, droit accessoire à la reproduction de cette chose même. »

L'arrêt de la Cour de Paris intervenu le 5 juin suivant (2), sans contester ces principes, mais en les limitant dans ce qu'ils pouvaient avoir de trop absolu, a rejeté la prétention de l'architecte par ce motif de fait que ses adversaires « n'ont fait qu'user de la faculté consacrée par l'usage de reproduire *sous la forme pittoresque* les aspects extérieurs des monuments. »

930. La cession faite par l'architecte de son œuvre emporte-t-elle celle du droit de la reproduire ? — Le jugement et l'arrêt précités consacrent encore une importante solution, beaucoup moins contestable, il faut le reconnaître, vis-à-vis des architectes que vis-à-vis des peintres et surtout des sculpteurs, en vertu de l'usage, ce suprême interprète des lois ; c'est « que l'artiste qui aliène le fruit de son travail doit, par application des dispositions de l'art. 1615 du Code Napoléon, être censé avoir cédé à l'acquéreur, non-seulement la propriété de la chose vendue, mais aussi son accessoire, à savoir, le droit

---

(1) Voir *Gazette des Tribunaux* des 12, 19, 21 avril 1855, où est rapportée avec le texte du jugement la discussion de M⁰⁵ Dufaure et Blanc.

(2) *Gazette des Tribunaux* du 6 juin 1855.

de reproduction, s'il n'a retenu ce dernier droit par des réserves expresses; — que la commande d'un objet d'art acceptée, exécutée et livrée par son auteur, constitue une vente véritable. »

931. La cession d'une œuvre d'architecture à l'État donne à tous le droit d'en effectuer la reproduction. — Enfin, les mêmes décisions proclament un principe admis sans difficulté relativement à tous les objets d'art (n° 898), à savoir que, lorsqu'une commande a été faite par l'État, la cession ainsi consentie par un artiste des produits de son travail « a pour effet de conférer à l'œuvre le caractère de propriété publique, abandonnée par conséquent aux regards et à l'étude du public, et pouvant être reproduite par tous et de toute façon, sauf les restrictions que pourrait imposer l'État à la jouissance commune. »

TROISIÈME PARTIE.

DES OBLIGATIONS INDUSTRIELLES.

932. Objet de la troisième partie.—Division. — Nous comprenons sous ce titre l'ensemble des obligations qui naissent de l'exercice même de l'industrie, soit qu'elles résultent de contrats particuliers aux professions industrielles, soit qu'elles proviennent de faits auxquels donnent lieu ces mêmes professions.

Nous nous occuperons dans une première section des rapports entre les maîtres et les personnes placées à divers titres sous leur dépendance, apprentis, enfants, ouvriers, ainsi que de la juridiction spécialement établie pour régler les rapports dont il s'agit; dans une seconde section, nous envisagerons les rapports des industriels entre eux et avec le public.

Ire SECTION.

DES RAPPORTS ENTRE LES MAITRES ET LES PERSONNES PLACÉES SOUS LEUR DÉPENDANCE.

CHAPITRE PREMIER.

Apprentissage. — Travail des enfants dans les manufactures.

LÉGISLATION. Loi du 22 février 1851 (*Contrat d'apprentissage*).—Loi du 22 mars 1841 (*Travail des enfants dans les manufactures*).

§ I.
Contrat d'apprentissage.

933. Distinction entre les apprentis et les ouvriers. — Objet de la loi du 22 février 1851.—Les personnes employées dans les ateliers ou manufactures à un travail manuel se divisent, quel que soit du reste leur âge, en deux catégories : celles qui s'attachent à un maître suivant certaines conditions, pour apprendre de lui le métier qu'il exerce, pour recevoir un enseignement industriel, c'est-à-dire les *apprentis;* celles qui fournissent au maître, moyennant un salaire, le travail qu'elles savent faire : ce sont les *ouvriers* (1).

Les rapports entre les maîtres et les apprentis sont réglés par la loi du 22 février 1851 sur les contrats d'apprentissage, qui a remplacé les prescriptions fort imparfaites de la loi du 22 germinal an XI.

Il suffira de reproduire les dispositions très-claires et très-complètes de la loi de 1851, en les accompagnant de quelques explications.

Art. 1er.—Nature, forme et conditions du contrat d'apprentissage.

SOMMAIRE.

934. Définition et caractères du contrat d'apprentissage. — 935. Forme de l'acte ou brevet d'apprentissage. — 936. Conditions relatives à la capacité de l'apprenti. — 937. Conditions relatives à la capacité du maître. — 938. Formule du contrat d'apprentissage.

934. Définition et caractères du contrat d'apprentissage.— « Le contrat d'apprentissage est celui par lequel un fabricant, un chef d'atelier ou un ouvrier s'oblige à enseigner la pratique de sa profession à une autre personne, qui s'oblige en retour à travailler pour lui, le tout à des conditions et pendant un temps convenu » (art. 1er).

Ce contrat n'est soumis par la loi à aucune restriction particulière, ni quant à l'âge de l'apprenti qui peut être un enfant ou un adulte, ni quant à la durée de l'apprentissage, abandonnée en général aux libres stipulations des parties, et qui, dans la pratique, est plus longue, lorsque le maître ne reçoit pas de prix en argent. Cette durée peut être, en cas d'abus, limitée par le juge. (Voir art. 17, n° 953, ci-après).

Le prix que le maître doit recevoir en compensation de ses soins peut consister, soit dans une somme d'argent, soit dans le travail de l'apprenti prolongé gratuitement au delà du temps où ce travail commence à devenir fructueux, soit enfin lorsque l'apprenti peut être mis promptement en état de confectionner des produits marchands, dans la réduction du salaire que ces produits procureraient à un autre ouvrier.

Ces diverses stipulations rentrent dans le contrat spécial d'apprentissage; mais ce contrat serait dénaturé et transformé en un

---

(1) Mollot. *Contrat d'apprentissage*, n. 23, 24.

louage d'ouvrage et d'industrie, régi par d'autres principes (voir ci-après, n° 994), si le maître, prenant un enfant, non pour lui donner ses soins, mais pour exploiter son travail, payait une prime aux parents, au lieu d'en recevoir une. Le paiement d'un salaire à titre d'encouragement n'aurait pas ce dernier caractère (1).—On reconnaîtra qu'il y a ou non contrat d'apprentissage suivant que l'instruction professionnelle de l'enfant sera ou ne sera pas l'objet principal de la convention, quelles que soient d'ailleurs les stipulations accessoires.

935. Forme de l'acte ou brevet d'apprentissage. — « Le contrat d'apprentissage est fait par acte public, ou par acte sous seing privé.

« Il peut aussi être fait verbalement, mais la preuve testimoniale n'en est reçue que conformément au titre du Code civil : *Des contrats ou obligations conventionnelles en général* » (art. 2).

Cet article exclut l'application au contrat d'apprentissage de l'art. 1781, C. Nap., d'après lequel le maître est cru sur son affirmation pour la quotité des gages, pour le paiement des salaires de l'année échue, et pour les à-comptes donnés pour l'année courante.

« Les notaires, les secrétaires des conseils de prud'hommes et les greffiers de justice de paix, peuvent recevoir l'acte d'apprentissage.

« Cet acte est soumis pour l'enregistrement au droit fixe de 1 fr., alors même qu'il contiendrait des obligations de sommes ou valeurs mobilières, ou des quittances.

« Les honoraires dus aux officiers publics sont fixés à 2 fr. » (art. 3).

L'acte écrit servant à constater le contrat prenait autrefois généralement, et conserve encore dans certaines villes, le nom de *brevet d'apprentissage*.

« L'acte d'apprentissage contiendra :

« 1° Les nom, prénoms, profession et domicile du maître ;

« 2° Les nom, prénoms, âge et domicile de l'apprenti » (art. 3).

Il faut remarquer que ni l'âge, ni le nombre des apprentis n'est limité (2).

---

(1) Dalloz, v° *Industrie*, n. 56.—Voir Mollot, *Contrat d'apprentissage*, n. 35, 37, 38, où il signale une coutume fort sage et compatible avec le contrat d'apprentissage, qui consiste à donner dès le commencement un petit salaire aux apprentis, avec une retenue qui assure au maître le paiement des dommages-intérêts auxquels il pourrait avoir droit.

(2) Voir rapport de M. Callet dans Dalloz, 51.4.46, n. 8 et 9.

« 3° Les noms, prénoms, profession et domicile de ses père et mère, de son tuteur ou de la personne autorisée par les parents, ou à leur défaut par le juge de paix » (art. 3). (Voir formule du contrat d'apprentissage ci-après n° 938.)

936. Conditions relatives à la capacité de l'apprenti. — Il résulte des articles précités que le contrat d'apprentissage peut se former légalement entre toutes personnes sans distinction de sexe, pourvu qu'elles soient majeures et jouissant de leurs droits ou dûment représentées. Une femme mariée, même séparée de biens, ne peut s'engager en qualité ni de maître ni d'apprenti sans l'autorisation de son mari (art. 217, Cod. Nap.), à moins qu'elle ne soit marchande publique (art. 4 et 5, Cod. de comm.). Le mineur émancipé peut, sans assistance, soit comme maître, soit comme apprenti, contracter l'engagement en question, qui doit être considéré comme un acte de simple administration (art. 481 et 1308, Cod. Nap.).

Quand un apprenti mineur s'est engagé sans représentant légal, il peut seul exciper de cette circonstance pour faire résilier le contrat; elle ne pourrait lui être opposée par le maître (art. 1125, Cod. Nap.) (1).

Les mots *personnes autorisées par les parents* signifient spécialement les membres des associations charitables qui se sont formées dans les grandes villes pour le patronage des jeunes apprentis, et qui peuvent, aux termes de la loi, avec l'assentiment même tacite des parents, stipuler au profit des enfants (2). C'est une extension apportée au principe de l'article 1121 du Code civil, qui admet à certaines conditions les stipulations en faveur d'un tiers.

Sont implicitement compris dans l'énumération de la loi les administrateurs des hospices.

« 4° La date et la durée du contrat.

« 5° Les conditions de logement, de nourriture, de prix et toutes autres arrêtées entre les parties.

« Il devra être signé par le maître et par les représentants de l'apprenti » (art. 3, *in fine*).

937. Conditions relatives à la capacité du maître. —« Nul ne peut recevoir des apprentis mineurs, s'il n'est âgé de vingt et un ans au moins » (art. 4).

« Aucun maître, s'il est célibataire ou en état de veuvage, ne

---

(1) Voir Mollot, *Contrat d'apprentissage*, n. 15-16.
(2) Voir discours de M. de Riancey dans la discussion de la loi (Dalloz, 51.4.41, note 7).— Mollot, *Contrat d'apprentissage*, n. 15.

peut loger comme apprenties des jeunes filles mineures » (art. 5). Mais il ne lui est point interdit d'en avoir et d'en occuper le jour. Un amendement proposé dans ce dernier sens a été rejeté (1).

« Sont incapables de recevoir des apprentis :

« Les individus qui ont subi une condamnation pour crime ;

« Ceux qui ont été condamnés pour attentat aux mœurs ;

« Ceux qui ont été condamnés à plus de trois mois d'emprisonnement pour délits prévus par les art. 388, 401, 405, 406, 407, 408, 423, Cod. pén. » (art. 6). Ces articles sont relatifs aux larcins, filouteries, escroqueries, abus de confiance, vols dans les champs, tromperie sur la qualité ou la quantité de la marchandise.

« L'incapacité résultant de l'art. 6 pourra être levée par le préfet sur l'avis du maire, quand le condamné, après l'expiration de sa peine, aura résidé pendant trois ans dans la même commune.

« A Paris, les incapacités sont levées par le préfet de police » (art. 7).

L'amnistie, qui fait considérer la condamnation comme n'ayant jamais eu lieu, lève de plein droit l'incapacité ; mais la grâce accordée par le chef de l'État laisse subsister cette même incapacité, à moins qu'elle ne soit intervenue avant l'exécution du jugement(2), ou que les lettres de grâce ne contiennent la réintégration expresse de l'individu dans ses droits civils(3) : réintégration qui serait valable en vertu de la Constitution actuelle, qui donne à l'Empereur le pouvoir d'accorder même l'amnistie (4). En tout autre cas, le condamné gracié devrait encore obtenir sa réhabilitation aux termes des art. 619 et suivants du Cod. d'inst. cr. (5).

On remarquera, d'ailleurs, que la loi ne fait aucune exception pour les crimes et délits politiques.

938. — Formule du contrat d'apprentissage.

Entre M. N. . . . . , maître. . . . . . , demeurant à. . . . .
Et le mineur T. . . . ., élevé par les soins de la *Société des amis de l'enfance*, représenté au contrat par M. R. . . . ., agissant comme. . . . ., demeurant à. . . .
Et en présence de M. P. . . . ., président de la commission d'apprentissage de la—

---

(1) Voir loi du 15 pluviôse an XIII, art 1 et 2.
(2) C. cass., 6 avril 1832 (Raynal) ; 5 février 1847 (Diolot).—Avis du conseil d'État du 8 janvier 1823.
(3) Avis du conseil d'État précité.—C. cass., 6 juillet 1827.
(4) Voir Dalloz, v° *Grâce*, n. 51 ; Merlin, *Quest. de droit*, v° *Grâce ;* Morin, Répert., v° *Grâce*.
(5) Voir Dalloz, v° *Grâce*, n. 47.

dite Société, laquelle intervient en faveur de son protégé pour la rédaction et l'exécution amiable du présent contrat.

A été convenu ce qui suit :

I. — M. N. . . . . reçoit par l'entremise de la Société le mineur susnommé comme apprenti, et le gardera pendant. . . . . . années consécutives, qui ont commencé le. . . . . et finiront le. . . . ., sauf à remplacer à la fin de l'apprentissage le temps des maladies ou absences ayant duré plus de quinze jours consécutifs, lorsqu'il aura été inscrit à la suite des deux originaux du présent contrat.—En cas de maladie, si le maître garde l'enfant *chez lui* pour le soigner, il lui sera rendu un temps double de celui de la maladie, constaté comme il est dit plus haut.

M. N. . . . . s'engage en outre envers son apprenti :

A lui enseigner, et sans lui en rien cacher, son état de. . . . . . .

A lui prêter les outils nécessaires à son travail ;—à ne pas l'employer à des courses ou à des travaux étrangers à sa profession ; — à ne pas lui donner trop de courses à faire, même pour son état ; — à ne pas le faire travailler plus de *huit, dix* ou *douze* heures par jour (suivant l'âge de l'apprenti), et en général à ne point abuser de sa bonne volonté ;

A le nourrir convenablement eu égard à son âge;

A le traiter avec douceur, en bon père de famille, et à surveiller sa conduite et ses mœurs ;

A le faire coucher toujours seul dans un lit appartenant à. . . . . .;

A l'exempter de travail et à l'envoyer à l'office divin tous les dimanches, ainsi que les jours de Noël, de l'Ascension, de l'Assomption et de la Toussaint (fêtes légales).

II. — De son côté, l'apprenti s'oblige, pendant le temps ci-dessus fixé, à recevoir avec attention, respect et docilité les leçons et les ordres de son maître.

Les parents et protecteurs sus-nommés promettent d'employer toute leur autorité pour que l'apprenti demeure chez son maître jusqu'à la fin de l'apprentissage, et qu'il s'y montre soumis, laborieux et dévoué à ses intérêts ; à cet effet le président aura le droit de visiter ou de faire visiter en tout temps l'apprenti dans son atelier ; il vérifiera ses progrès, entendra les plaintes des parents ou du maître, et fera les recommandations qu'il jugera utiles pour l'avantage commun.

III. — Dans le cas où l'apprenti forcerait par son inconduite son maître à le renvoyer, ou le quitterait sans motifs légitimes et approuvés, comme il sera dit ci-après, il est stipulé un dédit de. . . . . ., payable au maître par M. R. . . . . sans aucun recours, même à raison d'insolvabilité, contre la Société ni aucun de ses membres.

Mais, si le maître donnait à l'apprenti un juste sujet de se séparer de lui, par exemple, en le maltraitant, ou en ne se conformant pas aux obligations du présent contrat, ledit apprenti autorisé, après enquête, par le président de la commission assisté de deux membres du conseil de Société, aura le droit de sortir de chez son maître sans payer aucun dédit.

IV. — Les objets de literie ou autres fournis à l'enfant par la Société ne pourront être retenus par le maître, qui s'engage à les rendre sur simple avis du président de la commission.

V. — L'apprenti aura la liberté de fréquenter les classes du soir ; le président et le maître s'entendront à cet effet.

VI. — Toutes les difficultés qui pourraient survenir à l'occasion du présent contrat seront, avant toutes voies judiciaires, soumises à la conciliation du conseil de la Société.

Fait double et de bonne foi entre le maître et l'apprenti, représenté par M. R. . . , qui laissera son original entre les mains du président de la commission.

A. . . . . ., le. . . . . . . (*Signatures.*)

M. R. . . ., tiers intervenant, déclare approuver le présent contrat sans qu'il puisse en résulter aucun recours contre la Société des Amis de l'Enfance ou contre lui personnellement.

Art. 2. — Devoirs généraux des maîtres et des apprentis.

SOMMAIRE.

939. Devoirs généraux des maîtres. — 940. Durée du travail. Observation des jours fériés. — 941. Obligations concernant l'entretien, la nourriture, la santé de l'apprenti.—942. Obligations concernant l'instruction et l'éducation religieuse de l'apprenti.—943. Devoirs généraux de l'apprenti envers son maître.—944. Du livret. Dans quels cas il est obligatoire.—945. Devoirs spéciaux du maître envers l'apprenti. Enseignement professionnel. — 946. De la stipulation d'un dédit. — 947. Du droit de prendre publiquement la qualité d'élève ou d'apprenti.—948. Fin de l'apprentissage. Congé d'acquit. — 949. Du détournement d'un apprenti.

939. Devoirs généraux des maîtres.—« Le maître doit se conduire envers l'apprenti en bon père de famille, surveiller sa conduite et ses mœurs, soit dans la maison, soit au dehors, et avertir ses parents ou leurs représentants des fautes graves qu'il pourrait commettre, ou des penchants vicieux qu'il pourrait manifester » (art. 8, alinéa 1).

Cette disposition prohibe implicitement les mauvais traitements, qui étaient l'objet d'une disposition formelle de la loi du 22 germinal an XI (art. 9, 2°) (1). Elle trouve, d'ailleurs, son commentaire naturel dans les art. 5 et 7 de la loi du 22 mars 1841 (voir ci-après, n°s 962-965), qui est et demeure applicable aux jeunes apprentis comme aux autres enfants, toutes les fois qu'il n'est pas dérogé à ses prescriptions. Les maîtres qui attenteraient aux mœurs de leurs apprentis seraient incontestablement frappés par les art. 333 et 334 du Cod. pén., qui augmentent les pénalités ordinaires relativement à ceux qui ont autorité sur la personne du mineur, ou qui sont chargés de sa surveillance (2).

« Il doit aussi les prévenir, sans retard, en cas de maladie, d'absence ou de tout fait de nature à motiver leur intervention.

« Il n'emploiera l'apprenti, sauf convention contraire, qu'aux travaux et services qui se rattachent à l'exercice de sa profession. Il ne l'emploiera jamais à ceux qui seraient insalubres ou au-dessus de ses forces » (art. 8, *in fine*).

Pour reconnaître les travaux et services relatifs à la profession, le juge devra s'éclairer. avant tout, des usages suivis, sans tenir compte, toutefois, de ceux qui lui paraîtraient abusifs.

---

(1) Voir Dalloz v° *Industrie*, n. 63.
(2) C. cass., 17 octobre 1838.

La loi du 22 mars 1841 (art. 7, n° 3) remet à des règlements d'administration publique le soin de déterminer les fabriques où les enfants ne pourront être employés par suite de l'insalubrité ou du danger (voir ci-après, n° 966). En l'absence de règlements sur ce point, le magistrat appréciera.

940. Durée du travail. — Observation des jours fériés. — « La durée du travail effectif des apprentis âgés de moins de quatorze ans ne pourra dépasser dix heures par jour.

« Pour les apprentis âgés de quatorze à seize ans, elle ne pourra dépasser douze heures (voir la loi du 9 septembre 1848).

« Les dimanches et jours de fêtes reconnues légales, les apprentis, dans aucun cas, ne peuvent être tenus, vis-à-vis de leur maître, à aucun travail de leur profession.

« Dans le cas où l'apprenti serait obligé, par suite des conventions, ou conformément à l'usage, de ranger l'atelier aux jours ci-dessus marqués, ce travail ne pourra se prolonger au-delà de dix-heures du matin.

« Il ne pourra être dérogé aux dispositions contenues dans les trois premiers paragraphes du présent article que par un arrêté rendu par le préfet sur l'avis du maire » (art. 9).

Il a été expliqué dans la discussion de la loi que le § 5 de l'art. 9 ne déroge point à l'art. 7 de la loi du 22 mars 1841, d'après lequel l'administration peut tolérer, même les jours fériés, et de la part des enfants, les travaux indispensables dans les usines à feu continu, comme les verreries (1).

941. Obligations concernant l'entretien, la nourriture, la santé de l'apprenti. — L'usage doit, d'ailleurs, servir de règle pour fixer l'étendue des devoirs du maître envers l'apprenti, et déterminer certaines obligations particulières, telles que celle de leur procurer le blanchissage en outre d'un logement et d'une nourriture convenables (2).

Suivant la coutume attestée par M. Mollot, le maître est tenu de faire soigner chez lui l'apprenti pendant les maladies dont la durée n'excède pas huit jours, les frais de traitement restant à la charge de l'apprenti (3).

942. Obligations concernant l'instruction et l'éducation religieuse de l'apprenti. — « Si l'apprenti, âgé de moins de seize ans, ne sait pas lire, écrire et compter, ou s'il

---

(1) Voir Dalloz, 51.4.45, note 16.
(2) Mollot, n. 86.
(3) Mollot, n. 91.

n'a pas encore terminé sa première éducation religieuse, le maître est tenu de lui laisser prendre, sur la journée de son travail, le temps et la liberté nécessaires pour son instruction.

« Néanmoins, ce temps ne pourra pas excéder deux heures par jour » (art. 10).

Cet article doit être combiné avec l'art. 5 de la loi du 22 mars 1841 (voir ci-après, n° 964), qui oblige les maîtres à envoyer à une école tous les enfants de moins de douze ans, employés chez eux, quelque commencement d'instruction qu'ils aient pu recevoir.

Il importe de régler, en outre, avec soin, par l'acte d'apprentissage, le logement et la nourriture, les heures de travail et de repos, objets que la loi n'a pas fixés, et qui provoquent, à juste titre, la sollicitude des sociétés de patronage (voir la formule ci-dessus, n° 938) (1).

943. Devoirs généraux de l'apprenti envers son maître. — « L'apprenti doit à son maître fidélité, obéissance et respect ; il doit l'aider, par son travail, dans la mesure de son aptitude et de ses forces » (art. 11).

Le manquement à ces devoirs, puni civilement par la résiliation du contrat ou des dommages-intérêts (art. 16, n° 3, voir ci-après, n° 953), ne donnerait lieu à aucune peine, à moins qu'il ne dégénérât en un délit du droit commun, qui serait aggravé, s'il s'agissait d'un vol, par la dépendance où se trouve l'apprenti vis-à-vis de son maître (art. 386, Cod. pén.).

L'apprenti qui divulguerait au public les secrets de fabrication que lui aurait communiqués son maître serait, à plus juste titre encore que l'ouvrier proprement dit, atteint par les dispositions de l'art. 418 du Cod. pén. (2).

« Il est tenu de remplacer, à la fin de l'apprentissage, le temps qu'il n'a pu employer par suite de maladie ou d'absence ayant duré plus de quinze jours » (art. 11, *in fine*) (3) (voir la formule n° 938).

944. Du livret. — Dans quel cas il est obligatoire. — Le livret, prescrit par la loi du 22 juin 1854 en vertu du principe posé par la loi du 22 germinal an XI vis-à-vis des *ouvriers*, n'est pas obligatoire pour les apprentis (voir la distinction, n° 933), à moins qu'ils ne rentrent dans les catégories déterminées par l'art. 6 de la loi du 22 mars 1841 (voir ci-après, n° 955).

---

(1) Mollot, n. 40.
(2) Dalloz, v° *Industrie*, n. 80.
(3) Voir sur ce point, qui est la consécration d'un usage constant, Mollot, n. 52, 76.

945. Devoirs spéciaux du maître envers l'apprenti. — Enseignement professionnel. — « Le maître doit enseigner à l'apprenti, progressivement et complétement, l'art, le métier ou la profession spéciale qui fait l'objet du contrat » (art. 12, alinéa 1).

Cette obligation du maître est essentiellement personnelle, et il ne peut se décharger sur autrui de la direction des travaux de l'apprenti ; il peut seulement, mais sous sa surveillance propre, confier à un ouvrier capable le soin de guider l'apprenti et de lui enseigner les détails de la fabrication (1).

Cette instruction professionnelle doit être progressive, sans que le maître puisse tenir l'apprenti occupé trop longtemps à de simples préliminaires, ni exploiter sa capacité en l'employant prématurément comme ouvrier ou comme contre-maître (2). Elle doit comprendre dans son ensemble la pratique du métier ou de l'art exercé par le maître, et tous les procédés généraux que celui-ci emploie, sans qu'il soit tenu néanmoins, sauf convention contraire, d'initier l'apprenti aux procédés particuliers de sa fabrication, et notamment à ceux qu'il aurait fait breveter (3).

946. De la stipulation d'un dédit. — Pour éviter des contestations sur l'indemnité en cas de résiliation, les contrats d'apprentissage stipulent fréquemment une somme qui sera payée à forfait et qu'on appelle *dédit* (n° 938) ; clause valable d'après l'art. 1152 du Cod. Nap., mais susceptible d'être réduite si l'obligation a été exécutée en partie (art. 1231, Cod. Nap.) (4).

947. Du droit de prendre publiquement la qualité d'élève ou d'apprenti. — Les obligations respectives du maître et de l'apprenti entraînent cette conséquence naturelle qu'après son temps d'instruction l'élève aura le droit de se présenter au public comme l'ancien apprenti d'un tel, et de faire figurer cette qualité sur son enseigne, à la condition d'éviter toute confusion entre son établissement et celui de son maître (n°s 681-683) (5).

948. Fin de l'apprentissage. — Congé d'acquit. — « Il lui délivrera à la fin de l'apprentissage un congé d'acquit ou certificat constatant l'exécution du contrat » (art. 12, fin).

Le maître ne peut, sauf prolongation consentie, retenir l'ap-

---

(1) Voir Mollot, n. 25.—Dalloz, v° *Industrie*, n. 69.
(2) Mollot, n. 26, 271.
(3) Voir Pardessus, *Droit commercial*, t. 2, p. 519.—Mollot, n.
(4) Mollot, n. 59.
(5) Dalloz, v° *Industrie*, n. 82.

prenti après l'expiration du temps fixé pour l'apprentissage, à peine de dommages-intérêts, laissés à l'arbitrage du juge depuis l'abrogation de l'art. 10 de la loi de germinal an XI. Le maître est tenu de délivrer dans tous les cas le congé d'acquit, sans lequel l'apprenti ne pourrait se placer dans un autre établissement (voir ci-après, art. 13). Si le maître refuse, le conseil des prud'hommes ou tout autre juge, dit M. Dalloz, devant lequel serait portée la contestation, pourrait accorder à l'apprenti la permission de travailler ailleurs (1).

949. Du détournement d'un apprenti. — « Tout fabricant, chef d'atelier ou ouvrier, convaincu d'avoir détourné un apprenti de chez son maître pour l'employer en qualité d'apprenti ou d'ouvrier, pourra être passible de tout ou partie de l'indemnité à prononcer au profit du maître abandonné » (art. 13).

Il résulte de cet article que la personne convaincue d'avoir détourné l'apprenti devrait être condamnée civilement à payer les dommages-intérêts dus, suivant le droit commun, au maître abandonné par l'apprenti pour rupture de son engagement. Mais dans le silence de la loi de 1851, aussi bien que de la loi de germinal an XI, aucune pénalité ne pourrait être prononcée (2).

Art. 3. — Résolution du contrat d'apprentissage.

SOMMAIRE.

950. Résolution par consentement mutuel. Du temps d'essai.—951. Résolution par la mort du maître ou de l'apprenti. Cas où il y a lieu à indemnité. — 952. Causes diverses de résolutions. Appel au service militaire, etc.— 953. Résolution pour inexécution des conditions du contrat, Inobservation des usages sur la durée, etc.

950. Résolution par consentement mutuel. — Du temps d'essai. — La résolution peut avoir lieu sans difficulté par le consentement mutuel des parties, avec ou sans indemnité, suivant leurs conventions. Quand c'est un tiers qui a stipulé comme l'autorise l'art. 3 précité, eût-il payé le prix d'apprentissage, il ne pourrait rompre le contrat sans le concours de celui au profit de qui l'acte a été fait ou de son représentant (art. 1121, C. Nap.). Le tiers intervenant a lui-même toujours droit à la restitution du prix, si le contrat est résolu sans son assentiment (3).

---

(1) Mollot, n. 142.
(2) Voir l'arrêt de cassation du 18 juin 1846 (Pérez).
(3) Dalloz, v° *Industrie*, n. 88.

« Les deux premiers mois de l'apprentissage sont considérés comme un temps d'essai, pendant lequel le contrat peut être annulé par la seule volonté de l'une des parties. Dans ce cas, aucune indemnité ne sera allouée à l'une ou à l'autre partie à moins de conventions expresses » (art. 14.)

Cet article, en étendant à deux mois le temps d'essai que l'usage antérieur avait fixé à un mois, a rendu plus facile de la part de l'apprenti une fraude qui consisterait à se procurer indéfiniment et sans compensation la nourriture et le logement chez des maîtres, en quittant chacun d'eux au moment de l'expiration du temps d'essai, et avant d'avoir pu par son travail le rémunérer de ses premiers sacrifices. Une telle manœuvre pourrait donner lieu non-seulement à des dommages-intérêts, mais à une peine correctionnelle d'après l'art. 405 du Code pénal (1).

951. Résolution par la mort du maître ou de l'apprenti, cas où il y a lieu à indemnité. — « Le contrat d'apprentissage sera résolu de plein droit :

« 1° Par la mort du maître ou de l'apprenti » (art. 15).

La mort est un cas de force majeure qui donne lieu à résolution du contrat sans indemnité de part ni d'autre, parce que la chance à cet égard est égale des deux côtés. En général, il ne peut être réclamé d'indemnité, ni par le maître (ou ses héritiers) en prétendant qu'il n'a pas encore été rémunéré de ses soins et dépenses par le travail de l'apprenti, ni par l'apprenti (ou ses représentants), sous prétexte qu'il n'aurait pas reçu une instruction proportionnée au prix payé pour l'apprentissage (2).

Toutefois les auteurs admettent dans l'application de la règle ci-dessus des distinctions réclamées par l'équité et les principes généraux du droit.

1° Quand le prix de l'apprentissage a été payé en argent d'avance et en entier, et que le maître s'est obligé non-seulement à donner l'enseignement professionnel, mais la nourriture et l'entretien, la portion du prix relative à l'enseignement est seule définitivement acquise, et il y a lieu à restitution de la portion affectée à l'entretien. C'est une conséquence du principe que l'obligation de nourrir et entretenir se compose d'une suite d'obligations journalières et distinctes, qui ne doivent être rémunérées qu'autant qu'elles ont été remplies (3).

2° Quand le prix, payable par termes, n'a été payé, ni en

---

(1) Mollot, *Contrat d'apprentissage*, n. 22.
(2) Dalloz, v° *Industrie*, n. 85.—*Contrà*, Mollot, n. 107.
(3) Voir Pardessus, *Droit commercial*, t. 2, n. 521.

tout, ni en partie lors de la mort du maître ou de l'apprenti, les termes échus peuvent incontestablement être réclamés par le maître aux héritiers (1).

952. Causes diverses de résolution.— Appel au service militaire, etc. — « Si l'apprenti ou le maître est appelé au service militaire » (art. 15).

La résolution n'a lieu de plein droit et sans indemnité (sauf les distinctions ci-dessus) que quand il s'agit d'un appel forcé; si l'engagement est volontaire, il n'y a plus ni cas fortuit ni force majeure, et le maître librement abandonné doit être indemnisé (2).

« 3° Si le maître ou l'apprenti vient à être frappé d'une des condamnations prévues à l'art. 6 de la présente loi. »

« 4° Pour les filles mineures, dans le cas de décès de l'épouse du maître ou de toute autre femme de la famille qui dirigeait la maison à l'époque du contrat » (art. 15, *in fine*).

Cette disposition, conforme à un usage ancien (3) et édictée dans un intérêt de moralité, n'est pourtant pas d'ordre public, puisque le maître peut non pas loger, mais avoir dans son atelier des apprenties mineures ; il pourrait donc y être dérogé par une convention expresse (4).

953. Résolution pour inexécution des conditions du contrat, inobservation des usages sur la durée, etc. — « Le contrat peut être résolu sur la demande des parties ou de l'une d'elles :

« 1° Dans le cas où l'une des parties manquerait aux stipulations du contrat » (art. 16).

La résolution peut être accompagnée, en ce cas comme dans les suivants, de dommages-intérêts contre la personne qui y donne lieu par son fait. — Bien qu'aucune disposition ne prononce l'annulation du contrat pour cause de cession de l'établissement, cependant la résolution avec dommages-intérêts pourrait être demandée, aux termes de l'art. 16, n° 1, contre le maître qui, en cédant son établissement à un tiers, se mettrait dans l'impossibilité de continuer lui-même l'enseignement qu'il s'est engagé à fournir personnellement (5).

---

(1) Dalloz, v° *Industrie*, n. 84.
(2) Voir Troplong, *Louage*, n. 876 ; Pothier, *Contrat de louage*, n. 171, 172 ; Dalloz, v° *Industrie*, n. 85.— Contrà, Duranton, t. 17, n. 232, qui argumente à tort de l'art. 374 du Code civil.
(3) Mollot, n. 131.
(4) Voir exposé des motifs (Dalloz, 51.4.45, note 27).
(5) Voir Dalloz, v° *Industrie*, n. 90.

La résolution sans indemnité devrait être prononcée si une maladie ou infirmité prolongée rendait de part ou d'autre l'exécution du contrat impossible. C'est un cas de force majeure réglé par le droit commun (1).

« 2° Par suite d'infraction grave ou habituelle aux prescriptions de la présente loi.

« 3° Dans le cas d'inconduite habituelle de la part de l'apprenti » (art. 16, *suite*).

Le cas d'inconduite du maître, non prévu par cet article, ne donnerait pas moins lieu à résolution, car il constituerait une violation de l'art. 8, et rentrerait en conséquence sous l'application de l'al. 2 de l'art. 16.

« 4° Si le maître transporte sa résidence dans une autre commune que celle qu'il habitait lors de la convention.

« Néanmoins la demande en résolution de contrat fondée sur ce motif ne sera recevable que pendant trois mois, à compter du jour où le maître aura changé de résidence.

« 5° Si le maître où l'apprenti encourait une condamnation emportant un emprisonnement de plus d'un mois.

« 6° Dans le cas où l'apprenti viendrait à contracter mariage » (art. 16, *in fine*).

Dans tous ces cas divers un grand pouvoir d'appréciation est laissé au juge sur la question de savoir si les faits sont assez graves pour entraîner la résolution, ou s'il y a lieu d'allouer des dommages-intérêts (art. 1147, Cod. Nap.).

« Si le temps convenu pour la durée de l'apprentissage dépasse le maximum de la durée consacrée par les usages locaux, le temps peut être réduit ou le contrat résolu » (art. 17).

Art. 4. — Compétence à l'égard des contestations entre maîtres et apprentis.

SOMMAIRE.

954. Action civile. Action pénale.—955. Juridiction civile des prud'hommes (et, à défaut, du juge de paix). Nature de leurs attributions.—956. Taux de la compétence des prud'hommes.—957. Contestations soumises à la juridiction spéciale des prud'hommes. Contrainte par corps.—958.—Action pénale. Amende. Emprisonnement.—959. Juridiction disciplinaire des prud'hommes à l'égard des apprentis.

954. Action civile.—Action pénale. —Les manquements des maîtres et des apprentis à leurs engagements ou devoirs respectifs, et en général les contestations qui ont leur principe

---

(1) Voir Dalloz, v° *Industrie*, n. 91.

dans les rapports créés par l'apprentissage, donnent lieu à deux actions, l'une purement civile, l'autre pénale, que la loi de 1851 règle successivement.

955. Juridiction civile des prud'hommes (et, à défaut, du juge de paix).—Nature de leurs attributions.
— « Toute demande à fin d'exécution ou de résolution du contrat sera jugée par le conseil des prud'hommes dont le maître est justiciable, ou, à défaut, par le juge de paix du canton » (art. 18, al. 1).

Les questions d'interprétation du contrat rentrent dans les termes généraux de cet article, ainsi qu'il a été expliqué dans la discussion de la loi (voir Dalloz, 51.1.46, note 31).

Cette disposition est l'application du principe général posé par l'art. 11 du décret du 21 février 1810 et l'art. 1er du décret du 3 août 1810, qui donnent juridiction aux conseils des prud'hommes sur tous les marchands, fabricants, chefs d'ateliers, contre-maîtres, ouvriers, compagnons et *apprentis,* et les appellent à juger toutes les contestations qui naissent entre ces personnes. Leur connaissance spéciale et approfondie des usages de l'industrie en fait les juges naturels de toutes contestations de ce genre. Nous verrons en détail (nos 1080 et suiv.), à l'occasion des rapports des maîtres et des ouvriers, quels sont les modes de procéder des conseils de prud'hommes, soit par voie de conciliation, soit par voie de jugement proprement dit. La nature toute paternelle de cette juridiction, qui permet aux prud'hommes de vérifier par eux-mêmes, au sein des ateliers, les faits qui donnent lieu à difficulté, a pu autoriser les conseils, suivant une coutume établie dans certaines villes, à déléguer à titre purement officieux, tels ou tels de leurs membres pour exercer une sorte de patronage et de surveillance sur les apprentis (voir Morlot, n° 162).

956. Taux de la compétence des prud'hommes. —
Le montant des sommes réclamées n'influe pas sur la compétence des juges en premier ressort; mais si le montant de la demande dépasse 200 fr. en capital et accessoires, il y aura lieu à appel du jugement des prud'hommes devant le tribunal de commerce, ou, à défaut, devant le tribunal civil (Loi du 1er juin 1853, art. 13). Quand il n'y a pas de conseil de prud'hommes, les règles du droit commun sur l'appel des sentences de justice de paix doivent être suivies.

957. Contestations soumises à la juridiction spéciale des prud'hommes. — Contrainte par corps. —
La compétence spéciale de l'art. 18 doit être maintenue toutes

les fois que le litige prend sa source dans un véritable contrat d'apprentissage, alors même que l'apprenti aurait contribué par son industrie à la fabrication des objets de commerce de son maître (1). Mais il en serait autrement s'il s'agissait en réalité d'un véritable louage d'ouvrage, ou d'une stipulation particulière par laquelle un fabricant s'engagerait envers une personne ayant la qualité de commis ou d'ouvrier, à lui apprendre accessoirement les secrets de sa fabrication (2).

« Les réclamations qui pourraient être dirigées contre les tiers, en vertu de l'art. 13 de la présente loi, seront portées devant le conseil des prud'hommes ou devant le juge de paix du lieu de leur domicile » (art. 18, *in fine*).

« Dans les divers cas de résolution prévus en la section 4 du titre 1er, les indemnités ou les restitutions qui pourraient être dues à l'une ou à l'autre des parties seront, à défaut de stipulations expresses, réglées par le conseil des prud'hommes ou par le juge de paix dans les cantons qui ne ressortissent point à la juridiction d'un conseil de prud'hommes » (art. 19).

Suivant la remarque de M. Pardessus, le contrat d'apprentissage étant, de la part du maître, un acte de commerce, la contrainte par corps devra nécessairement être prononcée contre lui en cas de condamnation. Il en serait autrement à l'égard de l'apprenti (3).

958. Action pénale. — Amende. — Emprisonnement. — « Toute contravention aux art. 4, 5, 6, 9 et 10 de la présente loi sera poursuivie devant le tribunal de police et punie d'une amende de 5 à 15 francs.

« Pour les contraventions aux art. 4, 5, 9 et 10, le tribunal de police pourra, dans le cas de récidive, prononcer, outre l'amende, un emprisonnement de un à cinq jours.

« En cas de récidive, la contravention à l'art. 6 sera poursuivie devant les tribunaux correctionnels et punie d'un emprisonnement de quinze jours à trois mois, sans préjudice d'une amende qui pourra s'élever de 50 fr. à 300 fr. » (art. 20).

« Les dispositions de l'art. 463, Cod. pén., sont applicables aux faits prévus par la présente loi (art. 21).

959. Juridiction disciplinaire des prud'hommes à l'égard des apprentis. — Les articles précités rempla-

---

(1) Toulouse, 30 novembre 1843 (Portes).
(2) Nancy, 13 mai 1841 (Roussel).
(3) Pardessus, *Droit commercial*, t. 1, n. 34 ; Goujet et Merger, v° *Apprentissage*, n. 20 et 21. — Voir Dalloz, v° *Industrie*, n. 95.

cent l'art. 19 de la loi du 22 germinal an xi qui attribue, notamment en matière d'apprentissage, la connaissance des affaires de simple police à un tribunal administratif qui n'a jamais été organisé; mais ils laissent subsister l'action disciplinaire attribuée aux conseils de prud'hommes à l'égard des apprentis par l'art. 4 du décret du 3 août 1810 ainsi conçu : « Tout délit tendant à troubler l'ordre et la discipline de l'atelier, tout manquement des apprentis envers leurs maîtres, pourront être punis par les prud'hommes d'un emprisonnement qui n'excédera pas trois jours..... »

L'exercice de cette juridiction toute disciplinaire applicable seulement aux apprentis, et non aux maîtres, comme l'a pensé à tort M. Mollot (1), a lieu sans préjudice de la poursuite à laquelle les mêmes faits pourraient donner lieu d'après les art. 19 et 20 de la loi de 1851. C'est ce qui résulte formellement de la disposition finale de l'art. 4 du décret de 1810 qui établit la concurrence de l'action publique avec l'action disciplinaire.

Il y a entre les deux actions cette différence capitale que la première peut être exercée d'office à la requête du ministère public, tandis que les prud'hommes ne peuvent être saisis de la seconde que par la plainte de la partie lésée. Tout doit d'ailleurs porter le maître à s'adresser de préférence, et surtout par la voie purement civile (n°s 1080 et suiv.), à ces derniers, véritables juges de famille, mieux placés que tous autres pour intervenir utilement dans de regrettables débats et faire entrer les parties dans les voies de la conciliation (2).

« Sont abrogés les art. 9, 10 et 11 de la loi du 22 germinal an xi » (art. 22).

Ces articles, relatifs aux contrats d'apprentissage et aux congés d'acquit, sont en effet remplacés par l'ensemble de la loi du 22 février 1851.

§ II.
Travail des enfants dans les manufactures.

SOMMAIRE.

960. Objet de la loi du 24 mars 1841. — 961. Établissements auxquels s'applique la loi sur le travail des enfants.—962. Conditions de l'admission des enfants. Limitation du travail.—963. Exceptions aux règles générales sur la limitation du travail.—964. Dispositions relatives

---

(1) Dalloz, v° *Industrie*, n. 96.—*Contrà*, Mollot, n. 155.
(2) Mollot, n. 145-148.

à l'instruction des enfants. — 965. Du livret des enfants. — 966. Mesures à organiser par des règlements d'administration publique. — 967. Inspections pour veiller à l'exécution de la loi.—968. Contraventions. Pénalités. — 969. Responsabilité effective du maître de l'établissement.—970. Les poursuites ne peuvent être dirigées contre les parents coupables des infractions.—971. Le fait matériel suffit pour entraîner la condamnation. Prescription.

960. Objet de la loi du 24 mars 1841.— Nous avons distingué nettement les apprentis des ouvriers qui, quel que soit leur âge, louent à un maître les services qu'ils sont en état de rendre sans recevoir en échange l'enseignement professionnel (voir n° 933). Par là même nous avons indiqué que la loi sur l'apprentissage ne réglait malheureusement pas la position de tous les enfants employés dans les établissements industriels. Un grand nombre de parents, empressés d'exploiter les forces naissantes de leurs enfants, sans souci de leur instruction et de leur moralité, se hâtent d'engager leur travail à des maîtres qui paient une rétribution proportionnée. Ces enfants, fussent-ils dans l'âge le plus tendre, sont des ouvriers proprement dits. Mais la loi, pleine de sollicitude pour cette catégorie d'ouvriers faibles et malheureux, que tant de risques menacent, s'est efforcée de les défendre contre la corruption de l'âme et l'épuisement du corps par un ensemble de mesures tutélaires qui font l'objet de la loi sur le travail des enfants dans les manufactures. Nous en rapporterons les dispositions en les accompagnant de quelques commentaires (1).

961. Établissements auxquels s'applique la loi sur le travail des enfants. — « Les enfants ne pourront être employés que sous les conditions déterminées par la présente loi :

« 1° Dans les manufactures, usines et ateliers à moteur mécanique ou à feu continu, et dans leurs dépendances ;

« 2° Dans toute fabrique occupant plus de vingt ouvriers réunis en ateliers » (art. 1).

Le mot fabrique, employé dans le n° 2, embrasse tous les établissements qualifiés dans le n° 1, *manufactures, usines* et *ateliers*.

La loi s'applique, en conséquence, à tous les établissements industriels à moteur mécanique ou à feu continu, quel que soit le nombre des ouvriers employés, et à tous les autres établisse-

---

(1) Voir sur la loi du 24 mars 1841, Mollot, *Louage d'ouvrage*, n. 281 et suivants.

ments industriels, quels que soient leur moteur et leur mode d'exploitation, par cela seul que plus de vingt ouvriers y sont réunis, c'est-à-dire, dans la pensée du législateur, à tous les ateliers qui appartiennent à la grande industrie (1). Du moment où les ouvriers sont attachés à un même établissement, le maître ne pourrait se soustraire à l'application de la loi, en les plaçant, par petits groupes, dans des bâtiments séparés (2).

962. Conditions de l'admission des enfants.—Limitation du travail. — « Les enfants devront, pour être admis, avoir au moins huit ans.

« De huit à douze ans, ils ne pourront être employés au travail effectif plus de huit heures sur vingt-quatre, divisées par un repos.

« De douze à seize, ils ne pourront être employés au travail effectif plus de douze heures sur vingt-quatre, divisées par des repos (voir la loi du 9 septembre 1848).

« Le travail ne pourra avoir lieu que de cinq heures du matin à neuf heures du soir » (art. 2).

Cet article nous paraît modifié par la disposition de l'art. 9 de la loi du 22 juin 1851, qui fixe à dix heures le travail des enfants au-dessous de *quatorze* ans, disposition qui, bien que relative aux apprentis, est applicable à tous les enfants employés dans les manufactures.

Les moments et la durée des repos sont déterminés par les règlements intérieurs de chaque atelier, et peuvent l'être, en cas d'abus, par des règlements d'administration publique (voir art. 7 ci-après, n° 966).

Aucune compensation ne peut être établie entre le travail d'un jour et celui d'un autre, et la limite de huit, dix ou douze heures ne peut être dépassée pendant une journée, sous prétexte qu'elle n'aurait pas été atteinte la veille (3).

S'il arrivait que, par un odieux calcul, les parents cherchassent à éluder la loi en envoyant leurs enfants travailler successivement, le même jour, dans deux manufactures, les chefs d'établissement qui recevraient sciemment l'enfant déjà employé ailleurs, et qui concourraient ainsi à le faire travailler au delà du temps prescrit, violeraient l'art. 2 et encourraient la pénalité prononcée par l'art. 12 (voir n° 968).

---

(1) Mollot, *Louage d'ouvrage*, n. 285.
(2) Voir sur l'art. 1er de la loi, Galisset, *Corps du droit*, notes 4 et 5.
(3) Galisset sur l'art. 2, note 6.

« L'âge des enfants sera constaté par un certificat délivré sur papier non timbré et sans frais par l'officier de l'état civil (art. 2, *in fine*).

« Tout travail entre neuf heures du soir et cinq heures du matin est considéré comme travail de nuit.

« Tout travail de nuit est interdit pour les enfants au-dessous de treize ans » (art. 3).

963. Exceptions aux règles générales sur la limitation du travail. — « Si les conséquences du chômage d'un moteur hydraulique ou des réparations urgentes l'exigent, les enfants au-dessous de treize ans pourront travailler la nuit, en comptant deux heures pour trois entre neuf heures du soir et cinq heures du matin.

« Un travail de nuit des enfants ayant plus de treize ans, pareillement supputé, sera toléré, s'il est reconnu indispensable, dans les établissements à feu continu, dont la marche ne peut pas être suspendue pendant le cours des vingt-quatre heures » (art. 3).

Comme le fait observer M. Dalloz, il résulte de la discussion de la loi que, par *réparations urgentes* il faut entendre celles qui nécessitent une suspension de travail, soit de toute la fabrique, soit de la partie de la fabrique dans laquelle les enfants sont employés (1).

« Les enfants au-dessous de seize ans ne pourront être employés les dimanches et jours de fêtes reconnues par la loi » (art. 4).

Le législateur, en raison du nombre, relativement peu considérable, des personnes appartenant au culte israélite, n'a pas cru devoir introduire, à leur égard, des dispositions spéciales pour l'observation du sabbat (2).

964. Dispositions relatives à l'instruction des enfants. — « Nul enfant âgé de moins de douze ans ne pourra être admis qu'autant que ses parents ou tuteur justifieront qu'il fréquente actuellement une des écoles publiques ou privées existant dans la localité. Tout enfant admis devra, jusqu'à l'âge de douze ans, suivre une école.

« Les enfants âgés de plus de douze ans seront dispensés de suivre une école, lorsqu'un certificat, donné par le maire de la résidence, attestera qu'ils ont reçu l'instruction primaire élémentaire » (art. 5).

La sanction établie par la loi (art. 12), pour assurer l'exécution

---

(1) Dalloz, v° *Industrie*, n. 150.
(2) Voir l'opinion de M. Fould.—Galisset sur l'art. 4, note 5.

de cette importante disposition, est encourue par cela seul que le maître ne fournit pas les justifications prescrites par l'art. 5, alors même qu'il aurait donné des ordres pour que les enfants fussent envoyés à l'école, et qu'il ne serait intervenu aucun règlement d'administration publique pour régler, suivant le vœu de l'art. 8, le mode d'exécution de l'art. 5 (1).

Le législateur n'a pas cru devoir exiger spécialement la justification que les enfants aient été vaccinés; il s'en rapporte, à cet égard, soit aux prescriptions générales qui interdisent l'entrée des écoles publiques aux enfants non vaccinés, soit aux règlements d'administration publique qui pourraient intervenir (2).

965. Du livret des enfants. — « Les maires seront tenus de délivrer au père, à la mère ou au tuteur, un livret sur lequel seront portés l'âge, le nom, les prénoms, le lieu de naissance et le domicile de l'enfant, et le temps pendant lequel il aurait suivi l'enseignement primaire.

« Les chefs d'atelier inscriront :

« 1° Sur le livret de chaque enfant, la date de son entrée dans l'établissement et de sa sortie ;

« 2° Sur un registre spécial toutes les indications mentionnées au présent article » (art. 6).

966. Mesures à organiser par des règlements d'administration publique. — « Des règlements d'administration publique *pourront* :

« 1° Étendre à des manufactures, usines ou ateliers, autres que ceux qui sont mentionnés dans l'art. 1er, l'application des dispositions de la présente loi ;

« 2° Élever le minimum de l'âge et réduire la durée du travail déterminés dans les art. 2 et 3, à l'égard des genres d'industrie où le labeur des enfants excèderait leurs forces et compromettrait leur santé ;

« 3° Déterminer les fabriques où, pour cause de danger ou d'insalubrité, les enfants au-dessous de seize ans ne pourront point être employés ;

« 4° Interdire aux enfants, dans les ateliers où ils sont admis, certains genres de travaux dangereux ou nuisibles ;

« 5° Statuer sur les travaux indispensables à tolérer de la part des enfants, les dimanches et fêtes, dans les usines à feu continu ;

---

(1) C. cass., 14 mai 1846 (Dupont).
(2) Voir Dalloz, v° *Industrie*, n. 156, et Galisset sur l'art. 5, note 1.

« 6° Statuer sur les cas de travail de nuit prévus par l'art. 3 (art. 7).

« Des règlements d'administration publique *devront :*

« 1° Pourvoir aux mesures nécessaires à l'exécution de la présente loi ;

« 2° Assurer le maintien des bonnes mœurs et de la décence publique dans les ateliers, usines et manufactures ;

« 3° Assurer l'instruction primaire et l'enseignement religieux des enfants ;

« 4° Empêcher, à l'égard des enfants, tout mauvais traitement et tout châtiment abusif ;

« 5° Assurer les conditions de salubrité et de sûreté nécessaires à la vie et à la santé des enfants » (art. 8).

967. Inspections pour veiller à l'exécution de la loi. — « Les chefs des établissements devront faire afficher dans chaque atelier, avec la présente loi et les règlements d'administration publique qui y sont relatifs, les règlements intérieurs qu'ils seront tenus de faire pour en assurer l'exécution » (art. 9).

« Le Gouvernement établira des inspections pour surveiller et assurer l'exécution de la présente loi. Les inspecteurs pourront, dans chaque établissement, se faire représenter les registres relatifs à l'exécution de la présente loi, les règlements intérieurs, les livrets des enfants et les enfants eux-mêmes ; ils pourront se faire accompagner par un médecin commis par le préfet ou le sous-préfet » (art. 10).

« En cas de contravention, les inspecteurs dresseront des procès-verbaux qui feront foi jusqu'à preuve contraire » (art. 11).

968. Contraventions. — Pénalités. — « En cas de contravention à la présente loi ou aux règlements d'administration publique rendus pour son exécution, les propriétaires ou exploitants des établissements seront traduits devant le juge de paix du canton, et punis d'une amende de simple police qui ne pourra excéder 15 francs.

« Les contraventions qui résulteront, soit de l'admission d'enfants au-dessous de l'âge, soit de l'excès de travail, donneront lieu à autant d'amendes qu'il y aura d'enfants indûment admis ou employés, sans que les amendes réunies puissent s'élever au-dessus de 200 francs.

« S'il y a récidive, les propriétaires ou exploitants des établissements seront traduits devant le tribunal de police correctionnelle, et condamnés à une amende de 16 à 100 francs. Dans les cas prévus par le paragraphe second du présent article, les amendes réunies ne pourront jamais excéder 500 francs.

« Il y aura récidive lorsqu'il aura été rendu contre le contrevenant, dans les douze mois précédents, un premier jugement pour contravention à la présente loi ou aux règlements d'administration publique qu'elle autorise » (art. 12).

969. Responsabilité effective du maître de l'établissement. — L'intention formelle de la loi, en employant les mots *propriétaires* ou *exploitants* au lieu de celui de *directeur* qui était proposé par la commission, a été de faire remonter jusqu'au maître lui-même de l'établissement la responsabilité des infractions à la loi, et non pas de l'arrêter au simple préposé ou gérant qui pourrait être chargé spécialement de la direction.

« De deux choses l'une, a dit M. Lherbette, ou le maître a été consentant de la violation de la loi, et le préposé n'a été alors qu'un instrument; il est de toute justice que l'action soit dirigée contre l'auteur principal de la contravention plutôt que contre son agent ; ou le maître a ignoré le délit, et alors c'est le cas de l'application du droit commun qui le rend responsable du fait de son gérant » (art. 1382, 1383, 1384 du Code Napoléon).

Limiter l'action à la personne du gérant, ce serait, suivant l'observation de M. Dubois, appliquer l'institution des éditeurs responsables aux manufactures ; ce serait ôter à la loi toute sa moralité. Ce qu'il importe, c'est qu'un nom devenu célèbre en industrie, si l'homme qui le porte a souffert par négligence ou complicité qu'un délit caractérisé par la loi se commît dans son établissement, c'est que ce nom en porte la peine (1).

Il est des cas où l'on ne saurait actionner le maître, par exemple, dans certaines sociétés par actions, comme il est aussi des cas où le maître pourra prouver qu'on a agi contre ses ordres, et où il sera plus juste que le gérant soit directement condamné, sauf la responsabilité civile du maître. Dans ces diverses circonstances, les expressions maîtres ou exploitants laissent une latitude suffisante au pouvoir discrétionnaire du juge.

970. Les poursuites ne peuvent être dirigées contre les parents complices des infractions. — Les poursuites édictées par l'art. 12 ne peuvent être dirigées contre les parents qui auraient concouru à la violation des dispositions de la loi de 1841. Un paragraphe du projet de loi tendant à infliger en ce cas aux parents des peines de simple police a été rejeté,

---

(1) Voir Galisset, *Corps de droit,* sur l'art. 12, note 1.

dans la crainte qu'une telle disposition ne jetât des ferments de haine au sein des familles (1).

971. Le fait matériel suffit pour entraîner la condamnation. — Prescription. — Il ne faut pas perdre de vue que les infractions dont il s'agit ont d'après la loi le caractère de contraventions, d'où il résulte que le fait matériel suffit pour entraîner la condamnation sans qu'il soit nécessaire qu'il y ait eu intention coupable de la part du contrevenant ou de la personne à laquelle remonte la responsabilité de la contravention (voir à cet égard les principes généraux sur les contraventions industrielles, n° 84).

La prescription est acquise après une année révolue, à compter du jour où l'infraction a été commise (art. 640, Cod. inst. crim.), à moins qu'il ne s'agisse d'un fait permanent, qui se renouvelle ou qui se continue chaque jour, comme l'omission de l'envoi des enfants à l'école. En pareil cas, aucune prescription ne saurait courir avant le jour où l'omission dont il s'agit aurait cessé (voir sur ce point le n° 842).

La loi du 22 mars 1841 se termine par une disposition relative à l'époque de son application : « La présente loi ne sera obligatoire que six mois après sa promulgation » (art. 13).

CHAPITRE II.
Rapports généraux des maîtres et des ouvriers. — Mesures de police à l'égard des ateliers.

LÉGISLATION. Loi du 22 juin 1854 (*Livrets des ouvriers*). — Décret du 9 septembre 1848 (*Durée du travail*). — Décret du 17 mai 1852 (*Exceptions au précédent décret*).—Décret du 3 août 1810, art. 4 (*Juridiction disciplinaire*). — Art. 414, 415, 416 du Code pénal et loi du 27 novembre 1849 (*Coalitions*).—Art. 417, 418 du Code pénal (*Embauchage, révélation de secrets de fabrication*).

972. Les rapports entre maîtres et ouvriers sont régis par des dispositions exceptionnelles. — Division. — Les rapports entre les maîtres et les ouvriers adultes, bien que généralement libres, ne pouvaient rester sous l'application du droit commun. L'intérêt général de la police et de l'ordre public, l'intérêt particulier de l'industrie, l'intérêt même des ouvriers compromis souvent par la position dépendante qu'ils occupent, faisaient un devoir au législateur d'introduire en cette

---

(1) Voir Galisset, sur l'art. 12, note 4.

matière des obligations et des règles exceptionnelles quant aux droits des parties et quant à la compétence des juges. Les dispositions édictées dans ce triple but peuvent se diviser en trois catégories :

1° Mesures de police prescrites à l'égard des ouvriers ;

2° Principes particuliers aux contrats et obligations entre patrons et ouvriers ;

3° Compétence spéciale à l'égard des contestations entre les mêmes personnes.

Les mesures de police établies à l'égard des ouvriers dans l'intérêt de l'industrie en général, et quelles que soient les conventions particulières intervenues entre les ouvriers et les patrons, consistent : 1° dans l'obligation du livret ; 2° dans les dispositions qui répriment certains délits particuliers aux ouvriers.

§ I.
Des livrets des ouvriers et du registre spécial du maître.

SOMMAIRE.

973. Le livret obligatoire pour tous les ouvriers attachés à des ateliers ou travaillant pour des patrons.— 974. Exceptions à l'obligation générale du livret.—975. Par qui sont délivrés les livrets.—976. Interdiction de recevoir des ouvriers non munis de livrets.—977. Mentions qui doivent être portées sur les livrets et au registre spécial du maître.—978. Le livret reste aux mains de l'ouvrier.—979. Délivrance du congé d'acquit. Visa du livret. Ses effets. — 980. Règlement sur la forme des livrets et du registre.—981. Contraventions et délits relatifs aux livrets. Pénalités. — 982. Confirmation des sociétés de secours mutuels. Nature et excellence de cette institution.—983. Livret spécial en matière de tissage et de bobinage.

973. Le livret obligatoire pour tous les ouvriers attachés à des ateliers ou travaillant pour des patrons. — L'institution du livret des ouvriers, sanctionnée par une expérience séculaire (1), rétablie après une interruption de quelques années par la loi organique du 22 germinal an xi, a reçu une consécration définitive et une extension salutaire de la loi du 22 juin 1854, dont les dispositions doivent être ici intégralement rapportées avec les explications fournies par la discussion au Corps législatif.

« Les ouvriers de l'un et de l'autre sexe attachés aux manu-

---

(1) Elle remonte à des édits et lettres patentes de l'an 1749 et du 12 novembre 1781. —Voir l'exposé des motifs de la loi du 22 juin 1854.

factures, fabriques, usines, mines, minières, carrières, chantiers, ateliers et autres établissements industriels, ou travaillant chez eux pour un ou plusieurs patrons, sont tenus de se munir d'un livret » (art. 1ᵉʳ).

Cette disposition, quant aux ouvriers employés dans les fabriques, ne concerne que ceux qui y sont *attachés*, et non les simples journaliers qui y travailleraient accidentellement (1).

Elle s'applique sans distinction à tous les ouvriers en chambre qui travaillent pour des patrons, même aux chefs d'atelier, contre-maîtres, ouvriers patentés, et elle a abrogé par la généralité de ses termes la disposition restrictive de l'art. 1ᵉʳ de l'arrêté du 9 frimaire an XII, qui ne soumettait à l'obligation du livret que les compagnons et garçons.

974. Exceptions à l'obligation générale du livret. — Toutefois, l'obligation du livret n'existe pas pour les travailleurs qui fournissent directement leurs produits aux consommateurs; car ils ne sont plus alors réellement ouvriers, mais fabricants eux-mêmes, qu'ils paient ou non patente (n° 997) (2).

Elle n'a pas été étendue aux ouvriers et journaliers de l'agriculture, à moins qu'ils ne soient employés dans de certains établissements, qui bien qu'annexés à des établissements agricoles, n'en ont pas moins un caractère purement industriel, comme les féculeries, distilleries, etc..... (3).

Les obligations relatives au livret cessent pour l'ouvrier qui sort d'une fabrique pour entrer au service d'un cultivateur (4).

975. Par qui sont délivrés les livrets. — « Les livrets sont délivrés par les maires.

« Ils sont délivrés par le préfet de police à Paris et dans le ressort de sa préfecture, par le préfet du Rhône à Lyon et dans les autres communes dans lesquelles il remplit les fonctions qui lui sont attribuées par la loi du 19 juin 1851.

Il n'est perçu pour la délivrance des livrets que le prix de confection. Ce prix ne peut dépasser vingt-cinq centimes » (art. 2).

976. Interdiction de recevoir des ouvriers non munis de livrets. — « Les chefs ou directeurs des établissements spécifiés en l'art. 1ᵉʳ ne peuvent employer un ouvrier

---

(1) Exposé des motifs.—Voir Sirey, 1851, *Lois annotées*, p. 127, note 1.
(2) Voir rapport de M. Bertrand, *ibid.*, p. 129, note 2.
(3) Voir rapport de M. Bertrand, *ibid.*, p. 128, note 2.
(4) C. cass., 30 juin 1836 (Gallois).

soumis à l'obligation prescrite par cet article, s'il n'est porteur d'un livret en règle » (art. 3).

Par ces mots *chefs* et *directeurs*, le législateur a voulu désigner le maître de l'établissement et ceux qui, en l'absence du maître et avec sa délégation, le représentent dans l'établissement, et y exercent en son nom une autorité dont ils doivent porter la responsabilité.

L'art. 3, sanction efficace de l'obligation du livret empruntée aux lettres patentes de 1749, s'applique à tous les entrepreneurs d'ouvrages et chefs d'ateliers (1).

977. Mentions qui doivent être portées au livret et au registre spécial du maître. — Des avances. — De l'acquit. — « Si l'ouvrier est attaché à l'établissement, le chef ou directeur doit, au moment où il le reçoit, inscrire sur son livret la date de son entrée.

« Il transcrit sur un registre non timbré qu'il doit tenir à cet effet, les nom et prénoms de l'ouvrier, le nom et le domicile du chef de l'établissement qui l'aura employé précédemment, et le montant des avances dont l'ouvrier serait resté débiteur envers celui-ci.

« Il inscrit sur le livret, à la sortie de l'ouvrier, la date de la sortie et l'acquit des engagements.

« Il ajoute, s'il y a lieu, le montant des avances dont l'ouvrier resterait débiteur envers lui, dans les limites fixées par la loi du 14 mai 1851 » (art. 4).

L'art. 4 de la loi du 14 mai 1851 (voir ci-après, n° 1047) déclare que les avances faites par le patron à l'ouvrier ne peuvent être inscrites sur le livret de celui-ci et ne sont remboursables, au moyen de la retenue, que jusqu'à concurrence de *trente francs*. Il a abrogé l'art. 8 de l'arrêté du 9 frimaire an XII qui permettait la mention sur le livret de l'intégralité de la dette. Du reste, le livret ne sert ici qu'à fournir un mode de constatation des avances. Celles qui n'y seraient pas inscrites n'en seraient pas moins dues par l'ouvrier si elles pouvaient être prouvées, sauf à ne point être recouvrées par voie de retenue (n° 1047) (2). (Voir, pour tout ce qui concerne les avances faites par le patron à l'ouvrier, la loi du 14 mai 1851 expliquée ci-après n°s 1046-1048).

« Si l'ouvrier travaille habituellement pour plusieurs patrons, chaque patron inscrit sur le livret le jour où il lui confie de l'ou-

---

(1) Voir le rapport de M. Bertrand (Sirey, *Lois annotées* de 1854, p. 129, note 3).
(2) Voir Douai, 3 mai 1837.

vrage et transcrit, sur le registre mentionné en l'article précédent, les nom et prénoms de l'ouvrier et son domicile.

« Lorsqu'il cesse d'employer l'ouvrier, il inscrit sur le livret l'acquit des engagements sans aucune autre énonciation » (art. 5).

978. Le livret reste aux mains de l'ouvrier. — « Le livret, après avoir reçu les mentions prescrites par les deux articles qui précèdent, est remis à l'ouvrier et reste entre ses mains » (art. 6).

Cet article, contraire à la disposition du projet de loi (1), qui maintenait le droit antérieurement reconnu au patron de conserver le livret entre ses mains, est une des plus importantes innovations de la loi actuelle.

En cas de refus du maître de remettre le livret pour quelque cause que ce soit, l'ouvrier peut s'adresser au conseil des prud'hommes (n° 1048) ou au juge de paix, à défaut de prud'hommes, pour faire ordonner la remise (2).

979. Délivrance du congé d'acquit.—Visa du livret. — Ses effets. — « Lorsque le chef ou directeur d'établissement ne peut remplir l'obligation déterminée au troisième paragraphe de l'art. 4 et au deuxième paragraphe de l'art. 5 (voir ci-dessus n° 977), le maire ou le commissaire de police, après avoir constaté la cause de l'empêchement, inscrit sans frais le congé d'acquit » (art. 7).

On entend par congé d'acquit un certificat signé par le maître constatant que l'ouvrier a rempli ses engagements envers lui (3).

« Dans tous les cas, il n'est fait sur le livret aucune annotation favorable ou défavorable à l'ouvrier » (art. 8).

« Le livret, visé gratuitement par le maire de la commune où travaille l'ouvrier, à Paris et dans le ressort de la préfecture de police par le préfet de police, à Lyon et dans les communes spécifiées dans la loi du 19 juin 1851 par le préfet du Rhône, tient lieu de passeport à l'intérieur, sous les conditions déterminées par les règlements administratifs » (art. 9).

980. Règlement sur la forme des livrets et registres. — « Des règlements d'administration publique déterminent tout ce qui concerne la forme, la délivrance, la tenue et le renouvellement des livrets.

---

(1) Voir exposé des motifs (Sirey, *Lois annotées*, 1854, p. 127, note 1)
(2) Argument des art. 7 et 8 de la loi du 14 mai 1851.
(3) Mollot, *Compétence des prud'hommes*, n. 228.—Voir l'art. 12 de la loi du 22 germinal an XI.

« Ils règlent la forme du registre prescrit par l'art. 4 et les indications qu'il doit contenir » (art. 10) (1).

---

(1) En exécution de l'art. 10, un décret a été rendu à la date du 30 avril 1855 :

Art. 1er. Le livret est en papier blanc, coté et parafé par les fonctionnaires désignés en l'art. 2 de la loi du 22 juin 1854.

Il est revêtu de leur sceau.

Sur les premiers feuillets sont imprimés textuellement la loi précitée, le présent décret, la loi du 14 mai 1851 et les art. 155 et 463 du Code pénal.

Il énonce :

1° Le nom et les prénoms de l'ouvrier, son âge, le lieu de sa naissance, son signalement, sa profession ;

2° Si l'ouvrier travaille habituellement pour plusieurs patrons, ou s'il est attaché à un seul établissement ;

3° Dans ce dernier cas, le nom et la demeure du chef d'établissement chez lequel il travaille ou a travaillé en dernier lieu ;

4° Les pièces, s'il en est produit, sur lesquelles le livret est délivré.

Les livrets sont imprimés d'après le modèle annexé au présent décret.

Art. 2. Il est tenu dans chaque commune un registre sur lequel sont relatés, au moment de leur délivrance, les livrets et les visas de voyage mentionnés ci-après.

Ce registre porte la signature des impétrants ou la mention qu'ils ne savent ou ne peuvent signer.

Art. 3. Le premier livret d'un ouvrier lui est délivré sur la constatation de son identité et de sa position.

A défaut de justifications suffisantes, l'autorité appelée à délivrer le livret peut exiger de l'ouvrier une déclaration souscrite sous la sanction de l'art. 13 de la loi du 22 juin 1854, dont il lui est donné lecture.

Art. 4. Le livret rempli ou hors d'état de servir est remplacé par un nouveau sur lequel sont reportés : 1° la date et le lieu de la délivrance de l'ancien livret ; 2° le nom et la demeure du chef d'établissement chez lequel l'ouvrier travaille ou a travaillé en dernier lieu ; 3° le montant des avances dont l'ouvrier resterait débiteur.

Le remplacement est mentionné sur le livret hors d'usage, qui est laissé entre les mains de l'ouvrier.

Art. 5. L'ouvrier qui a perdu son livret peut en obtenir un nouveau sous les garanties mentionnées en l'art. 3.

Le nouveau livret reproduit les mentions indiquées en l'art. 4.

Art. 6. L'ouvrier est tenu de représenter son livret à toute réquisition des agents de l'autorité.

Art. 7. L'ouvrier ne travaillant que pour un seul établissement doit, avant de le quitter et d'être admis dans un autre, faire inscrire sur son livret l'acquit des engagements.

L'ouvrier travaillant habituellement pour plusieurs patrons peut, sans cet acquit, obtenir du travail d'un ou de plusieurs autres patrons.

Art. 8. Le registre spécial que les chefs d'établissement doivent tenir conformément aux art. 4 et 5 de la loi du 22 juin 1854 est dressé d'après le modèle annexé au présent décret.

Il est coté et parafé, sans frais, par les fonctionnaires chargés de la délivrance des livrets et communiqué, sur leur demande, au maire et au commissaire de police.

Art. 9. Le chef d'établissement indique, tant sur son registre que sur le livret, si l'ouvrier travaille pour un seul établissement ou pour plusieurs patrons.

A l'égard de l'ouvrier travaillant pour plusieurs patrons, le chef d'établissement n'est

981. Contraventions et délits relatifs aux livrets. — Pénalités. — « Les contraventions aux art. 1, 3, 4, 5 et 8, de

tenu de remplir les formalités du paragraphe précédent que lorsqu'il l'emploie pour la première fois.

Art. 10. Si l'ouvrier est quitte envers le chef d'établissement, celui-ci, lorsqu'il cesse de l'employer, doit inscrire sur le livret l'acquit des engagements.

Art. 11. Lorsque le livret, spécialement visé à cet effet, doit tenir lieu de passe-port à l'intérieur, le visa du départ indique toujours une destination fixe et ne vaut que pour cette destination.

Ce visa n'est accordé que sur la mention de l'acquit des engagements prescrite par les articles 4 et 5 de la loi du 22 juin 1854 et sous les conditions déterminées par les règlements administratifs, conformément à l'article 9 de la même loi.

Art. 12. Le livret ne peut être visé pour servir de passe-port à l'intérieur, si l'ouvrier a interrompu l'exercice de sa profession, ou s'il s'est écoulé plus d'une année depuis le dernier certificat de sortie inscrit audit livret.

Art. 13. Le présent règlement ne fait pas obstacle à ce que des dispositions spéciales aux livrets soient prises dans les limites de leur compétence en matière de police par le préfet de police à Paris et pour le ressort de la préfecture, et dans les départements par les autorités locales.

Art. 14. Sont abrogées toutes les dispositions des règlements antérieurs contraires au présent décret.

Art. 15. Notre ministre secrétaire d'État au département de l'agriculture, du commerce et des travaux publics, est chargé de l'exécution du présent décret, qui sera inséré au *Bulletin des Lois* et publié au *Moniteur*.

Fait au palais des Tuileries, le 30 avril 1855.   NAPOLÉON.

ANNEXES AU DÉCRET DU 30 AVRIL 1855 SUR LES LIVRETS D'OUVRIERS.

I.— *Modèle du livret* (Art. 1ᵉʳ du décret du 30 avril 1855).

Dimensions du livret : hauteur 16 centim. ; largeur, 11 cent. ; couverture cartonnée.

Les sept premières pages du livret contiennent, au-dessous de ces mots : *Livret d'ouvrier*, 1° la loi du 22 juin 1854 ; 2° le décret du 30 avril 1855 ; 3° la loi du 14 14 mai 1851 ; 4° les articles 153 et 463 du Code pénal.

Ensuite et en regard sur deux pages :

DÉPARTEMENT d — Arrondissement d	MAIRIE d	*Premier feuillet.* lets cotés et parafés par premier et dernier sur (1)
SÉRIE. — N° Profession :		à la charge par de se conformer aux lois et règlements concernant les ouvriers.
, le	1855.	Le porteur (2) occupé en qualité d'ouvrier (3)
SIGNALEMENT. Age de ans. Taille : 1 m. c. Cheveux Sourcils Front Yeux Nez Bouche Barbe Menton Visage Teint Signes particuliers :	Né à Département de Demeurant à rue n° Ayant justifié de son identité et de sa position, a obtenu le présent livret contenant quatorze feui-	*Signature de l'ouvrier,* Le maire, Sceau de la mairie. (1) Indiquer, s'il y a lieu, les pièces produites. (2) Est ou a été. (3) Attaché à un seul établissement chez le sieur demeurant à rue n° ou travaillant pour plusieurs patrons.

la présente loi, sont poursuivies devant le tribunal de simple police et punies d'une amende d'un à quinze francs, sans préjudice des dommages-intérêts, s'il y a lieu.

« Il peut de plus être prononcé, suivant les circonstances, un emprisonnement d'un à cinq jours » (art. 11).

« Tout individu coupable d'avoir fabriqué un faux livret, ou falsifié son livret originairement véritable, ou fait sciemment usage d'un livret faux ou falsifié, est puni des peines portées en l'art. 153 du Code pénal (1) » (art. 12).

« Tout ouvrier coupable de s'être fait délivrer un livret, soit sous un faux nom, soit au moyen de fausses déclarations ou de faux certificat, ou d'avoir fait usage d'un livret qui ne lui appartient pas, est puni d'un emprisonnement de trois mois à un an » (art. 13).

« L'art. 463 du Code pénal (2) peut être appliqué dans tous les cas prévus par les art. 12 et 13 de la présente loi » (art. 14).

« Aucun ouvrier soumis à l'obligation du livret ne sera inscrit sur les listes électorales, pour la formation des conseils de prud'hommes, s'il n'est pourvu d'un livret » (art. 15).

Treize autres feuillets en blanc suivent et sont numérotés au recto. Mais le dernier feuillet porte en tête du verso : « Le présent livret, rempli et hors d'usage, a été remplacé par nous, maire de la commune de   département de
« *Le maire*   . »

Et au bas du même verso : « *Nota.* Le présent livret, rempli et hors d'usage, sera remplacé par un nouveau portant la date et le lieu de la délivrance du présent, le nom du chef d'établissement chez lequel l'ouvrier a travaillé en dernier lieu et le montant des avances dont il est resté débiteur. Ces mentions seront mises dans le blanc réservé pour la mention des pièces qui auraient pu être déposées. »

II. — *Modèle du registre à tenir par les chefs d'établissement* (art. 8 du décret du 30 avril 1855).

Numéros d'ordre.	Date de l'entrée de l'ouvrier ou du jour où il lui a été confié de l'ouvrage.	Noms et prénoms de l'ouvrier.	Demeure. (par rue et n° même)	INDICATION de la catégorie à laquelle appartient l'ouvrier. (Mentionner s'il est attaché à un seul établissement, ou s'il travaille en chambre pour plusieurs.) Art. 9 du décret.)	LIEU de la délivrance du livret. — 1° communes. 2° département.	DATE et n° de la délivrance du livret	NOM et domicile du chef du dernier établissement où l'ouvrier a été employé.	Indication du montant des avances dues par l'ouvrier à son précédent patron.	Date de la sortie de l'ouvrier ou du jour où il a cessé d'être employé.	Avances reçues par l'ouvrier à sa sortie.	OBSERVATIONS.
						Date. Numéro.	Nom. Domicile.				

(1) Emprisonnement d'un an au moins et de cinq ans au plus.
(2) Cet article permet d'admettre des circonstances atténuantes et d'abaisser la peine au-dessous du taux ordinaire, par exemple…

982. Confirmation des sociétés de secours mutuels. — Nature et excellence de cette institution. — « La présente loi aura son effet à partir du 1er janvier 1855. Il n'est pas dérogé par ses dispositions à l'art. 12 du décret du 26 mars 1852, relatif aux sociétés de secours mutuels » (art. 16).

Les sociétés de secours mutuels, l'une des plus excellentes créations des derniers temps, sont reconnues, protégées et favorisées par la loi dans le but d'assurer des secours temporaires aux sociétaires malades, blessés ou infirmes, et de pourvoir à leurs frais funéraires (décret du 26 mars 1852, art. 6). Elles se composent de *membres participants* aux secours conférés par la société, et de *membres honoraires* qui apportent leur tribut à la société sans prendre part aux bénéfices des statuts.

Le bureau (c'est-à-dire le président, vice-président, secrétaire et trésorier) de chacune de ces sociétés est autorisé à délivrer à tout sociétaire participant un *diplôme* pour lui servir de passe-port et de livret sous les conditions déterminées par un arrêté ministériel.

« Ce diplôme, dit le ministre de l'intérieur dans l'instruction générale pour l'exécution du décret, peut devenir un certificat de moralité, un témoignage de bonne conduite, une recommandation à la protection du Gouvernement aux préférences des chefs d'atelier, à l'estime et à la considération publique. »

C'est une des raisons, jointes à tant d'autres, qui doivent engager les ouvriers à faire partie, dans leur intérêt le plus évident, de ces précieuses associations où les maîtres entreront, de leur côté, à un autre titre et dans les vues de la bienfaisance la mieux entendue (voir ci-après sect. II, chap. 1er).

983. Livret spécial en matière de tissage et de bobinage. — Il ne faut pas confondre le livret généralement imposé à tous les ouvriers avec un autre genre de livret ou plus exactement de livre de compte institué notamment en matière de tissage et de bobinage. Ce dernier livret, dont le premier ne tient nullement la place et qui ne peut pas davantage remplacer celui-ci, sera l'objet d'un examen ultérieur (voir n° 1015).

Notons ici que les prescriptions sur la tenue de ce livret et celle d'un registre d'ordre, qui en est le duplicata, sont considérées par la loi comme des prescriptions non-seulement d'intérêt civil, mais de police, dont l'inobservation est punie d'amende (n° 1019 ci-après).

§ II.
Limitation de la durée du travail dans les manufactures et usines.

SOMMAIRE.

984. Dispositions générales du décret du 9 septembre 1848 sur la durée du travail dans les manufactures et usines. — 985. Exceptions aux dispositions générales du décret du 9 septembre 1848. — 986. Contraventions. Amendes. — 986 *bis*. Compétence du tribunal de police correctionnelle.

984. Dispositions générales du décret du 9 septembre 1848 sur la durée du travail dans les manufactures et usines. — On doit ranger parmi les mesures relatives à la discipline des ateliers le décret du 9 septembre 1848 (1), qui protége la santé des ouvriers contre des exigences excessives en limitant la durée du travail journalier.

Bien que cette disposition influe directement sur les conventions entre patrons et ouvriers qui font l'objet spécial du contrat de louage d'industrie (voir ci-après n°s 994 et suiv.), cependant les motifs d'hygiène générale qui l'ont inspirée, ainsi que les sanctions pénales qui en garantissent l'exécution, en font essentiellement une loi d'ordre public et de police (2).

D'après l'art. 1er, « la journée de l'ouvrier dans les manufactures et usines ne pourra pas excéder douze heures de travail effectif. » Cet article spécifiant les manufactures et usines, c'est-à-dire les établissements appartenant à la grande industrie, n'a aucune application aux ouvriers isolés ou travaillant en petit nombre chez un fabricant. Les inconvénients de la faculté illimitée du travail sont en effet beaucoup moindres dans la petite industrie. En l'absence de définition légale des usines et manufactures, c'est aux juges du fait qu'il appartiendra de déterminer si tel ou tel établissement particulier rentre ou non dans les prévisions de la loi.

Les termes absolus de l'art. 1er semblent interdire, comme on l'a fait observer relativement à la loi sur l'apprentissage (n° 940), les compensations établies entre des journées différentes, dont l'une dépasserait et l'autre n'atteindrait pas le maximum légal.

---

(1) Ce décret a abrogé celui du 2 mars 1848, qui réduisait à dix et onze heures la durée du travail.

(2) Voir la circulaire du ministre de l'agriculture et du commerce dans Galisset, 1848, p. 725.

985. Exceptions aux dispositions générales du décret du 9 septembre 1848. — En exécution de l'art. 2, qui permet au Gouvernement d'apporter, par voie de règlement d'administration publique, des exceptions à l'art. 1er, à raison de la nature des industries, le décret des 17-31 mai 1851 soustrait à l'empire du décret de 1848 les travaux ci-après déterminés :

« Travail des ouvriers employés à la conduite des fourneaux, étuves, sécheries ou chaudières à débouillir, lessiver ou aviver ; — travail des chauffeurs attachés au service des machines à vapeur, des ouvriers employés à allumer les feux avant l'ouverture des ateliers, des gardiens de nuit ; — travaux de décatissage ; — fabrication et dessiccation de la colle forte ; — chauffage dans les fabriques de savon ; — mouture des grains ; — imprimeries typographiques et imprimeries lithographiques ; — fonte, affinage, étamage, galvanisation de métaux ; — fabrication de projectiles de guerre (art. 1er du décret du 17 mai 1851).

« Le nettoiement des machines à la fin de la journée ; — les travaux que rendent immédiatement nécessaires un accident arrivé à un moteur, à une chaudière, à l'outillage ou au bâtiment même d'une usine, ou tout autre cas de force majeure (art. 2).

« La durée du travail effectif peut être prolongée au delà de la limite légale : 1° d'une heure à la fin de la journée de travail, pour le lavage et l'étendage des étoffes dans les teintureries, blanchisseries et dans les fabriques d'indiennes ; 2° de deux heures dans les fabriques et raffineries de sucre, et dans les fabriques de produits chimiques ; 3° de deux heures pendant cent vingt jours ouvrables par année, au choix des chefs d'établissement, dans les usines de teinturerie, d'imprimerie sur étoffes, d'apprêt d'étoffes et de pressage (art. 3).

« Tout chef d'usine ou de manufacture qui voudra user des exceptions autorisées par le dernier § de l'art. 3 sera tenu de faire savoir préalablement au préfet par l'intermédiaire du maire qui donnera récépissé de la déclaration les jours pendant lesquels il se propose de donner au travail une durée exceptionnelle (art. 4).

L'art. 3 du décret du 9 septembre 1848 repousse la prétention de certains patrons qui entendaient porter la durée de la journée de travail au nombre d'heures fixé comme maximum par le décret dans des industries où, d'après les usages anciens, cette durée était moindre (1). Il déclare « qu'il n'est porté aucune at-

---

(1) Voir Galisset, *Corps du droit*, sur l'art. 3 du décret du 9 sept. 1848, note 1.

teinte aux usages et aux conventions qui, antérieurement au 2 mars, fixaient pour certaines industries la journée de travail à un nombre d'heures inférieur à douze. »

986. Contraventions. — Amendes. — « Tout chef de manufacture ou usine qui contreviendra au présent décret et aux règlements d'administration publique promulgués en exécution de l'art. 2 (voir le décret du 17 mai 1851 ci-dessus) sera puni d'une amende de 5 francs à 100 francs.

« Les contraventions donneront lieu à autant d'amendes qu'il y aura d'ouvriers indûment employés, sans que ces amendes réunies puissent s'élever au-dessus de 1,000 francs.

« Le présent article ne s'applique pas aux usages locaux et conventions indiqués dans la présente loi » (art. 4 du décret du 9 septembre).

986 bis. Compétence du tribunal de police correctionnelle. — Les infractions en question, dont on avait proposé de renvoyer la connaissance aux prud'hommes (1), sont, en raison de l'importance des pénalités, de la compétence de la police correctionnelle ; mais il résulte de leur caractère de contravention que le fait matériel suffit pour l'application de la loi pénale, sans que les prévenus puissent s'excuser sur l'intention (voir n° 84).

« L'art. 463 du Code pénal pourra toujours être appliqué » (art. 5).

« Le décret du 2 mars 1848, en ce qui concerne la limitation des heures de travail, est abrogé » (art. 6).

§ III.

Dispositions relatives au maintien de l'ordre dans les ateliers.

SOMMAIRE.

987. Juridiction disciplinaire des prud'hommes. Emprisonnement. — 988. Des coalitions. Dispositions applicables aux maîtres et aux ouvriers.—989. A quels maîtres et à quels ouvriers s'appliquent les dispositions dont il s'agit.—990. Associations qu'il ne faut pas confondre avec les coalitions. Associations ouvrières. — 990 bis. Du compagnonnage.—991. Révélation par l'ouvrier des secrets de fabrication. —992. De l'embauchage des ouvriers.

987. Juridiction disciplinaire des prud'hommes.— Emprisonnement. — Diverses dispositions pénales ont pour objet de maintenir l'ordre et la discipline parmi les ouvriers des

---

(1) Voir la discussion de l'art. 4, Galisset, *Corps du droit*, décret du 9 sept 1848.

fabriques, et de sauvegarder la liberté de l'industrie contre des manœuvres oppressives que la réunion d'un grand nombre de travailleurs rendrait aussi faciles que dangereuses.

Nous avons mentionné ci-dessus (n° 959) l'art. 4 du décret du 3 août 1810, applicable non-seulement aux apprentis, mais à tous les ouvriers en général, d'après lequel « tout délit tendant à troubler l'ordre et la discipline de l'atelier, tout manquement grave des apprentis envers leur maître, pourront être punis par les prud'hommes d'un emprisonnement qui n'excèdera pas trois jours. » — Cette juridiction toute disciplinaire des prud'hommes, qui tend à réprimer et plus encore à prévenir le trouble et le désordre dans les ateliers, s'exerce sans préjudice des poursuites auxquelles les mêmes faits peuvent donner lieu, nonobstant la condamnation prononcée par les prud'hommes (1), devant le tribunal de simple police, d'après l'art. 19, titre V de la loi du 22 germinal an XI.

Les prud'hommes devraient se dessaisir, si le fait constituait un délit correctionnel ou un crime, et, après l'avoir constaté (art. 10 et 14, L. du 18 mars 1806), le dénoncer au procureur impérial. Il en serait ainsi, suivant M. Mollot, même pour des faits du ressort du tribunal de simple police, si celui-ci avait été le premier saisi (2).

La poursuite devant les prud'hommes ne peut avoir lieu d'office, mais seulement sur la dénonciation de la partie lésée (3).

Nous pensons, contrairement à l'opinion émise par M. Mollot (4), que l'art. 4 du décret de 1810 est spécial aux ouvriers et ne saurait être appliqué aux maîtres (voir n° 959).

988. Des coalitions.—Dispositions applicables aux maîtres et aux ouvriers. — Quand le désordre est le résultat de l'accord de plusieurs ouvriers et consiste dans des mesures concertées, telles que la suspension des travaux ou *grève*, pour forcer le maître à une augmentation de salaire ou à un changement dans les usages de la fabrique, il y a délit de *coalition*. Le même délit peut exister de la part des patrons au préjudice des ouvriers, lorsque les maîtres de divers ateliers s'entendent entre eux pour contraindre les travailleurs à subir des con-

---

(1) C. cass., 9 avril 1856. — Voir Mollot, *Compétence des prud'hommes*, n. 404, note 1.

(2) Mollot, n. 404.

(3) Art. 10 et 13 de la loi du 18 mars 1806.—Mollot, *Justice industrielle*, p. 140.

(4) Mollot, *Compétence des prud'hommes*, n. 568.

ditions abusives (voir ci-après, sect. II, chap. II). La loi s'est armée d'une égale sévérité contre ce double désordre. Le fait de coalition, qu'il provienne du maître ou des ouvriers, est défini et puni par les art. 414, 415, 416 du Code pénal, tels qu'ils ont été modifiés par la loi du 27 novembre 1849.

« Sera punie d'un emprisonnement de six jours à trois mois et d'une amende de 16 fr. à 300 fr. : » 1° toute coalition entre *ceux qui font travailler* des ouvriers tendant à forcer l'abaissement des salaires, s'il y a eu tentative ou commencement d'exécution ; 2° toute coalition de la part des *ouvriers* pour faire cesser en même temps de travailler, interrompre le travail dans un atelier, empêcher de s'y rendre avant ou après certaines heures, et, en général, pour suspendre, empêcher, enchérir les travaux, s'il y a eu tentative ou commencement d'exécution. — Dans les cas prévus par ces deux paragraphes, les chefs ou *moteurs* seront punis d'un emprisonnement de deux à cinq ans (art. 414).

« Seront aussi punis des peines portées dans l'article précédent et d'après les mêmes distinctions les directeurs d'atelier et entrepreneurs d'ouvrage et les ouvriers qui, *de concert*, auront prononcé des amendes autres que celles qui ont pour objet la discipline intérieure de l'atelier, des défenses, des interdictions ou toutes prescriptions connues sous le nom de *damnations* ou sous quelque qualification que ce puisse être, soit de la part des directeurs d'atelier ou entrepreneurs contre les ouvriers, soit de la part de ceux-ci contre les directeurs d'atelier ou entrepreneurs, soit les uns contre les autres (art. 415).

« Dans les cas prévus par les deux articles précédents, les chefs ou moteurs pourront, après l'expiration de leur peine, être mis sous la surveillance de la haute police pendant deux ans au moins et cinq ans au plus » (art. 416).

989. A quels maîtres et à quels ouvriers s'appliquent les dispositions dont il s'agit. — En ce qui concerne les patrons, les expressions de la loi : *ceux qui font travailler des ouvriers*, doivent être interprétées et restreintes d'après la rubrique même du titre du Code pénal sous laquelle elles sont placées, *violation des règlements relatifs aux manufactures, au commerce et aux arts.*

Elles ne sont donc applicables qu'aux industriels proprement dits et non aux propriétaires et aux fermiers (1).

---

(1) Voir la loi du 28 septembre 1791. — Chauveau et Hélie. t. 7, p. 465 ; Dalloz, v° *Industrie*, n. 597.

En ce qui concerne les ouvriers, les articles précités embrassent toute la classe des *travailleurs de l'industrie* sans distinction, apprentis, garçons, compagnons, ouvriers à la journée ou à la tâche, réunis en atelier ou travaillant à domicile. Mais, d'après l'opinion unanime des auteurs (1), ces dispositions ne s'appliquent pas aux travailleurs agricoles, moissonneurs, batteurs en grange ou autres, dont les coalitions sont réprimées par la loi du 28 septembre 1791.

On remarquera que les faits punis par l'art. 415 qui étaient atteints par le Code pénal, même quand ils se produisaient de la part d'individus isolés, ne le sont plus d'après le texte révisé en 1849 que quand ils ont lieu par suite d'un accord entre diverses personnes (2).

990. Associations qu'il ne faut pas confondre avec les coalitions.— Associations ouvrières.— Il ne faut pas confondre avec les coalitions des réunions de fabricants et d'ouvriers qui, formées dans un but licite, sont à certaines conditions ou permises ou même favorisées par la loi, à savoir, les syndicats en usage dans certains corps de métiers (voir ci-après sect. II, chap. Ier), les sociétés de secours mutuels dont il a été parlé ci-dessus, et les associations ouvrières.

Les ouvriers, au lieu de travailler pour un fabricant auquel ils se lient par le contrat de louage, peuvent se réunir entre eux pour travailler à leur compte et fournir directement leurs produits aux consommateurs. Tel est le but des *associations ouvrières*, qui sont parfaitement licites en elles-mêmes et forment, au point de vue du droit, des sociétés commerciales où chaque ouvrier joue le rôle de maître. Mais une récente et triste expérience a démontré qu'au point de vue économique, elles étaient peu capables de produire de bons résultats : les faillites multipliées des associations ouvrières fondées après février 1848 ont singulièrement discrédité cette combinaison, qui n'est utilement appliquée que dans un petit nombre d'industries (3).

990 bis. Du compagnonnage. — On ne saurait assimiler aux associations ouvrières, permises en tant que sociétés commerciales, les sociétés de *compagnonnage* qui, sans avoir eu en vue aucune opération de commerce, réunissent des ouvriers dans

---

(1) Chauveau et Hélie, t. 7, p. 468 ; Carnot, t. 2, p. 562 ; Dalloz, v° *Industrie*, n. 400.
(2) Voir, sur la loi du 27 novembre 1849, Morin, *Répert.*, v° *Coalitions*.
(3) Voir sur les associations ouvrières, Dalloz, v° *Industrie*, n. 112, 113, 114.

le but de se prêter mutuellement aide et assistance. Ces associations, connues sous des noms demeurés célèbres, redoutables jadis pour la sécurité des maîtres et la liberté de l'industrie, seraient évidemment proscrites, si elles se composaient d'un grand nombre de membres, par l'art. 291 du Code pénal, qui interdit toute association de plus de vingt personnes; mais elles sont, suivant nous, prohibées, quel que soit le nombre de leurs membres, par l'art. 2 de la loi du 14 juin 1791, d'après lequel « les ouvriers et compagnons d'un état quelconque ne peuvent, lorsqu'ils se trouveront ensemble, se nommer ni président, ni secrétaire, ni syndic, tenir des registres, prendre des arrêtés ou délibérations, former des règlements sur leurs prétendus intérêts communs. »

Cette disposition nous paraît avoir repris sa force première depuis l'abrogation de la Constitution de 1848. En conséquence, les arrêtés municipaux pris dans un intérêt d'ordre public pour empêcher toute manifestation collective de la part d'ouvriers ou compagnons seraient obligatoires, et les contrevenants devraient être traduits devant le tribunal de simple police (1).

998. Révélation par l'ouvrier des secrets de fabrication.—Les relations obligées du maître avec l'ouvrier, qui est appelé par la nature des choses à prendre connaissance de tous les détails de l'industrie à laquelle il est attaché, offrent à ce dernier les plus faciles moyens de nuire, soit à l'établissement qui l'emploie, soit même à l'industrie nationale, et donnent une gravité toute particulière à l'abus qu'il peut faire de la confiance qui lui est nécessairement témoignée. De là les dispositions de l'art. 418, Cod. pén., d'après lequel « tout directeur, commis, ouvrier de fabrique, qui aura communiqué à des étrangers ou à des Français résidant en pays étranger des secrets de la fabrique où il est employé, sera puni de la réclusion et d'une amende de 500 fr. à 20,000 fr. Si les secrets ont été communiqués à des Français résidant en France, la peine sera d'un emprisonnement de trois mois à deux ans et d'une amende de 16 fr. à 200 fr.

Ces pénalités sont applicables aux trois conditions suivantes : la qualité d'ouvrier, commis ou directeur; la communication d'un *secret*, c'est-à-dire d'un procédé appartenant à la fa-

---

(1) Voir C. cass., 5 août 1856 (Cazes).—Dalloz, v° *Industrie*, n. 117, et *Associations de secours*, n. 5 et suiv.

brique et appliqué par elle seule ; la fraude ou l'intention de nuire (1).

Le tiers qui a reçu la communication frauduleuse peut être poursuivi comme complice, s'il y a eu de sa part quelque acte de provocation ou d'assistance, antérieur ou simultané au délit (2).

992. De l'embauchage des ouvriers.—L'art. 417 punit d'un emprisonnement de six mois à deux ans et d'une amende de 50 fr. à 300 fr. l'*embauchage* des ouvriers pour l'étranger. Cette disposition n'atteint que celui qui détourne les ouvriers et non les ouvriers eux-mêmes qui ont cédé à l'appât d'un salaire plus élevé (3).

Si c'est au profit d'une autre fabrique française que l'embauchage a été pratiqué, il n'y a lieu qu'à des réparations civiles au profit de la partie lésée (4).

CHAPITRE III.

Relations civiles entre les maîtres et les ouvriers.—Louage d'ouvrage et d'industrie.

LÉGISLATION. Code Napoléon, art. 1710, 1779-1799 (*Louage d'ouvrage et d'industrie*). —Loi du 7 mars 1850, décret du 20 juillet 1853 (*Tissage, bobinage, etc...*).—Loi du 14 mai 1851 (*Avances aux ouvriers*).—Loi du 18 mars 1806, art. 20 et suiv. (*Règlements de compte des chefs d'ateliers*).

993. Dispositions diverses sur les relations civiles entre patrons et ouvriers. — La loi ne s'est pas bornée aux mesures de police qui viennent d'être énumérées, pour maintenir dans les ateliers l'ordre et la discipline et pour protéger l'exercice de l'industrie en général contre la contrainte et la spoliation. Elle est intervenue dans les relations purement civiles entre les maîtres et les ouvriers, et les a soustraites sous plusieurs rapports à l'empire du droit commun pour les soumettre à des règles particulières. Tel est l'objet des dispositions du Code Napoléon sur le louage d'ouvrage et d'industrie, et des lois diverses sur les avances faites aux ouvriers et sur les conventions relatives, soit à la durée du travail, soit à certains genres d'industrie (tissage, bobinage, etc.).

---

(1) Chauveau et Hélie, t. 7, p. 455 et 456 ; Morin, *Répert.*, v° *Manufacture*, n. 6.
(2) C. cass., 14 mai 1842.
(3) Chauveau et Hélie, t. 7, p. 452.
(4) Dalloz, v° *Industrie*, n. 146.

§ I.
Nature et caractères du contrat de louage d'ouvrage et d'industrie.

SOMMAIRE.

994. Définition du louage d'ouvrage et d'industrie. Ses différentes espèces.—995. Gens de travail et entrepreneurs d'ouvrages. Définition et distinction.—996. Ouvriers à temps, ouvriers à façon.—997. Définition de l'ouvrier. Distinction entre le louage de services et le mandat. Professions manuelles et libérales.—998. Distinction entre l'ouvrier et le commis.—999. Des personnes qui fournissent à la fois l'industrie et la matière.

994. Définition du louage d'ouvrage et d'industrie; ses différentes espèces. — Le louage d'ouvrage et d'industrie est le contrat qui intervient entre la personne qui commande un travail quelconque et celle qui s'engage à le faire, moyennant un prix convenu entre les deux parties (art. 1710, C. Nap.). C'est le contrat essentiel en matière d'industrie; c'est la base de tous les rapports entre patrons et ouvriers (1).

Le Code Napoléon reconnaît trois espèces principales de louage d'ouvrage et d'industrie :

1° Le louage des *gens de travail* qui s'obligent au service de quelqu'un;

2° Celui des *voituriers*, tant par terre que par eau, qui se chargent du transport des personnes ou des marchandises;

3° Celui des *entrepreneurs d'ouvrages* par suite de devis ou marchés (art. 1779).

Nous n'avons pas à examiner le contrat de la seconde espèce, qui est soumis aux règles générales du Code de commerce sur les commissionnaires de transport (art. 90 et suivants).

Nous ne nous occuperons que des n°s 1 et 3 de l'art. 1779, relatifs aux rapports des patrons et des ouvriers, seul objet du présent chapitre.

995. Gens de travail et entrepreneurs d'ouvrages. —Définition. — Distinction. —Les gens de travail et les entrepreneurs d'ouvrages ont cela de commun qu'ils sont liés à celui qui les emploie par le contrat de louage d'ouvrage ou d'industrie; mais ils se distinguent les uns des autres à divers points de vue.

---

(1) On peut consulter utilement sur cette matière Mollot, *Contrat de louage d'ouvrage et d'industrie;* Dalloz, *Repert.*, v° *Louage d'ouvrage et d'industrie;* Troplong, *du Contrat de louage,* t. 3.

Par les mots *gens de travail*, la loi désigne d'une part les *ouvriers* proprement dits qui louent leur service pour un ouvrage déterminé par le contrat, et ne rendent qu'exceptionnellement des services personnels; d'autre part, les *domestiques* qui se distinguent des ouvriers en ce qu'ils sont exclusivement *attachés à la personne* même de celui qui les emploie, et dont il n'est point question ici.

La dénomination d'*entrepreneurs* comprend à la fois et des patrons ou chefs d'entreprise qui fournissent directement les consommateurs (voir l'art. 1799, Cod. Nap,), et certains ouvriers qui n'entreprennent des travaux que pour des patrons sans avoir eux-mêmes de rapports directs avec le public.

996. Ouvriers à temps. - Ouvriers à façon. — De là deux catégories bien distinctes d'ouvriers d'après l'art. 1779 :

1° Les *ouvriers gens de travail*, c'est-à-dire ceux qui, dans les fabriques et dans toutes les professions industrielles, louent leurs services *à temps*, à la journée, à la huitaine, à la quinzaine, au mois, etc.... Le contrat par lequel ils s'engagent est le *louage de service;*

2° Les *ouvriers entrepreneurs d'ouvrages* « qui, quel que soit le genre de leur industrie, louent leurs services *à façon*, c'est-à-dire, moyennant un prix proportionné à la quantité de travail qu'ils exécutent, avec la matière qui leur est fournie et sans égard au temps qu'ils y emploient » (1). Tel est le contrat appelé *marché à forfait* (art. 1711, Cod. Nap.).

Permi les *ouvriers à temps* qui louent leurs services, on comprend non-seulement les ouvriers *à la journée*, tels que *journaliers, manouvriers, hommes de peine, garçons, compagnons, dévideurs, tireurs, rattacheurs,* etc..., mais encore le *chef ouvrier* ou maître compagnon qui conduit un certain nombre d'ouvriers, dans la maçonnerie, par exemple, et le *contre-maître* ou ouvrier principal qui, dans les grandes industries, surveille les travaux de nombreux ouvriers et dirige quelquefois toute une branche de fabrication. C'est seulement aux *directeurs* ou préposés du fabricant, dont ils tiennent le lieu et place, que la qualification d'ouvrier cesse d'être applicable.

La catégorie des *ouvriers à façon*, qui contractent à forfait, renferme tous les *ouvriers à la tâche* ou *à la pièce*, appelés *chefs d'atelier* ou maîtres ouvriers dans l'industrie des soies, *gaziers* dans celle des châles. Elle comprend également les *tâcherons*, les

---

(1) Mollot, *Contrat de louage d'ouvrage*, n. 17.

marchandeurs (1), c'est-à-dire les intermédiaires qui, s'étant chargés à forfait d'un ouvrage vis-à-vis d'un fabricant, emploient eux-mêmes d'autres ouvriers, soit à la journée, soit à la pièce, pour confectionner tout ou partie de l'ouvrage (2). Le marchandage en lui-même nous paraît parfaitement licite, nonobstant les décrets du Gouvernement provisoire des 2 mars et 21 mars 1848 qui prohibent et répriment, non pas directement cette sorte de marché, mais l'*exploitation* de l'ouvrier *par voie de marchandage*.

997. Définition de l'ouvrier. — Distinction entre le louage de service et le mandat. — Professions manuelles et libérales.—Ces deux catégories renferment toutes les personnes auxquelles appartient la qualification d'*ouvriers* que l'on peut définir *tous individus travaillant de leurs propres mains, dans un art mécanique, pour le compte d'un patron*. Cette qualification a une grande importance tant au point de vue des droits et obligations que de la compétence (voir chap. IV ci-après). Elle ne peut être donnée à tous ceux qui travaillent pour autrui en vertu d'un autre contrat que le louage d'industrie, par exemple, en vertu du mandat ou de la vente. Ainsi on ne répute pas ouvrier l'artiste qui met son talent au service d'un industriel, à moins qu'il ne consente à travailler dans l'atelier au mois ou à la pièce et n'accepte ainsi la condition inférieure d'employé de fabrique, comme le font certains modeleurs, dessinateurs, graveurs, ciseleurs, surtout dans l'industrie de l'orfèvrerie, du bronze, des porcelaines, des papiers peints. Hors ces cas particuliers, l'artiste proprement dit est lié non par un contrat de louage, mais par le contrat de mandat, suivant la distinction établie par Merlin, d'après la nature des travaux effectués ou plutôt de l'art dont ils dépendent : louage, si c'est un art mécanique ; mandat, si c'est un art libéral (3).

On doit reconnaître que cette distinction des professions manuelles et des professions libérales, admise par le droit romain et constamment reconnue jusqu'à nos jours, est rendue souvent difficile dans l'application par les empiétements de l'industrie sur le domaine de l'art. A cet égard, les juges du fait ont un large pouvoir d'appréciation ; mais il n'en faut pas moins en principe

---

(1) Voir Mollot, *ibid.*, n. 23, 24.
(2) Mollot, *ibid.*, n. 31, 32.
(3) Merlin, *Répert.*, v° *Notaire*, § 6, n. 4 ; Championnière et Rigaud, *Traité de l'enregistrement*, t. 2, p. 443 ; Dalloz, v° *Louage d'ouvrage*, n. 5.

la maintenir énergiquement, à l'exemple de M. Troplong, si on ne veut nier dans la sphère du droit la distinction de l'esprit et de la matière (1).

998. Distinction entre l'ouvrier et le commis. — C'est encore en vertu du mandat et non du louage que le *commis* est employé par un fabricant, soit à vendre les produits de la fabrique dans l'établissement ou au dehors, soit à tenir les écritures, à moins qu'il ne prenne réellement part aux travaux de la fabrique, question qui sera résolue dans chaque cas particulier d'après les circonstances (2).

999. Des personnes qui fournissent à la fois l'industrie et la matière. — Il faut regarder comme vente et non comme louage le contrat intervenu avec ceux qui fournissent en même temps que leur industrie la matière sur laquelle ils travaillent. Ils sont fabricants et non ouvriers, et on ne saurait les soumettre, à ce dernier titre, aux règles spéciales aux ouvriers (3).

C'est à tort, selon nous, que le contraire a été jugé par un arrêt de la Cour de Paris du 16 avril 1841, conformément à l'opinion de MM. Duvergier et Duranton.

§ II.

Formes et conditions du contrat de louage d'ouvrage et d'industrie.

SOMMAIRE.

1000. Conditions de capacité pour former le contrat de louage d'industrie.—1001. Formes du contrat. Conditions de validité.—1002. Stipulations principales. De l'ouvrage à faire. — 1003. Du prix ou salaire. Le juge ne peut modifier le prix stipulé.—1004. En quoi consiste le prix.—1005. Comment se règle le prix. Des avances. — 1006. Durée de l'engagement dans le louage à temps. — 1007. Durée de l'engagement dans le louage à façon. — 1008. Tacite reconduction. Applications diverses. — 1009. Dispositions exceptionnelles sur la durée de l'engagement dans certaines industries. — 1010. Du dédit. Des arrhes. — 1011. Règlements intérieurs des ateliers. A quelles conditions ils sont obligatoires.

1000. Conditions de capacité pour former le contrat de louage d'industrie. — Le contrat de louage d'ou-

---

(1) Troplong, *Louage*, n. 805 et suiv.; Mollot, *Compétence*, n. 259; *Louage*, n. 39. —*Contrà*, Duvergier, t. 4, n. 267 et suiv.; Zachariæ, t. 3, p. 54.

(2) Mollot, *Compétence des prud'hommes*, n. 260; *Contrat de louage*, n. 28, 29.

(3) Argument de l'art. 1711 du Cod. Nap.—Voir Mollot, *Louage*, n. 40, 41, et surtout Troplong, n. 965 et suiv., où cette importante question est traitée à fond.

vrage et d'industrie peut être formé entre toutes personnes capables, aux termes du droit civil ou du droit commercial (1), ou valablement représentées (2). On peut se référer à ce que nous avons dit sur ce point, à propos du contrat d'apprentissage (voir nos 936, 937). Ajoutons, toutefois, que la nature des choses fait souvent fléchir la rigueur du droit, relativement à un contrat essentiellement alimentaire et urgent, dit avec raison M. Mollot. Il est le plus souvent impossible que des justifications régulières soient faites, ou de la part de celui qui, enfant, femme ou adulte, a besoin de travailler immédiatement pour vivre, ou vis-à-vis du maître, qui ne peut se passer d'ouvriers pour un travail pressant. Aussi avant la récente loi qui a rendu le livret obligatoire pour tous, et offert ainsi un facile moyen de connaître l'âge et la qualité de l'ouvrier, était-il admis qu'à l'égard de l'ouvrier non muni de livret le maître pouvait s'en tenir aux plus simples présomptions. Depuis la loi du 22 juin 1854, si le maître n'est plus fondé à dire qu'il a ignoré la condition civile de l'ouvrier, il n'en faut pas moins reconnaître, selon nous, d'après la jurisprudence constante des conseils de prud'hommes, qu'il suffit du défaut d'opposition de la part du mari, du père et du tuteur, pour faire présumer leur autorisation (3).

1001. Formes du contrat. - Conditions de validité.
— Le contrat de louage d'industrie n'est soumis à aucune formalité essentielle, et résulte du seul consentement, pourvu qu'il n'y ait ni erreur, ni dol, ni violence (art. 1109, Cod. civ.) : d'où il suit qu'il ne serait pas valable, s'il était accepté par un maître ou subi par un ouvrier, sous la pression d'une coalition formée pour abaisser ou élever les salaires (n° 788). Il se conclut presque toujours verbalement, excepté quand il s'agit de marchés à forfait d'une certaine importance, ou de louage à temps pour une longue durée; il doit être alors dressé sur papier timbré.

Une exception considérable au principe a été introduite en matière de tissage et de bobinage (loi du 7 mars 1850), puis relativement à la coupe des velours de coton, ainsi qu'à la teinture, au blanchîment et à l'apprêt des étoffes (décret des 20 juillet, 19 août 1853). Nous exposerons les formalités établies à cet égard en traitant des moyens de constater le contrat de louage d'industrie (voir ci-après, nos 1012 et suiv.).

---

(1) C'est-à-dire la femme même mariée, si elle est marchande publique (art. 4 et 5, Cod. de comm.), le mineur émancipé (art. 2 et 5, Cod. de comm.).
(2) Loi du 22 février 1851 sur l'apprentissage.
(3) Voir Mollot, Louage, n. 49, 50, et la note.

1002. Stipulations principales. — De l'ouvrage à faire. — Les principales stipulations du contrat de louage ont pour objet : 1° l'ouvrage à faire ; 2° le prix ; 3° la durée des obligations réciproques ; 4° le dédit.

1° L'ouvrage à faire peut être un travail manuel quelconque, sauf l'observation consignée ci-dessus que, s'il consistait en services exclusivement ou très-habituellement personnels, l'obligé ne serait plus un ouvrier, mais un domestique (n° 995). L'engagement doit porter sur un ouvrage non défendu par les lois ou les mœurs, et il serait radicalement nul, s'il portait sur la confection d'armes prohibées, de gravures obscènes, etc... (art. 1172, Cod. Nap.).

La nature de l'ouvrage auquel s'oblige l'ouvrier se détermine le plus souvent, à défaut de conventions expresses, par celle de l'emploi que le maître lui a donné en entrant, ou en vertu de l'aptitude particulière de l'individu.

En général, dans le louage *à façon*, à la différence du louage *à temps*, l'ouvrier peut sous sa responsabilité faire faire l'ouvrage par un tiers, à moins que le maître n'ait pris en considération principale son habileté personnelle (1).

1003. Du prix du salaire. — Le juge ne peut modifier le prix stipulé. — 2° Le prix, qu'on appelle aussi *salaire*, se débat de gré à gré entre les parties. S'il n'est pas explicitement arrêté, il s'induit des circonstances, telles qu'un usage généralement admis pour certaine sorte d'ouvrage, ou un usage spécial à l'atelier où l'ouvrier prend de l'emploi, ou un règlement intérieur affiché dans la fabrique pour fixer le prix du travail. Le prix se règle en divers lieux, spécialement dans les fabriques de papiers peints, après la confection du travail à façon, sauf aux prud'hommes à statuer, si les parties ne peuvent s'entendre (2). Il arrive parfois aussi, notamment à Rouen, dans les industries mécaniques, que le prix n'est réglé qu'après une huitaine d'essai (3).

En aucun cas le juge ne pourrait ni élever, ni abaisser un prix expressément stipulé sans fraude, dol, ni violence, sauf les cas de malfaçon (voir n° 1030). C'est ce que la Cour suprême a décidé par deux arrêts successifs (4), qui ont cassé des jugements du conseil

---

(1) Merlin, *Répert.*, v° *Ouvrier*, n. 1.
(2) Mollot, *Louage*, n. 70.
(3) Mollot, *ibid*, n° 79.
(4) 12 décembre 1855 (Aron.—Sirey, 54.1.335) et 10 décembre 1852.

des prud'hommes portant élévation de salaires réputés insuffisants : « Attendu que les conventions légalement formées tiennent lieu de loi à ceux qui les ont faites, et que, lorsqu'un salaire ou prix de façon a été d'avance arrêté de commun accord entre un ouvrier et celui qui l'emploie, il n'est pas permis au juge de substituer sa propre appréciation à celle qui a été fixée par contrat entre les parties ; — Attendu que se fonder uniquement sur la quotité d'un salaire pour déclarer frauduleuse et contraire à l'ordre public la convention qui l'a déterminée, alors qu'aucun fait spécial de fraude n'est constaté, c'est violer la liberté des conventions et de l'industrie, et exposer le règlement du prix du travail à des rétractations et incertitudes aussi périlleuses pour les ouvriers que pour les maîtres. »

1094. En quoi consiste le prix. — Le prix doit, en règle générale, consister en argent (art. 1243, Cod. Nap.). Tel est le principe, à défaut de conventions contraires expressément stipulées, ou résultant d'un usage constant. Le patron n'a pas le droit d'obliger l'ouvrier à recevoir son paiement, pour tout ou partie, en marchandises et fournitures quelconques, dont la valeur pourrait être difficile à déterminer ou à réaliser.

Toutefois, il arrive fréquemment que, du consentement des intéressés, une portion du prix consiste, soit dans le coucher, soit dans la nourriture ou la boisson, ajoutés au salaire de la journée. A Lyon, suivant un usage recommandable, les ouvriers, compagnons du chef d'atelier, mangent à sa table (1). Parfois, des entrepreneurs, tels que des maîtres maçons, paient en travaux de leur état, d'après un arrangement spécial, les sous-entrepreneurs dans un autre genre, menuisiers, serruriers ou autres, qu'ils emploient dans l'industrie du bâtiment.

Le prix doit être payé intégralement, à moins que les règlements intérieurs des fabriques, acceptés au moins tacitement par l'ouvrier, n'établissent un système de retenues. En tout autre cas, la retenue serait arbitraire et illégale (2).

1095. Comment se règle le prix. — Des avances. — Dans le louage à temps, le prix ou salaire se fixe pour le mois, la journée ou même l'heure, comme dans l'industrie des mécaniciens. La paie se fait, pour les salaires à la journée ou à l'heure, à la fin de chaque semaine. — Dans le louage à façon, le prix se règle à tant la pièce ou à tant la mesure, et se paie, soit lors de

---

(1) Mollot, *Louage*, n. 78.
(2) Mollot, *Louage*, n. 76.

la livraison, quand l'ouvrier travaille chez lui, soit chaque semaine, quand il travaille à l'atelier.

Le prix, qui n'est régulièrement dû qu'après l'accomplissement de l'engagement, est très-fréquemment payé en partie avant que l'ouvrage soit terminé ou même commencé. Ces paiements anticipés sont connus sous le nom d'*avances*, dont une loi spéciale s'est occupée afin d'en assurer le recouvrement, et aussi afin d'éviter qu'elles ne viennent à compromettre outre mesure l'indépendance de l'ouvrier (voir ci-après, n°s 1046 et 1047).

1006. Durée de l'engagement dans le louage à temps.
— 8° Quant à la durée de l'engagement, il faut distinguer entre le louage à temps et le marché à façon.

Dans le louage à temps, la durée des services se détermine essentiellement d'après l'usage des lieux, fondé lui-même, en général, sur la nature de l'ouvrage. Le minimum est, ordinairement, pour les ouvriers proprement dits, l'intervalle d'une paie à l'autre. Il y a cependant des engagements, soit au mois, soit à la journée. Ils ne sauraient durer moins d'un jour, même quand le salaire se règle à l'heure. Pour les contre-maîtres, l'engagement, qui est au moins d'un mois, est habituellement d'un an, à Lyon, par exemple (1), et peut dépasser ce terme, ce qui ne saurait avoir lieu pour les simples ouvriers, du moins en vertu d'un pur engagement verbal. C'est ce qui résulte de l'art. 15 de la loi du 22 germinal an XI, ainsi conçu :

« L'engagement d'un ouvrier ne pourra excéder un an, à moins qu'il ne soit contre-maître, conducteur des autres ouvriers, ou qu'il n'ait un traitement et des conditions stipulées par un acte exprès. »

Le lien de droit, d'ailleurs, ne saurait être perpétuel, et contracté, soit directement pour la vie entière, soit pour une entreprise qui devrait en atteindre la durée (art. 1780, Cod. Nap.) (2). La même prohibition ne s'appliquerait pas généralement à l'engagement de travailler pour une personne durant la vie de celle-ci (3).

La nullité de l'obligation ne pourrait, en tous cas, être demandée que par l'ouvrier (4).

Les effets de l'engagement sont encore limités à un autre point de vue, celui de la durée du travail de chaque jour, qui ne peut

---

(1) Mollot, *Contrat de louage*, n. 87.
(2) Mollot, *ibid.*, n. 98 ; Troplong, n. 855.
(3) Douai 2 février 1850 (Marquet).
(4) Troplong, n. 856.—*Contrà*, Bordeaux, 23 janvier 1827.

excéder douze heures, sauf en certains cas exceptionnels, ainsi qu'il a été expliqué aux n°s 984-986.

1007. Durée de l'engagement dans le louage à façon.
— Dans le louage à façon, la durée de l'engagement dépend essentiellement du temps que demande la confection, soit de la pièce unique, soit du nombre de pièces entreprises; toutefois, afin d'éviter que le fabricant ne se trouve à la merci de l'ouvrier, il y a ordinairement un délai accordé pour la livraison, ou en vertu d'une convention formelle, ou d'après l'usage des lieux. Pour assurer l'exact achèvement de l'ouvrage dans le délai, certains fabricants allouent une prime à l'ouvrier diligent, d'autres stipulent une retenue de tant par jour de retard (art. 1152, Cod. Nap.). Si cette retenue semblait excessive, elle pourrait être modérée par le juge (art. 1231, Cod. Nap.).

1008. Tacite réconduction.—Applications diverses.
— La durée du louage d'industrie ne dépasse pas le temps fixé par la convention, quand l'engagement a été contracté par écrit pour un temps limité (art. 1737), ou quand il a pour objet un travail déterminé; mais il en est autrement en matière de louage à temps verbalement consenti. En ce cas, l'engagement se renouvelle de lui-même par *tacite réconduction*, s'il n'a pas été donné de part et d'autre un *congé*, c'est-à-dire un avertissement, soit écrit, soit verbal, de la cessation du travail.—Le congé se donne ordinairement le jour d'une paie (le samedi) pour celui de la paie suivante; mais il est quelquefois à quinzaine ou au mois, suivant la durée de l'engagement (1).

Faute de congé, à l'expiration d'un louage à temps purement verbal, l'engagement recommence pour une période égale à celle qui vient de finir. Certaines industries, notamment celle des tissus à Rouen, à Roubaix, à Paris, admettent la nécessité d'un congé dans le louage à façon. Y eût-il louage écrit, si après l'expiration du temps fixé l'ouvrier continue son emploi, l'engagement se renouvelle pour une période égale à celle des engagements sans écrit (art. 1738, 1759) (2).

De même, si une pièce est reprise après l'achèvement de la première, bien qu'un congé ait été donné, la tacite réconduction s'opère, et l'ouvrier est tenu tout au moins d'achever la pièce commencée, et parfois d'en faire une autre, suivant la coutume du lieu.

---

(1) Mollot, *Louage*, n. 103, 104.
(2) Voir Troplong, n. 831.—*Contrà*, Duvergier, n. 501.

Ces diverses questions, du reste, doivent être résolues surtout d'après les usages locaux, dont la constatation et l'observation sont confiées à la vigilance des conseils de prud'hommes (1).

1009. Dispositions exceptionnelles sur la durée de l'engagement dans certaines industries. — Dans certaines industries, la liberté des conventions relativement à la durée des engagements et aux congés est restreinte par des règlements spéciaux. Un édit du 27 décembre 1729 a disposé, relativement aux forges où l'interruption des travaux peut causer de très-grands préjudices, que les ouvriers et voituriers ne pourraient, à peine de 300 livres d'amende, quitter l'établissement pour aller s'établir ailleurs, *pendant que le haut-fourneau serait en feu*. Un arrêt de la Cour de Bourges du 21 décembre 1837 a décidé que cette loi spéciale, en l'absence de toute abrogation, est maintenue par l'art. 484, Cod. pén. (2).

Une prohibition du même genre a été prononcée à l'égard des *papeteries* par l'art. 68 du règlement du 29 janvier 1739, reproduit par l'arrêté du 16 fructidor an IV, portant règlement pour la police de la papeterie. D'après cet arrêté, les ouvriers papetiers sont tenus de prévenir le patron quatre décades avant de quitter l'atelier, à peine de 100 fr. d'amende contre l'ouvrier et de 300 fr. contre l'entrepreneur qui le recevrait en pareil cas ; de leur côté, les fabricants papetiers sont tenus d'avertir, dans le même délai, les ouvriers avant de les renvoyer, à peine de leur payer leurs gages et nourriture pendant ce terme. Un jugement du tribunal de Saint-Omer du 30 mars 1841 a considéré cette disposition comme abrogée; mais l'opinion contraire a été soutenue avec beaucoup de force dans la *Revue de Législation* (3).

1010. Du dédit. — Des arrhes. — 4 Le *dédit* est une clause accessoire et facultative en vertu de laquelle les parties se réservent la possibilité de s'affranchir de leurs engagements, moyennant le paiement d'une somme stipulée à forfait pour tous dommages-intérêts. Cette clause est fort utile pour prévenir les contestations qui peuvent naître, dans les marchés à forfait, de l'application de l'art. 1794, Cod. Nap., suivant lequel le maître peut

---

(1) Mollot, *Louage d'ouvrage*, n. 105-108.

(2) Voir Dalloz, *Répert.*, v° *Forges*, n. 5 ; Morin, *Répert. de droit criminel*, v° *Ouvriers*, n. 2.

(3) Voir numéro de juin 1841, dissertation de M. Bourdon. — Morin, *Répert.*, v° *Ouvriers*, n. 2.

toujours résilier un semblable marché en indemnisant l'entrepreneur (voir n° 1057).

Le dédit constitue tout à la fois pour l'ouvrier un moyen de se dégager à volonté, et pour le patron un moyen d'être indemnisé, si l'ouvrier ne remplit pas son engagement dans le délai convenu, et s'affranchit ainsi, par le fait, de son obligation principale.

L'espèce particulière de dédit consistant dans le versement préalable d'une somme à titre d'*arrhes*, perdue, si l'engagement n'est pas tenu, et précomptée sur le prix, si le contrat est exécuté (art. 1590, Cod. Nap.), n'est usitée que dans certaines industries, telles que celle des transports.

La stipulation générale d'un dédit est fréquente dans les marchandages, où elle a une grande utilité, comme le fait observer M. Mollot. En effet, le fabricant, qui peut être tenu de livrer lui-même l'ouvrage au consommateur dans un délai fixé, se trouve par là garanti contre les conséquences de la négligence de son sous-entrepreneur, ou contre le refus de celui-ci de faire exécuter lui-même le travail par les ouvriers qu'il emploie en sous-ordre.

On peut citer comme un genre spécial de dédit une stipulation usitée à Lyon dans la fabrique des soieries, et en vertu de laquelle, lorsqu'après engagement contracté le maître ne remet pas le métier à l'ouvrier ou que l'ouvrier le refuse, il est fourni, à titre d'indemnité, par celui qui rompt le contrat, soit une semaine de travail, si c'est l'ouvrier, soit, si c'est le maître, le salaire de six journées (1).

1011. Règlements intérieurs des ateliers. — A quelles conditions ils sont obligatoires. — Aux clauses principales du contrat de louage d'industrie, fixées tant par des stipulations expresses que par des usages généralement admis, il faut ajouter celles qui résultent implicitement des règlements intérieurs de l'atelier. Dans un grand nombre d'industries, il existe des règlements d'ordre et de discipline qui déterminent la tenue de l'atelier, la durée du travail et sa répartition dans chaque journée, enfin et surtout des pénalités en argent ou *amendes*, imposées aux ouvriers qui contreviennent aux règles de l'atelier, et versées la plupart du temps dans une caisse de secours.

Ces règlements forment la loi des parties et servent à compléter ou à interpréter les clauses ordinaires du contrat de louage d'industrie, mais à une double condition : 1° qu'ils puissent être

---

(1) Mollot, *Louage*, n. 120.

réputés connus et acceptés par les ouvriers ; 2° qu'ils ne contiennent rien de contraire aux lois ou aux mœurs.

La première condition doit être présumée remplie pour tous les règlements intérieurs, à l'égard des ouvriers qui travaillent depuis un certain temps dans une fabrique et ont pu en conséquence en apprendre les usages. La jurisprudence des prud'hommes s'accorde à regarder comme obligatoires pour tous les ouvriers d'une fabrique, quelle que soit l'époque de leur entrée, les règlements déposés au secrétariat du conseil et devenus ainsi d'une notoriété suffisante, à plus forte raison encore les règlements généraux, expression de l'usage constant de la place, qui existent pour certaines industries d'une grande importance, telle que celle de la soierie à Lyon. De pareils règlements sont incontestablement la loi de tous les ateliers de la même nature.

2° D'après la seconde condition, les dispositions d'un règlement général quelconque, aussi bien que les clauses d'un contrat particulier, seraient nulles de plein droit, si elles étaient contraires aux lois ou à la morale. Il faudrait considérer comme telles toutes celles qui tendraient à éluder les garanties établies en faveur des enfants par les lois sur le travail dans les manufactures (n° 960), et sur l'apprentissage (n° 933), ou à déroger aux règles sur la durée du travail journalier, ou à imposer l'obligation du travail les jours fériés (Loi du 18 novembre 1814, Cod. pén., art. 260).

§ III.

Moyens de constater le contrat de louage d'ouvrage et d'industrie.

SOMMAIRE.

1012. Principes généraux sur la preuve du contrat de louage d'industrie.—1013. Dispositions exceptionnelles en matière de tissage et de bobinage. Motifs de la loi du 7 mars 1850. — 1014. Du livret spécial pour le tissage. Mentions qui doivent y être portées.—1015. Du livret spécial pour le bobinage. —1016. Remise de l'ouvrage. Règlement du compte de façon.—1017. Du registre d'ordre.—1018. Dispositions générales.—1019. Contraventions aux dispositions ci-dessus. Sanctions pénales.—1020. Application de la loi du 7 mars 1850 à diverses industries.—1021. De l'affirmation du maître en cas de contestation sur le prix.

1012. Principes généraux sur la preuve du contrat de louage d'industrie. — A défaut d'acte écrit, le louage d'ouvrage ou d'industrie qui, comme on l'a vu, peut très-valablement se former et se forme presque toujours par pures conventions verbales, peut aussi en général être prouvé par témoins quand l'objet du contrat n'excède pas la somme de 150 francs, ou qu'il y a un commencement de preuve par écrit (art. 1341, 1347, Cod. Nap.). M. Mollot enseigne avec raison que la preuve testimoniale serait admissible, quel que fût le montant du litige, en faveur d'un ouvrier contre un fabricant à raison de commandes faites par celui-ci pour les besoins de son commerce, commandes qui constitueraient des actes commerciaux et donneraient lieu à l'application des art. 632 et suiv. du Code de commerce (1).

1013. Dispositions exceptionnelles en matière de tissage, de bobinage, etc.— Motifs de la loi du 7 mars 1850. — Tel est le droit commun applicable à toutes les industries en général ; mais diverses dérogations y ont été apportées tant par le titre III du décret du 18 mars 1806, sur les règlements de compte entre les *chefs d'atelier* et les fabricants, que par la loi des 7-15 mars 1850, sur les moyens de constater les conventions entre patrons et ouvriers, en matière de *tissage* et *bobinage*, et enfin par le décret impérial des 20 juillet-19 août 1853, qui a étendu à diverses industries le principe posé par la loi de 1850. Nous nous occuperons plus loin du premier de ces décrets (n° 1050), en nous bornant ici à reproduire, en les expliquant, la loi de 1850 et le décret de 1853. Ces dispositions, motivées par l'extrême difficulté que l'ouvrier éprouve en ces matières à se rendre un compte exact de l'ouvrage, ont pour but de prévenir des surprises éminemment préjudiciables au travailleur, et de lui donner les moyens d'arrêter librement et en connaissance de cause les conditions de son engagement.

Le fabricant qui fait tisser une pièce d'étoffe remet au tisserand sa chaîne et sa trame. Sous l'empire des anciens règlements, la longueur des pièces, la quantité de fils à mettre dans la largeur, ainsi que leur finesse, étaient déterminées, et par conséquent il n'y avait nul inconvénient à fixer le prix à la pièce. Aujourd'hui la longueur, le nombre des fils et leur finesse, sont essentiellement variables : le paiement à la pièce, qui est cependant resté en usage, n'a donc plus de base, et l'ouvrier peut être facilement trompé sur l'étendue de son travail.

Il en est de même pour le bobinage, qui consiste à enrouler sur des bobines les fils livrés par la filature sous forme d'écheveaux, fils qui sont remis par poignées à l'ouvrière. Ces poignées, com-

---

(1) *Contrat de louage*, n. 128.

posées autrefois d'une quantité fixe et connue, diffèrent maintenant entre elles, et l'ouvrière, payée à la poignée suivant l'usage, ignore les conditions qui lui sont faites.

Il était donc urgent, tout en laissant aux parties la plus grande latitude dans le règlement de leurs conventions, de prescrire des règles, non pour leur imposer telle ou telle stipulation, mais pour les éclairer sur l'objet de leur contrat, c'est-à-dire sur tous les éléments qui, ayant de l'influence sur le travail, doivent en avoir sur le salaire.

Ces considérations, exposées à l'Assemblée législative par M. Cunin-Gridaine (1), rendent pleinement raison de la loi du 7 mars 1850, et en facilitent singulièrement l'intelligence.

1024. Du livret spécial pour le tissage.— Mentions qui doivent y être portées. — « Tout fabricant, commissionnaire ou *intermédiaire*, qui livrera des fils pour être *tissés*, sera tenu d'inscrire, *au moment de la livraison*, sur un *livret spécial* appartenant à l'ouvrier et laissé entre ses mains : 1° le poids et la longueur de la chaîne ; 2° le poids de la trame et le nombre de fils de trame à introduire par unité de surface de tissu ; 3° les *longueur et largeur de la pièce à fabriquer* ; 4° le prix de façon, soit au mètre de tissu fabriqué, soit au mètre de longueur ou au kilogramme de la trame introduite dans le tissu » (art. 1er).

La loi entend par *intermédiaires* des individus qui s'entremettent entre le fabricant et l'ouvrier de la campagne, tels que les *porteurs* chargés de délivrer au tisserand la chaîne que lui destine le fabricant, et qui sont rendus responsables de l'exécution de la loi (2).

Les termes *au moment de la livraison* ont eu pour but de faire cesser un usage qui existait notamment à Saint-Étienne, et d'après lequel ce n'était qu'après avoir placé la soie sur le métier, et engagé ainsi le travail, que l'ouvrier venait débattre son salaire (3).

Le *livret spécial* doit être essentiellement distinct du livret imposé d'une manière générale par la loi du 22 juin 1854, attendu que les fabricants ne peuvent être obligés de révéler leurs secrets de fabrique et leur prix de façon aux concurrents à qui le livret ordinaire pourrait être ultérieurement présenté (4).

---

(1) Voir le rapport présenté le 24 novembre 1849, Galisset, sur la loi du 7 mars 1850, note 2.
(2) Galisset, sur l'art. 1er, note 1.
(3) Galisset, *id.*, note 2.
(4) Galisset, *id.*, note 3.

On remarquera que la loi ne réclame pas, comme le faisait le projet, l'indication du numéro du fil de la chaîne et de celui du fil de la trame. Outre qu'une même chaîne contient souvent des numéros différents, cette indication, indifférente à l'ouvrier, révélerait sans utilité une partie importante et délicate des procédés de fabrication.

Les divers modes de calcul indiqués au n° 4 l'ont été dans le but exprès de fournir à l'ouvrier de faciles moyens d'appréciation quant à l'étendue du travail et au salaire proportionné. L'un ou l'autre de ces modes doit être exactement porté au livret, en préférant d'ailleurs celui qui est conforme aux usages du lieu (1).

1015. Du livret spécial pour le bobinage. — « Tout fabricant, commissionnaire ou intermédiaire, qui livrera des fils pour être *bobinés*, sera tenu d'inscrire, sur un livret spécial appartenant à l'ouvrier et laissé entre ses mains : 1° le poids brut et le poids net de la matière à travailler ; 2° le numéro du fil ; 3° le prix de façon, soit au kilogramme de matière travaillée, soit au mètre de longueur de cette même matière » (art. 2).

L'indication du numéro du fil pour le bobinage, à la différence du tissage, est absolument indispensable, puisque la longueur du fil, d'où dépend le plus ou le moins de travail de l'ouvrier, est proportionnée au numéro.

« Le prix de façon sera indiqué en monnaie légale sur le livret par le fabricant, commissionnaire ou intermédiaire. — Toute convention contraire sera mentionnée par lui sur le livret » (art. 3).

Cet article n'a pas pour but d'interdire au fabricant et à l'ouvrier de stipuler un paiement autre qu'une rétribution en argent, et de faire intervenir la loi dans une question de salaire, mais uniquement de mettre l'ouvrier à même de traiter en pleine connaissance de cause, et de n'accepter que de son plein gré, par convention expresse, un paiement en marchandises ou denrées.

1016. Remise de l'ouvrage. — Règlement du compte de façon. — « L'ouvrage exécuté sera remis au fabricant, commissionnaire ou intermédiaire, de qui l'ouvrier aura reçu directement la matière première. Le compte de façon sera arrêté au moment de cette remise. — Toute convention contraire aux deux

---

(1) Voir les observations de MM. Cunit-Gridaine, Lefebvre-Duruflé et Morin, sur cet article (Galisset, sur l'art. 1er, note 3).

paragraphes précédents sera mentionnée sur le livret par le fabricant, commissionnaire ou intermédiaire » (art. 4).

Cet article a besoin d'explication. Le tissage se fait dans un rayon plus ou moins éloigné du centre de fabrication ; Rouen, par exemple, distribue ce travail dans plusieurs départements; des intermédiaires confient les matières premières à des tisserands qui n'ont aucun rapport avec le fabricant. Il est donc juste que l'ouvrier (sauf convention contraire expressément stipulée comme en l'article précédent) remette l'ouvrage exécuté à celui de qui il a reçu directement les matières premières. Il est juste aussi que l'intermédiaire arrête le compte de fabrique au moment même de cette remise. Le tisserand ne doit pas attendre que son arrêté de compte lui vienne d'un patron avec lequel il n'a pas traité, et dont il peut être séparé par de grandes distances (1).

1017. Du registre d'ordre. — « Le fabricant, commissionnaire ou intermédiaire inscrira, sur un registre d'ordre toutes les mentions portées au livret spécial de l'ouvrier » (art. 5).

Le registre d'ordre est destiné à contrôler et à remplacer au besoin le livret de l'ouvrier.

1018. Dispositions générales. — « Le fabricant, commissionnaire ou intermédiaire, tiendra constamment exposé aux regards, dans le lieu où se règlent habituellement les comptes entre lui et l'ouvrier : 1° les instruments nécessaires à la vérification des poids et mesures ; 2° un exemplaire de la présente loi en forme de placard » (art. 6).

« A l'égard des industries spéciales auxquelles serait inapplicable la fixation du prix de façon, soit au mètre de tissu fabriqué, soit au mètre de longueur de la trame introduite dans le tissu, ou bien, soit au kilogramme de matière travaillée, soit au mètre de longueur de cette même matière, le pouvoir exécutif pourra déterminer un autre mode par des arrêtés en forme de règlements d'administration publique, après avoir pris l'avis des chambres de commerce, des chambres consultatives et des conseils de prud'hommes, et, à leur défaut, des conseils de préfecture. Il pourra pareillement, par des arrêtés rendus en la même forme, étendre les dispositions de la loi aux industries qui se rattachent au tissage et au bobinage. En l'un et l'autre cas, ces arrêtés seront soumis à l'approbation de l'Assemblée législative dans les trois mois qui suivront leur promulgation » (art. 7).

---

(1) Voir le rapport de M. Cunin-Gridaine (Galisset, sur l'art. 6.).

1019. Contraventions aux dispositions ci-dessus. — Sanctions pénales. — « Seront punies d'une amende de onze à quinze francs : 1° les contraventions aux art. 1er, 2, 3, 5 et 6 ; 2° les contraventions à la disposition finale de l'art. 4 et aux arrêtés pris en exécution de l'art. 7. — Il sera prononcé autant d'amendes qu'il aura été commis de contraventions distinctes » (art. 8).

« Nous n'avons pas besoin d'expliquer, a dit le rapporteur, que par ces derniers mots nous entendons chaque contravention vis-à-vis d'ouvriers distincts. Il est évident que l'omission de deux énonciations dans le même contrat ne constitue qu'une contravention » (1).

Il résulte également des explications du rapporteur que les contraventions sont de la compétence des juges de paix, et qu'elles ne sauraient, en l'état de la législation, être déférées au tribunal des prud'hommes, quelque désirable que pût être leur intervention en pareille matière.

« Si, dans les douze mois qui ont précédé la contravention, le contrevenant a encouru une condamnation pour infraction à la présente loi ou aux arrêtés pris en exécution de l'art. 7 de cette loi, le tribunal peut ordonner l'insertion du nouveau jugement dans un journal de la localité aux frais du condamné » (art. 9).

1020. Application de la loi du 7 mars 1850 à diverses industries. — En exécution de l'art. 7 de la loi du 7 mars 1850, a été rendu le décret des 20 juillet-19 août 1853, portant application de la loi sur le tissage et le bobinage, à la coupe des velours de coton, ainsi qu'à la teinture, au blanchiment et à l'apprêt des étoffes. Ce décret est ainsi conçu :

« Tout fabricant, commissionnaire ou intermédiaire, qui livre à un ouvrier une pièce de velours de coton pour être coupée, est tenu d'inscrire, au moment de la livraison, sur un livret spécial appartenant à l'ouvrier et laissé entre ses mains : 1° les longueur, largeur et poids de la pièce à couper ; 2° le prix de façon au mètre de longueur » (art. 1er).

« Tout fabricant, commissionnaire ou intermédiaire, qui livre à un ouvrier une pièce d'étoffe pour être teinte, blanchie ou apprêtée, est tenu d'inscrire, au moment de la livraison, sur un livret spécial appartenant à l'ouvrier et laissé entre ses mains : 1° les longueur, largeur et poids de la pièce à teindre, blanchir

---

(1) Galisset, sur l'art. 8, note 1.

ou apprêter ; 2° le prix de façon, soit au mètre de longueur de la pièce, soit au kilogramme de son poids » (art. 2).

« Les art. 3, 4, 5, 6, 8 et 9, de la loi du 7 mars 1850, sont applicables à la coupe des velours de coton, ainsi qu'à la teinture, au blanchiment et à l'apprêt des étoffes » (art. 3).

1021. De l'affirmation du maître en cas de contestation sur le prix. — Quand le louage est reconnu ou prouvé, il peut y avoir contestation, soit sur la quotité du prix, soit sur le paiement total ou partiel qui en aurait été fait. En ce cas, *s'il s'agit de louage à temps*, le maître est cru sur son affirmation *avec serment* (1), tant à l'égard du montant du salaire qu'à l'égard du paiement de l'année échue et des à-comptes donnés pour l'année courante (art. 1781, 1358, 1360, Cod. Nap.), vis-à-vis de tout individu légalement qualifié ouvrier (n° 997), le contremaître aussi bien que le journalier. Peu importe que la somme en litige soit ou non inférieure à 150 francs.

Il faut remarquer que l'affirmation du maître n'est admise qu'en ce qui concerne le prix du louage, et non l'existence même du contrat (2).

C'est, du reste, un moyen extrême de preuve dont un fabricant doit être dispensé par la production de livres régulièrement tenus et constatant les paiements.

Si le débat s'élevait après la mort du maître, ses héritiers ne pourraient prétendre à être crus comme lui sur leur affirmation, le fait en question ne leur étant point personnel (3).

D'après ses termes mêmes, dont il ne faut pas étendre la portée, l'art. 1781, Cod. Nap., n'est pas applicable au *louage à façon* (4).

Dans toute contestation de ce genre, le juge est autorisé à déférer d'office le serment, soit au maître, soit à l'ouvrier, pour statuer en conséquence (art. 1366, 1367, Cod. Nap.).

§ IV.
Effets du contrat de louage d'industrie.

SOMMAIRE.

1022. Principes généraux sur les effets du louage d'industrie. — 1023. Obligations personnelles de l'ouvrier à temps. - 1024. Quand et

---

(1) C. cass., 21 mars 1827.—Toullier, t. 10, n. 418 ; Troplong, n 882.
(2) Troplong, n. 884, 885.
(3) C. cass., 12 mars 1854 (Villa).—Troplong, n. 889 : Mollot, *Louage*, n. 139.
(4) Toullier, t. 10, n 430 ; Duvergier, t. 4, n 507.

à quelles conditions le salaire est dû. —1025. Responsabilité de l'ouvrier à temps. Malfaçons. — 1026. Responsabilité du maître envers l'ouvrier en cas d'accidents.—1027. Applications faites par la jurisprudence. — 1028. Obligations de l'ouvrier à façon plus étroites quant à la confection des ouvrages.—1029. Responsabilité de l'ouvrier à façon quant au délai convenu.— 1030. Responsabilité quant à la bonne exécution du travail.—1031. Responsabilité en cas d'ouvrage confectionné par plusieurs.—1032. Circonstances qui influent sur la responsabilité de l'ouvrier. — 1033. Responsabilité de l'ouvrier quant à la matière employée.—1034. De la perte de la matière par la faute ou sans la faute de l'ouvrier.—1035. De la réception de l'ouvrage et de la mise en demeure.—1036. Modes de réceptions. Présomptions de vérification.—1037. Vérification en matière de soierie. Condition publique des soies. — 1038. Délai de la vérification. Effets de la réception.— 1039. Du marchandage. Du lien de droit entre le patron et les ouvriers du marchandeur ou sous-entrepreneur. — 1040. Cas où les ouvriers du marchandeur ou sous-entrepreneur ont une action intégrale contre le maître.

1022. Principes généraux sur les effets du louage d'industrie. — Le contrat de louage d'industrie étant, avant tout, un contrat de bonne foi et d'équité, doit être loyalement exécuté de part et d'autre, d'après l'intention commune, avec un esprit de déférence de la part de l'ouvrier, de bienveillance et d'humanité de la part du maître (art. 1134, Cod. Nap., loi du 22 germinal an x, art. 14). Dans le doute sur le sens des conventions, l'usage doit être principalement consulté (art. 1160, Cod. Nap.), et, à défaut de toute autre raison de décider, c'est en faveur de l'ouvrier que doit pencher la balance (1).

Le contrat de louage est, en général et sauf exception, présumé fait en considération de la personne de l'ouvrier, que le maître n'emploie qu'en raison de son aptitude. De là la conséquence que l'ouvrier n'a pas le droit de mettre un autre individu à son lieu et place, ce qu'on appelle sous-bailler.

Indépendamment de ces effets généraux du louage d'ouvrage, ce contrat produit des effets particuliers et distincts, suivant qu'il est à temps ou à façon.

1023. Obligations personnelles de l'ouvrier à temps. — L'obligation principale de l'ouvrier à temps est d'employer intégralement et de son mieux la période de temps pour laquelle il s'est engagé, en donnant tous ses soins à l'ouvrage qui lui est confié. Il ne doit, d'ailleurs, que l'espèce de travail en vue duquel il s'est obligé. Ainsi, l'ouvrier loué pour l'exécution de

---

(1) Voir Mollot, *Apprentissage*, p. 76 ; *Louage*, n 142-143.

travaux de fabrication peut se refuser à remplir la tâche d'un homme de peine ; l'ouvrier menuisier ne peut être tenu d'aider des ouvriers maçons, etc.... Toutefois, il est des services que le maître est autorisé à demander, dans une certaine mesure, à tous les ouvriers sans distinction, quoiqu'ils ne rentrent pas dans la spécialité de chacun, et l'usage détermine dans quelle latitude ils peuvent être exigés (1).

L'ouvrier à temps s'oblige essentiellement, par son contrat, à se conformer aux règlements intérieurs de la fabrique, quant aux mesures d'ordre et de discipline, quant au nombre et à la durée des repas, quant aux heures de travail et de repos, pourvu que le maximum fixé par la loi pour le travail journalier ne soit pas dépassé (n° 784). Sous cette réserve, il est d'usage assez général que, lorsque l'ouvrier consent à travailler au delà du temps convenu, il lui soit payé trois heures pour deux. Il encourt, par contre, une retenue sur son salaire quand il tarde plus de dix minutes, après l'heure fixée, à rentrer au travail (2).

1024. Quand et à quelles conditions le salaire est dû. — Le salaire n'est dû à l'ouvrier qu'autant qu'il a effectivement travaillé, en eût-il été empêché par force majeure, comme le serait un terrassier par la neige ou la gelée. Mais il en est autrement, et le salaire est dû, si c'est du maître que provient l'empêchement.

Le paiement, en espèces ayant cours (n° 1004), doit être fait exactement aux époques d'usage, sans qu'il soit permis au maître de le différer à son gré. Il est fait valablement à la personne même qui a travaillé comme ouvrier, fût-ce une femme mariée ou un enfant. Par cela seul que le représentant légal de l'incapable n'y met pas obstacle, il est réputé, à défaut de conventions écrites, autoriser ce mode d'acquittement réclamé par les nécessités de la pratique (3).

1025. Responsabilité de l'ouvrier à temps. — Malfaçons. — L'ouvrier est tenu, vis-à-vis du patron, non-seulement de l'emploi exact, mais encore du bon emploi de son temps. Il est, en conséquence, responsable, non-seulement des détournements frauduleux qui constitueraient un délit et des dommages qu'il viendrait à causer par malveillance (art. 1151), mais encore,

---

(1) Mollot, *Louage*, n. 157. 158.
(2) Voir sur ces usages et autres semblables, Mollot, *Louage*, n. 162 163.
(3) Mollot, *Louage*, n. 170.

dans une juste mesure, des dégâts qu'il occasionne par négligence ou par malice, en détériorant les matières premières ou les outils, fait qui peut être puni d'emprisonnement (art. 442, al. 2, Cod. pén.), et, enfin, de la mauvaise exécution du travail qui lui est confié, ou *malfaçon*, si elle provient de son fait.

Il ne faut pas oublier, toutefois, sur ce dernier point, que le maître, étant présumé diriger les ouvriers à la journée, devra imputer, la plupart du temps, les malfaçons à son défaut de surveillance, et sera par là même non recevable à s'en plaindre, à moins qu'il ne prouve au préalable que la faute est à l'ouvrier (1).

Ajoutons que le maître, fournissant non-seulement la matière première, mais les outils, suivant l'usage le plus habituel des fabriques, ne saurait réclamer contre les malfaçons provenant de la mauvaise qualité, soit des matériaux, soit des outils.

Quand il y a faute de l'ouvrier, et qu'il est rendu responsable du dommage, le maître est garanti, dans la pratique, par une retenue ou compensation exercée sur les salaires, sauf aux parties à se pourvoir devant les prud'hommes, s'il y a contestation sur l'étendue de la responsabilité. Par une juste réciprocité en faveur de l'ouvrier, le paiement effectué intégralement, après la découverte du préjudice, décharge le travailleur de toute responsabilité.

1026. Responsabilité du maître envers l'ouvrier en cas d'accidents. — Le maître devient, de son côté, responsable envers les ouvriers, si, par suite de fausses opérations, ou de la mauvaise qualité, ou du défaut d'entretien des outils, machines, appareils ou bâtiments, ces derniers venaient à éprouver quelque accident; il en est ainsi toutes les fois qu'il ne les a pas mis à même d'éviter les accidents, en leur donnant les instructions et en prenant les mesures indiquées par les circonstances ou par l'usage (2).

En vertu du principe de la responsabilité du maître par suite du fait des personnes qu'il emploie (voir n° 1179), il a été jugé que le maître est responsable du dommage causé à des ouvriers appliqués à un travail commun, par la négligence, l'imprudence ou l'inhabileté de l'un d'entre eux (3). La responsabilité du maître serait d'ailleurs plus rigoureuse envers des apprentis, à cause du soin particulier qu'il s'est engagé à leur donner, et

---

(1) Mollot, *Louage*, n. 174.
(2) Bourges, 15 juillet 1840. — Sourdat. *Traité de la responsabilité*, n. 912, 913.
(3) C. cass., 28 juin 1841; jugement de Lyon, 6 novembre 1852. — *Contrà*, Lyon, 19 décembre 1836; Toulouse, 26 janvier 1836.

de la surveillance paternelle qu'il ne doit cesser d'exercer sur eux. La responsabilité du patron n'existerait plus en droit rigoureux, s'il avait fourni à l'ouvrier tous les moyens en son pouvoir d'éviter le danger, ou si c'était par suite d'un risque inhérent à la nature même de l'exploitation industrielle que l'accident eût eu lieu, si, par exemple, un ouvrier s'était blessé en manœuvrant une machine, ou que sa santé eût été altérée par les émanations inévitables d'un établissement insalubre. C'est au travailleur à s'imputer d'avoir choisi une profession dangereuse dans laquelle, d'ailleurs, le gain est ordinairement proportionné aux périls. Tel est le principe que les tribunaux appliquent en cas de contestation; mais hâtons-nous d'ajouter que l'humanité, sinon le droit strict, impose à tout chef d'usine ou de manufacture le devoir, bien compris en général, de secourir, suivant ses facultés, le malheureux ouvrier victime des dangers de l'exploitation.

1027. Application faite par la jurisprudence. — Un arrêt rendu récemment sur cette délicate et importante matière (1) a décidé que le maître n'était pas en principe et nécessairement responsable des dommages éprouvés par ses ouvriers dans l'exercice de leurs fonctions; que cette responsabilité ne pouvait naître que d'une faute qu'il aurait personnellement commise (art. 1382, 1383, Cod. civil), et nullement d'un cas fortuit ou d'un fait imputable à des personnes dont il n'aurait pas à répondre. Il paraît en effet difficile d'appliquer en matière de contrat de louage le principe posé en matière de mandat, et d'après lequel le mandant doit généralement indemniser le mandataire du préjudice qu'il a subi dans l'accomplissement de sa mission (2).

L'arrêt de la Cour de Lyon décide d'ailleurs, avec la plus grande raison, qu'alors même que le maître ne serait pas rigoureusement responsable, les soins qu'il aurait donnés à son ouvrier ou à son apprenti, dans les premiers moments de l'accident arrivé à ce dernier, n'ont été que l'accomplissement d'un devoir dont il était tenu envers la personne placée sous ses ordres et ne peuvent servir de fondement à une action en répétition des dépenses faites. C'est, nous le répétons, à ce point de vue d'humanité que doivent se résoudre en pratique les questions de ce genre.

---

(1) Lyon, 19 juillet 1853 (Picollet.—Dalloz, 53.1.233).
(2) Voir cependant, dans le sens le plus favorable aux ouvriers, arrêt de Paris du 14 août 1852, et *Recueil de jurisprudence* de Lyon, 1853, p. 262.

1028. Obligations de l'ouvrier à façon, plus étroites quant à la confection des ouvrages. — Les obligations personnelles de l'ouvrier à façon envers le maître sont moins étroites que celles de l'ouvrier à temps, parce qu'il diffère beaucoup plus du serviteur à gages et conserve une plus grande indépendance personnelle, surtout quand il n'est pas employé dans l'atelier. Mais, d'un autre côté, s'il a plus de liberté d'action, il encourt aussi une responsabilité plus grande, et ses obligations quant aux ouvrages qu'il exécute sont appréciées plus rigoureusement par ce motif déterminant que c'est surtout à raison de son aptitude et de sa capacité spéciale qu'il est employé (1).

La responsabilité de l'ouvrier *entrepreneur d'ouvrages*, comme l'a qualifié l'art. 1779, n° 3, porte sur trois points principaux : 1° l'observation du délai fixé; 2° la bonne exécution du travail; 3° le compte exact de la matière employée.

1029. Responsabilité de l'ouvrier à façon quant au délai convenu. — 1° Si l'ouvrier ne fournit pas l'objet du contrat dans le délai convenu, sans cause légitime de retard, il est passible de dommages-intérêts envers le maître en proportion du préjudice causé. Le maître n'aurait aucune réclamation à faire, s'il avait été lui-même cause du retard en différant de remettre les matières premières. Il pourrait même être tenu d'une indemnité envers l'ouvrier; si, en tardant à lui fournir les moyens d'exécuter l'ouvrage stipulé, il lui avait fait manquer une autre affaire (2).

1030. Responsabilité quant à la bonne exécution du travail. — 2° L'ouvrier à façon est tenu de confectionner l'objet du contrat d'une manière convenable et conforme au modèle qui lui a été fourni.

C'est d'abord par la comparaison de l'ouvrage avec le type fourni que s'apprécie la recevabilité du travail. S'il y a conformité avec le modèle, quelque défectueux d'ailleurs que puisse être celui-ci, l'ouvrage est recevable; il y a au contraire malfaçon par cela seul que le type n'est pas observé.

1031. Responsabilité en cas d'ouvrage confectionné par plusieurs. — Quand la confection et l'achèvement d'un seul ouvrage exigent la participation de plusieurs ouvriers à façon, il peut devenir difficile de déterminer sur lequel doit retomber la non-recevabilité de l'objet.

---

(1) Mollot *Louage*, n. 198. 199.
(2) Mollot *Louage*, 200, 201.

Il faut distinguer à cet égard si l'ouvrage exécuté par parties distinctes se fait au dehors, ou dans l'atelier. S'il se fait au dehors, le fabricant reçoit directement de chaque ouvrier la pièce qu'il a confectionnée, et chaque ouvrier est responsable de sa pièce. Quand l'ouvrage se fait à l'atelier, il est d'usage qu'aussitôt la première pièce fait, l'ouvrier la remet à un autre qui peut et doit la refuser, si elle n'est pas recevable, en fait la réception à ses risques et périls, puis y ajoute son travail personnel et transmet le tout à un troisième, lequel accepte de même sous sa responsabilité tout le travail antérieur, et ainsi de suite jusqu'à ce que la pièce intégralement achevée soit livrée au fabricant. Celui-ci en fait réception vis-à-vis du dernier ouvrier, seul responsable, d'après ce mode, de la non-recevabilité du tout, sauf son recours contre les précédents travailleurs (1).

1032. Circonstances qui influent sur la responsabilité de l'ouvrier. — Le maître ne peut se plaindre quand la non-recevabilité de l'ouvrage provient de la mauvaise qualité des matériaux fournis par lui, et que l'ouvrier n'en a pas été averti (2); il peut même être tenu de dommages-intérêts envers l'ouvrier pour le temps qu'il lui aurait fait perdre à raison de fournitures défectueuses. En principe ses droits sont moins rigoureux à l'égard de l'ouvrier à façon qu'il emploie dans son atelier qu'à l'égard de celui qui travaille en ville. La surveillance qu'il exerce ou peut exercer sur le premier lui fait partager jusqu'à un certain point la responsabilité du mauvais travail de l'ouvrier.

Si l'ouvrier a lui-même employé d'autres ouvriers pour son travail, il est responsable du fait de ces personnes, en vertu des art. 1384 et 1797 du Code Napoléon.

1033. Responsabilité de l'ouvrier à façon quant à la matière employée. — 3° L'ouvrier, en remettant l'ouvrage dont on lui a fourni les éléments, doit compte de l'emploi de la totalité des matières premières qu'il a reçues. Il est responsable en principe de la perte de tout ou partie de la matière qu'il ne peut restituer, à moins qu'elle ne provienne du *déchet* qui résulte dans une proportion plus ou moins grande du travail même de fabrication.

Les déchets, qui varient même dans un seul genre d'industrie, le tissage, par exemple, en raison de la qualité des matières, sont

---

(1) Voir Mollot, *Louage*, n. 193.
(2) Voir Dalloz, *Louage d'ouvrage*, n. 99 et suiv.

généralement appréciés à forfait, en vertu d'une moyenne établie sur un grand nombre de pièces. Ainsi, au lieu de calculer le déchet qui a pu s'opérer sur chaque pièce de soierie tissée, on peut allouer à l'ouvrier une certaine réduction ou bonification sur le poids des matières fournies, et alors il n'est responsable de la restitution des matières qu'après compte fait de cette réduction.

La bijouterie accorde à l'ouvrier, en mettant à sa charge les déchets, tantôt une bonification de 1 pour cent, tantôt la quantité d'or équivalente à la soudure employée dans la confection de l'ouvrage (1).

1034. De la perte de la matière, par la faute ou sans la faute de l'ouvrier. — La responsabilité de l'ouvrier à façon, quant à la restitution de la matière, cesse entièrement quand elle vient à périr sans sa faute (2). C'est la disposition formelle de l'art. 1789 du Code Napoléon : « Dans le cas où l'ouvrier fournit seulement son travail ou son industrie, si la chose vient à périr, l'ouvrier n'est tenu que de sa faute. »

La faute de l'ouvrier doit être appréciée plus ou moins rigoureusement, au point de vue de la perte de la chose comme au point de vue de la malfaçon (n° 1032), suivant qu'il travaille chez lui ou dans l'atelier du maître (3). Dans le premier cas il est tenu même de la faute légère ; la matière étant réputée lui avoir été remise en bon état, c'est sur lui que retombe le soin de prouver, soit que la perte provient du vice de la substance, soit qu'elle est due à un cas fortuit ou de force majeure. Si la perte provenait d'un vol, il devrait en outre justifier que ce n'est pas par suite de sa négligence que le vol a pu être opéré. A défaut de l'une ou de l'autre de ces preuves, l'ouvrier qui travaille chez lui demeure responsable de la matière perdue, tandis que, s'il travaille chez le maître, il y a présomption que ce n'est pas à lui qu'est imputable la perte de la chose.

Par une sorte de compensation, en cas de perte de la chose sans la faute de l'ouvrier, cas où le maître perd la matière, l'ouvrier de son côté perd son salaire, à moins que cette perte n'ait eu lieu par suite d'un vice qui ferait retomber la responsabilité sur le patron. Telle est la disposition de l'art. 1790 du Code Napoléon.

---

(1) Mollot, *Louage*, n. 203.
(2) Il est entendu qu'il n'est pas question ici de l'ouvrier qui fournit la matière, véritable fabricant auquel s'applique l'art. **1788** du Cod. Nap.
(3) Voir Troplong, n. 981.

1035. De la réception de l'ouvrage et de la mise en demeure.—Le risque de l'ouvrier, dont celui-ci a le plus grand intérêt à s'affranchir au plus tôt, cesse, d'après le même article, soit par la *réception* de l'ouvrage, soit par la *mise en demeure* adressée au maître d'avoir à vérifier le travail.

Ce dernier acte constate que la tâche de l'ouvrier est terminée et que le retard dans la remise de l'objet provient d'une négligence du maître, dont le travailleur ne saurait subir les conséquences. La loi n'a tracé aucune forme spéciale pour la mise en demeure qui, en droit commun, doit être faite par exploit d'huissier. Il est généralement admis, en raison de la nature des rapports entre maîtres et ouvriers, qu'elle peut résulter d'un avertissement par écrit ou même verbal, adressé au fabricant et dont les prud'hommes auront à apprécier la réalité (1).

1036. Mode de réception. — Présomptions de vérification.— La réception, qui dégage l'ouvrier, à la différence de l'architecte (art. 1792), de toute responsabilité pour malfaçon ou pour perte de la chose, est le fait par lequel le maître, après vérification du travail, prend livraison de la pièce confectionnée.

Elle n'est assujettie à aucune formalité particulière et s'induit des circonstances. Les plus concluantes sont la remise de l'objet entre les mains du patron, sans réserve de la part de celui-ci, et le paiement fait à l'ouvrier, à moins qu'il n'ait eu lieu à titre d'*avances* (voir n° 1046), comme le fait entendre l'art. 1791, Cod. Nap. Cette distinction entre le paiement proprement dit, et les avances faites d'une manière générale ou même les à-comptes payés dans le courant du travail sans imputation sur telle ou telle partie, est très-importante à noter au point de vue de la présomption de vérification (2).

L'époque et le mode de réception varient suivant la nature de l'objet.

S'agit-il d'une pièce unique, œuvre d'un seul ouvrier ? c'est seulement à l'achèvement de l'ouvrage que la vérification se fait et que la réception a lieu. Il en est autrement pour un ouvrage à plusieurs pièces, ou pour une même pièce qui se fabrique *à la mesure* ; l'ouvrier est libre de faire recevoir chaque pièce partielle dès qu'elle est achevée, et, de même, dès qu'il a confectionné un certain nombre de mesures, il peut en demander la réception. (Voir sur ce point l'art. 1791, Cod. Nap). En ce dernier cas, « la véri-

---

(1) Mollot, *Louage*, n. 217.
(2) Troplong, *Louage*, t. 3, n 990.

fication est censée faite pour toutes les parties payées, si le maître paie l'ouvrier en proportion de l'ouvrage fait », et non, comme on vient de l'expliquer, s'il le paie à titre d'avances ou d'à-comptes.

Nous avons parlé ci-dessus de la manière dont s'opère la réception d'une même pièce fabriquée par plusieurs ouvriers (voir n° 1031).

1037. Vérification en matière de soieries. — Condition publique des soies. — A Lyon, à Avignon, à Saint-Etienne, pour l'importante industrie de la soie, des fonctionnaires spéciaux sont institués à l'effet de vérifier le poids légal des soies avant et après sa fabrication. C'est ce que l'on appelle la *condition publique des soies*, mesure des plus efficaces pour prévenir les erreurs ou les fraudes.

Les principales dispositions relatives à la condition des soies sont les décrets du 23 germinal an XIII (ville de Lyon), du 13 fructidor an XIII (ville d'Avignon), du 15 janvier 1808 (ville de Saint-Etienne), d'avril 1850-23 janvier 1851.

1038. Délai de la vérification. — Effets de la réception. — L'intérêt majeur de l'ouvrier à se décharger d'une lourde responsabilité l'autorise à exiger une vérification et une réception immédiates, si la pièce peut se vérifier à la simple inspection, comme un objet de bijouterie. Un certain délai est nécessaire pour d'autres ouvrages, tels que des tissus.

La loi ni les règlements n'ayant déterminé aucun délai, il n'y a sur ce point d'autres règles que les usages de chaque industrie, dont les prud'hommes maintiennent l'observation. On a vu qu'en cas de retard prolongé du maître l'ouvrier a toujours pour se dégager la ressource d'une mise en demeure (n° 1035).

La conséquence immédiate de la réception est pour l'ouvrier le droit d'exiger le prix, tant de la façon de l'ouvrage que des menues fournitures qu'il a pu faire accessoirement, et dont le prix n'aurait pas été compris dans celui de la façon. On sait que, si le travailleur avait fourni non-seulement les accessoires, mais la matière principale elle-même, il ne serait plus ouvrier, mais fabricant; il y aurait non plus contrat de louage, mais contrat de vente commerciale ordinaire, et les principes spéciaux posés pour le louage d'ouvrage ne seraient plus applicables (n° 999).

1039. Du marchandage. — Du lien de droit entre le patron et les ouvriers du marchandeur ou sous-entrepreneur. — Une complication se présente, et souvent, par suite, naissent dans la pratique de graves difficultés, quand le patron, au lieu de faire travailler directement les ouvriers, s'est adressé à un intermédiaire, *tâcheron, marchandeur, sous-entrepreneur*. Il y a alors deux contrats de louage distincts ; l'un entre le patron ou entrepreneur principal et le marchandeur ou sous-entrepreneur réputé ouvrier vis-à-vis du premier ; l'autre entre les travailleurs et le marchandeur, à l'égard desquels ce dernier joue le rôle de maître. Les règles qu'on vient de présenter s'appliquent d'elles-mêmes à l'un et à l'autre contrat envisagé isolément. Mais reste la question de savoir s'il s'établit à proprement parler un lien de droit entre les ouvriers du marchandeur et le patron, et si les premiers, à défaut de paiement de la part du sous-traitant, peuvent agir directement contre l'entrepreneur pour en obtenir le salaire stipulé.

En principe, quand le contrat entre le patron et le marchandeur est sérieux et régulier, que les ouvriers en ont été informés, qu'ils savent qu'ils ont traité avec le marchandeur agissant pour son compte et non comme représentant du patron, les ouvriers ne peuvent réclamer à ce dernier, quels que soient les salaires auxquels ils aient droit, que les sommes qui resteraient dues au marchandeur lui-même, mais ils peuvent réclamer ces sommes directement. C'est ce qui résulte formellement de l'art. 1798 du Cod. Nap. (voir, sur les effets de l'art. 1798, le n° 1041). Cette double règle ne recevrait pas d'exception alors même que le montant des salaires ou le prix de façon dû par le marchandeur dépasserait le prix total du marché à forfait convenu entre celui-ci et l'entrepreneur principal.

Notons seulement que, dans la pratique, l'entrepreneur a soin d'informer les ouvriers des conditions de son contrat avec le marchandeur ou sous-entrepreneur et des époques de paiement, afin que ceux-ci prennent les moyens de se faire payer eux-mêmes. M. Mollot cite avec éloge l'usage de certains fabricants qui se chargent de faire directement la paie aux ouvriers du marchandeur, en débitant d'autant le compte de celui-ci.

1040. Cas où les ouvriers du marchandeur ont une action intégrale contre le maître. — La limitation susindiquée de l'action des ouvriers ne saurait être maintenue dans deux cas : 1° si le marché entre le patron et le marchandeur était resté ignoré des ouvriers, de telle sorte que ceux-ci fussent fondés à se croire loués pour le compte du patron ; 2° si le marché, bien que porté à la connaissance des ouvriers, n'était qu'une simulation frauduleuse ayant pour but de n'engager vis-à-vis des ouvriers, pour le montant du prix légitime de la façon, qu'un homme insolvable, vis-à-vis duquel le patron ne se serait lui-même obligé que pour une somme inférieure, de sorte que les ouvriers, sans recours utile contre le marchandeur, véritable *homme de paille*, fussent forcés de se contenter du prix réduit promis à l'intermédiaire par le fabricant.

C'est une pareille simulation, à laquelle malheureusement le marchandage a plus d'une fois servi, qui a pu être justement flétrie comme une exploitation odieuse de l'ouvrier, et qui serait frappée, non pas seulement par le décret du 2 mai 1848, mais par les principes du droit commun.

Dans ces deux cas, il n'est pas douteux que les ouvriers auraient contre le fabricant une action directe jusqu'à concurrence de l'intégralité de leur salaire. Il en doit être ainsi, non sans doute toutes les fois que les ouvriers du marchandeur travaillent dans l'atelier du patron, ce qui n'est pas incompatible avec un marchandage sincère (1), mais quand, nonobstant un contrat de marchandage, l'entrepreneur principal lui-même embauche les ouvriers et use de son influence et de son crédit pour les attirer ou les retenir. L'entrepreneur deviendrait également responsable envers les ouvriers, s'il devançait vis-à-vis du marchandeur les époques de paiement signalées aux ouvriers, et diminuait ainsi par son fait les garanties en vue desquelles ceux-ci ont contracté avec le marchandeur.

Ce dernier reste tenu envers ses ouvriers, même après refus de l'ouvrage pour malfaçon, quand les travailleurs se sont conformés aux instructions qu'il leur a données et que c'est le sous-entrepreneur qui n'a pas convenablement exécuté ses conventions personnelles avec le patron.

§ V.

Garanties légales pour l'accomplissement des obligations respectives des maîtres et des ouvriers.

Art. 1er. — Garanties des ouvriers à l'égard des maîtres.

SOMMAIRE.

1041. Garanties des ouvriers. Action directe des ouvriers de l'entrepreneur intermédiaire contre le maître.—1042. La cession faite par l'entrepreneur intermédiaire paralyse-t-elle l'action directe des ouvriers ?—1043. Droit de rétention accordé à l'ouvrier non payé.—1044. Privilége des ouvriers en cas de faillite du maître.

---

(1) Mollot, *Louage*, n. 232.

1041. Garantie des ouvriers. — Action directe des ouvriers de l'entrepreneur intermédiaire contre le maître. — La loi a créé certaines garanties spéciales pour assurer l'exécution des engagements réciproques des patrons et des ouvriers.

Parmi ces garanties, il faut comprendre l'action directe accordée dans une certaine mesure aux ouvriers employés par l'entrepreneur intermédiaire ou le marchandeur contre celui qui a commandé l'ouvrage. On a vu qu'ils ne peuvent rien réclamer au maître au delà de ce qui est dû à l'intermédiaire (n° 1039), mais que, dans cette limite, l'art. 1798 leur accorde non pas seulement la faculté d'exercer les droits de leur débiteur (art. 1166), mais celle d'intenter contre le maître une action directe et personnelle. Or, ce point a une grande importance en cas de faillite de l'entrepreneur intermédiaire ou du marchandeur, parce que les ouvriers peuvent se faire payer directement par le maître, de préférence à tous créanciers du failli, sans être tenus de produire à la faillite et d'en subir les effets (1).

1042. La cession faite par l'entrepreneur intermédiaire paralyse-t-elle l'action directe des ouvriers contre le maître de l'ouvrage? Une question du plus grand intérêt pratique est celle de savoir si le droit conféré par l'art. 1798 aux ouvriers de l'entrepreneur intermédiaire, contre le maître de l'ouvrage, peut être paralysé par la cession que le premier aurait faite sans fraude de ce qui lui est dû par le second. La jurisprudence et les auteurs sont profondément divisés sur ce point.

D'une part, il est certain que le transport n'est pas un paiement, que le maître de l'ouvrage reste débiteur, et l'on peut soutenir que l'entrepreneur intermédiaire n'a pu transmettre sa créance que grevée de l'action accordée aux ouvriers par l'art. 1798; on peut ajouter que, d'ailleurs, si la cession doit prévaloir contre les ouvriers, l'entrepreneur pourra toujours à son gré les dépouiller du prix de leur main-d'œuvre, et faire évanouir la garantie qu'entend leur assurer l'art. 1798 (2). Mais on répond d'autre part que l'art. 1798 limite le droit des ouvriers au cas où le maître est débiteur de l'entrepreneur même, et que celui-ci,

---

(1) Paris, 10 février 1847 (Berge); Douai, 30 mars et 13 avril 1833. — Dalloz, v° *Louage d'ouvrage*, n. 116; Troplong, n. 1050.

(2) Montpellier, 22 août 1850 (Durand); Paris, 27 août 1833 (Lepré. —Dalloz, 54. 2.103, 104).

par cela seul qu'il a le droit d'être payé avant que les ouvriers ne le soient, a aussi celui de disposer sans fraude de ce qui lui est dû tant que les ouvriers n'ont pas intenté leur action (1).

Nous serions disposés à adopter la première opinion, que l'équité recommande singulièrement, et qui s'appuie juridiquement sur cette raison considérable que le cessionnaire, n'étant que l'ayant cause de l'entrepreneur intermédiaire, doit se trouver au lieu et place de celui-ci : or, il aurait plus de droits que son cédant, si une cession faite, suivant que le permet le droit commun, avant l'échéance, des sommes dues à l'entrepreneur, permettait à celui-ci de paralyser d'avance l'action des ouvriers.

1043. Droit de rétention accordé à l'ouvrier non payé. — L'ouvrier qui n'est pas payé du prix de l'objet qu'il a fabriqué n'a pas de privilége proprement dit (sauf un cas particulier indiqué ci-après, n° 1044), soit sur le mobilier de son débiteur, soit sur l'objet même qu'il a fabriqué. Telle est l'opinion de la plupart des auteurs et des arrêts.

La rigueur des principes qui défendent d'apporter aucune extension au texte précis de la loi en matière de privilége s'oppose à ce qu'on attribue à l'ouvrier le privilége établi par l'art. 2102, n° 3, à l'égard des frais faits pour la conservation de la chose. Mais on s'accorde du moins à lui reconnaître un *droit de rétention*, en vertu duquel il peut se refuser à livrer l'objet tant qu'il n'a pas été payé.

Quant à l'étendue du droit de rétention, la jurisprudence, après de grandes hésitations, paraît fixée par un arrêt de la Cour de cassation du 9 décembre 1840, dans le sens le plus favorable à l'ouvrier. Suivant cet arrêt, l'ouvrier ou fabricant à qui ont été confiées tout à la fois plusieurs parties de matières premières pour les façonner a un droit de rétention sur chacune des parties façonnées pour le paiement de la totalité de ses salaires; d'où il suit qu'alors même qu'il a livré, sans se faire payer, une partie des objets compris dans le même marché, les portions restantes entre ses mains ne peuvent être retirées que moyennant paiement de la totalité des façons (2).

---

1) C. cass., 18 janvier 1854 (Febre —Dalloz, 54.1.120). — Voir Duranton, t. 17, n. 262 ; Marcadé, sur les art. 1796-1799.

(2) 9 décembre 1840 (Dolfus.—Sirey, 41.1.55). — Voir sur la question : C. cass., 17 mars 1829 ; Rouen, 17 décembre 1828, 25 février 1829 ; Paris, 31 mai 1827.— Troplong, *Priviléges*, t. 1. n. 176 ; Duranton, n. 118; Persil, Delvincourt, etc ..; Mollot, *Louage*, n. 574. — En faveur du privilége, Colmar, 7 mars 1812 ; Rouen, 18 juin 1825.—Mollot, *Compétenc. s prudhommes*, n. 212.

1044. Privilége des ouvriers en cas de faillite du maître. — Toutefois le privilége existe, en vertu de l'art. 549 de la nouvelle loi des faillites (28 mai 1838), pour « le salaire acquis aux *ouvriers employés directement par le failli* pendant *le mois* qui aura précédé la déclaration de faillite ;» et ce privilége s'exerce d'après le même article sur la totalité des meubles du failli, aussi bien que celui accordé aux serviteurs à gage pour l'année échue et l'année courante par l'art. 2101, n° 4.

Quoique la loi paraisse avoir plus spécialement en vue les ouvriers à temps, nous n'hésitons pas à admettre qu'elle est applicable aux ouvriers à façon. Mais il est certain qu'elle ne pourrait être invoquée contre l'entrepreneur failli par les ouvriers du marchandeur.

Art. 2. — Garantie des maîtres à l'égard des ouvriers.—Recouvrement des avances.

SOMMAIRE.

1045. Double garantie du maître. Renvoi. — 1046. Garanties pour le recouvrement des avances. Nouveau système substitué à celui de l'an XII. — 1047. Refus de congé d'acquit. Inscription limitée des avances au livret. Retenue.—1048. Compétence des prud'hommes et, à défaut, des juges de paix. — 1049. Les salaires des ouvriers peuvent-ils être saisis intégralement ? — 1050. Dispositions spéciales sur les règlements de compte entre les chefs d'atelier et les patrons.— 1051. Double livre d'acquit des chefs d'atelier. Registre spécial des prud'hommes. — 1052. Remise du livre d'acquit au négociant. Mentions. Visa.—1053. Garanties pour le recouvrement des avances aux chefs d'atelier en argent ou en matières.—1054. Certitude de la date des dettes du chef d'atelier en vertu du livre d'acquit.—1055. Prohibition d'employer le chef d'atelier dépourvu de livre d'acquit.

1045. Double garantie du maître. — Renvoi. — Le maître a besoin vis-à-vis de l'ouvrier d'une double garantie : 1° celle de l'achèvement de l'ouvrage ou de la période de temps pour laquelle l'ouvrier s'est engagé ; 2° celle du remboursement des avances qu'il peut lui avoir faites.

On a vu quels étaient les engagements dérivant naturellement du contrat de louage (n°s 1022 et suiv.) ; il reste à dire quelques mots sur les avances.

1046. Garantie pour le recouvrement des avances. — Nouveau système substitué à celui de l'an XII. — Si l'ouvrier est habituellement créancier du patron pour ses salaires, le patron ne l'est pas moins fréquemment de l'ouvrier pour les avances qu'il lui fait ; avances qui, bien qu'elles enchaînent jusqu'à un certain point la liberté de l'ouvrier, lui sont cependant précieuses en ce qu'elles lui permettent de subvenir aux besoins de sa famille tout en attendant l'achèvement d'un travail peut-être de longue durée, jusqu'à la réception duquel le paiement du prix pourrait en droit strict être ajourné.

La double garantie et de l'accomplissement des engagements et du remboursement des avances a été, depuis l'an xii, l'objet de dispositions rigoureuses à l'égard des ouvriers assujettis au livret.

L'arrêté du 9 frimaire an xii, en vigueur jusqu'en 1851, donnait aux patrons des sûretés très-efficaces, mais qui ont été jugées avec raison excessives, parce qu'elles plaçaient dans une véritable sujétion les ouvriers, trop disposés à emprunter dès qu'ils en trouvent l'occasion.

En vertu des art. 7, 8 et 9 de l'arrêté de frimaire an xii, le chef d'industrie était autorisé à retenir tout ouvrier qui n'avait pas exécuté ses engagements et remboursé les avances à lui faites, en se refusant à se dessaisir de son livret. Si le patron consentait à laisser partir l'ouvrier sans avoir été satisfait, il avait le droit d'inscrire sur le livret le montant intégral des avances, et tous ceux qui employaient ultérieurement cet ouvrier étaient tenus de faire subir à celui-ci, jusqu'à son entière libération, une retenue des deux dixièmes sur le produit de son travail. Ce système, très-préjudiciable à l'ouvrier, a été fort adouci par la loi du 14 mai 1851.

Les dispositions de cette loi, modifiées elles-mêmes par celles de la loi du 22 juin 1854, sur les livrets rendus obligatoires pour tous les ouvriers, garantissent au maître :

1° L'accomplissement des engagements contractés envers lui par le refus qu'il peut faire du congé d'acquit ;

2° Dans une certaine mesure le remboursement des avances par leur énonciation sur le livret (voir n° 977), jusqu'à concurrence de 30 fr., et un droit de retenue sur les salaires limité à un dixième.

1047. Refus de congé d'acquit.—Inscription limitée des avances au livret.—Retenue.— « Les art. 7, 8 et 9 de l'arrêté du 9 frimaire an xii, sont modifiés ainsi qu'il suit » (art. 1er) :

« L'ouvrier qui a terminé et livré l'ouvrage qu'il s'était engagé à faire pour le patron ; qui a travaillé pour lui pendant le temps réglé, soit par le contrat de louage, soit par l'usage des lieux, ou à qui le patron refuse de l'ouvrage ou son salaire, a le droit d'*exiger* la *remise* de son livret et la délivrance de son congé

lors même qu'il n'a pas acquitté les avances qu'il a reçues »
(art. 2).

On sait que, d'après la loi du 22 juin 1854 (art. 6), le livret reste entre les mains de l'ouvrier, qui n'a plus dès lors à en exiger la remise, comme dans le régime en vigueur lors de la promulgation de la loi de 1851. Ce n'est plus en retenant le livret, mais seulement en refusant à l'ouvrier qui n'a pas rempli ses engagements la mention sur le livret du *congé d'acquit*, que le maître peut retenir l'ouvrier à la fabrique pendant le temps et pour l'objet convenu.

L'art. 6 de la loi de 1854 abroge donc implicitement, mais nécessairement, quant à la retenue du livret, l'art. 3 de la loi du 14 mai 1851, ainsi conçu :

« De son côté, le patron qui exécute les conventions arrêtées entre lui et l'ouvrier a le droit de retenir le livret de celui-ci jusqu'à ce que le travail objet de ces conventions soit terminé et livré, à moins que l'ouvrier, pour des causes indépendantes de sa volonté, ne se trouve dans l'impossibilité de travailler ou de remplir les conditions de son contrat. »

« Les avances faites par le patron à l'ouvrier ne peuvent être inscrites sur le livret de celui-ci et ne sont remboursables, au moyen de la retenue, que jusqu'à concurrence de trente francs » (art. 4).

« La retenue sera du dixième du salaire journalier de l'ouvrier » (art. 5).

Cette retenue, inférieure à celle qu'autorisait l'arrêté de l'an XII, est un véritable privilége accordé au maître en cette matière spéciale, et qui, avec la mention de partie au moins de sa créance au livret, complète la garantie que la loi lui concède.

Il résulte de la discussion de la loi que, si l'ouvrier ne peut être contraint de subir une retenue plus forte, il est entièrement libre d'y consentir, si sa position le lui permet et qu'il veuille accélérer l'acquittement de sa dette. Le projet de loi conçu en termes plus impératifs a été changé précisément pour laisser toute latitude à l'ouvrier, sans jamais lui imposer de sacrifices excessifs. Toute convention sur ce point, sera valable pourvu qu'elle soit dégagée de l'influence de toute espèce de contrainte (1).

L'art. 6 est un article transitoire relatif aux avances antérieures à la loi de 1851, et désormais sans intérêt.

---

(1) Voir le deuxième rapport de M. Salmon, Gaisset, sur l'art. 5 de la loi.

1048. Compétence des prud'hommes ou, à défaut, du juge de paix. — « Les contestations qui pourraient s'élever relativement à la délivrance des congés ou à la rétention des livrets seront jugées par les conseils des prud'hommes, et, dans les lieux où les tribunaux ne sont pas établis, par les juges de paix, en se conformant aux règles de compétence et de procédure pour interpréter les lois, ordonnances et règlements » (art. 7).

Nous renvoyons, pour l'explication de cet article, à nos développements ultérieurs sur la compétence des prud'hommes, relativement aux contestations entre maîtres et ouvriers (n°ˢ 1068 et suiv.). Faisons remarquer seulement ici que, en vertu des principes généraux posés par l'art. 6 de la loi du 18 mars 1806, il abroge la disposition de l'art. 19 de la loi du 22 germinal an XI, qui renvoyait à des juges municipaux les litiges de cette nature, et qu'il met un terme, sur ce point important, aux hésitations de la jurisprudence.

« Les juges de paix prononceront, les parties présentes ou appelées par voie de simple avertissement. La décision sera exécutoire sur minute et sans aucun délai. »

Nous renvoyons encore pour cette disposition, complétée par l'art. 27 de la loi du 22 janvier 1851, au chapitre relatif à la compétence des prud'hommes (n°ˢ 1089 et suiv.).

1049. Les salaires des ouvriers peuvent-ils être saisis intégralement ? — Les dispositions spéciales pour le recouvrement des avances mettent les salaires des ouvriers à l'abri de toute saisie-arrêt de la part des anciens patrons pour le recouvrement de leurs avances. Mais si, ceux-ci étaient créanciers pour toute autre cause, pourraient-ils saisir l'intégralité des salaires?

La Cour de cassation a jugé l'affirmative par un arrêt du 22 nov. 1853 (aff. Gosse), en se fondant sur ce que la loi ne déclare pas *nominativement* les salaires insaisissables. Quel que soit notre profond respect pour les décisions de la Cour suprême, nous nous élevons de toutes nos forces contre la doctrine de cet arrêt. Les art. 581 et 592 du Cod. de proc. déclarent insaisissables les sommes dues pour *aliments*, les *instruments* servant à la profession du saisi, les *outils* des artisans nécessaires à leurs occupations personnelles, les farines et menues *denrées* nécessaires à la consommation du saisi. Est-ce donc que les bras de l'ouvrier ne sont pas le premier et le plus nécessaire de ses instruments, de ses outils de travail, et que fera-t-il de ses bras, si, privé de salaire, il n'a pas le moyen d'en conserver la vigueur? Est-ce que les salaires n'ont pas, du moins pour partie, le caractère alimentaire au premier chef? A quoi bon conserver à l'ouvrier des farines et menues denrées, si on ne lui laisse pas les moyens de renouveler la provision épuisée?

Le droit, qui doit être entendu humainement, surtout en pareille matière, interdit donc, aussi bien que l'équité, la saisie des salaires, non pas en totalité, mais jusqu'à concurrence de la partie qui serait déclarée par le juge nécessaire à l'alimentation de l'ouvrier et de sa famille.

1050. Dispositions spéciales sur les règlements de compte entre les chefs d'ateliers et les patrons. — Indépendamment du livret général où sont consignées les avances et duquel nous avons distingué soigneusement celui relatif au tissage, au bobinage et autres industries analogues, il existe une troisième espèce de livret pour une classe particulière d'ouvriers, que nous avons désignés sous le nom de *chefs d'ateliers* (voir n° 996). On appelle ainsi l'ouvrier à façon qui, recevant les matières premières du fabricant, les confectionne dans son propre domicile ou les y fait confectionner par des ouvriers ou apprentis qu'il engage et qu'il paie (1), ouvrier à l'égard du fabricant, patron à l'égard de ceux qu'il occupe, comme le marchandeur. L'emploi de chef d'atelier, surtout dans la grande industrie des soieries, tient une place assez importante pour être devenu l'objet d'un règlement à part.

Ce règlement, fait à l'origine pour les soieries de la ville de Lyon, est applicable aux autres industries situées dans un ressort de conseil de prud'hommes et où se trouvent également des chefs d'atelier. Il résulte des art. 20 et suivants de la loi du 18 mars 1806, placés sous la rubrique *des règlements de compte et de la police entre les maîtres d'atelier et les négociants*. Ces dispositions, qui soumettent à des conditions exceptionnelles les engagements entre les chefs d'atelier et les patrons, ont cela de remarquable qu'elles exigent en réalité, pour leur constatation, un acte fait double, comme on le verra ci-après (n° 1051). D'ailleurs, et pour les cas dont elles ne s'occupent point spécialement, elles laissent subsister les principes généraux qui président au contrat de louage d'industrie.

1051. Double livre d'acquit des chefs d'ateliers. — Registre spécial des prud'hommes. — « Tous les *chefs*

---

(1) Mollot, *Justice industrielle*, p. 16.

d'ateliers actuellement établis, ainsi que ceux qui s'établiront à l'avenir, seront tenus de se pourvoir, au conseil des prud'hommes, d'un double *livre d'acquit* pour chacun des métiers qu'ils feront travailler, dans la quinzaine à dater du jour de la publication pour ceux qui travaillent, et dans la huitaine du jour où commenceront à travailler ceux qu'ils monteront à neuf.

« Sur ce livre d'acquit, parafé et numéroté, et qui ne pourra leur être refusé, lors même qu'ils n'auraient qu'un métier, seront inscrits les nom, prénoms et domicile du chef d'atelier » (art. 20).

Le livre d'acquit est imprimé aux frais de l'administration municipale, et dressé sur un modèle uniforme que donnent les conseils de prud'hommes. M. Mollot fait observer avec justesse que ce livret étant affecté à chaque métier plutôt qu'à la personne du chef d'atelier, celui-ci doit prendre autant de livrets qu'il a de métiers, en y insérant la désignation spéciale du métier auquel il se rapporte.

« Il sera tenu, au conseil des prud'hommes, un registre sur lequel lesdits livres d'acquit seront inscrits ; le chef d'atelier signera, s'il le sait, sur le registre et sur le livre d'acquit qui lui sera délivré » (art. 21).

Quand le chef d'atelier ne sait pas signer, le secrétaire du conseil en fait mention sur le livre et sur le registre.

1052. Remise du livre d'acquit au négociant. — Mentions. — Visa. — « Le chef d'atelier déposera le livre d'acquit du métier qu'il destinera au négociant manufacturier entre ses mains, et pourra, s'il le désire, en exiger un récépissé » (art. 22).

En exécution de cette disposition, le chef d'atelier remet au fabricant pour lequel il travaille un des deux livres d'acquit qui lui ont été délivrés pour chaque métier et conserve l'autre de son côté. Il s'établit par ce moyen un compte courant entre le patron et le maître ouvrier pour l'exploitation du métier désigné au livret (1).

Les remises de matières premières et d'argent doivent être consignées à la fois sur les deux livrets, de sorte que l'un serve de contrôle à l'autre.

Il est d'usage, à Lyon dans la soierie, à Paris dans la fabrique des châles, que le fabricant, pour ne pas surcharger le livre d'ac-

---

(1) Mollot, *Compétence des prud'hommes*, n. 539.

quit, tienne un autre registre sur lequel il porte en compte courant, et jour par jour, d'une part les matières confiées au chef d'atelier, d'autre part les avances à lui faites.

« Lorsqu'un chef d'atelier cessera de travailler pour un négociant, il sera tenu de faire noter sur le livre d'acquit, par ledit négociant, que le chef d'atelier a soldé son compte, ou, dans le cas contraire, la déclaration du négociant spécifiera la dette dudit chef d'atelier » (art. 23).

La note exigée par la loi, dit M. Mollot, se borne à cette simple énonciation : « le chef d'atelier ne doit rien, ou doit tant, soit en argent, soit en matières. » Le fabricant conserve son double, et il demeure créancier.

« Le négociant possesseur du livre d'acquit le fera viser aux autres négociants occupant des métiers dans le même atelier, qui énonceront la somme due par le chef d'atelier, dans le cas où il serait leur débiteur » (art. 24).

1053. Garanties pour le recouvrement des avances aux chefs d'atelier en argent ou en matières. — « Lorsque le chef d'atelier restera débiteur du négociant manufacturier pour lequel il aura cessé de travailler, celui qui voudra lui donner de l'ouvrage fera la promesse de retenir la huitième partie du prix de façon dudit ouvrage ; en faveur du négociant dont la créance sera la plus ancienne sur ledit registre, et ainsi successivement, dans le cas où le chef d'atelier aurait cessé de travailler pour ledit négociant, du consentement de ce dernier ou pour cause légitime ; dans le cas contraire, le négociant manufacturier qui voudra occuper le chef d'atelier sera tenu de solder celui qui sera resté créancier en compte de matières, nonobstant toute dette antérieure, et le compte d'argent jusqu'à 500 fr. » (art. 25).

Cet article, qui a en grande partie pour but de mettre obstacle au détournement des maîtres-ouvriers, garantit le remboursement des avances, soit en argent, soit en matières, de deux manières différentes dans les deux cas qu'il distingue : l'un où le chef d'atelier a cessé de travailler pour le fabricant, du consentement de celui-ci ou pour une des *causes légitimes* qu'on exposera ci-après ; l'autre où il a rompu sans motif légal.

Dans le premier cas, simple retenue du huitième du prix des façons.

Dans le second cas, obligation de solder par préférence et en totalité le compte des matières qui, à raison de sa nature même et de la confiance témoignée au dépositaire, a droit à une sorte de privilége (1), et le compte en argent jusqu'à concurrence de 500 francs.

Telle est l'économie de cette disposition, dont la sévérité est justifiée par l'importance du rôle du chef d'atelier, notamment dans l'industrie des soies et des châles.

1054. Certitude de la date des dettes du chef d'atelier en vertu du livre d'acquit.— « La date des dettes que les chefs d'atelier auront contractées avec les négociants qui les auraient occupés sera regardée comme certaine vis-à-vis des négociants et maîtres d'ateliers seulement, et à raison des dispositions portées au présent titre, après l'apurement des comptes, l'inscription de la déclaration sur le livre d'acquit et le visa du bureau des prud'hommes » (art. 26).

Ce visa est donné sur la présentation du livre d'acquit par le maître, sans qu'il y ait lieu d'appeler le chef d'atelier (2).

L'article 26 contient l'application de principes fort importants. Il en résulte, d'une part, qu'entre le chef d'atelier et son patron la date des dettes, si essentielle à préciser en raison des dispositions de l'article précédent, est irrévocablement arrêtée et ne peut plus être contestée après l'accomplissement des formalités prescrites par l'art. 26. Il en résulte, d'autre part, qu'à l'égard des fabricants étrangers à l'arrêté de compte, et conformément à la règle générale de l'art. 1328, Cod. Nap., cette même certitude de la date n'existe pas; non sans doute en ce sens que les comptes doivent être apurés contradictoirement avec les autres fabricants, mais en ce sens qu'ils peuvent contester le compte même arrêté dans les formes de l'art. 26, s'il y a quelque soupçon de collusion frauduleuse entre le maître ouvrier et le fabricant qui l'a employé (3). Cette contestation serait portée, soit devant le conseil des prud'hommes, soit devant le tribunal de commerce, suivant que le chef d'atelier y serait ou non appelé (voir ci-après n° 1065).

1055. Prohibition d'employer le chef d'atelier dépourvu de livre d'acquit. — « Lorsqu'un négociant manufacturier aura donné de l'ouvrage à un chef d'atelier dépourvu de livre d'acquit pour le métier que le négociant voudra occuper, il sera condamné à payer comptant tout ce que ledit chef d'atelier pourrait devoir en compte de matières et en compte d'argent jusqu'à 500 francs » (art. 27).

---

(1) Mollot, *Compétence des prud'hommes*, n. 347.
(2) Mollot, *Louage*, n. 276.
(3) Mollot, *Compétence*, n. 550.

Cet article est le corollaire et le complément de l'art. 25 précité.

« Les déclarations ci-dessus prescrites seront portées par le négociant manufacturier sur le livre d'acquit resté entre les mains du chef d'atelier comme sur le sien » (art. 28).

§ VI.

Fin du contrat de louage d'ouvrage et d'industrie. —Prescription.

SOMMAIRE.

1056. Cas où le contrat finit de plein droit. Expiration du temps. Mort de l'ouvrier. Faillite.—1057. Résiliation par la seule volonté du maître. Indemnité.—1058. Résiliation pour inexécution des engagements de l'ouvrier. — 1059. Quand l'inexécution des engagements est-elle suffisante pour entraîner la résiliation ? — 1060. Résiliation, au profit de l'ouvrier, pour défaut de paiement des salaires.—1061. Dommages-intérêts en cas de résiliation de contrat.—1062. De la contrainte par corps. — 1063. Prescription des droits et actions des ouvriers. — 1064. Distinctions quant à l'application de la prescription d'un an ou de six mois. — 1065. Interruption de la prescription.—1066. La prescription ne peut être combattue par aucune preuve contraire.

1056. Cas où le contrat finit de plein droit.—Expiration du temps. — Mort de l'ouvrier. — Faillite. — Le contrat de louage d'ouvrage et d'industrie finit habituellement, soit par l'*expiration du temps* pour lequel il a été stipulé, soit par l'*achèvement de l'ouvrage* en vue duquel il a été entrepris, sauf les effets de la tacite reconduction, s'il n'y a pas eu congé de part ni d'autre, ainsi qu'on l'a expliqué plus haut.

Il finit aussi et de plein droit par les cas de force majeure qui rendent son exécution impossible, tels que la *mort de l'ouvrier* (art. 1795), ou son appel au service militaire (1), à cause de la personnalité de l'engagement (n° 1008), même dans le louage à façon (2); seulement, en cas de mort, le maître est tenu de payer, à la succession de l'ouvrier décédé, en proportion du prix porté par la convention, la valeur des ouvrages faits et celle des matériaux préparés, lorsque ces travaux ou ces matériaux peuvent lui être utiles. La disposition de l'art. 1796, à cet égard, bien que spéciale aux entrepreneurs proprement dits, est aussi applicable,

---

(1) Voir art. 15 de la loi du 22 juin 1852 sur l'apprentissage et la loi du 1er complémentaire an XII.

(2) Voir Dalloz, v° *Louage d'ouvrage*, n. 66, 67, 68, 170 ; Troplong, n. 1034 ; Duvergier, n. 377.

selon nous, à tous les ouvriers à façon, non-seulement comme le pense M. Mollot par des considérations d'équité, mais d'après les termes formels de l'art. 1799, qui déclare les maçons, charpentiers, serruriers et autres ouvriers qui font directement des marchés à prix faits, *entrepreneurs dans la partie qu'ils traitent.*

La mort du maître dont la personne n'est pas la raison déterminante du contrat de louage d'industrie (1), comme elle est essentiellement celle du contrat d'apprentissage (voir n° 951), n'a pas dû être mise par la loi au nombre des causes de résiliation de ce premier contrat, bien qu'elle résolve le second (art. 15 de la loi du 22 juin 1851).

La faillite de l'ouvrier ou de l'entrepreneur ne résout pas le contrat de louage : la masse des créanciers est tenue de faire achever l'ouvrage par le failli (2).

1057. Résiliation par la seule volonté du maître. — Indemnité. — Une disposition, toute spéciale au contrat de louage d'ouvrage à façon, permet *au maître* « de résilier *par sa seule volonté* le marché à forfait, quoique l'ouvrage soit déjà commencé, en dédommageant l'entrepreneur de toutes ses dépenses, de tous ses travaux et de tout ce qu'il aurait pu gagner dans cette entreprise » (art. 1794). Cet article déroge au droit commun en ce qu'il détermine et limite l'indemnité au cas où il plaît au maître de rompre le contrat, tandis que les dommages-intérêts seraient entièrement laissés à l'appréciation sévère du juge, si le louage se trouvait résolu par le *refus* de l'ouvrier d'exécuter l'ouvrage convenu (art. 1142). Dans ce dernier cas, le maître pourrait même, en vertu de l'art. 1144, être autorisé à faire exécuter l'engagement aux dépens de l'ouvrier entrepreneur.

Il faut équitablement comprendre dans l'indemnité due à l'ouvrier le prix de tous les matériaux que celui-ci pourrait avoir acquis en vue de l'entreprise et dont il ne pourrait se débarrasser (3), mais non le profit qu'il aurait pu tirer d'autres marchés qu'il a été obligé de refuser (4).

Le maître peut opérer cette résiliation quel que soit l'avancement de l'œuvre, si elle n'est pas entièrement terminée (5), mais

---

(1) Troplong, n. 1045.
(2) Rouen, 24 janvier 1826 ; Caen, 20 février 1827. — Voir Dalloz, v° *Louage d'ouvrage*, n. 183.
(3) Troplong, n. 1025.
(4) Troplong, n. 1026 ; Duvergier, t. 4, n. 370.
(5) Bastia, 26 mars 1838.

elle devrait être considérée comme telle, et la résiliation ne serait plus possible, si les travaux restant à faire étaient indispensables à la conservation de ce qui a été fait (1).

1058. Résiliation pour inexécution des engagements de l'ouvrier. — En dehors des cas où le contrat est résolu de plein droit, la résiliation du louage peut être demandée aux tribunaux en cas d'*inexécution des engagements* de la part soit du maître, soit des ouvriers (art. 1184). C'est la seule ressource possible dans un contrat qui consiste dans une *obligation de faire*, à laquelle nul ne peut être contraint et qui se résout d'après la loi en dommages-intérêts (art. 1142).

Le principe général de l'art. 1184 est soumis à une restriction importante, que l'équité commande d'appliquer ici aussi largement que possible, restriction qui résulte de la faculté attribuée au juge « d'accorder au défendeur un délai suivant les circonstances. » Cette faculté cesserait toutefois, s'il y avait eu stipulation expresse d'un délai fatal, ou si l'objet perdait sa valeur pour le maître par un retard dans la livraison.

1059. Quand l'inexécution des engagements est-elle suffisante pour entraîner la résiliation ? — S'il est aisé de poser le principe de la résiliation pour inexécution des engagements, il est souvent fort difficile de l'appliquer dans les circonstances particulières de chaque espèce où il s'agit de déterminer jusqu'à quel point il y a inexécution de l'engagement. Il est évident, en effet, qu'un simple manquement aux devoirs ou obligations réciproques ne doit pas entraîner la résolution, car il est une certaine mesure d'appréciation qui est tout entière dans la sagesse du juge. M. Mollot pose cette règle qui peut servir de base aux décisions en cette matière. « Pour que le fait articulé soit de nature à entraîner la résiliation, il faut que, par ses conséquences, il compromette irréparablement l'exécution du contrat. »

Ainsi, dans le louage à temps, l'insubordination habituelle de l'ouvrier, son inexactitude caractérisée, son incapacité réelle d'exécuter le travail convenu, — dans le louage à façon, l'inhabileté reconnue de l'ouvrier, le retard habituel, la détérioration des matières et autres causes analogues,—donneraient lieu à résiliation sur la demande du maître. La maladie de l'ouvrier ne devrait résoudre le contrat que si elle se prolongeait au delà d'un certain temps; si elle était de très-courte durée, elle rentre-

---

(1) C. cass., 3 février 1851 (Germigney).

rait dans les accidents ordinaires, que les parties ont dû prévoir (1).

Une telle question devra être appréciée par le juge dans un esprit d'équité et d'humanité.

1060. Résiliation au profit de l'ouvrier pour défaut de paiement des salaires, etc. — L'ouvrier, de son côté, serait autorisé à demander la résiliation du louage à temps, pour défaut de paiement ou même pour retard prolongé et habituel dans le paiement, pour fourniture d'outils insuffisants ou dangereux, pour assujettissement à des travaux non stipulés, en disproportion avec l'aptitude et les forces de l'ouvrier, ou en dehors du jour et des heures du travail licite, pour mauvais traitements et procédés injurieux, etc.... — Il pourrait demander la résiliation du louage à façon pour non paiement de salaires, fourniture tardive ou défectueuse des matières premières, réduction arbitraire du travail commandé : le maître, en effet, peut à son gré résoudre le contrat, mais non le dénaturer.

1061. Dommages-intérêts en cas de résiliation du contrat. — La résiliation a le plus souvent pour conséquence l'allocation au profit de celui qui l'obtient de dommages-intérêts qui sont en général la compensation de la perte qu'il a faite et du gain dont il a été privé (1149). On doit suivre à cet égard les règles du droit commun tracées par les art. 1146 et suivants, Cod. civ., et qui peuvent se résumer ainsi :

Les dommages-intérêts sont dus, même en l'absence de toute fraude ou mauvaise foi, à moins qu'il ne soit justifié par le défendeur que l'inexécution provient d'une cause qui lui est étrangère, telle que le cas fortuit ou la force majeure (art. 1147 et 1148).

Les dommages-intérêts doivent être alloués avec plus de rigueur quand il y a mauvaise foi de la part du débiteur (1150, 1151), sans que toutefois ils puissent excéder le bénéfice qui aurait été une suite immédiate et directe de l'exécution de la convention. Ils ne peuvent en effet constituer qu'une réparation et non pas une spéculation pour celui qui a obtenu la résiliation du contrat.

Au reste, l'équité seule peut guider le juge en pareille matière, où, d'après la jurisprudence constante de la Cour de cassation, il a un pouvoir souverain d'appréciation.

Si le maître qui, d'après la loi nouvelle, n'est pas autorisé à posséder le livret, l'avait mal à propos retenu ou l'avait perdu,

---

(1) Dalloz, v° *Louage d'ouvrage*, n. 67 ; Troplong, n. 874.

il pourrait être condamné pour ce fait seul à des dommages-intérêts, et le jugement intervenu vaudrait pour l'ouvrier autorisation provisoire de travailler sans autre congé d'acquit (1).

1062. De la contrainte par corps. — La contrainte par corps peut être prononcée pour assurer le paiement des dommages-intérêts, s'ils excèdent 300 fr. en matière civile (art. 126, Cod. de proc.).

Elle doit l'être en matière de commerce, si la dette est d'une somme principale de 200 fr. et au-dessus (art. 1er de la loi du 17 avril 1832).

1063. Prescription des droits et actions des ouvriers. — Les droits et actions des ouvriers contre les patrons, en vertu du contrat de louage, doivent être exercés dans un délai dont la brièveté se justifie, et par l'intérêt qu'ont les parties à trancher promptement leurs différends, et par la modicité des valeurs dont il s'agit habituellement.

La prescription relative à la matière qui nous occupe est déterminée par les art. 2271, 2272, du Code Napoléon, ainsi conçus :

« L'action des ouvriers et *gens de travail* pour le paiement de leurs journées, fournitures et salaires, se prescrit par six mois (art. 2271).

« Celle des domestiques qui se louent à l'année pour le paiement de leur salaire se prescrit par un an » (art. 2272).

1064. Distinctions quant à l'application de la prescription d'un an ou de six mois. — Il résulte de ces articles que la prescription d'*un an* s'applique uniquement aux ouvriers à temps qui se sont loués pour une année ou plus, et qui, sous ce rapport, doivent être assimilés aux domestiques dont parle l'art. 2272.

La prescription de *six mois* s'applique :

1° Aux ouvriers à temps qui se louent à la journée, au mois, etc., ou toute autre période inférieure à une année, sans égard, d'ailleurs, à la qualité des ouvriers, fussent-ils chefs d'atelier ou conducteurs de travaux (2);

2° A tous les ouvriers à façon, auxquels même la jurisprudence tend à assimiler sous ce rapport les artisans travaillant directement pour le public, quand leur ouvrage n'a pas l'importance d'une entreprise proprement dite (3).

---

(1) Mollot, *Louage*, n. 354.
(2) C. cass., 7 janvier 1824 (Godde).
(3) Voir Mollot, *Louage*, n. 371 ; Troplong, t. 2, n. 963. — Voir arrêt d'Agen du 5 juillet 1833 (Richard).

Lorsqu'il s'agit de louage à temps, il ne faut pas perdre de vue que les salaires dus pour chaque période stipulée ou d'usage forment une créance distincte donnant lieu à une prescription spéciale (1); d'où il suit que, pour l'ouvrier loué au mois, le point de départ de la prescription pour le salaire de chaque mois est la fin de chacun des mois de travail pris isolément, et non pas seulement le moment où il aurait cessé de travailler.

La prescription de six mois ou d'un an court même contre les ouvriers en minorité (art. 2278), et contre les femmes mariées (art. 2254).

1065. Interruption de la prescription. — Elle est interrompue, soit par une demande en justice (art. 2245 et suiv.), soit par une reconnaissance de la dette émanée du maître (art. 2248), soit par des offres réelles de la part de celui-ci (2).

Il en est de même quand un règlement de compte, demandé en temps utile, est à faire entre les parties (3).

1066. La prescription ne peut être combattue par aucune preuve contraire. — La Cour de cassation a décidé, contrairement à l'opinion soutenue par divers auteurs et arrêts, que la prescription d'un an ou de six mois repose comme toute autre sur une présomption absolue de paiement qui ne peut être combattue par aucune preuve ni présomption contraire. On ne peut, en conséquence, recourir à l'interrogatoire sur faits et articles ou à la comparution personnelle des parties, à l'effet d'établir que le paiement n'a pas eu lieu, et le créancier n'a d'autre droit que de déférer, d'après l'art. 2275, le serment au débiteur qui lui oppose la prescription (4).

CHAPITRE IV.

Juridiction instituée pour connaître des contestations entre les maîtres et les ouvriers. — Conseils de prud'hommes.

LÉGISLATION. Décrets du 18 mars 1806; du 11 juin 1809-20 février 1810; du 5 août 1810 (*Institution des prud'hommes. Procédure*). — Loi du 1ᵉʳ juin 1853

---

(1) Troplong, *Prescription*, sur l'art. 2271, n. 953.
(2) Paris, 29 juillet 1808 (Fournier).
(3) C. cass., 12 mars 1834 (Villa).
(4) C. cass., 27 juillet 1853 (Chandeurge) et 29 novembre 1837.—Troplong, t. 2, n. 995.—*Contrà*, Paris, 14 novembre 1818.—Toullier, t. 10, n. 54; Duranton, t. 13, n. 454; Marcadé sur l'art. 2275, n. 5.

(*Composition des conseils de prud'hommes*). — Loi du 25 mai 1858 (*Justices de paix*).

1067. Double juridiction pour connaître des contestations entre maîtres et ouvriers. — Deux actions du ressort des prud'hommes. — Les contestations relatives aux engagements respectifs des maîtres et des ouvriers sont soumises à une double juridiction.

Celle des prud'hommes plus étendue dans son objet, mais qui ne s'exerce que dans un certain nombre de circonscriptions.

Celle des juges de paix plus restreinte quant à la compétence en matière industrielle, mais qui s'exerce sur tous les points du territoire où il n'existe pas de conseils de prud'hommes.

Nous nous occuperons d'abord de la juridiction des prud'hommes qui tend de plus en plus à devenir la juridiction de droit commun en matière d'industrie.

Les devoirs et engagements respectifs des maîtres et des ouvriers donnent lieu à deux sortes d'action, l'une purement civile, l'autre répressive et disciplinaire, qui rentrent l'une et l'autre dans les attributions des *conseils de prud'hommes*.

§ I.

De la juridiction des prud'hommes en général. — Formation et composition des conseils.

SOMMAIRE.

1068. Origine et caractère de la juridiction des prud'hommes.—1069. Attributions des prud'hommes.—1070. Comment sont institués les conseils de prud'hommes. — 1071. Nomination par voie d'élection des membres des conseils de prud'hommes. — 1072. Nomination des présidents par l'Empereur, des secrétaires par le préfet.—1073. Des électeurs patrons et ouvriers.—1074. Des éligibles.—1075. Formation de la liste électorale. Recours. — 1076. Élection des prud'hommes patrons et des prud'hommes ouvriers. — 1077. Durée des fonctions. Dissolution. Serment.— 1878. Gratuité des fonctions.—1079. Division du conseil en bureau particulier et bureau général.

1068. Origine et caractère de la juridiction des prud'hommes. — Cette juridiction tutélaire et paternelle, substituée au tribunal administratif créé par la loi du 22 germinal an XI (art. 19), organisée spécialement pour la ville de Lyon, par le décret du 18 mars 1806, puis étendue à un grand nombre d'autres villes manufacturières, avait été modifiée et altérée dans ses éléments essentiels, par le décret du 27 mai 1848. Elle a reçu une institution définitive de la loi du 1er juin 1853 qui, en la perfectionnant, en la développant, n'a fait que répondre aux vœux unanimes des conseils généraux et des chambres de commerce.

Comme le dit excellemment l'auteur du Traité de la compétence des prud'hommes et de la Justice industrielle :

Les prud'hommes sont les *juges de paix de l'industrie;*

Leur science, c'est *l'équité;*

Leur objet capital, *la conciliation* (1).

1069. Attributions des prud'hommes.—L'attribution essentielle des conseils de prud'hommes est de terminer par voie de conciliation et même par jugement, dans des limites déterminées, les différends qui s'élèvent entre les fabricants et les chefs d'ateliers, ouvriers, compagnons, apprentis. Ils ont encore d'autres attributions : ainsi, ils sont chargés de constater les contraventions à certaines lois et à certains règlements industriels, et de conserver les échantillons en vue d'assurer la propriété des dessins, des marques de fabrique obligatoires et facultatives (2). Ces dernières attributions, qui résultent notamment des décrets des 18 mars 1806, 21 septembre 1807, 11 juin 1809, 5 septembre 1810, ont été signalées dans le cours de cet ouvrage à propos des diverses matières auxquelles elles s'appliquent (3), et nous nous bornerons en conséquence à en rappeler et à en compléter l'exposé (voir ci-après, n°s 1122 et suiv.). Nous avons ici à nous occuper essentiellement de la fonction principale des prud'hommes, à savoir, leur juridiction générale sur les maîtres et les ouvriers, et des règles auxquelles est soumis l'exercice de cette juridiction.

Rappelons ici ce principe essentiel, base de la compétence des prud'hommes, c'est qu'ils ne connaissent que des contestations entre maîtres et ouvriers, et nullement de celles *entre patrons*, à moins que des ouvriers ne s'y trouvent mêlés.

1070. Comment sont institués les conseils de prud'hommes.—L'exercice des fonctions des prud'hommes, élus, ainsi qu'on va le voir, parmi les patrons et les ouvriers, étant une des plus honorables prérogatives de la profession industrielle, il est nécessaire de faire connaître avant tout la composition des conseils. C'est l'objet principal de la loi du 1er juin 1853.

« Les conseils de prud'hommes sont établis par décrets rendus dans la forme des règlements d'administration publique,

---

(1) Mollot, *Justice industrielle*, p. 13.
(2) Exposé des motifs de la loi de 1853.
(3) Voir notamment n. 604, 618, 635.

après avis des chambres de commerce ou des chambres consultatives des arts et manufactures.

« Les décrets d'institution déterminent le nombre des membres de chaque conseil.

« Ce nombre est de six au moins, non compris le président et le vice-président » (art. 1er).

La loi n'ayant fixé qu'un minimum, l'administration demeure libre de déterminer le nombre des membres selon les besoins de chaque centre industriel. Les prud'hommes *suppléants*, institués par le décret de 1809, ont été supprimés par la loi du 27 mai 1848 et n'ont point été rétablis par celle de 1853.

1071. Nomination par voie d'élection des membres des conseils de prud'hommes. — « Les membres des conseils de prud'hommes sont élus par les patrons, chefs d'atelier, contre-maîtres et ouvriers appartenant aux industries dénommées dans les décrets d'institution, suivant les conditions déterminées par les articles ci-après » (art. 2).

La loi de 1853 maintient dans la composition des conseils le principe de l'égalité entre les patrons et les ouvriers, proclamé par la loi de 1848, contrairement au système antérieur, qui donnait la prépondérance aux maîtres. Elle fait entrer les uns et les autres, par égal nombre, dans les conseils ; elle les soumet, comme on le verra ci-après, aux mêmes conditions d'âge, de domicile, d'exercice professionnel. Mais pour que cette égalité ne soit pas un mensonge, les contre-maîtres et les chefs d'ateliers sont de nouveau rangés dans la classe des ouvriers à laquelle ils appartiennent réellement, et dont le législateur n'aurait jamais dû les faire sortir (1).

1072. Nomination des présidents par l'Empereur, des secrétaires par le préfet. — « Les présidents et les vices-présidents des conseils de prud'hommes sont nommés par l'Empereur. Ils peuvent être pris en dehors des éligibles. Leurs fonctions durent trois années. Ils peuvent être nommés de nouveau » (art. 3, al. 1).

Cette disposition a pour but de donner au Gouvernement toute facilité pour introduire dans le conseil un élément impartial, dégagé de toute préoccupation personnelle, qui puisse exercer entre les patrons et les ouvriers membres du conseil une influence modératrice (2).

---

(1) Rapport de M. Curnier sur la loi de 1853.
(2) Circulaire du ministre du commerce du 5 juillet 1853.

Si le président ou le vice-président était pris parmi les prud'hommes, il devrait être pourvu à son remplacement (1).

« Les secrétaires des mêmes conseils sont nommés et révoqués par les préfets sur la proposition du président » (art. 3, al. 2).

Les secrétaires, dont les fonctions sont analogues à celles des greffiers des tribunaux de commerce, sont attachés au conseil « pour avoir soin des papiers et tenir la plume pendant les séances » (art. 26 du décret du 11 juin 1809-20 février 1810). Ils forment le seul élément stable qu'il y ait au sein des conseils, et sont les dépositaires uniques des traditions d'une juridiction dont les décisions sont le plus souvent orales. C'est pourquoi le législateur, sans les rendre inamovibles, a voulu donner à leur position une stabilité qu'elle n'avait ni dans le système du décret de 1806, ni dans celui de la loi de 1848 (2).

1073. Des électeurs patrons et ouvriers. — « Sont électeurs :

« 1° Les patrons âgés de vingt-cinq ans accomplis, patentés depuis cinq années au moins, et domiciliés depuis trois ans dans la circonscription du conseil. 2° Les chefs d'atelier, contre-maîtres et ouvriers âgés de vingt-cinq ans accomplis, exerçant leur industrie depuis cinq ans au moins, et domiciliés depuis trois ans dans la circonscription du conseil » (art. 4).

Cet article rétrécit le cercle beaucoup trop large du décret de 1848, mais sans le restreindre à l'excès, puisqu'il n'écarte que les ouvriers qu'on peut qualifier de nomades. La loi récente sur les livrets (n° 973) fournit désormais, pour les conditions exigées des électeurs, des moyens de justification très-efficaces que le législateur de 1853 regrettait de n'avoir point à sa disposition (3).

La circulaire ministérielle du 5 juillet 1853 explique, conformément aux principes exposés précédemment, qu'on ne doit entendre par chef d'atelier que l'ouvrier à façon qui, dans son domicile, soit seul, soit avec un ou plusieurs compagnons ou apprentis, met en œuvre des matières qui lui ont été confiées par autrui (voir n° 1050). *Tout industriel qui convertit en produits les matières à lui appartenant doit être considéré comme patron* (voir n° 999).

1074. Des éligibles. — « Sont éligibles les électeurs âgés de trente ans accomplis et sachant lire et écrire » (art. 5).

---

(1) Même circulaire.
(2) Rapport de M. Curnier sur l'art. 3.
(3) Voir le rapport de M. Curnier sur les art. 4 et 5.

« Ne peuvent être éligibles ni électeurs les étrangers ni aucun des individus désignés dans l'article 15 de la loi du 2 février 1852 » (art. 6).

Cet article renvoie, pour les cas indiqués, aux dispositions de la loi électorale (1) : le législateur a pensé avec raison qu'un homme indigne de prendre part aux élections politiques ne devait pas contribuer à la nomination de magistrats chargés de rendre la justice.

1075. Formation de la liste électorale. — Recours. — « Dans chaque commune de la circonscription, le maire, assisté de deux assesseurs qu'il choisit, l'un parmi les électeurs patrons, l'autre parmi les électeurs ouvriers, inscrit les électeurs sur un tableau qu'il transmet au préfet.

« La liste électorale est dressée et arrêtée par le préfet » (art. 7).

Le terme générique *ouvrier* comprend ici les chefs d'atelier et les contre-maîtres, conformément à la distinction fondamentale établie dans l'art. 4 et aux explications données par le ministre du commerce dans la circulaire précitée (n° 1073).

---

(1) Art. 15 du décret du 2 février 1852 :

« Ne doivent pas être inscrits sur les listes électorales : 1° les individus privés de leurs droits civils et politiques par suite de condamnation, soit à des peines afflictives ou infamantes, soit à des peines infamantes seulement ; 2° ceux auxquels les tribunaux jugeant correctionnellement ont interdit le droit de vote et d'élection, par application des lois qui autorisent cette interdiction ; 3° les condamnés pour crimes à l'emprisonnement par application de l'art. 463, Cod. pén. ; 4° ceux qui ont été condamnés à trois mois de prison par application des art. 318 et 423, Cod. pén. ; 5° les condamnés pour vol, escroquerie, abus de confiance, soustraction commise par les dépositaires de deniers publics, ou attentats aux mœurs prévus par les art. 330 et 334, Cod. pén., quelle que soit la durée de l'emprisonnement auquel ils ont été condamnés ; 6° les individus qui, par application de l'art. 8 de la loi du 17 mai 1819 et de l'art. 5 du décret du 11 août 1848, auront été condamnés pour outrage à la morale publique et religieuse ou aux bonnes mœurs, et pour attaque contre le principe de la propriété et les droits de la famille ; 7° les individus condamnés à plus de trois mois d'emprisonnement en vertu des art. 31, 33, 34, 35, 36, 38, 39, 40, 41, 42, 45, 46, de la présente loi ; 8° les notaires, greffiers et officiers ministériels destitués en vertu de jugements ou décisions judiciaires ; 9° les condamnés pour vagabondage ou mendicité ; 10° ceux qui auront été condamnés à trois mois de prison au moins, par application des art. 439, 443, 444, 445, 446, 447 et 452, Cod. pén. ; 11° ceux qui auront été déclarés coupables des délits prévus par les art. 410 et 411, Cod. pén., et par la loi du 21 mai 1836, portant prohibition des loteries ; 12° les militaires condamnés au boulet ou aux travaux publics ; 13° les individus condamnés à l'emprisonnement par application des art. 38, 41, 43 et 45, de la loi du 21 mars 1832 sur le recrutement de l'armée ; 14° ceux condamnés à l'emprisonnement par application de l'art. 1er de la loi du 27 mars 1851 ; 15° les condamnés pour délit d'usure ; 16° les interdits ; 17° les faillis non réhabilités dont la faillite a été déclarée, soit par les tribunaux français, soit par jugements rendus à l'étranger, mais exécutoires en France. »

« En cas de réclamation, le recours est ouvert devant le conseil de préfecture et devant les tribunaux civils, suivant les distinctions établies par la loi sur les élections municipales » (art. 8). Tout acte de procédure relatif à ce recours est essentiellement gratuit (1).

1076. Election des prud'hommes patrons et des prud'hommes ouvriers. — « Les patrons, réunis en assemblée particulière, nomment directement les prud'hommes patrons.

« Les contre-maîtres, chefs d'atelier et les ouvriers également réunis en assemblées particulières, nomment les prud'hommes ouvriers en nombre égal à celui des patrons.

« Au premier tour de scrutin, la majorité absolue des suffrages est nécessaire ; la majorité relative suffit au second tour » (art. 9).

1077. Durée des fonctions. — Dissolution. — Serment. — « Les conseils de prud'hommes sont renouvelés tous les trois ans. Le sort désigne ceux des prud'hommes qui sont remplacés la première fois.

« Les prud'hommes sont rééligibles.

« Lorsque, par un motif quelconque, il y a lieu de procéder au remplacement d'un ou plusieurs membres d'un conseil de prud'hommes, le préfet convoque les électeurs.

« Tout membre élu en remplacement d'un autre ne demeure en fonction que pendant la durée du mandat confié à son prédécesseur » (art. 10).

« Les conseils des prud'hommes peuvent être dissous par un décret de l'Empereur, sur la proposition du ministre compétent » (art. 16).

Ces dispositions, qui abrogent l'ensemble du décret de 1848, remplacent également les art. 1 à 3 et les art. 13 à 19 du décret des 11 juin 1809-20 février 1810; mais elles laissent subsister les dispositions fondamentales de ce dernier décret, tant sur l'institution des prud'hommes une fois nommés que sur l'organisation intérieure et le mode de procéder du conseil.

« Les prud'hommes prêteront, entre les mains du préfet ou du fonctionnaire public qui le remplacera, serment d'obéissance aux lois, de fidélité à l'Empereur, et de remplir leurs devoirs avec zèle et intégrité » (art. 20 du décret du 11 juin 1809).

---

(1) Circulaire du 5 juillet 1853.

1078. Gratuité des fonctions des prud'hommes. — D'après les art. 30 et 32 du décret du 18 mars 1806 qui sont restés en vigueur :

« Les fonctions des prud'hommes négociants-fabricants sont purement gratuites » (art. 30).

« Toutes les fonctions des prud'hommes et de leurs bureaux seront entièrement gratuites vis-à-vis des parties; ils ne pourront réclamer, pour les formalités remplies par eux, d'autres frais que le remboursement du papier et du timbre » (art. 32).

Il résulte de ces articles, ainsi qu'il a été expliqué par le rapporteur de la loi de 1853, conformément au rapport même de Regnauld de Saint-Jean-d'Angély sur le décret de 1806, que la rétribution n'est interdite qu'à l'égard des prud'hommes marchands-fabricants, et que les prud'hommes ouvriers peuvent recevoir une indemnité.

A Lyon, le conseil municipal vote annuellement une somme qui est répartie entre ces derniers (1).

1079. Division du conseil en bureau particulier et bureau général. — Le conseil se divise en deux bureaux, savoir : *le bureau particulier* ou de conciliation, *le bureau général* ou de jugement.

Aux termes de l'art. 21 du décret de 1809, qui reproduit l'art. 7 du décret de 1806, « le *bureau particulier* des prud'hommes sera composé de deux membres, dont l'un sera marchand-fabricant, et l'autre chef d'atelier, contre-maître, *teinturier* ou ouvrier *patenté*. — Dans les villes où le conseil est de cinq ou de sept membres, ce bureau s'assemblera tous les deux jours depuis onze heures du matin jusqu'à une heure. — Si le conseil est composé de neuf ou de quinze membres, le bureau particulier tiendra tous les jours une séance qui commencera et finira aux mêmes heures. » Il faut supprimer de cet article les expressions limitatives *teinturiers* et *patentés*, qui ne sont plus d'accord avec les termes généraux de l'art. 2 de la loi de 1853. Quant à l'indication précise des heures de séance, elle nous paraît par sa nature essentiellement réglementaire et susceptible d'être modifiée suivant les besoins des localités (2).

Les dispositions des art. 24 et 25 du décret de 1809 sur la composition du *bureau général* ont été remplacées par l'art. 11 de la loi du 1er juin 1853, ainsi conçu :

---

(1) Rapport de M. Curnier (Galisset, 1853, p. 159).
(2) Mollot, *Compétence des prud'hommes*, n. 95, et *Justice industrielle*, p. 81.

« Le bureau général est composé, indépendamment du président ou du vice-président, d'un nombre égal de prud'hommes patrons et de prud'hommes ouvriers. Ce nombre est au moins de deux prud'hommes patrons et de deux prud'hommes ouvriers, quel que soit celui des membres dont se compose le conseil. »

Le secrétaire du conseil (n° 1072) est attaché au bureau général des prud'hommes, dit l'art. 26, « pour avoir soin du papier et tenir la plume pendant leurs séances. »

« Le bureau général se réunira une fois par semaine au moins » (art. 23).

Le bureau particulier et le bureau général des prud'hommes tiennent leurs séances aux jours et heures fixées dans un local qui est fourni par les villes où ils sont établis, et dont l'entretien est également à la charge des villes (art. 68, 69, du décret de 1809, art. 30, § 19, de la loi du 18 juillet 1837).

§ II.
Procédure devant le conseil des prud'hommes.

Art. 1er. — Citation et procédure devant le bureau particulier.

SOMMAIRE.

1080. Invitation par simple lettre. Comparution personnelle et sans défenseur.—1081. Citation par huissier. Forme de l'exploit. Délai. — 1082. Nouvelle citation à défaut de comparution. Appréciation du mérite de l'exploit.—1083. Comparution volontaire.—1084. Fonctions du bureau particulier. Conciliation.—1085. Comparution et audition des parties. — 1086. Dispositions relatives à la police de l'audience. — 1087. Mesures que peut prendre le bureau particulier à l'effet de concilier les parties.—1088. Renvoi devant le bureau général. Mesures conservatoires.

1080. Invitation par simple lettre.—Comparution personnelle et sans défenseur. — Avant d'exposer les attributions de l'un et de l'autre bureau à l'égard des parties, il faut faire connaître la manière très-simple dont celles-ci sont appelées, soit devant l'un, soit devant l'autre. C'est l'objet du titre V du décret des 11 juin 1809-20 février 1810, ainsi conçu :

« Tout marchand-fabricant, tout chef d'atelier, tout contre-maître, tout teinturier, tout ouvrier, compagnon ou apprenti, appelé devant les prud'hommes, sera tenu, sur une simple lettre de leur secrétaire, de s'y rendre en personne, au jour et à l'heure fixés, sans pouvoir se faire remplacer, hors le cas d'absence ou de maladie. Alors seulement il sera admis à se faire représenter par l'un de ses parents, négociant ou marchand exclusivement, porteur de sa procuration » (art. 29).

Cette disposition exclut rigoureusement les *défenseurs* étrangers, principe important que les prud'hommes appliquent avec la plus grande sévérité et auquel le législateur a refusé, en 1853, d'apporter aucune dérogation (1) ; mais elle ne saurait empêcher les prud'hommes d'admettre, à défaut de parents, des amis, et de se contenter pour preuve du mandat d'une simple lettre au lieu de la procuration dont parle l'art. 29 (2).

1081. Citation par huissier. — Forme de l'exploit. — Délai. — « Si le particulier qui aurait été invité par le secrétaire à se rendre au bureau particulier ou au bureau général des prud'hommes ne comparaît point, il lui sera envoyé une citation qui lui sera remise par l'huissier attaché au conseil. Cette citation, qui contiendra la date des jour, mois et an, les nom, profession et domicile du demandeur, les nom et demeure du défendeur, énoncera sommairement les motifs qui le font appeler » (art. 30). Le conseil peut du reste ordonner et ordonne fréquemment qu'avant que la citation par huissier soit donnée, une seconde lettre sera adressée au défendeur (3).

« La citation sera notifiée au domicile du défendeur, et il y aura un jour au moins entre celui où elle aura été remise et le jour indiqué pour la comparution, si la partie est domiciliée dans la distance de trois myriamètres ; si elle est domiciliée au delà de cette distance, il sera ajouté un jour par trois myriamètres » (art. 31).

1082. Nouvelle citation. — Défaut de comparution. — Appréciation du mérite de l'exploit. — « Dans le cas où les délais n'auraient pas été observés, si le défendeur ne comparaît point, les prud'hommes ordonneront qu'il lui sera envoyé une nouvelle citation ; alors les frais de la première citation seront à la charge du demandeur. »

Le bureau particulier a le droit, aussi bien que le bureau général, de statuer sur le mérite de la citation. Nous pensons avec M. Mollot que les formalités énoncées aux articles précédents soit les seules que le législateur ait entendu exiger, et cela dans des vues de célérité, d'économie et par suite de conciliation. On ne saurait y ajouter celles que le Code de procédure prescrit, en outre, dans les matières ordinaires (4).

---

(1) Voir discussion de la loi de 1853, Galisset, 1855, p. 159, note.
(2) Mollot, *Justice industrielle*, p. 92.
(3) Mollot, *Compétence*, n. 295.
(4) Mollot, *Compétence*, n. 298.

1083. Comparution volontaire. — « Les parties pourront toujours se présenter volontairement devant les prud'hommes pour être conciliées par eux ; dans ce cas, elles seront tenues de déclarer qu'elles demandent leurs bons offices. Cette déclaration sera signée par elles, ou mention en sera faite, si elles ne savent signer. Il ne sera rien payé pour cet objet » (art. 58 du décret de 1809).

1084. Fonctions du bureau particulier. — Conciliation. — « Les fonctions du bureau particulier sont de concilier les parties ; s'il ne le peut, il les renverra devant le bureau général » (art. 22 du décret du 11 juin 1809).

Cet article n'est que l'application du principe posé par l'art. 6 de la loi de 1806, ainsi conçu : « Le conseil des prud'hommes est institué pour terminer *par la voie de la conciliation* les petits différends qui s'élèvent journellement, soit entre des fabricants e des ouvriers, soit entre des chefs d'ateliers et compagnons ou apprentis. »

Cet objet essentiel de l'institution des prud'hommes et que ceux-ci ne doivent jamais perdre de vue a été réalisé au delà de toute espérance, et il résulte des statistiques officielles que la presque totalité des affaires se termine par une conciliation. Rappeler un tel résultat, c'est rendre à l'institution des prud'hommes le plus bel hommage qu'elle puisse recevoir (1).

Toutes les contestations quelconques entre maîtres et ouvriers peuvent être soumises à la conciliation, mesure tout officieuse, alors même qu'elles ne rentreraient pas dans les limites de la juridiction contentieuse des prud'hommes. L'exception apportée par l'art. 48, Cod. proc., au préliminaire de conciliation devant le juge de paix pour les causes concernant les personnes incapables de transiger, n'est d'aucune application à l'égard des prud'hommes.

1085. Comparution et audition des parties. — « Au jour fixé par la lettre du secrétaire ou par la citation de l'huissier, les parties comparaîtront devant le bureau particulier des prud'hommes, sans pouvoir être admises à faire signifier aucune défense » (art. 32).

« Les parties (qui doivent comparaître en personne, voir titre V de la loi du 18 mars 1806, art. 29, n° 1080) seront d'abord entendues contradictoirement » (art. 36, alinéa 1), c'est-à-dire en présence l'une de l'autre.

---

(1) Voir Mollot, *Compétence*, n. 280, note 1.

1086. Dispositions relatives à la police de l'audience. — « Elles seront tenues de s'expliquer avec modération et de se conduire avec respect; si elles ne le font point, elles seront d'abord rappelées à leurs devoirs par un avertissement du prud'homme marchand-fabricant; en cas de récidive, le bureau particulier pourra les condamner à une amende qui n'excédera pas dix francs, avec affiche du jugement dans la ville où siége le conseil » (art. 33).

« Dans le cas d'insulte ou d'irrévérence grave, le bureau particulier en dressera procès-verbal, et pourra condamner celui qui s'en sera rendu coupable à un emprisonnement dont la durée ne pourra excéder trois jours » (art. 34).

« Les jugements, dans les cas prévus par les articles précédents, seront exécutoires par provision. » (art. 35).

Il résulte implicitement de cet article que les jugements dont il s'agit peuvent être frappés d'appel devant le tribunal de police correctionnelle, qu'ils prononcent soit l'emprisonnement, soit qu'ils infligent l'amende (1), sans que l'exécution en soit suspendue, par dérogation à l'art. 173 du Cod. d'instr. crim.

1087. Mesures que peut prendre le bureau particulier à l'effet de concilier les parties. — Les parties entendues, « le bureau particulier ne négligera rien pour les concilier » (art. 36).

Les membres du bureau peuvent prendre, à cet égard, toutes les mesures que la prudence leur suggère, provoquer des explications, se faire apporter les pièces, se transporter même au besoin, comme ils en ont le droit (art. 46), à la fabrique ou chez les ouvriers. « Si les parties ne s'entendent pas, le bureau leur présente les motifs et les bases de la conciliation qu'il estime juste et équitable; il les invite à accepter. — Lorsque la conciliation est acceptée, et que l'exécution n'est pas immédiate, le secrétaire doit rédiger, sans frais, sous la dictée du bureau ou avec son approbation, une note constatant les conditions d'arrangement (2). »

1088. Renvoi devant le bureau général. — Mesures conservatoires. — Si la conciliation ne peut être opérée, le bureau particulier renverra les parties devant le bureau général, qui statuera sur-le-champ (art. 22 et 36). La note dressée sans frais, ainsi qu'il vient d'être dit, sera adressée au bureau géné-

---

(1) Mollot, *Justice industrielle*, p. 101.
(2) Mollot, *Justice industrielle*, p. 102.

ral, et suffira pour tenir lieu du procès-verbal de non-conciliation en due forme, dont parle l'art. 59, relatif au tarif des frais.

L'art. 28 du décret autorise, *dans les cas urgents*, non-seulement le conseil des prud'hommes, mais même le bureau particulier, à « ordonner telles mesures qui seront jugées nécessaires pour empêcher que les objets qui donnent lieu à une réclamation ne soient enlevés, ou déplacés, ou détériorés. »

Art. 2. — Procédure devant le bureau général.

SOMMAIRE.

1089. Le bureau général exerce la juridiction proprement dite. — 1090. Des exceptions d'incompétence. Incompétence à raison de la personne. — 1091. Incompétence à raison de la matière. — 1092. De l'inscription de faux.— 1093. Condamnations. Contrainte par corps. Dépens.—1094. Forme du jugement. Signature. — 1095. Exécution provisoire. — 1096. Compétence des prud'hommes illimitée en premier ressort.— 1097. Compétence des prud'hommes en dernier ressort. — 1098. De l'appel contre les jugements des prud'hommes. — 1099. Jugements par défaut. Réassignation. Cas où une seule partie est défaillante.—1100. Opposition. Forme et délai.—1101. Le défaillant peut être relevé de la rigueur des délais d'opposition.—1102. Le second jugement par défaut n'est pas susceptible d'opposition. — 1103. Déchéance à défaut d'exécution. — 1104. Des jugements qui ne sont pas définitifs et de leur exécution.—1105. Des enquêtes. Quand la preuve testimoniale est admise. — 1106. Comparution et audition des témoins. Reproches. — 1107. Du procès-verbal de l'audition des témoins.—1108. Taxe des témoins.

1089. Le bureau général exerce la juridiction proprement dite.— Les art. 32, 33, 34, 35, précités, relatifs à la comparution des parties et à la police de la séance, sont applicables au bureau général comme au bureau particulier. « Le bureau général prendra connaissance de toutes les affaires qui n'auraient pu être terminées par la voie de conciliation, quelle que soit la quotité de la somme dont elles seraient l'objet » (art. 23).

1090. Des exceptions d'incompétence. — Incompétence à raison de la personne.— Le défendeur qui aurait à faire valoir quelque exception tirée, soit de l'incompétence du conseil, soit de la nullité de la citation, devrait la proposer, à peine de forclusion, avant toute défense au fond, suivant le droit commun (art. 170 et suiv. du Cod. de proc. civ.), à moins qu'il ne s'agit d'incompétence à raison de la matière, qui est opposable en tout état de cause.

Il faut, à cet égard, rappeler les principes dont l'application donne lieu aux questions les plus graves, au point de vue du droit, que les prud'hommes aient à résoudre.

L'incompétence est *à raison de la personne*, et opposable seulement au début de l'instance, *in limine litis*, à peine de déchéance, quand l'objet du litige étant de ceux que la loi attribue aux prud'hommes en général, le défendeur n'est pas justiciable du conseil devant lequel il est appelé par une raison qui lui est personnelle, par exemple, parce qu'il travaille dans une fabrique hors du ressort du conseil. Il est de règle, en effet, que chaque conseil n'est compétent que pour les fabriques situées dans la circonscription pour laquelle il est établi (1). Faisons ici remarquer que, en vertu de l'art. 21 de la loi du 22 germinal an XI, et par dérogation au droit commun, ce n'est pas à la circonstance que l'ouvrier ou le maître est domicilié dans le ressort du conseil qu'il faut s'attacher, mais au point de savoir si la fabrique dans laquelle est employé, même momentanément, l'ouvrier, ou qui appartient au maître, se trouve dans la circonscription.

1091. Incompétence à raison de la matière. — L'incompétence est *à raison de la matière*, et susceptible d'être opposée, après des défenses au fond et en tout état de cause, quand l'objet du débat ne rentre pas dans les attributions de la juridiction des prud'hommes.

On se rappelle, à cet égard, que le principe même de la juridiction repose *sur les rapports* et engagements *de maîtres à ouvriers* exclusivement, d'où il suit que les juges industriels sont radicalement incompétents pour tout litige engagé entre des personnes autres, ou agissant en une autre qualité.

En conséquence, les prud'hommes sont incompétents à l'égard des fabricants en procès les uns contre les autres (2); il en serait ainsi alors même que le fabricant serait appelé par un autre fabricant pour combattre une demande accessoire à une instance principale dirigée contre son ouvrier, par exemple, si un maître agissait à fin de dommages-intérêts contre un autre maître qui aurait reçu un ouvrier sorti d'une fabrique sans avoir fait régler son livret (3). La contestation serait du ressort du tribunal de commerce.

---

(1) C. cass., 1ᵉʳ avril 1840 (Weck).—Voir Mollot, *Compétence des prud'hommes*, p. 164 et suiv., et *Justice industrielle*, p. 22 et suiv.
(2) C. cass., 2 février 1825.
(3) C. cass., 11 novembre 1834 (Defer).

Les prud'hommes seraient incompétents à l'égard de l'artisan qui se serait engagé à fournir, fût-ce exceptionnellement, non-seulement le travail, mais la matière, parce qu'il n'aurait plus réellement la qualité d'ouvrier, mais celle de fabricant (voir n° 999) (1).

La loi du 22 février 1851 a fait une exception à ce principe relativement aux tiers qui ont pris part à un contrat d'apprentissage (voir n° 936).

L'incompétence doit être appliquée même aux contestations entre un fabricant et un ouvrier, si le débat a une autre cause qu'une contestation née par suite de l'emploi de l'un dans la fabrique de l'autre, par exemple, s'il s'agit d'un prêt fait à un ouvrier occupé dans un autre atelier ou d'une commande faite à un ouvrier travaillant dans un autre genre d'industrie que le fabricant, telle que celle d'un fabricant de soierie à un menuisier pour la réparation de son atelier (2).

Notons enfin que le conseil n'est compétent qu'à l'égard des personnes attachées aux branches d'industrie pour lesquelles il est organisé en vertu du décret de son institution; d'où il suit que s'il est créé, par exemple, pour les diverses industries des métaux, il sera incompétent pour juger les contestations entre des ouvriers et fabricants en draps (3).

Dans ces divers cas, non-seulement l'exception d'incompétence est opposable en tout état de cause, mais le conseil devrait se déclarer d'office incompétent et se dessaisir lui-même.

1092. De l'inscription de faux.—« Lorsqu'une des parties déclarera vouloir s'inscrire en faux, déniera l'écriture ou déclarera ne pas la reconnaître, le président du bureau général lui en donnera acte; il parafera la pièce et renverra la cause devant les juges auxquels en appartient la connaissance » (art. 37).

Malgré la généralité de ces termes, c'est un simple sursis que le bureau doit prononcer sur l'incident, et il doit retenir au fond la cause de sa compétence.

1093. Condamnation.—Contrainte par corps.—Dépens.— Le bureau général pourra ordonner, pour s'éclairer, toutes les vérifications que n'aurait pas faites le bureau particulier (voir, sur les enquêtes, le titre IX du décret de 1809 ci-après, n° 1105); il pourra recevoir le serment déféré par une partie à

---

(1) Orléans, 25 février 1845 (Gibon).
(2) C. cass., 12 décembre 1836 (Garrigou); Rouen, 25 février 1811.
(3) C. cass., 19 février 1833 (Jacquemet).

l'autre, notamment en matière de paiement de salaires (art. 2275, Cod. Nap., et n° 1021).

Le bureau peut prononcer la contrainte par corps en cas de condamnation contre un marchand-fabricant pour acte de son commerce, par exemple, pour salaire dû à un ouvrier (loi du 17 mai 1832, art. 1er), et contre l'ouvrier lui-même pour dommages-intérêts (Cod. de proc., art. 126).

La partie qui succombe est condamnée aux dépens, sauf compensation entre parents et alliés, ou en cas d'échec réciproque sur divers points (art. 126, Cod. de proc.).

1094. Forme des jugements.—Signature.— « Les jugements des conseils des prud'hommes sont signés par le président et le secrétaire » (art. 12 de la loi du 1er juin 1853).

Cette disposition abroge celle de l'art. 40 du décret de 1806, en vertu de laquelle tous les membres présents devaient signer la minute du jugement.

1095. Exécution provisoire.— « Quoique les jugements des prud'hommes soient, suivant les règles exposées ci-après, sujets à l'appel, qui de sa nature est *suspensif*, lorsque le chiffre de la *demande* excède 200 fr., le jugement de condamnation peut ordonner l'exécution immédiate et à titre de provision jusqu'à concurrence de cette somme, sans qu'il soit besoin de fournir caution.

« Pour le surplus, l'exécution provisoire ne peut être ordonnée qu'à la charge de fournir caution » (art. 14, *ibid.*).

Cet article abroge l'art. 3 du décret du 3 août 1810 et l'art. 39 de celui du 11 juin 1809, d'après lesquels l'exécution provisoire et sans caution, jusqu'à concurrence de 300 francs, était *de droit*.

La loi ne fixant pas les conditions que doit réunir la caution, elle peut être personnelle, comme en matière commerciale, pourvu qu'elle soit solvable. C'est devant le tribunal des prud'hommes que devra être présentée et admise la caution (1).

1096. Compétence des prud'hommes illimitée en premier ressort.— Les limites de la compétence des prud'hommes en premier et en dernier ressort ont été plusieurs fois modifiées, comme celles de la compétence des juges de paix, et le législateur, de plus en plus pénétré de l'extrême utilité de cette institution, n'a cessé de l'étendre.

En premier ressort, la compétence des prud'hommes est illimitée, comme celle des tribunaux de première instance, et à la différence de celle des juges de paix en général.

---

(1) Mollot, *Compétence*, n. 350.

C'est ce qui résulte de l'art. 1er du décret du 3 août 1810, toujours en vigueur :

« Les conseils de prud'hommes sont autorisés à juger toutes les contestations qui naîtront entre les marchands-fabricants, chefs d'atelier, contre-maîtres, ouvriers, compagnons et apprentis, *quelle que soit la quotité de la somme* dont elles seraient l'objet, aux termes de l'art. 23 de notre décret du 11 juin 1809. »

1097. Compétence des prud'hommes en dernier ressort. — La loi de 1853, en même temps qu'elle a restreint, comme on vient de le voir, l'exécution provisoire, a élevé le taux du dernier ressort tout en modifiant d'ailleurs le principe même du calcul de ce taux.

D'après l'art. 2 du décret du 3 août 1810, l'appel n'était recevable, par une singulière dérogation au droit commun (1), qu'autant que la *condamnation* (et non la demande) excédait 100 fr. en principal et accessoires (2). La loi actuelle a fixé le dernier ressort, non plus d'après la condamnation, mais d'après la *demande*, et en a porté le taux de 100 à 200 fr., par l'art. 13, ainsi conçu :

« Les jugements des conseils de prud'hommes sont définitifs et sans appel, lorsque le chiffre de la demande n'excède pas deux cents francs en capital.

« Au-dessus de deux cents francs, les jugements sont sujets à l'appel devant le tribunal de commerce. »

Si la contrainte par corps était ajoutée à la condamnation, l'appel serait, suivant nous, recevable, quel que fût le taux de la demande en premier ressort (3).

1098. De l'appel contre les jugements des prud'hommes. — Le délai d'appel est, conformément au droit commun, de trois mois, à partir de la signification faite par l'huissier attaché au conseil (art. 38 du décret de 1809). Mais il peut être interjeté immédiatement, sans qu'il soit besoin d'attendre le délai de huitaine fixé par l'art. 449 du Cod. de proc., ou celui de trois jours, d'après l'art. 13 de la loi du 25 mai 1838, sur les justices de paix. Il faut appliquer par analogie l'art. 645 du Code de commerce, qui permet l'appel immédiat.

L'appel est porté devant le tribunal de commerce de l'arrondissement où siége le conseil de prud'hommes qui a statué, et, s'il n'y a pas de tribunal de commerce dans cet arrondissement,

---

(1) Voir la loi du 11 avril 1838, art. 1 et 2.
(2) C. cass., 10 janvier 1842.
(3) *Contrà*, Mollot, *Compétence*, n. 361.

devant le tribunal civil de première instance, qui en remplit les fonctions (loi du 18 mars 1806, art. 9, et décret du 3 août 1810, art. 2).

1099. Jugement par défaut.—Réassignation.— Cas où une seule partie est défaillante.— « Si, au jour indiqué par la lettre du secrétaire ou par la citation de l'huissier, l'une des parties ne comparaît pas, la cause sera jugée par défaut, sauf l'envoi d'une nouvelle citation, dans le cas prévu au dernier paragraphe de l'art. 31 » (art. 41 du décret du 11 juin 1809).

Quand deux ou plusieurs parties ont été assignées avec des délais différents dans une même cause, il ne peut être donné défaut qu'à l'expiration du délai le plus long. Si l'une des parties comparaît et que l'autre ne comparaisse pas, le défaut est prononcé contre celle-ci, mais non pas définitivement, et la partie n'aura pas à former opposition. Une nouvelle citation lui sera donnée pour comparaître à un jour ultérieur, et être statué sur le tout par un seul et même jugement. Si la partie défaillante ne se présente pas sur cette réassignation, le jugement est réputé contradictoire vis-à-vis d'elle comme vis-à-vis de la partie comparante (voir art. 151, 153, Cod. de proc.) (1).

1100. Opposition.—Forme et délai. — « La partie condamnée par défaut pourra former opposition dans les trois jours de la signification faite par l'huissier du conseil. Cette opposition contiendra sommairement les moyens de la partie et assignation au premier jour de séance du conseil des prud'hommes, en observant toutefois les délais prescrits pour les citations (voir art. 31, n° 1081); elle indiquera en même temps les jour et heure de la comparution, et sera notifiée ainsi qu'il est dit ci-dessus » (art. 42).

1101. Le défaillant peut être relevé de la rigueur du délai d'opposition. — « Si le conseil des prud'hommes sait par lui-même, ou par les représentations qui lui seront faites par les proches voisins ou amis du défendeur, que celui-ci n'a pu être instruit de la contestation, il pourra, en adjugeant le défaut, fixer pour le délai de l'opposition le temps qui lui paraîtra convenable; et dans le cas où la prorogation n'aurait été ni accordée d'office, ni demandée, le défaillant pourra être relevé de la rigueur du délai et admis à opposition, en justifiant qu'à raison d'absence ou de maladie grave, il n'a pu être instruit de la contestation » (art. 43).

---

(1) Mollot, *Justice industrielle*, p. 108.

Cet article démontre dans quel esprit de conciliation et de condescendance doit s'exercer la juridiction des prud'hommes et combien il serait contraire à l'intention du législateur de s'attacher, comme devant les tribunaux ordinaires, à la rigueur des formalités.

1102. Le second jugement par défaut n'est pas susceptible d'opposition.—Appel. — « La partie opposante qui se laisserait juger une seconde fois par défaut ne sera plus admise à former une nouvelle opposition » (art. 44).

Quand les jugements par défaut ne sont plus susceptibles d'opposition, la partie condamnée peut encore les attaquer par voie d'appel, dans le délai de trois mois à partir du jour où l'opposition a cessé d'être recevable, c'est-à-dire à partir, soit de l'expiration du troisième jour suivant le droit commun (art. 42), soit du jour où finit la prorogation de délai accordée en vertu de l'art. 43. L'appel ne peut être interjeté valablement pendant les délais de l'opposition.

1103. Déchéance à défaut d'exécution. — « Les jugements par défaut qui n'ont pas été exécutés dans le délai de six mois sont réputés non avenus » (art. 15 de la loi du 1er juin 1853).

1104. Des jugements qui ne sont pas définitifs et de leur exécution. — « Les jugements qui ne seront pas définitifs ne seront point expédiés quand ils auront été rendus contradictoirement et prononcés en présence des parties » (art. 45 du décret de 1809, al. 1er).

Par les expressions « jugements non définitifs » il faut entendre, dit M. Mollot, tous ceux qui émanent des deux bureaux et qui, ne prononçant pas définitivement sur la contestation, ordonnent une mesure préalable ou provisoire, qu'elle préjuge ou non le fond; il n'y a pas lieu d'admettre ici la distinction faite par l'art. 452, Cod. proc., entre les jugements interlocutoires ou simplement préparatoires (1).

Quoique l'art. 45 ne dispense pas formellement le secrétaire de porter sur la feuille d'audience les simples jugements d'instruction, cette formalité est supprimée la plupart du temps dans la pratique pour épargner des frais inutiles aux parties.

« Toutes les fois qu'un ou plusieurs prud'hommes jugeront devoir se transporter dans une manufacture ou dans des ateliers pour apprécier par leurs propres yeux l'exactitude de quelques

---

(1) Mollot, *Justice industrielle*, p. 113.

faits qui auraient été allégués, ils seront accompagnés de leur secrétaire, qui apportera la minute du jugement préparatoire » (art. 46).

« Il n'y aura lieu à appel des jugements préparatoires qu'après le jugement définitif ou conjointement avec l'appel de ce jugement, mais l'exécution des jugements préparatoires ne portera aucun préjudice aux droits des parties sur l'appel, sans qu'elles soient obligées de faire à cet égard aucune protestation ni réserve » (art. 47).

Les mots jugements *préparatoires* ne doivent pas être entendus ici dans un sens limitatif; ils sont synonymes de jugements *non définitifs*, ainsi qu'il résulte de la rubrique du titre VIII du décret et des explications données ci-dessus.

1105. Des enquêtes. — Quand la preuve testimoniale est admise. — « Si les parties sont contraires en faits *de nature à être constatés par témoin*, et dont le conseil des prud'hommes trouve la vérification utile et admissible, il ordonnera la preuve et en fixera précisément l'objet » (art. 48).

Il faut se rappeler, à cet égard, que la preuve testimoniale est toujours permise quand la matière est commerciale (art. 109, Cod. comm.), quand, par exemple, il s'agit de salaires qu'un ouvrier réclame contre un fabricant (n° 1012) ; et, qu'au contraire, elle ne l'est en matière civile que dans les cas spécifiés par la loi (art. 1341, 1347, 1353, Cod. Nap. C'est seulement dans ces cas que les prud'hommes auront la faculté de recourir à l'enquête, aux termes de l'art. 48 (1).

1106. Comparution et audition des témoins. — Reproches. — « Au jour indiqué, les témoins, après avoir dit leurs noms, profession, âge et demeure, feront le serment de dire la vérité, et déclareront s'ils sont parents ou alliés des parties et à quel degré, ou s'ils sont leurs serviteurs ou leurs domestiques » (art. 49).

« Ils seront entendus séparément, hors comme en la présence des parties, ainsi que le conseil l'avisera bien ; les parties seront tenues de fournir leurs reproches avant la déposition et de les signer; si elles ne le savent ou ne le peuvent, il en sera fait mention » (art. 50).

Les causes de reproche, fondées sur des liens de famille ou d'intérêt qui rendent le témoignage suspect, sont énumérées en l'art. 283, Cod. proc., auquel il faut se reporter. D'après l'art.

---

(1) Mollot, *Compétence*, n. 584.

284, les témoins reprochés n'en doivent pas moins être entendus, sauf aux prud'hommes à avoir tel égard que de raison à leur déposition.

« Les parties n'interrompront point les témoins; après la déposition, le président du conseil des prud'hommes pourra, sur la réquisition des parties, et même d'office, faire aux témoins les interpellations qu'il jugera convenable » (art. 51).

1107. Du procès-verbal de l'audition des témoins. — « Dans les causes sujettes à l'appel (voir n° 1102), le secrétaire du conseil dressera procès-verbal de l'audition des témoins; cet acte contiendra leurs noms, prénoms, âge, profession et demeure, leur serment de dire la vérité, leur déclaration s'ils sont parents, alliés, serviteurs ou domestiques des parties, et les reproches qui auraient été fournis contre eux. Lecture de ce procès-verbal sera faite à chaque témoin pour la partie qui le concerne; il signera sa déposition ou mention sera faite qu'il ne sait ou ne peut signer. Le procès-verbal sera, en outre, signé par le président du conseil et contre-signé par le secrétaire. Il sera procédé immédiatement au jugement, ou, au plus tard, à la première séance » (art. 52).

Les art. 13 et 14 de la loi du 1er juin 1853, en fixant le taux du dernier ressort d'après *la demande* et non d'après la condamnation, ont rendu fort simple l'application de l'art. 52 qui présentait la plus grave difficulté dans le système antérieur, alors qu'il s'agissait d'apprécier, dès le début, une limite de compétence qui ne pouvait être fixée que par la condamnation (1).

« Dans les causes de nature à être jugées en dernier ressort il ne sera point dressé de procès-verbal, mais le jugement énoncera les noms, âge, profession, domicile et demeure des témoins, leur serment, leur déclaration s'ils sont parents, alliés, serviteurs ou domestiques des parties, les reproches et les résultats des dépositions » (art. 53).

1108. Taxe des témoins. — « Il sera taxé aux témoins entendus par le conseil des prud'hommes une somme équivalente à une journée de travail, même à une double journée, si le témoin a été obligé de se faire remplacer dans sa profession. Cette taxation est laissée à la prudence des conseils et des maires. Si le témoin n'a pas de profession, il lui sera taxé deux francs. Il ne lui sera pas passé de frais de voyage, s'il est domici-

---

(1) Voir à cet égard le rapport de M. Curnier, sur l'art. 13, et l'arrêt de cassation du 10 janvier 1842.

lié dans le canton où il est entendu ; s'il est domicilié hors du canton et à une distance de plus de deux myriamètres et demi du lieu où il fera sa déposition, il lui sera alloué autant de fois une somme double de journée de travail ou une somme de 4 fr. qu'il y aura de fois cinq myriamètres de distance entre son domicile et le lieu où il aura déposé » (art. 61).

Le témoin a droit à la taxe aussi bien s'il se présente sur simple lettre que s'il est cité par huissier. Mais, en tous cas, la taxe ne lui sera allouée que s'il le requiert sur l'interpellation qui lui sera adressée par le président du conseil (1).

Art. 3. — Récusation des prud'hommes. — Recours en cassation.

SOMMAIRE.

1109. Cas où les prud'hommes peuvent être récusés. — 1110. Formes de la récusation. — 1111. Jugement de la récusation par le tribunal de commerce. — 1112. Plainte en prévarication ou prise à partie. — 1113. Recours en cassation contre les jugements des prud'hommes. — 1114. Tarif de la procédure devant les prud'hommes.

1109. Cas où les prud'hommes peuvent être récusés. — Soit que les prud'hommes siégent en bureau particulier ou en bureau général, l'impartialité est leur première loi, et les conditions nécessaires pour que cette impartialité ne soit pas suspectée doivent être accomplies. Il y a donc lieu d'appliquer, en tous cas, les dispositions générales du titre X du décret de 1809 sur la récusation, et celles de l'art. 33 de la loi du 18 mars 1806 sur la prise à partie (2).

« Un ou plusieurs prud'hommes pourront être récusés : 1° quand ils auront un intérêt personnel à la contestation ; 2° quand ils seront parents ou alliés de l'une des parties, jusqu'au degré de cousin-germain inclusivement ; 3° si, dans l'année qui a précédé la récusation, il y a eu procès criminel entre eux et l'une des parties ou son conjoint, ou ses parents et alliés en ligne directe ; 4° s'il y a procès civil existant entre eux et l'une des parties ou son conjoint ; 5° s'ils ont donné un avis écrit dans l'affaire » (art. 54 du décret du 11 juin 1809).

1110. Formes de la récusation. — « La partie qui voudra récuser un ou plusieurs prud'hommes sera tenue de former la récusation, et d'en exposer les motifs par un acte qu'elle fera

---

(1) Mollot, *Compétence*, n. 393, 394.
(2) Ces dispositions sont applicables également au cas où les prud'hommes statuent disciplinairement, comme il sera dit ci-après.

signifier au secrétaire du conseil par le premier huissier requis. L'exploit sera signé, sur l'original et la copie, par la partie ou son fondé de pouvoir. La copie sera déposée sur le bureau du conseil, et communiquée immédiatement au prud'homme qui sera recusé » (art. 55).

« Le prud'homme sera tenu de donner, au bas de cet acte, dans le délai de deux jours, sa déclaration par écrit, portant, ou son acquiescement à la récusation, ou son refus de s'abstenir, avec ses réponses aux moyens de récusation » (art. 56).

1111. Jugement de la récusation par le tribunal de commerce. — « Dans les trois jours de la réponse du prud'homme qui refuse de s'abstenir, ou faute par lui de répondre, une expédition de l'acte de récusation et de la déclaration du prud'homme, s'il y en a, sera envoyée par le président du conseil au président du tribunal de commerce dans le ressort duquel le conseil est situé. La récusation y sera jugée en dernier ressort dans la huitaine, sans qu'il soit besoin d'appeler les parties » (art. 57).

1112. Plainte en prévarication ou prise à partie. — « En cas de plainte en prévarication portée contre les membres du conseil de prud'hommes, il sera procédé contre eux suivant la forme établie à l'égard des juges » (art. 33 de la loi du 18 mars 1806). Cet article renvoie implicitement à la disposition de l'article 505 du Cod. de proc. civ., d'après lequel les juges peuvent être *pris à partie* : 1° s'il y a dol, fraude ou concussion qu'on prétendrait avoir été commise, soit dans le cours de l'instruction, soit lors des jugements ;

2° Si la prise à partie est expressément prononcée par la loi ;

3° Si la loi déclare les juges responsables à peine de dommages-intérêts ;

4° S'il y a déni de justice.

Il suffit d'indiquer cette procédure tout à fait exceptionnelle, qui, en fait, ne reçoit jamais d'application à l'égard des prud'hommes.

1113. Recours en cassation contre les jugements des prud'hommes. — Les jugements rendus par les tribunaux de commerce sur l'appel des jugements en premier ressort rendus par les prud'hommes sont, sans difficulté, susceptibles de recours en cassation (1). Il en est de même des jugements des prud'hommes rendus en dernier ressort et non sujets à l'appel,

---

(1) Tarbé, *Lois et règlements de la Cour de cassation*, p. 45.

qui peuvent être déférés à la Cour de cassation, non-seulement pour incompétence et excès de pouvoir, mais, suivant le droit commun, pour simple violation de la loi. C'est ce que la Cour suprême a décidé par arrêt du 20 décembre 1852, ainsi motivé : « Attendu que par la loi de son institution la Cour de cassation est appelée à prononcer sur toutes les demandes en cassation formées contre les jugements en dernier ressort; — attendu que si, par la loi du 27 ventôse an VIII et par celle du 25 mai 1838, le législateur a cru devoir faire une exception pour les jugements des juges de paix qui ne peuvent être déférés à la censure de la Cour de cassation que pour excès de pouvoir, pour les jugements des tribunaux militaires qui ne peuvent l'être que pour incompétence et excès de pouvoir, il n'en est pas de même des jugements en dernier ressort rendus par les conseils des prud'hommes, en faveur desquels aucune loi n'a fait d'exception semblable, et qui dès lors restent soumis à l'empire de la règle générale en matière de pourvoi ; — rejette la fin de non-recevoir » (1).

1114. Tarif de la procédure devant les prud'hommes. — Le tarif général de la procédure devant les conseils de prud'hommes est établi par les art. 59 et suivants du décret du 11 février 1809, qui ne demandent aucune explication particulière.

« Il sera payé aux secrétaires des conseils des prud'hommes les sommes suivantes :

Pour la lettre d'invitation de se rendre au conseil, trente centimes, ci. » fr. 30 c.
Pour chaque rôle d'expédition qu'ils délivreront et qui contiendra vingt lignes à la page et dix syllabes à la ligne, quarante centimes, ci. . . . . . » 40
Pour l'expédition du procès-verbal qui constatera que les parties n'ont pu être conciliées, et qui ne doit contenir qu'une mention sommaire qu'elles n'ont pu s'accorder, quatre-vingts centimes, ci.. . . . . » 80
Pour l'expédition du procès-verbal qui constatera le dépôt du modèle d'une marque, trois francs, ci. . . . . ; . . . . 3 »
Il est alloué les sommes suivantes : Au greffier du tribunal de commerce, pour l'expédition du procès-verbal qui constatera le dépôt du modèle d'une marque, trois francs, ci. . . . . 3 »
A l'huissier attaché au conseil des prud'hommes, pour chaque citation, un franc vingt-cinq centimes, ci. 1 25
Au même pour la signification d'un jugement, un franc soixante-quinze centimes, ci. 1 75
S'il y a une distance de plus d'un demi-myriamètre entre la demeure de l'huissier et le lieu où devront être remises la citation et la signification, il sera payé par myriamètre, aller et retour.

---

(1) 20 décembre 1852 (Sirey, 53.1.105). — Voir Devilleneuve, *Dictionnaire du contentieux*, v° *Prud'hommes*, n. 51.

Pour la citation, un franc soixante-quinze centimes, ci.	1 fr. 75 c.
Pour la signification, deux francs, ci.	2 »
Pour la copie des pièces qui pourra être donnée avec les jugements rendus, il sera payé à l'huissier, par chaque rôle d'expédition de vingt lignes à la page et de dix syllabes à la ligne, vingt centimes, ci.	» 20

« Au moyen de la taxation dont il vient d'être question, les frais de papier, de registre et d'expédition seront à la charge des secrétaires des conseils de prud'hommes et des greffiers des tribunaux de commerce » (art. 62).

« Tout secrétaire de conseils de prud'hommes, tout greffier de tribunaux de commerce, tout huissier convaincu d'avoir exigé une taxe plus forte que celle qui lui est allouée, sera puni comme concussionnaire » (art. 63).

§ III.
Juridiction disciplinaire des prud'hommes.

SOMMAIRE.

1115. Juridiction des prud'hommes à l'égard des délits tendant à troubler l'ordre de l'atelier. — 1116. Juridiction disciplinaire applicable aux seuls ouvriers de l'atelier, non aux maîtres ni aux étrangers. — 1117. La poursuite disciplinaire n'exclut pas les poursuites de droit commun. — 1118. Nécessité d'une plainte de la partie lésée. Dommages-intérêts. — 1119. Procédure en matière disciplinaire. — 1120. Les jugements disciplinaires des prud'hommes sont-ils susceptibles d'appel ? — 1121. De l'exécution des jugements disciplinaires. Prescription.

1115. Juridiction des prud'hommes à l'égard des délits tendant à troubler l'ordre de l'atelier. — Outre la juridiction générale et purement civile dont il vient d'être question, les prud'hommes ont été investis par le titre II du décret du 3 août 1810, d'une juridiction toute spéciale, en matière de police, dont il a été question à propos du contrat d'apprentissage (voir n° 959).

« Tout délit tendant à troubler l'ordre et la discipline de l'atelier, tout manquement grave des apprentis envers leurs maîtres, pourront être punis par les prud'hommes d'un emprisonnement qui n'excédera pas trois jours, sans préjudice de l'exécution de l'art. 19, t. V, de la loi du 22 germinal an XI, et de la concurrence des officiers de police et des tribunaux » (art. 4).

1116. Juridiction disciplinaire applicable aux seuls ouvriers de l'atelier, non aux maîtres ni aux étrangers. — Cet article, d'après l'économie de ses termes, paraît spécial aux ouvriers et inapplicable aux maîtres. Il a en vue les disputes, les querelles, les réponses injurieuses, les faits d'insubordination qui préludent d'ordinaire au délit plus grave de coalition ou de grève (n° 788), ce fléau des ateliers, et qu'il importe essentiellement de réprimer dès ses premières manifestations. Le même article ne peut être invoqué que contre les personnes employées dans l'atelier même où l'ordre a été troublé, et non aux étrangers qui, se trouvant accidentellement dans une fabrique, viendraient à y porter le trouble. Y eût-il à la fois parmi les auteurs du délit des ouvriers de l'atelier et des étrangers, ces derniers, malgré la connexité, devraient être renvoyés devant leurs juges naturels à cause de la nature exceptionnelle de la juridiction établie par l'art. 4 (1).

1117. La poursuite disciplinaire n'exclut pas les poursuites de droit commun. — Nous avons fait observer ailleurs (n° 959) que les condamnations disciplinaires qui peuvent être prononcées par les prud'hommes, en vertu de l'art. 4 du décret de 1810, ne font pas obstacle à ce que les mêmes faits ne soient, sur la poursuite du ministère public, déférés aux tribunaux de simple police ou de police correctionnelle, s'ils constituent d'ailleurs des contraventions ou délits du droit commun (2).

1118. Nécessité d'une plainte de la partie lésée. — Dommages-intérêts. — Le conseil des prud'hommes ne peut être saisi de l'action disciplinaire que sur la plainte de la partie lésée : c'est ce qui résulte de l'absence de tout officier représentant le ministère public près le tribunal des prud'hommes (3).

Le plaignant peut, s'il y a lieu, prendre des conclusions à fin de dommages-intérêts contre le prévenu; et ils pourraient être alloués, suivant M. Mollot, même dans le cas où aucune peine ne serait prononcée. Cette solution paraît peu conforme au principe rigoureux d'après lequel un tribunal saisi par la voie criminelle ne peut statuer en matière civile, sans avoir été saisi par la voie civile, bien qu'il soit compétent pour juger tout à la fois le civil et le criminel. Mais elle peut s'appuyer sur l'esprit du décret spécial qui tend toujours à éviter les retards et les frais inutiles (4).

1119. Procédure en matière disciplinaire. — Les règles générales qui ont été exposées ci-dessus relativement à la

---

(1) Voir Mollot, *Compétence*, n. 400.
(2) C. cass., 9 avril 1836.
(3) Mollot, *Compétence*, n. 406.
(4) Mollot, *Compétence*, n. 417.

citation, à l'instruction, au droit d'opposition, à la récusation, doivent être ici appliquées dans le silence du décret de 1810. Ce décret maintient l'application en concurrence de l'art. 19 de la loi du 22 germinal an XI, qui attribue toutes les affaires de simple police entre les ouvriers et apprentis, les manufacturiers, fabricants et artisans, à un tribunal administratif remplacé aujourd'hui dans la pratique par les juges de paix (1). Cet article ajoute que les peines applicables aux divers cas seront prononcées *sans appel*.

1120. Les jugements disciplinaires des prud'hommes sont-ils susceptibles d'appel ? — Le renvoi de l'art. 4 du décret de 1810 à l'art. 19 de la loi de l'an XI exclut-il le droit d'appel contre les jugements disciplinaires des prud'hommes ? M. Mollot est d'avis que la faculté d'appel devant le tribunal correctionnel subsiste en vertu du droit commun, et parce que le décret de 1810 ne contient pas à cet égard de dérogation expresse (2), et parce que l'art. 35 du décret du 11 juin 1809 maintient en termes absolus le principe de l'appel.

1121. De l'exécution des jugements disciplinaires. — Prescription. — « L'expédition du prononcé des prud'hommes certifiée par leur secrétaire, sera mise à exécution par le premier agent de police ou de la force publique sur ce requis » (art. 4 du décret du 3 août 1810, *in fine*).

L'action disciplinaire organisée par cet article nous paraît soumise à la prescription d'un an, en vertu de la disposition générale de l'art. 640 du Code d'instr. crim. en matière de contraventions.

§ IV.

Attributions de police et fonctions administratives des prud'hommes.

SOMMAIRE.

1122. Attributions des prud'hommes en dehors des fonctions judiciaires. Division.—1123. Attributions de police. Constatation des contraventions de la compétence des prud'hommes. — 1124. Constatation des contraventions et délits non soumis à la juridiction des prud'hommes. — 1125. Les prud'hommes ne peuvent agir que sur la plainte de la partie lésée.—1126. Perquisitions avec assistance d'un officier public. Procès-verbaux. — 1127. Inspections confiées aux prud'hommes. — —1128. Conditions auxquelles s'exercent les inspections.—1129. At-

---

(1) Mollot, *Justice industrielle*, p. 140.
(2) *Compétence des prud'hommes*, n. 414.

tributions diverses énumérées précédemment. Renvoi.—1130. Attributions purement consultatives des prud'hommes.

1122. Attributions des prud'hommes en dehors des fonctions judiciaires. — Division. — Indépendamment de leurs attributions judiciaires, les prud'hommes ont reçu de diverses lois et règlements des attributions de police et des fonctions administratives proprement dites ; elles consistent : 1° à constater certaines contraventions ; 2° à faire des inspections et recensements dans les ateliers ; 3° à prendre des mesures, dans les cas spécialement déterminés, pour la conservation de la propriété industrielle.

1123. Attributions de police.—Constatation des contraventions de la compétence des prud'hommes. — « Le conseil des prud'hommes sera spécialement chargé de constater, *d'après les plaintes qui pourraient lui être adressées,* les contraventions aux lois et règlements nouveaux, ou remis en vigueur » (loi du 18 mars 1806, art. 10).

Malgré la généralité de ces termes, il est évident qu'il ne s'agit ici que des lois et règlements concernant les fabriques comprises dans le ressort du conseil.

Ces contraventions, d'ailleurs, peuvent être relatives également, et aux faits dont la connaissance appartiendra ultérieurement aux prud'hommes comme juges ou comme conciliateurs, et à ceux qui rentrent dans la compétence des autres tribunaux.

Parmi les premiers il faut comprendre :

1° Les contraventions relatives aux marques de fabrique en général (n° 618), à la marque spéciale des ouvrages de coutellerie et quincaillerie (n° 635), à celle des savons (n° 610), à celle des étoffes, tissus et fils de la nature de ceux prohibés (n° 614);

2° Les infractions aux règlements sur la lisière des draps (n° 611), sur la vérification des draps destinés à l'exportation pour le Levant (décret du 21 septembre 1807, art. 11 et 20);

3° Les faits qui donnent lieu à l'exercice de l'action disciplinaire, en vertu du décret du 3 août 1810.

Ajoutons que, d'après le décret des 8-12 décembre 1790, il existe pour les pêcheurs des ports (notamment à Marseille) des prud'hommes spéciaux, qui ont le droit non-seulement de constater, mais même de réprimer les contraventions aux règlements.

1124. Constatation des contraventions et délits non soumis à la juridiction des prud'hommes. — Dans la seconde catégorie rentrent les faits prévus par les articles du

Code pénal, classés sous la rubrique « *violation des règlements relatifs aux manufactures, au commerce et aux arts* » (art. 413 à 424), et un nombre considérable de délits et contraventions à des lois spéciales qui protégent diverses branches d'industrie.

Il suffit de rappeler en un mot que les prud'hommes peuvent être appelés à constater tous les faits qui portent atteinte au libre et loyal exercice de l'industrie, ou à la propriété industrielle, faits signalés à propos de chaque matière spéciale dans le courant de cet ouvrage.

La loi du 18 mars 1806, art. 12, énonce spécialement, par une disposition relative surtout aux fabriques de soieries, que « le conseil des prud'hommes constatera également, *sur les plaintes qui lui seront portées*, les soustractions des matières premières qui pourraient être faites par les ouvriers au préjudice des fabricants, et les infidélités commises par les teinturiers. »

1125. Les prud'hommes ne peuvent agir que sur la plainte de la partie lésée. — Il résulte des art. 10 et 12 précités que c'est seulement sur la plainte des parties lésées, que les prud'hommes doivent procéder aux constatations dont il s'agit, et non pas d'office comme le pourraient faire les officiers de police judiciaire proprement dits.

1126. Perquisitions avec assistance d'un officier public. — Procès-verbaux. — « Les prud'hommes, dans les cas ci-dessus et sur la réquisition verbale ou écrite des parties, pourront au nombre de deux au moins, dont un fabricant et un chef d'atelier, assistés d'un officier public, faire des visites chez les fabricants, chefs d'atelier, ouvriers et compagnons » (art. 13 de la loi du 18 mars 1806).

L'officier public dont parle cet article est le maire, l'adjoint ou le commissaire de police. Le chef d'atelier peut être remplacé par un autre ouvrier quelconque, en vertu des principes posés par la loi du 1er juin 1853.

D'après les art. 11 et 13 de la loi de 1806, les procès-verbaux dressés pour la constatation des délits et contraventions seront adressés au bureau général des prud'hommes qui en retiendra la connaissance si elles sont de son ressort, ou qui les renverra, dans le cas contraire, aux tribunaux compétents, avec les objets formant pièces de conviction.

1127. Inspections confiées aux prud'hommes. — « Le conseil des prud'hommes tiendra un registre exact du nombre des métiers existants et du nombre d'ouvriers de tout genre employés dans les fabriques, pour lesdits renseignements être communiqués à la chambre de commerce toutes les fois qu'il en sera requis. — A cet effet, les prud'hommes sont autorisés à faire, dans les ateliers, une ou deux inspections par an, pour recueillir les informations nécessaires » (art. 29 de la loi du 18 mars 1806).

Il s'agit ici d'une inspection toute administrative, qui n'a rien de commun avec les descentes de justice autorisées par l'art. 13. Cette mesure, si intéressante au point de vue de la statistique, a été instituée dans le but de fournir à l'administration des renseignements sur les améliorations dont la fabrication est susceptible, sur les pertes qu'elle éprouve et les moyens de les réparer, enfin, sur tout ce qui peut intéresser l'industrie (1).

1128. Conditions auxquelles s'exercent les inspections. — De peur qu'une telle inspection ne dégénérât en perquisition indiscrète et de nature à inquiéter les fabricants, le décret du 11 juin 1809, par ses art. 64, 65 et 66, a renfermé dans de sages limites la disposition générale de la loi de 1806.

« L'inspection dans les ateliers, autorisée par l'art. 29, titre IV de la loi du 18 mars 1806, n'aura lieu qu'après que le propriétaire de l'atelier aura été prévenu deux jours avant celui où les prud'hommes devront se rendre dans son domicile; celui-ci est tenu de leur donner un état exact du nombre de métiers qu'il a en activité et des ouvriers qu'il occupe (art. 64).

« L'inspection des prud'hommes a pour objet unique d'obtenir des informations sur le nombre de métiers et d'ouvriers ; et, en aucun cas, ils ne peuvent en profiter pour exiger la communication des livres d'affaires et des procédés nouveaux de fabrication, que l'on voudrait tenir secrets (art. 65).

« Si, pour effectuer leur inspection, les prud'hommes ont besoin du concours de la police municipale, cette police est tenue de leur fournir tous les renseignements et toutes les facilités qui sont en son pouvoir » (art. 66).

Nous devons constater en fait, avec regret, que les inspections de l'industrie, qui pourraient produire d'excellents résultats, ne sont pas pratiquées (2).

1129. Attributions diverses énumérées précédemment. — Renvoi. — 3° Nous n'avons pas à revenir ici sur ce qui a été dit dans les chapitres précédents relativement aux attributions des prud'hommes en ce qui concerne : 1° la conserva-

---

(1) Rapport de M. Regnault de Saint-Jean-d'Angély sur la loi de 1806.—Voir Mollot, *Compétence*, n. 355.
(2) Voir sur ce point les réflexions de M. Mollot, *Compétence des prud'hommes.*

tion des marques de fabrique en général (art. 4 à 9 du décret du 11 juin 1809, voir n° 632); 2° celle des marques de quincaillerie et de coutellerie, à l'égard desquelles les prud'hommes agissent comme dépositaires et statuent comme juges (décret du 5 septembre 1810, voir n°s 634, 636); 3° celle de la marque obligatoire sur les savons (décret des 1er avril et 18 septembre 1811, voir n° 610); 4° celle des dessins de fabrique (loi du 18 mars 1806, art. 14 à 19, sect. III, n° 587); 5° les règlements de comptes entre les chefs d'ateliers et les fabricants (loi du 18 mars 1806, art. 20 et suiv., sect. IV, voir n° 1051); 6° la vérification des draps pour le Levant, et des étoffes, tissus et fils de la nature de ceux prohibés (voir notamment le décret du 21 septembre 1807, et l'ordonnance royale du 8 août 1816), etc....

— On se reportera, sur tous ces divers points, aux numéros indiqués.

1130. Attributions purement consultatives des prud'hommes. — Il faut ajouter à ces attributions administratives celles, purement consultatives, qui résultent de l'art. 19 de la loi du 1er juin 1853, ainsi conçu :

« L'autorité administrative peut toujours, lorsqu'elle le juge convenable, réunir les conseils de prud'hommes, qui doivent donner leur avis sur les questions qui leur sont posées. »

Tout ce qui concerne les relations des maîtres et ouvriers, l'apprentissage, les livrets, la conservation des dessins et marques de fabrique, peut être étudié avec fruit par les hommes pratiques, à qui une expérience journalière révèle bien mieux les véritables besoins de l'industrie que ne pourrait le faire la science des économistes : les renseignements qu'ils fourniront à l'administration ne seront pas les moins précieux.

La loi de 1853 se termine par l'article suivant : « Sont maintenues les dispositions des lois, décrets et ordonnances qui ne sont pas contraires à la présente loi » (art. 19).

§ V.

Juridiction des juges de paix à l'égard des maîtres et ouvriers.

SOMMAIRE.

1131. La juridiction des juges de paix s'exerce à défaut de celle des prud'hommes.—1132. Le juge de paix statue même en matière commerciale.—1133. Limites de la compétence spéciale des juges de paix. Ce qu'il faut entendre par gens de travail. — 1134. Compétence restreinte aux engagements dérivant de la qualité de maître et d'ouvrier. — 1135. La compétence spéciale étendue aux tiers intervenant au contrat d'apprentissage. — 1136. La compétence déterminée par le lieu de la situation de l'atelier. — 1137. Diverses espèces d'incompétence. Renvoi.

1131. La juridiction des juges de paix s'exerce à défaut de celle des prud'hommes. — D'après l'art. 5 de la loi des 25 mai-6 juin 1838 : « Les juges de paix connaissent sans appel jusqu'à la valeur de 100 francs, et à charge d'appel à quelque valeur que la demande puisse s'élever…. des contestations relatives aux engagements respectifs des *gens de travail* au jour, au mois et à l'année, et de ceux qui les emploient…. des maîtres et de leurs *ouvriers et apprentis*, sans néanmoins qu'il soit dérogé aux lois et règlements relatifs à la juridiction des prud'hommes. »

La juridiction des juges de paix, à l'égard des personnes énumérées ci-dessus, s'exerce dans les circonscriptions où il n'existe pas de conseils de prud'hommes, ceux-ci devant toujours être saisis, dans l'étendue de leur ressort, à l'exclusion des juges de paix. Toutefois, comme la compétence des prud'hommes est limitée aux manufactures du genre de celles nommément indiquées dans le décret en vertu duquel ils sont établis, leur juridiction n'exclut celle du juge de paix qu'en ce qui concerne les engagements des ouvriers employés dans ces mêmes établissements (1).

1132. Le juge de paix statue même en matière commerciale. — Lorsqu'il n'y a pas lieu à l'exercice de la juridiction des prud'hommes, celle du juge de paix s'applique dans les limites de l'art. 5 de la loi de 1838, quelle que soit la nature civile ou commerciale des engagements contractés entre ouvriers, apprentis et fabricants.

Ainsi, il est de jurisprudence que les demandes formées par des journaliers contre des fabricants qui les ont loués à raison de leur commerce ne sont pas de la compétence du tribunal de commerce, mais bien de celle du juge de paix (2).

1133. Limites de la compétence spéciale des juges de paix. — Ce qu'il faut entendre par gens de travail. — Cette compétence exceptionnelle du juge de paix s'écarte du droit commun, 1° en ce qu'elle est illimitée quant au taux du premier ressort ; 2° en ce qu'elle comprend même des matières commerciales. Mais elle doit être exactement renfermée dans

---

(1) Curasson, *Compétence des juges de paix*, t. 2, p. 463.
(2) Besançon, 5 déc. 1845 (Fayole) ; Riom, 3 janvier 1846.—Curasson, t. 2, p. 571.

les termes mêmes de la loi. D'après l'art. 5 précité, elle n'existe qu'à l'égard *des gens de travail, ouvriers et apprentis*, expressions dont il importe essentiellement de préciser la portée.

La jurisprudence n'a pas interprété l'art. 5 de la loi de 1838 dans le sens large que nous avons reconnu au mot *ouvrier* dans la législation industrielle, et notamment dans la loi du 1er juin 1853. Par *gens de travail au jour, au mois, à l'année, et ouvriers*, il faut entendre et les simples journaliers et tous les *ouvriers à temps*, quelle que soit leur dénomination et la quotité de leur salaire, par exemple un chef d'atelier, un contre-maître, un conducteur de locomotive (1). Il en est de même des ouvriers papetiers, nonobstant l'art. 16 de l'arrêté spécial du 18 fructidor an IV, qui doit être considéré comme abrogé (2).

Mais ces expressions ne comprennent pas les *ouvriers à façon* ou entrepreneurs à forfait, tels que l'entrepreneur d'un appareil mécanique, le tâcheron ou marchandeur, à la différence de ce qui a lieu pour la juridiction des prud'hommes, qui s'étend sans difficulté à ces derniers (3). En conséquence, la demande d'un ouvrier à façon contre un négociant devra être portée devant le tribunal de commerce, et non devant le juge de paix, s'il n'y a pas de conseil de prud'hommes (4).

1134. Compétence restreinte aux engagements dérivant de la qualité de maître et d'ouvrier. — Au reste, la compétence spéciale du juge de paix, aussi bien que celle des prud'hommes, n'existe, pour les contestations entre maîtres et ouvriers, qu'en ce qui concerne les engagements pris en cette qualité, et non à tout autre titre. Ainsi, l'action en dommages-intérêts d'un ouvrier contre son maître, pour un fait à lui préjudiciable, doit être portée devant le tribunal civil (5). Ainsi encore l'engagement qu'aurait pris un fabricant de faire faire, par un ouvrier, une certaine espèce de travaux pour lesquels celui-ci fournirait en partie les matériaux, constituerait un marché de fabricant à fabricant de la compétence, non du juge de paix, mais du tribunal de commerce (6).

---

(1) Douai, 14 février 1843 (Dieu); Paris, 6 janvier 1841 (Bola); Bourges, 5 janvier 1842; Limoges, 8 juillet 1842.
(2) Limoges, 26 juillet 1841.
(3) Douai, 3 mai 1841 (Deslions); Paris, 6 mars 1843 (Billon).—Curasson, p. 537.
(4) Dalloz, *Répert.*, v° *Compétence civile des tribunaux de paix*, n. 171.
(5) Douai, 15 octobre 1843 (Lyndeberg). — Voir Carou, *Juridiction des juges de paix*, n. 348; Curasson, p. 557.
(6) Orléans, 25 février 1845 (Gibon).

L'action d'un ouvrier ne peut être formée dans les termes de l'art. 5 que contre la personne qui l'a *employé*, et non contre celui qui, par une raison quelconque, se trouverait responsable du paiement, comme ayant, par exemple, profité des travaux sans les avoir commandés (1).

1135. La compétence spéciale étendue au tiers intervenant au contrat d'apprentissage. — On a vu le sens qui devait être donné au mot *apprenti*, et que la loi de 1838 ne modifie point.

La loi du 22 février 1851 a étendu la compétence des juges de paix aux actions intentées contre les *tiers* qui ont concouru au contrat d'apprentissage (art. 13 et 18), contrairement à la jurisprudence antérieure qui, d'après les termes de la loi de 1838, restreignait cette compétence aux contestations entre le maître et l'apprenti lui-même (n° 957) (2).

1136. La compétence déterminée par le lieu de situation de l'atelier. — Rappelons que par dérogation au droit commun, l'art. 21 de la loi du 22 germinal an XI détermine la juridiction, non par le lieu du domicile du défendeur, mais par celui de la situation de l'atelier où l'ouvrier est employé (n° 1090). C'est donc devant le juge de paix ou devant les prud'hommes de la circonscription où se trouve l'atelier, que l'ouvrier doit être assigné (3).

1137. Diverses espèces d'incompétence. — Renvoi. —Nous renvoyons pour la distinction des diverses espèces d'incompétence à ce qui a été dit ci-dessus (nos 1090, 1091). Notons seulement ici que l'incompétence du juge de paix à l'égard des personnes non comprises dans les termes de l'art. 5 de la loi de 1838 est absolue et n'est pas couverte par la défense des parties au fond (4).

Les règles du droit commun sont de tous points applicables en cette matière, quant à la procédure à suivre devant le juge de paix (5) et aux recours à exercer contre ses décisions.

---

(1) C. cass., 7 juin 1848 (Meunier).
(2) C. cass., 11 mai 1841 (Leleu) ; 22 décembre 1855. — Cette jurisprudence ne peut plus être appliquée aujourd'hui.
(3) Carou, n. 56 ; Dalloz, *Compétence civile des tribunaux de paix*, n. 177.
(4) Paris, 16 août 1833.
(5) Voir à cet égard l'art. 2 de la loi du 2 mai 1855 qui a modifié l'art. 17 de la loi du 25 mai 1838.

IIe SECTION.
RAPPORTS DES FABRICANTS ENTRE EUX ET AVEC LE PUBLIC.

1138. Dispositions ayant pour but de maintenir la loyauté des transactions industrielles. — Le principe de la liberté de l'industrie préside en général à toutes les relations des fabricants entre eux et des fabricants avec les consommateurs. Toutefois, ce principe est limité dans son application par diverses règles tirées, soit du droit commun, soit de dispositions spéciales, et dont le but est de maintenir la loyauté et la sincérité dans les transactions industrielles.

Les principales dispositions, à cet égard, sont celles qui tendent à réprimer la concurrence déloyale, l'embauchage des ouvriers d'un atelier au profit d'un autre atelier, la surprise frauduleuse des secrets de fabrication, les coalitions et manœuvres analogues dirigées, soit contre les ouvriers, soit contre des concurrents, soit contre les consommateurs, enfin, la falsification des produits et les tromperies diverses sur la nature et la quantité de la marchandise.

CHAPITRE PREMIER.
Rapports des fabricants entre eux.
Concurrence déloyale.

LÉGISLATION. Art. 417 du Code pénal (*Détournement d'ouvriers*).— Art. 414, 419, 420 du Code pénal; loi du 27 novembre 1849 (*Coalitions*). — Art. 1382, Cod. Nap.

SOMMAIRE.
1139. De la concurrence déloyale. — 1140. Détournement d'ouvriers. Renvoi.—1141. Surprise des secrets de fabrication.—1142. Coalitions des maîtres, soit contre des concurrents, soit contre les consommateurs.—1143. A quelles personnes s'appliquent les articles 419 et 420 du Cod. Nap.—1144. Ce qu'il faut entendre par marchandises. — 1145. Quand le délit est consommé. Distinctions. — 1146. Des syndicats. Leur caractère.—1147. Des sociétés de secours mutuels.

1139. De la concurrence déloyale. — Nous avons vu, à propos de chaque genre particulier d'industrie, ce qu'on entend par concurrence déloyale. Elle peut constituer un délit caractérisé, un véritable vol, réprimé par la voie pénale, quand elle consiste dans la contrefaçon d'un objet breveté (n° 489), d'une marque (n° 628), d'un dessin de fabrique (n° 597), d'une œuvre littéraire ou artistique (n° 803). En tous cas, et lorsqu'elle résulte de manœuvres ayant pour effet de détourner frauduleusement une clientèle acquise, elle donne lieu à une action civile en dommages-intérêts (voir n° 695).

1140. Détournement d'ouvriers. — Renvoi. — L'embauchage au profit d'une fabrique étrangère est un délit puni, comme on l'a vu, par l'art. 417, Cod. pén. (n° 992). S'il est pratiqué par un fabricant français à son profit, il n'est réprimé que par les dispositions de la loi sur les livrets qui interdisent de recevoir un ouvrier sans le congé d'acquit du maître (n°s 976, 1055), et ne donne lieu qu'à une allocation de dommages-intérêts.

1141. Surprise des secrets de fabrication. — Quant à la révélation des secrets de fabrique, qui est un délit de la part de l'ouvrier qui divulgue le secret de son maître, elle ne soumet à aucune pénalité le fabricant auquel la communication est faite, par cela seul qu'il en profite, quelque répréhensible d'ailleurs que soit sa conduite au point de vue moral; mais elle entraîne contre lui l'application de l'art. 418, Cod. pén., s'il s'en est rendu complice en provoquant ou assistant l'ouvrier dans la perpétration du délit (n° 991).

1142. Coalition des maîtres, soit contre les ouvriers, soit contre des concurrents, soit contre les consommateurs. — On a vu (n° 988) que les coalitions des maîtres, à l'effet de faire baisser le taux des salaires, étaient punies comme celles que forment les ouvriers pour élever le prix de leurs travaux (Loi du 27 nov. 1849; art. 414, Cod. pén.).

La loi prévoit et punit deux autres sortes de coalitions non moins attentatoires à la liberté de l'industrie : celle de certains fabricants contre un ou plusieurs concurrents pour faire baisser à leur préjudice le prix des objets de leur industrie, celle des fabricants d'un même genre de produits contre les consommateurs à l'effet de faire hausser le prix de ces produits. L'une et l'autre sont prévues et punies dans les mêmes termes par les art. 419 et 420, Cod. pén.

« Tous ceux qui par des faits faux ou calomnieux, semés à dessein dans le public, par des suroffres faites aux prix que demandaient les vendeurs eux-mêmes, par réunion ou coalition entre les principaux détenteurs d'une même marchandise ou denrée, tendant à ne la pas vendre ou à ne la vendre qu'à un certain prix, ou qui par des voies ou moyens frauduleux quelconques auront opéré la hausse ou la baisse du prix des denrées ou marchandises ou du papier et effets publics, au-dessus ou au-dessous des prix qu'aurait déterminés la concurrence libre du commerce, seront punis d'un emprisonnement d'un mois au moins, d'un an au plus, et d'une amende de 500 fr. à 10,000 fr. Les coupables pourront de plus être mis par l'arrêt ou le jugement sous la surveillance de la haute police pendant deux ans au moins et cinq ans au plus » (art. 419).

« La peine sera d'un emprisonnement de deux mois au moins et deux ans au plus et d'une amende de 1000 fr. à 20,000 fr., si les manœuvres ont été pratiquées sur des grains, grenailles, farines, substances farineuses, pain, vin ou toute autre boisson » (art. 420).

1143. A quelles personnes s'appliquent les art. 419 et 420 du Code pénal?—Ces dispositions s'appliquent incontestablement aux *fabricants* qui doivent être compris dans la qualification générale de détenteurs de marchandises aussi bien que les marchands proprement dits (1).

Le délit de coalition ne pouvant résulter que du concert entre plusieurs personnes (voir n° 988), ne peut exister par suite des mesures que prennent, pour faire hausser ou baisser le prix des marchandises, les divers membres d'une même société qui ne forment qu'une seule personne civile (2), ou les copropriétaires d'une usine ou d'une manufacture (3).

Mais le nombre des individus contre lesquels est dirigée la coalition importe peu, et il pourrait y avoir délit par suite de manœuvres organisées contre un seul établissement (4).

1144. Ce qu'il faut entendre par marchandises.— Les mots marchandises et denrées employés par l'art. 419 doivent être entendus dans le sens le plus large. Loin d'être limités à des choses purement corporelles, ils s'appliquent à tout ce qui peut faire un objet de spéculation, de trafic, et qui a dans l'industrie et dans le commerce un prix naturellement déterminé par la libre concurrence.

Ainsi, l'usage des moyens de transport fournis par une entreprise de voitures publiques rentre dans le terme générique de marchandises, et le concert des voituriers tendant à faire baisser, au préjudice d'un concurrent, le prix payé par le public pour tel ou tel transport, est une coalition prévue et punie par l'article 419 (5).

---

(1) C. cass., 31 août 1858 (Mille).—Chauveau et Hélie, t. 7, p. 486.
(2) C. cass., 26 janvier 1838 ; Toulouse, 13 juin 1857.
(3) C. cass., 4 janvier 1842.
(4) C. cass., 7 janvier 1857.
(5) C. cass., 9 décembre 1836 ; 9 août 1839 ; 16 mai 1845 ; 17 mai 1850 ; 26

Il résulte de la jurisprudence, désormais fixée sur cette question, que la convention faite par divers entrepreneurs ou fabricants, de ne pas fabriquer telle ou telle espèce de produits, pourrait constituer une coalition punissable (1).

1145. Quand le délit est consommé. — Distinctions. — Pour que le délit existe par suite de l'accord des divers marchands ou fabricants, il ne suffit pas qu'ils se soient proposé de faire hausser ou baisser les prix, il faut encore que la hausse ou la baisse *ait été opérée* (2). La disposition plus absolue, à cet égard, de la loi du 14 juin 1791 est abrogée (3). C'est sans doute pourquoi la loi ne parle que des *principaux* détenteurs, dont l'accord peut seul avoir de l'influence sur les prix (4).

Mais quand le résultat dont il s'agit est produit par un concert préétabli, il n'est pas nécessaire que la coalition soit qualifiée *frauduleuse* pour que l'art. 419 soit applicable (5).

Alors même que le fait ne serait pas frappé par la loi pénale, le seul concert pour influer sur le cours naturel des marchandises constituerait une convention attentatoire à la libre concurrence, déclarée nulle par la loi civile (art. 1131), et donnant lieu à des dommages-intérêts. Il a été jugé en ce sens qu'était entaché de nullité radicale et d'ordre public, le traité par lequel divers fabricants s'engageaient à ne livrer leurs produits que moyennant un tarif et dans un lieu convenus (6).

L'art. 419 prévoit et punit, outre les coalitions, *les voies et moyens frauduleux quelconques employés* dans le même but; il énumère un certain nombre de moyens (voir n° 1142), laissant d'ailleurs aux juges du fait le soin d'apprécier et de punir les manœuvres, quelles qu'elles soient, employées *à dessein* et ayant opéré la hausse ou la baisse (7).

1146. Des syndicats. — Leur caractère. — Il ne faut pas confondre avec les coalitions prohibées les associations de fabricants, formées, non pas dans un but de spéculation concertée, mais dans un but de discipline professionnelle, et pour

---

juin 1850.—Voir Chauveau et Hélie, t. 7, p. 469 ; Morin, *Répert.*, v° *Coalition*, n. 16.—*Contrà*, Toulouse, 13 juin 1837 ; Paris, 16 mai 1839.

(1) Argument des arrêts des 16 mai 1845 et 26 juin 1850.
(2) C. cass., 1er février 1834 (Durand); 29 mai 1840.—Merlin, v° *Tentative*, n. 4.
(3) Dalloz, v° *Industrie*, n. 427.
(4) Dalloz, v° *Industrie*, n. 419.
(5) C. cass., 9 août 1839.—Dalloz, v° *Industrie*, n. 429.
(6) C. cass., 18 juin 1828.—Voir Douai, 13 mai 1851.
(7) C. cass., 25 novembre 1813 ; 17 juillet 1818. — Voir Chauveau et Hélie, t. 7, p. 484 ; Dalloz, v° *Industrie*, n. 435 et suiv.

maintenir, parmi les personnes qui exercent une même industrie, les traditions de probité et de loyauté commerciales. Tels sont les *syndicats*, ou *chambres syndicales*, composés de membres d'une même industrie librement élus par leurs pairs, et placés à la tête des corps d'état, à l'instar des chambres de discipline que la loi a instituées à l'égard de certaines professions même industrielles (1).

Ces associations, du moment où elles ne s'écartent pas de leur objet, sont dignes de toute faveur; mais, excepté dans le cas où elles ont reçu une existence légale, elles n'ont qu'un caractère purement officieux et ne forment pas un être moral ayant capacité pour intervenir dans les contestations relatives aux intérêts des fabricants en général.

1147. Des sociétés de secours mutuels. — Il est un autre genre d'association dont l'objet n'est plus la spéculation, ni même l'intérêt de telle ou telle industrie (voir ci-dessus n° 982), mais l'assistance réglée et disciplinée par les lois. Nous voulons parler des *sociétés de secours mutuels*, qui font concourir au même but d'humanité et de fraternité vraie les maîtres et les ouvriers. Ces sociétés, longtemps abandonnées à l'initiative de la bienfaisance privée, ont été élevées au rang d'institutions publiques par la loi du 15 juillet 1850, et réglementées définitivement par le décret du 26 mars 1852, dont les dispositions font comprendre le but excellent et l'utilité pratique (2).

---

(1) Par exemple, la boulangerie et la boucherie ont un syndicat organisé par des règlements d'administration publique.

(2) Titre 1er. — *Organisation et base des sociétés de secours mutuels.*

Art. 1er. Une société de secours mutuels sera créée par les soins du maire et du curé dans chacune des communes où l'utilité en aura été reconnue.

Cette utilité sera déclarée par le préfet, après avoir pris l'avis du conseil municipal.

Toutefois, une seule société pourra être créée pour deux ou plusieurs communes voisines entre elles, lorsque la population de chacune sera inférieure à mille habitants.

2. Ces sociétés se composent d'associés participants et de membres honoraires; ceux-ci paient les cotisations fixées ou font des dons à l'association, sans participer aux bénéfices des statuts.

3. Le président de chaque société sera nommé par le président de la République.

Le bureau sera nommé par les membres de l'association.

4. Le président et le bureau prononceront l'admission des membres honoraires. Le président surveillera et assurera l'exécution des statuts. Le bureau administrera la société.

5. Les associés participants ne pourront être reçus qu'au scrutin et à la majorité des voix de l'assemblée générale.

CHAPITRE II.
Des délits relatifs à la fabrication et à la vente. Falsifications.

Législation. Art. 479 du Code pénal ; loi du 4 juillet 1837 (*Poids et mesures faux et illégaux*). — Art. 423 du Code pénal ; loi du 27 mars 1851 ; loi du 5 mai 1855 (*Falsifications. Tromperies sur les marchandises*).

1148. Répression des tromperies dans la fabrication et la vente des produits. — La loyauté des rapports entre l'industriel et les consommateurs est garantie par les dispositions qui punissent, d'une part l'emploi de poids et mesures

---

Le nombre des sociétaires participants ne pourra excéder celui de cinq cents. Cependant il pourra être augmenté en vertu d'une autorisation du préfet.

6. Les sociétés de secours mutuels auront pour but d'assurer des secours temporaires aux sociétaires malades, blessés ou infirmes, et de pourvoir à leurs frais funéraires.

Elles pourront promettre des pensions de retraite, si elles comptent un nombre suffisant de membres honoraires.

7. Les statuts de ces sociétés seront soumis à l'approbation du ministre de l'intérieur pour le département de la Seine, et du préfet pour les autres départements. Ces statuts règleront les cotisations de chaque sociétaire, d'après les tables de maladie et de mortalité confectionnées par le Gouvernement.

Titre II. — *Des droits et des obligations des sociétés de secours approuvées.*

8. Une société de secours approuvée peut prendre des immeubles à bail, posséder des objets mobiliers et faire tous les actes relatifs à ces droits.

Elle peut recevoir, avec l'autorisation du préfet, les dons et legs mobiliers dont la valeur n'excède pas cinq mille francs.

9. Les communes sont tenues de fournir gratuitement aux sociétés approuvées les locaux nécessaires pour leurs réunions, ainsi que les livrets et registres nécessaires à l'administration et à la comptabilité.

En cas d'insuffisance des ressources de la commune, cette dépense est à la charge du département.

10. Dans les villes où il existe un droit municipal sur les convois, il sera fait à chaque société une remise des deux tiers pour les convois dont elle devra supporter les frais aux termes de ses statuts.

11. Tous les actes intéressant les sociétés de secours mutuels approuvées sont exempts des droits de timbre et d'enregistrement.

12. Des diplômes pourront être délivrés par le bureau de la société à chaque sociétaire participant. Ces diplômes leur serviront de passeport et de livret, sous les conditions déterminées par un arrêté ministériel.

13. Lorsque les fonds réunis dans la caisse d'une société de plus de cent membres excéderont la somme de trois mille francs, l'excédant sera versé à la caisse des dépôts et consignations.

Si la société est de moins de cent membres, ce versement devra être opéré lorsque les fonds réunis dans la caisse dépasseront mille francs.

Le taux de l'intérêt des sommes déposées est fixé à quatre et demi pour cent par an.

14. Les sociétés de secours mutuels approuvées pourront faire aux caisses d'épargne

faux et illégaux; d'autre part les tromperies et les fraudes sur la nature et la quantité des produits fabriqués.

Ces dispositions résultent de la combinaison des art. 423 et 479, 6° du Code pénal, avec la loi du 4 juillet 1837, l'ordonnance du 17 avril 1839 et la loi du 27 mars 1851 qui a reçu de la loi du 5 mai 1855 une extension nouvelle : lois applicables à l'indus-

---

des dépôts de fonds égaux à la totalité de ceux qui seraient permis au profit de chaque sociétaire individuellement.

Elles pourront aussi verser dans la caisse des retraites, au nom de leurs membres actifs, les fonds restés disponibles à la fin de chaque année.

15. Sont nulles de plein droit les modifications apportées à ses statuts par une société, si elles n'ont pas été préalablement approuvées par le préfet.

La dissolution ne sera valable qu'après la même approbation.

En cas de dissolution d'une société de secours mutuels, il sera restitué aux sociétaires faisant à ce moment partie de la société, le montant de leurs versements respectifs, jusqu'à concurrence des fonds existants, et déduction faite des dépenses occasionnées par chacun d'eux.

Les fonds restés libres après cette restitution seront partagés entre les sociétés du même genre ou établissements de bienfaisance situés dans la commune, à leur défaut, entre les sociétés de secours mutuels approuvées du même département, au prorata du nombre de leurs membres.

16. Les sociétés approuvées pourront être suspendues ou dissoutes par le préfet pour mauvaise gestion, inexécution de leurs statuts ou violation des dispositions du présent décret.

TITRE III. — *Dispositions générales.*

17. Les sociétés de secours mutuels, déclarées établissements d'utilité publique, en vertu de la loi du 15 juillet 1850, jouiront de tous les avantages accordés par le présent décret aux sociétés approuvées.

18. Les sociétés non autorisées actuellement existantes ou qui se formeraient à l'avenir, pourront profiter des dispositions du présent décret en soumettant leurs statuts à l'approbation du préfet.

19. Une commission supérieure d'encouragement et de surveillance des sociétés de secours mutuels est instituée au ministère de l'intérieur, de l'agriculture et du commerce.

Elle est composée de dix membres nommés par le président de la République.

Cette commission est chargée de provoquer et d'encourager la fondation et le développement des sociétés de secours mutuels, de veiller à l'exécution du présent décret et de préparer les instructions et règlements nécessaires à son application.

Elle propose des mentions honorables, médailles d'honneur et autres distinctions honorifiques, en faveur des membres honoraires ou participants qui lui paraissent les plus dignes.

Elle propose à l'approbation du ministre de l'intérieur les statuts des sociétés de secours mutuels établies dans le département de la Seine.

20. Les sociétés de secours mutuels adresseront chaque année au préfet un compte-rendu de leur situation morale et financière.

Chaque année, la commission supérieure présentera au président de la République un rapport sur la situation de ces sociétés, et lui soumettra les propositions propres à développer et à perfectionner l'institution.

21. Le ministre de l'intérieur est chargé de l'exécution du présent décret.

trie manufacturière aussi bien qu'au commerce proprement dit, qu'il faut étudier avec un soin particulier, parce que leur inobservation donne lieu à des poursuites journalières.

§ I.
Des poids et mesures faux et illégaux.

SOMMAIRE.

1148 bis. Distinction entre les mesures fausses et les mesures illégales. —1149. De la simple détention de mesures illégales.—1150. De la détention de mesures fausses. — 1151. De l'usage des poids et mesures illégaux.—1152. De l'usage des poids et mesures faux. Tromperie sur la quantité de la marchandise. Renvoi.

1148 *bis.* **Distinction entre les mesures fausses et les mesures illégales.**—Sont prohibés et punis des peines ci-après énoncées non-seulement l'emploi, mais la simple détention de poids et mesures faux ou illégaux.

Relativement à la simple détention, il faut distinguer entre les mesures et poids irréguliers ou *illégaux*, c'est-à-dire non conformes au *système métrique décimal*, et les mesures et poids *faux* ou *inexacts*, c'est-à-dire n'ayant pas la valeur qu'ils indiquent, et *trompeurs* par là même.

1149. De la simple détention des mesures illégales. — Les articles 3 et 4 de la loi du 4 juillet 1837 punissent d'une amende de 11 à 15 fr., conformément à l'art. 479 du Code pénal, *ceux qui auront* dans leurs magasins, boutiques, ateliers ou maisons de commerce, ou dans les halles, foires et marchés, des poids et mesures autres que ceux établis par les lois des 18 germinal an III, et 19 frimaire an VIII (qui ont constitué le système décimal). Ces dispositions n'ont pas été modifiées par la loi du 27 mars 1851, exclusivement relative aux mesures fausses ou inexactes et non aux mesures illégales. La simple détention de ces dernières mesures, telles qu'une ancienne livre, une aune, etc., constitue en conséquence, avant comme après la loi de 1851, une contravention proprement dite de la compétence du tribunal de simple police (1).

Il résulte des termes mêmes de la loi de 1837 que la simple possession d'anciens poids et mesures *dans des lieux non destinés à la fabrication ou au commerce* n'est pas punie par elle-même, et indépendamment de l'emploi qui en serait fait (2);

---

(1) C. cass., 11 décembre 1851 ; 23 janvier 1852 ; 29 mai 1852.
(2) C. cass., 23 juin 1854 (Berenger).

mais que la détention dans tout atelier ou magasin quelconque est prohibée d'une manière absolue, sans qu'aucune excuse quelconque, tirée de la bonne foi, et notamment de ce que ces mesures serviraient à un tout autre usage qu'au commerce du détenteur, puisse être admise par les tribunaux (1).

1150. De la détention des mesures fausses. — La détention de mesures *fausses* est prévue par l'art. 3 de la loi du 27 mars 1851, qui a remplacé le n° 5 de l'art. 479 du Code pénal, et qui est ainsi conçu : « Sont punis d'une amende de 16 à 25 francs, et d'un emprisonnement de six à dix jours, ou de l'une de ces deux peines seulement, suivant les circonstances, ceux qui, sans motifs légitimes, auront dans leurs magasins, boutiques, ateliers ou maisons de commerce, ou dans les halles, foires ou marchés, des poids ou mesures faux, ou autres appareils inexacts, servant au pesage et au mesurage. »

Ce fait, qui n'était qu'une contravention antérieurement à la loi de 1851, constitue désormais un délit de la compétence du tribunal correctionnel, délit punissable en vertu du fait matériel, même en l'absence de toute intention frauduleuse de la part du prévenu, puisqu'il ne peut être excusé que s'il justifie de motifs légitimes (tels que les besoins d'une fonction particulière) (2).

L'art. 3 n'en serait pas moins applicable si le poids inexact se trouvait être un poids ancien (3).

1151. De l'usage des poids et mesures illégaux. — L'usage de poids et mesures illégaux, sans tromperie sur la quantité de la marchandise, est resté, dans le silence de la loi de 1851 à cet égard, sous l'empire de l'art. 479, n° 6, qui punit de l'amende de 11 à 15 fr. « ceux qui emploieront des poids ou des mesures différents de ceux qui sont établis par les lois en vigueur (4). »

L'usage des poids et mesures illégaux est punissable sans distinction et dans tous les cas, même quand il aurait lieu en vertu d'un accord entre les parties (5).

1152. De l'usage des poids et mesures faux. — Tromperie sur la quantité de la marchandise. — Renvoi. — L'usage de poids et mesures faux, c'est-à-dire trompeurs,

---

(1) C. cass., 23 juin 1854 ; 2 juin 1854 (Bouthelier).
(2) Morin, *Répert.*, v° *Poids*, n. 11, *in fine*.
(3) Orléans, 10 novembre 1852.
(4) Voir Nicias-Gaillard et Dalloz, *Répert.*, v° *Contravention*, n. 455.
(5) C. cass., 11 août 1836.

constitue l'un des délits de tromperie sur la marchandise, prévus et punis par les dispositions générales de l'art. 423 du Code pénal, de la loi du 27 mars 1851 et de celle du 5 mai 1855, qui vont être examinées ci-après.

§ II.
Tromperies sur la nature et la quantité des marchandises. Falsifications.

1153. Deux sortes de tromperies dans la fabrication et le débit des marchandises. — L'art. 423 du Cod. pén., la loi du 27 mars 1851, et celle du 5 mai 1855, dont il faut combiner les dispositions, prévoient et punissent deux catégories de délits bien distincts : d'une part, la tromperie sur la nature et parfois sur la qualité de la marchandise ; d'autre part, la tromperie sur la quantité.

Art. 1er. — Tromperies sur la nature de la marchandise.

SOMMAIRE.

1154. En quoi consiste la tromperie sur la nature de la marchandise.—1155. Applications diverses.—1156. La simple tentative de délit n'est point punie.—1157. Répression de la falsification des substances alimentaires ou médicamenteuses et des boissons. — 1158. Distinction entre les falsifications et les simples mélanges. — 1159. Du débit de substances corrompues. — 1160. La falsification punie indépendamment de l'usage de la substance falsifiée.—1161. La tentative de falsification assimilée à la falsification consommée.—1162. La simple détention de substances falsifiées est punie.

1154. En quoi consiste la tromperie sur la nature de la marchandise.—L'art. 423 punit dans sa première partie « quiconque aura trompé l'acheteur sur le titre des métaux d'or ou d'argent (1), sur la qualité d'une pierre fausse vendue pour fine, sur la nature de toutes marchandises.... »

L'art. 1er de la loi du 27 mars 1851 punit « 1° ceux qui falsifieront des substances ou denrées alimentaires ou médicamenteuses destinées à être vendues ; 2° ceux qui vendront ou mettront en vente des substances ou denrées alimentaires ou médicamenteuses qu'ils sauront être falsifiées ou corrompues. »

La loi du 5 mai 1855 étend aux boissons la disposition de la loi du 27 mars 1851.

Il faut faire ressortir nettement les conséquences qui résultent du rapprochement de ces textes.

---

(1) Voir la loi du 19 brumaire an VI, titre 1, ci-dessus n°s 295 et suiv.

1° La loi ne punit d'une manière générale et absolue, à l'égard de toutes les marchandises quelconques, que la tromperie sur la *nature* de l'objet et non sur sa qualité, c'est-à-dire celle qui tend à faire prendre un objet pour un autre, à donner le change sur son *identité*, et non à dissimuler les vices de l'objet dont l'espèce n'est pas déguisée (voir toutefois n° 1157).

Ainsi, il y a tromperie sur la *nature* de la chose, d'après l'article 423, dans le fait d'avoir fourni comme montre d'argent une montre de cuivre blanchi (1); comme cachemire, un châle fabriqué avec de la laine ordinaire; comme tulle français, un tulle étranger passible de prohibition (2); ou, dans un tout autre ordre d'idées, comme revêtu de l'approbation de l'autorité religieuse ou universitaire, un livre non approuvé (3). Mais il n'y aurait pas tromperie sur la nature, dans le fait d'avoir livré, comme étoffe bon teint, une étoffe faux teint; ou du bois flotté pour du bois neuf, etc.

1155. Applications diverses. — La distinction, du reste, est souvent fort difficile à établir. Mais la jurisprudence, éclairée sur les intentions du législateur par les dispositions plus sévères de la loi de 1851, tend à interpréter l'art. 423 du Cod. pén. avec une juste rigueur. Elle punit la tromperie, du moment où elle porte sur la *nature industrielle* de la chose et sur son espèce envisagée au point de vue des habitudes du commerce. Elle a reconnu ce genre de tromperie dans la falsification, c'est-à-dire le *mélange* d'éléments étrangers qui *dénaturent* véritablement la chose, puisque l'acquéreur, croyant se procurer une substance, reçoit au moins pour partie une autre substance. C'est ce qui a été jugé et doit l'être, pour une vente de noir animal mélangé de matières qui le rendent impropre à son emploi industriel, pour une vente de sirop dit de gomme fait avec du sucre, de guano ou de poudrette, où se trouve introduite une quantité notable de parties terreuses, etc... (4).

La tromperie, qui consiste à donner pour fine une pierre fausse, quoique qualifiée par l'art. 423 « tromperie sur la qualité, » rentre dans la catégorie des tromperies sur la nature de l'objet. Quant à la tromperie sur le titre des métaux précieux, il est inutile de rechercher la définition qui doit lui être donnée, parce qu'elle est, ainsi que la précédente, expressément et nominativement punie.

---

(1) C. cass., 11 juin 1830.
(2) Paris, 19 février 1847; 2 août 1844.
(3) C. cass., 19 mai 1848.
(4) Angers, 15 février 1848; Orléans, 2 avril 1851.

1156. La simple tentative de délit n'est point punie.
— Il faut remarquer, quant à la tromperie sur la *nature* des marchandises en général, que la loi ne punit que le délit consommé, et non la simple tentative résultant de la fabrication ou de la mise en vente de l'objet qui doit servir à la fraude. Ainsi la seule fabrication d'un tissu mélangé de coton et de soie, bien qu'il se fasse habituellement en pure soie, reste entièrement libre, pourvu que le fabricant ne le livre pas pour de la soie pure. C'est ce qui résulte de ces mots de l'art. 423, « quiconque aura *trompé l'acheteur*, » qui supposent que la tromperie est, non-seulement possible et préparée, mais réalisée.

Toutefois, il a été jugé, avec raison, que le délit n'en était pas moins commis, quand, dans une livraison effectuée, le fabricant ou marchand avait fait tout ce qui dépendait de lui pour tromper l'acheteur, en lui déclarant un objet pour un autre, alors même que ce dernier, à raison de ses connaissances spéciales, aurait pénétré la fraude (1).

1157. Répression de la falsification des substances alimentaires ou médicamenteuses et des boissons.
— Les lois de 1851 et 1855 établissent un système nouveau relativement à une catégorie particulière de produits à l'égard desquels les falsifications sont tout à la fois plus fréquentes et plus préjudiciables : les *substances* ou *denrées alimentaires ou médicamenteuses* et les *boissons*. La double modification apportée à l'art. 423 du Code pénal consiste à ne plus distinguer entre la tromperie sur la nature et celle sur la qualité, entre le délit consommé et la simple tentative de délit.

Les mots *denrées* ou *substances alimentaires ou médicamenteuses* signifient dans un sens large tout ce qui sert à l'alimentation ou à la médication, tout ce qui peut être pris à titre de comestible ou de remède. Bien que les liquides et les *boissons*, à l'égard desquels statuait l'art. 475, n° 6, Cod. pén., aient été écartés des dispositions de la loi de 1851, ainsi qu'il l'a été déclaré dans la discussion (2), cependant, la Cour de cassation a décidé que cette loi s'applique même aux liquides, tels que *le lait*, le bouillon, qui sont employés moins comme boissons que comme substances alimentaires en elles-mêmes (3). La loi de 1855 a mis fin à toute controverse sur ce point.

---

(1) Paris, 19 février 1847 (Lepelletier).
(2) Dalloz, 51.4.58.
(3) C. cass., 2 mars 1855 (*Gaz. des Trib.* du 17 mars).

« La falsification résulte de tous mélanges frauduleux tendant à dénaturer la substance annoncée, au préjudice de l'acheteur » (1), alors même que le peu d'importance du mélange ne rendrait pas la substance impropre à l'usage auquel elle est destinée et que le préjudice causé serait peu considérable. La loi repousse à cet égard toute distinction.

1158. Distinction entre les falsifications et les simples mélanges. — Par les mots *ceux qui falsifieront*, ceux qui vendront ou mettront en vente des substances *falsifiées* ou corrompues, la loi entend punir le mélange, l'altération faite dans un but de fraude ou de tromperie, mais non, en général, le mélange dans la fabrication d'une marchandise de matières étrangères, *quand ce mélange est avoué et déclaré*. Autrement, disait le rapporteur de la loi, on atteindrait l'art dans ses progrès, dans ses combinaisons les plus innocentes. La fabrication et la vente, de quelque manière qu'elles s'exercent, restent donc libres et ne sauraient être punies quand on ne veut tromper et qu'on ne trompe personne. C'est ce qui résulte très-clairement des explications données dans la discussion de l'art. 1er de la loi du 27 mars 1851.

« Le juge correctionnel doit apprécier les intentions, la bonne foi, les excuses, *frapper la fraude et rien que la fraude*. Il ne punira ni les mélanges non pernicieux révélés par le nom de la marchandise et par le vendeur, ni les mélanges ou coupages avoués que peuvent réclamer ou légitimer la conservation de la chose, les soins de la fabrication, les besoins de la consommation ou du commerce, les habitudes locales ou les caprices du goût (2), *pourvu que l'on n'ait pas oublié frauduleusement les proportions qui doivent être observées dans les mélanges*, ni l'imitation déclarée de produits étrangers (3). »

1159. Du débit des substances corrompues. — Mais si une distinction doit être faite à l'égard des substances mélangées, on ne saurait en admettre aucune à l'égard des substances *corrompues* ou, en général, *nuisibles à la santé*. Peu importe à l'égard de ces dernières, qu'il y ait ou non dissimulation, les denrées corrompues ou nuisibles ne peuvent être, sans délit, mises ou laissées dans le commerce, et l'avertissement donné de leur état de corruption ne mettrait pas le vendeur à l'abri de la

---

(1) C. cass., 27 avril 1854 (Deline).
(2) C. cass., 22 avril 1854 (Morel).
(3) Rapport de M. Riché (Dalloz, 51.4.61, n. 19).

peine. C'est ce qui résulte formellement des art. 2 et 3 de la loi de 1851 qui prévoient le cas où la falsification est connue de l'acheteur ou consommateur (1).

1160. La falsification punie indépendamment de l'usage de la substance falsifiée. — En cas de mélange proprement dit dans la composition de l'objet, s'il en résulte une altération qui, par sa nature même, par les usages de l'industrie, ou en vertu de règlements spéciaux, ne soit point avouable, ni susceptible de devenir un objet de commerce loyal, la loi atteint non-seulement la vente, mais tout ce qui la prépare, savoir, le fait lui-même de fabrication frauduleuse, de falsification. Jusqu'alors, la falsification ne pouvait guère être poursuivie à moins qu'on ne réussît à la faire considérer comme complicité d'une vente incriminée. Désormais, la manipulation frauduleuse est atteinte dans sa source. Ainsi, la fabrication de pain mélangé de farines légumineuses, si ce n'est dans une faible proportion autorisée par l'usage (2), est punissable par elle-même. Il en serait également ainsi au cas où, dans une fabrique de fécule, des os moulus, du plâtre ou de la craie, seraient mêlés au produit de la pomme de terre, etc....

C'est ce que la loi a entendu en punissant la falsification, indépendamment de l'usage de l'objet falsifié (3).

1161. La tentative de falsification assimilée à la falsification consommée. — La tentative de tromperie en cette matière est assimilée ici, comme en fait d'escroquerie, à la tromperie consommée; assimilation qui est une des innovations importantes de la loi de 1851. « Celui qui tend un piège à l'acheteur, dit le rapporteur de la loi, n'est pas plus honorable parce que l'acheteur est très-clairvoyant ou que la police est intervenue. On essaiera moins souvent quand on n'essaiera plus impunément. » Ainsi, le seul fait de la mise en vente de substances falsifiées ou corrompues donnera lieu à l'application de la peine, aussi bien que la vente elle-même.

1162. La simple détention de substances falsifiées est punie. — La loi interdit également, tout en la punissant de peines moindres (voir ci-après n° 1173), la simple détention, par le fabricant ou le débitant, *sans motifs légitimes*, de substances alimentaires ou médicamenteuses qu'il saurait être

---

(1) Rapport de M. Riché (Dalloz, 51.4.61, n. 23).
(2) C. cass., 22 avril 1854 (Morel).
(3) Voir rapport (Dalloz, 51.4.61, n. 20).

falsifiées ou corrompues. C'est la même disposition qu'à l'égard des fausses mesures (n° 1150). Ce délit n'existe toutefois que si le prévenu conserve l'objet dans la connaissance de son altération, d'où il suit que s'il s'était, par exemple, subitement corrompu à l'insu du détenteur, il n'y aurait pas délit. Même en la connaissance de l'altération de la chose, il peut y avoir détention pour motifs légitimes, excluant toute culpabilité, par exemple, de la part d'un fabricant de savon qui aurait dans ses ateliers, pour les convertir en objets de sa fabrication, des graisses dont un boucher ou charcutier aurait dû se défaire comme altérées en tant qu'aliments.

Art. 2. — Tromperies sur la quantité de la marchandise.

SOMMAIRE.

1163. Répression générale de toute tromperie sur la quantité de la marchandise.—1164. La tentative est punie comme la tromperie consommée.—1165. Manœuvres diverses énumérées par la loi. Définition.—1166. Des indications frauduleuses tendant à faire croire à un mesurage antérieur et exact.—1167. Tromperie sur la quantité résultant de l'addition d'une substance étrangère.—1168. La loi est applicable en cas d'emploi de mesures conventionnelles comme de mesures légales.—1169. Responsabilité du maître par suite de tromperies commises par ses agents. — 1170. La seule exposition en vente constitue la tentative de tromperie.—1171. Présomptions de fraude.

1163. Répression générale de toute tromperie sur la quantité de la marchandise. — La tromperie sur la *quantité* de la marchandise est l'objet du n° 3 de l'art. 1ᵉʳ de la loi de 1851, qui remplace sur ce point, en l'étendant singulièrement, la disposition de l'art. 423 du Code pénal, et s'applique non plus seulement comme les nᵒˢ 1 et 2, aux aliments ou médicaments, mais à toute espèce de marchandises et de produits. « Seront punis . . . . ceux qui auront trompé, ou tenté de tromper, sur la quantité des choses livrées, les personnes auxquelles ils vendent ou achètent, soit par l'usage de faux poids ou de fausses mesures, ou d'instruments inexacts servant au pesage ou au mesurage, soit par des manœuvres ou procédés tendant à fausser l'opération du pesage ou mesurage, ou à augmenter frauduleusement le poids ou le volume de la marchandise même avant cette opération, soit enfin par des indications frauduleuses tendant à faire croire à un pesage ou mesurage antérieur et exact. »

On remarquera que cette disposition concerne l'acheteur aussi bien que le vendeur. Elle devrait donc être appliquée à la personne qui en fournissant au marchand ou fabricant une mesure fausse, ou par tout autre des moyens indiqués dans la loi, se serait fait livrer une quantité de marchandises plus grande que celle convenue (1).

1164. La tentative est punie comme la tromperie consommée. — L'art. 423 du Code pénal ne punissait que la tromperie *effectuée* à l'aide de faux poids et mesures. A ce moyen direct et grossier, rarement employé parce qu'il est trop facile à surprendre, la loi nouvelle assimile un grand nombre de manœuvres tendant au même but et produisant le même effet d'une manière indirecte et par là même beaucoup plus dangereuse. Elle punit non-seulement le fait accompli, mais la tentative, comme dans le cas de falsification de denrées alimentaires (n° 1161).

1165. Manœuvres diverses énumérées par la loi. — Définitions. — La loi comprend dans son énumération les diverses manœuvres signalées à son attention par une fréquente et triste expérience des mille ressources et des expédients variés de la fraude industrielle.

Par *instruments inexacts servant au pesage ou au mesurage*, il faut entendre, par exemple, les fausses balances qui, même avec des poids réguliers, induisent en erreur sur la quantité vendue, soit qu'un des plateaux soit alourdi, soit que le fléau soit allongé ou raccourci d'un côté (2).

Les *manœuvres ou procédés tendant à fausser l'opération du pesage ou mesurage* signifient « les stratagèmes simples et variés, la prestidigitation habile ou les additions clandestines qui savent rendre docile un plateau, ou fascinent les regards d'un acheteur (3). » Telle serait l'addition ou la suppression d'un poids quelconque aux poids convenus, l'impulsion donnée frauduleusement aux plateaux de la balance pour faire croire à un poids imaginaire, etc. (4).

Par les procédés *tendant à augmenter frauduleusement le poids ou le volume de la marchandise même avant l'opération* du pesage ou mesurage, on doit entendre, par exemple, l'artifice qui consiste à soumettre d'avance à l'action de l'humidité le bois, le savon, le grain ou tout autre produit, pour lui faire acquérir une apparence trompeuse (5).

---

(1) Argument de l'arrêt de cassation du 15 février 1845.
(2) Voir C. cass., 29 avril 1831.—Chauveau et Hélie, t. 6, p. 15.
(3) Rapport.—Voir Dalloz, 51.4.60, n. 6.
(4) Voir C. cass., 16 octobre 1841.
(5) Rapport (Dalloz, 51.4.60, n. 26).

1166. Des indications frauduleuses tendant à faire croire à un mesurage antérieur et exact. — Il faut donner une attention particulière à la disposition finale de l'article relatif aux *indications frauduleuses tendant à faire croire à un pesage ou mesurage antérieur et exact.*

« Sans opération matérielle de pesage et de mesurage, il peut y avoir des fraudes... Il est des marchandises dont le poids est présumé d'après le nombre qui compose leur collection (comme la chandelle en paquets, le chocolat en tablettes, etc...), d'après leur nom, d'après certaines indications. Si le marchand vend sachant que ces signes sont fallacieux, il dérobe une partie du poids dont ces signes étaient l'expression. Dans d'autres cas, la facture peut chercher à persuader faussement à l'acheteur l'existence d'un pesage ou mesurage antérieur et exact, base du prix. Soit qu'elle veuille couvrir le déficit ou échapper au contrôle, cette espèce d'escroquerie est vraiment une vente à faux poids (1). »

Ce genre de fraude a lieu toutes les fois que, sans vérification directe de l'acheteur, le fabricant ou marchand livre une quantité inférieure à celle qu'il indique sur sa facture. Elle a lieu également par le fait de mise en vente d'un objet avec indication *par un moyen quelconque* d'une mesure autre que celle existant réellement. C'est ce qui résulte notamment de la vente de denrées, en quantité inférieure, dans des sacs dont la forme seule, d'après l'usage du lieu, détermine la contenance ; de la vente de pains d'un poids inférieur à celui fixé par les règlements avec une marque ou sur une montre indicative du poids légal.

Ces faits et tous autres analogues, que le Code pénal n'atteignait point, sont expressément compris dans la disposition finale de l'art. 1er de la loi de 1851 (2).

1167. Tromperie sur la quantité résultant de l'addition d'une substance étrangère. — Parmi les tromperies, non pas sur la nature, mais sur la *quantité* de la chose vendue, effectuées par le dernier moyen que définit l'article ci-dessus, il faut comprendre le fait de vendre des couverts argentés avec déclaration qu'ils contiennent une quantité d'argent plus considérable que celle qui s'y trouve réellement (3).

Par la même raison, l'addition de l'eau ou de toute autre sub-

---

(1) Rapport de M. Riché (Dalloz, 51.4.62, p. 27).—C. cass., 14 avril 1855.
(2) Bourges, 18 juillet 1851 ; Orléans, 11 novembre 1851 ; C. cass., 4 fév. 1854.
(3) Bordeaux, 18 février 1853.

stance étrangère au vin vendu comme pur, suivant une mesure déterminée, constituerait un déficit dans la mesure de la chose vendue, une tromperie sur la quantité de l'espèce de liquide seul objet du marché, et pourrait être atteinte, en certains cas, par le n° 3 de l'art. 1ᵉʳ de la loi de 1851 aussi bien que par la loi du 5 mai 1855 (1).

1168. La loi est applicable en cas d'emploi de mesures conventionnelles comme de mesures légales. — Peu importe d'ailleurs pour l'application de la peine au fait de tromperie sur la quantité de la marchandise, qu'il s'agisse de poids et mesures légaux ou de poids et mesures arrêtés conventionnellement entre les parties. Ainsi, quand l'acheteur a commandé une *voie de charbon* qui, dans l'usage, représente deux hectolitres, la livraison de 175 litres constitue le délit par la loi de 1851 (2). Il en est de même pour les objets à l'égard desquels l'usage local admet la vente au panier, quand, d'après un arrangement frauduleux, l'un des côtés contient une quantité moindre que l'autre (3).

1169. Responsabilité du maître par suite de tromperies commises par ses agents. — Dans tous les cas prévus par l'art. 423 et les lois de 1851 et 1855, ce n'est pas uniquement ni même toujours principalement la personne qui aura effectué le fait incriminé qui devra être poursuivie comme en étant le véritable auteur. La responsabilité devra souvent remonter jusqu'au chef d'établissement lui-même quand l'agent direct du fait, l'ouvrier qui aura manipulé le mélange prohibé, ou procédé au mesurage frauduleux, ne devra être considéré que comme l'instrument du délit, ou même lorsque la fraude des subalternes aura été favorisée par une impardonnable négligence du maître. Tout chef d'industrie se doit à lui-même de veiller à la sincérité et à la loyauté de la fabrication qui s'opère dans ses ateliers, de la vente qui a lieu dans ses magasins. Pour qu'il pût être excusé en rejetant la faute sur ses ouvriers ou commis, il faudrait qu'il établît péremptoirement que, par suite de l'étendue de ses affaires ou de toute autre circonstance, il a absolument ignoré les faits délictueux accomplis ou tentés dans ses établissements (4).

---

(1) Voir sur ce point le rapport de M. Riché sur le projet de loi présenté en avril 1855 sur la falsification des boissons.
(2) Paris, 31 août 1850.
(3) Bordeaux, 31 juillet 1851.
(4) Rapport de M. Riché (Dalloz, 51.4.61, n, 19). — Voir C. cass., 18 juillet 1851 (Rosette).

1170. La seule exposition en vente constitue la tentative de tromperie. — Nous avons dit que la loi punit la tentative comme le délit consommé. Or, la tentative de tromperie sur la quantité de la marchandise vendue, assimilée à la tromperie effectuée, résulte, non pas seulement d'une opération tendant à fausser la mesure vis-à-vis d'un acheteur en particulier, mais de la seule exposition, aux yeux du public, d'objets destinés à la vente, avec des indications de nature à induire en erreur sur la quantité. Il faudrait donc appliquer l'art. 1er de la loi de 1851 au seul fait de la mise en vente d'un pain de poids inférieur sur une forme indicative du poids légal (1) ; de l'exposition d'une pièce d'étoffe à vendre en bloc, avec indication d'une mesure inexacte, ou d'un sac n'ayant pas la contenance que lui attribue l'usage, etc....

1171. Présomption de fraude. — La tromperie ou tentative de tromperie sur la quantité constitue un délit qui, d'après le droit commun, n'existe qu'autant qu'il y a *fraude* de la part du prévenu. Le juge devra donc, ainsi qu'on l'a dit à propos des falsifications (n° 1158), apprécier les intentions, la bonne foi, les excuses. Mais, la plupart du temps, la présomption de fraude naîtra de cette seule circonstance, que le fait émane d'un négociant ou fabricant obligé *par profession* de connaître les procédés loyaux du pesage et du mesurage.

Art. 3. — Peines relatives aux tromperies dans la fabrication et le débit des marchandises.

SOMMAIRE.

1172. Peines des tromperies sur la nature ou la quantité, et des falsifications. Emprisonnement. Amende. — 1173. Peines de la détention de substances falsifiées. — 1174. Attribution de partie des amendes aux communes. — 1175. Confiscation. Destruction des objets. Affiches. — 1176. Circonstances atténuantes. Circonstance aggravante : récidive. — 1177. Disposition tendant à prévenir la falsification de certains produits. — 1178. De la falsification des produits destinés à l'exportation.

1172. Peines des tromperies sur la nature ou la quantité, et des falsifications. — Emprisonnement. — Amende. — Les peines édictées en vertu de l'art. 423 et des lois des 27 mars 1851 et 5 mai 1855 combinés, sont les suivantes :

1° La tromperie sur la *nature* des marchandises quelconques ; — la *falsification* ou tentative de falsification des substances alimentaires ou médicamenteuses, et des boissons ; — la tromperie

---

(1) C. cass., 4 février 1854 ; C. cass., 14 avril 1855 (*Gaz. des Trib.* du 15 avril).

ou tentative de tromperie sur la *quantité* de toutes marchandises ;
— la vente ou mise en vente de denrées falsifiées, — sont punies de l'emprisonnement pendant trois mois au moins, un an au plus, et d'une amende qui ne pourra excéder le quart des restitutions et dommages-intérêts, ni être au-dessous de cinquante francs (art. 423, Cod. pén., et 1er de la loi de 1851).

2° S'il s'agit de marchandises contenant des mixtions nuisibles à la santé, fût-ce même au vu et au su de l'acheteur, l'amende sera de cinquante à cinq cents francs, à moins que le quart des restitutions et dommages-intérêts n'excède cette dernière somme ; l'emprisonnement sera de trois mois à deux ans (art. 2, loi de 1851).

1173. Peines de la détention de substances falsifiées.
— 3° La *détention*, dans des lieux destinés au commerce, de substances alimentaires falsifiées ou corrompues, — sera punie d'une amende de seize francs à vingt-cinq francs, et d'un emprisonnement de six mois à dix jours, ou de l'une de ces peines seulement, suivant les circonstances.

Si la substance falsifiée est nuisible à la santé, l'amende pourra être portée à cinquante francs, et l'emprisonnement à quinze jours (art. 3).

1174. Attribution de partie des amendes aux communes. — Pour exciter les officiers municipaux à rechercher la fraude, les deux tiers du produit des amendes, dans les divers cas dont il vient d'être question, sont attribués aux communes dans lesquelles les délits auront été constatés (art. 8).

1175. Confiscation. — Destruction des objets. — Affiche. — 4° « Dans tous les cas énumérés ci-dessus, les objets dont la vente, usage ou possession, constituent le délit, seront confisqués ; les faux poids et les fausses mesures seront de plus brisés » (art. 423 Cod. pén.).

« Si les objets sont propres à un usage alimentaire ou médical, le tribunal pourra les mettre à la disposition de l'administration pour être attribués aux établissements de bienfaisance.

« S'ils sont impropres à cet usage ou nuisibles, les objets seront détruits ou répandus aux frais du condamné. Le tribunal pourra ordonner que la destruction ou effusion aura lieu devant l'établissement ou le domicile du condamné » (art. 5 de la loi du 27 mars 1851).

5° « Le tribunal pourra ordonner l'affiche du jugement dans les lieux qu'il désignera, et son insertion intégrale ou par extrait dans les journaux qu'il désignera, le tout aux frais du condamné » (art. 6).

1176. Circonstances atténuantes. — Circonstance aggravante : récidive. — 6° « L'art. 463 du Cod. pén. (relatif aux circonstances atténuantes) sera applicable aux délits prévus par la présente loi » (art. 7).

7° « Lorsque le prévenu, convaincu de contravention à la présente loi, ou à l'art. 423 du Cod. pén., aura, dans les cinq années qui ont précédé le délit, été condamné pour infraction à la présente loi ou à l'art. 423, la peine pourra être élevée jusqu'au double du maximum ; l'amende, prononcée par l'art. 423 et par les art. 1 et 2 de la présente loi, pourra même être portée jusqu'à mille francs, si la moitié des restitutions et dommages-intérêts n'excède pas cette somme ; le tout sans préjudice, s'il y a lieu, des art. 57 et 58 du Cod. pén. » (sur la mise en surveillance de la police) (art. 4).

« Sont abrogés les art. 475, n° 14, et 479, n° 5 du Cod. pén. »

1177. Dispositions tendant à prévenir la falsification de certains produits. — La falsification des produits n'est prévue et punie que quand elle s'exerce sur des substances alimentaires ou médicamenteuses, auxquelles la loi du 5 mai 1855 ajoute les boissons ; pour les autres marchandises en général, il n'a pas encore paru possible de réprimer cette fraude, quelque préjudiciable qu'elle soit à l'industrie en général, surtout dans ses rapports avec l'étranger.

Il existe seulement à cet égard quelques mesures spéciales, telles que la loi du 19 brumaire an VI, qui impose aux fabricants d'ouvrages d'or ou d'argent l'obligation de faire apposer sur leurs produits des marques de garantie (voir n° 295) ; — le décret du 20 floréal an XIII, qui astreint les guimpiers à ne monter sur soie que l'or et l'argent fins, et à ne monter que sur fil la dorure et argenterie demi-fines ou fausses, avec certaines autres indications, pour faire reconnaître les unes et les autres ; — les décrets du 1er avril et 18 septembre 1811, et 22 décembre 1812, sur la marque obligatoire des savons (voir n° 610) ; — les lois des 28 avril 1816, art. 59, et 21 avril 1818, sur les marques obligatoires de certains fils et tissus (voir n° 614).

1178. De la falsification des produits destinés à l'exportation. — Le Code pénal appelle, dans l'intérêt du commerce d'exportation, des règlements destinés à rendre aux produits leur ancien renom de loyauté. D'après l'art. 413, « toute violation des règlements d'administration publique, relatifs aux produits des manufactures françaises qui exporteront à l'étranger, et qui ont pour objet de garantir la bonne qualité, les dimensions et la nature de la fabrication, sera punie d'une amende de 200 francs au moins et 3,000 francs au plus, et de la confiscation des marchandises. Ces deux peines pourront être prononcées cumulativement ou séparément, selon les circonstances. »

Cet article serait de plein droit applicable, en cas de contravention, à tout règlement qui aurait pour objet d'assurer la sincérité des produits destinés à l'exportation.

CHAPITRE III.
Responsabilité civile des maîtres par suite du fait de leurs subordonnés.

SOMMAIRE.

1179. Principe et étendue de la responsabilité des maîtres. Distinctions. — 1180. Étendue et limites de la responsabilité des maîtres par suite du fait des apprentis.—1181. Responsabilité des maîtres par suite du fait des ouvriers. Principe général. — 1182. Responsabilité par suite du fait des ouvriers à temps. — 1183. Responsabilité en ce qui concerne les ouvriers à façon. Distinction. — 1184. Responsabilité par suite des délits et quasi-délits des préposés. — 1145. Responsabilité civile et pénale en cas de contraventions.—1186. Cas où cesse la responsabilité. Recours.

1179. Principe et étendue de la responsabilité des maîtres.—Distinctions. — Dans les cas ci-dessus exposés essentiellement dommageables pour les concurrents et les consommateurs, et dans tous autres cas où des tiers pourraient être lésés, les chefs d'établissements industriels ne sont pas seulement responsables de leurs propres faits, ils le sont encore des faits des personnes placées sous leur direction.

« On est responsable, dit l'art. 1383, Cod. Nap., non-seulement du dommage que l'on cause par son propre fait, mais encore de celui qui est causé par le fait des personnes dont on doit répondre. »

En conséquence, cet article déclare les *maîtres* responsables du dommage causé par leurs préposés dans les fonctions auxquelles ils les ont employés; les *artisans* du dommage causé par leurs *apprentis* pendant le temps que ces derniers sont sous leur surveillance.

Tous les individus employés à un titre quelconque dans un établissement industriel rentrent dans la catégorie ou des apprentis ou des ouvriers et peuvent en conséquence engager plus ou moins, par leur fait, la responsabilité du maître.

Pour résoudre les questions souvent fort délicates qui peuvent naître à cet égard, il est nécessaire de poser quelques principes appuyés sur la jurisprudence et la doctrine des auteurs. Il faut tout d'abord faire, avec la loi elle-même, une distinction radicale entre les apprentis et les ouvriers.

1180. Étendue et limites de la responsabilité des maîtres par suite du fait des apprentis. — En ce qui concerne les apprentis, la responsabilité du maître est absolue et s'applique à tous leurs faits quelconques, comme celle du père à l'égard de ses enfants, s'ils sont mineurs et s'ils habitent avec lui. Cette responsabilité rigoureuse se fonde sur l'obligation étroite que contracte le patron de surveiller la conduite de l'apprenti, surtout en présence de la loi nouvelle sur l'apprentissage qui lui impose le devoir de pourvoir à l'éducation religieuse et morale, comme à l'instruction professionnelle de son élève (voir n° 942) (1).

Quand l'apprenti ne demeure pas avec le maître, celui-ci ne répond que des faits commis pendant le temps du séjour à l'atelier. C'est ce qui résulte du texte même de l'art. 1384, al. 4.

Si l'apprenti est majeur, la responsabilité du maître ne saurait être la même que pendant la période de minorité où il est substitué à l'autorité et aux obligations du père de famille. Elle se restreindra aux faits relatifs à l'emploi donné à l'apprenti ; mais l'appréciation en devra être faite plus sévèrement qu'à l'égard des ouvriers proprement dits, à cause de l'obligation de surveillance sur la personne de l'élève qui continue à être imposée au patron tant que dure l'apprentissage. L'apprenti, au point de vue qui nous occupe, doit être réputé attaché à la personne comme un domestique, dont la conduite engage la responsabilité du maître d'une manière beaucoup plus étendue que celle d'une personne préposée à un emploi spécial (2).

1181. Responsabilité des maîtres par suite du fait des ouvriers.—Principe général. — Quant aux ouvriers liés par le louage d'industrie et qui sont compris incon-

---

(1) Voir Sourdat, *Traité de la responsabilité*, t. 2, n. 874.

(2) Notre opinion à cet égard tient le milieu entre celle de M. Duranton, qui ne distingue pas entre l'apprenti majeur et l'apprenti mineur (t. 13, n. 521), et celle de M. Sourdat, qui assimile l'apprenti à un ouvrier ordinaire (*Traité de la responsabilité*, t. 2, n. 877).

testablement dans l'expression générale de *préposés* (1), le principe dominant est que la responsabilité du maître est limitée aux actes commis par eux dans l'exercice des fonctions qu'ils se sont engagés à remplir.

La base et la limite de cette responsabilité sont dans le devoir absolu du maître de ne confier un emploi qu'à une personne capable de le remplir, et de surveiller l'accomplissement des ordres et instructions qu'il a donnés ou dû donner.

Pour l'application du principe, il faut distinguer entre les deux grandes classes d'ouvriers, *à temps* et *à façon*.

1182. Responsabilité par suite du fait des ouvriers à temps. — Quant aux ouvriers à la journée, au mois, à l'année, qui travaillent au compte d'un industriel et sous sa direction, la responsabilité de celui-ci existe pour tout dommage causé par le travail de ces ouvriers, parce qu'ils sont, dans l'exécution de leur ouvrage, sous ses ordres et sa surveillance (2). Ainsi, l'artificier répondra, sans aucun doute, de l'explosion causée par l'imprudence d'un journalier occupé dans ses ateliers.

1183. Responsabilité en ce qui concerne les ouvriers à façon. — Distinction. — Pour les ouvriers à façon, une nouvelle distinction doit être faite. Si, tout en travaillant à la tâche, ils sont employés dans l'atelier du maître et surveillés par lui, celui-ci sera responsable comme dans le cas précédent (3).

Si, au contraire, le fabricant a confié un travail à des ouvriers à la tâche, travaillant en dehors de sa surveillance, il ne saurait en général être responsable de leur fait par cela seul qu'il les a choisis pour exécuter le travail qui a été la cause d'un dommage. « La responsabilité à laquelle cet article (1384) soumet les commettants, dit un arrêt de la Cour de cassation du 20 août 1847, ne dépend pas seulement de ce qu'ils ont choisi leurs préposés, mais suppose en outre qu'ils ont le droit de leur donner des ordres et des instructions sur la manière de remplir les fonctions auxquelles ils les emploient, autorité sans laquelle il n'y a pas de véritables commettants (4). »

Toutefois si le maître s'était adressé à un ouvrier d'une incapacité notoire pour exécuter à la tâche un travail difficile et dangereux, il y aurait de sa part une imprudence qui le rendrait

---

(1) Sourdat, t. 2, n. 886, 887.
(2) Merlin, *Répert.*, v° *Incendie*, § 2, n. 9 ; Sourdat, t. 2, n. 889.
(3) Sourdat, *ibid.*
(4) C. cass., 20 août 1847 (Sirey, 47.1.855).—Paris, 15 avril 1847.

responsable, sinon en vertu de l'art. 1384, du moins en vertu du principe général de l'art. 1383 (1).

1184. Responsabilité par suite de délits et quasi-délits des préposés. — Il est de principe, quand il y a lieu à responsabilité, qu'elle s'applique non-seulement aux dommages causés dans l'exercice régulier des fonctions de l'employé, mais même et surtout à ceux qui résultent d'abus constituant des quasi-délits ou même des faits criminels. « Pourvu que le fait dommageable ne soit pas étranger à la fonction, qu'il s'y rattache au contraire et qu'il n'en soit qu'une extension abusive, la condition de la loi existe et la responsabilité des maîtres est encourue (2). »

1185. Responsabilité civile et pénale en cas de contravention. — Rappelons ici un principe fort important et souvent énoncé dans cet ouvrage : c'est que le maître est responsable en général, pour les amendes comme pour les réparations civiles, des contraventions de ses préposés punies en raison du seul fait matériel et abstraction faite de l'intention du prévenu.

1186. Cas où cesse la responsabilité. — Recours. — La responsabilité civile du maître cesserait à l'égard de tous employés quelconques, s'il prouvait qu'il n'a pu empêcher le fait qui a causé le dommage (art. 1384, al. 5) ; mais cette preuve serait difficilement recevable si le fait avait eu lieu dans l'exercice même de la fonction librement conférée par le maître (3).

Dans le cas même où la responsabilité serait maintenue, le maître aurait un recours contre l'ouvrier, à moins qu'il ne fût établi que c'est par les ordres donnés ou par le vice des instruments ou de la matière fournie à ce dernier que le fait dommageable a eu lieu (4).

---

(1) Sourdat, t. 2, n. 890, 891.
(2) Paris, 15 mai 1851 (Pernoud) ; C. cass., 3 décembre 1846. — Toullier, t. 2, n. 283, etc.
(3) Arrêt précité du 15 mai 1851.
(4) Sourdat, t. 2, n. 679-172.

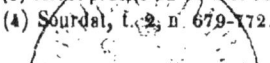

FIN.

TABLE GÉNÉRALE DES MATIÈRES.[1]

	Pages.
INTRODUCTION.	v
RÉPERTOIRE ALPHABÉTIQUE DES QUESTIONS DE DROIT INDUSTRIEL EXAMINÉES DANS CE VOLUME.	xi

CHAPITRE PRÉLIMINAIRE.

DU DROIT INDUSTRIEL EN GÉNÉRAL. — PLAN ET DIVISIONS.   1

PREMIÈRE PARTIE.

RÉGIME DES ÉTABLISSEMENTS INDUSTRIELS.   3

Ire SECTION. — DES ÉTABLISSEMENTS DANGEREUX, INSALUBRES OU INCOMMODES EN GÉNÉRAL. 4

CHAPITRE PREMIER. — *Des règles à suivre et des formalités à remplir pour obtenir l'autorisation.* 4

§ I. De l'autorisation des établissements de première classe.   5
§ II. De l'autorisation des établissements de deuxième classe.   10
§ III. De l'autorisation des établissements de troisième classe.   20
§ IV. De l'autorisation des établissements mixtes.   24
§ V. Des établissements antérieurs au décret du 15 octobre 1810.   25
§ VI. Des établissements non classés, mais de nature à l'être.   28

CHAPITRE II. — *Régime des établissements autorisés dans leurs rapports avec l'administration.* 31

§ I. De la surveillance administrative.   32
§ II. Conséquences de l'inexécution des conditions imposées à l'industriel.   33
§ III. Manifestation de dangers imprévus.   38
§ IV. Conséquences administratives de l'absence ou du refus d'autorisation.   42

---

(1) Cette table contient l'indication de toutes les divisions du volume. Sous l'intitulé de chaque division, on trouvera la table spéciale de toutes les matières traitées sous chaque numéro dans le texte de l'ouvrage.

Une table spéciale ci-après (p. 621) renferme l'*énumération de toutes les formules*.

CHAPITRE III. — *Régime des établissements autorisés dans leurs rapports avec l'autorité judiciaire.* 43

§ I. Action de la justice répressive sur les établissements autorisés au point de vue de l'intérêt public. 43

§ II. Réparations civiles qui peuvent être obtenues des tribunaux par les particuliers lésés. 50

APPENDICE. — *Pouvoirs de l'autorité administrative et judiciaire à l'égard des établissements non classés en général.* 54

CHAPITRE IV. — *État général des ateliers et établissements classés.* 56

II° SECTION. — ÉTABLISSEMENTS INDUSTRIELS, CLASSÉS OU NON CLASSÉS, SOUMIS A DES RÈGLEMENTS SPÉCIAUX. 68

CHAPITRE PREMIER. — *Des établissements classés, soumis à des règlements spéciaux.* 68

§ I. Machines à vapeur. 68

ART. 1er. Des machines à vapeur autres que celles établies à bord des bateaux. 69

ART. 2. Des machines à vapeur servant de moteurs aux bateaux. 88

§ II. Usines à gaz. 92

§ III. Hauts-fourneaux et établissements analogues. . . . 96

§ IV. Usines à feu et établissements situés dans le voisinage des forêts. 99

§ V. Fabriques de poudres à tirer et autres poudres détonantes. 101

§ VI. Établissements situés dans le rayon des douanes. Fabriques de soude. 102

§ VII. Abattoirs, ateliers d'équarrissage, dépôt d'engrais et autres établissements de ce genre. 103

CHAPITRE II. — *Usines sur les cours d'eau.* 105

§ I. Usines sur les cours d'eau navigables. 107

ART. 1er. De l'autorisation et des formalités qui y sont relatives. 107

ART. 2. Régime des usines autorisées sur les cours d'eau navigables 113

§ II. Usines sur les cours d'eau non navigables ni flottables. 119

ART. 1er. De l'autorisation et des formalités qui y sont relatives. 119

ART. 2. Régime des usines autorisées dans leurs rapports avec l'administration . . . 123

CHAPITRE III. — *Industries non classées, réglementées sous divers rapports de police* 134

§ I. Industries relatives à la presse. 135

ART. 1er. Conditions générales de l'exercice de la profession d'imprimeur. 135

TABLE GÉNÉRALE DES MATIÈRES. 615

	Pages.
ART. 2. Juridiction des tribunaux civils à l'égard des usines autorisées.	139
ART. 3. Règles spéciales aux journaux, dessins, gravures et petits écrits politiques.	145
ART. 4. Des imprimés soumis au timbre.	147
ART. 5. De la librairie.	153
ART. 6. Fabriques de presses, fonderies de caractères, etc.	154

§ II. Industries relatives aux subsistances et aux médicaments 155
    ART. 1er. N° 1. Boulangerie. 155
    ART. 1er. N° 2. Boucherie et charcuterie . . . 162
    ART. 2. Fabrication et débit de médicaments. . 165
    ART. 3. Cabarets, cafés, divertissements publics. 167

§ III. Industries relatives aux métaux précieux, et réglementées, soit au point de vue de la sincérité de la fabrication, soit au point de vue fiscal. 169
    ART. 1er. Fabrication et débit des objets d'or et d'argent. 169
    ART. 2. Industries assujetties à la marque de fabrique 172

DEUXIÈME PARTIE.

PROPRIÉTÉ INDUSTRIELLE, LITTÉRAIRE ET ARTISTIQUE.

Ire SECTION. — PROPRIÉTÉ INDUSTRIELLE PROPREMENT DITE. . 173

CHAPITRE PREMIER. — *Des brevets d'invention.* 173

§ I. Dispositions générales. Des brevets, de leurs objets et de leurs effets. 174
    ART. 1er. Objets susceptibles d'être brevetés et caractères des inventions brevetables. . 174
    ART. 2. Des diverses espèces de brevets et de leurs effets 187
    ART. 3. De la propriété des brevets et des droits qui en résultent. 191

§ II. Des formalités relatives à la délivrance des brevets et à leur transmission 195
    ART. 1er. Des demandes de brevets. 195
    ART. 2. De la délivrance des brevets. 203
    ART. 3. Certificats d'addition et brevets pour perfectionnements 209
    ART. 4. De la transmission et de la cession des brevets. 216
    ART. 5. De la communication et de la publication des descriptions et dessins de brevets. 226

§ III. Nullités et déchéances des brevets. 227
  Art. 1er. Définitions et principes. 227
  Art. 2. Des causes de nullités en général, et principalement de la nullité pour défaut de nouveauté. 229
  Art. 3. Causes diverses de nullité. — Suite et fin. 242
  Art. 4. Des causes de déchéance. 247
  Art. 5. Actions en nullité et déchéance. . . . 251
§ IV. De la contrefaçon. 256
  Art. 1er. Du délit de contrefaçon et de complicité de contrefaçon. 257
  Art. 2. De la compétence en matière de contrefaçon. — Actions. — Exceptions. — Sursis. 268
  Art. 3. Préliminaires et procédure de l'action en contrefaçon. — Description, saisie, expertise, etc. 279
  Art. 4. Effets de l'action en contrefaçon au civil et au criminel. 284

CHAPITRE II. — *Dessins de fabrique.* 292

  Art. 1er. Définition et caractères légaux des dessins de fabrique. 293
  Art. 2. Du dépôt des dessins. 299
  Art. 3. De la contrefaçon des dessins et de l'action en contrefaçon. 304

CHAPITRE III. — *Marques et noms de fabrique.* 308

§ I. Marques obligatoires et spéciales. 309
§ II. Marques facultatives proprement dites, et marques emblématiques. 311
  Art. 1er. Définition et caractères légaux des marques de fabrique. 311
  Art. 2. Du dépôt des marques. — Formalités et effets. 314
  Art. 3. De la contrefaçon des marques. . . . 317
  Art. 4. Règles spéciales aux marques de quincaillerie et de coutellerie. 320
  Art. 5. Marques spéciales à certaines villes. . . 321
§ III. Des noms apposés aux produits fabriqués, ou marques nominales. 323
  Art. 1er. De la propriété des noms. 323
  Art. 2. De l'usurpation des noms et de l'action en contrefaçon. 326

CHAPITRE IV. — *Désignations diverses des produits et des établissements industriels. — Achalandage.* 335

§ Ier. Désignations et dénominations diverses. 335

	Pages.
§ II. De l'enseigne.	339
§ III. De l'achalandage.	348

CHAPITRE V. — *Cession des divers objets de la propriété industrielle.* 350

IIe SECTION. — PROPRIÉTÉ LITTÉRAIRE ET ARTISTIQUE. . . . 354

CHAPITRE PREMIER. — *Prolégomènes et principes généraux.* . . 354

CHAPITRE II. — *Propriété littéraire.* 359

§ Ier. Des auteurs ou personnes auxquelles appartient la propriété littéraire. 360
§ II. Des œuvres sur lesquelles porte la propriété littéraire. . 367
§ III. Du dépôt des œuvres littéraires. 382
§ IV. Durée de la propriété littéraire. 385
§ V. De la cession et de ses effets. 393
    ART. 1er. Nature, modes, et étendue de la cession . 393
    ART. 2. Obligations respectives de l'auteur et de l'éditeur. 400
§ VI. Du délit de contrefaçon. 404
§ VII. De l'action en contrefaçon. 416

CHAPITRE III. — *De la propriété des œuvres musicales et dramatiques.* 424

§ Ier. Droit de publication des œuvres dramatiques et musicales. 425
§ II. Du droit de représentation des œuvres dramatiques et musicales. 428
§ III. Contrefaçon des œuvres dramatiques et musicales. — Représentation illicite. 435

CHAPITRE IV. — *De la propriété artistique.* 441

§ Ier. Principes généraux sur la propriété artistique. . . . 441
II. Arts du dessin (peinture, dessin, gravure, lithographie, photographie, etc.). 445
    ART. 1er. De la propriété des dessins, peintures, etc. 445
    ART. 2. De la contrefaçon des dessins, gravures, etc. 450
§ III. Sculpture et autres arts plastiques. — Architecture. . . 450
    ART. 1er. Propriété des œuvres de la sculpture et autres arts plastiques. 455
    ART. 2. Contrefaçon des œuvres de la sculpture et autres arts plastiques. 461
    ART. 3. De la propriété artistique par rapport à l'architecture. 465

TROISIÈME PARTIE.

DES OBLIGATIONS INDUSTRIELLES.

Ire SECTION. — DES RAPPORTS ENTRE LES MAITRES ET LES PERSONNES PLACÉES SOUS LEUR DÉPENDANCE. 469

CHAPITRE PREMIER. — *Apprentissage. — Travail des enfants dans les manufactures.* 469

§ I. Contrat d'apprentissage. 469
    ART. 1er. Nature, forme et conditions du contrat d'apprentissage. 470
    ART. 2. Devoirs généraux des maîtres et des apprentis. 475
    ART. 3. Résolution du contrat d'apprentissage. . 479
    ART. 4. Compétence à l'égard des contestations entre maîtres et apprentis. 482

§ II. Travail des enfants dans les manufactures. 485

CHAPITRE II. — *Rapports généraux des maîtres et des ouvriers. — Mesures de police à l'égard des ateliers.* 492

§ I. Des livrets des ouvriers et du registre spécial du maître. 493
§ II. Limitation de la durée du travail dans les manufactures et usines. 501
§ III. Dispositions relatives au maintien de l'ordre dans les ateliers. 503

CHAPITRE III. — *Relations civiles entre les maîtres et les ouvriers. Louage d'ouvrage et d'industrie.* 508

§ I. Nature et caractères du contrat de louage d'ouvrage et d'industrie. 509
§ II. Formes et conditions du contrat de louage d'ouvrage et d'industrie. 512
§ III. Moyens de constater le contrat de louage et d'industrie. 520
§ IV. Effets du contrat de louage et d'industrie. 526
§ V. Garanties légales pour l'accomplissement des obligations respectives des maîtres et des ouvriers. 537
    ART. 1er. Garanties des ouvriers à l'égard des maîtres. 537
    ART. 2. Garanties des maîtres à l'égard des ouvriers. Recouvrement des avances. . 540
§ VI. Fin du contrat de louage d'ouvrage et d'industrie. Prescription. 548

CHAPITRE IV. — *Juridiction instituée pour connaître des contraventions entre les maîtres et les ouvriers. Conseils de prud'hommes* 553

§ I. De la juridiction des prud'hommes en général. Formation et composition des conseils 554

§ II. Procédure devant le conseil des prud'hommes. . . . 561
    ART. 1er. Citation et procédure devant le bureau particulier. 561
    ART. 2. Procédure devant le bureau général. . 565
    ART. 3. Récusation des prud'hommes. Recours en cassation. 574
§ III. Juridiction disciplinaire des prud'hommes. 577
§ IV. Attributions de police et fonctions administratives des prud'hommes. 579
§ V. Juridiction des juges de paix à l'égard des ouvriers et apprentis 583

IIe SECTION. — Rapports des fabricants entre eux et avec le public. 587

CHAPITRE PREMIER. — *Rapports des fabricants entre eux. Concurrence déloyale.* 587

CHAPITRE II. — *Des délits relatifs à la fabrication et au débit des marchandises. Falsifications.* 592
§ I. Des poids et mesures faux et illégaux. 594
§ II. Tromperies sur la nature et la quantité des marchandises. Falsifications. 596
    ART. 1er. Tromperies sur la nature des marchandises 596
    ART. 2. Tromperies sur la quantité des marchandises. 601
    ART. 3. Peines relatives aux tromperies dans la fabrication et le débit des marchandises. . 605

CHAPITRE III. — *Responsabilité des maîtres par suite du fait de leurs subordonnés.* 608

Table générale des matières. 613
Table des formules. 620

FIN DE LA TABLE GÉNÉRALE DES MATIÈRES.

TABLE DES FORMULES

APPLICABLES AUX PRINCIPAUX ACTES INDUSTRIELS.

Ateliers et établissements dangereux, insalubres, etc.

	Pages.
Formule de demande d'autorisation pour un atelier de première classe.............................	10
Formule de demande d'autorisation pour un atelier de deuxième classe.............................	19
Formule de demande d'autorisation pour un atelier de troisième classe.............................	23
Formule de recours............................	24
Formule de demande d'autorisation pour les établissements mixtes.	25
Formule de demande d'autorisation pour une machine à vapeur..	87

Brevets d'invention.

Formule de demande de brevet d'invention.........	201
Formule de mémoire descriptif.................	202
Formule d'une demande de brevet formée par un mandataire..	202
Formule du pouvoir à annexer à la demande.........	202
Formule de demande de brevet pour une invention brevetée à l'étranger............................	203
Formule de demande de certificat d'addition.........	203
Formule de demande de brevet pour un perfectionnement à une invention brevetée.......................	215
Formule d'acte de cession totale..............	226
Formule d'acte de cession partielle.............	226

Propriété littéraire.

Formule de cession entière de propriété avec droit d'auteur sur chaque édition...........................	397
Formule de cession d'une seule édition............	398
Formule de cession avec abandon plein et entier de la propriété............................	398
Formule d'acte d'association entre l'auteur et l'éditeur......	399

Relations entre les maîtres et apprentis, ouvriers, etc.

Formule du contrat d'apprentissage...........	473
Modèle de livret.......................	498
Modèle de registre à tenir par les maîtres.........	499

FIN DE LA TABLE DES FORMULES.

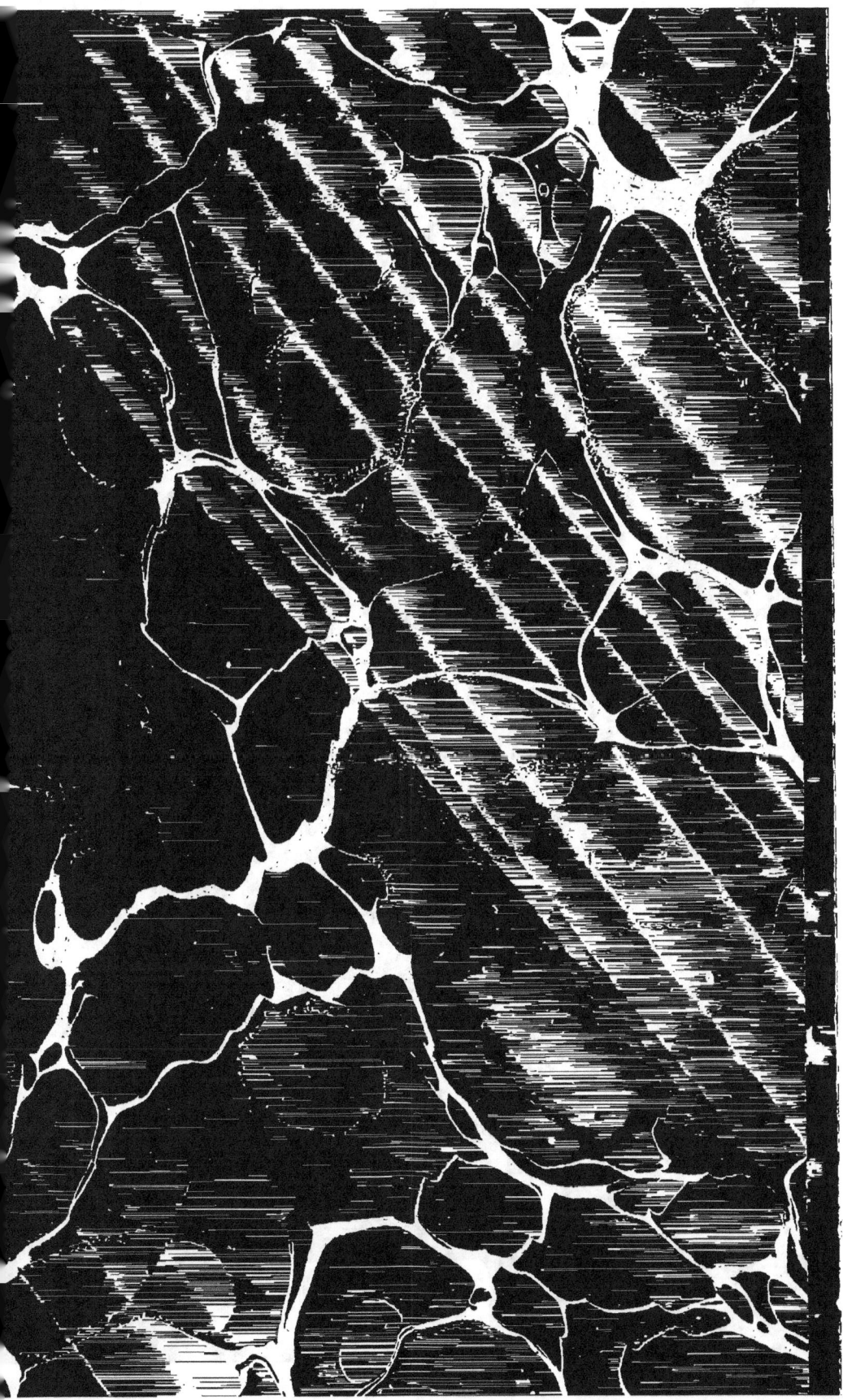

www.ingramcontent.com/pod-product-compliance
Lightning Source LLC
Chambersburg PA
CBHW070836250426
43673CB00060B/1455